Andreas Kost (Hrsg.)

Direkte Demokratie in den deutschen Ländern

Andreas Kost (Hrsg.)

# Direkte Demokratie in den deutschen Ländern

Eine Einführung

**VS VERLAG** FÜR SOZIALWISSENSCHAFTEN

VS Verlag für Sozialwissenschaften
Entstanden mit Beginn des Jahres 2004 aus den beiden Häusern
Leske+Budrich und Westdeutscher Verlag.
Die breite Basis für sozialwissenschaftliches Publizieren

Bibliografische Information Der Deutschen Bibliothek
Die Deutsche Bibliothek verzeichnet diese Publikation in der Deutschen Nationalbibliografie;
detaillierte bibliografische Daten sind im Internet über <http://dnb.ddb.de> abrufbar.

1. Auflage April 2005

Lektorat: Frank Schindler

Der VS Verlag für Sozialwissenschaften ist ein Unternehmen von Springer Science+Business Media.
www.vs-verlag.de

Umschlaggestaltung: KünkelLopka Medienentwicklung, Heidelberg
Druck und buchbinderische Verarbeitung: MercedesDruck, Berlin
Gedruckt auf säurefreiem und chlorfrei gebleichtem Papier
Printed in Germany

ISBN 3-531-14251-8

# Inhalt

*Andreas Kost*
Direkte Demokratie in der Bundesrepublik Deutschland –
eine Einführung     7

*Hans-Georg Wehling*
Direkte Demokratie in Baden-Württemberg     14

*Bärbel Martina Weixner*
Direkte Demokratie in Bayern     29

*Christian Posselt*
Direkte Demokratie in Berlin     60

*Werner Künzel*
Direkte Demokratie in Brandenburg     75

*Andreas Fisahn*
Direkte Demokratie in Bremen     98

*Andreas Fraude*
Direkte Demokratie in Hamburg     113

*Ulrich Dreßler*
Direkte Demokratie in Hessen     133

*Tobias Franke-Polz*
Direkte Demokratie in Mecklenburg-Vorpommern     148

*Peter Hoffmann*
Direkte Demokratie in Niedersachsen     163

*Andreas Kost*
Direkte Demokratie in Nordrhein-Westfalen     183

*Petra Paulus*
Direkte Demokratie in Rheinland-Pfalz     204

*Jürgen Wohlfarth*
Direkte Demokratie im Saarland     228

*Werner J. Patzelt*
Direkte Demokratie in Sachsen                                         246

*Torsten Gruß*
Direkte Demokratie in Sachsen-Anhalt                                  264

*Klaus Kellmann*
Direkte Demokratie in Schleswig-Holstein                             285

*Tobias Franke-Polz*
Direkte Demokratie in Thüringen                                      294

*Otmar Jung*
Grundsatzfragen der direkten Demokratie                              312

Übersicht zu Volksinitiativen, Volksbegehren und
Volksentscheiden, Bürgerbegehren und Bürgerentscheiden in
Deutschland                                                          367

Glossar                                                              370

Autoren                                                              379

# Direkte Demokratie in der Bundesrepublik Deutschland – eine Einführung

*Andreas Kost*

## 1 Einleitung

Die Beteiligung von Bürgerinnen und Bürgern am politischen Prozess gilt als Grundvoraussetzung einer funktionierenden Demokratie. Dennoch dominiert, entsprechend Verfassungsordnung und ausgeübter Praxis, die politische Organisationsform der „repräsentativen Demokratie" in der Bundesrepublik Deutschland. In diesem System regelhafter Institutionen betraut das Volk – als politische Gemeinschaft – per Wahl verantwortliche repräsentative Akteure (Parlamentarier) mit der Ausübung politischer Herrschaft, damit diese kollektiv bindende Entscheidungen treffen dürfen. Ein solcher verliehener *Machtgebrauch*, der auf Legitimitäts- und Effektivitätskriterien beruht, ist durch Recht und Verfassung gesichert, um wiederum möglichem *Machtmissbrauch* vorzubeugen.

Die repräsentativen Demokratien bzw. die modernen Regierungen sind allerdings heutzutage mit einer Fülle von grundlegenden gesellschaftlichen Problemen (z.B. Arbeitslosigkeit, Organisierte Kriminalität, Umweltverschmutzung usw.) konfrontiert, welche die eigene Lösungskompetenz und Legitimation beeinträchtigen. Diese Sichtweise eines Gestaltungsmangels rekrutiert sich auch aus den Demokratisierungs- und Krisendebatten der 1960er und 1970er Jahre zahlreicher Sozialwissenschaftler, welche eine unmittelbare Beteiligung der Bevölkerung an politischen Entscheidungen als „Königsweg" gegen die Unzulänglichkeiten spätkapitalistischer Konkurrenzdemokratien postulierten (*Zimpel* 1970; s.a. *Schmidt* 1995: 115 ff.). Den repräsentativen Demokratien wurde nur bedingt zugetraut, die aus der Modernisierung der westlichen Gesellschaften erwachsenen Herausforderungen mit Hilfe der bereits existierenden Institutionen und anhand der eingespielten Verfahren der Interessenvertretung und der Konfliktregulierung zu gestalten. Als Phänomene der gesellschaftlichen Modernisierung wurde insbesondere der Wertewandel (Materialismus – Postmaterialismus), das zunehmende politische Selbstbewusstsein der Bürger, die gestiegene Komplexität der gesellschaftspolitischen Probleme sowie eine Unzufriedenheit mit den Leistungen und den Ergebnissen des politischen Systems, vor allem von Politikern, Parteien und Parlamenten ausgemacht. Daraus resultierten Forderungen nach neuen Verfahren zur Lösung politischer Probleme (*von Arnim* 1990, *Inglehart* 1979, *Jann* 1996, *Wassermann* 1989, *Zillessen/Barbian* 1993).[1]

Die Lösung der politischen Probleme wird auch zukünftig fast eine Sisyphusarbeit sein, doch war eine Reaktion der Politik auf den Unmut der Bürger eine gewisse Gewährung von unmittelbaren Teilhaberechten beziehungsweise direkter Demokratie – in erster Linie auf kommunaler Ebene. Dabei ist die repräsentative Demokratie nicht automatisch partizipationsfeindlich, da sie in Einzelfällen direktdemokratische Politikinstrumente in das politische System integriert.

## 2   Was bedeutet „direkte Demokratie"?

Direkte Demokratie bedeutet die unmittelbare Einwirkung von Bürgerinnen und Bürgern in einem in der Regel demokratisch-legitimierten Gemeinwesen bzw. politischen System auf eine bestimmte Entscheidung. Dies geschieht unter Umgehung von Repräsentanten in Form von Abstimmungen durch Entscheidungen über Personen als Amtsträger oder als Votum über Sachfragen. Bei den Personalentscheidungen handelt es sich um die Direktwahlmöglichkeiten des Bürgermeisters oder Landrates auf kommunaler Ebene. Die Ministerpräsidenten auf Landesebene sowie Regierende und Erste Bürgermeister der drei Stadtstaaten werden vom Volk nicht direkt gewählt.[2] Zu den Sachvoten rechnet man Volksinitiative/Bürgerantrag, Volksbegehren und Volksentscheid auf Bundes- und Landesebene sowie insbesondere Bürgerbegehren und Bürgerentscheid auf kommunaler Ebene. Damit unterscheidet sich direkte Demokratie vom allgemeinen Wahlprinzip. Gleichwohl wird direkte Demokratie grundsätzlich nicht als Gegenprinzip zur repräsentativen Demokratie verstanden, sondern als eine Ergänzung im Prozess politischer Entscheidungsfindung. Weiterhin können verschiedene Formen direkter Demokratie unter-

---

[1] Auch im Bewusstsein einer politisch aktiven Bevölkerung wurden die vermeintlichen Funktionsdefizite der repräsentativen Demokratie als Herausforderung verstanden. In der sog. Partizipatorischen Revolution (*Barnes/Kaase* 1979; *Kaase* 1982), die, ausgehend von der amerikanischen Bürgerrechtsbewegung Ende der 1950er Jahre, schließlich alle hochentwickelten demokratischen Industriegesellschaften erfasste, sollten durch neu entstehende Formen politischer Partizipation bisher inaktive Gruppen an den politischen Prozess herangeführt, Einflussmöglichkeiten bereits aktiver Bevölkerungsteile effektiver und damit die Distanz zur politischen Ordnung verkleinert werden bzw. die Wünsche der Regierten durch die Regierenden stärker Berücksichtigung finden.

[2] An dieser Stelle sei erwähnt, dass es in der wissenschaftlichen Diskussion hinsichtlich der Direktwahlmöglichkeiten von Personen auch Auffassungen gibt, die einer Zuordnung zur direkten Demokratie widersprechen. In der Tat ließe sich an diesem Ort eine komplexe akademische Diskussion führen. Dies ist jedoch nicht die Intention dieses Buches. Der Herausgeber präferiert – aus guten Gründen – folgenden Diskussionsstrang: Wegen der unmittelbaren Entscheidung über ausschließlich zu wählende Personen als Amtsträger – in diesem Fall ohne eine Verknüpfung mit einer Listenverbindung oder der verbundenen primären Wahl einer Partei wie bei repräsentativen Parlamentswahlen – ist eine Zuordnung zur direktdemokratischen Variante legitim.

schieden werden, und zwar verfasste oder nicht verfasste. Verfasst ist direkte Demokratie an der Politik, wenn sie auf verbindliche Art institutionell verankert ist. Dies ist bei Einbindung in das Grundgesetz, einer Landesverfassung oder in einer Gemeindeordnung der Fall. Dazu können z.b. die kommunalen Partizipationsinstrumente Bürgerbegehren und Bürgerentscheid, die in den Gemeindeordnungen aufgeführt sind, gerechnet werden – im Gegensatz zu der nicht verfassten Beteiligungsform der Bürgerinitiative. Eine weitere Unterscheidung direktdemokratischer Partizipazion betrifft die jeweils angesprochene Ebene: Die Zielebene des politischen Systems, die durch eine Handlung erreicht werden soll, verbindet spezielle Beteiligungsformen der Bürger einmal auf den zentralen Systemebenen (Bund und Länder) und zum anderen in der Gemeinde.

## 3 Wofür steht „direkte Demokratie"?

Erst einmal steht direkte Demokratie für bedeutsame Postulate und Formen demokratischer Gesellschaften, die einen legitimations- und akzeptanzstiftenden Zweck erfüllen. Damit ist direkte Demokratie zweck- und zielorientiertes Handeln und zugleich abhängig von den jeweiligen politisch-institutionellen Kontexten. Unter demokratietheoretischen Gesichtspunkten können dabei direktdemokratische Instrumente das primär vertikal ausgerichtete repräsentativ-politische System als Gegengewicht entlasten, um die – vor überzogenen Erwartungen nicht selten als absoluter Maßstab geltende – repräsentative Demokratie differenzierter zu beurteilen und um die Akzeptanz politischer Entscheidungen zu erhöhen. So haben die Menschen das Bedürfnis, bei wichtigen politischen Entscheidungen mitbestimmen zu können (dies hat sich bei Umfragen über die Einführung des Euro oder die Rentenreform gezeigt). Die Anwendung direkter Demokratie erleichtert es den Menschen, Veränderungen zu akzeptieren, da sie auf Sachverhalte selbst Einfluss nehmen. Werden daher direktdemokratische Elemente in das repräsentative System eingebaut, kann dieser Aspekt tatsächlich gewisse entlastende und legitimationsstiftende Wirkungen für das Modell der repräsentativen Demokratie hervorbringen.

Auf diese Weise ergänzen direktdemokratische Elemente das Verfassungsgefüge und stellen eine Bereicherung der politischen Kultur dar. Dabei ist zu unterscheiden, dass das Grundgesetz praktisch jedwede Form plebiszitärer Willensäußerung ausschließt, von dem seltenen Fall einer Neugliederung des Bundesgebietes nach Artikel 29 GG einmal abgesehen. Vielgestaltiger und differenzierter sieht es jedoch auf der Länder- und Kommunalebene aus. Dort sind neben parlamentarischen auch direktdemokratische Entscheidungsregeln vorgesehen.

## 4    Wie entwickelte sich „direkte Demokratie"?

Die Hinwendung zu Formen direktdemokratischer Politikentscheidungen in
Deutschland nach dem Zweiten Weltkrieg kann auf relevante Prozesse des Werte-
wandels, veränderter Politik- und Lebensstile und damit korrespondierend neuen
Prioritätensetzungen von Bürgern und gesellschaftlichen Gruppen zurückgeführt
werden. Glaubhaft wird diese Hinwendung auch durch eine langjährige stabile
demokratische Alltagskultur, die zwischen dem einzelnen „Citoyen" und dem Staat
das Beziehungsgeflecht einer „Zivilgesellschaft" herausbildete. Schließlich wirkte
schon seit den 1960er Jahren in der „alten Bundesrepublik" eine Vielzahl von basisdemokratischen Initiativen und Bewegungen informell an der politischen Willensbildung mit. Zumindest begünstigend für die Einführung von direktdemokratischen Politikentscheidungen war auch die friedliche Revolution 1989/90 in der
ehemaligen DDR – verbunden mit der kritischen und beharrlichen Forderung der
Bürger beziehungsweise selbst organisierter Bürgerbewegungen nach erweiterten
Beteiligungsmöglichkeiten. Dies korrespondierte mit der (nicht immer ganz frei-
willigen) Einsicht der repräsentativen Politikakteure, die Gemeindeordnungen und
teilweise auch Landesverfassungen reformieren zu müssen und dabei dem Partizi-
pationsbedürfnis der Bevölkerung Rechnung zu tragen bzw. auf diesem Wege
einer befürchteten Verdrossenheit an den etablierten Parteien und Politikern entgegenzuwirken. Die durch diese Sachverhalte dynamischen Entwicklungen wurden
in den verschiedenen Gemeindeordnungen und Landesverfassungen schließlich
institutionell gefasst.

## 5    Welche Wirkungen erzeugt „direkte Demokratie"?

Als normativer Anknüpfungspunkt wird aus demokratietheoretischer Sicht auf den
Topos „Volksherrschaft" Bezug genommen, da die Volkssouveränität die höchste
Legitimationsbasis der Demokratie darstellt. Allerdings behalten sich die repräsentativen Steuerungsakteure auf den Landesebenen (sprich Landespolitiker)[3] vor,
wofür sie Bürgerentscheidungen öffnen würden, um aus einer Vielzahl von politischen Themen Sachbereiche herauszufiltern. Damit wird auch ersichtlich, dass

---

[3] Die Bundespolitik bleibt hier – wie bereits angedeutet – praktisch ausgeblendet, da bis auf Artikel 29
GG überhaupt keine direktdemokratischen Entscheidungsmöglichkeiten auf Bundesebene existieren.
Und mittelfristig schaut es auch nicht danach aus, dass die vertretenen Parteien im Bundestag sich auf
einen gemeinsamen Gesetzesentwurf zur Einführung weiterer direktdemokratischer Elemente in das
Grundgesetz einigen könnten. Für eine Grundgesetzänderung wäre nämlich eine Zweidrittel-Mehrheit
im Bundestag notwendig – über die üblichen Koalitionsgrenzen hinweg. Bei den zur Zeit dominierenden parteitaktischen Motiven ist dies wohl ein wenig vielversprechendes Unterfangen; dies zeigte sich
beispielsweise bei den heftigen Diskussionen um mögliche Volksabstimmungen über die Einführung
der Europäischen Verfassung und die zukünftige Aufnahme der Türkei in die Europäische Union.

direktdemokratische Partizipationsinstrumente keine eigenständigen und „frei schwebenden" Beteiligungsformen sind, sondern innerhalb der repräsentativen Demokratie institutionell gefasste Politikinstrumente.

Ein komplementäres Verhältnis von direktdemokratischen Komponenten und repräsentativer Demokratie muss jedoch auch berücksichtigen, ob direktdemokratische Politikentscheidungen auf der Output-Seite einen Niederschlag finden, um über ein allgemeines Demokratiepostulat (mehr Bürgerbeteiligung = mehr Demokratie) hinaus bewertet werden zu können, da sie sonst auf die Input-Seite des politischen Systems beschränkt bleiben. So sollte direkte Demokratie auch nach Effekten von Bürgerbeteiligung fragen, und ebenso sollte der Umfang der Bürgerbeteiligung mit den Funktionserfordernissen des politischen Systems und seinen Institutionen abgestimmt sein.

Die bisher zu beobachtenden Anwendungen und teilweise aufgetretenen Unzulänglichkeiten der „Strukturen" haben aber jedenfalls nicht dazu geführt, den demokratischen Fortschritt der direktdemokratischen Verfahren in Abrede zu stellen. Obwohl diese Partizipationsinstrumente kaum zum politischen „Alltagsgeschäft" gehören, haben nicht nur Parteien, sondern gerade auch Bürgerinitiativen und einzelne bzw. sich zusammenschließende aktive Bürger diese Form der unmittelbaren Bürgerbeteiligung für sich entdeckt. Auch wenn die allermeisten Entscheidungen weiterhin in den Gemeinderäten und den Landtagen fallen, ist die beschworene Gefahr einer elitären Gegenmobilisierung durch stärker institutionalisierte Akteure – Parteien, Verwaltungen, Verbände – geringer ausgefallen als zunächst vermutet werden konnte.

Insgesamt wurden direktdemokratische Partizipationsinstrumente in den Ländern und den Kommunen, nicht zuletzt wegen der vorhandenen Zulässigkeitsvoraussetzungen, von den aktiven Bürgern und Interessengruppen dosiert angewendet. Hin und wieder erinnert diese Form der unmittelbaren Bürgerbeteiligung die politisch Verantwortlichen daran, dass auch deren Handlungssouveränität inhaltlich und zeitlich begrenzt ist und der Bürgerstatus im Hinblick auf eine ausgeweitete Dimension von politischer Partizipation eine neue Einflussnahme gegen (mögliche) Uneinsichtigkeit und Ignoranz gewonnen hat.

## 6    Zur Konzeption dieses Bandes

Wie schon bereits erwähnt, stellen sich die direktdemokratischen Entscheidungsregeln auf der Länder- und Kommunalebene vielgestaltiger und differenzierter dar als auf der Bundesebene. Eine systematische und vergleichende Zusammenstellung der verschiedenen direktdemokratischen Formen in den deutschen Ländern liegt aber bisher noch nicht vor. Aus diesem Grund beschlossen die Landeszentralen für politische Bildung, wieder ein gemeinschaftliches Publikationsprojekt zu realisieren und dabei die einzelnen Länderbeiträge selber zu verfassen oder in Auftrag zu geben. Die Landeszentralen sind quasi der „geborene" Impulsgeber für ein solches Buchprojekt, da sie unter anderem die bildungspolitische Aufgabe haben, die Bürgerinnen und Bürger in der Wahrnehmung demokratischer Verantwortung in Staat und Gesellschaft zu unterstützen und ein Forum für entsprechende Diskussionsprozesse zu bieten.

Zur Orientierung sollen den Leserinnen und Lesern bei den alphabetisch geordneten Länderbeiträgen folgende vergleichbare Parameter dienen: Neben kurzen Beschreibungen historischer Entwicklungen zur Einführung direktdemokratischer Elemente werden Landesebene und kommunale Ebene gesondert dargestellt, die speziellen direktdemokratischen Elemente der Stadtstaaten (z.B. Bezirksebenen) berücksichtigend. Auf der Landesebene stehen Volksinitiative/Bürgerantrag sowie Volksbegehren und Volksentscheid im Mittelpunkt. Die kommunale Ebene enthält die thematischen Schwerpunkte Bürgermeisterdirektwahl (s.a. Direktwahl des Landrats) sowie die kommunalen Partizipationsinstrumente Bürgerbegehren und Bürgerentscheid. Aber auch weitere Formen unmittelbarer Demokratie auf kommunaler Ebene (z.B. Unterrichtung der Einwohner, Anregungen und/oder Beschwerden, Einwohner- oder Bürgerantrag) werden porträtiert. Institutionelle Voraussetzungen, empirische Ergebnisse zu direktdemokratischen Sachverhalten sowie kurze Bewertungen bilden den inhaltlichen Rahmen. Anknüpfend an die Länderbeiträge bietet Otmar Jung, der aus politikwissenschaftlicher und verfassungspolitischer Sicht durch seine gehaltvollen Arbeiten die direktdemokratischen Diskussionen in Deutschland begleitet und entscheidend gefördert hat, einen umfassenden und pointierten Überblick zu Grundsatzfragen direkter Demokratie. Das abschließende Glossar zur direkten Demokratie dient der zusätzlichen Veranschaulichung der Gesamtthematik. Dem nordrhein-westfälischen Herausgeber bleibt somit noch die selbstverständliche Verpflichtung, seinen Landeszentralenkolleginnen und -kollegen sowie den beteiligten Autorinnen und Autoren für dieses Gemeinschaftswerk herzlich zu danken.

 ## Literatur

*Arnim*, Hans Herbert von 1990: Möglichkeiten unmittelbarer Demokratie auf Gemeindeebene, in: Die Öffentliche Verwaltung (DÖV) – Heft 3, S. 85-97

*Barnes,* Samuel H./Max *Kaase* u.a. 1979: Political Action. Mass Participation in Five Western Democracies, Beverly Hills/London

*Inglehart*, Ronald 1979: Wertewandel in den westlichen Gesellschaften: Politische Konsequenzen von materialistischen und postmaterialistischen Prioritäten, in: Helmut *Klages*/Peter *Kmieciak* (Hrsg.), Wertewandel und gesellschaftlicher Wandel, Frankfurt a.M./New York, S. 279-316

*Jann*, Werner 1996: Regieren ohne Wirkung? Was Regierungen können und was sie nicht können, in: Gegenwartskunde 3/1996, S. 301-308

*Kaase*, Max 1982: Partizipatorische Revolution – Ende der Parteien, in: Joachim *Raschke* (Hrsg.), Bürger und Parteien. Ansichten und Analysen einer schwierigen Beziehung, Opladen, S. 173-189

*Schmidt*, Manfred G. 1995: Demokratietheorien. Eine Einführung, Opladen

*Wassermann*, Rudolf 1989: Die Zuschauerdemokratie, München

*Zillessen*, Horst/Thomas *Barbian* 1993: Einleitung, in: Horst *Zillessen*/Peter C. *Dienel*/Wendelin *Strubelt* (Hrsg.), Die Modernisierung der Demokratie, Opladen, S. 11-39

*Zimpel*, Gisela 1970: Der beschäftigte Mensch. Beiträge zur sozialen und politischen Partizipation, München

# Direkte Demokratie in Baden-Württemberg

*Hans-Georg Wehling*

## 1 Einleitung : Das „Mutterland direkter Demokratie"

Baden-Württemberg hat, wenn es um Direkte Demokratie geht, die längste und ausgeprägteste Tradition in Deutschland. Dieses Bundesland verfügt seit seiner Gründung 1952 über direktdemokratische Elemente in der Landesverfassung, vor allem aber in der Gemeindeordnung: Jahrzehnte lang war Baden-Württemberg das einzige Bundesland, welches das Referendum als unmittelbare Entscheidungsmöglichkeit der Ortsbürger vorsah, in Form von Bürgerbegehren und Bürgerentscheid. Mit Bayern zusammen war Baden-Württemberg zudem auch das Land, das die Direktwahl des Bürgermeisters kannte, ebenfalls seit Jahrzehnten. Auch die Möglichkeit, die Stimmzettel bei Kommunalwahlen zu ändern – durch Gewichtung (Kumulieren) und Ergänzung unter Rückgriff auf das Angebot anderer Listen (Panaschieren) –, wird man zu den Elementen direkter Demokratie rechnen können. Die Stimmbürger können also in Baden-Württemberg seit eh und je unmittelbar sowohl Sachentscheidungen (Referendum) als auch Personalentscheidungen (Plebiszit) treffen. Im bundesweiten Vergleich wird man Baden-Württemberg als das „Mutterland direkter Demokratie" bezeichnen können, auch wenn die „Kinder" inzwischen möglicherweise der Mutter längst über den Kopf gewachsen sind. Im Folgenden interessieren die rechtliche Ausgestaltung von Referendum und Plebiszit und die Nutzung dieser Instrumentarien, wobei ein Zusammenhang zwischen beidem bestehen kann, je nachdem, wie restriktiv die Regelungen ausgestaltet sind. Dabei wird nach den Ebenen Landes- und Kommunalpolitik zu unterscheiden sein. Anschließend wird dann auf die bundesweite Entwicklung und ihre mögliche Rückwirkung auf Baden-Württemberg eingegangen, das bedeutet auch: In welcher Weise werden sich die Elemente direkter Demokratie in Baden-Württemberg vermutlich weiter entwickeln? Abschließend wird eine Gesamtwürdigung versucht, verbunden mit der Frage, inwieweit die vorhandenen Elemente direkter Demokratie sich mit der für die Bundesrepublik Deutschland charakteristischen repräsentativen Demokratie vertragen. Die Gliederung des Beitrags ist damit vorgegeben.

## 2 Elemente direkter Demokratie in der Landesverfassung

Zur Würdigung der Verfassung von Baden-Württemberg muss beachtet werden, dass das Land erst 1952 entstanden ist, mit Hilfe eines Sonderartikels im Grundgesetz (Art. 118 GG), nach der Gründung der Bundesrepublik Deutschland und nach Verabschiedung und In-Kraft-Treten des Grundgesetzes, und zwar aus den zuvor existierenden Ländern Württemberg-Baden (Hauptstadt Stuttgart), Baden (Freiburg) und Württemberg-Hohenzollern (Tübingen). Dementsprechend ist die Verfassung Baden-Württembergs am Grundgesetz orientiert und hatte dessen Abneigung gegen jede Form direkter Demokratie und damit strikte Ausrichtung am Modell der repräsentativen Demokratie vor Augen. Gleichwohl kannte die Verfassungsgebende Versammlung in Stuttgart heftige Diskussionen darüber, inwieweit dennoch das Volk unmittelbar in den Entscheidungsprozess einbezogen werden sollte. Dafür machte sich insbesondere die CDU stark, während SPD und FDP sich als engagierte Verfechter einer strikt repräsentativen Demokratie gerierten. Die CDU verlangte sogar, die neue Verfassung des Landes einer Volksabstimmung zu unterziehen, damit sie einen um so stärkeren demokratischen Rückhalt und ein moralisches Gewicht erhielte; auch damit blieb sie in der Minderheit. In drei Bereichen sieht die Verfassung des Landes Baden-Württemberg die Möglichkeit einer unmittelbaren Einbeziehung der Bevölkerung vor: bei der Gesetzgebung, bei Verfassungsänderungen und bei der Auflösung des Landtags. Die Regelungen der Verfassung sind jedoch so restriktiv ausgefallen, dass sie bis zum heutigen Tage bedeutungslos geblieben sind. Auch hier war es die CDU, die praktikablere Modalitäten vorgeschlagen hatte, nach bayerischem Muster: „Mehrheit ist Mehrheit", Abstimmungsquoren sollte es nicht geben, doch die CDU konnte sich auch damit nicht durchsetzen. Die baden-württembergische Verfassung sieht von Anfang an vor, dass eine Volksabstimmung über ein Landesgesetz stattfinden kann, wenn ein Drittel der Landtagsabgeordneten es verlangt (Art. 60). Die Verfassung kann durch Volksabstimmung geändert werden, wenn die Hälfte der Mitglieder des Landtags das beschließt (Art. 64). In beiden Fällen bedarf eine gültige Volksabstimmung der Mehrheit der Abstimmungs*berechtigten*. Die Möglichkeit einer Volksgesetzgebung auf Grund einer Volksinitiative wurde zunächst vollkommen abgelehnt und konnte erst 1974 in die Verfassung aufgenommen werden (Art. 59 und 60). Vorgesehen war bis dahin nur die Möglichkeit, ein vom Landtag beschlossenes Gesetz vor seiner Verkündung dem Wahlvolk zur Abstimmung vorzulegen (von einem Drittel der Mitglieder des Landtags beantragt, Art. 60,2), wie damals auch schon in den Ländern Bayern, Berlin und Rheinland-Pfalz. Alle diese Angebote direkter Demokratie in der Landesverfassung sind ohne Bedeutung geblieben, nicht zuletzt wohl wegen der abschreckenden Konditionen. Lediglich die Möglichkeit, via Volksbegehren die Auflösung des Landtags anzustreben, ist genutzt worden, und zwar einmalig 1971. Doch hier lag mit dem Erfordernis von lediglich 200.000

Unterschriften die Eingangsvoraussetzung für ein Begehren denn auch außerge-
wöhnlich niedrig. Hinter diesem 1971 praktiziertem Volksbegehren stand die „Liga
für eine demokratische Verwaltungsreform in Baden-Württemberg e. V.", die auf
diesem Wege die in Gang befindliche Gebietsreform (Gemeinde- und Kreisreform,
Änderung der Grenzen der Regierungsbezirke) verhindert wollte. Nach erfolgreichem Volksbegehren fand am 19.9.1971 eine Volksabstimmung über die Auflösung des Landtags statt. Doch diese scheiterte kläglich, nur 16 Prozent der Abstimmungsberechtigten beteiligten sich. Davon stimmten 45,6 Prozent dagegen,
54,4 Prozent waren für eine Landtagsauflösung, das waren 8,6 Prozent der Stimmberechtigten. Da ein erfolgreiches Volksbegehren an die niedrige Bedingung von
lediglich 200.000 Unterschriften gebunden war, für den erfolgreichen Volksentscheid jedoch mehr als 50 Prozent der Abstimmungsberechtigten (das waren damals etwa 3 Mio.) erforderlich waren, musste man bei dieser Verfassungsbestimmung von einer eingebauten Frustration sprechen. Der Verfassungsgeber hat daraus seine eigene Konsequenz gezogen und das Einleitungsquorum auf ein Sechstel
der Wahlberechtigten angehoben (Art. 43,2), das Mehrheitserfordernis blieb unverändert.

## 3    Bürgerbegehren und Bürgerentscheid in der
Kommunalpolitik – die rechtlichen Regelungen

Die direktdemokratischen Möglichkeiten in Baden-Württemberg sind einzig und
allein auf kommunaler Ebene von faktischer Bedeutung, beim Referendum unter
Inanspruchnahme von § 21 der Gemeindeordnung. Nur auf der Ebene der Gemein-
de haben bislang die Bürgerinnen und Bürger – Deutsche wie EU-Bürger – von der
Möglichkeit auch Gebrauch gemacht, entscheidend in den politischen Willensbildungsprozess einzugreifen anstelle des Repräsentativorgans Gemeinderat. Die
Voraussetzung für einen konkreten Bürgerentscheid kann der Gemeinderat schaffen, wenn er mit zwei Drittel seiner Mitglieder beschließt, eine Angelegenheit den
Bürgern zur Entscheidung vorzulegen (*Ratsbegehren*, § 21,3 GemO). In diesem
Fall verzichtet der Rat von sich aus auf das ihm zustehende Entscheidungsrecht
zugunsten der Bürgerschaft. Mittels eines *Bürgerbegehrens* kann die Bürgerschaft
eine solche Delegation der Entscheidungsbefugnis aber auch erzwingen (§ 21,3).
Dafür müssen mindestens 10 Prozent der Abstimmungsberechtigten dem Begehren
beitreten, mit nach steigender Gemeindegröße fallenden Obergrenzen (das ist
durchweg Standard in Deutschland). Bürgerbegehren richten sich – nicht rechtlich
zwingend, aber faktisch – durchweg gegen Entscheidungen des Rats, sie müssen
innerhalb von vier Wochen nach Bekanntgabe des Gemeinderatsbeschlusses eingereicht werden. Den statistischen Unterlagen lässt sich allerdings nicht zweifelsfrei
entnehmen, in welchen Fällen ein Bürgerbegehren unabhängig von einem voraus-

gehenden Ratsbeschluss erfolgt ist, dem Rat also mittels Bürgerbegehren „auf die Sprünge geholfen" werden sollte. Die wesentlichen Gegenstände für ein Referendum auf kommunaler Ebene sind in der Gemeindeordnung in einem *Positivkatalog* aufgeführt, der wichtigste bezieht sich auf:

> „die Errichtung, wesentliche Erweiterung und Aufhebung einer öffentlichen Einrichtung, die der Gesamtheit der Einwohner zu dienen bestimmt ist" (§ 21, Abs. 1 Ziff. 1 GemO B-W).

Hier kommt es darauf an, genau zu lesen und die Interpretationen zu kennen: Nicht dazu gehören *einmalige* Veranstaltungen (Ausstellungen, Messen), Einrichtungen (Kindergärten) in einem *Ortsteil*, Neubau von *Rathäusern* (!). *Straßenbauten* – auch die (rechtlich vorgeschriebene) Stellungnahme einer Gemeinde zu einer sie betreffenden Straßenbaumaßnahme des Bundes oder des Landes – können durch Beschluss des Gemeinderats (Erweiterung der Hauptsatzung, also der „Verfassung" einer Gemeinde) zu den Gegenständen hinzu kommen, die einem Bürgerentscheid unterliegen. Diese Möglichkeit wird immer wieder auch nachträglich geschaffen, wenn Rat und Verwaltung sehen, dass der Widerstand gegen eine Straßenbauplanung sehr groß ist. Ein Bürgerentscheid schafft dann klare Verhältnisse, jeder weiß, woran er ist, Friede kehrt wieder ein. Ähnlich ist es bei Fragen des *Bebauungsplans*. Ein *Negativkatalog* (§ 21,2) listet die Gegenstände auf, über die ein Referendum nicht zulässig ist. Dass dazu die Staatsaufgaben, welche die Gemeinde nach Weisung zu erledigen hat, gehören, ist ebenso selbstverständlich, wie die Tatsache, dass mit dem Referendum keine rechtswidrigen Ziele verfolgt werden dürfen. Nicht zulässig sind ferner Abstimmungen über die organisatorischen und rechtlichen Regelungen der Gemeindeverwaltung einschließlich der, die die Gemeinderäte und den Bürgermeister betreffen. Von besonderer Bedeutung sind die finanziellen Angelegenheiten der Gemeinde wie Haushaltssatzung einschließlich aller Arten von Abgaben: über diese ist ein Referendum nicht statthaft. Über dieses Verbot wird sich rechtspolitisch streiten lassen. Hier schlägt sich die Furcht nieder, die Bürger könnten einerseits aus Neid die Einkünfte von Bürgermeister, Gemeindebediensteten und Entschädigungen für die Räte kürzen, gleichzeitig Gebühren, Entgelte aus purem Eigennutz herabsetzen; zum andern bei Ausgaben maßlos und unverantwortlich sein. Außerdem wird den Bürgern in Haushaltsfragen Inkompetenz unterstellt. In der Schweiz sieht man das ganz anders: Gerade in Fragen von Haushalt und größeren Ausgaben müssen die Bürger einbezogen werden. Die empirischen Befunde zeigen in der Schweiz – und lassen es auch bei uns erkennen –, dass die Bürgerschaft viel zurückhaltender bei Ausgaben ist als das Repräsentativorgan. Es sind eher Rat und Verwaltung, welche die „Spendierhosen" anhaben, als die Bürger. Auch in Baden-Württemberg sprechen die Erfahrungen für diese Version (vgl. den Fall Reutlingen 2002, s. u.).

Andere Beschränkungen in der Ausübung des direktdemokratischen Eingriffs-
rechts sind kein allzu ernsthaftes Hindernis, wie die Einhaltung von *Fristen* oder
das Erfordernis eines *Deckungsvorschlags*, wenn ein Bürgerentscheid Kosten ver-
ursacht: Der Rechtsprechung zu Folge reicht es, wenn angegeben wird: „Kredit-
aufnahme".

## 4 Bürgerbegehren und Bürgerentscheid in der Kommunalpolitik – Empirische Befunde

Wie sieht in Baden-Württemberg die die Praxis des Instruments Bürgerbegehren
und Bürgerentscheid aus? Zunächst bleibt zu konstatieren: Das Instrument wird
erstaunlich selten in Anspruch genommen. Die meisten Bürgerentscheide fanden
statt, als in Baden-Württemberg Ende der 1960er bis Anfang der 1970er Jahre die
kommunale Gebietsreform lief, die die Zahl der Gemeinden und der Landkreise
drastisch reduzieren sollte. Entsprechende Bürgerentscheide waren durchweg von
den Gemeinderäten initiiert, mit dem Ziel, gegenüber der Landesregierung die
eigene Position in bezug auf die Zukunft der eigenen Gemeinde bzw. deren Zuordnung zu den neu geschaffenen Landkreisen durch ein nachweisbares klares Bür-
gervotum gestärkt zu bekommen. Das ist ein historischer Sonderfall, den wir für
unsere weitere Analyse getrost vergessen können. Konzentrieren wir uns auf die
Zeit danach, auf den Zeitraum seit 1976, vor allem auch deshalb, weil seitdem das
*Erfolgs*-Quorum von 30 Prozent gilt, das die Mehrheit ausmachen muss. Zuvor galt
ein Quorum, dass eine Abstimmungs*beteiligung* von mindestens 50 Prozent forderte. Damals war eine Entscheidung allein schon dadurch zu verhindern, dass die
Gegner eines Petitums dazu aufriefen, der Abstimmung fern zu bleiben – die Un-
haltbarkeit eines derartigen Quorums wurde eingesehen, niemand hat in einem
anderen Bundesland später an eine solche Möglichkeit überhaupt noch einmal
gedacht.Von 1976 bis Ende 2004 gab es in Baden-Württemberg insgesamt 304
Anläufe zu einem Bürgerentscheid nach § 21 der Gemeindeordnung, wovon 63 (=
20,7 Prozent) durch einen Gemeinderatsbeschluss (Ratsbegehren) zustande gekommen sind, insgesamt sind das im Durchschnitt 10,5 pro Jahr. In jeweils etwa
der Hälfte der Jahre wurde der Durchschnitt unter- bzw. überschritten. Die höchste
Zahl wurde 1991 mit 19, 1996 mit 18 Bürgerentscheiden erreicht, die niedrigste
1976 mit zwei. Diese Zahlen sind vor dem Hintergrund zu sehen, dass es in Baden-
Württemberg seit der kommunalen Gebietsreform insgesamt 1.110 Gemeinden
gibt. Schaut man sich die Fälle genauer an, fällt zweierlei auf: Erstens wird erkennbar, dass einige Gemeinden besonders aktiv in der Nutzung von Bürgerbegehren und -entscheiden sind. Das bedeutet allerdings auch, dass durch diese Mehrfachfälle die Zahl der Gemeinden mit praktiziertem Referendum geringer ist als die
genannten Fallzahlen zeigen. Insgesamt gibt es 65 Mehrfachfälle von Referenden

in Baden-Württemberg. Zieht man diese von der Gesamtzahl ab, bleiben 239 Gemeinden (= 21,5 Prozent aller Gemeinden) übrig, in denen in diesem Zeitraum von 29 Jahren der Anlauf zu einem Bürgerentscheid unternommen worden ist. Durchschnittlich in acht Gemeinden findet also pro Jahr der Versuch statt, einen Bürgerentscheid zu initiieren. Spitzenreiter waren bisher Karlsruhe (282.000 Einwohner (E.), jeweils gegenwärtige Zahlen) und Murrhardt (Rems-Murr-Kreis, 14.362 E.) mit jeweils fünf Fällen, es folgen Bisingen (Zollern-Alb-Kreis, 9.220 E.), Hagnau (Bodenseekreis, 1.340 E.) und Reutlingen (113.000 E.) mit je vier Fällen. Interessant wäre, die Mehrfachfälle genauer zu recherchieren. In den „Mehrfach-Gemeinden" könnte ein Lernprozess stattgefunden haben: Wenn man schon einmal einen Bürgerentscheid praktiziert hat, versucht man es auch wieder, selbst wenn beim erstenmal das Quorum verfehlt worden ist, vielleicht mit dem Ergeiz, beim zweiten Mal es besser anzustellen. Die Mehrfach-Nutzung kann aber auch ein Ausdruck einer besonderen regionalen und/oder lokalen politischen Kultur sein: Bürgerbegehren/-entscheide als ein Ausdruck einer ausgeprägten partizipatorischen politischen Kultur oder auch einer dezidierten Streitkultur. Wer sich im Land auskennt, mag diese Vermutungen nicht von der Hand weisen. Beide Annahmen scheinen von Bedeutung zu sein.

Zweitens wird sichtbar, dass es in etlichen Gemeinden in derselben Angelegenheit zwei Anläufe hintereinander gegeben hat. Erklärung: Dazwischen liegt eine Änderung der Hauptsatzung mit einer Erweiterung der Liste mit den Gegenständen, über die ein Bürgerentscheid stattfinden kann. Das ist nach der Gemeindeordnung von Baden-Württemberg möglich, solange deren Negativkatalog respektiert wird. Dahinter steckt dann die Einsicht der Ratsmitglieder, den Bürgern eine Entscheidung in Fragen, die diese für wichtig ansehen, nicht vorenthalten zu sollen. 17mal war das in Baden-Württemberg im genannten Zeitraum der Fall. Von 241 angestrebten Bürgerbegehren sind 108, d. h. 44,8 Prozent, nach Prüfung durch den Gemeinderat als nicht zulässig erklärt worden, davon 62, weil sie keine wichtige Gemeindeangelegenheit im Sinne des § 21 GemO darstellten, das sind 57,4Prozent der nicht akzeptierten Bürgerbegehren. Die Mehrzahl davon (14) betraf Straßenbaumaßnahmen (einschließlich Stellungnahme der Gemeinde zur übergeordneten Straßenplanung) oder Fragen des Bebauungsplanes (12). Die übrigen als nicht zulässig abgewiesenen Bürgerbegehren wiesen nicht die erforderliche Unterschriftenzahl auf, betrafen nicht Gemeindeaufgaben (Selbstverwaltungsaufgaben), waren nicht fristgerecht eingereicht worden oder es fehlte ihnen der erforderliche Deckungsvorschlag für die entstehenden Kosten. Neun Bürgerbehren erledigten sich dadurch, dass der Gemeinderat sich das Anliegen zu eigen machte – ein klarer Erfolg des Bürgerbegehrens! Somit fanden in Baden-Württemberg im Untersuchungszeitraum 1976 – 2004 insgesamt 187 Bürgerentscheide statt. 126 sind gültig zustande gekommen, das sind 67,3 Prozent; 62 sind demgegenüber am erforderlichen Quorum von 30 Prozent der Abstimmungsberechtigten gescheitert, also nahezu jeder dritte. Wie viele Bürgerentscheide *im Sinne des Bürgerbegehrens* ausgefallen sind, lässt sich nicht mit Sicherheit sagen, die Statistik des Innenministeriums geht davon aus, dass es 56 waren, 19 seien nicht im Sinne des Bürgerbegehrens gewesen, der große Rest ist unbekannt. Gerechtfertigt wird ein Quorum damit, dass man Zufallsmehrheiten verhindern möchte. Unterstellt wird dabei immer wieder, dass die mit der Ratsentscheidung Zufriedenen nur schwer zur Teilnahme an einer Abstimmung zu motivieren seien. Jedenfalls ist strittig, ob diejenigen, die nicht zur Wahl oder Abstimmung kommen, mit dem, wie es ist, zufrieden sind oder nicht (sei es ein Sachverhalt oder eine Person). Die „Bunker-Entscheide" von 1986 in Baden-Württemberg mögen etwas Licht in diesen Streit bringen. Insgesamt wurde damals in vier Gemeinden darüber abgestimmt, ob bei einer städtischen Baumaßnahme (Straßentunnel) nicht auch gleich ein atombombensicherer Bunker eingerichtet werden sollte, denn dafür konnte man hohe Zuschüsse vom Bund bekommen, die die Baumaßnahme insgesamt erheblich verbilligt hätten. Die Ablehnung von Bunkern war überall prozentual vergleichbar hoch:

| | |
|---|---|
| Nürtingen | 85,19 % Nein |
| Reutlingen | 88,76 % Nein |
| Denkendorf | 73,8 % Nein |
| Schramberg | 88,54 % Nein |

Überall wurde auch das Quorum von 30 Prozent erreicht, mit Ausnahme von Reutlingen, dort gab es nur eine Stimmbeteiligung von 27,1Prozent. – Was steckt dahinter? Sehr offen und demokratisch ging es in Nürtingen (40.000 E.) zu. Der Gemeinderat selbst war es, der – anders als in den anderen drei Gemeinden – den Bürgerentscheid veranlasste: Bei einer in der Bevölkerung so strittigen Angelegenheit sollte nicht an der Bürgermeinung vorbei entschieden werden. Damit die Bürger sich eine Meinung bilden konnten, wurde in der Stadthalle eine Bürgerversammlung veranstaltet, auf der sich Experten, unter neutraler Diskussionsleitung (nicht der Oberbürgermeister!), pro und contra äußerten. Die Veranstaltung war gut besucht, die Presse berichtete entsprechend umfangreich, die Abstimmungsbeteiligung machte dann auch 57,06 Prozent aus. In Reutlingen (113.000 E.), wo wie in Denkendorf (10.000 E.) und in Schramberg (19.000 E.), durch ein Bürgerbegehren der Bürgerentscheid gegen Verwaltung und Ratsmehrheit erzwungen worden war, hatte man aus dem Beispiel des benachbarten Nürtingen „gelernt" und die Informationspolitik auf möglichst „kleiner Flamme" gehalten, mit dem ausgesprochenen Ziel, die Abstimmung an der Beteiligung scheitern zu lassen – was auch gelang.

## 5 Bürgerbegehren und Bürgerentscheid in der Kommunalpolitik – Erfolgsbedingungen

Ein erfolgreicher Bürgerentscheid einen erfolgreichen *Kommunikations- und Organisationsprozess* voraus. Daraus folgt, dass die Erfolgschancen steigen, wenn sich eine mächtige Gruppe – eine Partei oder Interessengruppe – die Sache zu eigen macht. Aus eben denselben Gründen – Kommunikation und Organisation – folgt, dass mit sinkender Gemeindegröße die Erfolgschancen steigen. Schaut man sich die vorliegenden Daten an, zeigt sich, dass Bürgerbegehren und Bürgerentscheid weitgehend ein taugliches Element direkter Demokratie für Gemeinden bis 20.000 Einwohner (allenfalls noch bis 50.000 E.) sind. Davon gibt es gewichtige Ausnahmen: so die Stadt Ulm (120.000 E.), immer wenn es um die Gestaltung des Münsterplatzes geht. Hier haben wir es mit dem Integrationssymbol (Ulmer Münster) zu tun, das in der Stadt einfach jedermann bekannt – und heilig – ist. Bei der ersten derartigen Abstimmung (20. 9. 1987) wurde aber auch in Ulm das Quorum von 30 Prozent knapp verfehlt: Ja- und Nein-Stimmen hielten sich fast die Waage. Als es drei Jahre später (16. 12. 1990) wieder um den Münsterplatz ging, kam der Bürgerentscheid im Sinne des Bürgerbegehrens erfolgreich zustande. Das lässt sich so interpretieren: Der alte Bürgerentscheid war noch nicht vergessen, der Informationsgrad noch entsprechend hoch, auch das institutionelle Wissen um das Instrument Bürgerentscheid. Es kann hier also ein Lernprozess stattfinden, der das Instrument auch für größere Städte tauglich macht, die genannte Grenze ist also überwindbar, auch durch entsprechende breite Information (etwa durch Bürgerversammlung und vor allem durch die Presse). Ein vergleichbarer Fall mag der erfolgreiche Bürgerentscheid in der Stadt Reutlingen 2002 gewesen sein. Hier ging es um ein von der Stadt geplantes Kultur- und Kongresszentrum, das wegen seiner Dimensionierung von den Bürgern mit Skepsis betrachtet worden war. Es ging nicht prinzipiell um eine solche Einrichtung, denn dass Reutlingen eine angemessene Stadthalle benötigt, ist seit Jahrzehnten unstrittig. Oberbürgermeister und Rat konnten auch glaubhaft machen, dass unter den aktuellen Umständen ein solches hoch dimensioniertes Vorhaben finanzierbar sei. Die Skepsis der Bürger machte sich an den Folgekosten fest. Einer Bürgerinitiative gelang auf dieser Grundlage ein erfolgreiches Bürgerbegehren: Der Bürgerentscheid vom 20.10.2002 fand nicht nur eine deutliche Mehrheit, auch das 30 Prozent-Quorum wurde erreicht, obwohl der Gemeinderat die Verwirklichung des Kultur- und Kongresszentrums mit großer Mehrheit beschlossen hatte. Das Großprojekt war mit dem Bürgerentscheid vom Tisch. Die politischen Folgen gingen noch weiter: Oberbürgermeister Dr. Stefan Schultes (CDU), der das Kultur- und Kongresszentrum sehr stark zu seiner eigenen Sache gemacht hatte, verlor im Januar des darauf folgenden Jahres bei der anstehenden Wiederwahl sein Amt als Oberbürgermeister, gewählt wurde seine Herausforderin Barbara Bosch (parteilos), mit einem Stimmenverhältnis 40:60. Bei der

Gemeinderatswahl vom 13.6.2004 erreichte die Bürgerinitiative, die den Fall des Kultur- und Kongresszentrums betrieben hatte, mit einer eigenen Liste WIR (Wir In Reutlingen), auf Anhieb vier von insgesamt 40 Mandaten im Gemeinderat. Ein erfolgreicher Sprung sogar über die Marge von 200.000 Einwohnern gelang in Karlsruhe, als es um die Verkehrsführung der Straßenbahn in der engeren Innenstadt ging; beide Bürgerentscheide, 1996 und 2002, kamen erfolgreich zustande. Auch hier handelte es sich um ein Projekt, das jeder Karlsruher kannte und in seiner Bedeutung einzuschätzen wusste. Auch hier war zudem eine „Lernphase" vorausgegangen: 1979 gab es ein – abgewiesenes – Bürgerbegehren (Bau Nordtangente B 10). 1988 folgten zwei Bürgerbegehren in ein und derselben Sache (Bebauung Kronenplatz), das zweite war nach Änderung der Hauptsatzung zulässig, der folgende Bürgerentscheid erreichte jedoch nicht das 30Prozent-Quorum. Wenn ein Bürgerentscheid in einer Großstadt erfolgreich zustande kommen soll, müssen die Probleme, über die abgestimmt wird, für alle Bürger sichtbar und einschätzbar sein: symbolisch wie in Ulm, in ihrer Dimension (auch finanziell) wie im Falle Reutlingen, oder ein zentrales Problem die Kernstadt betreffen wie Karlsruhe. Der Vollständigkeit halber muss erwähnt werden, dass die Gemeindeordnung von Baden-Württemberg – in § 20b – auch die Möglichkeit eines Bürgerantrags vorsieht. Kommt ein Bürgerantrag erfolgreich zustande, muss sich der Gemeinderat mit dem vorgebrachten Thema befassen – doch wie er anschließend entscheidet, ist ausschließlich seine Sache. Bislang hat das Instrument des Bürgerantrags in der Kommunalpolitik denn auch keine Rolle gespielt. Die Möglichkeit zu einer Bürgerversammlung – § 20a – wird man kaum unter die Instrumente direkter Demokratie rechnen können: hier handelt es sich um ein kommunalpolitisches *Kommunikations*instrument. Insgesamt fassen wir die Definition direkter Demokratie eng: Es sind ausschließlich Entscheidungsinstrumente, die hier dazu gezählt werden, Bürgerversammlung und Bürgerantrag gehören dazu nicht.

## 6  Die Direktwahl des Bürgermeisters

Außer dem Referendum als Sachentscheidung kennt die Gemeindeordnung von Baden-Württemberg seit Bestehen des Landes auch das Plebiszit, die Direktenscheidung über Personen, genauer: die Direktwahl des Bürgermeisters. In Württemberg reicht diese Tradition bis ins 19. Jahrhundert zurück. Nur noch Bayern hat eine ähnlich lange Tradition der Direktwahl des Bürgermeisters aufzuweisen wie Baden-Württemberg. Anders jedoch als in Bayern – und jetzt in den anderen Flächenländern der Bundesrepublik – kann man sich in Baden-Württemberg nur als Individuum um das Amt bewerben, Vorschläge von Parteien oder Wählervereinigungen sind rechtlich irrelevant. Zudem zeichnet sich Baden-Württemberg dadurch aus, dass Kommunalwahlen und Bürgermeisterwahlen strikt voneinander getrennt

sind, um die Unabhängigkeit des Bürgermeisteramtes zu betonen: Eine Zusammenlegung ist nicht zulässig. So konnten bis zum heutigen Tage Bürgermeisterwahlen
Persönlichkeitswahlen bleiben, und zwar um so ausgeprägter, je kleiner die Gemeinde ist. Zum Zuge kommen vorzugsweise Bewerber mit vorheriger Verwaltungstätigkeit (ca. 89 Prozent), die vorwiegend von außerhalb der Gemeinde kommen und weitgehend parteidistanziert sind (rund die Hälfte ist sogar parteilos). Bis
1990 gab es keine Frau unter den hauptamtlichen Bürgermeistern, seitdem steigt
ihre Zahl rasant, gegenwärtig üben 27 Frauen das Amt des hauptamtlichen Bürgermeisters aus, von den neun Großstädten wird sogar jede dritte von einer Frau
geführt. In der Natur der Direktwahl des Bürgermeisters liegt es, dass der Bürgermeister auch einer Minderheitspartei am Ort angehören oder parteilos sein kann.
Die Möglichkeit, bei den Wahlen zu den Gemeinderäten Stimmen zu häufen (kumulieren) und Kandidaten von einer Liste zu einer anderen herüber zu holen (panaschieren), sorgt – den langjährigen baden-württembergischen Erfahrungen zu Folge – dafür, dass im Rat eher Honoratioren dominieren, die nicht ihrer Parteizugehörigkeit wegen, sondern auf Grund ihrer Verdienste – als Vereinsvorsitzende,
Angehörige prestigeträchtiger Berufe, Inhaber bekannter Geschäfte, Mitglieder
angesehener Familien – gewählt werden. Ratsmitglieder mit diesem Profil können
leichter kooperieren als dezidierte Parteimitglieder. So gesehen ist die Möglichkeit
zu kumulieren und zu panaschieren die notwendige Ergänzung zur Direktwahl von
Bürgermeistern. Bei jeder institutionellen Innovation ist somit immer das Instituti-
onen-Arrangement als Ganzes zu beachten. Bis auf Nordrhein-Westfalen und das
Saarland haben inzwischen alle Flächenländer zusätzlich zur Direktwahl des Bürgermeisters das Kumulieren und Panaschieren eingeführt. Die Landräte in Baden-
Württemberg werden dem gegenüber nach wie vor nicht direkt gewählt, sondern
von den Kreistagen, wie heute nur noch in Brandenburg. Änderungsvorstöße wurden bislang immer mit dem Argument zurückgewiesen, dass der Landrat nicht nur
der Chef eines Gemeindeverbandes (Landkreis) ist, sondern auch Vertreter des
Staates als Chef einer unteren Landesbehörde. Das trifft allerdings auch auf die
Oberbürgermeister der neun Stadtkreise zu, in denen Gemeinde und Kreis zusam-
menfallen. Das Argument scheint eher parteipolitischer Natur zu sein: Gegenwärtig
gibt es in Baden-Württemberg unter den Landräten nur Mitglieder der CDU – 26
von 36 – oder Parteilose (Angehörige der Freien Wähler) – acht; einer ist Mitglied
der FDP (Anfang 2005). Das könnte sich bei einer Direktwahl ändern, wie ein
Blick auf Bayern nahe legt: Dort stellen unter den Bedingungen der Direktwahl die
CSU 47 der insgesamt 71 Landräte, die SPD zehn, 14 gehören freien Gruppierungen an. Unter den Bedingungen der indirekten Wahl des Landrates ist der hohe
Anteil von Bürgermeistern als Mitglieder im Kreistag nicht unproblematisch, deren
Stellung noch dadurch verstärkt wird, dass sie weitgehend Schlüsselpositionen
einnehmen, wie Ausschuss- und Fraktionsvorsitz. Auch im zentralen Verwaltungs-
ausschuss des Kreistags sind die Bürgermeister besonders stark vertreten. Da das

Landratsamt es ist, dass die Aufsichts- und Kontrollfunktion des Staates über die Gemeinden ausübt, wählen also die Beaufsichtigten, die Bürgermeister, ihre Aufsichtsperson, den Landrat, selbst. Diese Problematik ließe sich durch die Direktwahl des Landrats durch die Kreisbürger entschärfen. Landratsposten werden, wenngleich nach rechtlich vorgeschriebenem Verfahren, in dem auch das Innenministerium mitwirkt, in Baden-Württemberg – salopp gesprochen – eher „ausgekungelt". Bei der Männerdominanz in den Kreistagen wundert es daher nicht, dass es bislang noch keine Frau geschafft hat, in Baden-Württemberg Landrätin zu werden. In Bayern, unter den Bedingungen der Direktwahl, sind es gegenwärtig (Anfang 2005) immerhin drei Frauen; auch in der Vergangenheit gab es dort weibliche Landräte. Die Landkreisordnung ist zu guten Teilen analog zur Gemeindeordnung konstruiert. So fallen auch Wahlen zum Kreistag und zum Gemeinderat zeitlich zusammen. Auch bei Kreistagswahlen gibt es die Möglichkeit zu kumulieren und zu panaschieren. Einen Bürgerentscheid auf Kreisebene gibt es in Baden-Württemberg – im Unterschied zu anderen Bundesländern – jedoch nicht, letztlich unter Berufung auf die Größe – und damit Unübersichtlichkeit – der Landkreise.

## 7   Zusammenfassende Würdigung

Elemente der direkten Demokratie können auf allen Ebenen des politischen Systems ein taugliches Instrument sein, Bürgerwünsche in den politischen Entscheidungsprozess wirksam einzubringen. Um das zu ermöglichen, müssen sie so gestaltet sein, dass sie auch nutzbar sind, mit denkbarem Erfolg. Diesem Anspruch genügen die direktdemokratischen Angebote der baden-württembergischen Landesverfassung nicht. So sind sie nicht zufällig in den über 50 Jahren des Bestehens des Südweststaates nie benutzt worden, sieht man von dem einmaligen Fall ab, in dem versucht worden ist, den Landtag via Volksentscheid aufzulösen. Die Artikel der Landesverfassung mit ihren direktdemokratischen Angeboten könnte man eigentlich streichen. Besser wäre noch, über die direktdemokratischen Angebote prinzipiell neu nachzudenken, orientiert an den Möglichkeiten, welche die bayerische Verfassung bietet. In Bayern scheint in der Vergangenheit das Wahlvolk verantwortungsvoll korrigierend in den landespolitischen Entscheidungsprozess eingegriffen zu haben. Das geschah seit Ende des Zweiten Weltkriegs rund ein Dutzend Mal, in sehr zentralen Fällen. Selbst die Möglichkeit von Bürgerbegehren und Bürgerentscheid in der Kommunalpolitik konnte 1995, gegen Parlamentsmehrheit, Staatsregierung und sie tragender dominanter Partei, mit Hilfe eines Volksentscheids nach der Landesverfassung in die Gemeindeordnung des Freistaats verankert werden, mit entsprechend großzügig gefassten Bedingungen. Das konnte geschehen, weil die institutionellen Gegebenheiten der Landesverfassung das ermöglichen. Anders als auf der Landesebene sieht es in Baden-Württemberg auf der kommunalen Ebene von Gemeinde und Kreis deutlich besser aus. Die Möglichkeiten zum Plebiszit auf Gemeindeebene mit der Direktwahl des Bürgermeisters sind optimal und haben bundesweit ihre Vorbildwirkung entfalten können. Eine analoge Regelung für die Wahl des Landrats lässt bislang auf sich warten. Generell ist die kommunale Ebene für die Bereitstellung direktdemokratischer Angebote besonders prädestiniert, können doch das Kandidatenangebot in Augenschein genommen und die zur Entscheidung stehenden Sachprobleme besser vermittelt werden. Unzufriedenheiten mit Personen und mit politischen Entscheidungen lassen sich auf diesen Wegen abbauen, den Bürgerinnen und Bürgern sind Korrekturmöglichkeiten in die Hand gegeben. Auch Bürgerinitiativen verfügen somit über einen institutionellen Kanal, ihre Anliegen durchzusetzen, selbstverständlich mit dem Risiko des Scheiterns. Insofern stellen Referenden eine Möglichkeit der Befriedung dar. Durch ein anlaufendes oder auch nur drohendes Bürgerbegehren geraten Rat und Verwaltung vielfach unter einen Rechtfertigungsdruck, Müssen nicht selten auch neu nachdenken über ihre eigenen Planungen, die unter dem Eindruck eines möglicherweise aufkommenden Bürgerbegehrens zwar nicht unbedingt fallengelassen, aber immerhin revidiert werden, mit dem Ziel, dem zu erwartenden Bürgerentscheid den Wind aus den Segeln zu nehmen. Darin liegt bereits ein Erfolg der Referendumsmöglichkeit, unabhängig vom späteren Ausgang.

Soll die Möglichkeit zum Referendum diese Wirkungen entfalten können, muss das Instrument jedoch offen genug ausgestaltet sein, in Hinblick auf den Umfang der Entscheidungsgegenstände als auch auf die geltenden Quoren bei der abschließenden Entscheidung. Je niedriger das Quorum im Falle des Bürgerentscheids, desto stärker auch die demokratische Auseinandersetzung, da die Gegner eines Petitums darum kämpfen müssen, dass der Ausgang des Bürgerentscheids nicht gegen ihre Interessen erfolgt. Diese Situation scheint mir in Baden-Württemberg nicht in zufrieden stellender Weise gegeben zu sein. Demgegenüber sind die gegenwärtig geltenden Unterschriftenquoren für ein Bürgerbegehren, das den Bürgerentscheid einleiten soll, annähernd unbedenklich: Eine Mindestunterstützung sollte ein Anliegen schon nachweisen können, bevor eine in jeder Beziehung aufwendige Abstimmungsprozedur eingeleitet wird. Schwer zu überwinden sind die Kommunikations- und die Organisationshürde. Das gilt für den Volksentscheid auf Landesebene, das gilt aber auch auf kommunaler Ebene in den größeren Städten. Von zentraler Bedeutung sind dafür die Massenmedien, die eine wichtige Rolle spielen – oder doch wenigstens spielen sollten – bei der Beförderung einer neuen, demokratischeren Kultur der politischen Auseinandersetzung. Eine solche *Streitkultur setzt Kommunikation voraus*, und die ist mit zunehmender Größe weitgehend nur – medial – vermittelt möglich. Sie setzt aber auch *Information* voraus, sonst wird nur leeres Stroh gedroschen. Für Kommunikation und Information zu sorgen, ist die genuine Aufgabe der Massenmedien in der Demokratie, auch in der lokalen. Die Möglichkeiten direkter Demokratie müssen auch *inhaltlich* im Sinne von Output gewürdigt werden. Das kann für Baden-Württemberg sinnvoller Weise nur für die kommunale Ebene geschehen. Für das Amt des Bürgermeisters kann konstatiert werden, dass die Bürger allerhöchste Qualitätsmaßstäbe in ihrem (Aus-)Wahlverhalten anlegen: sie wählen Profis mit Entscheidungskraft und Bürgernähe, die unabhängig von Parteien und Gruppierungen am Ort als Bürgermeister aller Einwohner ihres Amtes walten, mit zumeist klaren Vorstellungen, wohin sich ihre Gemeinde entwickeln soll. Nicht zufällig werden sie in den allermeisten Fällen immer wieder gewählt, so dass lange Amtszeiten die Regel sind. Andererseits bedeutet das: Der Bürgermeister muss ständig über seine Amtsführung nachdenken, muss Qualität bieten. Für inhaltliche Vorgaben muss er die Bürger gewinnen können und darf dabei die Nähe zu den Bürgern nicht verlieren. Sonst besteht akute Gefahr, das Amt zu verlieren. Hier bestand bislang ein deutlicher Kontrast zum Profil jener Bürgermeister, die von den Repräsentativorganen gewählt worden waren: Da Machtverteilung ein Nullsummenspiel ist, hatten die Räte ein starkes Interesse an schwachen Bürgermeistern. Hinzu kommt in Baden-Württemberg, dass rechtlich Parteien und Wählervereinigungen kein Vorschlagsrecht für die Kandidatenauswahl besitzen, von daher ist das Bewerberfeld offener, was der Erfahrung nach der Qualität der Bürgermeister zu Gute kommt. Auch beim Instrument Bürgerbegehren und Bürgerentscheid muss gefragt werden: Was bringt dieses Instrument für die Kommunalpolitik inhaltlich? Die Antwort: *Allein durch seine Existenz wird Kommunalpolitik prinzipiell besser.* Die repräsentativen Gremien haben Konkurrenz bekommen. Das heißt: Gemeinderäte müssen sich mehr anstrengen, um Bürgerbegehren und Bürgerentscheide nicht heraufzubeschwören. Sie können weniger als anderswo die Bürgermeinung ignorieren. Das bedeutet letztlich, mit Bürgerbegehren und Bürgerentscheid wird keinesfalls ein Systemwechsel eingeleitet – weg von der repräsentativen Verfassung zur direkten Demokratie. Vielmehr gilt: Elemente direkter Demokratie erhöhen die Funktionsfähigkeit der repräsentativen Demokratie! Wenn aber diese verbessernde Wirkung eintreten soll, muss das Instrument scharf sein, d.h. von seinen Modalitäten her praktikabel. Letztlich also stellt das Referendum ein marktwirtschaftliches Element in der Kommunalverfassung dar, wie es für die Demokratie der Bundesrepublik Deutschland systemkonform ist: Sie beruht auf Wettbewerb von Ideen, personellen und programmatischen Angeboten. Damit der Wettbewerb für die Dauer der Amtszeit von Gemeinderäten durch faktische Kartellbildung nicht ausgeschaltet ist, muss die Möglichkeit zum zwischenzeitlichen Auftritt von Konkurrenz bestehen, wie sie mit der Möglichkeit zum Referendum gegeben ist. Im Prinzip kommt es gar nicht darauf an, das Instrument aktiv zu nutzen, es entfaltet seine Wirkung allein durch seine Existenz. Denn repräsentative Demokratie bleibt ein sinnvolles Mittel zu Arbeitsteilung und damit zur Entlastung der Stimmbürgerschaft, die ja auch nur über ein begrenztes Zeitbudget im Leben verfügt. Das Referendum ist nichts weiter als eine „Korrekturtaste". Sowohl Plebiszit als auch Referendum dienen damit letztlich der Qualitätssicherung von Politik.

## 8 Ausblick

Einen Markstein, wenn nicht gar eine Wende in der Diskussion über mehr direkte Demokratie hat die Mitgliederbefragung der CDU Baden-Württemberg vom November 2004 bedeutet, bei der die CDU-Mitglieder befragt wurden, wer die Nachfolge von Erwin Teufel als Ministerpräsident antreten sollte. Die Beteiligung war mit 71 Prozent sehr hoch. Der Abstimmung voraus geschaltet waren sechs Regionalveranstaltungen (14.–24.11.2004), die schätzungsweise von fast 10.000 Menschen besucht wurden. Damit hatten etwa 12 Prozent der 80.000 CDU-Mitglieder im Lande die Chance genutzt, sich von den Kandidaten einen persönlichen Eindruck zu verschaffen. All das erinnerte stark an die offiziellen Kandidatenvorstellungen bei Bürgermeisterwahlen, an welche die Menschen hierzulande gewöhnt sind; auch bei diesen Veranstaltungen platzen die Gemeindehallen aus allen Nähten. Selbst wenn der Vorschlag einer Mitgliederbefragung rein taktischem Kalkül entsprungen war, hat die CDU Baden-Württembergs damit doch Standards gesetzt, hinter die sie nicht mehr zurück kann. Das wird die Diskussion um mehr direkte Demokratie beflügeln, in Baden-Württemberg, aber auch bundesweit. So wird man in Baden-Württemberg von einer Abmilderung der allzu restriktiven Regelungen ausgehen können, etwa was die Höhe des Quorums bei Bürgerentscheiden, aber auch was die Gegenstände angeht, über die ein Bürgerentscheid stattfinden kann: Die Positivliste wird verschwinden, die Negativliste bleibt, das Quorum für einen erfolgreichen Bürgerentscheid wird auf mindestens 25 Prozent gesenkt werden. Allzu lange hatte sich Baden-Württemberg mit dem Renommee begnügt, das Mutterland direkter Demokratie zu sein.

Auch die Frage, ob nicht auch in Baden-Württemberg die Landräte, wie in anderen Bundesländern, künftig direkt zu wählen sind, wird nicht vom Tisch kommen, selbst wenn die Landräte in Baden-Württemberg nach der Verwaltungsreform, die zum 1.1.2005 in Kraft getreten ist, zu einem erheblich höheren Prozentsatz als bisher Staatsaufgaben zu erfüllen haben. Insofern markiert die Befragung der CDU-Mitglieder (= des Partei*volks*), deren Ergebnisse am 2.12.2004 bekannt gegeben worden sind, möglicherweise den Abschied vom alten Modell der strikt repräsentativen Demokratie in Deutschland. „Opas Modell" der rein repräsentativen Demokratie aus der Zeit des Nachkriegsdeutschlands mit seiner Fixierung auf den Untergang der Weimarer Republik und auf die Bedrohung durch den Kommunismus vor der eigenen Tür scheint der Todesstoß versetzt zu sein.

## 📋 Literatur

Paul Feuchte: Verfassungsgeschichte von Baden-Württemberg. Stuttgart 1983.

Otmar Jung/Franz-Ludwig Knemeyer: Im Blickpunkt: Direkte Demokratie. Landsberg am
Lech 2001.

Franz-Ludwig Knemeyer: Bürgerbeteiligung und Kommunalpolitik. 2. Auflage Landsberg
am Lech 1997.

Andreas Kost/Hans-Georg Wehling (Hrsg.): Kommunalpolitik in den deutschen Ländern.
Wiesbaden 2003.

Landeszentrale für politische Bildung Baden-Württemberg (Hrsg.): Taschenbuch Baden-
Württemberg. Gesetze – Daten – Analysen. Stuttgart Neuausgabe 2004.

Theodor Pfizer/Hans-Georg Wehling: Kommunalpolitik in Baden-Württemberg. 3. Auflage,
Stuttgart 2000.

# Direkte Demokratie in Bayern

*Bärbel Martina Weixner*

## 1 Einleitung

Bayern ist das flächenmäßig größte und mit rund zwölf Millionen Einwohnern nach Nordrhein-Westfalen das bevölkerungsreichste Bundesland der Bundesrepublik Deutschland. Die politische Ordnung bestimmt sich wie in den anderen Ländern Deutschlands gemäß des Homogenitätsprinzips des Art. 28 GG aus der Landesverfassung. Bayern blickt dabei zusammen mit Hessen auf die älteste Verfassungstradition der Nachkriegsgeschichte zurück. Nach einer Volksabstimmung, die es durchweg in allen vorgrundgesetzlichen Landesverfassungen gab, trat die Bayerische Verfassung bereits 19 Monate nach Ende des Zweiten Weltkriegs, am 8. Dezember 1946 in Kraft.[1]

Die repräsentative Demokratie in Bayern mit den wesentlichen Elementen der Gewaltenteilung und des Rechtsstaates wird durch ausgeprägte Elemente der direkten Demokratie ergänzt. Die Verfassung gliedert sich in vier Hauptteile, wobei der erste Hauptteil sich Aufbau und Aufgaben des Staates widmet, der zweite Grundrechte und Grundpflichten nennt, der dritte das Gemeinschaftsleben betrifft und der vierte sich mit Wirtschaft und Arbeit beschäftigt. Plebiszitäre Elemente beinhaltet die Bayerische Verfassung in Art. 18 Abs. 3 BV bzgl. der Abberufung des Parlaments per Volksentscheid, sowie in den Art. 70 bis 76 BV zur Volksgesetzgebung und Verfassungsänderung. Grundlage bildet dabei der Art. 2 der Verfassung, der Bayern als Volksstaat und das Volk als Träger der Staatsgewalt definiert.

Die Regelungen zur unmittelbaren Bürgerbeteiligung finden in Bayern so häufig wie in keinem anderen deutschen Bundesland Anwendung. Bislang gab es in Bayern 15 durchgeführte Volksbegehren;[2] 13 mal kam es zum Volksentscheid.[3]

Dem in Bayern stark ausgeprägten Demokratiebedürfnis der Bürger musste die Bayerische Staatsregierung 1995 weiter nachgeben: Im Wege eines Volksbegehrens mit anschließendem Volksentscheid wurden zum 1. November 1995 das kommunale Bürgerbegehren und der kommunale Bürgerentscheid eingeführt.

---

[1] Bayerisches GVBl. 1946, S.333, zuletzt geändert 2003 (GVBl. 2003, S.816f.)

[2] Insgesamt wurden bis Januar 2005 27 Anträge auf Zulassung von Volksbegehren gestellt; 10 mal lehnte der Bayerische Verfassungsgerichtshof die Zulassung jedoch ab, z.B. auch 1993 und 1999 Anstöße zur Senkung der Eingangsquoren bei Volksbegehren.

[3] Einschließlich obligatorischer Verfassungsreferenden, Quelle: Statistisches Landesamt Bayern.

Erstmals und bisher einmalig wurden im Verfahren von Volksbegehren und Volksentscheid weitere Instrumente unmittelbarer Bürgerbeteiligung eingeführt.[4] Während der ersten sieben Jahre wurden bereits über 1.000 kommunale Initiativen gestartet, wovon rund zwei Drittel in Abstimmungen mündeten.

Ab 1989 haben nach und nach alle Bundesländer – mit Ausnahme Berlins – die Instrumente kommunaler Bürgerbeteiligung nach dem Vorbild Baden-Württembergs, wo es Bürgerbegehren und Bürgerentscheid bereits seit 1956 gibt, eingeführt. Diesem bundesweiten Trend zur Stärkung der direkten Beteiligungsformen folgt auch die fortschreitende Einführung der Direktwahl der kommunalen Amtsträger Bürgermeister und Landrat in nahezu allen Bundesländern. Hier wirkte die bewährte Süddeutsche Ratsverfassung, die in Bayern seit 1952 so verfasst ist, als Vorbild.

Im folgenden sollen die historische Entwicklung, die verfassungsrechtlichen Grundlagen und ihre Einschränkungen sowie die bisherige praktische Anwendung von plebiszitären Elementen, aber auch die Fülle weiterer Formen unmittelbarer Bürgerbeteiligung auf Landes- und kommunaler Ebene verfassungs- und verfahrensrechtlich wie empirisch beleuchtet werden.[5]

## 2  Kurze historische Entwicklung zur Einführung direktdemokratischer Elemente in Bayern

Bayern kann auf eine lange plebiszitäre Verfassungstradition zurückblicken, die mit der Bamberger Verfassung vom 12. August 1919[6] begann. Im Rahmen der Beratungen wurde der Beteiligung des Volkes über die Wahlen hinaus große Bedeutung für die Entwicklung und Gestaltung eines republikanischen Staatswesens beigemessen. Bei allem Zweifel an der demokratischen Kompetenz des Volkes hielt man eine „starke Schranke gegen die Allmacht oder Willkür des Landtags" jedoch für angemessen. So wurden Volksbegehren und Volksabstimmung – wenn auch zurückhaltender als in der fast zur gleichen Zeit entstandenen Weimarer Reichsverfassung – in der Bamberger Verfassung konstituiert. Die Beteiligung des Volkes wird nach formalen Gesichtspunkten gegliedert: Volksbegehren (§ 10 Abs. 1 und 2 BamV) und „Volksentscheidung" (§ 10 Abs. 3 BamV). Volksbegehren können demnach gerichtet sein auf:

- Abänderung der Verfassung (Verfassungsinitiative),

---

[4] In Hamburg gelang zudem im Wege des Plebiszits eine Veränderung bestehender kommunaler Bürgerrechte.
[5] Ausführlich dazu: Bärbel Weixner: Direkte Demokratie in den Bundesländern. Verfassungsrechtlicher und empirischer Befund aus politikwissenschaftlicher Sicht. Opladen 2002.
[6] In Kraft gesetzt am 15. September 1919.

- Erlass, Abänderung und Aufhebung von Gesetzen (Gesetzesinitiative),
- Einberufung oder Auflösung des Landtags (recall),
- Bestätigung oder Ablehnung eines vom Landtag beschlossenen Gesetzes vor seiner Ausfertigung und Verkündung durch Volksentscheidung (Referendumsinitiative).

Die Volksentscheidung findet statt, wenn:

- der Landtag ein Volksbegehren verändert oder ablehnt (§ 76 Abs. 3 Satz 1 BamV),
- der Landtag ein Gesetz beschlossen hat und eine erfolgreiche Referendumsinitiative die Volksentscheidung verlangt (§ 77 Abs. 2 BamV), auch bei vom Landtag unverändert angenommenem Volksbegehren (§76 Abs.3 Satz 4 BamV),
- der Landtag ein Gesetz ohne Volksbegehren beschlossen hat und das Gesamtministerium, sprich das Kabinett, die Volksentscheidung anruft (§ 77 Abs. 2 BamV, Regierungsreferendum),
- ein Volksbegehren zur Auflösung des Landtags erfolgreich war (§ 30 Abs. 4 BamV).

Volksbegehren und Volksentscheidung über finanzwirksame Gegenstände (Steuern und Abgaben, Besoldung der Staatsbeamten) waren – wie auch heute allgemein üblich – bereits in der Bamberger Verfassung ausgeschlossen. Weiterhin durfte es keine Volksentscheidungen über Staatsverträge, Grenzregelungen, die Einrichtung von Behörden, die Ausführung von Reichsgesetzen oder die vom Landtag als dringend bezeichneten Gesetze geben (§77 Abs.1; § 10 Abs. 1 Ziff. 2; § 77 Abs. 2 BamV). Der zuletzt genannte Aspekt eröffnete dem Landtag rein formal die Möglichkeit, die plebiszitäre Beteiligung des Volkes einzuschränken oder gar abzuschaffen.

Die Unterstützung eines Volksbegehrens bei einfachen Gesetzen musste durch ein Zehntel der Staatsbürger erfolgen, bei Verfassungsgesetzen sowie zur Einberufung oder Auflösung des Landtags durch ein Fünftel. Eine Volksentscheidung wurde wirksam, wenn mindestens 20 Prozent bei einfachen Gesetzen, mindestens 40 Prozent bei verfassungsändernden Gesetzen der stimmberechtigten Bevölkerung daran teilgenommen hat. Es genügte die einfache Mehrheit, bei Verfassungsänderungen eine Zweidrittelmehrheit der abgegebenen Stimmen. Eine Auflösung des Landtags wurde nur wirksam, wenn wenigstens die Hälfte der Stimmberechtigten teilgenommen hatte und mindestens zwei Drittel der Stimmen für die Auflösung abgegeben worden waren.

Im politischen Prozess der Weimarer Zeit spielten Volksbegehren und -entscheidung kaum eine Rolle in Bayern. Lediglich 1924 wurde ein zweiteiliges

Volksbegehren beantragt, das zum einen die Auflösung des Landtags forderte, zum zweiten die Ermächtigung für den Landtag schaffen sollte, künftig die Umgestaltung der Verfassung mit einfacher Mehrheit zu beschließen. Die beiden Volksbegehren wurden zugelassen und erreichten bis zum 17. Februar 1924 die notwendige Unterstützerstimmenzahl. Da der Landtag sich daraufhin selbst auflöste, kam der erste Teil des Volksbegehrens nicht mehr zum Volksentscheid. Im Volksentscheid am 6. April 1924 wurde die von der Bayerischen Volkspartei angestrebte Neuregelung für Verfassungsänderungen abgelehnt.[7]

Nach dem zweiten Weltkrieg haben die Bundesländer Baden-Württemberg,[8] Bayern, Berlin, Hessen, Nordrhein-Westfalen, Rheinland-Pfalz und das Saarland plebiszitäre Elemente in ihre Verfassungen aufgenommen. Jedoch wurden in der Bayerischen Nachkriegsverfassung Volksbegehren und Volksentscheid wesentlich enger gefasst als noch in der Bamberger Verfassung. Im bundesdeutschen Ländervergleich bekam Bayern aber die weitreichendsten direktdemokratischen Regelungen.

Dies ist im Wesentlichen auf die bayerischen Verfassungsväter zurückzuführen. Der Staatsrechtler Hans Nawiasky und der zweite bayerische Ministerpräsident Wilhelm Hoegner (SPD) verbrachten die Kriegsjahre im Schweizer Exil und wurden dort in ihren Anschauungen maßgeblich vom Erleben der Schweizer unmittelbaren Demokratie geprägt. Wilhelm Hoegner wurde am 8. Februar 1946 von der amerikanischen Militärregierung beauftragt, einen Ausschuss zur Vorbereitung einer Bayerischen Verfassung zu bilden. Dem 9-köpfigen Gremium gehörten Hans Nawiasky (als Sachverständiger), der Ministerpräsident, fünf Minister bzw. Staatssekretäre und die Münchner Bürgermeister Karl Scharnagl und Thomas Wimmer an. Der zwischen 8. März und 9. Mai 1946 erarbeitete Entwurf, den Hoegner bereits in groben Zügen im Schweizer Exil konzipiert hatte, fand größtenteils in das endgültige Verfassungswerk Eingang. Die dort niedergelegten Regelungen für Volksbegehren und Volksentscheid, im Verfassungsausschuss der Verfassunggebenden Landesversammlung vom 13. August bis 20. September 1946 kaum diskutiert, wurden übernommen und sind bis heute nahezu unverändert[9] Bestandteil der bayerischen Verfassungspraxis.[10]

---

[7] Vgl. ausführlich bei Bocklet, Reinhold: Volksbegehren und Volksentscheid in Bayern, in: ders. (Hrsg.): Das Regierungssystem des Freistaats Bayern, Bd. II. München 1979, S. 322f.

[8] Bis 1952 die Länder Württemberg-Baden, Württemberg-Hohenzollern und Baden, ebenfalls mit plebiszitären Komponenten in der Verfassung.

[9] Ausnahme: Einführung von Bürgerbegehren und Bürgerentscheid 1995, Einführung eines Quorums für volksinitiierte Verfassungsänderungen 1999.

[10] Verfassungsrechtliche Normen für das Volksbegehren Art.74 Abs.1-5 BV, für den Volksentscheid Art.73, 74 Abs.6-7 BV, zur Verfassungsänderung Art.75 Abs.2 Satz 2 BV, zum Themenausschluss Art.73, zur plebiszitären Parlamentsauflösung Art.18 Abs.3 BV; entsprechende Ausführungsbestimmungen enthalten das Landeswahlgesetz und die Landeswahlordnung.

Der erste Volksentscheid fand am 1. Dezember 1946 über die Verfassung statt. Bei einer hohen Abstimmungsbeteiligung von 75,7 Prozent stimmten 70,6 Prozent der Bürger für die Annahme der Verfassung. Bis zum nächsten Volksentscheid über die Abschaffung der Bekenntnisschulen vergingen fast 22 Jahre. In den 1970er Jahren und seit Beginn der 1990er Jahre belebte sich die direktdemokratische Kultur in Bayern mit insgesamt zwölf Volksbegehren. Durch die Einführung plebiszitärer Elemente auf Gemeinde- und Landkreisebene setzte sich der Aufwärtstrend weiter fort.

Bezogen auf die kommunale Bürgerbeteiligung verlief die Entwicklung in Bayern sehr langsam. Zwischen 1990 und 1994 beschlossen die meisten Länder Regelungen für Bürgerbegehren und Bürgerentscheid; Baden-Württemberg machte bereits 1956 den Anfang. Mittlerweile gibt es in jedem Bundesland – mit Ausnahme Berlins – direkte kommunale Mitbestimmungsmöglichkeiten.[11] Über die Einführung von Bürgerbegehren und Bürgerentscheid wurde in Bayern schon sehr früh diskutiert. Bereits 1949 forderte der Bayerische Landtag die Staatsregierung auf, einen entsprechenden Gesetzentwurf vorzulegen. Der vom damaligen bayerischen Innenminister Wilhelm Hoegner 1951 vorgelegte Entwurf scheiterte jedoch im Landtag mit knapper Mehrheit. 1982 scheiterte ein erster Versuch, über einen Volksentscheid den Bürgerentscheid einzuführen an den notwendigen Unterschriften für den Zulassungsantrag. 1993 begann der zweite Versuch auf Initiative des Vereins „Mehr Demokratie in Bayern e.V." 25.000 Unterschriften für den Zulassungsantrag waren bis Ende 1993 gesammelt; das Volksbegehren wurde mit Verzögerung zugelassen.[12] Beim Volksbegehren vom 6. bis 19. Februar 1995 trug sich 13,7 Prozent der stimmberechtigten Bevölkerung ein. Da der Landtag zwar inzwischen ebenfalls für die Einführung von Plebisziten auf kommunaler Ebene war, aber aus Angst vor der Durchsetzung von Einzelinteressen einen eigenen Entwurf mit hohen Hürden und Themenausschluss verabschiedete, kam es am 1. Oktober 1995 zum Volksentscheid.

36,8 Prozent der Stimmberechtigten beteiligten sich an der Abstimmung. 57,8 Prozent davon unterstützten den Entwurf der Initiative „Mehr Demokratie"; 38,7 Prozent stimmten für den konkurrierenden Entwurf des Bayerischen Landtages; 3,4 Prozent der Abstimmenden lehnte beide Entwürfe ab. Damit hatte sich das Volksbegehren durchgesetzt. Das Gesetz über den kommunalen Bürgerentscheid trat am 1. November 1995 in Kraft. Bürgerbegehren und Bürgerentscheid wurden in der Bayerischen Verfassung (Art. 7 Abs. 2 und Art. 12 Abs. 3 BV) verankert und in die Bayerische Gemeinde- und Landkreisordnung entsprechende Artikel (Art. 18 a GO bzw. 25 a LO) eingefügt. Damit begann der Siegeszug der kommunalen direkten Demokratie in Bayern, mit über 1.200 Bürgerbegehren in neun Jahren. Zwar ist

---

[11] Zuletzt eingeführt in Niedersachsen 1996, Saarland 1997.

[12] Ein nahezu zeitgleich angestrebtes Begehren zur Senkung der Hürden bei landesweiten Volksbegehren „Faire Volksentscheide im Land" wurde aus rechtlichen Gründen 1994 nicht zugelassen.

die Zahl der Verfahren nach dem dringenden Bedarf der ersten drei Jahre rückläu-
fig, doch an der regen Nutzung des Instruments konnte auch die Korrektur der
bürgerfreundlichen Regelungen durch das Urteil des Bayerischen Verfassungsgerichtshofs vom 29. August 1997 nichts ändern. Zum 1. April 1999 trat ein Änderungsgesetz in Kraft, das ein Zustimmungsquorum beim Bürgerentscheid einführt,
die Schutzwirkung gegenüber dem Gemeinderat zeitlich nach hinten verschiebt
und die Bindung des Gemeinderats an den Bürgerentscheid verkürzt. Positiv ist
anzumerken, dass zugleich mit der Gesetzesnovellierung auch der längst überfälli-
ge *Bürgerantrag* institutionalisiert wurde.[13]

Ein neuerliches Volksbegehren zum „Schutz des kommunalen Bürgerentscheids" 1999 wurde vom Bayerischen Verfassungsgerichtshof im April 2000
nicht zugelassen. Dies war zusammen mit einem weiteren Volksbegehren zur Reform der landesweiten Volksgesetzgebung, das ebenfalls per Entscheidung des
Verfassungsgerichts im März 2000 nicht zugelassen wurde, der bislang letzte Versuch, die Volksgesetzgebung in Bayern zu ändern. Die gegenwärtigen Regelungen
für unmittelbare Bürgerbeteiligung auf Landes- und kommunaler Ebene können
insgesamt als weitgehend bürgerfreundlich angesehen werden, wie auch ein Ranking unter den 16 Bundesländern, nach qualitativen Merkmalen vom Verein „Mehr
Demokratie e.V." im Herbst 2003 erstellt, zeigt. Bayern wird hier als einziges
Bundesland mit „gut" (2,45) bewertet.[14]

## 3  Die Landesebene

In Bayern spricht man von einer sogenannten zweistufigen Volksgesetzgebung.
Die Verfassung kennt nur zwei Elemente direkter Demokratie: Volksbegehren und
Volksentscheid.[15] Neben Bayern gibt es nur noch in drei anderen Bundesländern
(Baden-Württemberg, Hessen, Saarland) diese zweistufige Form.[16]

---

[13] Art. 18 b der Gemeindeordnung, analog Art. 12 b der Landkreisordnung.
[14] Auf Landesebene „befriedigend" (3,2), auf kommunaler Ebene „gut" (1,7); nur Hamburg kommunal
besser bewertet: „gut" (1,5), insgesamt „befriedigend" (2,55). Die Durchschnittsnote aller Bundesländer
liegt bei „ausreichend" (4,2).
[15] Im Gegensatz zur dreistufigen Volksgesetzgebung; hier gibt es die Möglichkeit einer Volksinitiative
(auch Volksantrag, Einwohnerinitiative oder Bürgerantrag) mit niedrigeren Unterstützerquoren; dabei
kann der Landtag, meist unabhängig von einem ausgearbeiteten Gesetzentwurf, mit Angelegenheiten
befasst werden. Entspricht der Landtag nicht den Forderungen der Initiative, kann die nächste Stufe mit
dem Volksbegehren eingeleitet werden. Meist ersetzt die erfolgreich zugelassene Volksinitiative den
Antrag auf Zulassung eines Volksbegehrens.
[16] Zuletzt führte Nordrhein-Westfalen 2002 die dreistufige Volksgesetzgebung ein.

## 3.1 Das Volksbegehren in Bayern

Ein Volksbegehren ist stets darauf gerichtet, ein Landesgesetz oder die Verfassung zu ändern oder zu ergänzen. Volksbegehren und Volksentscheid über den Staatshaushalt sind dabei ausdrücklich verboten (Art. 73 BV). Jedem Volksbegehren muss dementsprechend ein ausgearbeiteter, begründeter Gesetzentwurf zugrunde liegen (Art. 74 Abs. 2 BV). Dem Begehren geht der Antrag auf Zulassung eines Volksbegehrens voran. Unabhängig von der Art (Gesetzes- oder Verfassungsänderung) verlangt die Bayerische Verfassung 25.000 Unterschriften wahlberechtigter Bürger, um den Antrag auf Zulassung beim Bayerischen Staatsministerium des Innern stellen zu können. Der Innenminister entscheidet nach formaler Prüfung der Unterstützerlisten binnen sechs Wochen über die Zulässigkeit. Nimmt er an, dass das Begehren inhaltlich unzulässig ist, obliegt die materielle Prüfung dem Bayerischen Verfassungsgerichtshof. Für die Entscheidung hat das Gericht drei Monate Zeit. Lässt der Verfassungsgerichtshof das Begehren zu, muss der Innenminister spätestens vier Wochen nach der Entscheidung die Zulassung mit dem Eintragungstermin bekannt geben. Wird ein angestrebtes Volksbegehren für unzulässig erklärt, die inhaltliche Begründung von den Initiatoren aber nicht anerkannt, kann eine endgültige Prüfung durch den Verfassungsgerichtshof veranlasst werden. So hatte beispielsweise der Bayerische Innenminister 1976 ein Volksbegehren, das sich gegen die vom Landtag beschlossenen Einschränkungen der Lehrmittelfreiheit richtete, mit Verweis auf das Finanztabu nicht zugelassen. Der Bayerische Verfassungsgerichtshof ließ jedoch das Begehren in Teilen zu. Ebenso verhielt es sich bei dem Volksbegehren über den Entwurf eines Bayerischen Abfallwirtschaftsgesetzes „Das bessere Müllkonzept" 1990. Gescheitert sind dagegen am Finanztabu die Zulassung des Volksbegehrens „Bessere Schulen" und „Keine Klasse über 30" im November 1994.

*Übersicht:* Themenbezogene Aufstellung aller initiierter Volksbegehren nach zeitlicher Entstehung und Durchführung

| Jahr | Thema | Ausgang[1] [2] |
|------|-------|----------------|
| 1965 | für ein Waldsicherungsgesetz | VB n. zugel. (rechtl.) |
| 1966/67 | für christliche Gemeinschaftsschule, FDP | VB n. erf. |
| 1967/68 | für christliche Gemeinschaftsschule als Regelschule, SPD | VE n. erf. |
| 1967/68 | für christliche Volksschule, CSU | VE n. erf. |
| 1971 | gegen die demokratische Gebietsreform | VB n. erf. |

| | | |
|---|---|---|
| 1972 | Einführung des Art.111 a BV, Rundfunkfreiheit | VB erf.; Ltg. übernimmt Entw. für VE |
| 1976 | für Lernmittel- und Schulwegekostenfreiheit | VB n. zugel. |
| 1977 | Zweiter Antrag für Lernmittel- und Schulwegekostenfreiheit | VB n. erf. |
| 1977 | Erweiterung des Senats um Sport-, Behinderten- und Naturschutzverbände | VB n. erf. |
| 1978 | Aktionsgemeinschaft demokratische Gebietsreform: Gemeindegebietsreform nur per Gesetz | VB n. zugel. |
| 1985 | für die Errichtung eines Nationalparks Bodenwöhrer Senke | VB n. zugel. (rechtl.) |
| 1987 | Standorte kerntechnischer Anlagen (Wackersdorf) | VB n. zugel. (rechtl.) |
| 1990/91 | „Das bessere Müllkonzept" | VE n. erf. |
| 1994 | „Bessere Schulen" | VB n. zugel. (finanz.) |
| 1994 | „Keine Klasse über 30" | VB n. zugel. (finanz.) |
| 1994 | Faire Volksentscheide im Land | VB n. zugel. (rechtl.) |
| 1995 | Einführung des kommunalen Bürgerentscheids | VE erf. |
| 1998 | für die Abschaffung des Bayerischen Senats | VE erf. |
| 1998 | für die Kennzeichnung gentechnikfreier Produkte aus Bayern „Gentechnikfrei aus Bayern" | VB n. erf. |
| 1999/2000 | für eine demokratische Wahl der Richterinnen und Richter an bayer. Gerichten und am BayVerfGH  „Macht braucht Kontrolle – Unabhängige Verfassungsrichter in Bayern" | VB v. Staatsreg. n. zugel. -> BayVerfGH a. 24.2.2000 als 2 VBs zugel. -> Richter-VB abgebr., VB zu Verf.richtern v. 9.-22.5.2000 n.erf. |
| 1999/2000 | für „die bessere Schulreform" gegen den Ausbau der sechsstufigen Realschule | VB zugel. -> VB v. 15. – 28.2.2000 -> VB n. erf. |

| | | |
|---|---|---|
| 1999/2000 | Für „Mehr Demokratie in Bayern – Schutz des kommunalen Bürgerentscheids" | VB n. zugel., Bay VerfGHE v. 13.4.00 |
| 1999/2000 | „Mehr Demokratie in Bayern – Faire Volksentscheide im Land" zur Reform der landesweiten Volksgesetzgebung | VB n. zugel. -> Bay Verf GHE v. 31.3.00 |
| 2001-2003 | „Menschenwürde ja – Menschenklonen niemals zur Aufnahme des Embryonenschutzes in die Landesverfassung" | VB zugel. -> VB v.22.5. – 4.6.03 -> VB n. erf. |
| 2002/2003 | „Wer bestellt, muss auch zahlen" zur Aufnahme des Konnexitätsprinzips in die Landesverfassung | VB zugel. -> VB v. 20.6. – 3.7.2003 angesetzt, nicht durchgeführt wg. entsprechender Verf.änderung |
| 2004 | „Aus Liebe zum Wald" zur Verhinderung der geplanten Forstreform und gegen die Privatisierung des Waldes | VB zugel. -> VB v. 16. – 29.11.04 -> VB n. erf. |

1) formal: aus formalen Gründen (z.b. Quorum nicht erfüllt) abgelehnt
   rechtl.: aus rechtlichen Gründen (z.b. nicht Landeskompetenz, Vorhaben unbegründet) abgelehnt
   finanz.: wegen des Ausschlusses finanzwirksamer Vorhaben abgelehnt
2) Anhang: Plebiszitäre Ansätze, die (noch) nicht in Zulassungsanträgen für Volksbegehren mündeten:

1981    VB von ÖDP als ersten Anlauf einer Aktion Bürgerentscheid in bayer. Gemeinden und Kreisen angekündigt
1987    ÖDP will mit Hilfe eines VB erreichen, dass Mitglieder der bayer. Staatsregierung nur noch in Ausnahmefällen Posten in Aufsichtsräten übernehmen dürfen (Pressebericht, SZ v. 26.5.87)
1993-1997    VB für ein eigenes Bundesland Franken (in einer BVerfGE 1997 abgelehnt)
1995    SPD kündigt VB gegen die Pläne Stoibers zur Auflösung der ARD an, aufgegeben (Pressebericht, ZfDD Nr.27, 2/1995, S.12)
1995    VB „Für Religionsfrieden in der Schule" im Zusammenhang mit dem „Kruzifix-Urteil" des Bundesverfassungsgerichts; Unterschriften reichen nicht für Zulassungsantrag (Quelle: ZfDD Nr.29, 4/1995, S.19)
1996/97    VB gegen besonderes bayerisches Abtreibungsrecht angekündigt, Initiative „Gleiches Recht – auch für Bayerns Frauen" (B90/Die Grünen, Pro Familia, IG Medien) erreicht nicht die notwendigen 25.000 Unterschriften (Presseberichte, z.B. SZ v. 25.6.96, 4.7.96, FOCUS v. 24.6.96, Augsburger Allgemeine v. 24.7.96)
1996    VB zur Wiedereinführung des Buß- und Bettages in Bayern angekündigt (Pressebericht, Fränkischer Tag v. 26.1.96)

| 1996 | Sportlehrer wollen notfalls mit VB Sparbeschlüsse der Staatsregierung beim Schulsport stoppen (Pressebericht, SZ v. 26.7.96) |
|------|------|
| 1998 | Republikaner sammeln Unterschriften für einen Zulassungsantrag für ein VB gegen die Einführung des Euro, gescheitert an mangelnder Unterstützung. |
| 1998-2000 | Unterschriftensammlung für einen Zulassungsantrag zum VB „Wir gegen die Rechtschreibreform in Bayern", Ende 1999 noch nicht die erforderliche Unterstützung erreicht, am 13.3.2000 endgültig gestoppt. |
| 1998-2000 | VB „Kein neues Atomkraftwerk in Bayern": Initiative der ÖDP, von April bis Juli 1998 26.000 Unterstützerunterschriften gesammelt, Erledigung der Standortdebatte per Landtagsbeschluss im April 2000, kein Zulassungsantrag eingereicht. |
| 1999 | VB zur Reform der Hochschulen gegen die Studiengebühren und für Demokratisierung der Hochschulen; Unterschriftensammlung für den Zulassungsantrag zum VB „Bessere Bildung in Bayern" initiiert von den Allgemeinen Studentenausschüssen (ASTA) der Universitäten angekündigt für Start Herbst 2000, Start Sommer 2001, mittlerweile eingestellt. |
|       | 2004 VB „Gerecht sparen, auch an der Spitze": Initiative der ÖDP zur Streichung der kostenlosen Altersversorgung von Politikern und dem Verbot von Aufsichtsratsposten und Beraterverträgen für Abgeordnete, Unterschriftensammlung im März 2004 gestartet, bis Herbst die notwendigen 25.000 Unterschriften beisammen, Einreichung des Zulassungsantrages am 3. Januar 2005. |
| 2004 | VB „Für Gesundheitsvorsorge beim Mobilfunk": Initiative der ÖDP mit dem Ziel der Einführung einer Genehmigungspflicht für Mobilfunkanlagen, erweiterte Mitspracherechte für Bürger und Gemeinden beim Aufbau neuer Netze, Unterschriftensammlung im März 2004 gestartet, bis Juni die notwendigen 25.000 Unterschriften beisammen, Einreichung im Sommer 2005 geplant. |
| 2004 | VB zum Erhalt der Lernmittelfreiheit angekündigt |

Von der Bekanntmachung der Zulassung eines Volksbegehrens bis zum Beginn der Eintragung in die Volksbegehrenslisten vergehen acht bis zehn Wochen. Für den Erfolg eines Volksbegehrens ist die Unterstützung durch Unterschrift von zehn Prozent aller Stimmberechtigten notwendig (Art. 74 Abs. 1 BV); das sind in Bayern derzeit 9,16 Mio. Bürger.[17]

Die Eintragung ist nur in den zuständigen Gemeindebehörden möglich; der Eintragungszeitraum beträgt 14 Tage. Dabei wurde seit der Klage beim Bayerischen Verfassungsgerichtshof gegen die restriktiven Öffnungszeiten beim Volksbegehren „Das bessere Müllkonzept" 1990 eine deutliche qualitative Verbesserung erreicht: Die Gemeindebehörden sind nun zu einer Abendöffnung pro Woche und

---

[17] Beim Volksbegehren „Aus Liebe zum Wald" waren vom 16. bis 29. November 2004 9.165.754 Personen zur Eintragung berechtigt.

einer mindestens zweistündigen Öffnung an einem Wochenende verpflichtet. Während in den Städten oft an vier Abenden und beiden Wochenenden geöffnet ist, wird in kleinen Gemeinden gerade der Mindeststandard erfüllt. Dies führte auch beim jüngsten Volksbegehren „Aus Liebe zum Wald" im November 2004 besonders wegen des knappen Ausgangs zu heftigen Protesten der Initiatoren.[18]

Ist ein Volksbegehren erfolgreich, ist es vom Ministerpräsidenten im Namen der Staatsregierung zusammen mit ihrer Stellungnahme dem Landtag zum parlamentarischen Gesetzgebungsprozess zuzuleiten (Art. 74 Abs. 3 BV). Wenn der Landtag den angestrebten Gesetzentwurf ablehnt, kann er einen eigenen Entwurf vorlegen. Binnen drei Monaten muss die Vorlage im Landtag entschieden sein. Wird der Entwurf des Volksbegehrens unverändert angenommen, entfällt der Volksentscheid (außer bei Verfassungsänderung); ansonsten muss innerhalb der nächsten drei Monate der Volksentscheid stattfinden (Art. 74 Abs. 4-6 BV).

Bis Ende 2004 wurden in Bayern 26 Volksbegehren beantragt, davon zehn nicht zugelassen; ein angesetztes Volksbegehren wurde nicht durchgeführt, weil der Landtag eine entsprechende Verfassungsänderung beschlossen hatte (Aufnahme des Konnexitätsprinzips in die Verfassung 2003). 15 Volksbegehren wurden durchgeführt, davon waren für die Initiatoren sechs erfolgreich, erreichten also mindestens 10 Prozent Unterstützung. Zum anschließenden Volksentscheid kamen fünf Begehren, wovon zwei erfolgreich endeten (Einführung des kommunalen Bürgerentscheids 1995, Abschaffung des Bayerischen Senats 1998); ein Volksbegehren wurde vom Landtag übernommen und wurde als Verfassungsentscheid verabschiedet (Einführung des Art. 111 a, Rundfunkfreiheit in die Bayerische Verfassung 1972).

*Übersicht:*   Volksbegehren in Bayern seit 1967[19]

| 1. Kennwort des Volksbegehrens<br>2. Eingereicht bzw. vorgelegt von ...<br>3. Betreffend | Eintragungs-<br>frist | Gültige<br>Eintragungen<br>in % |
|---|---|---|
| **Schulartikel** | | |
| 1. Christliche Gemeinschaftsschule<br>2. FDP<br>3. Art. 135 Abs. 1 Bayerische Verfassung (BV) | 02.01. –<br>30.01.1967 | 9,3 |
| 1. Christliche Gemeinschaftsschule<br>2. SPD/FDP<br>3. Art. 135 Abs. 1 BV | 03.10. –<br>30.10.1967 | 12,9 |

[18] Das Volksbegehren "Aus Liebe zum Wald" erreichte die Unterstützung von 9,3 Prozent der Stimmberechtigten.

[19] Nach: Statistisches Landesamt Bayern (www.statistik.bayern.de).

| | | |
|---|---|---|
| 1.  CSU-Christliche Volksschule<br>2.  CSU<br>3.  Art. 135 BV | 16.10. –<br>13.11.1967 | 17,2 |
| **Demokratische Gebietsreform**<br>1.  Demokratische Gebietsreform<br>2.  Arbeitsgemeinschaft für die Gebietsreform von<br>    Landkreisen und Gemeinden Bayerns<br>3.  Art. 9 und Art. 10 Abs. 1 BV | 10.11. –<br>23.11.1971 | 3,7 |
| **Rundfunkfreiheit (Art. 111a BV)**<br>1.  Rundfunkfreiheit<br>2.  Bürgerkomitee „Rundfunkfreiheit"<br>3.  Einfügung eines Artikels 111a in die BV | 27.06. –<br>10.07.1972 | 13,9 |
| **Lernmittelfreiheit**<br>1.  Lernmittelfreiheit<br>2.  Landesbürgerkomitee „Lernmittelfreiheit" e. V.<br>3.  Art. 132 BV | 13.10. –<br>26.10.1977 | 6,4 |
| **Zusammensetzung des Senats**<br>1.  Sport-, Behinderten-, Naturschutz-Organisationen in<br>    den Senat<br>2.  Arbeitsgemeinschaft zur Durchführung eines Volksbe-<br>    gehrens (Bayerischer Landes-Sportverband e. V.,<br>    Verband der Kriegs- und Wehrdienstopfer, Behinder-<br>    ten und Sozialrentner Deutschlands, Landesverband<br>    Bayern e. V. -VdK-, Bund Naturschutz in Bayern e. V.)<br>3.  Art. 35 BV | 22.11. –<br>05.12.1977 | 5,9 |
| **Abfallwirtschaftsgesetz**<br>1.  Das bessere Müllkonzept<br>2.  Bürgeraktion „Das bessere Müllkonzept" Bayern e. V.<br>3.  Entwurf eines Bayerischen Abfallwirtschaftsgesetzes | 15.06. –<br>28.06.1990 | 12,8 |
| **Kommunaler Bürgerentscheid**<br>1.  Mehr Demokratie in Bayern: Bürgerentscheide in<br>    Gemeinden und Kreisen<br>2.  Mehr Demokratie in Bayern e. V.<br>3.  Entwurf eines Gesetzes zur Einführung des kommu-<br>    nalen Bürgerentscheids | 06.02. –<br>19.02.1995 | 13,7 |
| **Abschaffung des Bayerischen Senats**<br>1.  Schlanker Staat ohne Senat<br>2.  Ökologisch-Demokratische Partei, Landesverband<br>    Bayern<br>3.  Entwurf eines Gesetzes zur Abschaffung des Bayeri-<br>    schen Senats | 10.06. –<br>23.06.1997 | 10,5 |

| | | |
|---|---|---|
| **Kennzeichnung gentechnikfreier Produkte aus Bayern** | 24.04. – 07.05.1998 | 4,9 |
| 1. Gentechnikfrei aus Bayern<br>2. Bündnis aus Umwelt- und Kirchengruppen<br>3. Entwurf eines Gesetzes zur Kennzeichnung gentechnikfreier Produkte aus Bayern | | |
| **Erziehungs- und Unterrichtswesen sowie Schulfinanzierung** | 15.02. – 28.02.2000 | 5,7 |
| 1. Die bessere Schulreform<br>2. Bayerischer Elternverband und Bayerischer Lehrer- und Lehrerinnenverband<br>3. Entwurf eines Gesetzes zur Änderung des Bayerischen Gesetzes über das Erziehungs- und Unterrichtswesen (BayEUG) und des Bayerischen Schulfinanzierungsgesetzes (BaySchFG) | | |
| **Organisation des Verfassungsgerichtshofs** | 09.05. – 22.05.2000 | 3,0 |
| 1. Macht braucht Kontrolle: Für ein unabhängiges Verfassungsgericht in Bayern<br>2. Initiative „Aktionsbündnis Unabhängige Richterinnen und Richter"<br>3. Entwurf eines Gesetzes zur Organisation des Verfassungsgerichtshofs | | |
| **Änderung des Art. 100 der Verfassung des Freistaates Bayern - Verankerung bioethischer Grundsätze -** | 22.05. – 04.06.2003 | 2,3 |
| 1. Menschenwürde ja, Menschenklonen niemals!<br>2. Initiative der Ökologisch-Demokratischen Partei (ödp)<br>3. Entwurf eines Gesetzes zur Änderung der Verfassung des Freistaates Bayern | | |
| **Änderung des Waldgesetzes** | 16.11. – 29.11.2004 | 9,3 |
| 1. Aus Liebe zum Wald<br>2. Initiative eines überparteilichen Bündnisses von Waldbesitzern, Naturschutzverbänden und Waldfreunden<br>3. Entwurf eines Gesetzes zur Änderung des Waldgesetzes für Bayern | | |

## 3.2 Der Volksentscheid in Bayern

In Bayern ist grundsätzlich zwischen dem obligatorischen Verfassungsentscheid und dem bedingt obligatorischen Volksentscheid über ein Gesetz oder eine andere Sachfrage zu unterscheiden.

## Der obligatorische Verfassungsentscheid

In Bayern gibt es, neben Hessen als den einzigen Bundesländern, einen obligatorischen Verfassungsentscheid, das heißt, dass über eine Verfassungsänderung in jedem Fall eine Volksabstimmung stattfindet, egal ob die entsprechende Änderung vom Volk oder vom Landtag initiiert wurde (Art. 75 Abs.2 BV). Dabei ist bemerkenswert, dass in Ländern mit hohen Hürden zur Verfassungsänderung, die ein Volksentscheid ohne Zweifel darstellt, die Zahl der Änderungen niedrig ist. So gab es in Bayern bis zum Jahr 2000 gerade mal neun Änderungen, in Hessen gar nur vier.[20]

Jedem obligatorischen Verfassungsentscheid geht ein vollständig abgeschlossenes parlamentarisches Verfassungsänderungs- oder -ergänzungsverfahren voraus. Ging dabei der Entwurf zur Verfassungsänderung vom Landtag aus, müssen zwei Drittel der Mitglieder des Bayerischen Landtages dem Entwurf zugestimmt haben. Beruhte die Initiative zur Verfassungsänderung auf einem erfolgreichen Volksbegehren, ist die Zustimmung des Landtages unerheblich. Er kann auch einen alternativen Vorschlag mit Zwei-Drittel-Mehrheit dem Volk zur Abstimmung unterbreiten. Für die in jedem Fall nachfolgende Volksabstimmung genügte bis 1999 die Zustimmung der Mehrheit der Abstimmenden.

Mit einer Entscheidung des Bayerischen Verfassungsgerichtshofes vom 17. September 1999 ist für alle künftig stattfindenden volksinitiierten Verfassungsentscheide de facto ein Zustimmungsquorum von 25 Prozent der Stimmberechtigten eingeführt worden. Daran wäre jedoch die Abschaffung des Bayerischen Senats 1998 nicht gescheitert.[21]

## Der bedingt obligatorische Gesetzesentscheid

Nach Art. 74 BV müssen alle vom Volk durch ein erfolgreiches Volksbegehren initiierten Gesetzesentwürfe, die der Landtag nicht unverändert annimmt – dann entfällt der Volksentscheid – dem Volk zur Abstimmung vorgelegt werden. Der Landtag kann mit einfacher Mehrheit einen alternativen Gesetzesvorschlag zur Abstimmung stellen. Angenommen ist der Gesetzentwurf per Volksentscheid, der die Stimmen der Mehrheit der Abstimmenden erreicht. Dabei kann der stimmberechtigte Bürger einen Entwurf annehmen, den anderen ablehnen oder beide Entwürfe verwerfen. Er kann jedoch nicht beide annehmen.

---

[20] Im Gegensatz dazu Länder, die ohne Volksentscheid die Verfassung ändern können, u.a. Rheinland-Pfalz 34, Berlin 30, Saarland 20 Änderungen im gleichen Zeitraum bis zum Jahr 2000.
[21] In allen anderen Fällen setzte sich der Landtagsentwurf durch; im Falle der Einführung von kommunalem Bürgerbegehren und Bürgerentscheid 1995 folgten die Änderungen der Art.7 Abs.2 und Art.12 Abs.3 BV nur formal korrekt nach den Änderungen der Gemeinde- und Landkreisordnung; die Einführung des Quorums hätte hier also keine materielle Relevanz..

Entscheidungshilfe für den Bürger bietet dabei die Vorschrift des Art. 74 Abs.7 BV, dass jeder dem Volk zur Entscheidung vorgelegte Gesetzentwurf mit einer „Weisung" der Staatsregierung zum Volksentscheid jedem Haushalt zugestellt werden muss. Grundsätzlich ist dieses Verfahren der unmittelbaren Bekanntmachung positiv zu sehen, wäre hier nicht der Terminus der sog. *Weisung der Staatsregierung*, die nicht näher definiert ist. Soll sie als „Hirtenbrief" verstanden werden, als Anweisung der Bayerischen Staatsregierung für die Abstimmung oder darf man von dem allgemeinen Verfassungsgrundsatz der Pflicht zur staatlichen Neutralität ausgehen? Bislang gab es zwischen 1946 und 2003 in Bayern 13 Volksentscheide, davon elf Abstimmungen zur Verfassungsänderung. Bei den beiden Abstimmungen zu einfachen Gesetzen scheiterte am 17. Februar 1991 der Entwurf für ein Bayerisches Abfallwirtschaftsgesetz nach zuvor erfolgreichem Volksbegehren „Das Bessere Müllkonzept". Hier konnte sich der Landtagsentwurf für das Bayerische Abfallwirtschafts- und Altlastengesetz durchsetzen. Am 1. Oktober 1995 war dagegen das Volksbegehren „Mehr Demokratie in Bayern" mit der Einführung der kommunalen Bürgerentscheids im abschließenden Volksentscheid gegenüber dem Landtagsentwurf erfolgreich.

*Übersicht:*      Volksentscheide in Bayern seit 1946[22]

| 1. Kennwort des Volksentscheids<br>2. Eingereicht bzw. vorgelegt von ...<br>3. Betreffend ... | Volksentscheid [1] | | | |
| | Tag der Abstimm-ung | Wahl-beteili-gung in % | Stimmen in %[2] | |
| | | | Ja | Nein |
| **Bayerische Verfassung (BV)** | | | | |
| 1. Bayerische Verfassung<br>2. Verfassunggebende Landesversammlung (30.06.1946 – 30.11.1946)<br>3. Annahme oder Ablehnung der BV | 01.12.1946 | 75,7 | 70,6 | 29,4 |
| **Schulartikel**[3] | 07.07.1968 | 40,7 | | |
| A. 1. Gesetzentwurf Nr. 1<br>2. Bayerischer Landtag gemäß Art. 75 BV<br>3. Art. 135 BV | | | 76,3 | 3,3 |
| B. 1. Gesetzentwurf Nr. 2 „CSU-Christliche Volksschule"<br>2. Volksbegehren der CSU (siehe Volksbegehren Nr. 3)<br>3. Art. 135 BV | | | 8,5 | 15,4 |

---

[22] Nach: Statistisches Landesamt Bayern (www.statistik.bayern.de).

| | | | | |
|---|---|---|---|---|
| C. 1. Gesetzentwurf Nr. 3 „Christliche Gemein-<br>schaftsschule" <br>2. Volksbegehren der SPD/FDP (siehe<br>Volksbegehren Nr. 2) <br>3. Art. 135 BV | | | *13,5* | *13,7* |
| **Wahlalter** | | | | |
| 1. Herabsetzung der Altersgrenze für das aktive<br>und passive Wahlrecht <br>2. Bayerischer Landtag gemäß Art. 75 BV <br>3. Art. 7 Abs. 1 und Art. 14 Abs. 2 BV | 24.05.1970 | *38,3* | *54,8* | *45,2* |
| **Rundfunkfreiheit (Art. 111a BV)** | | | | |
| 1. Rundfunkfreiheit <br>2. Bayerischer Landtag gemäß Art. 75 BV <br>3. Einfügung eines Artikels 111a in die BV | 01.07.1973 | *23,3* | *87,1* | *12,9* |
| **Landtagswahlrecht** | | | | |
| 1. a) Stimmkreiseinteilung<br>   b) Fünf-Prozent-Klausel <br>2. Bayerischer Landtag gemäß Art. 75 BV <br>3. a) Art. 14 Abs. 1 BV<br>   b) Art. 14 Abs. 4 BV | 01.07.1973 | *23,3* | *84,8* | *15,2* |
| **Umweltschutz** | | | | |
| 1. Umweltschutz <br>2. Bayerischer Landtag gemäß Art. 75 BV <br>3. Art. 3, 131 Abs. 2, 141 BV | 17.06.1984 | *46,2* | *94,0* | *6,0* |
| **Abfallrecht**[3] | | | | |
| A. 1. Gesetzentwurf Nr. 1 <br>2. Bayerischer Landtag gemäß Art. 73 Abs.<br>4 Landeswahlgesetz <br>3. Bayerisches Abfallwirtschafts- und Altlas-<br>tengesetz – BayAbfAlG | 17.02.1991 | *43,8* | *51,0* | *43,1* |
| B. 1. Gesetzentwurf Nr. 2 <br>2. Volksbegehren „Das bessere Müllkon-<br>zept" (siehe Volksbegehren Nr. 8) <br>3. Bayerisches Abfallwirtschaftsgesetz –<br>BayAbfWG | | | *43,5* | *49,2* |
| **Kommunaler Bürgerentscheid**[3] | 01.10.1995 | *36,8* | | *3,4* |
| A. 1. Gesetzentwurf Nr. 1 | | *38,7* | | |

| | | | | |
|---|---|---|---|---|
| B. 1. Gesetzentwurf Nr. 2<br>2. Volksbegehren „Mehr Demokratie in Bayern" (siehe Volksbegehren Nr. 9)<br>3. Einführung des kommunalen Bürgerentscheids | | | 57,8 | |
| **Änderung der Verfassung des Freistaates Bayern**<br>1. Verfassungsreformgesetz – Weiterentwicklung im Bereich der Grundrechte und Staatsziele<br>2. Bayerischer Landtag<br>3. Einfügungen und Änderungen von Artikeln der BV | 08.02.1998 | 39,9 | 75,0 | 25,0 |
| **Änderung der Verfassung des Freistaates Bayern**<br>1. Verfassungsreformgesetz – Reform von Landtag und Staatsregierung<br>2. Bayerischer Landtag<br>3. Einfügungen und Änderungen von Artikeln der BV | 08.02.1998 | 39,9 | 73,9 | 26,1 |
| **Bayerischer Senat**[3]<br>A. 1. Reform der Bayerischen Verfassung, den Senat betreffend – Senatsreformgesetz –<br>2. Bayerischer Landtag<br>3. Reform des Bayerischen Senats | 08.02.1998 | 39,9 | 23,6 | 7,1 |
| B. 1. Gesetzentwurf des Volksbegehrens „Schlanker Staat ohne Senat" zur Abschaffung des Bayerischen Senats<br>2. Volksbegehren „Schlanker Staat ohne Senat"<br>3. Abschaffung des Bayerischen Senats | | | 69,2 | |
| **Änderung der Verfassung des Freistaates Bayern**<br>Gesetz über den Zusammentritt des Landtags nach der Wahl, über die Parlamentsinformation und zur Verankerung eines strikten Konnexitätsprinzips | 21.09.2003 | 56,9 | 88,3 | 11,7 |
| **Änderung der Verfassung des Freistaates Bayern**<br>Gesetz zur Weiterentwicklung der Wahlgrundsätze, der Grundrechte und der Bestimmungen über das Gemeinschaftsleben | 21.09.2003 | 56,9 | 85,1 | 14,9 |

[1] Ein Gesetzentwurf war durch Volksentscheid angenommen, wenn die Mehrheit der abgegebenen gültigen Stimmen auf „Ja" lautete.
[2] Die Stimmenanteile beziehen sich jeweils auf die gültigen Stimmzettel, nur die von 1991 auf die Anzahl der Abstimmenden.
[3] Nur bei einem der Gesetzentwürfe konnte „Ja" angekreuzt werden.

## 3.3 Weitere Formen unmittelbarer Beteiligung auf Landesebene

Neben den mittlerweile in allen Bundesländern verfassten Volksbegehren und Volksentscheiden als Sachentscheidungen lassen sich noch weitere Formen unmittelbarer Bürgerbeteiligung auf Landesebene in Bayern finden, die dokumentieren, dass die direkte Demokratie in Bayern sehr ausgeprägt ist.

### Parlamentsauflösung durch das Volk

Die Mitwirkung des Volkes vollzieht sich hier nicht nur über die regelmäßig stattfindenden Wahlen zu den gesetzgebenden Körperschaften, sondern weist ihm auch das Recht der Kontrolle als Träger der Staatsgewalt während einer Legislaturperiode im actus contrarius, dem sog. *recall* der Volksvertreter zu.[23]

Im Gegensatz zum Volksbegehren wird hier als Antragsquorum nicht ein Anteil an Stimmberechtigten genannt, sondern ein Fixum von einer Million Wahlberechtigten (Art. 18 Abs. 3 BV). Das entspricht rund 10,9 Prozent der Stimmberechtigten, liegt also höher als beim Volksbegehren. Der Verfassungsgeber wollte damit Personalentscheidungen höher gewichten.[24]

Wenn der Landtag dem Begehren nicht entspricht, sich also nicht selbst auflöst, kommt es zum Volksentscheid. Hier genügt die Mehrheit der abgegebenen gültigen Stimmen (Art.86 BayLWG); der Landtagspräsident muss bei Erfolg die Abberufung umgehend vollziehen (Art.87 BayLWG). Bislang gab es in Bayern kein Verfahren dieser Art.

### Bayerische Sonderform: Die Popularklage

Eine besondere Form der unmittelbaren Rechtsgestaltung durch Bürger ist die nur in Bayern vorgesehene Popularklage am Bayerischen Verfassungsgerichtshof.

---

[23] Neben Bayern gibt es dieses plebiszitäre Instrument in Baden-Württemberg, Berlin, Brandenburg, Bremen, Nordrhein-Westfalen und Rheinland-Pfalz.
[24] Bei der steigenden Bevölkerungszahl Bayerns, nähert sich das Fixum dem Quorum für Volksbegehren an.

Sie unterscheidet sich erheblich von der Verfassungsbeschwerde, die auch als bürgerinitiiertes Korrektiv eingesetzt wird. Während im Bund als zweithäufigste Verfahrensart die konkrete Normenkontrolle vorkommt, nehmen in der Praxis des Bayerischen Verfassungsgerichtshofs die Popularklagen zahlenmäßig die zweite Rangstelle mit rund 16 Prozent der Eingänge ein.

Mit einer Popularklage (Art. 98 Satz 4 BV) kann jedermann geltend machen,[25] dass eine Rechtsvorschrift des bayerischen Landesrechts gegen Grundrechte der Bayerischen Verfassung verstößt. Die Popularklage soll im öffentlichen Interesse die Grundrechte als Institution schützen und sichern.[26] Sie dient also nicht, wie die Verfassungsbeschwerde, in erster Linie dem Schutz der verfassungsmäßigen Rechte des Einzelnen. Sie setzt daher keine eigene Betroffenheit oder besonderes Rechtsschutzanliegen des Antragstellers voraus; dieser muss nicht in einem Grundrecht verletzt sein, die angefochtene Rechtsvorschrift braucht ihn nicht zu berühren.[27] Der Sache nach handelt es sich bei einer Popularklage also um eine abstrakte Normenkontrolle, die aber von jedermann eingeleitet werden kann.

Hält der Verfassungsgerichtshof die angefochtene Rechtsvorschrift für verfassungswidrig, so erklärt sie diese mit Rückwirkung von ihrem Inkrafttreten an, ex tunc, für nichtig. Die Entscheidung ist allgemeinverbindlich, hat also rechtsgestaltende[28] und grundsätzliche Bedeutung für das Staatswesen. Schwerpunktmäßig richteten sich Popularklagen in den vergangenen Jahren gegen das Kommunalwahlrecht mit Bestimmungen über Wahlvorschläge und deren Unterstützerunterschriften,[29] gegen Bestimmungen des Polizeiaufgabengesetzes, gegen die Verlängerung der Arbeitszeit für Beamte, gegen Vorschriften über Kampfhunde oder die Kennzeichnung von Reitpferden.[30] Am bekanntesten wurde wohl die erfolgreiche Klage einer 18-jährigen Schülerin 1981 gegen ihren Rauswurf am Gymnasium, weil sie einen „Stoppt Strauß"-Anstecker trug. Ebenso fanden 1997 Popularklagen Beachtung, die sich nach dem Bundesverfassungsgerichtsurteil 1995 gegen die Neuregelung Bayerns per Gesetz, das Kreuz in den bayerischen Klassenzimmern

---

[25] Die Bezeichnung „Popularklage" ist gerechtfertigt insofern, als sie ein Jedermann-Recht darstellt, unabhängig von Staatsangehörigkeit, Wohnsitz oder Aufenthalt des Antragstellers; „quivis ex populo", Art.55 Abs.1 Satz 1 VerfGHG.

[26] BayVerfGH 25, 45/47.

[27] BayVerfGH 36, 56/61 m.w.N.; in der Praxis jedoch häufig eigene Betroffenheit, z.B. Popularklage von 6 Senatoren gegen die Verfassungsänderung per Volksentscheid zur Abschaffung des Senats 1998, keine Betroffenheit bei Popularklage gegen das Bayerische Kruzifix-Gesetz 1997 als Folge des Bundesverfassungsgerichtsurteils.

[28] Daher Veröffentlichung im BayGVBl.

[29] Bestimmung, dass nur ein Wahlvorschlag eingereicht werden darf, verfassungskonform, BayVerfGH 44, 23; Wahlvorschlagsträger müssen bestimmte Zahl von Unterstützerunterschriften vorlegen – verfassungskonform, BayVerfGH 45, 12; 45, 54; 45, 85.

[30] Vgl. Beitrag der ehemaligen Präsidentin des Bayer. Verfassungsgerichtshofs Hildegund Holzheid: Der Bayerische Verfassungsgerichtshof als Hüter der Bayerischen Verfassung, in: Bayer. Landeszentrale f. politische Bildungsarbeit: 50 Jahre Bayerische Verfassung. München 1996, S.66-88.

zu halten, richteten. Hier stellte ein salomonisches Urteil des Bayerischen Verfassungsgerichtshofs den Religionsfrieden in der Schule wieder her. Wenn auch die Erfolgsaussichten von Popularklagen am Bayerischen Verfassungsgerichtshof mit rund acht Prozent nur etwas höher sind als die von Verfassungsbeschwerden, so haben Bürger hier doch die Möglichkeit, aktiv auf die Rechtsetzung in Bayern – einzigartig in den deutschen Verfassungen – Einfluss zu nehmen, wenn auch nicht im direkten Wege der unmittelbaren Gesetzgebung, so aber im mittelbaren über den Verfassungsgerichtshof. Deshalb ist dieses Instrument der unmittelbaren Beteiligung nicht zu unterschätzen. Als weiteres volksunmittelbares Instrument lässt sich die Beteiligung der Landesbürger in Form einer *Petition* anführen. So kann sich jeder Bürger grundrechtlich garantiert[31] in Petitionen an das Parlament wenden, falls er Fragen, Probleme, Anregungen, Beschwerden anzumelden hat. In verfassungsrechtlich vorgeschriebenen Petitionsausschüssen[32] werden alle Anfragen behandelt und beantwortet[33]. Beispielsweise gehen in einer vierjährigen Legislaturperiode des Bayerischen Landtages durchschnittlich 13.000 Petitionen ein. Nur etwa fünf Prozent der Petitionen werden als unzulässig zurückgewiesen; in zwei Drittel aller Fälle gibt die Landesregierung eine Erklärung ab, davon jedoch drei Viertel als negative Erledigung. Immerhin werden rund 15 Prozent aller Petitionen positiv beantwortet und zur entsprechenden Regelung an andere Behörden überstellt. Der Rest der Eingaben – rund zwei Prozent – wird gar Gegenstand von Parlamentsdebatten und fließt in Gesetzesänderungen ein.[34] Echte Pionierarbeit leistete Bayern auf dem Gebiet einer nicht-verfassten Beteiligungsmöglichkeit, der *Planungszelle mit Bürgergutachten*. Im kommunalen Bereich gibt es bereits zahlreiche Beispiele. Meist befassten sie sich mit Problemen der Stadt- und Verkehrsplanung.

Als erstes Bundesland hat der Freistaat jedoch dieses direktdemokratische Instrument 2002 auf Landesebene eingesetzt. Im Auftrag des bayerischen Verbraucherschutzministeriums erarbeiteten 450 per Zufallsverfahren aus den Melderegistern ausgewählte Bürger ab 16 Jahren ein Gutachten zu Fragen der Gesundheit, Ernährung, Arbeits- und Produktsicherheit, Werbung u.a. Der „Vater" der Planungszelle, der Wuppertaler Soziologe Peter C. Dienel, nannte im Geleitwort zu

---

[31] Art. 17 GG; Art. 115 BV.

[32] Anstatt einer Eingabe bei Parlament und Petitionsausschuss wäre auch das Modell des Bürgerbeauftragten denkbar, der die Anliegen der Bürger entgegennimmt und professionell an richtiger Stelle vorträgt. Ombudsmänner/-frauen gibt es in skandinavischen Regierungssystemen, z.B. Dänemark und Schweden; in Form von Bürgerbeauftragten sind sie in den meisten deutschen Gemeindeverfassungen vorgesehen.

[33] Antwort in Form von Berücksichtigung, Würdigung, Materialübersendung oder der Weiterleitung an den Bund, Ausschüsse, Kommunalorgane (ca. 25% aller Petitionen).

[34] Angaben aus dem Mittel der Petitionen an den Bayer. Landtag der 11. (1986-1990), 12. (1990-1994) und 13. (1994-1998) Legislaturperiode.

diesem Bürgergutachten das bayerische Modell „demokratie-geschichtlich bedeutsam".

Eine Planungszelle besteht aus 25 Teilnehmern (im genannten Beispiel in 18 Planungszellen in 18 bayerischen Städten; Kosten: rund 430.000 Euro), die während der viertägigen Arbeitsphase in Kleingruppen zu je drei Personen aufgeteilt werden. Ein Rotationsprinzip soll gewährleisten, dass jeder möglichst die Meinungen aller anderen Personen gehört hat. Gutachter und Experten bereiten die Arbeit vor und unterstützen die Bürger durch Informationen. Jeder Teilnehmer bekommt eine Aufwandsentschädigung und Erstattung des Verdienstausfalls. Die Ergebnisse der Planungszelle, sowohl übereinstimmende Empfehlungen als auch abweichende Meinungen, werden abschließend in einem Bürgergutachten veröffentlicht. Da das Gutachten keine unmittelbare Bindungswirkung hat, obliegt die tatsächliche Umsetzung natürlich weiterhin den staatlichen Behörden und dem Gesetzgeber. Doch die repräsentative Auswahl der Bürger garantiert ein repräsentatives Ergebnis, an dem die praktische Umsetzung gemessen werden sollte.

Der Erfolg des ersten Bürgergutachtens veranlasste Bayerns Gesundheitsminister Werner Schnappauf im Sommer 2004 ein neues Bürgergutachten für eine „dauerhafte" Reform im bayerischen Gesundheitswesen in Auftrag zu geben.


## 4  Die Kommunale Ebene

Auf Landesebene verfügt Bayern über eine Fülle von verfassten und nicht-verfassten Beteiligungsmöglichkeiten und belegt mit der Nutzung dieser Instrumente in der Praxis den Spitzenplatz unter allen Bundesländern. Im kommunalen Bereich ließ die Einführung entsprechender plebiszitärer Instrumente bis 1995 auf sich warten. Dafür ist nun aber in direktdemokratischer Hinsicht die gesamte Kommunalverfassung Bayerns qualitativ hoch einzuschätzen.

Bayern hat als einziges Bundesland drei kommunale Ebenen, neben den 2.056 Städten und Gemeinden[35] sowie den 71 Landkreisen, noch die sieben Regierungsbezirke, für die jeweils in allgemeiner, freier, gleicher, unmittelbarer und geheimer Wahl Vertretungsorgane gewählt werden. Bezirkstagswahlen finden zusammen mit den Landtagswahlen alle fünf Jahre, die eigentlichen Kommunalwahlen für Gemeinden und Landkreise alle sechs Jahre statt, zuletzt am 3. März 2002. Das komplizierte bayerische Kommunalwahlsystem ist für sich schon als „direktdemokratisch ideal" anzusehen, da es dem Wähler nicht nur die Möglichkeit gibt, die von den Parteien und Wählergemeinschaften aufgestellten Listen durch Stimmenhäufe-

---

[35] Davon 25 kreisfreie Städte, 1028 kreisangehörige Einheitsgemeinden und 1003 Mitgliedsgemeinden in 319 Verwaltungsgemeinschaften (Stand: Ende 2001).

lung auf einzelne Kandidaten zu verändern (Kumulieren), sondern auch Kandidaten verschiedener Listen zu wählen (Panaschieren).[36]

## 4.1 Direktwahl von Bürgermeistern und Landräten in Bayern

In den bayerischen Gemeinden wird einheitlich die Süddeutsche Ratsverfassung angewandt, die im Januar 1952 in Kraft getreten ist und eine umfassende Gesetzesregelung des bayerischen Gemeinderechts nach den Grundsätzen der Bayerischen Verfassung von 1946 darstellt. Hauptorgane der Gemeinde sind der Gemeinderat und der erste Bürgermeister. Der erste Bürgermeister ist der Vorsitzende des Gemeinderates und leitet die Sitzungen. Gleichzeitig ist er der Hauptverwaltungsbeamte.[37] In kreisfreien Gemeinden und in Großen Kreisstädten führt er die Amtsbezeichnung „Oberbürgermeister".

Der Bürgermeister wird von den Gemeindebürgern in unmittelbarer Wahl für die Amtszeit von sechs Jahren gewählt (Art.23 GLKrWG). In Kommunen mit mehr als 10.000 Einwohnern ist er hauptamtlich tätig; kleineren Gemeinden steht die Bestellung eines berufsmäßigen oder ehrenamtlichen Bürgermeisters frei.

Beginnt die Amtszeit eines ehrenamtlichen ersten Bürgermeisters später als die Wahlzeit des Gemeinderats (z.B. durch Tod oder Rücktritt des Vorgängers), so endet sie kraft Gesetz mit dem Ablauf der Wahlzeit des Gemeinderats. Anders als beim berufsmäßigen ersten Bürgermeister: seine Amtszeit endet nach Ablauf von sechs Jahren. Jedoch gibt es durch Verkürzung seiner Amtszeit die Möglichkeit, den Gleichklang zwischen Amtszeit und Wahlzeit wieder herzustellen (Art. 41 und 42 GLKrWG).

Die innere Struktur der Landkreise ähnelt der von Gemeinden. Die Beziehung zwischen Kreistag und Landrat entspricht im Wesentlichen der zwischen Gemeinderat und erstem Bürgermeister. Der Landrat führt den Vorsitz im Kreistag und ist als Mitglied – ebenso wie der Bürgermeister im Stadt- oder Gemeinderat – stimmberechtigt; gleichzeitig stellt er die Verwaltungsspitze des Landratsamtes dar. Der Landrat wird ebenfalls für die Dauer von sechs Jahren unmittelbar von den wahlberechtigten Einwohnern eines Landkreises gewählt (Art. 31 LkrO).

Zum ersten Bürgermeister und zum Landrat ist jede wahlberechtigte Person wählbar, die am Wahltag das 21. Lebensjahr vollendet hat und seit sechs Monaten ihren Aufenthalt im Wahlkreis hat; zum berufsmäßigen Bürgermeister und Landrat kann auch gewählt werden, wer nicht im Wahlkreis wohnt (nach der Wahl muss

---

[36] Dabei sind so viele Stimmen zu vergeben wie Mitglieder im Rat oder Kreistag vertreten sind bzw. bei kleinen Gemeinden doppelt so viele Stimmen; Panaschieren ist sonst nur in allen neuen Bundesländern, Rheinland-Pfalz, Niedersachsen und Baden-Württemberg möglich.

[37] Anders als bei der geteilten Spitze in einer Magistratsverfassung.

die Person jedoch zuziehen) und am Tag des Beginns der Amtszeit das 65. Lebensjahr noch nicht vollendet hat (Art. 39 GLKrWG).

Bei den Kommunalwahlen am 3. März 2002 lag die Wahlbeteiligung mit 63,2 Prozent noch einmal 4,1 Prozentpunkte unter der von 1996. Hier zeichnet sich – wie bei Wahlen allgemein – eine gewisse Politikmüdigkeit ab. Dic CSU konnte landesweit ihr Ergebnis von 1996 noch um 2,4 Prozentpunkte auf 45,5 Prozent verbessern; die SPD lag dagegen mit 25,2 Prozent leicht unter ihrem letzten Ergebnis. Die Grünen erreichten 5,7 Prozent, die FDP 2,0 Prozent, sonstige Parteien 3,1 Prozent. Traditionell stark – vor allem in den ländlichen und kleineren Gemeinden unter 5.000 Einwohnern sind die Freien Wählergruppen; sie errangen im gesamten Bayern 15,6 Prozent der Wählerstimmen. In diesen Gemeinden stellen die Freien Wähler oder unabhängige Kandidaten auch überproportional viele Bürgermeister. Dies wird durch die bürgerfreundliche Direktwahl ermöglicht, die im Vorfeld bei der Einreichung der Kandidatur auch nur mäßig viele Unterstützerunterschriften verlangt.

Ab einer Gemeindegröße von 10.000 Einwohnern ist die Wahl bereits sehr viel stärker parteipolitisch geprägt. Zwar stellen Wählergruppen kaum weniger Kandidaten als CSU und SPD,[38] können sich aber nicht mehr so gut – oft in Stichwahlen – durchsetzen. In den 25 kreisfreien Städten stellen allein CSU[39] oder SPD die Bürgermeister, davon Ende 2004 13 die SPD; landesweit erhöhte sich in den kreisfreien Städten auch der Stimmenanteil der SPD in den Stadträten auf 35,2 Prozent.

In den 71 Landkreisen wird die nicht notwendige Parteibindung der Kandidaten noch deutlicher: Zwar stellen die CSU aktuell 47 und die SPD 10, Freie und Unabhängige Wählergemeinschaften aber 13 Landräte; ein Landrat ist parteilos. Die Wahlkämpfe werden immer sehr personen- und weniger parteibezogen geführt. Die Kandidaten können in der Regel viele Jahre Stadt-, Gemeinde- oder Kreistagsarbeit vorweisen, was sie in erster Linie zu Verwaltungspragmatikern werden ließ, keinesfalls zu reinen „Parteisoldaten". Wenn auch für die kommunalen Führungsämter in Bayern keine bestimmten beruflichen Qualifikationen notwendig sind, so erkennt der Wähler Sachverstand und Kompetenz bei den einzelnen Kandidaten. Die Urwahl von Bürgermeistern und Landräten sorgt dafür, dass Persönlichkeiten mit diesen Eigenschaften auch gewählt werden.

Die Direktwahl von Bürgermeistern und Landräten in Bayern wird als so selbstverständlich angesehen, dass das Mehr an unmittelbarer Demokratie in diesem Fall keine besondere Beachtung findet, anders als in den Bundesländern, die diese Direktwahlen erst im letzten Jahrzehnt eingeführt haben, wie Schleswig-Holstein, Hessen oder Nordrhein-Westfalen.

---

[38] Bewerber für die Wahl des ersten Bürgermeisters 2002 (davon Frauen): CSU 137 (21), SPD 131 (16), Wählergruppen 133 (14).
[39] Zweimal in Verbindung mit Freien Wählern (Bamberg, Kempten).

## 4.2 Bürgerbegehren und Bürgerentscheid in Bayern

Ganz anders verhält es sich mit dem Bewusstsein über die zusätzlichen plebiszitären Elemente, die seit dem 1. November 1995 genutzt werden können. Die Münchner wollen keine Hochhäuser über 99 Meter, aber drei Autotunnels am Mittleren Ring und ein neues Fußballstadion im Norden der Stadt. In Feldafing am Starnberger See lehnen die Einwohner das „Museum der Phantasie" des Kunstsammlers Buchheim ab – zwei Orte weiter, bei Bernried, wird es gebaut. Im mittelfränkischen Ansbach erzwingen die Bürger die Entfernung eines 35.000 Euro teuren Lichtbalkens aus der historischen Altstadt. Damit seien nur ein paar spektakuläre Beispiele von über 1.200 Verfahren genannt, die seit der Einführung des kommunalen Bürgerentscheids in den Kommunen und Landkreisen initiiert und durchgeführt wurden.
Sieben Schritte führen über das Bürgerbegehren zum Bürgerentscheid:[40]

1.  Zunächst müssen die Initiatoren eines Anliegens prüfen, ob die zu entscheidende Frage in die Kompetenz ihrer Gemeinde oder Stadt bzw. ihres Landkreises fällt; thematisch gibt es keine Einschränkungen.[41]
2.  Die Formulierung des Problems erfolgt in Form einer Frage, die mit „ja" oder „nein" zu beantworten ist.
3.  Die Unterschriftenliste muss die Fragestellung mit Begründung enthalten und drei Vertrauenspersonen nennen, die die berechtigten Unterzeichner, d.h. Gemeinde- oder Landkreisbürger vertreten können.
4.  Für das Bürgerbegehren müssen ausreichend viele Unterschriften entsprechend der nach Gemeinde- bzw. Landkreisgröße gestaffelten Quoren gesammelt werden:

*Gemeinden:*                                    *Landkreise:*

| bis zu 10.000 Einwohner   | 10% |   | bis zu 100.000 Einwohner | 6% |
| bis zu 20.000 Einwohner   | 9%  |   | über 100.000 Einwohner   | 5% |
| bis zu 30.000 Einwohner   | 8%  |   |                          |    |
| bis zu 50.000 Einwohner   | 7%  |   |                          |    |
| bis zu 100.000 Einwohner  | 6%  |   |                          |    |
| bis zu 500.000 Einwohner  | 5%  |   |                          |    |
| über 500.000 Einwohner    | 3%  |   |                          |    |

---

[40] Vgl. Art.18 a GO bzw. 12a LO.
[41] Themen benennen Art.18a Abs.3 GO bzw. Art.12 a Abs. 3 LO.

5. Die Unterschriften werden zusammen mit dem Antrag auf Durchführung eines Bürgerentscheids beim ersten Bürgermeister oder Landrat eingereicht.
6. Dem Gemeinde- oder Kreistag obliegt die Entscheidung über die Zulässigkeit eines Bürgerbegehrens. Bei Ablehnung können die Initiatoren klagen oder den Antrag neu formulieren.
7. Bei Annahme erfolgt die Durchführung des Bürgerentscheids innerhalb von drei Monaten nach der Zulässigkeitserklärung. Der Stimmzettel muss wieder eine mit „ja" oder „nein" zu beantwortende Fragestellung enthalten. Der Bürgerentscheid entfällt, wenn der Rat in der dreimonatigen Frist die Durchführung der geforderten Maßnahme beschließt. Der Bürgerentscheid ist erfolgreich, wenn das seit 1999 vorgesehene Zustimmungsquorum erfüllt ist. Der Bürgerentscheid besitzt die Rechtskraft eines Gemeinderats- oder Kreistagsbeschlusses und bindet diese auf ein Jahr. Danach kann ein entgegenlautender Beschluss gefasst werden.[42]

Damit ein Bürgerentscheid erfolgreich ist, gilt seit 1. April 1999 nicht mehr nur die Mehrheit der abgegebenen gültigen Stimmen, sondern die Zustimmung einer bestimmten Anzahl der Stimmberechtigten:

In Gemeinden

| | |
|---|---|
| bis 50.000 Einwohner | 20% |
| bis 100.000 Einwohner | 15% (ebenso Landkreis) |
| über 100.000 Einwohner | 10% (ebenso Landkreis) |

An dem neu eingeführten Quorum scheiterten rund zehn Prozent der Bürgerentscheide, die die Mehrheit der Stimmen erreicht haben; die Gemeindegröße und das damit zu erreichende Quorum sind dabei unerheblich.

---

[42] Geändert wurde auch die Schutzwirkung für das Bürgerbegehren gegen einen konträren Gemeinderats- bzw. Kreistagsbeschluss. Sie beginnt erst mit der Zulassung des Bürgerbegehrens.

*Übersicht:*     Bayerische Bürgerbegehren und Bürgerentscheide bis Ende 2002[43]

| Verfahrensstand | 1995/1996[1] | 1997 | 1998 | 1999 | 2000 | 2001 | 2002 | Summe |
|---|---|---|---|---|---|---|---|---|
| Unzulässig | 71 | 40 | 18 | 18 | 4 | 8 | 5 | 164 |
| BI hat BB nicht eingereicht | 46 | 12 | 14 | 3 | 2 | 5 | 1 | 83 |
| GR hat das BB selbst beschlossen | 46 | 40 | 29 | 13 | 4 | 7 | 10 | 149 |
| BB wurde zurückgezogen | 16 | 10 | 6 | 3 | 1 | 9 | 1 | 46 |
| BE findet statt | 138 | 141 | 106 | 63 | 74 | 72 | 55 | 649 |
| Gesamt | 317 | 243 | 173 | 100 | 85 | 101 | 72 | 1091 |

BI = Bürgerinitiative; BB = Bürgerbegehren; BE = Bürgerentscheid; GR = Gemeinderat
[1] umfasst den Zeitraum von November 1995 bis Dezember 1996 (14 Monate)

Die Chancen für die erfolgreiche Durchführung eines Bürgerbegehrens liegen über die Jahre gesehen nahezu unverändert bei 50 Prozent. Zwar nahm die Zahl der Bürgerbegehren kontinuierlich ab, es wurden aber auch immer weniger Bürgerbegehren für unzulässig erklärt, so dass „Mehr Demokratie e.V." davon ausgeht, die Zahl der durchgeführten Bürgerbegehren in den kommenden Jahren stabil bei 70 bis 80 Verfahren halten zu können.[44] Gründe für den Rückgang der Verfahren: Der Problemstau in den Gemeinden der ersten Jahre hat sich abgebaut; die Gemeinderäte nehmen die Bürgerbegehren-Themen auf; die Einführung des Zustimmungsquorums hat eine abschreckende Wirkung, zumindest für „Exotenthemen".

---

[43] Quelle: Mehr Demokratie e.V.: Sieben-Jahresbericht bayerischer Bürgerbegehren und Bürgerentscheide, München 2003, S.5.
[44] Es gibt keine offizielle Statistik zu Bürgerbegehren und Bürgerentscheiden; „Mehr Demokratie" sammelt Zahlenmaterial vor allem basierend auf Zeitungsausschnitten.

*Übersicht:*    Themenbereiche bayerischer Bürgerbegehren und -entscheide bis
                Ende 2002[45]

| Themengebiete | 1995/1996[1] | 1997 | 1998 | 1999 | 2000 | 2001 | 2002 | Summe |
|---|---|---|---|---|---|---|---|---|
| Bauleitpläne | 49 | 51 | 28 | 22 | 29 | 35 | 19 | 233 |
| Öffentliche Infrastruktur und Versorgungs-einrichtungen | 79 | 45 | 29 | 32 | 13 | 23 | 20 | 241 |
| Verkehrsprojekte | 97 | 60 | 36 | 20 | 15 | 6 | 12 | 246 |
| Einzelne, private Projekte | 21 | 28 | 22 | 7 | 9 | 6 | 0 | 93 |
| Entsorgungs-projekte | 34 | 32 | 9 | 3 | 6 | 5 | 8 | 97 |
| Mobilfunk-sendeanlagen | 0 | 10 | 24 | 7 | 3 | 3 | 2 | 49 |
| Gebühren, Abgaben | 16 | 3 | 5 | 1 | 0 | 4 | 2 | 31 |
| Sonstiges | 21 | 14 | 20 | 8 | 10 | 19 | 9 | 101 |
| Gesamt | 317 | 243 | 173 | 100 | 85 | 101 | 72 | 1091 |

[1] umfasst den Zeitraum von November 1995 bis Dezember 1996 (14 Monate)

Die Angst von Bürgerentscheidsgegnern, es könnten sich Minderheiteninteressen gegenüber dem Gemeinwohl durchsetzen, haben sich nicht bestätigt: Die durchschnittliche Abstimmungsbeteiligung liegt bei rund 50 Prozent. Sie ist in Gemeinden unter 5.000 Einwohnern wesentlich höher (ca. 58%) als in Gemeinden über 50.000 Einwohner (ca. 30%).

Bürgerentscheide haben nicht – wie befürchtet – das kommunale Mandat ausgehöhlt; in knapp 60 Prozent aller Fälle wurde die Position der Gemeinderatsmehrheit bestätigt. Die Kommunalpolitik ist nicht „chaotischer" oder unberechenbarer geworden, sondern lebendiger. In manche seit Jahren oder Jahrzehnten latent vorhandene, ungelöste Konflikte konnte durch den Bürgerentscheid Klarheit ge-

---

[45] Quelle: Mehr Demokratie e.V.: Sieben-Jahresbericht bayerischer Bürgerbegehren und Bürgerentscheide. München 2003, S.14

bracht werden. Die finanziellen Mehrbelastungen betreffen nur wenige spektakulä-
re Ausnahmen, wie sie eingangs erwähnt wurden. Trotz der Rücknahme einiger der liberalen Regelungen im Bürgerentscheids-
gesetz belegt Bayern bei der Bürgerfreundlichkeit des Verfahrens immer noch die
Spitzenposition unter allen Bundesländern. Auch, was die Nutzung des Instruments
betrifft, steht Bayern an erster Stelle. Bürgerbegehren und Bürgerentscheid bilden
das Herzstück der unmittelbaren Bürgerbeteiligung auf kommunaler Ebene und
sind aus dem politischen Alltag nicht mehr wegzudenken.

## 4.3 Weitere Formen unmittelbarer Beteiligung auf kommunaler Ebene

Die bayerische Gemeindeordnung nennt noch weitere unmittelbare Beteiligungsformen, bei denen allerdings keine bindenden Entscheidungen getroffen werden.
Unbestritten stellen sie weitere Partizipationsmöglichkeiten dar; ihre Wirkung lässt
sich aber wegen fehlender empirischer Daten über die Häufigkeit ihrer Anwendung
und die Umsetzung der Bürgeranliegen in verbindliche Gemeinderatsbeschlüsse
kaum abschätzen.

Eine Form ist die *Bürgerversammlung* (Art.18 GO). Sie dient der Information
der Gemeindebürger, der Erörterung gemeindlicher Angelegenheiten und der Verabschiedung von Empfehlungen an den Gemeinderat. Der erste Bürgermeister ist
verpflichtet, mindestens einmal im Jahr, auf Verlangen des Gemeinderates auch
öfter, eine Bürgerversammlung einzuberufen. Eine Bürgerversammlung muss
außerdem innerhalb von drei Monaten einberufen werden, wenn dies von mindestens 5 Prozent, in Gemeinden mit mehr als 10.000 Einwohner von mindestens 2,5
Prozent der Gemeindebürger beantragt wird.[46] Dieser Antrag kann jedoch nur einmal pro Jahr gestellt werden. In der öffentlichen Beratung der Bürgerversammlung
sind alle Bürger gleichberechtigt, und nur sie können das Wort erhalten. Empfehlungen der Bürgerversammlung müssen innerhalb von drei Monaten im Gemeinderat behandelt werden.

Darüber hinaus haben die Gemeindebürger seit 1999 die Möglichkeit, das zuständige Gemeindeorgan (Rat, Ausschuss, erster Bürgermeister) mit einem gemeindlichen Anliegen zu befassen. Der sog. *Bürgerantrag* wird mit Begründung
und Benennung von bis zu drei Vertretern bei der Gemeinde eingereicht. Der Antrag benötigt die Unterstützung von einem Prozent der Gemeindebürger (Art.18 b
GO).

Über diese beiden verfassten Möglichkeiten hinaus bietet sich gerade auf
kommunaler Ebene eine Fülle von Beteiligungsmöglichkeiten über die Mitglied-

---

[46] In Städten mit mehr als 100.000 Einwohner für die Stadtbezirke gültig.

schaft in Parteien und Verbänden, Veröffentlichungen im Gemeindeblatt, Teilnahme am öffentlichen Teil der Gemeinderatssitzungen, Bürgermeistersprechstunden und vielem mehr. Auch die bereits auf Landesebene angesprochene Durchführung von Planungszellen mit Bürgergutachten finden immer größere Verbreitung. Wie belebt das Instrumentarium unmittelbarer Demokratie ist, hängt jedoch wesentlich vom aktiven politischen Handeln des Einzelnen ab.

## 5  Fazit

Als direktdemokratisch ideal wäre eine dreistufige Volksgesetzgebung anzusehen, mit

- einer vom Volks- oder Bürgerbegehren unabhängigen Volksinitiative, in dem Sinne, wie es in Bayern auf kommunaler Ebene mit dem Bürgerantrag möglich ist,
- einem Volksbegehren mit niedrigen Eingangsquoren und
- einer Abstimmung, die – wie bei demokratisch legitimierten Wahlen üblich – der reinen Mehrheit der Abstimmenden folgt.

Dabei gilt es aber zu berücksichtigen, dass sich die Akzeptanz unmittelbarer Bürgerentscheidungen erhöht, wenn sie von einer breiteren Mehrheit getragen wird. Die Angst vor der „Diktatur" von Minderheiten wird damit geschmälert. Die in Bayern eingeführten Quoren bei Bürgerentscheiden bzw. beim volksinitiierten Verfassungsentscheid haben sich zudem bislang nur marginal[47] auf die plebiszitäre Praxis ausgewirkt. Ein niedrigeres Quorum für die Unterstützung beim Volksbegehren wäre dagegen wünschenswert; statt zehn Prozent wäre – nach dem Vorbild Brandenburgs, Hamburgs und Schleswig-Holsteins – ein Anteil von höchstens fünf Prozent der Unterschriften stimmberechtigter Bürger sinnvoll.

Zudem könnten auf der Landesebene einige Verfahrenserleichterungen für Volksbegehren angestrebt werden: Verlängerung der Eintragungsfrist über die 14 Tage hinaus, Sammeln auf freien Listen, nicht beschränkt auf die Gemeindebehörden und deren befristete Öffnungszeiten, Überlegungen zu einer angemessenen Kostenerstattung für die Initiatoren entsprechend der Wahlkampfkostenerstattung für Parteien.

Zwiespältig kann die Rolle des Bayerischen Verfassungsgerichtshofs bezüglich der Gestaltung und Anwendung plebiszitärer Elemente diskutiert und bewertet werden. In zahlreichen Fällen entschied er, gerade bei der Auslegung des Finanz-

---

[47] Bei Bürgerentscheiden sind bis heute ca. zwölf Prozent am Zustimmungsquorum gescheitert, am Verfassungsentscheidsquorum noch kein Volksbegehren.

tabus, gegen entsprechende Initiativen, so z.b. 1976 und 1994 bei schulpolitischen Anliegen, bei der Nichtzulassung der Reformansätze für Volksbegehren und Volksentscheid 1994 und 2000 oder bei der Korrektur des kommunalen Bürgerentscheids 1997 hin zum ursprünglichen Entwurf der CSU-Landtagsmehrheit von 1994.[48]

Dem Bayerischen Verfassungsgerichtshof kommt gerade wegen seiner obligatorischen Entscheidungskompetenz bei der Nichtzulassung von Volksbegehren, aber auch wegen der Fülle gesetzgeberischer Initiativen durch das Volk eine sehr bedeutende Rolle bei der praktischen Ausgestaltung und den Erfolgschancen der direkten Demokratie zu. Die Augen der Öffentlichkeit sind stärker auf seine Arbeit gerichtet, seine Entscheidungen werden kritischer auf seine Verträglichkeit mit dem demokratischen Bewusstsein der Bürger geprüft als in anderen Bundesländern.

Wie bereits mehrfach angesprochen, liegt Bayern bei der Nutzung der verfassungsrechtlichen Möglichkeiten zur unmittelbaren Bürgerbeteiligung sowohl auf Landes- als auch auf kommunaler Ebene an der Spitze: 26 Anträge auf Volksbegehren bis Ende 2004,[49] 1.091 Bürgerbegehren und 649 Bürgerentscheide bis Ende 2002. Im kommunalen Bereich gab es bislang die meisten Bürgerbegehren zu Verkehrsprojekten; thematische Schwerpunkte 1998 waren Anträge gegen die Errichtung von Mobilfunkanlagen, 2001 und 2002 Begehren, die sich gegen Bauleitpläne oder öffentliche Infrastruktur- und Versorgungseinrichtungen wandten. Auf Landesebene wurden häufig gesellschaftspolitisch aktuelle Themen verfolgt, die den Zeitgeist trafen. Die zahlreichen schulpolitischen Initiativen seien hier genannt, bei denen die Mehrheit der Bevölkerung inhaltliches Verständnis aufbringt oder unmittelbar betroffen ist. Zudem tat sich eine kleine Partei hervor, die sich als besonders aktive außerparlamentarische Opposition erweist, die ÖDP.[50] Ihr größter Erfolg war wohl die Abschaffung des Bayerischen Senats 1998 unter dem Kennwort „Schlanker Staat ohne Senat". Dazu kam ein weiteres, zwar deutlich gescheitertes Volksbegehren „Menschenwürde ja, Menschenklonen niemals!" 2003. Im Frühjahr 2005 wird es wahrscheinlich eine neue ÖDP-Initiative unter dem Motto „Gerecht sparen, auch an der Spitze" zum Volksbegehren bringen. Zwischen 1998 und 2004 schaffte es die ÖDP fünfmal, deutlich mehr als die 25.000 Unterschriften für einen

---

[48] Allerdings muss man dem Bayerischen Verfassungsgerichtshof zugute halten, dass er das Volksbegehren „Macht braucht Kontrolle", bei dem es um neue Bestellungsverfahren für die Verfassungsrichter ging, 1999 zugelassen hat. Das Volksbegehren im Jahr 2000 blieb jedoch erfolglos.

[49] Mehr Demokratie e.V. kommt auf 32 Anträge bis Ende 2002 (?!); am 3. Januar 2005 wurde der Zulassungsantrag für das Volksbegehren „Gerecht sparen, auch an der Spitze" beim bayerischen Innenministerium gestellt (Nr.27!).

[50] Plebiszitäre Aktivität schlägt sich auch in steigenden Stimmenanteilen bei Wahlen nieder: Kommunalwahl 2002 landesweit 1,3 Prozent, Landtagswahl 2003 2,2 Prozent, Europawahl 2004 bayernweit 2,4%; auf kommunaler Ebene stellt die ÖDP 242 Mandatsträger, darunter sechs Bürgermeister.

Zulassungsantrag zu sammeln.[51] Sie versteht sich als „Reißnagel im Hintern des träge gewordenen bayerischen Löwen", wie es auf Wahlplakaten zu sehen ist. Ihr gelingt es, sich mit Hilfe der Instrumente direkter Demokratie zu profilieren bzw. den Bürger politisch zu motivieren. Vielleicht ist dies aber in Bayern auch leichter als in anderen Bundesländern, da die parlamentarische Opposition gegen die Zwei-Drittel-Mehrheit der CSU im Landtag eine schwache Position bekleidet und damit die plebiszitären Elemente eine bedeutsame Möglichkeit bieten, als Korrektiv des parteipolitisch orientierten parlamentarischen Handelns tätig zu werden. In dieser Hinsicht ist abschließend vor allem die Arbeit von „Mehr Demokratie e.V." zu würdigen. Der Verein hat seine Ursprünge 1990 in Bayern mit der Bürgeraktion „Das bessere Müllkonzept", als nach 13 Jahren plebiszitären Stillstands erstmals ein Volksbegehren erfolgreich durchgeführt wurde und der Volksentscheid nur knapp scheiterte. Mittlerweile ist „Mehr Demokratie" bundesweit in 16 Landesverbänden mit unzähligen ehrenamtlichen Mitarbeitern aktiv und hat sich um die Einführung und Weiterentwicklung plebiszitärer Elemente auf Landes- und kommunaler Ebene in allen Bundesländern verdient gemacht. Zu seinen größten Erfolgen zählt dabei die Einführung des kommunalen Bürgerentscheids in Bayern 1995.

Die differenzierte Ausgestaltung der unmittelbaren Mitentscheidungsrechte der Bürger in Bayern stellt unzweifelhaft eine Bereicherung des repräsentativen politischen Systems dar. Jedoch dürfen die plebiszitären Elemente immer nur als Ergänzung des „reinen" Parlamentarismus verstanden werden, niemals als Ersatz. Die Qualität der politischen Kultur hängt nicht allein von der Existenz vielfältiger demokratischer Beteiligungsinstrumente ab, sondern vor allem vom Interesse an ihnen und der Bereitschaft der Menschen, sie in bürgerschaftlichem Engagement zu nutzen, wie dies in Bayern vor allem seit Mitte der 1990er Jahre verstärkt geschieht. Die Fülle plebiszitärer Initiativen führt zu einem breiten öffentlichem Dialog in einer politisch lebendigen Bürgergesellschaft.

 **Literatur- und Internethinweise**

*Bocklet, Reinhold L.*: Volksbegehren und Volksentscheid in Bayern, in: ders. (Hrsg.): Das Regierungssystem des Freistaats Bayern, Band II/Beiträge, München 1979.
*Seipel, Michael/Mayer, Thomas*: Triumph der Bürger! Mehr Demokratie in Bayern und wie es weitergeht. München 1997
*Weixner, Bärbel*: Direkte Demokratie in den deutschen Bundesländern, Opladen 2002.

www.mehr-demokratie/bayern.de (Mehr Demokratie e.V. in Bayern)

---

[51] Zu den genannten: 1998 „Kein neues Atomkraftwerk in Bayern", erledigt durch Landtagsbeschluss; 2004 „Gesundheitsschutz beim Mobilfunk", Antrag soll im Sommer 2005 eingereicht werden.

# Direkte Demokratie in Berlin

*Christian Posselt*

## 1 Einleitung

Im ersten deutschen Volksentscheid-Ranking, einem Vergleich der direktdemokratischen Verfahren in den Ländern und Gemeinden, belegte Berlin im Jahr 2003 den letzten Platz.[1] Wenn man die Mitbestimmungsmöglichkeiten der Bürgerinnen und Bürger im Land und in den Bezirken getrennt betrachtet, ergibt sich jedoch ein differenziertes Bild.

Die Verfassung von Berlin (VvB), die von den Bürgerinnen und Bürgern am 22. Oktober 1999 in einer Volksabstimmung beschlossen wurde, gibt der Bevölkerung die Möglichkeit, direkten Einfluss auf die Landesgesetzgebung zu nehmen. Das „Gesetz über Volksinitiative, Volksbegehren und Volksentscheid" (Berliner Volksabstimmungsgesetz, BlnVAbstG) vom 11. Juni 1997 und die „Verordnung zur Durchführung des Gesetzes über Volksinitiative, Volksbegehren und Volksentscheid" (Abstimmungsordnung) vom 3. November 1997 konkretisieren diese Rechte.

Durch die Volksinitiative (Artikel 61 VvB) können die volljährigen Einwohner der Stadt das Abgeordnetenhaus mit bestimmten Gegenständen der politischen Willensbildung befassen, soweit diese Berlin betreffen. Dabei handelt es sich um ein reines Agenda-Setting-Instrument"; eine verbindliche Entscheidung des Souveräns ist im Rahmen der Volksinitiative nicht möglich. Volksbegehren und Volksentscheid (Artikel 62 und 63 VvB) geben den Bürgerinnen und Bürgern die Möglichkeit, Gesetze selbst zu erlassen, zu ändern oder aufzuheben. Die Volksgesetzgebung ist, wie in den deutschen Bundesländern üblich, dreistufig ausgestaltet und besteht aus den Phasen Zulassungsantrag, Volksbegehren und Volksentscheid. Neben Initiativen, die politische Sachfragen zum Gegenstand haben, kennt die Berliner Verfassung das Recht der plebiszitären Parlamentsauflösung. Unter erschwerten Bedingungen kann ein Volksbegehren auch die vorzeitige Beendigung der Wahlperiode des Abgeordnetenhauses zum Ziel haben. Nach einem erfolgreichen Volksentscheid kommt es in diesem Sonderfall zu vorgezogenen Neuwahlen. Die in den Artikeln 61, 62 und 63 der Berliner Verfassung verankerten Volksrechte

---

[1] Mehr Demokratie e.V. (Hrsg.): 1. Volksentscheid-Ranking. Die direktdemokratischen Verfahren der Länder und Gemeinden im Vergleich, 2003: im Internet- www.mehr-demokratie.de/ranking.html

stehen unter besonderem Schutz und können ohne die Zustimmung der Bürgerinnen und Bürger nicht geändert werden (Artikel 100 VvB).

In den Bezirken der Stadt, die gemessen an ihrer Einwohnerzahl eigentlich selbst Großstädte darstellen, ist die direkte Demokratie hingegen faktisch nicht vorhanden. Berlin ist das einzige Bundesland, in dem die Bürgerinnen und Bürger unterhalb der Landesebene nicht über politische Sachfragen abstimmen können (Bürgerentscheid). Das Bezirksverwaltungsgesetz (BezVG) kennt seit 1978 lediglich ein der Volksinitiative verwandtes Instrument, das Bürgerbegehren. Die Bürgerinnen und Bürger können die Bezirksverordnetenversammlung (BVV) auf diesem Weg mit bestimmten Gegenständen der politischen Willensbildung befassen. Obwohl das Bürgerbegehren, so wie es in Berlin ausgestaltet ist, in der Regel nicht zu den direktdemokratischen Instrumenten gerechnet wird, soll es hier aus zwei Gründen Erwähnung finden. Erstens haben die Bürgerinnen und Bürger das Verfahren ausgiebig und nicht ohne Erfolg genutzt. Zweitens haben sich die Berliner Regierungsparteien SPD und PDS auf die Einführung von Bürgerentscheiden in den Bezirken verständigt. Nach jahrelangen Vorverhandlungen mit den Oppositionsparteien ist inzwischen ein tragfähiger Kompromiss erreicht worden, das entsprechende Gesetzgebungsverfahren steht unmittelbar bevor. Wenn es abgeschlossen ist, wird Berlin, bisher bundesweit das Schlusslicht in Sachen Bürgerbeteiligung, zu den anderen Ländern aufgeschlossen haben.

## 2 Historischer Überblick

Berlin ist das einzige Bundesland, in dem die direkte Demokratie, nachdem sie einmal in der Verfassung verankert worden war, wieder abgeschafft wurde, um dann nach rund zwei Jahrzehnten ihr „Comeback" zu feiern. Die Stadt erlebte ein regelrechtes „direktdemokratisches Auf und Ab".[2] Fast exemplarisch lässt sich an der wechselvollen Geschichte der Volksrechte in Berlin die Entwicklung der direkten Demokratie im Nachkriegsdeutschland verdeutlichen.

Obgleich erst 1950 verabschiedet, trug die erste (West-)Berliner Nachkriegsverfassung die direktdemokratischen Spuren ihrer Entstehungszeit vor 1949. Damals orientierte man sich bei der Verfassungsgebung in den Bundesländern im Wesentlichen am Vorbild der Weimarer Reichsverfassung von 1919, in der das Recht auf Volksbegehren und Volksentscheid verankert war. Dieser Tradition folgend stellte Artikel 45 Absatz 2 der Verfassung von Berlin fest: „Die Gesetzesvorlagen werden von dem Senat oder aus der Mitte des Abgeordnetenhauses oder durch Volksbegehren eingebracht." Die weiteren verfahrensrechtlichen Bestim-

---

[2] Vgl. Gunther Jürgens: Die anderen Bundesländer, in: Hermann K. Heußner/Otmar Jung (Hrsg.): Mehr direkte Demokratie wagen: Volksbegehren und Volksentscheid: Geschichte – Praxis – Vorschläge, München, 1999, S. 223-236, hier S. 223 f.

mungen waren in Artikel 49 der Verfassung enthalten. Danach sollte ein Volksbegehren erfolgreich sein, wenn es von einem Fünftel der Wahlberechtigten unterstützt wurde. Der Haushaltsplan, Abgabengesetze sowie Lohn- und Gehaltsregelungen sollten nicht Gegenstand von Volksbegehren sein dürfen. Für den Volksentscheid ersannen die Verfassungsgeber eine bundesweit einmalige Quorenregelung, die als „Berliner Doppelhürde" bekannt werden sollte: Bei einer Beteiligung von mindestens 50 Prozent sollte die einfache Mehrheit der Stimmen entscheiden. Lag die Beteiligung darunter, sollte ein Gesetz nur dann angenommen sein, wenn sich mindestens ein Drittel der Wahlberechtigten dafür aussprach.

Nachdem sich der Parlamentarische Rat 1949 gegen die Aufnahme plebiszitärer Elemente in das Grundgesetz der Bundesrepublik Deutschland entschieden hatte, setzte auch in der Verfassungsgebung der Länder eine Trendwende ein. In Berlin folgte man dem antiplebiszitären Zeitgeist. Obwohl die Verfassung Volksbegehren und Volksentscheid vorsah, unterließ es der Gesetzgeber, das entsprechende Ausführungsgesetz zu erlassen. Die Volksrechte konnten von den Bürgerinnen und Bürgern somit nicht genutzt werden. 1974 beseitigte das Abgeordnetenhaus diese Diskrepanz von Verfassungs- und Gesetzeslage – und entfernte die entsprechenden Artikel aus der Landesverfassung.[3]

Die direktdemokratische Abstinenz Berlins sollte rund 20 Jahre dauern. Mit dem demokratischen Aufbruch in der ehemaligen DDR und einer wegweisenden Totalrevision der Verfassung von Schleswig-Holstein setzte ein bis heute anhaltender Trend zu mehr direkter Demokratie ein. Davon profitierten in erster Linie die fünf ostdeutschen Bundesländer, mit einiger Verspätung auch die wiedervereinigte Hauptstadt. 1995 wurden Volksbegehren und Volksentscheid sowie das neue Instrument der Volksinitiative in die neue (Gesamt-)Berliner Verfassung aufgenommen. Und diesmal blieb die direkte Demokratie kein „Papiertiger": Am 11. Juni trat das entsprechende Ausführungsgesetz in Kraft, die Ausführungsverordnung folgte am 3. November desselben Jahres. Trotz einiger aus den Reihen der Opposition vorgetragener Reformversuche haben die damals entstandenen Regelungen bis heute unveränderte Geltung. Nach dem Regierungswechsel von 2001 verständigten sich SPD und PDS darauf, die Volksgesetzgebung bürgerfreundlicher zu gestalten.[4] Die Umsetzung dieses Versprechens steht noch aus.

---

[3] Erhalten blieb nur die Möglichkeit der plebiszitären Parlamentsauflösung. Von diesem Recht wurde nur einmal im Jahr 1981 durch die damals oppositionelle CDU und die „Alternative Liste" Gebrauch gemacht. Für den Zulassungsantrag lagen nach wenigen Tagen über 300.000 Unterschriften vor. Zum Volksbegehren kam es nicht mehr, weil das Abgeordnetenhaus, die drohenden Niederlage vor Augen, am 16. März die vorzeitige Beendigung der Wahlperiode beschloss.
[4] „8. Volksentscheid und bezirkliche Selbstverwaltung
Wir wollen die demokratischen Mitwirkungsrechte der Bürgerinnen und Bürger verbessern.
Direkte Demokratie auf Landesebene soll durch eine Vereinfachung der formalen Voraussetzungen für Volksinitiative, Volksbegehren und Volksentscheid (vereinfachte Sammlungsbedingungen, angemesse-

Geradliniger als auf der Landesebene verlief die Entwicklung in den anfangs rein repräsentativdemokratisch organisierten Bezirken. 1978 wurde mit dem Bürgerbegehren ein Initiativrecht im Bezirksverwaltungsgesetz verankert – zu einer Zeit, als die direkte Demokratie in den Kommunen keineswegs flächendeckend verbreitet war. Seitdem ist Berlin jedoch von der Entwicklung in den übrigen Bundesländern überholt worden. Die Kommunalverfassungen aller Flächenländer und auch die beiden anderen Stadtstaaten Hamburg und Bremen kennen mittlerweile Abstimmungen über politische Sachfragen unterhalb der Landesebene. SPD und PDS einigten sich in ihrem Koalitionsvertrag aus dem Jahr 2001 darauf, Bürgerentscheide in den Berliner Bezirken einzuführen. Fast drei Jahre lang wurden die Eckpunkte der angestrebten Reform mit den Oppositionsparteien verhandelt. Am 10. Dezember 2004 schließlich einigten sich SPD, PDS, Bündnis 90/Die Grünen und FDP auf einen entsprechenden Gesetzentwurf, der dem Abgeordnetenhaus im Jahr 2005 vorgelegt und dort verabschiedet werden soll.

## 3  Landesebene

*Volksinitiative in Berlin*

Mit dem 1995 neu geschaffenen Instrument der Volksinitiative haben die Einwohner Berlins das Recht erhalten, das Abgeordnetenhaus im Rahmen seiner Zuständigkeit mit „bestimmten Gegenständen der politischen Willensbildung, die Berlin betreffen, zu befassen" (Artikel 61 Absatz 1 Satz 1 VvB). Ausgenommen davon sind Initiativen zum Landeshaushalt, zu Dienst- und Versorgungsbezügen, Abgaben, Tarifen der öffentlichen Unternehmen sowie Personalentscheidungen (Artikel 61 Absatz 2 VvB).

*Institutionelle Voraussetzungen:* Eine Volksinitiative muss von mindestens 90.000 volljährigen Einwohnern Berlins unterstützt werden (Artikel 61 Absatz 1 Satz 2 VvB). Die Unterschriften dürfen am Tag der Einreichung nicht älter als sechs Monate sein. Den Antrag auf Behandlung einer Volksinitiative im Parlament stellen die Initiatoren beim Präsidenten des Abgeordnetenhauses (BlnVAbstG § 5). Dort wird die Initiative innerhalb von 15 Tagen zunächst auf ihre formale Zulässigkeit hin geprüft. Werden dabei Mängel festgestellt, kann den Initiatoren die Möglichkeit gegeben werden, diese zu beseitigen. Sobald die formale Zulässigkeit

---

ne Fristen), erleichtert werden. Die Koalitionsparteien streben dabei auch eine Absenkung der Quoren an. Zusätzlich prüfen wir, ob die Möglichkeiten für Volksbegehren erweitert werden können. Die direkten Bürgerbeteiligungsmöglichkeiten der Berlinerinnen und Berliner auf Bezirksebene werden erweitert. Bürgerentscheide auf der Basis von Bürgerbegehren werden ermöglicht. Sammlungsbedingungen, Fristen sowie Quoren werden zugunsten der Initiativen novelliert." (Koalitionsvereinbarung von SPD und PDS, Berlin, 2001, www.pds-berlin.de/politik/dok/koalentw.html)

festgestellt ist, werden die Unterschriften über die Senatsverwaltung für Inneres an die Bezirksämter weitergeleitet, wo sie innerhalb von 20 Tagen auf ihre Gültigkeit hin überprüft werden (BlnVAbstG § 7). Ist die Volksinitiative aus formalen Gründen nicht zulässig oder liegen nicht genügend gültige Unterschriften vor, werden die eingereichten Unterlagen an die Initiatoren zurückgegeben oder, mit deren Zustimmung, an den Petitionsausschuss des Abgeordnetenhauses weitergeleitet (BlnVAbstG § 8). Ist die Volksinitiative zustande gekommen, muss der Präsident des Abgeordnetenhauses dies innerhalb von drei Tagen feststellen. Danach hat das Landesparlament vier Monate Zeit, das Anliegen zu beraten, wobei die Initiatoren ein Recht auf Anhörung in den zuständigen Ausschüssen haben. Das Verfahren endet mit einer Aussprache im Plenum des Abgeordnetenhauses (BlnVAbstG § 9).

*Ergebnisse und Bewertung:* Die Volksinitiative wurde in Berlin bisher nur einmal genutzt. Am 1. April 1998 starteten Gegner der Transrapid-Teststrecke Berlin-Hamburg die Volksinitiative „Bürger/innen gegen den Transrapid". Koordiniert wurde die Aktion vom „Bund für Umwelt und Naturschutz Deutschland (BUND)", dem sich ein Bündnis aus rund 30 Organisationen angeschlossen hatte. Von den im Abgeordnetenhaus vertretenen Parteien unterstützten PDS, Bündnis 90/Die Grünen und Teile der SPD die Initiative. Nach Abschluss der Sammlung am 30. September konnten die Initiatoren dem Parlamentspräsidenten am 14. Oktober 122.910 gültige Unterschriften überreichen. Am 13. Januar 1999 fand eine Anhörung in den beteiligten Ausschüssen statt, am Tag darauf die Abschlussberatung im Plenum. Nach einer kurzen Debatte (fünf Minuten Redezeit pro Fraktion) wurde namentlich abgestimmt. Mit 100 Nein-Stimmen gegen 79 Ja-Stimmen bei vier Enthaltungen wurde das Anliegen der Volksinitiative abgewiesen.

Die Volksinitiative ist eine qualifizierte Petition an die Volksvertretung, aber keine Sachentscheidung des Souveräns. Im besten Fall kann sie zwei Funktionen erfüllen:

- Sie kann ein Thema auf die politische Agenda setzen (Thematisierungsfunktion).
- Sie kann Unterstützung für ein politisches Projekt generieren (Mobilisierungsfunktion).

Im beschriebenen Praxisfall konnten beide Aufgaben aufgrund der konkreten Umstände nur unzureichend erfüllt werden.[5] Davon abgesehen leidet das Verfahren aber auch unter Konstruktionsfehlern. Als erstes ist hier der Themenausschluss zu nennen. Selbst wenn man der Ansicht ist, dass die Bevölkerung nicht in allen Politikfeldern verbindliche Sachentscheidungen treffen sollte, sollte man ihr zumindest zugestehen, zu allen Fragen, die sie bewegen, eine parlamentarische Debatte anzu-

---

[5] Vgl. Otmar Jung: Dreimal Fehlschlag. Die schwierigen Anfänge der direkten Demokratie in Berlin, in: Zeitschrift für Parlamentsfragen, Heft 32, 2001, S. 33-57, hier S. 27

regen. Im Fall der Berliner Volksinitiative liegt alles Weitere ohnehin in der Hand der Volksvertretung, weil das Verfahren mit der Aussprache im Plenum des Abgeordnetenhauses endet. Das geforderte Unterstützungsquorum von 90.000 Unterschriften, umgerechnet immerhin 3,5 Prozent der Berliner Wahlberechtigten, ist für ein reines „Agenda-Setting-Instrument" zu hoch angesetzt. Nur beim Thüringer Bürgerantrag liegt das Quorum noch höher, in allen anderen Bundesländern beträgt es weniger als zwei Prozent der Wahlberechtigten. Das Hauptproblem aber stellt die Nichtintegration des Verfahrens in die Volksgesetzgebung dar.[6] Lehnt das Abgeordnetenhaus eine Volksinitiative ab, wie im oben beschriebene Fall geschehen, haben die Initiatoren nicht ohne weiteres die Möglichkeit, ein Volksbegehren anzuschließen und notfalls einen Volksentscheid zu erzwingen, bzw. müssten noch einmal ganz von vorn beginnen und auch die für einen Zulassungsantrag notwendigen 25.000 Unterschriften noch einmal sammeln. Ohne dieses „Drohpotenzial" aber ist die Volksinitiative ein vergleichsweise harmloses Instrument, und es stellt sich die Frage: Wenn man mit nur 25.000 Unterschriften für den Zulassungsantrag eines Volksbegehrens schon beachtlichen Druck auf die politisch Verantwortlichen aufbauen kann, warum sollte man dann 90.000 Unterschriften für eine Volksinitiative sammeln, die letztlich auf den guten Willen der Volksvertreter angewiesen ist?

## Volksbegehren und Volksentscheid in Berlin

Nach Artikel 62 und 63 der Landesverfassung können die Bürgerinnen und Bürger Berlins auf dem Weg von Volksbegehren und Volksentscheid selbst Gesetze erlassen, ändern oder aufheben. Davon ausgenommen sind die Verfassung selbst, der Landeshaushalt, Dienst- und Versorgungsbezüge, Abgaben, Tarife der öffentlichen Unternehmen sowie Personalentscheidungen. Darüber hinaus sind Volksbegehren zu einem bestimmten Thema innerhalb einer Wahlperiode nur einmal möglich (Artikel 62 Absatz 1 VvB).

*Institutionelle Voraussetzungen:* Die Volksgesetzgebung gliedert sich in die drei Stufen Zulassungsantrag, Volksbegehren und Volksentscheid. Der „Antrag auf Durchführung eines Volksbegehrens", so die offizielle Bezeichnung, kann von Einzelpersonen, einer Mehrheit von Personen, Personenvereinigungen oder Parteien bei der Senatsverwaltung für Inneres gestellt werden (§ 13 und 14 BlnVAbstG). Dem Antrag muss ein ausgearbeiteter Gesetzentwurf zugrunde liegen (Artikel 62

---

[6] Dies wird in der Literatur fast durchweg so gesehen. Vgl. Otmar Jung: Dreimal Fehlschlag. Die schwierigen Anfänge der direkten Demokratie in Berlin, in: Zeitschrift für Parlamentsfragen, Heft 32, 2001, S. 33-57, hier S. 38; Petra Paulus: Im Osten viel Neues? – Direktdemokratische Bilanz der ostdeutschen Verfassungsgebung, in: Hermann K. Heußner/Otmar Jung (Hrsg.): Mehr direkte Demokratie wagen: Volksbegehren und Volksentscheid: Geschichte – Praxis – Vorschläge, München, 1999, S. 190-204, hier S. 194; Arne Ziekow: Direkte Demokratie in Berlin. Entwicklung und Ausgestaltung eines ungeliebten Modells, in: LKV, 1999, S. 89-94, hier S. 94

Absatz 1 VvB). Er muss von mindestens 25.000 wahlberechtigten Berlinerinnen und Berlinern unterstützt werden. Die Unterschriften können von den Initiatoren frei gesammelt werden und dürfen zum Zeitpunkt der Einreichung nicht älter als sechs Monate sein (§ 15 BlnVAbstG). Innerhalb von 15 Tagen nach Eingang des Antrags prüft die Senatsverwaltung für Inneres dessen formale Zulässigkeit.[7] Danach werden die Unterschriften an die Bezirksämter weitergeleitet, wo sie innerhalb der nächsten 15 Tage auf ihre Gültigkeit hin geprüft und gezählt werden. Die abschließende Entscheidung über die Zulässigkeit des beantragten Volksbegehrens trifft, spätestens 15 Tage nachdem das Gesamtergebnis festgestellt worden ist, der Berliner Senat (§ 17 BlnVAbstG).

Ein Volksbegehren muss innerhalb von zwei Monaten von mindestens zehn Prozent der Berliner Wahlberechtigten unterstützt werden (Artikel 62 Absatz 4 VvB). Die Unterschriftsleistung darf nur in den vom amtlicher Seite eingerichteten Eintragungsstellen erfolgen (§ 22 Absatz 1 Satz 1 BlnVAbstG). Deren Auswahl erfolgt durch die Bezirksabstimmungsleiter, für die Festsetzung einheitlicher Öffnungszeiten ist der Landesabstimmungsleiter zuständig.[8] Während der Eintragungsfrist werden die Unterschriften von den Bezirksämtern auf ihre Gültigkeit hin geprüft.[9] Die Anzahl der gültigen Unterschriften in den einzelnen Bezirken wird dem Landesabstimmungsleiter mitgeteilt, der das Gesamtergebnis spätestens 15 Tage nach Ablauf der Eintragungsfrist feststellt und im Amtsblatt für Berlin veröffentlicht (§ 25 und 27 BlnVAbstG).

Nach einem erfolgreichen Volksbegehren muss innerhalb von vier Monaten ein Volksentscheid stattfinden, es sei denn, das Abgeordnetenhaus übernimmt den zugrunde liegenden Gesetzentwurf „in seinem wesentlichen Bestand unverändert". Ansonsten kann das Landesparlament einen eigenen Vorschlag mit zur Abstimmung stellen (Artikel 63 Absatz 1 VvB). Der Abstimmungstag, ein Sonn- oder Feiertag, wird spätestens 15 Tage nachdem das Gesamtergebnis des Volksbegehrens festgestellt wurde, im Amtsblatt für Berlin bekannt gegeben (§ 32 Absatz 1 BlnVAbstG). Stimmberechtigt sind alle am Tag des Volksentscheids zum Abgeordnetenhaus von Berlin Wahlberechtigten. Jeder Stimmberechtigte hat ebenso viele Stimmen, wie Vorlagen zur Entscheidung stehen (§ 33 BlnVAbstG). Beim Volksentscheid gilt die aus der alten Berliner Landesverfassung weitgehend unverändert übernommene „Doppelhürde":

---

[7] Maßgeblich sind die Bestimmungen des Artikels 62 Absatz 1, 3 und 5 VvB und der § 10-17 BlnVAbstG.

[8] Das Durchführungsgesetz enthält hierfür lediglich allgemeine Richtlinien: „Die Auslegungsstellen und Auslegungszeiten sind so zu bestimmen, dass jeder Stimmberechtigte ausreichende Gelegenheit hat, sich an dem Volksbegehren zu beteiligen. Die Auslegungszeiten müssen sich an zwei Tagen in der Woche mindestens bis 18 Uhr erstrecken und vorher zu bestimmende Sonnabende, Sonntage oder gesetzliche Feiertage umfassen." (§ 21 Absatz 2 BlnVAbstG)

[9] Ist eine Unterschrift ungültig, besteht die Pflicht zur Information der betreffenden Person. Gegen die Entscheidung kann Einspruch erhoben werden (§ 24 Absatz 3 BlnVAbstG).

„Ein Gesetz ist durch Volksentscheid angenommen, wenn sich entweder die Hälfte der zum Abgeordnetenhaus von Berlin Wahlberechtigten am Volksentscheid beteiligt und die Mehrheit für das Gesetz stimmt, oder bei geringerer Stimmbeteiligung mindestens ein Drittel der Wahlberechtigten für das Gesetz stimmt." (Artikel 63 Absatz 2 VvB)[10]

Nach dem Volksentscheid melden die Bezirksabstimmungsleiter die Ergebnisse aus den einzelnen Bezirken dem Landesabstimmungsleiter, der das Gesamtergebnis feststellt und es spätestens nach 20 Tagen im Amtsblatt für Berlin veröffentlicht (§ 38, 39 und 40 BlnVAbstG).

Neben der „normalen" Volksgesetzgebung kennt die Berliner Verfassung auch das Recht der plebiszitären Parlamentsauflösung (Art. 62 Absatz 3 VvB). In diesem Sonderfall sind die Verfahrenshürden doppelt so hoch angesetzt: Für den Zulassungsantrag sind 50.000 Unterschriften erforderlich (§ 15 Absatz 1 Satz 1 BlnVAbstG), das Volksbegehren muss von mindestens einem Fünftel der Wahlberechtigten unterstützt werden (Artikel 63 Absatz 3 Satz 1 VvB). Die Zeitspanne die zwischen der Veröffentlichung des Gesamtergebnisses des Volksbegehrens und dem Volksentscheid beträgt nur zwei statt der sonst üblichen vier Monate (§ 29 Abs. 1 BlnVAbstG). Beim Volksentscheid selbst gilt das restriktivere der beiden Quoren, d.h. es müssen mindestens 50 Prozent der Wahlberechtigten teilnehmen und eine Mehrheit mit Ja stimmen, damit es zur vorzeitigen Beendigung der Wahlperiode des Abgeordnetenhauses kommt (Artikel 63 Absatz 3 Satz 2 VvB).

An dieser Stelle verdient eine weitere Berliner Besonderheit Beachtung: Die Volksgesetzgebung ist mit einem erhöhten Bestandsschutz versehen. Nach Artikel 100 der Landesverfassung ist für eine Änderung der Artikel 62 und 63 nicht nur die übliche Zweidrittelmehrheit im Abgeordnetenhaus erforderlich, sondern auch die Zustimmung der Bürgerinnen und Bürger in einer Volksabstimmung.[11]

*Ergebnisse und Bewertung:* Die bisherige Praxis der Volksgesetzgebung in Berlin lässt sich kaum als Erfolgsgeschichte bezeichnen. Insgesamt sechsmal wurde bisher die Durchführung eines Volksbegehrens beantragt.[12] Zweimal erklärte der Senat ein Volksbegehren aus formalen Gründen für unzulässig, in zwei weiteren Fällen wurde das vorgeschriebene Unterstützungsquorum verfehlt. Ein Volksbegehren wurde zugelassen, scheiterte jedoch in der zweiten Verfahrensstufe mangels Unterstützung durch die Bevölkerung. Nur die Initiative „Neuwahlen jetzt!" war indirekt erfolgreich. Nachdem fast 70.000 Bürgerinnen und Bürger den Zulas-

---

[10] Erfüllt mehr als ein Gesetzentwurf diese Voraussetzung, so gewinnt in der Regel der Entwurf, der die meisten Ja-Stimmen auf sich vereinigen kann (§ 36 Absatz 2 Satz 1 BlnVAbstG).

[11] Ob bei einer Volksabstimmung nach Artikel 100 VvB die Berliner „Doppelhürde" zur Anwendung kommt oder schlicht die Mehrheit der abgegebenen Stimmen entscheidet ist unklar. Weder in der Verfassung noch im Durchführungsgesetz finden sich hierzu nähere Bestimmungen.

[12] Es wurden nur Fälle berücksichtigt, bei denen zumindest der Zulassungsantrag eingereicht wurde. Daneben gab es weitere Initiativen, bei denen die Unterschriftensammlung mangels Unterstützung abgebrochen und auf eine Einreichung verzichtet wurde.

sungsantrag unterstützt hatten, kam das Abgeordnetenhaus einem Volksbegehren durch Selbstauflösung zuvor. Die bisherigen Initiativen im Einzelnen:

- „Mehr Demokratie in Berlin": Der Verein „Mehr Demokratie", unterstützt von einem Bündnis aus 26 Organisationen, unternahm in den Jahren 1998 und 1999 den Versuch, die Volksgesetzgebung auf dem Weg des Volksbegehrens zu reformieren. Für den Zulassungsantrag kamen 33.732 gültige Unterschriften zusammen. Ein Volksbegehren wurde vom Senat am 2. März 1999 für unzulässig erklärt, weil die Berliner Verfassung (indirekt) Gegenstand des zugrunde liegenden Gesetzentwurfs war. Eine Klage der Initiatoren wurde am 2. Juni 2000 vom Berliner Landesverfassungsgericht abgewiesen.
- „Schluß mit der Rechtschreibreform": In den Jahren 1998 und 1999 sammelte der „Berliner Verein für deutsche Rechtschreibung und Sprachpflege e.V." 33.738 gültige Unterschriften gegen die geplante Rechtschreibreform. Dem Antrag auf Durchführung eines Volksbegehrens wurde stattgegeben. Während der Eintragungsfrist vom 10. Mai bis zum 9. Juli 1999 unterstützten aber nur 4,4 Prozent der Wahlberechtigten das Volksbegehren, das damit gescheitert war.[13]
- „Neuwahlen jetzt!": Im Jahr 2001 warb eine Bürgerinitiative, unterstützt von den damaligen Oppositionsparteien PDS, Bündnis 90/Die Grünen und FDP, für vorgezogene Neuwahlen. Schon nach kurzer Zeit lagen 69.186 Unterschriften für den Zulassungsantrag vor. Zum Volksbegehren kam es nicht mehr, weil das Abgeordnetenhaus am 1. September die vorzeitige Beendigung der Wahlperiode beschloss.
- „Schluss mit dem Berliner Bankenskandal!": Die „Initiative Berliner Bankenskandal" forderte im Jahr 2003 die Rücknahme der umstrittenen Risikobürgschaft des Landes für die bankrotte Bankgesellschaft Berlin sowie die Auflösung der Gesellschaft. Am 2. Januar beantragten die Initiatoren die Durchführung eines Volksbegehrens und reichten rund 37.000 Unterschriften bei der Senatsverwaltung für Inneres ein. Der Senat erklärte das Volksbegehren wegen Verletzung des Haushaltstabus einen Monat später für unzulässig. Am 5. März klagten die Initiatoren vor dem Landesverfassungsgericht gegen die Entscheidung. Das Verfahren ist noch nicht abgeschlossen.
- „Schluss mit den Kürzungen im Kitabereich": Die vom SPD-PDS-Senat beschlossenen Einsparungen bei den Kindertagesstätten riefen Ende 2003 den Protest Spandauer Eltern auf den Plan. Am 11. Mai konnten die Initiatoren dem Innensenator aber lediglich 16.600 gültige Unterschriften vorlegen. Der Antrag auf Durchführung eines Volksbegehrens war damit gescheitert.

---

[13] Während der Eintragungsfrist kam es zu einem Gerichtsverfahren, weil die Initiatoren dem Senat vorwarfen, durch eine zu geringe Zahl von Eintragungsstellen und zu knapp bemessene Öffnungszeiten das Volksbegehren zu behindern. Die Klage wurde abgewiesen.

- „Soziales Berlin": Ein Bündnis bestehend aus der „Initiative Soziales Berlin", der Gewerkschaft der Polizei (GdP) und der Gewerkschaft Erziehung und Wissenschaft (GEW) drohte im Jahr 2004 mit vorgezogenen Neuwahlen, falls der Senat nicht die bisher beschlossenen Einsparungen im Sozialbereich zurücknähme. Der Zulassungsantrag scheiterte kurz vor Weihnachten knapp am Unterstützungsquorum, weil die Initiatoren lediglich 46.286 gültige Unterschriften vorweisen konnten.

Die bisherigen Erfahrungen mit direktdemokratischen Initiativen zeigen zweierlei. In der Bevölkerung gibt es ein starkes Interesse, sich an der Landespolitik zu beteiligen. Die in Berlin geltende Rechtslage bremst dieses Engagement jedoch regelmäßig aus. So ist das Recht der Bürgerinnen und Bürger, in die Gesetzgebung einzugreifen, auf einen sehr kleinen Themenkreis beschränkt. Bundesweit einmalig ist das Verbot von Verfassungsänderungen auf dem Weg der Volksgesetzgebung. Etwas Vergleichbares kennt nur das Saarland.[14] Gemeinhin gehören Verfassungsfragen zum Kernbestand der direkten Demokratie. In Bayern und Hessen wird deshalb sogar jede Änderung der Landesverfassung von der Bevölkerung in einer Volksabstimmung bestätigt. Dass den Berlinerinnen und Berlinern, die der Verfassung am 22. Oktober 1995 immerhin in einem Volksentscheid zugestimmt haben, nun das Recht vorenthalten werden soll, diese zu ändern, ist oft und zu Recht kritisiert worden.[15] Das Haushaltstabu in der Landesverfassung ist gleichfalls zu beanstanden. Allerdings folgt Berlin hier einer deutschen Tradition, denn Haushaltsfragen sind in allen Bundesländern von der Volksgesetzgebung ausgeschlossen. In der Schweiz und vielen US-Bundesstaaten wird dies anders gehandhabt. Dort gehören die Staatsfinanzen zum Kernbestand der direkten Demokratie – und die Ergebnisse lassen sich durchaus sehen.[16]

Bei den Verfahrenshürden liegt Berlin im Bundesländervergleich etwa im Mittelfeld. Die für einen Zulassungsantrag geforderten 25.000 Unterschriften, entsprechend etwa einem Prozent der Wahlberechtigten, sind ein moderates Quorum. Allerdings sollte der Antrag zu einer in die Volksgesetzgebung integrierten Volksinitiative weiterentwickelt werden, so dass bereits nach diesem ersten Ver-

---

[14] Die herrschende Meinung, dass auch die Landesverfassungen von Hessen und Nordrhein-Westfalen Volksbegehren und Volksentscheide zur Verfassung verbieten, ist ein Irrtum. Vgl. Otmar Jung: Volksbegehren auf Verfassungsänderung in Hessen und Nordrhein-Westfalen? In: Kritische Vierteljahresschrift für Gesetzgebung und Rechtswissenschaft, Heft 1, 1993, S. 14-33
[15] Vgl. Otmar Jung: Dreimal Fehlschlag. Die schwierigen Anfänge der direkten Demokratie in Berlin, in: Zeitschrift für Parlamentsfragen, Heft 32, 2001, S. 33-57, hier S. 43 f.; Christian Pestalozza: Die überarbeitete Verfassung von Berlin. Integrationsbeitrag und Fusionsmitgift, in: LKV, 1995, S. 344-353, hier S. 351; Arne Ziekow: Direkte Demokratie in Berlin. Entwicklung und Ausgestaltung eines ungeliebten Modells, in: LKV, 1999, S. 89-94, hier S. 94
[16] Einen schnellen Überblick und Literaturhinweise liefert: Mehr Demokratie: Positionen zur direkten Demokratie Nr. 10 – Chaos oder Sanierung? Wie sich Volksentscheide auf die öffentlichen Haushalte auswirken, im Internet: www.mehr-demokratie.de/fileadmin/bund/pdf_positionen/pos10.pdf

fahrensschritt eine Debatte im Parlament stattfinden kann. Das Unterstützungsquo-
rum von zehn Prozent beim Volksbegehren ist ebenfalls „deutsches Mittelmaß"
und stellt gegenüber den Regelungen der alten (West-) Berliner Verfassung einen
Fortschritt dar. Allerdings zeigt das Beispiel Hamburgs, dass mit einer niedrigeren
Einstiegshürde (fünf Prozent der Wahlberechtigten) die Praxis der direkten Demo-
kratie wesentlich lebendiger wird. In der Hansestadt gab es seit Einführung der
Volksgesetzgebung im Jahr 1996 nicht weniger als 16 Volksinitiativen, sieben
Volksbegehren und vier Volksentscheide.

Die beachtliche Zahl erfolgreicher Initiativen in Hamburg ist wohl aber nicht
allein auf die Verfahrenshürden zurückzuführen. Ins Gewicht fällt auch, dass die
Unterschriften beim Volksbegehren dort frei gesammelt werden dürfen, während in
Berlin die Amtseintragung vorgeschrieben ist. Diese Alternative sollte jedoch nicht
nur rein ergebnisorientiert diskutiert werden. Aus schweizerischer Sicht etwa ist
die freie Unterschriftensammlung mit dem Gespräch der Bürger über Politik, das
dabei entsteht, „die Seele der direkten Demokratie".[17]

Die beim Volksentscheid geltende Berliner „Doppelhürde" schließlich stellt in
erster Linie ein, noch dazu unnötiges, Kuriosum dar. Die eigenwillige Kombination aus Beteiligungs- und Zustimmungsquorum führt dazu, dass mit sinkender
Abstimmungsbeteiligung das Zustimmungserfordernis unter den Teilnehmern
zunimmt.[18] Hierdurch wird es den Gegnern eines Begehrens leicht gemacht, eine
Vorlage durch Aufrufe zum Stimmboykott scheitern zu lassen, ohne dass eine
inhaltliche Auseinandersetzung stattfindet. Wenn nicht ganz auf Quoren verzichtet
werden soll, wäre anstelle der bisherigen Regelung ein moderates Zustimmungsquorum angebracht.

## 4    Bezirksebene

Berlin ist, ebenso wie Hamburg und Bremen, ein Stadtstaat, also gleichzeitig ein
Bundesland und eine Gemeinde („Einheitsgemeinde"). Dementsprechend verfügen
die Berliner Bezirke nicht über den gleichen Status wie Gemeinden in Flächenländern. Sie gelten nicht als eigenständige Kommunen, erfüllen ihre Aufgaben jedoch
„nach den Grundsätzen der (kommunalen) Selbstverwaltung" (Art. 67 Abs. 2 Satz
2 VvB). Dieser hybride Status hat zur Folge, dass die Bezirksverordnetenversamm-

---

[17] Vgl. Otmar Jung: Dreimal Fehlschlag. Die schwierigen Anfänge der direkten Demokratie in Berlin,
in: Zeitschrift für Parlamentsfragen, Heft 32, 2001, S. 33-57, hier S. 55
[18] Wird die Mindestbeteiligung von 50 Prozent gerade erreicht, entscheidet bei knappem Ausgang des
Volksentscheids letztlich ein Viertel der Stimmberechtigten. Liegt die Beteiligung nur wenig unter den
geforderten 50 Prozent, ist die Zustimmung von einem Drittel der Stimmberechtigten erforderlich. Vgl.
Gunther Jürgens: Die anderen Bundesländer, in: Hermann K. Heußner/Otmar Jung (Hrsg.): Mehr direkte Demokratie wagen: Volksbegehren und Volksentscheid: Geschichte – Praxis – Vorschläge, München, 1999, S. 223-236, hier S. 230 f.

lungen mit geringeren Kompetenzen ausgestattet sind als Stadt- und Gemeinderäte in Flächenländern. Damit sind naturgemäß auch der Bürgerbeteiligung enge Grenzen gesetzt.

## Bürgerbegehren in den Berliner Bezirken

Seit 1978 haben die Berlinerinnen und Berliner die Möglichkeit, Empfehlungen an die Bezirksverordnetenversammlung (BVV) zu richten (Bürgerbegehren). Dies gilt „[i]n allen Angelegenheiten, zu denen die Bezirksverordnetenversammlung nach den § 12 und 13 Beschlüsse fassen kann" (§ 40 Bezirksverwaltungsgesetz, BezVG). Das aufgrund der geringen Kompetenzen der Berliner Bezirke nicht sehr umfangreiche Themenspektrum wird durch einen Negativkatalog weiter eingeschränkt. Bürgerbegehren sind nicht zulässig, wenn innerhalb der laufenden Wahlperiode bereits ein Bürgerbegehren in derselben Angelegenheit durchgeführt wurde, in Angelegenheiten, bei denen eine unmittelbare förmliche Bürgerbeteiligung durch besondere Rechtsvorschrift vorgeschrieben ist,[19] in Wahl- und sonstigen Personalangelegenheiten, bei ärztlich bestimmten Tätigkeiten, sowie in Ordnungsangelegenheiten (§ 42 BezVG).

*Institutionelle Voraussetzungen:* Die Durchführung eines Bürgerbegehrens ist ein, gemessen am möglichen Ergebnis, vergleichsweise komplizierter Vorgang. Das Verfahren ist zweistufig ausgestaltet. Die Durchführung eines Bürgerbegehrens muss zunächst beim Bezirksamt beantragt werden, wobei die Initiatoren die Unterstützung durch zwei Prozent der zur BVV Wahlberechtigten nachweisen müssen. Das Bezirksamt überprüft die formale Zulässigkeit des Bürgerbegehrens und die Gültigkeit der Unterschriften und teilt das Ergebnis der BVV mit. Sind alle Voraussetzungen erfüllt, beginnt das eigentliche Bürgerbegehren, für das sich innerhalb von zwei Monaten zehn Prozent der zur Wahlberechtigten eintragen müssen. Für den Antrag eingereichte Unterschriften werden dabei automatisch mit eingerechnet. Die Unterschriftenlisten werden in Bezirksgebäuden ausgelegt, die Initiatoren haben aber zusätzlich die Möglichkeit der freien Sammlung. Innerhalb von vier Wochen nach Ablauf der Frist prüft das Bezirksamt die Gültigkeit der Unterschriften, stellt das Gesamtergebnis fest und informiert die BVV. Sofern das Bürgerbegehren zustande gekommen ist, entscheidet die BVV nach Anhörung der Kontaktpersonen innerhalb von drei Monaten über das Anliegen.

*Ergebnisse und Bewertung:* Trotz des eng begrenzten Themenspektrums und des komplizierten Verfahrens haben die Berlinerinnen und Berliner das Instrument des Bürgerbegehrens rege genutzt. Von 1978 bis Ende 2004 wurde 39-mal die

---

[19] Dahinter verbirgt sich in erster Linie der gesamte Bereich der Bauleitplanung, der z.B. in Bayern ein überaus beliebtes Thema von Bürgerbegehren und Bürgerentscheiden ist.

Durchführung eines Bürgerbegehrens beantragt.[20] 36 Bürgerbegehren fanden statt, in zwei Fällen entschied das zuständige Bezirksamt auf Unzulässigkeit und in einem Fall kam die BVV dem Begehren durch einen entsprechenden Beschluss zuvor. Von den durchgeführten Begehren erreichten 27 das vorgeschriebene Unterschriftenquorum, fünf scheiterten an dieser Hürde. In 14 Fällen entsprach die BVV einem erfolgreichen Begehren, elfmal wurde das Ansinnen der Initiatoren abgelehnt, in einem Fall wurde es zur Kenntnis genommen. Inhaltlich lassen sich drei Schwerpunkte feststellen: Vor allem zu den Themen Mieten(12), Krankenhausplanung (12) und Verkehr (10) wurden Bürgerbegehren beantragt.

Die vergleichsweise positive Bilanz sollte nicht darüber hinwegtäuschen, dass die Mitwirkungsmöglichkeiten der Berlinerinnen und Berliner in den Bezirken gering sind. Es fehlt schlicht und ergreifend die Möglichkeit direkter Sachentscheidungen, die in allen anderen Bundesländern gegeben ist. Das Instrument des Bürgerbegehrens, so wie es in Berlin ausgestaltet ist, gleicht eher sonst üblichen Bürger- oder Einwohneranträgen – mit dem Unterschied, dass das Themenspektrum sehr eng begrenzt ist, die Hürden extrem hoch sind, und das gesamte Verfahren zu kompliziert ausgestaltet ist. Das Bürgerbegehren ist damit eher eine „formalisierte Massenpetition"[21] als ein Instrument der Volksgesetzgebung.

## Ausblick: Bürgerentscheide in den Berliner Bezirken

Am 10. Dezember 2004 haben sich Vertreter von SPD, PDS, Bündnis 90/Die Grünen und FDP auf einen Gesetzentwurf zur Einführung von Bürgerentscheiden in den Berliner Bezirken geeinigt. Obwohl das Gesetzgebungsverfahren mit der geplanten Reform erst im Jahr 2005 stattfinden wird, sollen die wichtigsten Eckpunkte hier kurz skizziert werden.

An die Stelle von Entscheidungen der BVV können demnach, im Rahmen der Zuständigkeit der BVV, Bürgerentscheide treten. Dieser Grundsatz soll durch eine Änderung von Artikel 72 in der Landesverfassung verankert werden. Das Bezirksverwaltungsgesetz erhält einen neuen Abschnitt 7, der die weiteren Bestimmungen für Bürgerbegehren (§ 45) und Bürgerentscheide (§ 46 und 47) enthält.

*Institutionelle Voraussetzungen:* Die Bürgerinnen und Bürger können in allen Angelegenheiten, in denen die BVV Beschlüsse fassen kann, Bürgerentscheide beantragen (Bürgerbegehren). Ein weiter gehender Themenausschluss ist nicht geplant. Ein Bürgerbegehren muss beim Bezirksamt angezeigt werden, woraufhin es binnen sechs Monaten von drei Prozent der Wahlberechtigten des Bezirks zu

---

[20] Die folgenden Angaben basieren auf einer Recherche von PD Dr. Otmar Jung und einer Recherche des Autors. Nicht in allen Fällen konnte der Verlauf der Verfahren lückenlos rekonstruiert werden.
[21] Vgl. Ernst R. Zivier: Verfassung und Verwaltung von Berlin, 3. neu bearbeitete Auflage, Berlin, 1998

unterschreiben ist. Über das Zustandekommen entscheidet das Bezirksamt innerhalb von zwei Monaten nach Ende der Frist.

Ist ein Bürgerbegehren zustande gekommen, hat die BVV zwei Monate Zeit, dem Anliegen zuzustimmen. Tut sie das nicht, muss spätestens vier Monate nach der Zulässigkeitsentscheidung ein Bürgerentscheid erfolgen, wobei die BVV einen eigenen Vorschlag mit zur Abstimmung stellen kann. Stimmberechtigt sind alle zur BVV Wahlberechtigten. Für eine ausreichende Information der Stimmberechtigten sind Abstimmungshefte vorgesehen, in denen die Initiatoren eines Bürgerbegehrens und die BVV ihre jeweiligen Argumente darstellen. Beim Bürgerentscheid gilt ein Beteiligungsquorum: Eine Vorlage ist dann angenommen, wenn sich mindestens 15 Prozent der Wahlberechtigten an der Abstimmung beteiligen und eine Mehrheit für den Vorschlag stimmt.

Alternativ zu dem eben beschriebenen Verfahren, soll ein Bürgerentscheid auch dann erfolgen, wenn die BVV dies mit Zweidrittelmehrheit beschließt – ein Verfahren, das man in anderen Bundesländern als „Ratsbegehren" kennt. Neben Bürgerbegehren und Bürgerentscheiden ist außerdem ein reines Initiativrecht geplant, mit dem das bisherige Bürgerbegehren abgelöst wird. Danach kann ein Prozent der Einwohner Empfehlungen an die BVV richten.

*Bewertung:* Auf eine ausführliche Bewertung wird an dieser Stelle verzichtet, weil nicht auszuschließen ist, dass sich Details des Gesetzentwurfs im Verlauf des parlamentarischen Verfahrens ändern. Sollte das Gesetz wie beschrieben in Kraft treten, würde Berlin über ähnlich bürgerfreundliche Regelungen für Bürgerbegehren und Bürgerentscheide verfügen, wie Hamburg oder Bayern.

## 5  Fazit

Die bisherige direktdemokratische Praxis in Berlin spricht eine deutliche Sprache: Sieben Initiativen auf Landesebene in sieben Jahren und 39 beantragte Bürgerbegehren seit 1978 zeugen von dem Willen der Berlinerinnen und Berliner, auch zwischen den Wahlen gestaltend in die Politik einzugreifen. Dennoch ist die direkte Demokratie in Berlin weit davon entfernt, als Korrektiv zum parlamentarischen System zu funktionieren. Die geltenden Gesetze bereiten engagierten Bürgerinnen und Bürgern einen steinigen Weg und verhindern nicht selten, dass sich ein Handlungsimpuls in konkreten Ergebnissen niederschlägt.

Vor diesem Hintergrund und im Interesse einer lebendigen Bürgergesellschaft sind Reformen dringend geboten. Auf der Agenda steht hier an erster Stelle die geplante Einführung von Bürgerentscheiden in den Bezirken. Aber auch auf der Landesebene wären Verbesserungen der bestehenden Regelungen wünschenswert. Ein gestrafftes, dreistufiges Verfahren, bestehend aus Volksinitiative, Volksbegehren und Volksentscheid, versehen mit niedrigen Einstiegshürden, sollte hier das

Ziel sein. Auch sollte das Themenspektrum der Volksgesetzgebung ausgeweitet werden. Die Bürgerinnen und Bürger sollten die Möglichkeit haben, die von ihnen selbst beschlossene Verfassung zu ändern. Das Finanztabu, in allen Bundesländern anzutreffen, gehört insbesondere vor dem Hintergrund positiver Erfahrungen mit finanzrelevanten Volksabstimmungen in der Schweiz und den US-Bundesstaaten ebenfalls auf den Prüfstand.

Als Vorbild für Berlin empfiehlt sich Hamburg. Bei beiden Ländern handelt es sich um Stadtstaaten, und die Verwaltungsstrukturen der Hansestadt sind mit denen Berlins vergleichbar. Hamburg bietet gleichsam ein Spiegelbild Berlins. In nur wenigen Jahren hat sich dort eine lebendige Kultur der politischen Partizipation entwickelt und Eingang in den Alltag der Menschen gefunden. In regelmäßigen Abständen wirken die Bürgerinnen und Bürger direkt an der Politik mit und korrigieren bisweilen die Entscheidungen ihrer Mandatsträger, ohne dass dadurch das parlamentarische System in seiner Funktionsfähigkeit beeinträchtigt wäre.

 **Literatur- und Internethinweise**

Otmar Jung: Dreimal Fehlschlag. Die schwierigen Anfänge der direkten Demokratie in Berlin, in: Zeitschrift für Parlamentsfragen, Heft 32, 2001, S. 33-57
Hermann K. Heußner/Otmar Jung (Hrsg.): Mehr direkte Demokratie wagen: Volksbegehren und Volksentscheid: Geschichte – Praxis – Vorschläge, München, 1999
Mehr Demokratie e.V. (Hrsg.): 1. Volksentscheid-Ranking. Die direktdemokratischen Verfahren der Länder und Gemeinden im Vergleich, 2003: im Internet www.mehrdemokratie.de/ranking.html

# Direkte Demokratie in Brandenburg

*Werner Künzel*

## 1 Traditionen nur in Ansätzen

Im Unterschied zu anderen deutschen Staaten wiesen gesetzliche Ausgestaltung und politische Praxis der direkten Demokratie in Brandenburg nur rudimentäre Traditionen auf. Erstmalig für Brandenburg enthielt die Verfassung des Freistaates Preußen vom 30. November 1920[1] entsprechende Regelungen. In Anlehnung an die Weimarer Reichsverfassung bestimmte Art. 3, dass das Volk seinen Willen unmittelbar durch die Volksabstimmung und mittelbar durch die verfassungsmäßig bestellten Organe äußerte. Das direktdemokratische Verfahren war mit Volksbegehren und Volksentscheid zweistufig. Volksbegehren konnten darauf gerichtet sein, die Verfassung zu ändern, Gesetze zu erlassen, zu ändern oder aufzuheben oder den Landtag aufzulösen. Das Verfahren für den Volksentscheid errichtete allerdings – ebenso wie auf Reichsebene, wo die beiden einzigen Volksentscheide nicht die erforderliche Unterschriftenzahl erreichten – mit einem sehr hohen Quorum (die Mehrheit der Stimmberechtigten) eine kaum überwindbare Hürde. Zwischen 1919 und 1933 war in Preußen kein einziges Plebiszit erfolgreich. Der geringe Rang, den die preußischen Politiker unmittelbarer Demokratie einräumten, kommt auch darin zum Ausdruck, dass Preußen erst sechs Jahre nach Inkrafttreten der Verfassung die gesetzlichen Voraussetzungen für die Durchführung von Plebisziten[2] schuf. So wurde die Vorabstimmung zum Plebiszit, mittels dessen die Deutsch-Hannoversche Partei 1924 die Trennung Hannovers von Preußen herbeiführen wollte, nach Reichsrecht durchgeführt. Auch in der Bevölkerung könnte angesichts dieses Sachstandes Skepsis gegenüber den Erfolgsaussichten von Plebisziten entstanden sein. Das im November 1926 von der linksintellektuellen „Weltbühne" angekündigte Vorhaben, über ein Volksbegehren das Vergleichsgesetz zwischen dem Land Preußen und den Hohenzollern zu Fall zu bringen, wurde wieder fallengelassen, da nach den Worten des Herausgebers Carl von Ossietzky die Volksbewegung „verlaufen" war.[3] Ein ähnliches Defizit weist die Ausgestal-

---

[1] Preußische Gesetzsammlung S. 543.
[2] Gesetz über das Verfahren bei Volksbegehren und Volksentscheid vom 8. 1. 1926: Preußische Gesetzsammlung S. 21.
[3] Reinhard Schiffers, Elemente direkter Demokratie im Weimarer Regierungssystem, Düsseldorf 1971, S. 215.

tung direkter Demokratie auf kommunaler Ebene in Preußen auf. Dem Vorbild
Thüringens (das bereits 1922 Gemeindebegehren einführte) und sieben weiterer
Länder folgte das damalige Preußen nicht.

Ab 1933, unter den Bedingungen des „Führerprinzips", verkümmerten Abstimmungen, sofern sie überhaupt stattfanden, zu einem Bekenntnis der Bevölkerung zum Führerwillen. Nach dem Untergang des NS-Regimes gab die formale
Rückkehr zu Weimarer Traditionen im Verfassungsrecht der sowjetischen Besatzungszone zu Hoffnungen Anlass. Wie alle im Zeitraum 1946/47 entstandenen
deutschen Landesverfassungen enthielt auch die Verfassung für die Mark Brandenburg vom 6. Februar 1947[4] Regelungen zur direkten Demokratie, die eng an die
Weimarer Reichsverfassung angelehnt waren. In Art. 2 hieß es: „Das Volk verwirklicht seinen Willen durch die von ihm gewählten Volksvertretungen, durch
Volksbegehren und Volksentscheid." Ein Volksentscheid hatte stattzufinden, wenn
in einer Volksinitiative mindestens ein Zehntel der Wahlbeteiligten, oder wenn
Parteien, die glaubhaft machten, wenigstens ein Fünftel aller Wahlberechtigten zu
vertreten, einen Antrag stellten. Die Verfahrensabläufe entsprachen weitgehend
denen der Weimarer Reichsverfassung und der Verfassung des Freistaates Preußen
von 1920. Auch das sehr hohe Quorum wurde übernommen: Die Rechtswirksamkeit eines Volksentscheids bedurfte der Zustimmung der Mehrheit der Wahlberechtigten. Praktisch blieben diese direktdemokratischen Möglichkeiten ohne Be-
lang. Die radikale Durchsetzung der Hegemonie der SED ließ unmittelbare Demokratie nicht zu. Weder die Verfassung der DDR noch die verschiedenen Kommunalverfassungen sahen direktdemokratische Entscheidungswege ernsthaft vor.
Zwar benannte die Verfassung ein Recht der Bürger, „in Volksabstimmungen ihren
Willen zu bekunden",[5] jedoch keine reale Möglichkeit, eine solche Abstimmung
auf direkt-demokratischem Weg herbeizuführen. Auf kommunaler Ebene konnten
lediglich von den Vertretungen selbst ausgewählte Bürger auf Kommissionsebene
in die kommunale Entscheidungsfindung einbezogen werden.[6] Erst die Kommunalverfassung vom 17.5.1990 [7] enthielt Bürgerantrag, -begehren und -entscheid.

---

[4] Gesetz- und Verordnungsblatt der Provinzialregierung Mark Brandenburg, Teil I: Gesetzsammlung S.
4.
[5] Verfassung der DDR vom 6. 4. 1968 in der Fassung des Gesetzes zur Ergänzung und Änderung der
Verfassung der DDR vom 7. 10. 1974, GBl. der DDR I, S. 432.
[6] Gesetz über die örtlichen Volksvertretungen in der Deutschen Demokratischen Republik vom 4. 7.
1985, GBl. der DDR I, S. 213.
[7] GBl. der DDR I S. 255.

## 2 Die Debatten um direkte Demokratie in Brandenburgs Landesverfassung und Kommunalverfassung 1990 bis 1992/93

Als sich im Ergebnis der politischen Wende 1989/90 und der deutschen Wiedervereinigung das Land Brandenburg neu formierte, wurde auch eine neue Landesverfassung erarbeitet. In Brandenburg erstreckte sich dieser Prozess über einen Zeitraum von mehr als zwei Jahren. Bis auf kurze zeitliche Phasen war prinzipiell unumstritten, dass die Verfassung repräsentative Demokratie mit Elementen direkter Demokratie verknüpfen sollte. Kontroversen rankten sich jedoch um den Stellenwert direkt-demokratischer Entscheidung sowie um die Höhe der Quoren. Ein erster Verfassungsentwurf entstand im Auftrag des „Koordinierungsausschusses zur Bildung des Landes Brandenburg" im Einvernehmen mit den Runden Tischen der Bezirke Potsdam, Frankfurt/Oder und Cottbus und mit Hilfe von Fachleuten aus Brandenburgs Partnerland Nordrhein-Westfalen. Bereits dieser am 16. Mai 1990 vorgelegte und nach Vorschlägen aus der Bevölkerung im September 1990 überarbeitete Entwurf enthielt neben anderen Aussagen, die die spätere Landesverfassung charakterisieren sollten, auch eine Verbindung von repräsentativer mit unmittelbarer Demokratie. Der Grundsatz der Volksgesetzgebung ist in diesem Entwurf in drei Artikeln verankert. Die Quoren, die vorgeschlagen wurden, waren mit 10.000 Stimmen für das Initiativverfahren exorbitant niedrig, für das Volksbegehren mit einem Zehntel der Stimmberechtigten jedoch höher als bei der heute gültigen Regelung. Beim Volksentscheid wiederum sollte nur die Mehrheit der abgegebenen Stimmen entscheiden. Ein Quorum war nicht vorgesehen. Dieser Verfassungsentwurf mit seinen Aussagen zur direkten Demokratie wurde eine der Grundlagen für die späteren Verfassungsberatungen in dem am 14. Oktober 1990 gewählten ersten Landtag des wiedererstandenen Landes Brandenburg. Am 22. November 1990, nur wenige Wochen nach seiner Wahl, war der Landtag mit einem Gesetzentwurf zur Erarbeitung einer Verfassung für das Land Brandenburg befasst. In der Debatte spielten Fragen direkter Demokratie auch im weiteren Sinn – z. B. die Einbeziehung der Gewerkschaften sowie der Behindertenverbände, der Opfer des Stalinismus und anderer Verbände in die Interessenvertretung des Volkes – eine bedeutende Rolle. Am 30. Januar 1991 beauftragte das Parlament einen Verfassungsausschuss mit der Ausarbeitung eines Verfassungsentwurfs. Während der Ausschussberatungen traten Meinungsverschiedenheiten zutage, deren inhaltliche Schwerpunkte den weiteren Verlauf der Auseinandersetzungen um die Verfassung sowohl im Landtag als auch auf außerparlamentarischer Ebene prägen sollten. Dabei wurden auch Formen der direkten Demokratie, ihr Verhältnis zur parlamentarischen Demokratie und die Höhe der Quoren immer wieder debattiert. Der Ausschuss befasste sich sowohl grundsätzlich mit der Frage, ob Plebiszite überhaupt in die Verfassung aufgenommen werden sollten, als auch – nach positiver Entschei-

dung darüber – mit Detailproblemen, z. B. ob auch Landtagsauflösungen mittels
Plebiszit ermöglicht werden, ob durch Volksentscheid zustande gekommene Gesetze durch Parlamentsentscheidung außer Kraft gesetzt oder geändert werden, ob
Personalenscheidungen Gegenstand von Plebisziten sein könnten oder wer über die
Zulässigkeit von Plebisziten entscheide. Heftige Kontroversen gab es zu den Quo-
ren. Die Tendenzen späterer parlamentarischer Debatten – PDS und Bündnis 90 für
niedrigere, CDU und FDP für höhere Quoren – wurden hier bereits artikuliert.
Insbesondere Bündnis 90 plädierte für eine Herabsetzung der erforderlichen Stimmenzahl auf 10.000 bei Volksinitiativen und 50.000 bei Volksbegehren, „damit sie
praktisch überhaupt möglich werden". Im Gegensatz zur Ausschussmehrheit sah
Bündnis 90 eine politische Stabilität auch bei niedrigen Quoren gegeben. Am 31.
Mai 1991 legte der Ausschuss seinen Verfassungsentwurf vor. Die vorgesehene
Höhe der Quoren betrug 20.000 für Volksinitiativen und 80.000 für Volksbegehren, bei einer angestrebten Landtagsauflösung 100.000 bzw. 150.000. Das Recht
zur Teilnahme an einer Volksinitiative sollte allen Einwohnern zustehen, die Teilnahme an Volksbegehren und Volksentscheiden war hingegen Stimmberechtigten
vorbehalten. Ein Gesetzentwurf sollte zu seiner Annahme durch Volksentscheid
der Zustimmung mindestens eines Viertels der Stimmberechtigten bedürfen.

Unmittelbar nach der Veröffentlichung dieses Entwurfs wurden die gegensätzlichen Meinungen zu den Elementen direkter Demokratie nunmehr auch in
weiterer parlamentarischen Debatten sowie in der Öffentlichkeit ausgetragen.[8]
Dabei vertraten insbesondere CDU und FDP die Auffassung, Plebiszite sollten
politisch wichtigen Themen vorbehalten sein; die im Entwurf vorgesehen Quoren
sollten erheblich erhöht werden. Die CDU-Fraktion wollte das Quorum bei Volksinitiativen von 20.000 auf 50.000, bei Volksbegehren von 80.000 auf 150.000, bei
angestrebten Landtagsauflösungen von 150.000 auf 200.000 bzw. von 200.000 auf
250.000 anheben. Die FDP-Fraktion sprach sich dafür aus, Quoren prozentual an
der Gesamtzahl der Stimmberechtigten zu bemessen.: 5 Prozent für Volksinitiativen, 10 Prozent für Initiativen auf Landtagsauflösung, 10 Prozent für Volksbegehren, 20 Prozent für Begehren auf Landtagsauflösung. Gemessen an der Zahl der
Stimmberechtigten im Jahr 1990 hätten diese Quoren mit 98.000 (5 Prozent),
196.000 (10 Prozent) und 392.000 (20 Prozent) die Forderungen der CDU noch
erheblich übertroffen. Ferner beantragte die CDU, unterstützt von der FDP., nur
wahlberechtigten Bürgern, nicht aber Einwohnern das Recht zur Beteiligung an
Volksinitiativen zuzubilligen. Die Fraktion PDS/Linke Liste plädierte für eine
Senkung der Quoren auf unter 20.000 bei Volksinitiativen. Die in der „Ampel-
Koalition" selbst in der Regierungsverantwortung stehende Fraktion Bündnis 90
machte geltend, dass plebiszitäre Elemente nicht zuletzt auf Druck der Bürgerbewegung in den Entwurf gelangt seien und auch unter diesem Aspekt die Hürden für

---

[8] Vgl. Werner Künzel, Brandenburgs Landesverfassung in Geschichte und Gegenwart, Potsdam 1995,
S. 14 ff.

eine Volksbeteiligung zu hoch angesetzt seien. Das Instrumentarium der Plebiszite werde entwertet, wenn zu hohe Quoren angesetzt würden. Bündnis 90 verlangte auch die Streichung des Passus, dass ein Volksentscheid für seinen Erfolg mindestens der Zustimmung eines Viertels der Stimmberechtigten bedürfe, da erfahrungsgemäß die Beteiligung an Volksentscheiden sehr gering sei. Divergierende Meinungen waren aber – insbesondere in der öffentlichen Diskussion – nicht zwingend einer Partei zuzuordnen. So erhob der Bürgerrechtler und nachmalige Richter beim Landesverfassungsgericht Brandenburg, Richard Schröder (SPD), zwei Einwände gegen die Volksgesetzgebung. Erstens bestünden zwei Gesetzgeber, das Parlament und das Volk, mit zwei Arten von Gesetzen, deren gegenseitige Wertigkeit nicht exakt geregelt sei. Offen sei beispielsweise, ob ein durch Volksentscheid beschlossenes Gesetz durch Parlamentsentscheid geändert werden dürfe. Insofern sei „offenbar nicht unproblematisch, von der Gewaltenteilung in Legislative, Exekutive und Judikative überzugehen zur Gewaltenzerteilung(!) in zwei Legislativen".[9] Zweitens fehlte beim Volksentscheid ein Äquivalent zu der zwischen den parlamentarischen Lesungen wirkenden Arbeitsebene der parlamentarischen Ausschüsse mit Spezialistenbefragungen und Korrekturen von Gesetzesentwürfen. Das Volk hingegen könne nur mit Ja oder Nein votieren. Die entscheidende Macht läge deshalb bei der Volksgesetzgebung gar nicht beim Volk, sondern bei denjenigen, die den Gesetzestext vorlegten. Repräsentative Demokratie gebe – jedenfalls unter den Bedingungen einer unübersichtlichen Großgesellschaft – der politischen Argumentation und insofern der Vernunft eine bessere Chance als die direkte Demokratie, die darüber hinaus wegen fehlender Verantwortung unter dem Mangel der Anonymität leide. Aus diesen Gründen solle ein Volksentscheid nur auf das Parlament einwirken, nicht aber sein Gesetzgebungsmonopol aufheben. Auch unter den Zuschriften, die den Landtag zum Verfassungsentwurf erreichten, war eine große Zahl Problemen direkter Demokratie gewidmet. Viele Briefe stimmten der Aufnahme der Volksgesetzgebung in die Landesverfassung zu. Zu deren inhaltlicher Ausgestaltung gab es jedoch sehr differenzierte Meinungsbekundungen und Vorschläge. Die meisten von ihnen setzten sich mit den vorgeschlagenen Quoren auseinander. Es tauchte sogar die Forderung auf, gänzlich auf Quoren zu verzichten. Eine Reihe von Zuschriften war den Gegenständen der Volksgesetzgebung gewidmet. In der Regel schlugen diese vor, auf inhaltliche Einschränkungen, denen diese unterworfen wären, gänzlich zu verzichten; zumindest aber sollten auch der Landeshaushalt sowie die Dienst- und Versorgungsbezüge Gegenstand direktdemokratischer Entscheidungen sein dürfen. Andere Einsender forderten, Gegenstände von hohem politischem Rang (Verfassungsänderungen, Änderungen der Verfassungsaussagen zu den Grundrechten und Staatszielen) generell einer direktdemokratischen Entscheidung vorzubehalten. Andere Zuschriften setzten sich mit den

---

[9] Richard Schröder, Entscheiden soll das Parlament, in: „Die Zeit" vom 2. 8. 1991.

Modalitäten der Volksgesetzgebung (Unterschriftsleistung in den Ämtern oder freie Unterschriftensammlung) auseinander. Im Dezember 1991 einigten sich die Parteien der „Ampelkoalition" SPD, FDP und Bündnis 90 sowie die oppositionelle Fraktion PDS/Linke Liste auf einen gemeinsamen Verfassungsentwurf, der auch eingegangene Anregungen berücksichtigte. In Detailfragen machte er Zugeständnisse an CDU und FDP: für Volksinitiativen und Volksbegehren, die auf eine Landtagsauflösung abzielten, wurden entgegen dem Ursprungsentwurf die Quoren erhöht. Dennoch kulminierten insbesondere nach der ersten Lesung des Verfassungsentwurfs im Landtag die gegensätzlichen Ansichten. Die Christdemokraten wandten sich nun – nach den Worten ihres Generalsekretärs Thomas Klein in einer Pressekonferenz am 5. März 1992 – strikt gegen jede Form von Volksentscheid, wenn dessen Ergebnis Gesetzeskraft erhalten würde. Unverbindliche Volksbefragungen hingegen würden von der CDU „ausdrücklich begrüßt".[10] Vor dem Landtag argumentierte der CDU-Abgeordnete Walther: „Die Frage der mittelbaren und unmittelbaren Demokratie wird gern zu einem Prüfstein für das Verhältnis von Parteien zu Bürgern, zum Mann auf der Straße hochgehoben. Je mehr und unmittelbarer die Demokratie, desto mehr Bürgernähe, lautet dann oft die ... unzutreffend gebildete Formel. Ich halte solche Aussagen für unangebracht, unrichtig und sogar gefährlich."[11] Die repräsentative Demokratie habe sich seit dem 18. Jahrhundert als Demokratieform bewährt. Sie entspreche dem modernen Staats- und Wirtschaftsleben mehr als jede andere Form. Jede Möglichkeit zur Errichtung einer zweiten Legislative wäre für die Demokratie ungut und eine erhebliche Gefahr. In einem geordneten Rechtsstaat solle es nur eine legislative Gewalt geben, nämlich das Parlament. Volksbegehren und Volksentscheid sollten außerordentliche Instrumente für den Bürger bleiben, die Verfassung zu ändern oder den Landtag aufzulösen. Der Konsens, auf den sich die Parteien schließlich am 14. April 1992 verständigten und bei dem – nach den Worten von Peter-Michael Dietel, Vorsitzender des Verfassungsausschusses des Landtags – alle Fraktionen hatten „bittere Pillen schlucken müssen", war in bezug auf die direkte Demokratie unspektakulär. Da sich weder die Befürworter niedrigerer noch die Befürworter höherer Quoren hatten durchsetzen können, blieb es bei den Regelungen vom Dezember 1991. Dass in namentlicher abschließender Abstimmung elf CDU-Abgeordnete den Verfassungsentwurf ablehnten, vier sich der Stimme enthielten und einer der Abstimmung fernblieb, war – neben anderen Faktoren – auch in der Ausgestaltung der direkten Demokratie in der Verfassung des Landes Brandenburg begründet. Kontrovers verliefen auch die Debatten um die Ausgestaltung der direkten Demokratie in der Kommunalverfassung, die der Landtag am 29.9.1993 verabschiedete. Ähnlich wie bei den Verfassungsdebatten nahm die CDU auch bei der Kommunalverfassung eine ambivalente Haltung zu plebiszitären Elementen ein. Einerseits forderte sie

---

[10] „Klein gegen Verfassung", In: .Potsdamer Neueste Nachrichten vom 6. 3. 1992.
[11] Landtag Brandenburg, 1. Wahlperiode, Plenarprotokoll 1/43, S. 3099.

einen weiteren Ausbau der Bürgerbeteiligung, wozu auch die „obligate Einwohnerversammlung" gehöre. Sie verlangte sogar „nachdrücklich" nicht nur die Urwahl des Bürgermeisters, sondern – allerdings erfolglos – auch die des Landrates „als höchste Stufe der demokratischen Legitimation". Andererseits erklärte ihr Sprecher – nachdem die CDU-Fraktion in der ersten Lesung des Gesetzes am 20.1.1993 die Einrichtung von Bürgerbegehren und Bürgerentscheid noch „grundsätzlich begrüßt" hatte – dann in der zweiten Lesung: „Durch die Bürgerbeteiligung dürfen jedoch das kommunale Ehrenamt und die repräsentative Demokratie nicht in Frage gestellt werden. Aus diesen Gründen lehnen wir einen Bürgerentscheid ab."[12] Auf Initiative der CDU, nach deren Ansicht „die vorgesehene Bürgerbeteiligung vielfach die Entscheidungsfreiheit und Kompetenz der Gemeindevertretungsmitglieder" überlagerte und „einen starken Gegenpol zur demokratischen Gemeindevertretung"[13] zu bilden drohte, wurde der Katalog derjenigen Bereiche, für die ein Bürgerentscheid ausgeschlossen wurde, in den Ausschussberatungen erweitert.

Die PDS stellte die Stärkung von unmittelbaren Entscheidungsrechten von Bürgern in den Mittelpunkt ihrer parlamentarischen Argumentation. Sie schlug deshalb u. a. vor, die Quoren für Bürgerscheide in Abhängigkeit von der Gemeindeeinwohnerzahl zu staffeln. Das vorgesehene Quorum von 10 Prozent wäre zwar in kleineren Gemeinden leicht aufzubringen. In größeren Orten wäre dazu aber ein erheblicher Aufwand nötig. Ein allgemeines Quorum von 10 Prozent wäre deshalb eine demokratiehemmende Hürde. Außerdem sollten Bürgerbegehren nicht zwingend mit einem Finanzierungsvorschlag gekoppelt werden. Dies würde den Initiatoren eine nicht leistbare Professionalität abverlangen. Die PDS plädierte zwar für die Direktwahl der ehrenamtlichen Bürgermeister; die hauptamtlichen Bürgermeister und Landräte hingegen sollten indirekt gewählt werden. Die vorgesehene Direktwahl hauptamtlicher Bürgermeister für einen Zeitraum von acht Jahren lasse einen „kommunalen Bonapartismus"[14] befürchten.

## 3  Regelung direkter Demokratie auf Landesebene

Plebiszitäre Elemente sind in der Verfassung des Landes Brandenburg umfassend ausgestaltet. Im Grundsatz erkennt Art. 2 Abs. 4 die Möglichkeit der Gesetzgebung durch Volksentscheid an. Art. 75 bestimmt, dass Gesetzesvorlagen aus der Mitte des Landtages, durch die Landesregierung oder im Wege des Volksbegehrens eingebracht werden können. Art. 22 Abs. 2 garantiert das Recht der Bürger, z. T. sogar der Einwohner, sich an Volksinitiativen bzw. Einwohneranträgen, Volks-

---

[12] (13) A. a. O. 1/76, S. 6112 und 6096.
[13] (14) A. a. O. 1/61, S. 4683.
[14] (15) A. a. O. 1/76, S. 6100.

bzw. Bürgerbegehren sowie Volks- bzw. Bürgerentscheiden zu beteiligen. Art. 76 bis 78 regeln auf Landesebene das dreistufige Verfahren von Volksinitiative, Volksbegehren und Volksentscheid. Dieses kann zum Erlass von Gesetzen oder zur Auflösung des Landtages durch Volksentscheid führen. Durch Volksentscheid kann auch die Verfassung geändert (Art. 78 Abs. 3, Art. 79) sowie die Wahl einer verfassunggebenden Versammlung (Art. 115 Abs. 2 und 3) beschlossen werden. Eine neue Verfassung bedarf der Zustimmung durch einen Volksentscheid (Art. 115 Abs. 1), ebenso die Vereinigung der Länder Brandenburg und Berlin (Art. 116 Abs. 1). Im einzelnen geregelt ist das Verfahren bei Volksinitiativen, Volksbegehren und Volksentscheid im Volksabstimmungsgesetz vom 14. April 1993.[15]

## 3.1 Volksinitiative

Eine Volksinitiative will den Landtag veranlassen, sich mit bestimmten Gegenständen der politischen Willensbildung zu befassen, insbesondere mit Gesetzentwürfen und Anträgen auf Auflösung des Landtages. Volksinitiativen unterliegen zwei Einschränkungen: Zum ersten dürfen sie nur auf Gegenstände im Rahmen der Zuständigkeit des Landtags gerichtet sein, Kompetenzen des Bundes oder der Kommunen, aber auch die Zuständigkeiten von Regierung, Verwaltung und Rechtsprechung auf Landesebene dürfen also nicht berührt sein. Zum anderen sind Initiativen zum Landeshaushalt, zu Dienst- und Versorgungsbezügen, Abgaben und Personalentscheidungen unzulässig. Damit wollte der Gesetzgeber Missbräuchen der Volksinitiative vorbeugen, die die Budgethoheit des Landtages und die Funktionsfähigkeit der öffentlichen Verwaltung beeinträchtigen könnten. Damit das Recht auf Volksinitiative nicht leer läuft, müssen nach verbreiteter Meinung „Volksinitiativen mit *mittelbaren* Auswirkungen auf den Landeshaushalt, Abgaben und Personalentscheidungen aber zulässig sein".[16] Im Unterschied zu anderen Landesverfassungen ist in Brandenburg nicht nur Bürgern, d. h. den ständig im Land lebenden Deutschen im Sinne des Grundgesetzes, sondern auch den in Brandenburg lebenden Ausländern und Staatenlosen das Recht zur Teilnahme an Volksinitiativen gewährleistet. Dies ist verfassungsrechtlich gerechtfertigt, weil die Volksinitiative weder Entscheidungen trifft noch eine notwendige Vorstufe in einem politischen Entscheidungsverfahren darstellt. Der Landtag wird inhaltlich nicht gebunden, sondern lediglich verpflichtet, innerhalb von vier Monaten eine Entscheidung zu treffen. Ob er dabei dem Anliegen der Volksinitiative entsprechen wird, liegt allein in seinem Ermessen. Eine Mitwirkung an der Ausübung der Staatsgewalt, die nach der Rechtsprechung des Bundesverfassungsgerichts allein

---

[15] GVBl. I S. .94 (geändert durch NVG vom 27. 6. 1995, GVBl. I S. 150).
[16] Helmut Simon/ Dietrich Franke/ Michael Sachs (Hrsg), Handbuch der Verfassung des Landes Brandenburg, Stuttgart/München/Hannover/Berlin/Weimar/Dresden 1994, S. 350.

den Deutschen im Sinne von Art. 116 Abs. 1 des Grundgesetzes vorbehalten ist, ist mit der Teilnahme an einer Volksinitiative noch nicht verbunden. Der – aus dieser Argumentation abzuleitenden und von Art. 22 Abs. 2 der Landesverfassung sanktionierten – Möglichkeit, Personen ab 16 Jahren die Teilnahme an Volksinitiativen zu gestatten, wird das Volksabstimmungsgesetz gerecht, indem es bestimmt, dass bei Volksinitiativen, die vornehmlich Jugendliche betreffen, die Altersgrenze für das Recht, sich an Volksinitiativen beteiligen zu können, auf 16 Jahre herabgesetzt ist. Ob der Gegenstand einer Volksinitiative vornehmlich Jugendliche betrifft, entscheidet der Landtag. Eine Volksinitiative ist erfolgreich, wenn sie von mindestens 20.000 Einwohnern unterzeichnet ist. Dieses Quorum gehört im Vergleich mit anderen Bundesländern zu den niedrigsten überhaupt; lediglich in Mecklenburg-Vorpommern ist mit 15.000 Stimmen ein noch geringeres Quorum erforderlich. Das niedrige Quorum entspricht den spezifischen Bedingungen eines sehr dünn besiedelten Flächenlandes mit einem ausgedehnten Territorium. Darüber hinaus ermöglicht es auch kleineren Interessengruppierungen, die eher an der Peripherie der öffentlichen Aufmerksamkeit stehen, ihre Probleme zum Gegenstand von Landtagsberatungen zu machen. Strengere Auflagen gibt die Landesverfassung jedoch für solche Volksinitiativen vor, deren Ziel die Auflösung des Landtages ist. Hier ist das Quorum mit 150.000 erheblich höher angesetzt. Außerdem steht das Unterschriftsrecht nur Stimmberechtigten zu; Ausländer und Staatenlose haben also in diesem besonderen Fall keine Möglichkeit, an der Volksinitiative teilzunehmen. Die für eine Volksinitiative notwendigen Unterschriften werden nicht durch die Behörden gesammelt. Dafür sind die Organisatoren selbst verantwortlich. Fünf Vertreter der Initiative müssen als deren Sprecher benannt werden. Sie haben das Recht auf Anhörung.

## 3.2 Volksbegehren

Stimmt der Landtag dem Gegenstand der erfolgreichen Volksinitiative innerhalb von vier Monaten nicht zu, so findet auf Verlangen der Vertreter der Initiative ein Volksbegehren statt. Dessen Durchführung geht eine Zulässigkeitsprüfung durch den Landtag und die Landesregierung voraus. Geprüft wird vor allem, ob der Gegenstand des Verfahrens in den Kompetenzbereich des Landtags fällt oder ob die allgemeinen Einschränkungen für Aktivitäten direkter Demokratie (Landeshaushalt, Bezüge, Abgaben, Personalentscheidungen) beachtet sind. Hält die Landesregierung oder ein Drittel der Landtagsabgeordneten das Volksbegehren für unzulässig, besteht die Pflicht zur Anrufung des Landesverfassungsgerichts. Das Volksbegehren ist – im Unterschied zur Volksinitiative – die Vorstufe eines politischen Entscheidungsverfahrens. Die Landesverfassung fordert deshalb für ihre Durchsetzung die Erfüllung strengerer Bedingungen als für jene. Die Teilnahme am Volksbegehren ist Stimmberechtigten vorbehalten, den im Land lebenden Ausländern und Staatenlosen sowie Personen unter 18 Jahren demnach verwehrt. Das Quorum ist erheblich höher als bei der Volksinitiative. Es beträgt 80.000, bei einem Antrag auf Auflösung des Landtags 200.000. Auf weitere erschwerende Auflagen für ein Volksbegehren – wie ein von anderen Landesverfassungen vorgeschriebener ausgearbeiteter und begründeter Gesetzentwurf als Entscheidungsgrundlage – verzichtet Brandenburgs Verfassung. Aus der Qualität des Volksbegehrens als Bestandteil eines politischen Entscheidungsverfahrens leitet sich auch die Verantwortung der zuständigen Behörden für ihre Durchführung und die Übernahme der Kosten, die ihnen entstehen, durch das Land ab. Der Landeswahlleiter macht das Volksbegehren im Amtsblatt für Brandenburg bekannt und bestimmt die Fristen. Der Begehrensgegenstand und die Abstimmungsmodalitäten werden durch die örtlichen Abstimmungsbehörden bekannt gemacht. Bei diesen erfolgt auch die Eintragung in die Abstimmungslisten. Das Gesamtergebnis des Volksbegehrens wird durch Beschluss des Präsidiums des Landtages festgestellt.

## 3.3 Volksentscheid

Beschließt der Landtag im Ergebnis eines erfolgreichen Volksbegehrens die von diesem verfolgten Vorlagen, ist das Verfahren beendet. Entspricht er dem Begehren nicht, findet spätestens fünf Monate nach dem Volksbegehren ein Volksentscheid statt. Diese unmittelbare Volksgesetzgebung kann in mehrfacher Hinsicht politische Bedeutung – auch mittelbare – erlangen:

- Gesetzesvorlagen können über einen Volksentscheid durchgesetzt werden, für die im Landtag keine Mehrheit zustande käme.
- Der Landtag kann die Entscheidung über wichtige Vorlagen von sich aus einem Volksentscheid überlassen, um diesen einen hohen Grad an demokratischer Legitimation zu verleihen.
- Er könnte bei sich abzeichnenden Mehrheiten im Wahlvolk Vorlagen verabschieden, die er ohne einen möglichen Volksentscheid nicht beschlossen hätte.

Wie bereits beim Volksbegehren ist die Teilnahme am Volksentscheid ausschließlich Brandenburger Stimmberechtigten vorbehalten. Ein Gesetzentwurf bzw. eine andere Vorlage ist angenommen, wenn die Mehrheit der Abstimmenden, mindestens jedoch ein Viertel der Stimmberechtigten zugestimmt hat. Höher sind die Quoren bei Verfassungsänderungen bzw. bei Anträgen auf Auflösung des Landtags. Hier sind mindestens zwei Drittel der abgegebenen Stimmen, mindestens jedoch die Hälfte der Stimmberechtigten erforderlich. Der Landtag kann den Abstimmenden einen konkurrierenden Gesetzentwurf oder eine andere Vorlage mit zur Abstimmung unterbreiten. Der Landtagspräsident veröffentlicht die mit Gründen versehenen Gesetzentwürfe oder die anderen zur Abstimmung stehenden Vorlagen. Das Verfahren des Volksentscheids ist eng an den Regeln für die Landtagswahlen orientiert.

## 3.4 Wahl einer verfassungsgebenden Versammlung

Art.115 LV enthält Vorschriften für eine Volksinitiative und einen Volksentscheid zur Wahl einer verfassungsgebenden Versammlung. Diese kennzeichnen die Souveränität des Volkes auch über die Verfassung unabhängig davon, ob dieses Verfahren jeweils praktische Relevanz erlangen wird. Danach haben die Bürger das Recht, die Wahl einer verfassungsgebenden Versammlung zu verlangen, die eine neue Landesverfassung ausarbeitet. Dazu muss ein Anteil von 10 Prozent der Stimmberechtigten eine entsprechende Initiative unterzeichnet haben. Stimmt der Landtag nicht binnen vier Monaten nach einer erfolgreichen Volksinitiative durch Gesetz der Wahl zu einer verfassungsgebenden Versammlung zu, findet ein Volksentscheid statt. Er ist erfolgreich, wenn zwei Drittel der Abstimmenden, jedoch mindesten die Hälfte der Stimmberechtigten zugestimmt haben. Hat eine verfassungsgebende Versammlung eine neue Verfassung mit Zweidrittelmehrheit beschlossen, so darf diese dennoch der Zustimmung einer Mehrheit der Abstimmenden in einem Volksentscheid. Eine Mindestbeteiligung für diesen Volksentscheid verlangt die Landesverfassung nicht.

## 3.5 Neugliederung des Raumes Berlin – Brandenburg

Der Zustimmung in einem Volksentscheid bedarf gemäß Art. 116 LV auch eine Vereinbarung zur Vereinigung der Länder Brandenburg und Berlin. Damit wird eine hinlängliche Akzeptanz der Ländervereinigung in der Bevölkerung angestrebt. Die organisatorischen Abläufe dieses Volksentscheids sind deshalb auch im Volksabstimmungsgesetz detailliert geregelt. Vorgeschrieben ist, dass der Präsident des Landtags für eine ausreichende Veröffentlichung des vollen Wortlautes der Vereinbarung sorgt. Dabei muss er „bündig und sachlich" die Auffassung der Mehrheit des Landtages sowie die Meinung der Landtagsminderheit darlegen. Eine Vereinbarung über die Vereinigung der beiden Länder ist durch Volksentscheid angenommen, wenn die Mehrheit der Abstimmenden der Vereinbarung zugestimmt hat. Eine Mindestbeteiligung ist nicht vorgeschrieben. Eine erste Volksabstimmung zur Vereinigung der Länder Brandenburg und Berlin fand am 5. Mai 1996 statt. Bei einer Abstimmungsbeteiligung von 66,38 Prozent votierten 62,72 Prozent der abgegebenen gültigen Stimmen gegen ein gemeinsames Bundesland

Berlin-Brandenburg.[17] Wann ein neuer Volksentscheid angesetzt wird, ist ungewiss.

## 4 Regelungen direkter Demokratie in der Kommunalverfassung

Umfassende Mechanismen politischer Willensbildung durch die Bürger enthalten die Gemeindeordnung und die Kreisordnung des Landes Brandenburg. In Brandenburgs Kommunalverfassung sind direktdemokratische Regelungen sehr umfassend ausgestaltet. Sie waren – wie oben geschildert – im Vorfeld ihrer Annahme durch den Landtag Anlass zu kontroversen Debatten gewesen.

### 4.1 Einbeziehung der Einwohner in die kommunale Entscheidungsfindung

Mit einem umfangreichen Instrumentarium können die Einwohner, Bürgerinitiativen, Verbände, Zusammenschlüsse und juristische Personen neue Fragestellungen und Lösungsvorschläge in die kommunalen Entscheidungsprozesse einbringen, Volksvertretungen und Behörden zur Beratung bestimmter Themen veranlassen und an der Entscheidungsfindung mitwirken. Diese Formen unmittelbarer Meinungsbildung und politischer Einflussnahme sind für die Beschlüsse und Entscheidungen der Vertretungen und kommunalen Behörden nicht rechtverbindlich. Deshalb können nicht nur die wahlberechtigten Bürger, sondern auch die übrigen Einwohner aktiv werden. Wenngleich juristisch nicht verbindlich, sind diese rechtlichen Mechanismen für die kommunale Entscheidungsfindung von erheblicher Bedeutung, weil sie die Meinungen und Interessen der Einwohner auch zu einzelnen Sachfragen gegenüber den kommunalen Vertretungen und Behörden artikulieren und daraus erwachsenden Beschlüssen ein größeres Gewicht verleihen. Voraussetzung für eine fundierte Ausübung des demokratischen Mitbestimmungsrechts ist die Information der Einwohner über die wichtigen kommunalen Vorgänge. Gemeindevertretung und Kreistag sind deshalb verpflichtet, die Einwohner über die allgemein bedeutsamen kommunalen Angelegenheiten zu unterrichten und die Mitwirkung der Einwohner an der Lösung der kommunalen Aufgaben zu fördern. Bei wichtigen kommunalen Vorhaben und Planungen, „die das wirtschaftliche, soziale und kulturelle Wohl der Einwohner nachhaltig berühren, sind die Einwohner möglichst frühzeitig über die Grundlagen sowie Ziele, Zwecke und Auswirkungen zu unterrichten". Wichtige Rechtsinstrumente, die es den Einwohnern

---

[17] Statistisches Jahrbuch (Land Brandenburg) 2003, Potsdam 2003, S. 190.

ermöglichen, sich sowohl zu informieren als auch als auch ihre Ansichten zu vertreten, sind

- die Öffentlichkeit von Gemeindevertretung, Ortsbeirat, Kreistag und deren Ausschüssen (mit Ausnahme der Beratung bestimmter Angelegenheiten);
- das Recht auf Einsichtnahme in Beschlussvorlagen der von Gemeindevertretung und Kreistag in öffentlicher Sitzung behandelten Tagungsordnungspunkte;
- die Einwohnerfragestunde als Tagesordnungspunkte der öffentlichen Sitzungen von Gemeindevertretung und Kreistag, in der Einwohner einschließlich Kinder und Jugendliche nicht nur Fragen stellen, sondern auch Vorschläge und Anregungen unterbreiten können;
- die Anhörung von Einwohnern, die vom Gegenstand der Beratung der kommunalen Vertretung betroffen sind;
- das Petitionsrecht, das jedem mit dem Anspruch auf Antwort innerhalb von vier Wochen das Recht einräumt, sich mit Vorschlägen, Hinweisen und Beschwerden einzeln oder gemeinschaftlich an die Gemeindevertretung oder den Bürgermeister bzw. an den Kreistag oder den Landrat zu wenden;
- auf Gemeindeebene die Einwohnerversammlung, in denen die kommunalen Behörden wichtige Gemeindeangelegenheiten mit den Einwohnern erörtern.

Der Volksinitiative auf Landes- entspricht der Einwohnerantrag auf Gemeinde- und Kreisebene. Mit einem solchen Antrag wollen Einwohner die Gemeindevertretung bzw. den Kreistag veranlassen, sich mit einer bestimmten kommunalen Angelegenheit zu befassen und darüber zu entscheiden. Eine inhaltliche Einschränkung, die einer „Antragsschwemme" vorbeugen will, ist die Vorschrift, dass ein Einwohnerantrag nur zulässig ist, wenn nicht in derselben Angelegenheit innerhalb der letzten Monate bereits ein zulässiger Einwohnerantrag gestellt worden ist. Da der Einwohnerantrag keine für die Vertretung verbindliche Vorlage beschließen kann, ist das Recht zur Beteiligung – wie bei der Volksinitiative auf Landesebene – nicht den wahlberechtigten Bürgern vorbehalten, sondern steht allen Einwohnern der Gemeinde bzw. des Kreises zu. Im Unterschied zur Volksinitiative ist sogar das Erreichen des Wahlalters keine Voraussetzung für die Unterschriftsberechtigung. Vielmehr können sich alle Einwohner beteiligen, die bereits das sechzehnte Lebensjahr vollendet haben. Ein Einwohnerantrag ist zulässig, wenn er von mindestens fünf Prozent der in der Gemeinde bzw. der in dem Landkreis gemeldeten Einwohner ab einem Alter von 16 Jahren unterzeichnet ist. Über einen zulässigen Einwohnerantrag muss die Gemeindevertretung bzw. der Kreistag unverzüglich, spätestens innerhalb von drei Monaten nach seinem Eintreffen, beraten und entscheiden. Den Vertretern des Antrags soll Gelegenheit gegeben werden, diesen in der Sitzung der Vertretung zu erläutern.

## 4.2 Rechtsverbindliche kommunale Bürgerentscheidungen

Anders als das breitgefächerte und bedeutsame Instrumentarium der Mitwirkung
der Bürger an der Entscheidungsfindung, das jedoch die kommunalen Organe
rechtlich nicht bindet, gibt die Kommunalverfassung des Landes Brandenburg den
Bürgern auch die Möglichkeit, rechtsverbindliche kommunalpolitische Beschlüsse
zu fassen. Wegen ihres höheren Grades von Verbindlichkeit stehen diese nicht
allen Einwohnern der Gemeinde bzw. des Kreises zu, sondern lediglich den wahlberechtigten Bürgern. Sowohl auf Gemeinde- als auch auf Kreisebene kann die
Bürgerschaft mittels eines Bürgerbegehrens einen Bürgerentscheid beantragen. Das
Bürgerbegehren kann eine Angelegenheit der Gemeinde bzw. des Landkreises zum
Inhalt haben. Es kann sich auch gegen einem Beschluss der Gemeindevertre-
tung/des Hauptausschusses bzw. des Kreistages/Kreisausschusses richten. Mindestens zehn Prozent der Bürger müssen es unterzeichnen. Über die Zulässigkeit des
Bürgerbegehrens entscheidet die Gemeindevertretung bzw. der Kreistag. Ist das
Bürgerbegehren zulässig, stimmen die Bürger der Gemeinde bzw. des Landkreises
in einem Bürgerentscheid über die Angelegenheit ab. Dieser entfällt, wenn die
Gemeindevertretung oder der Hauptausschuss bzw. der Kreistag oder der Kreisaus-
schuss die Durchführung der mit dem Bürgerbegehren verlangten Maßnahme beschließt. Auf Grund eines Beschlusses der Gemeindevertretung kann ein Bürgerentscheid auch über den Zusammenschluss der Gemeinde mit einer anderen Gemeinde durchgeführt werden. Durch einen ausführlichen Ausschlusskatalog werden die Gegenstände von Bürgerentscheiden eingegrenzt. Generell darf über Anträge, die ein gesetzwidriges Ziel verfolgen, kein Entscheid durchgeführt werden.
Er findet ferner nicht statt über

- Angelegenheiten, für die die Gemeindevertretung bzw. der Kreistag keine
  gesetzliche Zuständigkeit hat,
- Pflichtaufgaben zur Erfüllung nach Weisung und Auftragsangelegenheiten,
- Fragen der inneren Organisation der Gemeindeverwaltung und der Gemeindevertretung bzw. der Kreisverwaltung und des Kreistages sowie die Rechtsverhältnisse der Gemeindevertreter, des Bürgermeisters und der Gemeindebediensteten bzw. der Mitglieder des Kreistages, des Landrats und der Kreisbe-
  diensteten,
- haushaltsrechtlich relevante Fragen: die Haushaltssatzung einschließlich der
  Wirtschaftspläne der Eigenbetriebe, Gemeinde- bzw. Kreisabgaben, die Tarife
  der kommunalen Versorgungs- und Verkehrsbetriebe, Kreisumlagen sowie
  die Feststellung der Jahresrechnung der Gemeinde bzw. des Landkreises und
  der Jahresabschlüsse der Eigenbetriebe,
- Satzungen, in denen ein Anschluss- oder Benutzungszwang geregelt werden
  soll,

- Entscheidungen in Rechtsbehelf- und Rechtsmittelverfahren,
- Aufstellung, Änderung und Aufhebung von Bauleitplänen, Entscheidungen nach dem Baugesetzbuch und Angelegenheiten, über die im Rahmen eines Planfeststellungs- oder eines förmlichen Verwaltungsverfahrens zu entscheiden ist.

Ein Bürgerentscheid ist erfolgreich, wenn ihm eine Mehrheit der Abstimmenden zugestimmt hat, jedoch mindestens 25 Prozent der Stimmberechtigten. Ein erfolgreicher Bürgerentscheid hat die Wirkung eines endgültigen Beschlusses der Gemeindevertretung bzw. des Kreistages. Er kann innerhalb von zwei Jahren nur durch einen neuen Bürgerentscheid geändert werden, der auf Grund eines Bürgerbegehrens oder eines Beschlusses der Gemeindevertretung bzw. des Kreistages zustande gekommen ist. Ein weiteres bedeutendes Element unmittelbarer Demokratie mit Rechtskraft ist die Direktwahl der haupt- und ehrenamtlichen Bürgermeister sowie der Ortsbürgermeister und Ortsbeiräte (der Ortsteile).[18] Sie werden von den Bürgern der Gemeinde in freier, allgemeiner, gleicher, direkter und geheimer Wahl gewählt, die hauptamtlichen Bürgermeister (der amtsfreien Gemeinden) und Oberbürgermeister (der kreisfreien Städte) für acht Jahre, die ehrenamtlichen Bürgermeister (der amtsangehörigen Gemeinden) sowie der Ortsbürgermeister und Ortsbeiräte für fünf Jahre. Die Besonderheit und das hohe Gewicht dieser Form direkter Demokratie geht aus einer Reihe spezieller Regelungen des Brandenburgischen Kommunalwahlgesetzes zur Direktwahl der hauptamtlichen Bürgermeister und Oberbürgermeister hervor. Diese betreffen insbesondere

- das Recht, sich zur Wahl für dieses kommunale Amt zu stellen: Auch Unionsbürger, die ihren ständigen Wohnsitz in Deutschland haben, sind wählbar;
- besondere Altersregelungen: Der Kandidat darf am Wahltag nicht jünger als 25 Jahre und nicht älter als 59 Jahre sein;
- den Wahlmodus: Ein Bewerber bedarf zu seiner Wahl der Hälfte der abgegebenen gültigen Stimmen, diese muss jedoch mindestens 15 % der wahlberechtigten Personen umfassen. Erreicht kein Bewerber diese Mehrheit, so findet eine Stichwahl zwischen den beiden Bewerbern mit den höchsten Stimmenzahlen statt.

Für kleinere Ortsteile eröffnet das Kommunalwahlgesetz die Möglichkeit der Direktwahl der Ortsbeiräte und Ortsbürgermeister durch die Bürgerversammlung. Das Kommunalwahlgesetz regelt auch die Abberufung eines gewählten Bürgermeisters auf dem Weg direkter Demokratie über einen Bürgerentscheid, und zwar mit den in der Kommunalverfassung festlegten Quoren (Mehrheit der Abstimmen-

---

[18] Gesetz über die Kommunalwahlen im Land Brandenburg (Brandenburgisches Kommunalwahlgesetz) in der Fassung vom 10. 10. 2001. GVBl. I S. 198. Insbesondere §§ 65, 72, 81 und 82b.

den, aber mindestens 25 Prozent der Wahlberechtigten). Höhere, der Bedeutung des kommunalen Amtes angemessenere Quoren verlangt die Kommunalwahlordnung für ein erfolgreiches Bürgerbegehren, das einen solchen Bürgerentscheid zum Ziel hat. Sie betragen in Gemeinden mit mehr als 60.000 Einwohnern mindestens 15 Prozent, in Gemeinden von 20.000 bis 60.000 Einwohnern mindestens 20 Prozent und in Gemeinden bis zu 20.000 Einwohnern sogar mindestes 25 Prozent der wahlberechtigten Personen. Ein Bürgerentscheid kann – außer durch Bürgerbegehren – auch durch die kommunale Vertretung ausgelöst werden.

## 5   Umfassende Praxis direkter Demokratie

Im Vergleich mit anderen Bundesländern weist das Land Brandenburg in seiner jungen Geschichte seit 1990 eine hohe Zahl von Volksinitiativen und -begehren auf. Dennoch gibt es ein eklatantes Missverhältnis zwischen den Erfolgsquoten der jeweiligen Stufen unmittelbarer Demokratie. Auf Landesebene hatte die niedrige Eingangshürde von 20.000 Unterschriften zur Folge, dass – bis auf die wenigen, die ausschließlich regionale Zielsetzungen verfolgten – alle Volksinitiativen erfolgreich waren. Dagegen erreichte von den bisher durchgeführten sieben Volksbegehren kein einziges die erforderliche Unterschriftenzahl. Einerseits wird dies darauf zurückgeführt, dass die Unterschriften bei dieser Verfahrensstufe im dünn besiedelten Brandenburg nur in den mitunter sehr weit entfernten Amtsräumen, nicht aber von den Initiativen selbst gesammelt werden dürfen. Andererseits wird geltend gemacht, „dass die Initiatoren vieler Projekte offenbar Schwierigkeiten mit der Einschätzung ihrer selbst bzw. ihrer Anliegen hatten".[19] Offenkundig bestand eine Diskrepanz zwischen der regional Orientierung einzelner Anliegen und der vermuteten landesweiten Interessenlage seitens der Initiatoren. Wegen der Erfolglosigkeit der Volksbegehren hat es keinen einzigen auf dem Weg direkter Demokratie herbeigeführten Volksentscheid gegeben. Die beiden einzigen Volksentscheide – das Verfassungsreferendum von 1992 und der Volksentscheid über die Fusion mit Berlin von 1996 – waren gesetzlich vorgegeben. Diese Bilanz macht aber auch deutlich, dass die im Erarbeitungsprozess der Landesverfassung geäußerten Befürchtungen, in Brandenburg würde die repräsentative Demokratie unterhöhlt, unbegründet waren. Vielmehr gaben die Volksinitiativen – wie noch auszuführen sein wird – wertvolle Impulse für politische Entscheidungen der repräsentativ-demokratischen Institutionen. Darüber hinaus hatten die Initiativen einen befriedenden Effekt in den betroffenen Regionen. Die Initiatoren direkt-demokratischer Entscheidungen mussten deshalb seitens des Landtages und der Landesre-

---

[19] Jung, Otmar. Die Praxis direkter Demokratie unter den neuen Landesverfassungen, in: Zeitschrift für Gesetzgebung, 1998, S. 327.

gierung kaum Hindernisse befürchten. Von ihrer verfassungsmäßigen Möglichkeit, das Verfassungsgericht zu einer Vorabkontrolle des Volksentscheides anzurufen, machten diese kein einziges Mal Gebrauch. Und nur über eine einzige Volksinitiative wurde gerichtlich gestritten. Insofern ist auch keine Mutmaßung vonnöten, dass durch das Scheitern der Volksentscheide die politische Kultur in Brandenburg Schaden nehmen könnte. Bereits im ersten Jahr nach Verkündung der Landesverfassung am 20. August 1992 gingen innerhalb von acht Monaten – zwischen 23. November 1992 und 25. Juni 1993 – sechs Volksinitiativen beim Landtag ein. Sie alle hatten strittige Fragen der in diesem Zeitraum durchgeführten Neugliederung der Kreisstruktur Brandenburgs zum Inhalt, insbesondere die Zusammensetzung der neuen Kreise und die Sitze der Kreisverwaltungen. Vier dieser sechs Volksinitiativen erreichten die notwendige Stimmenzahl von 20.000. Zwei von diesen führten – nach Ablehnung des Entwurfs bzw. Verstreichen der Befassungsfrist durch den Landtag – zu Volksbegehren. Diese verfehlten jedoch erheblich die notwendigen Eintragungen von 80.000; sie erreichten nicht einmal ein Drittel der Unterschriften, die vorher für die Volksinitiativen abgegeben wurden. Ein Gesetzentwurf wurde vom Landtag abgelehnt. Den Anliegen zweier Volksinitiativen, darunter einer, die nicht die erforderliche Stimmenzahl erreicht hatte, wurde durch Inkrafttreten des Kreisneugliederungsgesetzes Rechnung getragen. Somit blieb von den sechs frühen Volksinitiativen lediglich eine ohne unmittelbare Folge. Auch in der Folgezeit wurde von den Möglichkeiten direkter Demokratie auf Landesebene rege Gebrauch gemacht. In den fünf Jahren zwischen 1994 und 1998 gab es jährlich mindestens eine, meist jedoch mehrere Volksinitiativen zu Anliegen, die die Brandenburger in besonderem Maße bewegten. Die oberste Volksvertretung nahm die in dieser Form an sie gerichteten Anliegen der Bürger sehr ernst, auch wenn sie keinen Niederschlag in gesetzlichen Normen fanden. Von den neuen Volksinitiativen (einschließlich einer dem Landtag vorliegenden Bürgerinitiative) in diesem Zeitraum wurden lediglich zwei – „Gegen das Verkehrsprojekt 17 Deutsche Einheit / Kein Wasserstraßenausbau in Brandenburg" von 1996 und „Nein zum Transrapid Berlin – Hamburg" von 1997 – vom Landtag abgelehnt, ohne dass er sich der Themen weiter annahm. Bereits zwei Jahre zuvor hatte eine Volksinitiative gegen den Wasserstraßenausbau stattgefunden, die die erforderliche Zahl an Eintragungen nicht erreicht hatte. Der Landtag hatte sie im Einverständnis mit den Einreichern als Petition behandelt. Zur Initiative gegen den Transrapid wurde ein Volksbegehren beantragt, das jedoch die erforderliche Zahl an Eintragungen knapp verfehlte. Die Volksinitiative „Für ein Gesetz zur Förderung der Jugendarbeit und Jugendsozialarbeit" erreichte nicht die erforderliche Unterschriftenzahl. Der Gesetzgeber vertrat die Auffassung, mit bereits getroffenen Beschlüssen den Anliegen der Initiative bereits gerecht geworden zu sein. Den anderen sechs Volksinitiativen trug der Landtag entweder unmittelbar Rechnung oder er fand andere Möglichkeiten, ihr Anliegen in landespolitische Entscheidungen einzubringen. Den zwei

Volksinitiativen „Schaffung sozialer und rechtlicher Voraussetzungen bei Überleitung in das Vergleichsmietensystem in den neuen Bundesländern" von 1995 und „Für sozialverträgliche Wasser- und Abwasserpreise" von 1996 wurde durch Landtagsbeschlüsse Rechnung getragen. Auch die an den Landtag gerichtete Bürgerinitiative „Gegen den Schnellstraßenbau im Finowtal und dem Niederoderbruch" hatte Erfolg. Nach Übergabe an die zuständigen Ministerien wurde das Raumordnungsverfahren wie verlangt wiederholt. Die zwei Volksinitiativen „Gesetz zur Förderung der Musikschulen im Land Brandenburg" von 1996 und „Gegen den Ausbau des Flughafens Schönefeld" von 1998 lehnte der Landtag zwar ab, nahm sich aber in Form von Empfehlungen bzw. Aufforderungen an die Landesregierung dem Anliegen der Initiatoren an. So forderte er im Fall der Initiative zum Flughafen, die vor allem gegen die Lärmbelästigung gerichtet war, die Landesregierung auf, sich im Bundesrat für eine Änderung des Gesetzes zum Schutz gegen Fluglärm einzusetzen. Einer Volksinitiative ähnlich wurde eine vom Mieterbund eingereichte Sammlung von weit über 20.000 Unterschriften behandelt, die die Landesregierung aufforderte, sich gegenüber der Bundesregierung und per Bundesratsinitiative für sozialverträgliche Mieten und besondere Kündigungsschutzbestimmungen in den neuen Bundesländern einzusetzen. Sie wurde dem Petitionsausschuss übergeben und an den Bundestag weitergeleitet.

▪   Die folgenden drei Volksinitiativen aus den Jahren 1999/2000 waren für die praktische Weiterentwicklung direkter Demokratie auf Landesebene von besonderem Gewicht. Mit der beachtlichen Zahl von 201.850 sammelte die Volksinitiative „gegen die zunehmende Benachteiligung der ostdeutschen Bevölkerung in der medizinischen Betreuung und Versorgung", beim Landtag am 9. Juni 1999 eingegangen, mehr als das Zehnfache des erforderlichen Quorums und soviel Unterschriften wie bislang keine andere. Die von der Kassenärztlichen Vereinigung Brandenburg initiierte und von Ärzten, Apothekern und Therapeuten unterstützte Initiative thematisierte die defizitäre Lage der Ost-Krankenkassen vor dem Hintergrund hoher Arbeitslosigkeit. In Brandenburg stünde für Heil- und Arzneimittel wesentlich weniger Geld zur Verfügung als im Bundesdurchschnitt. Deshalb sollte die Landesregierung zu einer Bundesratsinitiative für einen bundesweiten Risikostrukturausgleich veranlasst werden. Zwar lehnte der Landtag die Vorlage ab, kam aber deren Anliegen weitgehend nach. Die Landesregierung wurde aufgefordert, die Volksinitiative zum Anlass zu nehmen, sich auch weiterhin auf Bundesebene nachdrücklich für die Einführung eines verbesserten gesamtdeutschen Risikostrukturausgleichs einzusetzen, um die Finanzausstattung des Gesundheitswesens im Osten Deutschlands den dortigen besonderen Belastungen anzupassen. Nur wenige Wochen nach der Volksinitiative zur medizinischen Betreuung ging beim Landtag eine neue Volksinitiative mit über 60.000 Unterschriften ein.

Erneut wurde damit das verlangte Quorum erheblich überboten. Wie schon 1996 zielte diese Initiative auf ein Gesetz zur Förderung der Musikschulen im Land Brandenburg hin. Auch diese Vorlage wurde vom Landtag abgelehnt. Ein daraufhin beantragtes Volksbegehren erreichte nur etwa ein Viertel der erforderlichen Eintragungen. Dennoch war die Initiative für den Stellenwert direkter Demokratie von Bedeutung. Trotz Ablehnung stellte der Landtag in einer Entschließung klar, dass er die von der Landesverfassung eingeräumten plebiszitären Rechte als hohes Gut betrachte und er die Nutzung dieser Demokratieelemente durch die Volksinitiative zu einem Musikschulgesetz begrüße. Lediglich die Handhabung mit Fristen und die klärungsbedürftigen Passagen im Gesetzentwurf hätte zum ablehnenden Votum geführt. Die Landesregierung wurde aufgefordert, einen eigenen Gesetzentwurf zur Materie vorzulegen. Eine weitere Bedeutung dieser Volksinitiative bestand darin, dass hier erstmalig die vom Volksabstimmungsgesetz eingeräumte Regelung angewandt wurde, bei spezifischen Interessenlagen die Altersgrenze für die Beteiligung an Volksinitiativen auf 16 herabzusetzen. Erhebliche Bedeutung für die weitere Entwicklung der direkten Demokratie war die Volksinitiative „Für unsere Kinder" vom Juli 2000. Sie verfolgte das Ziel, allen Kindern einen Rechtsanspruch auf Erziehung, Bildung, Betreuung und Versorgung in Kindertagesstätten zu sichern. Die unter Federführung der Gewerkschaft Erziehung und Wissenschaft (GEW) organisierte Initiative konnte sich auf Beteiligung u. a. von Sozialverbänden, PDS und Bündnis 90/Die Grünen stützen, da sie über 152.000 Unterschriften erzielte. Dennoch erklärte der Hauptausschuss des Landtages die Volksinitiative am 12. Oktober 2000 für unzulässig, weil sie in den Haushaltsvorbehalt des Gesetzes eingreife. Gegen diese Entscheidung klagten die Initiatoren vor dem Landesverfassungsgericht. Der Urteilsspruch wurde wegen seiner generellen Relevanz für die Volksgesetzgebung mit großer Spannung erwartet. Würden sich die Richter im Sinne der Kläger entscheiden, könnte dies nach Ansicht der SPD/CDU-Koalition zu weiteren Initiativen mit hauspolitischen Konsequenzen ermuntern. Für diesen Fall, so verlautete aus der CDU, müsse sogar eine Einschränkung der plebiszitären Elemente in der Landesverfassung geprüft werden. Für die Kläger ging es um die Frage, ob die Volksgesetzgebung zu einem „stumpfen Schwert" verkümmere. Am 20. September 2001 entschied das Gericht, dass die Volksinitiative verfassungswidrig sei. Der Haushaltsvorbehalt sei gegeben, wenn die Volksinitiative „zu gewichtigen staatlichen Mehrausgaben führt und sich unter Berücksichtigung der Auswirkungen auf das Gesamtgefüge des Haushalts und der weiteren Umstände des Falles ... als wesentliche Beeinträchtigung des parlamentarischen Budgetrechts darstellt".[20] Dies sei bei dieser Initiative ange-

---

[20] Zitiert nach: Tobias Franke-Polz, Direkte Demokratie, Erfurt 2003, S. 51. Dieser Quelle entstammen auch die weiteren Informationen zum Werdegang der Volksinitiative.

sichts des allgemeinen Ziels der Haushaltskonsolidierung der Fall. Auch der
Einwand des Anwalts der Volksinitiative, Gregor Gysi, dass letztlich jede
Volksinitiative Auswirkungen auf den Haushalt hätte, hatte keine Berücksichtigung gefunden. Kritisch vermerkte das Urteil allerdings zum Haushaltsvorbehalt an, dass dieser das der Verfassung im übrigen zugrunde liegende Prinzip der Gleichrangigkeit von parlamentarischer und Volksgesetzgebung
durchbreche. Zudem argumentierten zwei der acht Verfassungsrichter in einem Sondervotum, dass der Haushaltsvorbehalt nur für Regelungen des
Haushaltsgesetzes und des Haushaltsplans gelte, nicht aber für Gesetzesinitiativen mit mittelbaren finanziellen Auswirkungen, da ansonsten die Volksgesetzgebung auf wenige schwer ermittelbare Einzelfälle eingeengt werde. Nach
einer weiteren erfolgreichen Volksinitiative vom Oktober 2000 zur Neufassung des Waldgesetzes, die zwar die erforderlichen Stimmen erzielte, deren
Gegenstand aber vom Landtag abgelehnt wurde, wurden im August 2001 zwei
Volksinitiativen eingeleitet, die auf eine grundsätzliche Stärkung der direkten
Demokratie in Brandenburg und auch auf Bundesebene und deren Sanktionie-
rung in Landesverfassung und Grundgesetz abzielten. Die Volksinitiative „Für
faire Abstimmungsrechte in Brandenburg" erstrebte eine Änderung der Landesverfassung, um vorhandene Hindernisse für die direktdemokratische
Durchsetzung politischer Ziele leichter durchsetzen zu können. Ziel der Initiative war es, Bürgerinnen und Bürgern zu erleichtern, sich in die politische
Willenbildung einzubringen, Erschwernisse im Verfahren abzubauen und
letztlich das Abstimmungsrecht auf Landes- und auf Kommunalebene zu stärken.

Gemeinsam mit dieser Initiative wurde die Volksinitiative „Für Volksentscheide
im Grundgesetz" betrieben. Beide Initiativen erreichten die erforderliche Stimmenzahl. Der Landtag befasste sich am 22. November 2001 mit den Vorlagen. Er lehnte beide ab. Seitdem ist in Brandenburg auf Landesebene ein gewisser Rückgang
unmittelbarer politischer Willensbildung zu verzeichnen. Die letzte bisher in Brandenburg betriebene Volksinitiative (vom März 2003) richtete sich gegen Zwangs-
eingemeindungen. Mit ca. 39.000 übertraf sie zwar erheblich die verlangte Unterschriftenzahl. Der Landtag lehnte den Antrag jedoch ab. Das danach durchgeführte
Volksbegehren erreichte mit 35.812 gültigen Eintragungen nicht einmal die Hälfte
der erforderlichen Stimmen. Ein ähnliches, wenn auch nicht derart krasses Missverhältnis wie auf Landes- besteht auch zwischen den Erfolgsquoten der einzelnen
Stufen direkter Demokratie auf kommunaler Ebene. Zwar gab es eine vergleichsweise hohe Zahl von Einwohneranträgen und auch von Bürgerbegehren. Wegen
der mangelhaften Datenlage kann ihre Zahl nur geschätzt werden. Es darf davon
ausgegangen werden, dass bislang etwa 180 Bürgerbegehren stattfanden. In Anbetracht der Vielzahl von Bürgerbegehren ausgeschlossenen kommunalen Politikfel-

der kann den Brandenburgern damit ein hohes Maß an politischem Engagement bescheinigt werden. Unter den neuen Bundesländern übertraf nur Sachsen diese Zahl, in den anderen drei neuen Ländern wurde nicht einmal die Hälfte erreicht. Und selbst in einigen alten Bundesländern kam in den fünf Jahrzehnten ihrer Existenz eine solche Zahl nicht zustande. Dagegen fanden nur 58 Bürgerentscheide statt. Die Mehrzahl der Bürgerentscheide war von den kommunalen Institutionen eingeleitet worden und betraf Gebietsänderungen. In der übergroßen Mehrheit dieser auf Grund eines Bürgerbegehrens herbeigeführten Bürgerentscheiden hatten die Bürger über die Abwahl von Bürgermeistern zu entscheiden. Besonders häufig war dies in kleineren Gemeinden der Fall, während lediglich drei Bürgerentscheide in Gemeinden mit über 20.000 Einwohnern durchgeführt wurden. Das meiste Aufsehen erregte die Abwahl des Oberbürgermeisters der Landeshauptstadt Potsdam im Mai 1998. Zu Sachfragen wurde nur eine verschwindende Minderheit von Bürgerentscheiden durchgeführt. Mancherorts, z. B. im ganzen Kreis Elbe-Elster, fand kein einziger Entscheid zu Sachfragen statt.

## 6 Reformbedarf?

Trotz der umfassenden Wahrnehmung der Möglichkeiten direkter Demokratie wurde deren gesetzliche Ausgestaltung immer wieder beanstandet. Kritik erfuhren häufig die nach Ansicht vieler Bürger zu komplizierten Bedingungen für die Nutzung ihres demokratischen Rechts. Insbesondere die großen Entfernungen von den Ortsteilen bzw. amtsangehörigen Gemeinden zu den Meldeämtern, in der Regel Ort der Stimmabgabe, oder für Arbeitnehmer unfreundliche Öffnungszeiten stellten häufig eine unzumutbare Belastung für Bürger dar. Im ungünstigsten Fall müsse der Bürger sogar für die Wahrnehmung seines demokratischen Anspruchs einen Urlaubstag nehmen. Wenngleich im Rahmen des geltenden Rechts die Kommunen weitgehende Möglichkeiten zu bürgerfreundlichen Regelungen hätten, bestehe womöglich die Gefahr, dass kommunale Verwaltungen davon nicht Gebrauch machten, besonders wenn der Gegenstand des Verfahrens mit ihren eigenen Interessen kollidiere. Thematisiert wurden ferner hinsichtlich der Regelungen direkter Demokratie auf Landesebene die grundsätzliche Öffnung von Volksinitiativen, -begehren und –entscheiden für Jugendliche ab dem 16. Lebensjahr, das Rederecht für die Vertreter von Volksinitiativen im Parlament, der Verzicht auf Zustimmungsquoren bei Volksentscheiden sowie die Kostenerstattung für die Betreiber von Volksinitiativen. Im Mittelpunkt der Debatten um direkte Demokratie auf kommunaler Ebene standen die große Zahl der von einem Bürgerbegehren ausgeschlossenen Themen, die Pflicht der Initiatoren von Bürgerbegehren, einen Deckungsvorschlag im Rahmen des Haushalts zu unterbreiten sowie auch bei Bürgerentscheiden der Verzicht auf Zustimmungsquoren.

Zu differenzierten Bewertungen kamen auch die in den Parteien geführten Debatten um die Praxis direkter Demokratie. In deren Verlauf gelangten nunmehr auch Vertreter jener Parteien, die in der Verfassungsdebatte plebiszitäre Regelungen mit strengeren Auflagen hatten erschweren wollen, zu positiveren Wertungen, während sich die Befürworter unmittelbarer Demokratie kritisch äußerten und Reformbedarf artikulierten. Enttäuscht über die bisherigen Erfahrungen zeigte sich insbesondere die PDS. Im September 1997 führte deren Landtagsfraktion zum fünften Jahrestag der Landesverfassung das Kolloquium „Unmittelbare Demokratie zwischen Anspruch und Wirklichkeit" durch. Dieses bescheinigte den Bürgerinnen und Bürgern Brandenburgs die Bereitschaft und die Fähigkeit, sich in die Politikgestaltung einzubringen und die Mitwirkungsmöglichkeiten verantwortungsvoll zu nutzen. Parlament und Landesregierung hätten den in Volksinitiativen zum Ausdruck kommenden Bürgerwillen zur Kenntnis nehmen müssen. Die Initiativen hätten in das Parlament hineingewirkt und die Sachlichkeit der Diskussionen befördert. Insofern hätten die Volksinitiativen einen Beitrag zur Entwicklung der politischen Kultur im Landes geleistet. Und schließlich könnten die Brandenburger Regelungen Impulse auf die Bundesebene ausstrahlen. Gerade diese umfassende und verantwortungsbewusste Wahrnehmung demokratischer Teilhabe an der Politik gebiete, den Bürgerwillen zur Kenntnis zu nehmen und sich dem Reformbedarf zu öffnen.

Zuversichtlicher äußerten sich zehn Jahre nach Inkrafttreten der Landesverfassung Sprecher von FDP und CDU. Beate Blechinger, Vorsitzende der CDU-Landtagsfraktion, lobte die inzwischen ganz selbstverständliche Inanspruchnahme der durch die Verfassung verbrieften Rechte. Noch immer sei aber zu befürchten, dass plebiszitäre Elemente von gut organisierten Minderheiten missbraucht werden könnten. Ob sie damit sogar eine Erhöhung der Quoren anregen wollte, sei dahingestellt. Nach den Worten von Alfred Pracht – Mitglied des Verfassungsausschusses für die FDP – hätte die große Zahl der in den zurückliegenden Jahren eingebrachten Volksinitiativen, -begehren und -entscheide bewiesen, dass die Brandenburgerinnen und Brandenburger ihre verfassungsmäßig garantierten Rechte angenommen hätten. Auch wenn nicht jede Initiative zu dem gewünschten Erfolg geführt hätte, seien doch erhebliche Wirkungen erzielt worden, die dazu geführt hätten, dass die Politik Entscheidungen überdacht und in politisches Handeln umgesetzt habe. Gleichzeitig sei die damals geführte Debatte über angeblich zu hohe Quoren ad absurdum geführt worden. Es sei auch ein Erfolg brandenburgischer Verfassungswirklichkeit, dass Fragen der unmittelbaren Demokratie wieder verstärkt auf Bundesebene diskutiert würden. Angesichts dieser konformen Einschätzung von Wissenschaftlern und bedeutender politischer Gruppierungen wurde allgemein davon ausgegangen, dass in absehbarer Zeit die Regelungen der direkten Demokratie in Brandenburg Bestand haben würden. Überraschend war deshalb für viele, dass nach den Wahlen vom 19. September 2004 das Problem in den Koalitionsverhandlungen zwischen SPD und CDU erneut aufgegriffen und eine neue rechtliche Regelung in Aussicht gestellt wurde, nach der künftig nicht nur der Bürgermeister, sondern auch der Landrat direkt gewählt werden sollte. Der Koalitionsvertrag legte fest: „Die Koalitionspartner werden in dieser Legislaturperiode (2004 – 2009, W.K.) die rechtlichen Voraussetzungen für die Direktwahl der Landräte schaffen."

# Direkte Demokratie in Bremen

*Andreas Fisahn*

## 1 Einleitung

Das Bundesland Bremen, das sich nach seiner Verfassung „Freie Hansestadt Bremen" nennt, weist in der Organisation der staatlichen Institutionen einige Besonderheiten auf. So unterscheidet sich auch die Organisation direktdemokratischer Elemente oder der Volksgesetzgebung sowohl von den Flächenländern als auch von den Stadtstaaten. Das ist nicht nur ein Ergebnis der Größe des kleinsten Bundeslandes Bremen. Mit seinen 660 000 Einwohnern liegt Bremen weit hinter den anderen Stadtstaaten Hamburg (1,7 Mio.) und Berlin (3,3 Mio.) und wird in der Einwohnerzahl von einem Flächenland, nämlich dem Saarland (1,07 Mio.) gefolgt. Das Land Bremen ist nach der Einwohnerzahl wie nach der Fläche kleiner als viele Kommunen der Bundesrepublik, z.b. kleiner als Köln und München. Dabei zerfällt das Land Bremen in zwei Städte nämlich die Stadt Bremen und die Stadt Bremerhaven. So ist die Freie Hansestadt Bremen das einzige Bundesland, das nicht über ein zusammenhängendes Staatsgebiet verfügt. Bremen und Bremerhaven sind durch gut 50 km niedersächsisches Gebiet voneinander getrennt.

Bremerhaven kämpft zur Zeit um seinen Status als Großstadt, d.h. die Einwohnerzahl liegt um die 100 000 Menschen. Zwischen beiden Städten besteht eine mehr oder weniger freundliche Konkurrenz. Insbesondere Bremerhaven wacht eifersüchtig darüber, von Bremen nicht majorisiert zu werden und betont seine Stellung als „freieste Gemeinde der Welt", wofür die pure Existenz einer „Verfassung für die Stadt Bremerhaven"[1] ebenso wie ihr Inhalt immerhin ein wichtiges Argument darstellen. Ihre Verfassung gibt sich die Stadt Bremerhaven – im Rahmen der Gesetze – selbst.

Die „Große Schwester" Bremen verzichtet dagegen auf eine eigene Stadtverfassung. Die Landesverfassung ist gleichzeitig auch Stadtverfassung, d.h. die Organisation der Gesetzgebung und Verwaltung wird durch die Landesverfassung gleichzeitig für das Land Bremen wie für die Stadt Bremen normiert. Das hat z.B. zur Folge, dass der Präsident des Senates, d.h. der Regierungschef des Landes Bremen, gleichzeitig Bürgermeister der Stadt Bremen ist. Die Verwaltung ist in vielen Fällen gleichzeitig Stadtverwaltung und Landesverwaltung; ein und derselbe

---

[1] Verfassung für die Stadt Bremerhaven v. 4.November 1947, Brem.GBl. S. 243, Neufassung durch Gesetz v. 13. Oktober 1971, Brem.GBl. S. 243.

Verwaltungsbeamte nimmt in einem Fall Landesaufgaben in einem anderen Fall Aufgaben der Stadtgemeinde Bremen wahr.[2] Dagegen hat Bremerhaven einen eigenen Oberbürgermeister und eine eigene Stadtverwaltung, die selbstverständlich keine Landesaufgaben wahrnimmt. Diese Struktur des Zweistädte-Staates hat wichtige Konsequenzen für die Organisation der parlamentarisch-repräsentativen Gesetzgebung wie für die Volksgesetzgebung.

Volksgesetzgebung gibt es im Zweistädtestaat Bremen sowohl auf der Ebene des Landes Bremen, wie auf der kommunalen Ebene also in der Stadtgemeinde Bremen und der Stadtgemeinde Bremerhaven. Die Landesverfassung normiert die zentralen Vorgaben für Ablauf und Voraussetzungen von Volksbegehren und Volksentscheid im Lande Bremen und der Stadtgemeinde Bremen. Daneben gibt es in der Verfassung für die Stadt Bremerhaven gesonderte Vorschriften über die „Volksgesetzgebung" in Bremerhaven, die – selbstverständlich – mit dem höherrangigen Verfassungsrecht vereinbar sein müssen.

Die Verfassung des Landes Bremen wurde am 21. Oktober 1947 durch Volksentscheid angenommen und ist neun Tage später in Kraft getreten.[3] Diese Verfassung lässt sich nicht nur wegen der Form ihrer Verabschiedung durch Volksentscheid als Gesellschaftsvertrag der Bürgerschaft des Landes Bremen charakterisieren. Sie enthielt außerdem die Regelung, dass eine Verfassungsänderung nur einstimmig vom Landtag verabschiedet werden kann oder mit einfacher Mehrheit des Landtages und mehrheitlicher Zustimmung zur Verfassungsänderung im Volksentscheid.

Anders als im Grundgesetz und den meisten anderen Landesverfassungen sollte es zur Verfassungsänderung nicht ausreichen, dass eine Zweidrittelmehrheit des Parlaments der Verfassungsänderung zustimmt. Außer in Fällen des einstimmigen Parlamentsbeschlusses – der immerhin darauf hindeutet, dass ein politischer Konflikt nicht besteht – lag die verfassungsgebende Gewalt beim Volk. Diese Regelung ist leider durch Volksentscheid, der auch eine Reihe von anderen Verfassungsänderungen vorsah, im Jahre 1994 geändert worden.[4] Nun reicht eine Zweidrittelmehrheit im Landtag, um die Verfassung zu ändern (Art. 125 LVerf). Zur Begründung musste ein einzelner Abgeordneter der Deutschen Volksunion (DVU) im Landtag herhalten. Von dessen Zustimmung sollte allerdings eine Verfassungsänderung nicht abhängig sein dürfen. Kaum jemandem war aufgefallen, dass die DVU durch ihre antidemokratische Haltung damit einen ersten Sieg verbuchen konnte.

---

[2] Im Verfahren um den Länderfinanzausgleich hat das BVerfG diese zunächst ungewöhnlich erscheinende Struktur ausdrücklich anerkannt und hervorgehoben, dass die Kosten der politischen Führung auf diese Weise niedrig gehalten werden (BVerfGE 86, 148 ff).

[3] Landesverfassung der Freien Hansestadt Bremen vom 21. Oktober 1947, Brem.GBl. S. 215.

[4] ÄnderungsG zur Landesverfassung der Freien Hansestadt Bremen vom 1.11.1994, Brem.GBl. S. 289.

## 2 Politische Organisation in Bremen und Wahl der Bürgermeister

Die Landesverfassung der Freien Hansestadt Bremen wurde vor dem Grundgesetz verabschiedet und ist deshalb eine „Vollverfassung", d.h. sie enthält nicht nur Regelungen zu Konstituierung, Kompetenzverteilung und zu den Verfahrensweisen der staatlichen und politischen Institutionen, sondern sie enthält auch einen vollständigen Katalog von Grund- und Menschenrechten und die Staatsprinzipien. Zu letzteren gehört an zentralen Stelle das Demokratiegebot. So bestimmt Art. 65 Abs. 1 LVerf: „Die Freie Hansestadt Bremen bekennt sich zu Demokratie sozialer Gerechtigkeit ... ." Und in Art. 66 LVerf heißt es wie in Art. 20 GG: „Die Staatsgewalt geht vom Volke aus." Demokratie ist wie im Grundgesetz ein zentrales Organisationsprinzip des Staatsaufbaus. Regelmäßig werden demokratische Entscheidungen nicht vom Volk selbst wahrgenommen, die Staatsgewalt nicht vom Volk direkt ausgeübt, das Volk lässt sich vielmehr durch Abgeordnete im Landtag repräsentieren. Die Landesverfassung organisiert – wie die Landesverfassungen der anderen Bundesländer auch – ein Nebeneinander von repräsentativer und direkter Demokratie oder von parlamentarischer Gesetzgebung und Volksgesetzgebung.

Auch mit Blick auf die parlamentarische Vertretung des Volkes ergeben sich aus dem Aufbau Bremens als Zwei-Städte-Staat einige Besonderheiten. In der Tradition der Hansestädte heißt das Landesparlament „Bürgerschaft" und die Landesregierung „Senat". Die Bürgerschaft ist wiederum in Teilen gleichzeitig Landesparlament und Kommunalparlament. Werden landespolitische Fragen beraten und entschieden, agiert die Bürgerschaft in voller Besetzung, also die Abgeordneten aus Bremen und aus Bremerhaven beraten und stimmen gemeinsam ab. Werden dagegen Angelegenheiten der Stadtgemeinde Bremen beraten, agieren nur die Abgeordneten der Stadt Bremen, während die Bremerhavener Abgeordneten funktionslos werden. Die Bremer Abgeordneten sind gleichzeitig Landesparlamentarier und Gemeindevertreter, während die Abgeordneten aus Bremerhaven „nur" Landesparlamentarier sind. Der Senat ist gleichzeitig Landesregierung und Spitze der Exekutive in der Gemeinde Bremen. Der Senat wird von der Bürgerschaft – in der Funktion als Landesparlament – gewählt.[5] Der Bürgermeister der Stadtgemeinde Bremen wird also nicht vom Volk direkt gewählt.

Über Angelegenheiten der Stadt Bremerhaven berät die Bürgerschaft nicht, zuständig ist dafür die Stadtverordnetenversammlung der Stadt Bremerhaven, welche die Funktion des Rates in den Gemeinden der Flächenländer wahrnimmt. Die Stadtverordnetenversammlung ist also kommunale Volksvertretung.[6] Die Spitze der Exekutive – der Verwaltungsvorstand der Gemeinde – nennt sich in Bre-

---

[5] Die Bremer leisten sich also die Großzügigkeit, dass die Bremerhavener die Spitze der Exekutive in der Stadtgemeinde Bremen mitwählen dürfen.
[6] Vgl. OVG Bremen, DVBl. 1990, S. 829.

merhaven Magistrat an dessen Spitze der Oberbürgermeister steht. Dieser wird nicht vom Volk direkt, sondern von der Stadtverordnetenversammlung gewählt (§ 39 VerfBrhv). Das unterscheidet Bremerhaven inzwischen von allen anderen Gemeinden der Bundesrepublik. In den 1990er Jahren schlossen sich auch die norddeutschen Flächenländer dem Modell der süddeutschen Gemeindeverfassung an, d.h. es wurde bundesweit die Direktwahl der Bürgermeister eingeführt. In Bremerhaven blieb man beim überkommenen norddeutschen Modell, genauer beim Modell der „unechten" Magistratsverfassung.[7] Diese zeichnet sich durch eine starke Stellung der Volkvertretung, des Gemeindeparlaments gegenüber der Exekutive aus. So wird der Oberbürgermeister in Bremerhaven von der Stadtverordnetenversammlung gewählt.[8]

Es lässt sich fragen, ob Bremerhaven und letztlich auch die Stadtgemeinde Bremen gegenüber allen anderen Gemeinden der Bundesrepublik ein Defizit an direkter Demokratie aufweisen, weil die Bürgermeister nicht direkt vom Volk gewählt werden. Die Frage lässt sich nur beantworten, wenn man diskutiert, welchen Zweck direkte Demokratie – also die Durchführung von Volksabstimmungen – haben soll. Es geht ja nicht nur darum, das Volk zur Abstimmung zu schicken. Zentral ist vielmehr, administrative und legislative Macht an die Gesellschaft, an die Bürgerschaft zurück zu binden, d.h. den Einfluss der Bürger auf administrative und legislative Entscheidungen zu vergrößern. Genau dies geschieht aber mit der Direktwahl der Bürgermeister nicht.

Die Direktwahl führte zu einer Machterweiterung der Bürgermeister. Dies ist schon institutionell der Fall, weil die kommunale Doppelspitze, d.h. die Trennung von Bürgermeister und Verwaltungsdirektor, aufgegeben wurde. Die Direktwahl führt aber faktisch auch zu einer größeren Unabhängigkeit des Bürgermeisters gegenüber der Volksvertretung. Bei Konflikten zwischen Verwaltungsspitze und kommunaler Volksvertretung kann sich der Bürgermeister auf seine Direktwahl berufen. Dem mächtigen Bürgermeister steht eine entmachtete Volksvertretung gegenüber, weil der wichtigste Kontrollmechanismus – die Möglichkeit der Abwahl – nur sehr begrenzt greift. Die Rückbindung der Ratmitglieder an gesellschaftliche Interessen und Belange dürfte im Zweifel auch größer sein als die einer einzelnen Person. Sinn der Direktwahl war eher eine Effektivitätssteigerung der Verwaltung als eine größere Partizipation des Volkes. Es ging nicht um Rückbindung administrativer Macht, sondern um deren Stärkung, angeblich aufgrund von Sachzwängen. Kurz: Volksgesetzgebung ist zu unterscheiden von der Direktwahl der exekutiven Spitze. So lässt sich aus der parlamentarischen Wahl der Spitze der

---

[7] Zu den Unterschieden der Modelle der Gemeindeverfassungen und ihre Entwicklung in den 1990er Jahren vgl. Bovenschulte/ Buß, Plebiszitäre Bürgermeisterverfassungen, Baden-Baden 1996.
[8] Ausführlicher zur Organisation: Bovenschulte/Fisahn, Bremisches Verfassungsrecht, in: Fisahn (Hg.), Bremer Recht – Einführung in das Staats- und Verwaltungsrecht der Freien Hansestadt Bremen, Bremen – Boston 2002.

Exekutive in den Stadtgemeinden Bremen und Bremerhaven kein Minus an direkter Demokratie ableiten, sondern ein Plus an Demokratie in Form der repräsentativen Demokratie.

## 3    Volksgesetzgebung im Land und der Stadtgemeinde Bremen

Das Verfahren der Volksgesetzgebung in der Freien Hansestadt Bremen wird wesentlich in der Landesverfassung geregelt. Ergänzt und konkretisiert werden die Bestimmungen der Verfassung durch das Gesetz über das Verfahren beim Volksentscheid[9], das vergleichsweise jung ist, nämlich aus dem Jahre 1996 stammt. Das Volksentscheidverfahrensgesetz (GVV) folgte der Verfassungsänderung aus dem Jahre 1994, mit der nicht nur – wie erwähnt – der beinahe zwingende Volksentscheid bei Verfassungsänderungen abgeschafft wurde, sondern im Gegenzug auch die Quoren für die Volksgesetzgebung herabgesetzt wurden – allerdings auf ein Niveau, das im Vergleich mit anderen Bundesländern immer noch sehr hoch ist.

In der Landesverfassung aus dem Jahre 1947 lagen die Hürden für den Volksentscheid so hoch, dass Volksgesetzgebungsinitiativen kaum eine realistische Chance hatten, ihr Anliegen durchzusetzen. Ein Volksentscheid sollte nur stattfinden, wenn 20 % der Wahlberechtigten das Begehren unterstützt. Erfolgreich sollte ein Volksentscheid nur sein, wenn sich mehr als die Hälfte der Stimmberechtigten an der Abstimmung beteiligt. Vorgesehen war also ein Beteiligungsquorum von 50 %, das – außer bei einer Verbindung mit einer Wahl – wohl nicht zu erreichen ist. Im Jahre 1994 wurden die Quoren auf die jetzt geltenden Anforderungen an das Volksgesetzgebungsverfahren gesenkt.[10]

Das Verfahren der Volksgesetzgebung ist dreistufig aufgebaut, wenn die Initiative von den Bürgerinnen und Bürgern ausgeht. Die Mehrheit der Bürgerschaft kann einen Antrag zur Verfassungsänderung oder eine andere Frage dem Volk direkt zur Entscheidung vorlegen. Hier ist also kein dreistufiges Verfahren mit Zulassungsantrag, Volksbegehren und Volksentscheid erforderlich.

### 3.1 Volksbegehren

Wird die Volksgesetzgebung von den Bürgerinnen und Bürgern des Landes Bremen initiiert, bedarf es zunächst eines Zulassungsantrages (§ 10 GVV) zum Volksbegehren. Der Zulassungsantrag ist schriftlich beim Landeswahlleiter zuzustellen.

---

[9] Gesetz v. 27. Februar 1996, Brem GBl. , S. 41.
[10] Gesetz vom 1. November 1994, Brem GBl., S. 289.

Mit dem Zulassungsantrag muss ein ausgearbeiteter Gesetzentwurf vorgelegt werden. Da der Volksentscheid nur eine Frage enthalten darf, die mit „Ja" oder „Nein" beantwortet werden kann (§ 2 Abs. 3 GVV), ist es schon auf dieser Stufe erforderlich einen ausgearbeiteten Gesetzentwurf vorzulegen, über den dann eben im Volksentscheid mit „Ja" oder „Nein" entschieden wird. Der Zulassungsantrag muss von mindestens 5.000 stimmberechtigten Bürgerinnen und Bürgern handschriftlich unterzeichnet werden. Das Stimmrecht ergibt sich aus dem Wahlgesetz.

Mit dem Zulassungsantrag müssen eine Vertrauensperson und zwei Stellvertreter benannt werden, die berechtigt sein sollen, für die Initiative verbindliche Erklärungen abzugeben. Dies ist bedeutsam für die Rücknahme oder Änderung der im Volksgesetzgebungsverfahren intendierten Entscheidung. Die drei Vertrauenspersonen können gemeinsam den Zulassungsantrag zurück nehmen oder ändern. Sie können auch im Fall des Streits darüber, ob die Voraussetzungen des Volksbegehrens und Volksentscheids erfüllt sind, das Wahlprüfungsgericht anrufen.

Der Senat entscheidet anschließend darüber, ob der Antrag auf ein Volksbegehren rechtlich zulässig ist. Dabei überprüft der Senat nicht nur die formalen Voraussetzungen, also beispielsweise, ob genügend stimmberechtigte Bürger unterzeichnet haben. Er prüft auch, ob der Gegenstand des Zulassungsantrages rechtskonform ist, ob die Volksgesetzgebung eine Materie, einen Problemkreis betrifft, der zulässigerweise Gegenstand der Volksgesetzgebung sein kann. Kommt der Senat zu dem Ergebnis, dass der Antrag unzulässig ist, muss er den Staatsgerichtshof, d.h. das Landesverfassungsgericht Bremens anrufen, das die endgültige Entscheidung über die Zulässigkeit trifft. Hält der Senat oder der Staatsgerichtshof den Zulassungsantrag für rechtskonform, findet das Volksbegehren statt.

Unzulässig sind Volksgesetzgebungsinitiativen, die mit Bundesrecht oder den unabänderlichen Artikeln der Landesverfassung nicht vereinbar sind – diese sind die weniger problematischen Fälle. Unzulässig ist die Volksgesetzgebung auch, wenn über „den Haushaltsplan, über Dienstbezüge und Steuern, Abgaben und Gebühren sowie über Einzelheiten solcher Gesetzesvorlagen" (Art. 70 Abs. 2 LVerf, § 9 Abs. 1 Nr. 1 GVV) entschieden werden soll. Diese sind die problematischeren Fälle, die weiter unten zu diskutieren sind.

Ist der Zulassungsantrag rechtmäßig, findet das Volksbegehren als Vorstufe zum Volksentscheid statt. Das *Volksbegehren* unterstützen die Bürgerinnen und Bürger, indem sie sich in einen Unterschriftsbogen, der von den Initiatoren unter Berücksichtigung bestimmter Formerfordernisse bereit gestellt werden muss, eintragen (§ 14 GVV). Hier ist die eigenhändige Unterschrift wahlberechtigter Bürger erforderlich. Das Volksbegehren hat also die Form einer freien Sammlung von

Unterschriften.[11] Die Unterschriftenlisten sind drei Monate nach Bekanntmachung der Zulassung des Volksbegehrens bei der Wahlbehörde einzureichen.

Der Zeitraum, wann Unterschriften gesammelt werden können, ist relativ kurz. Das ist relevant nicht so sehr mit Blick auf die Chancen der Initiative, vor allem sollten mit der Volksgesetzgebung diskursive Prozesse verbunden sein, bei dem in der Bevölkerung über Vor- und Nachteile einer bestimmten Lösung diskutiert und reflektiert werden kann. Das vermindert die Anfälligkeit gegenüber populistischen Initiativen, die von den Gegnern der Volksgesetzgebung immer wieder beschworen werden und könnte zu einer Stärkung der Demokratie insgesamt beitragen.

Erfolgreich ist das Volksbegehren, wenn bei einfachen Gesetzen 10 % der Wahlberechtigten[12] das Begehren unterstützt (Art. 70 lit. d) LV). Für verfassungsändernde Gesetze ist das Volksbegehren nur erfolgreich, wenn 20 % der Wahlberechtigten es unterstützen. Das gleiche gilt für den Fall, dass das Volksbegehren darauf gerichtet ist, dass die Wahlperiode vorzeitig beendet wird, also Neuwahlen stattfinden.

## 3.2 Volksentscheid

Der Volksentscheid als eigentlicher Gesetzgebungsprozess findet im Anschluss an das Volksbegehren nur statt, wenn die Bürgerschaft das vorgeschlagene Gesetz nicht unverändert verabschiedet. Der Volksentscheid kann also „vermieden" werden, wenn die Bürgerschaft sich den Vorschlag der Initiatoren zu eigen macht und als Landesgesetz verabschiedet. Der Senat muss den Gesetzentwurf des Volksbegehrens der Bürgerschaft innerhalb von zwei Wochen nach Bekanntmachung des Ergebnisses des Begehrens zuleiten. Die Bürgerschaft hat dann zwei Monate Zeit die Gesetzesinitiative zu übernehmen. Stimmt sie dem Gesetz in dieser Zeit nicht zu, gilt das als Ablehnung des Gesetzesentwurfes. Wenn der Gesetzentwurf von der Bürgerschaft abgelehnt wird, findet gleichsam automatisch der Volksentscheid statt.

Erfolgreich ist ein Volksentscheid nach Art. 72 BremLV, wenn der Vorschlag in der Abstimmung die Mehrheit der Stimmen erzielen konnte, mindestens müssen aber 25 % der Wahlberechtigten zugestimmt haben. Es besteht also ein Zustimmungsquorum von 25 %. Bei verfassungsändernden Gesetzen liegt das Quorum höher, nämlich bei 50 %, die Hälfte der Wahlberechtigten muss der Verfassungs-

---

[11] Vor der Änderung des GVV im Jahre 1996 wurden für das Volksbegehren Eintragungslisten bei staatlichen Auslegestellen ausgelegt und die Bürgerinnen und Bürger konnten sich nur bei der für ihren Wohnsitz zuständigen Auslegestelle eintragen.
[12] Das Quorum ist also gegenüber der ursprünglichen Bestimmung in der Verfassung um die Hälfte gesenkt worden.

änderung zugestimmt haben, damit diese in Kraft tritt.[13] Möglich ist, dass Gesetzentwürfe alternativ zur Abstimmung gestellt werden. In diesem Fall wird der Entwurf Gesetz, der bei entsprechend hoher Beteiligung die meisten Ja-Stimmen erhalten hat.

Der Volksentscheid findet an einem Sonn- oder Feiertag durch Abstimmung in Wahllokalen auf amtlichen Stimmzetteln statt. Der schließlich entscheidende Akt hat also einen sehr offiziellen Charakter, der mit dem von Wahlen vergleichbar ist.

Erhält ein Gesetzentwurf in einem Volksentscheid die erforderliche Stimmenzahl, muss der Senat das Gesetz innerhalb von zwei Wochen im Gesetzblatt verkünden, so dass es Geltung erlangen kann.

Zur Veränderbarkeit, Rücknahme, Aufhebung oder Novellierung des Gesetzes durch die Bürgerschaft gibt es keine Vorschriften. Das heißt es ist rechtlich denkbar, dass die Bürgerschaft ein durch Volksentscheid beschlossenes Gesetz zwei Wochen später wieder – im Sinne der Regierungsmehrheit – ändert. Politisch ist das ein riskantes Unterfangen so lange die Mehrheitsverhältnisse knapp sind, da die Regierungsmehrheit dann befürchten muss, bei der Wahl abgestraft zu werden. Anders sieht es bei einer großen Koalition aus, die Bremen nun in der dritten Wahlperiode regiert.

Bremen hat wie andere West-Bundesländer auch die Bestimmungen zur Volksgesetzgebung in der 1990er Jahre neu geregelt und dem allgemeinen Trend entsprechend, die Volksgesetzgebung erleichtert. Allerdings fand die Reform in Bremen relativ früh statt, d.h. andere Bundesländer regelten das Verfahren der Volksgesetzgebung später; sie waren dann aber auch – wie etwa Hamburg – großzügiger. Insgesamt befindet sich Bremen mit seinen Anforderungen in einem guten Mittelfeld.

## 3.3 Volksentscheide in der Stadtgemeinde Bremen

Die Stadtgemeinde Bremen hat keine eigenen kommunalen Institutionen, so dass (gemäß Art. 148 LVerf) die Bestimmungen der Landesverfassung über Bürgerschaft und Senat entsprechend anzuwenden sind. Das gleiche gilt für Volksentscheide, welche die Stadtgemeinde Bremen betreffen. Das Gesetz über das Volksgesetzgebungsverfahren hat eine entsprechende Regelung, es ist also auch auf Volksbegehren und -entscheide in der Stadtgemeinde anzuwenden. Zwei Modifikationen sind dennoch enthalten: Für den Zulassungsantrag braucht es 4.000 (nicht 5.000) Unterschriften. Und an Volksbegehren und -entscheiden auf der Ebene der

---

[13] Vor der Verfassungsänderung 1994 war für einfache Gesetze ein Beteiligungsquorum von 50 % der Stimmberechtigten vorgesehen, für verfassungsändernde Gesetze musste mehr als die Hälfte der Stimmberechtigten dem Volksentscheid zustimmen.

Stadtgemeinde Bremen sind EU-Ausländer, welche die kommunalen Bürger-schaftsabgeordneten nicht aber die „Landtagsabgeordneten" der Bürgerschaft mit-wählen dürfen, auch stimmberechtigt. Das sind die EU-Bürger nicht bei Volksab-stimmungen auf der Landesebene.

### 3.4 Bürgerantrag in Bremen und Bremerhaven

Als Massenpetition lassen sich Verfahren bezeichnen, in denen aus der Bevölke-rung eine Eingabe an das Parlament gemacht wird, sich mit einem Problem oder einer Frage zu befassen und sie in einer bestimmten Weise zu lösen. Natürlich ist es der Bevölkerung auch ohne verfassungsrechtliche Bestimmungen unbenommen, Unterschriftensammlungen zu bestimmten Fragen oder Problemen durchzuführen. Die Massenpetition unterschiedet sich von solchen „freien" Unterschriftensamm-lungen dadurch, dass ab einer bestimmten Anzahl von Unterschriften, die Volks-vertretung rechtlich verpflichtet ist, über den Gegenstand zu beraten. Weitere rechtliche Folgen hat die Massenpetition jedoch nicht.

In Bremen werden solche Massenpetitionen auf Landesebene Bürgeranträge genannt. Bürgeranträge müssen von 2 % der Einwohner unterschrieben werden, die älter als 16 Jahre alt sind. Unterschriftsberechtigt sind also sowohl Ausländer als auch Jugendliche, die noch nicht wahlberechtigt sind. Die Gegenstände des Bür-gerantrags sind entsprechend der Volksgesetzgebung begrenzt (Art. 87 BremLV).

Der Bürgerantrag hat in Bremerhaven die gleichen Voraussetzungen wie im Land und der Stadtgemeinde Bremen. (§ 15a VerfBrhv).

## 4    Beschränkung der zulässigen Gegenstände der Volksgesetzgebung

Zwei Entscheidungen des Staatsgerichtshofes in Bremen zu den Grenzen der Volksgesetzgebung dürften für die weitere Entwicklung der Volksgesetzgebung – auch über Bremen hinaus – relevant sein. Die erste Schranke betrifft den Finanz-vorbehalt in der Verfassung. In Art. 79 II LVerf heißt es: „Ein Volksentscheid über den Haushaltsplan ... sowie über Einzelheiten solcher Gesetzesvorlagen ist unzu-lässig." Dieser Wortlaut legt zunächst die Deutung nahe, dass über den Haushalts-plan selbst, über das Haushaltsgesetz nicht durch Volksentscheid abgestimmt wer-den darf. Nicht ausgeschlossen scheint es aber nach dem Wortlaut der Verfassung zunächst zu sein, dass Gesetzesvorlagen mit Auswirkungen auf den Haushaltsplan Gegenstand der Volksgesetzgebung werden. Angesichts der Diskussion um die angespannte Lage der öffentlichen Haushalte ist es allgemein bekannt, dass in die Kategorie der Gesetze, die Wirkungen auf die öffentlichen Finanzen haben, die also haushaltsrelevant sind, vergleichsweise viele Gesetze fallen. So ist es für die Beurteilung der Reichweite und Bedeutung der Volksgesetzgebung entscheidend, ob nur der Haushaltspan selbst nicht Gegenstand der Volksgesetzgebung sein darf, oder ob alle Gesetze mit erheblichen Auswirkungen auf den Haushalt wegen der zitierten Regelung in der Landesverfassung nicht zulässig sind. Die meisten Landesverfassungen sehen nämlich entsprechende Regelungen vor. Der Staatsgerichthof hat sich der letzten Auffassung angeschlossen.

In Bremen gab es mehrere Initiativen zur Volksgesetzgebung, die eine bessere Ausstattung der Schulen intendierten – mehr Lehrerstellen, ausreichenden Klassenraum und Lernmittelfreiheit. Zwei dieser Initiativen wurden vom Senat, bestätigt durch den Staatsgerichtshof, für unzulässig erklärt, weil sie zu stark in den Haushalt eingriffen und damit das Budgetrecht des Parlaments verletzten. Volksbegehren seien schon dann unzulässig führte der Staatsgerichtshof aus, „wenn sie auf den Gesamtbestand des Haushalts Einfluss nehmen, damit das Gleichgewicht des gesamten Haushalts stören, zu einer Neuordnung des Gesamtgefüges zwingen und zu einer wesentlichen Beeinträchtigung des Budgetrechts der Bürgerschaft führen würden".[14] Der Staatsgerichtshof wählte so eine mittlere Linie: Nicht jede finanzwirksame Volksgesetzgebungsinitiative greift in den Haushaltsplan ein und ist somit unzulässig. Aber bei großen finanzpolitischen Wirkungen, also bei hohen Kosten verstoße sie, meinte das Gericht, gegen Art. 70 II LVerf. Dies wurde u.a. mit dem Budgetrecht des Parlaments begründet, das damit höher bewertet wurde als die direkt demokratische Entscheidung des Volkes. Das ist aus demokratietheoretischen Erwägungen wenig überzeugend, weil das Parlament seine Entscheidungsbefugnis nur vom Volk ableitet. Der Vorbehalt in der Verfassung für den Haushaltsplan ist aus dieser Perspektive nur aus pragmatischen Gründen zu rechtfertigen, weil er ein komplexes Regelwerk ist, das professionell erarbeitet werden muss und sich deshalb der Volksgesetzgebung entzieht. Ein prinzipieller Vorrang für das Budgetrecht des Parlaments ist nicht einleuchtend.

Der Verein „Mehr Demokratie" startete Ende der 1990er Jahre eine Initiative zur Senkung der Quoren in der Volksgesetzgebung. Im Volksbegehren sollte das Quorum für einfache Gesetze auf 5 %, bei Verfassungsänderungen auf 10 % der

---

[14] NVwZ 1998, S. 388, 389. In einer weiteren Entscheidung hat der Staatsgerichtshof präzisierend ausgeführt: „Maßnahmen, durch die auf den Gesamtbestand des Haushalts Einfluss genommen, das Haushaltsgleichgewicht gestört und eine wesentliche Beeinträchtigung des parlamentarischen Budgetrechts herbeigeführt wird, können nicht nur in einer gesetzlichen Verpflichtung zu erheblichen Mehrausgaben bestehen, sondern auch in einer gesetzlichen Beschränkung der Handlungsmöglichkeiten auf der Einnahmeseite." (DVBl. 1998, S. 830, 832). Die Entscheidungen des Staatsgerichtshofs knüpfen nahtlos an die Rechtsprechung des Bayerischen Verfassungsgerichtshofes zu Art. 73 BayVerf. („Über den Staatshaushalt findet kein Volksentscheid statt.") an. (Vgl. BayVBl. 1977, S. 143, 148 ff.; DVBl. 1995, 419, 425), ohne dass erörtert würde, ob die Begriffe „Staatshaushalt" und „Haushaltsplan" tatsächlich inhaltsgleich sind (kritisch Otmar Jung, Das Finanztabu bei der Volksgesetzgebung, NVwZ 1998, S. 372, 373).

bei der letzten Bürgerschaftswahl abgegebenen Stimmen gesenkt werden. Im Volksentscheid sollte in jedem Falle die einfache Mehrheit der abgegebenen Stimmen entscheiden. Die Frage nach der verfassungsmäßigen Zulässigkeit des Verfahrens legte der Senat dem Staatsgerichtshof vor, der eine Zulassung der Initiative ablehnte.[15]

Der Staatsgerichtshof begründete seine Entscheidung mit einem Verstoß der angestrebten Regelung gegen das Homogenitätsprinzip des Art. 28 GG (verbunden mit dem Demokratieprinzip). Die parlamentarische Willensbildung sei durch die „Konstruktion des Willensbildungsprozesses" darauf angelegt, sich am Gemeinwohl zu orientieren. Die vielfältigen partikularen und widerstreitenden Interessen könnten durch das Parlament in einen „gemeinverbindlichen Volkswillen" umgewandelt werden. So besitze die parlamentarische Gesetzgebung eine „erhöhte Chance der Gemeinwohlverwirklichung". Dagegen bleibe der Volksgesetzgebung nur die Funktion Defizite parlamentarischer Gesetzgebung auszugleichen. Daraus folge, dass „das Volksgesetzgebungsverfahren insbesondere ein Instrument von Minderheiten ist, die sich von den im Parlament vertretenen politischen Parteien in bestimmten Fragen nicht hinreichend vertreten fühlen."[16] Aus dieser Gegenüberstellung von gemeinwohlorientierten Volkswillen als Ergebnis der parlamentarischen Willensbildung und Vertretung von Minderheitsinteressen in der Volksgesetzgebung ist es vergleichsweise einfach, die Notwendigkeit von Quoren abzuleiten. Quoren hätten die Funktion das Volksbegehren dem „Test der Ernsthaftigkeit" zu unterziehen und zu verhindern, dass Anliegen, „die nur eine marginale Unterstützung in der Bevölkerung finden" in allgemeinverbindliche Gesetze umgewandelt werden.

Dem Gericht kommen allerdings Zweifel an seiner Prämisse – jedenfalls soweit das die Willensbildung im Parlament betrifft. Denn es bestehe durchaus die Gefahr der Absonderung der Repräsentanten von den Repräsentierten, die Gefahr der „Erstarrung des politischen Betriebes" und der Privilegierung mächtiger und gut organisierter Interessen im parlamentarischen Willensbildungsprozess.[17] Was fehlt ist die Erwähnung der Verstrickung des parlamentarischen Diskurses in scheinbare Sachzwänge des Gemeinwohls, d.h. die schein-funktionale Reduktion politischer Optionen wie sie am besten im „there is no alternative"-Prinzip zum Ausdruck kommt. Nimmt man das ernst, kann die Gegenüberstellung des gemeinwohlorientierten parlamentarischen Volkswillens und dem sich in der Volksgesetzgebung ausdrückenden Volkswillen nicht zu der These führen, dass letzterer ausschließlich nicht vertretene Minderheiteninteressen zum Ausdruck bringt; dass die Volksgesetzgebung nur marginalen Interessen zum Durchbruch verhelfen

[15] BremStGH, NordÖR 2000, S. 186.
[16] BremStGH, NordÖR 2000, S. 186/ 188.
[17] Ebenda; ausführliche Diskussion der Problematik in: Bovenschulte / Fisahn, Volksgesetzgebung in den Ländern – Vereinbarkeit mit dem Grundgesetz, in: Recht und Politik 2000, S. 48

könnte während die parlamentarische Gesetzgebung regelmäßig Mehrheitsinteressen umsetzt. Mit dieser Prämisse fällt auch die Schlussfolgerung. Die Entscheidung beschränkt eine Reform der Volksgesetzgebung entscheidend und ist in ihrer Begründung wenig überzeugend.

## 5 Volksgesetzgebung in Bremerhaven

Die Regelungen über Volksbegehren und -entscheid in Bremerhaven weisen Unterschiede zu den Regelungen in der Landesverfassung auf. Für Bremerhaven findet man die Verfahrensordnung in § 15b der Verfassung für die Stadt Bremerhaven – sie heißen Bürgerbegehren und -entscheid. Zunächst enthält die Vorschrift eine Liste wichtiger Selbstverwaltungsangelegenheiten, über welche die Bürgerinnen und Bürger entscheiden können sollen. Dazu gehören die Übernahme von weiteren Aufgaben durch die Stadtgemeinde, die Änderung des Stadtgebietes oder die Errichtung oder Änderung öffentlicher Einrichtungen. Die Liste ist nicht abschließend, es kann also auch über andere wesentliche Dinge mittels Bürgerentscheid beschlossen werden. Allerdings enthält die Vorschrift gleichsam einen Banalitätenvorbehalt – dic Bürger sollen nur zu wichtigen Dingen befragt werden.

Über andere Angelegenheiten wird der Stadtverordnetenversammlung explizit die ausschließliche Entscheidungskompetenz vorbehalten – sie dürfen also nicht mittels Bürgerentscheid beschlossen werden. Dazu gehören: allgemeine Grundsätze der Verwaltungsführung, Wahl der Magistratsmitglieder und des Verwaltungsrates der städtischen Sparkasse, den Erlass von Ortsgesetzen, Verfügungen über das Vermögen der Stadt und vieles mehr (§ 15 b Abs. 2 i.V.m. § 18 VerfBrhv). Die Regelungstechnik hat gegenüber der Regelung der Landesverfassung den Vorteil, dass inhaltlich bestimmt und abschließend aufgezählt wird, welche Fragen nicht durch Bürgerentscheid zu entscheiden sind, d.h. sie führt zur Rechtsklarheit und -sicherheit. Inhaltlich hat die Regelung allerdings das Problem, dass sie so weit ist, derartig viele Gegenstände aufzählt, dass am Ende kaum eine wesentliche kommunalpolitische Frage zum Gegenstand eines Bürgerentscheids werden kann.

Ein Bürgerbegehren darf nur eine Angelegenheit betreffen, über die während der laufenden Wahlperiode nicht bereits mittels Bürgerentscheid entschieden wurde. Richtet sich das Begehren gegen einen Beschluss der Stadtverordnetenversammlung, muss es innerhalb von sechs Wochen nach dem Beschluss eingeleitet werden.

Über die Zulässigkeit des Bürgerbegehrens entscheidet die Stadtverordnetenversammlung, d.h. das Kommunalparlament wacht selber darüber, ob in seine ausschließlichen Kompetenzen eingegriffen wurde. Das ist zunächst keine glückliche Konstellation, allerdings kann die Entscheidung der Stadtverordnetenversammlung gerichtlich überprüft werden.

Verfahrensmäßig wird ein Bürgerbegehren eingeleitet, indem ein schriftlicher Antrag beim Stadtverordnetenvorsteher mit der zu entscheidenden Frage und dem Entscheidungsvorschlag eingereicht wird. Der Antrag muss außerdem eine Begründung und einen Kostendeckungsvorschlag enthalten. Auch hier müssen bis zu drei Vertrauenspersonen, die für die Initiative sprechen können, benannt werden. Das Bürgerbegehren muss von 10 % der Bürgerinnen oder Bürger der Stadt unterschrieben werden. Das Verfahren ist also anders als in der Stadtgemeinde Bremen und im Land nicht dreistufig, sondern nur zweistufig, dem Bürgerbegehren ist kein Zulassungsantrag vorgeschaltet. Der Antrag wird gleich mit der erforderlichen Zahl an Unterschriften eingereicht, die freihändig gesammelt werden.

Wird der Antrag von der Stadtverordnetenversammlung für zulässig erklärt und übernommen, hat sich das Begehren erledigt. Übernimmt die Stadtverordnetenversammlung den Antrag nicht, wird die Frage durch Volksentscheid entschieden. Der Volksentscheid ist erfolgreich, wenn die Mehrheit der gültigen Stimmen mit Ja gestimmt hat. Diese Mehrheit muss außerdem 30 % der stimmberechtigten Bürgerinnen und Bürger betragen. Dieses Zustimmungsquorum ist um 5 % höher als im Land und der Stadtgemeinde Bremen und die Regelung kann als für einen kommunalen Volksentscheid unzeitgemäß charakterisiert werden.

Allerdings enthält § 15 b VerfBrhv ein zweijähriges Revisionsverbot für die Stadtverordnetenversammlung. Der Beschluss kann innerhalb dieser Zeit nur durch einen erneuten Bürgerentscheid revidiert werden, nicht aber durch eine Entscheidung der Stadtverordnetenversammlung. Eine solche Regelung ist zwingend notwendig, wenn man repräsentative Entscheidungen und Volksentscheidungen als zumindest gleichwertig betrachtet, da die „Volksgesetzgebung" recht offenkundig organisatorisch erheblich aufwendiger ist, als Beschlüsse der Volksvertretung.

## 6    Bilanz der Volksgesetzgebung im Land Bremen

Ein Blick auf die Volksgesetzgebungsinitiativen[18] in Bremen und Bremerhaven führt zu drei wichtigen Ergebnissen:

Erstens führt das Zusammenspiel von Quoren und Zulässigkeitsanforderungen (in der Interpretation des Staatsgerichtshofs) dazu, dass Volksgesetzgebungsinitiativen in Bremen bisher erfolglos blieben. Ein einziger Volksentscheid ist in Bremen bisher nach dem Zweiten Weltkrieg erfolgreich abgeschlossen worden, aber der wurde von der Bürgerschaft gestartet; er betraf die oben schon erwähnte Änderung der Landesverfassung. Die von den Bürgerinnen und Bürgern gestarteten Volksgesetzgebungsinitiativen sind entweder für unzulässig erklärt worden oder an

---

[18] Eine Aufzählung der einzelnen Initiativen mit ihren Ergebnissen ist zu finden unter: http://www. mehr- demokratie.de/bremen.

den notwendigen Quoren gescheitert. Wenn man Volksgesetzgebung wirklich will, als gleichberechtigte Organisationsform einer demokratischen Bürgerschaft neben der parlamentarischen Vertretung begreift, müssen Bedingungen geschaffen werden, die einen Erfolg der Gesetzgebungsinitiativen auch möglich machen.

Zweitens: Die bisher gestarteten Initiativen sprechen eindeutig dagegen, dass die Volksgesetzgebung ein Instrument einer Minderheit ist, die gleichsam querulierend ihren Willen gegen den wahren, im Parlament vertretenen Volkswillen durchzusetzen sucht. Dies war ja – etwas zugespitzt – das Argument des Staatsgerichtshofs, das er gegen eine Absenkung der Quoren in Feld geführt hat. Ein großer Teil der landesweiten Initiativen betraf – wie schon erwähnt – die Ausstattung der Schulen im Lande Bremen. Diese Initiativen häuften sich Mitte der 1990er Jahre – nach der Jahrhundertwende und nach PISA hat auch die staatliche Politik bemerkt, dass es um die Bildungspolitik nicht zum besten steht. Die Volksgesetzgebungsinitiativen hätten eher als Frühwarnsystem funktionieren können denn als querulierende Störung des politischen Geschäftes. Neuere Initiativen richten sich unter dem Motto „Gesundheit ist keine Ware" gegen die Privatisierung der Krankenhäuser – gestartet wurde die Initiative u.a. von Attac. Mit dieser Initiative äußert sich sicher ebenfalls keine Minderheit, und ich wage die Prognose, dass die Initiative – ob erfolgreich oder nicht – im Rückblick ebenfalls als Frühwarnsystem zu werten ist.

Allerdings gab es in Bremen auch zwei Initiativen, die als querulierend und populistisch bezeichnet werden könnten. Die eine betraf die Rechtschreibreform – eher ein Anliegen übersensibler Puristen, die nicht genügend Unterschriften für das Volksbegehren sammeln konnten. Die zweite Initiative wurde von der SPD-Rechtsabspaltung, der Partei „Arbeit für Bremen" (AfB), gestartet und zielte auf eine Verkleinerung des Parlaments – also wiederum eher ein Anliegen, das die Rückbindung staatlicher Entscheidungen an Interessen und Meinungen der Bevölkerung schwächt und populistisch auf eine Aversion gegen Berufspolitiker setzte, um sich im Falle der AfB selbst als Alternative anzupreisen. Die Pikanterie ist, dass die große Koalition sich dieses Anliegen zu eigen machte und – auch unter dem Diktat leerer Kassen – die Bürgerschaft verkleinerte. Der antiparlamentarische Populismus war keine Sache der nicht parteipolitisch organisierten Bürger, sondern eine Sache der Parteien selbst.

Drittens: Die korporative Demokratie des Rheinischen Kapitalismus, d.h. die Macht der großen Verbände, ist in den 1970er Jahren deshalb kritisiert worden, weil unorganisierte Interessen in ihr keine Stimme haben. Diese Form der Demokratie, die auf einen breiten gesellschaftlichen Konsens aufbaute, befindet sich seit den 1990er Jahren auf dem Rückzug, bzw. sie wird heftig mit dem Vorwand Globalisierung und im Interesse des Kapitals und von dessen Verbänden attackiert und zurückgedrängt. Konsensgespräche oder Bündnisse für Arbeit sind nicht mehr erfolgreich, weil die Gewerkschaften an Macht verloren haben und seitens der Unternehmer die Kompromissbereitschaft deutlich gesunken ist. Die Volksgesetzgebung kann im Kontext neuer Organisationsformen wie Attac möglicherweise in diese Lücke stoßen und Gegenmacht, als die sich die Gewerkschaften zeitweise verstanden haben, neu organisieren. Die Initiativen gegen die Privatisierung deuten in diese Richtung. Gleichwohl besteht auch hier die Gefahr, dass Volksgesetzgebung ein Instrument organisierter bzw. organisierbarer Gruppen, konkreter: organisierbarer Gruppen der Mittelschicht bleibt oder wird, weil diese den argumentativen und organisatorischen Aufwand einer Volksgesetzgebungsinitiative leisten können und eben nicht auf die stellvertretende Wahrnehmung ihrer Interessen angewiesen sind. So funktioniert Volksgesetzgebung als Ausgleich und Korrektur parlamentarischer Defizite möglicherweise nur in einer Kultur der Organisation unterschiedlicher Interessen, um die es im politischen „mainstream" zur Zeit nicht besonders gut steht.

# Direkte Demokratie in Hamburg

*Andreas Fraude*

## 1 Einleitung: Der verfassungsrechtliche und verfassungspolitische Rahmen

Das politische System der Freien und Hansestadt Hamburg folgt – den anderen 15 Ländern der Bundesrepublik Deutschland entsprechend – dem Typus eines parlamentarischen Regierungssystems, wiewohl die Bezeichnungen der wichtigsten politischen Institutionen auf die stadtstaatliche Tradition Hamburgs verweisen. Das Landesparlament heißt *Bürgerschaft*; so werden auch die Volksvertretungen im Stadtstaat Bremen sowie in den (kommunalen) kreisfreien Hansestädten Lübeck, Rostock, Wismar, Stralsund und Greifswald bezeichnet. Die Hamburgische Bürgerschaft umfasst 121 Abgeordnete und seit der Wahl am 29. Februar 2004 drei Fraktionen. Die Regierung heißt Senat mit einem Ersten Bürgermeister an der Spitze sowie gegenwärtig (18. Wahlperiode) neun Senatorinnen und Senatoren, wobei ein Senatsmitglied gleichzeitig und in Personalunion Zweite Bürgermeisterin ist. Eine Besonderheit stellt die verfassungsrechtlich normierte Trennung von Amt und Mandat dar. Dieses bedeutet, dass die Senatsmitglieder nicht gleichzeitig Mitglieder der Hamburgischen Bürgerschaft sein dürfen. Mit der im Jahre 1971 aufgenommenen expliziten Nennung der *Opposition* in der Verfassung als „wesentlicher Bestandteil der parlamentarischen Demokratie" und „politische Alternative zur Regierungsmehrheit" betrat Hamburg Neuland im Bundesländervergleich. Aus der Verfassungstradition des 19. Jahrhunderts stammen die Deputationen, die bei den Fachbehörden angesiedelt sind: In diese Gremien entsendet die Bürgerschaft nach Parteienproporz Vertreter („Deputierte"), die in den Behörden über den Haushalt, über alle Angelegenheiten von grundsätzlicher Bedeutung sowie über Personalfragen entscheiden. Das Deputiertenwesen trägt jenem Verfassungsartikel Rechnung, welcher vorschreibt, dass das „Volk (...) zur Mitwirkung an der Verwaltung berufen" sei; die Beteiligung solle „insbesondere durch die ehrenamtlich tätigen Mitglieder der Verwaltungsbehörden" geschehen. Das sogenannte *Feierabendparlament* bezeichnet schließlich ein weiteres Hamburger Spezifikum: Damit wird den Abgeordneten ausdrücklich neben ihrer parlamentarischen die Möglichkeit einer beruflichen Tätigkeit eröffnet. In jüngerer Zeit gab es allerdings erneut Diskussionen darüber, die Bürgerschaft in ein klassisches Berufsparlament zu verwandeln – vor allem deshalb, weil unter den jetzigen Bedingungen den Volksvertretern unterschiedlich viel Zeit für die Ausübung ihres Mandats zur Verfügung steht, womit ungleiche Ausgangsbedingungen geschaffen würden.

Die Hamburgische Verfassung vereint staatliche und gemeindliche Ebenen und Zuständigkeiten. In Folge dessen ist die Bürgerschaft zwar in erster Linie ein Landesparlament, zugleich aber auch Gemeindeorgan. Zwar gibt es unterhalb der zentralen Ebene sieben Bezirke mit eigenen Bezirksversammlungen (sowie 15 Ortsämter und Ortsausschüsse), doch sind die Befugnisse der Bezirke gering, wenngleich die Verfassung diesen Verwaltungseinheiten die Übertragung selbstständig zu erledigender Aufgaben gewährt. Mit dem sogenannten Recht zur „Evokation" kann der Senat jedoch Aufgaben, Befugnisse und Entscheidungen auf örtlicher Ebene zur Wahrnehmung der Gesamtverantwortung an sich ziehen. Mit der im Jahre 1996 beschlossenen Verfassungsänderung wurden zahlreiche Besonderheiten getilgt, die noch auf die Traditionen der hanseatischen Stadtrepublik verwiesen. Seitdem erst besitzt der Erste Bürgermeister, entsprechend den üblichen Regeln des parlamentarischen Systems, die *Richtlinienkompetenz*, während für die Senatoren das *Ressortprinzip* gilt. Von der Bürgerschaft gewählt wird nun lediglich noch der Regierungschef als *Präsident des Senates* für die Dauer der Legislaturperiode. Nach der Berufung seines Stellvertreters und der Senatoren bedarf der Senat als Ganzes dann der Bestätigung durch die Bürgerschaft. Weitere Regularien wie das konstruktive Misstrauensvotum und die Vertrauensfrage orientieren sich an den auch im Grundgesetz festgeschriebenen Verfahrensweisen. Im Gegensatz zum Bundestag hat die Bürgerschaft das Recht zur Selbstauflösung – wovon sie vor allem im Falle einer nicht zustande gekommenen oder geschwundenen Regierungsmehrheit Gebrauch machen dürfte.

Für die folgenden Ausführungen ist das Jahr 1996 von besonderer Bedeutung, weil mit der damaligen Verabschiedung einer Verfassungsreform erstmals in Hamburg als letztem Bundesland direktdemokratische Mitbestimmungsmöglichkeiten geschaffen wurden.

## 2    Die Verfassungsentwicklung in Hamburg unter besonderer Berücksichtigung der Einführung direktdemokratischer Elemente

Im Jahre 1921 wurde auch in Hamburg endgültig das allgemeine, gleiche, unmittelbare und geheime Verhältniswahlrecht verankert, wobei das parlamentarische System aus der Weimarer Verfassung übernommen worden war. Der Senat wurde von der Bürgerschaft gewählt und war von ihrem Vertrauen abhängig; die Gesetzgebung war alleinige Aufgabe der Bürgerschaft. Interessanterweise waren damals Senatsamt und Abgeordnetenmandat ausdrücklich miteinander vereinbar – und: ein Volksbegehren war in der Verfassung verankert. Darüber hinaus hatte der Senat die Möglichkeit, bei Gesetzesstreitigkeiten mit der Bürgerschaft und bei einem Misstrauensvotum gegen ihn einen Volksentscheid durchzuführen. Bei den Wahlen in den Jahren 1931 und 1932 verzeichnete die NSDAP Erfolge, die das Ende der Demokratie in Hamburg einleiteten; 1933 wurde im Rahmen der allgemeinen *Gleichschaltung* von den Nationalsozialisten ein *Regierender Bürgermeister* eingesetzt. Das Parlament tagte bis zu seiner Neubegründung nach dem Ende des Zweiten Weltkrieges von nun an nicht mehr.

Die neue Bürgerschaft wurde 1946 von der britischen Besatzungsmacht ernannt; die vorläufige Verfassung Hamburgs vom 15. Mai 1946 stellte eine Kurzfassung derjenigen von 1921 dar. Erst sechs Jahre später wurde eine endgültige neue Verfassung verabschiedet – welche wiederum wesentlich auf jener aus der Zeit der Weimarer Republik basierte. In den Grundzügen enthielt die Verfassung vom 6. Juni 1952 die bereits einleitend beschriebenen Normen. Abgeschafft wurde nun allerdings die Möglichkeit des Volksbegehrens und des Volksentscheids. Im Jahre 1971 wurde von der Bürgerschaft eine Parlamentsreform mit recht weitreichenden Ergebnissen beschlossen. Diese integrierte zwar noch nicht wieder direktdemokratische Elemente im hier zu behandelnden Sinne, „wagt" aber insgesamt betrachtet – einem gängigen Credo dieser Zeit gemäß – „mehr Demokratie" und Partizipation innerhalb des parlamentarischen Systems in Hamburg. Vor allem wurden der Opposition mehr Rechte zugestanden als das bis dato üblich war: Das reicht von ihrer Erwähnung in einem neu eingefügten Verfassungsartikel, über das in Artikel 30 verankerte Akteneinsichtsrecht bis zu erhöhten Fraktionszuwendungen für die opponierende(n) Fraktion(en). Ferner bestand durch Antrag eines Viertels der Abgeordneten von nun an die Möglichkeit, Enquete-Kommissionen einzusetzen. Außerdem wurde die Stellung des Eingabenausschusses durch seine erstmalige Verankerung in der Verfassung gestärkt. Schließlich wurden öffentliche Anhörverfahren als parlamentarische Möglichkeiten in die Geschäftsordnung der Hamburgischen Bürgerschaft aufgenommen. Hierbei wurde das Minderheitenrecht zur Durchsetzung eines Anhörverfahrens und das Recht eines jeden Bürgers auf Anhörung verankert. Drei Jahre später, 1974, sah eine zwischen SPD und FDP getroffene Koalitionsvereinbarung die Möglichkeit eines Volksbegehrens in Hamburg explizit vor; dieses Vorhaben wurde aber nicht verwirklicht und für eine längere Zeit von den politisch maßgeblichen Parteien auch nicht mehr aufgegriffen.

Der entscheidenden Verfassungsreform von 1996 waren Vorschläge einer Enquete-Kommission „Parlamentsreform" vorausgegangen, welche bereits im Oktober 1992 der Bürgerschaft einen Bericht mit Empfehlungen für eine Volksgesetzgebung vorlegte. Sie lieferte auch gewichtige Gründe für eine einschlägige Ergänzung der Verfassung: Plebiszitäre Mitwirkungsrechte der Bürger hätten eine wichtige „seismographische" Funktion für das Parlament, weil sie die Möglichkeit schaffen würden, Legitimitätslücken im politischen Willensbildungsprozess zu schließen. Auch könne die Volksgesetzgebung einen Ausgleich zu der beobachtbaren Tatsache schaffen, dass Wahlentscheidungen immer stärker personalisiert würden, mithin eher „Köpfe" denn Programme zur Wahl ständen. Zudem hätten Erfahrungen in anderen Bundesländern gezeigt, dass direktdemokratische Elemente keinen Missbrauch bewirkten oder gar „Strukturveränderungen" für das repräsentative System zur Folge hätten – gerade auf Landes- und kommunaler Ebene könnten Formen direkter Beteiligung sogar sinnvoll sein, weil die Bürger von Entscheidungen „vor Ort" spürbarer betroffen seien; dieses gelte insonderheit für Hamburg in seiner Eigenschaft als Einheitsgemeinde und Großstadt.

Das Parlament folgte im Weiteren den Anregungen der Enquete-Kommission in ihren Hauptzügen; im Grundsatz stimmten alle Fraktionen der (verkürzten) 14. Legislaturperiode (1991-1993) dem Vorhaben der Volksgesetzgebung zu. Die von 1993 bis 2001 nicht mehr in der Bürgerschaft vertretene FDP artikulierte allerdings grundsätzliche Bedenken gegen den Volks*entscheid*; die GAL-Fraktion konnte sich wiederum mit ihrem Antrag zur Zulassung der Volks*initiative* auch für ausländische Bürger nicht durchsetzen. Die Volksgesetzgebung wurde insgesamt drei Jahre in der Bürgerschaft beraten, allerdings widmete sich der zuständige Verfassungsausschuss 1993 zuvörderst zahlreichen anderen Themen des Berichtes der Enquete-Kommission, die nicht diesen Komplex betrafen. In der im gleichen Jahr neugewählten 15. Bürgerschaft (die Wahl vom 2. Juni 1991 wurde vom Hamburgischen Verfassungsgericht für ungültig erklärt) wurde das Thema dann wieder auf die Tagesordnung gesetzt: Neben einem Antrag der (neu in das Parlament gewählten) STATT-Partei-Fraktion vom Juni 1994, welcher die Thesen der Enquete-Kommission mit Nachdruck aufgreift, lag eine Mitteilung des Senates an die Bürgerschaft zur „Schaffung der Rechtsgrundlagen für eine Volksinitiative, ein Volksbegehren und einen Volksentscheid in Hamburg" (Februar 1995) vor, welche in Konsequenz einer Bitte des Verfassungsausschusses ausformulierte Vorschläge für einen neu zu schaffenden Verfassungsartikel sowie für ein neues Gesetz enthielt. Schließlich legte ein (außerparlamentarisches) „Forum Bürgerinnen- und Bürgerbewegung Hamburg" im November 1995 einen alternativen Vorschlag zu diesem Entwurf vor und reichte im März 1996 auch noch gutachterliche Stellungnahmen zu der Ausarbeitung des Verfassungsausschusses ein. Dieser nahm im April 1994 erstmals die unterbrochenen Beratungen zur Volksgesetzgebung wieder auf und behandelte das Thema in der 15. Wahlperiode in mehreren Sitzungen auf der Grundlage des Senatsentwurfs. In der Sitzung des Verfassungsausschusses vom 7. Mai 1996 erfolgte dann die – bei Enthaltung der GAL – einstimmige Schlussabstimmung zum Hamburgischen „Gesetz über Volksinitiative, Volksbegehren und Volksentscheid". Am Tag darauf wurde das Gesetz mit großer verfassungsändernder Mehrheit (bei zwei Gegenstimmen) angenommen. Eine entsprechende Verordnung zur Durchführung des Gesetzes trat am 1. Juli 1996 in Kraft, womit die Rechtsgrundlagen für die Volksgesetzgebung geschaffen waren (vgl. hierzu ausführlicher Kapitel 3).

Der Wille, direktdemokratische Elemente auch auf Bezirksebene in Hamburg einzuführen, entstand bereits in den 1980er Jahren im Zusammenhang mit dem verstärkten Aufkommen von Bürgerinitiativen und der Konstituierung der „Grünen", die erstmals 1982 als Grün-Alternative Liste (GAL) in die Hamburgische Bürgerschaft einzogen. Plebiszitäre Elemente seien, so hieß es, hier besonders angemessen, weil durch manche Beschlüsse der Bezirksversammlungen Erwartungen geweckt würden, die wegen der insgesamt eingeschränkten Kompetenzen nicht eingelöst werden könnten – was dann zu allgemeiner „Politikverdrossenheit" führe. Ein erster konkreter Vorstoß zur Verankerung direktdemokratischer Elemente im Bezirksverwaltungsgesetz (BezVG) wurde in der zweiten Hälfte der 1980er Jahre versucht. Der noch in der 12. Wahlperiode formulierte Antrag wurde in der 13. Legislaturperiode (1987-1991) neu eingebracht und im Oktober 1987 mehrheitlich abgelehnt. In der bereits erwähnten Enquete-Kommission, Wegbereiterin für die Etablierung direktdemokratischer Elemente auf Landesebene, bestand dann aber Einigkeit über die Schaffung plebiszitärer Elemente auch auf Bezirksebene – unter der Voraussetzung einer gleichzeitigen Stärkung der Bezirkskompetenzen. Auf detaillierte Vorschläge verzichtete die Kommission gleichwohl; der bürgerschaftliche Verfassungsausschuss verfolgte dieses Thema auch nicht weiter. Im Rahmen einer geplanten Bezirksverwaltungsreform, auf die ein Gesetzentwurf des Senates vom April 1996 zielte, gab es erneut Überlegungen – auch und gerade auf Seiten der SPD- und GAL-Fraktion –, wie unmittelbare Mitwirkungsmöglichkeiten der Bevölkerung in ein zu novellierendes BezVG integriert werden könnte. Wiederum fungierte die GAL hier als Vorreiter, indem sie in mehreren Anträgen in der Bürgerschaft für dieses Anliegen stritt; allerdings war ihren Vorschlägen auch dieses Mal kein Erfolg beschieden. Die mit der Mehrheit von SPD- und STATT-Partei-Fraktion beschlossene Neufassung des BezVG im Juni 1997 enthielt keine Regelungen zum Komplex Bürgerbegehren und Bürgerentscheid.

Parallel zu diesen Entwicklungen erarbeitete ein im März 1996 gegründetes „Forum Bürgerinnen- und Bürgerbewegung – Verein zur Förderung von Demokratie und Bürgerbeteiligung" (FoBü) neben einem Gesetzentwurf für eine Volksgesetzgebung auch einen für bezirkliche Bürgerentscheide. Nachdem nun der Weg für direktdemokratische Beteiligungsformen auf der zentralen Ebene frei war, machte sich der aus dem FoBü hervorgegangene Trägerkreis „Mehr Demokratie in Hamburg" daran, das Volksgesetzgebungsverfahren für die Durchsetzung von Bürgerbegehren und Bürgerentscheid zu nutzen. Bis August 1997 hatten die Initiatoren mit fast 300.000 Unterschriften bei der Volksinitiative erfolgreich die erste Hürde genommen. Bei dem im März 1998 durchgeführten Volksbegehren trugen sich dann von 1,2 Mio. Berechtigten 218.577 (=18,1%) für die Einführung des Bürgerentscheides ein (zu den genauen Verfahrensweisen der Volksgesetzgebung vgl. Kapitel 3). Die Bürgerschaft folgte den hier vorgeschlagenen Regelungen nicht, sondern präsentierte nach langen Debatten und einer Sachverständigenanhö-

rung im Verfassungsausschuss einen Gegenentwurf – welcher sich in der Grund-
struktur an dem Entwurf des Volksbegehrens orientierte.

Gekoppelt mit der Bundestagswahl votierten am 27. September 1998 beim
ersten Hamburger Volksentscheid 74 Prozent aller Abstimmenden, das entsprach
44,8 Prozent der Stimmberechtigten, für den Entwurf der Gruppierung „Mehr Demokratie". Mit dem Gesetz zur Einführung von Bürgerbegehren und Bürgerentscheid gibt es seitdem ein zweistufiges politisches Instrument, mit dem die Mehrheit der Wahlberechtigten in den Bezirken im Kompetenzrahmen der Bezirksversammlung Beschlüsse des Bezirksamtes plebiszitär erwirken oder schon getroffene
Entscheidungen zu Fall bringen kann (vgl. hierzu Kapitel 4). Der gleichzeitig
durchgeführte Volksentscheid über die *Änderung* der Volksgesetzgebung auf Landesebene blieb dagegen erfolglos, weil er – relativ knapp – das bei Verfassungsänderungen notwendige Zustimmungsquorum von 50 Prozent der Stimmberechtigten
verfehlte.

*Volksentscheid „Mehr Demokratie in Hamburg! Für Volksentscheide in Hamburg/*
*Für Bürgerentscheide in den Bezirken" am 27. September 1998*

| **Gesamtergebnis des Volksentscheids über die Änderung der Volksgesetzgebung** (Änderung von Artikel 50 der Hamburger Verfassung) | | in % |
|---|---|---|
| Stimmberechtigte | 1 202 147 | |
| Abgegebene Stimmen | 801 879 | 66,70 |
| Davon entfielen auf den Gesetzentwurf des *Volksbegehrens* | | |
| Ungültige Stimmen | 63 313 | 7,90 |
| Gültige Stimmen | 738 566 | 92,10 |
| Von diesen lauteten auf | | |
| Ja | 546 937 | 74,05 |
| Nein | 191 629 | 25,95 |
| Ja in % der Stimmberechtigten | | *45,50* |
| Ferner entfielen auf den Gesetzentwurf der *Bürgerschaft* | 91 549 | 11,42 |
| Ungültige Stimmen | | |
| Gültige Stimmen | 710 330 | 88,58 |
| Von diesen lauteten auf Ja | 426 506 | 60,04 |
| Nein | 283 824 | 39,96 |
| Ja in % der Stimmberechtigten | | 35.48 |

(nicht erfolgreich)

| Gesamtergebnis des Volksentscheids zur Einführung von Bürgerentscheiden und Bürgerbegehren in den Bezirken | | |
|---|---|---|
| | | in % |
| Stimmberechtigte | 1 202 147 | |
| Abgegebene Stimmen | 801 879 | 66,70 |
| Davon entfielen auf den Gesetzentwurf des *Volksbegehrens* | 65 936 | 8,22 |
| Ungültige Stimmen | | |
| Gültige Stimmen | 735 943 | 91,78 |
| Von diesen lauteten auf Ja | 538 995 | 73,24 |
| Nein | 196 948 | 26,76 |
| Ja in % der Stimmberechtigten | | 44,84 |
| Ferner entfielen auf den Gesetzentwurf der *Bürgerschaft* | 92 967 | 11,59 |
| Ungültige Stimmen | | |
| Gültige Stimmen | 708 912 | 88,41 |
| Von diesen lauteten auf | | |
| Ja | 422 573 | 59,61 |
| Nein | 286 339 | 40,39 |
| Ja in % der Stimmberechtigten | | 35,15 |

(erfolgreich)

## 3 Direktdemokratische Beteiligungsformen auf der Landesebene

Das „Hamburgische Gesetz über Volksinitiative, Volksbegehren und Volksentscheid" (HmbVVVG) vom 20. Juni 1996 in seiner Neufassung vom 6. Juni 2001 (geringfügig novelliert am 4. Juni 2002) bestimmt in seinem ersten Paragraphen, dass das „Volk (...) auf Gebieten, die der Zuständigkeit der Bürgerschaft unterliegen", durch die dreistufige Volksgesetzgebung „an der Gesetzgebung und an der politischen Willensbildung" teilnimmt. Allerdings: „Haushaltsangelegenheiten, Abgaben, Tarife der öffentlichen Unternehmen sowie Dienst- und Versorgungsbezüge können nicht Gegenstand von Volksinitiative und Volksbegehren sein". Mit der Volksinitiative könne „der Erlass eines Gesetzes oder in einer anderen Vorlage die Befassung mit bestimmten Gegenständen der politischen Willensbildung durch das Volk eingeleitet werden"; das Gesetz könne „auch die Änderung oder Aufhebung eines geltenden Gesetzes zum Gegenstand haben" (§2 (1)). Nachdem die Sammlung von Unterschriften dem Senat schriftlich angezeigt wurde, teilt dieser „der Bürgerschaft unverzüglich Eingang und Inhalt der Anzeige mit" (§3 (3)). Dabei sind die Unterschriftenlisten „spätestens sechs Monate nach Eingang der Anzeige beim Senat einzureichen" (§4 (3)). Der Senat „teilt der Bürgerschaft die Einreichung der Unterschriftenlisten unverzüglich mit" (§5 (1)) und „stellt binnen zwei Monate nach Einreichung der Unterschriften fest, ob die Volksinitiative von 10 000 zur Bürgerschaft Wahlberechtigten unterstützt worden und damit zustande gekommen ist" (2).

Zur Durchführung des *Volksbegehrens* sieht das Gesetz laut §6 (1) vor: „Ist die Volksinitiative zustande gekommen, können die Initiatoren die Durchführung des Volksbegehrens beantragen, sofern die Bürgerschaft nicht innerhalb von vier Monaten nach Einreichung der Unterschriftenlisten ein dem Anliegen der Volksinitiative entsprechendes Gesetz verabschiedet oder einer (...) entsprechenden anderen Vorlage zugestimmt hat". Ist dieses nicht der Fall, beantragen die Initiatoren die Durchführung des Volksbegehrens und reichen einen entsprechenden Gesetzentwurf oder eine „andere Vorlage" beim Senat ein, wobei dieser wiederum der Bürgerschaft „unverzüglich" Mitteilung macht und das Volksbegehren drei Monate nach Antragstellung durchführt. Während eines Zeitraumes von drei Monaten vor dem Tag einer Wahl zur Bürgerschaft, zum Deutschen Bundestag oder zum Europäischen Parlament dürfen Volksbegehren nicht stattfinden (§6 (2) bis (4) und (6)). Das Volksbegehren ist zustande gekommen, wenn es von mindestens einem Zwanzigstel der Wahlberechtigten unterstützt worden ist, wobei die Zahl der Wahlberechtigten aus der vorangegangenen Bürgerschaftswahl zugrunde gelegt wird (§16 (1) und (2)).

Der *Volksentscheid* kann wiederum beantragt werden, wenn die Bürgerschaft nicht innerhalb von drei Monaten dem Anliegen des Volksbegehrens Rechnung trägt (§18 (1)); der Senat führt den Volksentscheid vier Monate nach der Antragstellung durch (4). Absatz 5 bestimmt, dass die in (1) genannte Frist nicht in der Zeit vom 15. Juni bis zum 15. August läuft sowie für drei Monate nicht, wenn die Bürgerschaft dies auf Vorschlag der Volksinitiatoren beschließt. Ansonsten gelten die Bestimmungen für die Durchführung eines Volksbegehrens entsprechend auch für den Volksentscheid. Nach §19 (1) setzt der Senat „den Tag der Abstimmung fest und gibt Tag und Gegenstand des Volksentscheids öffentlich bekannt. Er setzt den Tag der Abstimmung auf den Tag der Wahl zur Bürgerschaft, zum Deutschen Bundestag oder zum Europäischen Parlament fest, wenn die Abstimmung andernfalls binnen eines Monats nach dem Tag der Wahl stattfinden würde". Gesetzentwürfe oder andere (überarbeitete) Vorlagen der Antragsteller oder der Bürgerschaft sollen mit Begründung in die Bekanntmachung aufgenommen werden. Mit einem Informationsheft, in dem die Bürgerschaft und die Initiatoren der Volksinitiative in gleichem Umfang Stellung nehmen, sollen dann die Hamburger Haushalte bedacht werden (2). Zum „Ergebnis des Volksentscheids" heißt es in § 23: „Der Gesetzentwurf oder die andere Vorlage ist durch Volksentscheid angenommen, wenn er oder sie die Mehrheit der abgegebenen gültigen Stimmen eines Fünftels der Wahlberechtigten erhalten hat (...). Bei Verfassungsänderungen müssen zwei Drittel derjenigen, die ihre Stimme abgegeben haben, mindestens jedoch die Hälfte der Wahlberechtigten, zugestimmt haben (...). In beiden Fällen ist die Zahl der Wahlberechtigten nach dem Ergebnis der vorangegangenen Bürgerschaftswahl zu bestimmen" (1). Absatz 4 legt fest, dass ein durch Volksentscheid zustande gekommenes Gesetz nicht „innerhalb von zwei Jahren nach dem Tag der Annahme" im Wege der Volksgesetzgebung geändert werden kann. Und in § 24 heißt es schließlich: „Ein durch Volksentscheid beschlossenes Gesetz hat der Senat innerhalb eines Monats nach Feststellung des Abstimmungsergebnisses auszufertigen und im Hamburgischen Gesetz- und Verordnungsblatt zu verkünden". In (vermeintlich) anfechtungswürdigen Fällen kann durch Senat, Bürgerschaft oder auf Antrag der Initiatoren der Volksinitiative das Hamburgische Verfassungsgericht angerufen werden (§26 und §27). Die Regelungen zur Volksgesetzgebung haben mit dem Artikel 50 Eingang gefunden in die Hamburgische Verfassung.

Parallel dazu wurde – auf der Grundlage des Artikels 29 der Hamburgischen Verfassung – am 23. Dezember 1996 ein Gesetz über Volkspetitionen verabschiedet, welches die Behandlung von Bitten und Beschwerden, die von mindestens 10 000 (auch ausländischen) Bürgern unterstützt werden, regelt (§ 1 und § 3). Die Unterstützungslisten werden der Bürgerschaft vorgelegt (§ 5), die sodann über das Zustandekommen der Volkspetition entscheidet und diese an einen Ausschuss überweist (§ 6 (4)). Das Anliegen kann von einem Vertreter der Volkspetition in diesem Ausschuss erläutert werden (§ 7 (1)); die Bürgerschaft hat das Ergebnis der Behandlung schlussendlich mitzuteilen.

Mit der 1996er Verfassungsreform und den Inhalten der nun rechtlich normierten Volksgesetzgebung zeigten sich indes besonders die Protagonisten des in Kapitel 2 bereits erwähnten Trägerkreises „Mehr Demokratie in Hamburg", vormals FoBü, unzufrieden. Ihnen gingen die Regelungen nicht weit genug, sondern sie interpretierten die Novellierung im Gegenteil dahingehend, dass der direkte Bürgerwille von den maßgeblichen politischen Kräften im Rathaus nach wie vor nicht gewollt sei. Daher machte sich diese Gruppierung daran, parallel zu einem Gesetzentwurf zur Einführung von Bürgerentscheiden und Bürgerbegehren in den Bezirken auch einen über die *Änderung* der Volksgesetzgebung auszuarbeiten – welcher bei dem am 27. September 1998 durchgeführten Volksentscheid aber die erforderliche Mehrheit verfehlte (s.o.). Allerdings unterstützten immerhin 74,05 Prozent derjenigen, die ihre Stimme abgegeben hatten, die Novellierungsvorschläge, so dass die in der Bürgerschaft vertretenen Fraktionen schließlich selbst die Reforminitiative ergriffen. Es folgten zahlreiche Debatten im Verfassungsausschuss, bis dann die Novellierung des Jahres 2001 wesentlichen Forderungen des 1998er Volksentscheides Rechnung trug. So wurden – zusammengefasst – die Quoren für das dreistufige Volksgesetzgebungsverfahren gesenkt und der Anwendungsbereich der direkten Demokratie erweitert. Eine Volksinitiative musste nach der 1996er Regelung noch von 20.000 Wahlberechtigten zur Hamburgischen Bürgerschaft unterstützt werden, ein Volksbegehren von 10 Prozent und ein Volksentscheid von 25 Prozent. Seit 2001 werden nun auch keine Plebiszite zu Einzelvorhaben, Bauleitplänen und „vergleichbaren Plänen" mehr ausgeschlossen. Neu aufgenommen wurde (in Form einer *Soll*-Vorschrift) die Forderung nach Beifügung eines Deckungsvorschlags, wenn eine Initiative „die im Haushaltsplan enthaltenen Ausgaben erhöht" bzw. „neue Ausgaben oder Einnahmemminderungen mit sich bringt" (§2 (2)). Ursprünglich musste ein Volksbegehren auch erst fünf Monate (gegenwärtig: drei) nach Einreichung der Unterschriftenlisten durchgeführt werden. Demgegenüber wurde die Frist für die Festsetzung eines Volksentscheids 2001 verlängert. Schließlich wurde eine Präzisierung der Verfahrensvorschriften und formalen Anforderungen vorgenommen, was das Procedere der Volksgesetzgebung insgesamt transparenter erscheinen lässt.

Seit Einführung der Volksgesetzgebung bis Ende 2004 sind insgesamt zehn Volksinitiativen durchgeführt worden, wovon drei bis zu einem Volksentscheid gelangten („Initiative: Mehr Demokratie in Hamburg! Trägerkreis: 1. Für Volksentscheide in Hamburg 2. Für Bürgerentscheide in den Bezirken" – letzterer angenommen, s.o.; „Gesundheit ist keine Ware", angenommen; „Mehr Bürgerrechte – Ein neues Wahlrecht für Hamburg", angenommen). Interessanterweise betrafen zwei der (erfolgreich durchgeführten) Volksentscheide wiederum Sachverhalte, die zu einem Mehr an direkter Demokratie in Hamburg führten bzw. führen werden. Als eine kleine Revolution kann das neue Wahlrecht in Hamburg bezeichnet werden, über das – gemeinsam mit der Europawahl – am 13. Juni 2004 abgestimmt wurde, und das erstmals bei der (voraussichtlich) nächsten Bürgerschaftswahl im Jahre 2008 Anwendung findet. Wegen seiner Bedeutung wird es im folgenden Abschnitt gesondert beleuchtet.

## 3.1 Die Entscheidung für ein neues Hamburger Wahlrecht

Der Volksentscheid über ein neues Wahlrecht in der Hansestadt erbrachte 256.507 (= 66,5%) Ja- und 129.035 (= 33,5%) Nein-Stimmen für den Gesetzentwurf des Volksbegehrens unter dem Titel „Mehr Bürgerrechte – Ein neues Wahlrecht für Hamburg", wobei er gleichzeitig von gut einem Fünftel (21,1%) der Wahlberechtigten unterstützt wurde. Damit ist dieses Wahlrecht für die nächste (reguläre) Bürgerschaftswahl im Jahre 2008 und die kommende Wahl der Bezirksversammlungen (wahrscheinlich) 2009 – erstmals von der Bürgerschaftswahl abgekoppelt, s.u. – bindend. Von den Initiatoren, der Gruppierung „Mehr Bürgerrechte", wurde im Vorfeld kritisch konstatiert, dass seitens der Bürgerschaft kein Beschluss zu erwarten sei, der den Bürgern bei Wahlen mehr Mitgestaltungsmöglichkeiten einräume. Auf der Grundlage von Erfahrungen in anderen Bundesländern arbeitete man daher ein stark personalisiertes Verhältniswahlrecht aus, welches den Wählereinfluss stärken, die innerparteiliche Demokratie verbessern und die Akzeptanz des parlamentarischen Systems fördern soll – aber dennoch für den Wähler gut durchschaubar und einfach zu handhaben sei.

Konkret wird nach diesem Entwurf jeder Wahlberechtigte zwei mal fünf Stimmen haben: Fünf Kreuze für die Kandidaten des Wahlkreises (bei anderen Wahlen traditionell „Erststimme" genannt) sowie fünf für jene auf der Landesliste (traditionell „Zweitstimme"). Diese Stimmen können zudem über Parteigrenzen hinweg verteilt („panaschiert") oder auf einzelne Bewerber gehäufelt („kumuliert") werden. Alle 121 Abgeordnete der Hamburgischen Bürgerschaft unterstehen also einer *Direkt*wahl, davon 71 über 17 Mehrmandatswahlkreise und 50 über die Landesliste der Parteien – deren Reihenfolge durch die Wähler nun auch verändert werden kann. Wer von der Möglichkeit, die Reihenfolge der Kandidaten auf der Liste zu beeinflussen, keinen Gebrauch machen möchte, kann seine Stimmen oder einen Teil davon auch an Listen *in ihrer Gesamtheit* vergeben, ohne einzelne Bewerber zu kennzeichnen. Dabei bleiben die Möglichkeiten des Kumulierens und Panaschierens und auch des Wählens von einzelnen Bewerbern im Rahmen des Stimmenkontingents bestehen.

Der Vorteil von Mehrmandatswahlkreisen liegt nach Auffassung der Initiatoren vor allem darin, dass dadurch erst ein wirklicher Wettbewerb ermöglicht wird. Bei Einmandatswahlkreisen (wie bei der Bundestagswahl) handele es sich häufig um „sichere" Wahlkreise, die fast immer von der gleichen Partei gewonnen würden, so dass hier kein echter Kandidaten-Wettbewerb stattfinde. In den nach dem neuen Wahlrecht einzurichtenden Mehrmandatswahlkreisen können je nach Größe (die sich nach der Anzahl der Wahlberechtigten bemisst) jeweils drei bis fünf Mandate über offene Listen vergeben werden. Dadurch haben künftig auch Einzelbewerber eine realistische Chance, einen Sitz im Landesparlament zu erringen. Der verhältniswahlrechtliche Charakter der Bürgerschaftswahl bleibt durch das Angebot der Landeslisten gleichwohl erhalten, das heißt, die Sitzverteilung zwischen den Parteien in der Bürgerschaft entspricht wie bisher dem landesweiten Verhältnis der Stimmenzahlen. Durch die Aufteilung der Wahlkreis- und Landeslistensitze im Verhältnis 71:50 soll aber gleichzeitig gewährleistet werden, dass möglichst viele Mandate in den Wahlkreisen vergeben werden, ohne das Auftreten von Überhangmandaten zu riskieren. Sollten diese wider Erwarten doch auftreten, würden die übrigen Parteien Ausgleichsmandate erhalten. Die Fünf-Prozent-Hürde bleibt bei der Wahl für die Landesliste bestehen.

Die Bezirksversammlungswahlen finden grundsätzlich nach dem gleichen Recht wie die Wahlen zur Bürgerschaft statt, weil nach Initiatorenmeinung die Vorzüge des neuen Bürgerschaftswahlrechts auch auf die Wahlen zu den Bezirksversammlungen zutreffen. Allerdings wird hier die Fünf-Prozent-Hürde abgeschafft: Die

Bezirksversammlungen hätten keine gesetzgeberische Funktion im eigentlichen Sinne und müssten auch keine Regierung bilden – daher überwiege der Grundsatz der Wahlgleichheit gegenüber dem Ziel, mit Hilfe einer Sperrklausel einer möglichen Parteienzersplitterung innerhalb der Bezirksversammlungen entgegenzuwirken. Zudem soll das politische Gewicht der Bezirksversammlungen erhöht werden, indem ihre Wahl vom Termin der Bürgerschaftswahl abgekoppelt wird. Die Bezirksversammlungswahlen sollen dafür künftig gleichzeitig mit der Europawahl stattfinden, um zusätzliche Kosten zu vermeiden; zudem könne sich dies auch positiv auf die Wahlbeteiligung der in Hamburg lebenden EU-Bürger auswirken, die berechtigt sind, an beiden Wahlakten teilzunehmen. Die Wahlperiode der Bezirksversammlungen wird also von vier auf fünf Jahre verlängert. Schließlich sollen, soweit rechtlich zulässig, die bezirklichen Parlamente im vorgegebenen Rahmen künftig selbst entscheiden können, wie viele Mandate über Wahlkreise und wie viele über Bezirkslisten vergeben werden: Die Untergrenze soll die gewünschte Personalisierung der Wahl sichern, die Obergrenze eventuelle Überhangmandate verhindern.

*Volksentscheid „Mehr Bürgerrechte – Ein neues Wahlrecht für Hamburg" am 13. Juni 2004* (Endgültiges Ergebnis)

| | Gesetzentwurf des Volksbegehrens „Mehr Bürgerrechte – Ein neues Wahlrecht für Hamburg" | | Gesetzentwurf der Bürgerschaft „Bürgernahe Demokratie – 50 Wahlkreise für Hamburg" | |
|---|---|---|---|---|
| | Anzahl | % | Anzahl | % |
| Abstimmungsberechtigte | 1 215 928 | 100 | 1 215 928 | 100 |
| Abstimmende | 413 281 | 34,0 | 413 281 | 34,0 |
| darunter Briefabstimmung | 84 625 | 7,0 | 84 625 | 7,0 |
| Ungültige Stimmen | 27 931 | 6,8 | 46 995 | 11,4 |
| Gültige Stimmen | 385 350 | 100,0 | 366 286 | 100,0 |
| JA-Stimmen | 256 973 | 66,7 | 196 615 | 53,7 |
| NEIN-Stimmen | 128 377 | 33,3 | 169 671 | 46,3 |
| JA-Stimmen in % der Wahlberechtigten - Bürgerschaftswahl 2004 - | 21,2 | | 16,2 | |
| | **erfolgreich** | | **nicht erfolgreich** | |

Ein parallel zu dem Entwurf der Initiatoren vorgelegter Gesetzesvorschlag der Bürgerschaft für ein „bürgernahes Wahlrecht" sah die Einteilung Hamburgs in 50 Wahlkreise vor, welche sich an den Stadtteilgrenzen orientieren sollten. Dabei sollte die Erststimme für die „Stadtteil-Abgeordneten" vergeben werden und die Zweitstimme für eine Partei; das heißt, 50 Abgeordnete wären nach diesem Modell direkt gewählt worden, während 71 über die Landeslisten eingezogen wären. Der von der CDU- und der SPD-Fraktion unterstützte Entwurf warb mit der Nähe zum Bundestagswahlrecht, der „Klarheit beim Wählen" und dem Vorteil von 50 Wahlkreisen gegenüber 17, bei denen viele Stadtteile mit ihren spezifischen Problemen außen vor bleiben würden. Die Kritik an dem von der Initiative „Mehr Bürgerrechte" vorgelegten Gesetzentwurf lautete vor allem, dass dieses Wahlrecht zu kompliziert sei und den Wähler „verunsichern" würde. Zudem bedeuteten die (vermeintlich) zu wenigen 17 Wahlkreise weniger statt mehr Bürgernähe. Wenn schließlich mehrere Abgeordnete einen Wahlkreis repräsentieren würden (bzw. müssten), gäbe es eine „allgemeine Unzuständigkeit". Die Initiatoren verwiesen, letztlich erfolgreich, auf ähnliche – aber weit kompliziertere – gut funktionierende Wahlmodelle in anderen (Bundes-)Ländern und auf die sehr viel größeren Einflussmöglichkeiten der Wähler.

## 4 Direktdemokratische Beteiligungsformen auf der Ebene der Bezirke

Das „Gesetz zur Einführung von Bürgerbegehren und Bürgerentscheid" vom 6. Oktober 1998 – in Gestalt von § 8a des Bezirksverwaltungsgesetzes (BezVG) – sieht vor, dass Bürgerinnen und Bürger eines Bezirks „in allen Angelegenheiten, in denen die Bezirksversammlung Beschlüsse fassen kann, einen Bürgerentscheid beantragen (Bürgerbegehren)" können. Ausgenommen sind „Personalentscheidungen und Beschlüsse über den Haushalt" (§ 8a (1)). Absatz (3) des Paragraphen bestimmt: „Ein Bürgerbegehren ist zustande gekommen, wenn es innerhalb von sechs Monaten seit der Anzeige von drei Prozent der zur Bezirksversammlung Wahlberechtigten unterstützt wurde. Hat der Bezirk mehr als 300.000 Einwohnerinnen und Einwohner, so reicht die Unterstützung von zwei Prozent der zur Bezirksversammlung Wahlberechtigten (...)". Über die Zulässigkeit eines Bürgerbegehrens muss das Bezirksamt dann „innerhalb von 2 Monaten nach Eingang des Bürgerbegehrens" entscheiden (4). In (5) ist festgelegt, dass nach „Abgabe von einem Drittel der in Absatz 3 geforderten Unterschriften beim Bezirksamt (...) für drei Monate eine dem Bürgerbegehren entgegenstehende Entscheidung durch die Bezirksorgane nicht mehr getroffen und mit dem Vollzug einer solchen Entscheidung nicht begonnen werden" darf. Spätestens „vier Monate nach der Zulässigkeitsentscheidung wird über den Gegenstand des Bürgerbegehrens ein Bürgerentscheid durchgeführt, sofern die Bezirksversammlung dem Anliegen des Bürgerbegehrens nicht innerhalb von 2 Monaten unverändert oder in einer Form zustimmt, die von den Vertrauensleuten gebilligt wird" (7). Wie beim Volksgesetzgebungsverfahren auf Stadt-/Landesebene erhalten die Wahlberechtigten „ein Informationsheft, in dem die Bezirksversammlung und die Initiatoren des Volksbegehrens in gleichem Umfang ihre Argumente darlegen" (8). Es entscheidet dann „die Mehrheit der abgegebenen gültigen Stimmen" (9); im Falle einer erfolgreichen Abstimmung hat der Bürgerentscheid „die Wirkung eines Beschlusses der Bezirksversammlung" (11). Eine Dienstvorschrift des (inzwischen aufgelösten) Senatsamtes für Bezirksangelegenheiten vom 2. November 1999 regelt in ausführlicher Form das Procedere von bezirklichen Bürgerbegehren und -entscheiden.

Bis zum Jahresende 2004 wurden knapp 50 Bürgerbegehren angezeigt, wovon allerdings die wenigsten Begehren bis zum Stadium eines Bürgerentscheides gelangten und damit angenommen werden konnten. Lediglich im Bezirk Wandsbek wurden im Februar 2004 zwei inhaltlich zusammenhängende Bürgerbegehren angenommen; in Bergedorf kam im April 2000 – ein Jahr nach Anzeige des Bürgerbegehrens – ein im Sinne der Initiatoren erfolgreicher Bürgerentscheid „Gegen die Überbauung des Bahnhofsvorplatzes" zustande. Neben etlichen Bürgerbegehren, die (wegen eines verpassten Drittel-Quorums) nicht zustande kamen, erledigten sich einige, weil es mittlerweile einen (gleichlautenden) Beschluss der Bezirksversammlung gegeben hatte, dem die Initiatoren zustimmen konnten. In manchen Fällen wurden allerdings auch Verfahren beim Verwaltungsgericht angestrengt. Am häufigsten gab es Bürgerbegehren im Bezirk Wandsbek (17), in „Mitte" wurden bisher lediglich zwei (letztlich nicht zustande gekommene) Initiativen angezeigt. In (nur) einem Fall wurde eine durch ein Bürgerbegehren zustande gekommene Entscheidung durch den Senat evoziert. Formen direkter Demokratie auf der Bezirksebene finden sich auch noch in §23 (1) des BezVG. Über die „Mitglieder der Ausschüsse" heißt es u.a.: „Zu Mitgliedern der Fachausschüsse und der Regionalausschüsse können neben Mitgliedern der Bezirksversammlung andere (...) Einwohner bestellt werden, die entweder zur Bezirksversammlung wählbar sind oder (...) alle Voraussetzungen der Wählbarkeit zur Bezirksversammlung erfüllen". Ein entsprechender Passus findet sich auch in den Geschäftsordnungen der sieben Bezirksversammlungen. Diese „zugewählten Bürger" nehmen auch an „erweiterten" Sitzungen derjenigen Fraktion teil, die sie für den jeweiligen Ausschuss benannt hat. Darüber hinaus gibt es in der Bezirksversammlung vor Sitzungsbeginn auch *Bürgerfragestunden*, bei denen diese Fragen zu kommunalpolitischen Themen an die Mandatsträger richten können. Dieses Maß an öffentlicher Teilhabe durch die Bürger findet sich auf der Ebene der Hamburgischen Bürgerschaft nicht.

## 5 Der aktuelle „Boom" direktdemokratischer Mitbestimmung(sversuche)

Wie gezeigt, war das Jahr 2004 wegen der gleichsam „revolutionären" Entscheidung für ein neues Hamburger Wahlrecht besonders bedeutsam. Aber auch hiervon abgesehen wurden die Möglichkeiten direktdemokratischer Mitbestimmung in der Hansestadt in jüngster Zeit auffallend oft genutzt – wobei zudem die Themen entsprechender Initiativen für die Stadt häufig von zentraler Bedeutung waren bzw. sind. So ging es in einem Volksentscheid am 29. Februar 2004, der gemeinsam mit der Bürgerschaftswahl durchgeführt wurde, um den Verkauf des Landesbetriebes Krankenhäuser (LBK). Rund 589.000 Wähler (= 76,8%) sprachen sich schließlich gegen einen solchen aus.

Eine größere Aufmerksamkeit fanden auch die Volksbegehren „Unser Wasser Hamburg" gegen eine (angeblich geplante) Privatisierung der Hamburger Wasserwerke (HWW) sowie „Bildung ist keine Ware" gegen einen stärkeren Einfluss der Wirtschaft auf die Berufsschulen. Für „Unser Wasser Hamburg" wurden dem Landeswahlleiter 147.500 Unterschriften übergeben, für das Bildungsthema 121.000. Die Ergebnisse lagen damit weit höher als die Initiatoren es selbst erwartet hatten, zumal in beiden Fällen jeweils 61.000 Unterschriften für die erforderlichen Quoren gereicht hätten. In Bezug auf eine mögliche Privatisierung der Wasserwerke betonte der Senat wiederholt, dass keine derartigen Pläne vorlägen. Bei dem Thema Berufsschulen einigten sich Behörden, Kammern und CDU-Bürgerschaftsfraktion Mitte November 2004 darauf, die 46 Hamburger Berufsschulen in ein „Landesinstitut für Berufsbildung" zu überführen. Nach diesem Modell wird der Einfluss der Wirtschaft zwar deutlich gestärkt, die Berufsschulen bleiben aber eine Dienststelle der Behörde und damit staatlich. Die ursprünglich geplante Überführung der Berufsschulen in eine „Stiftung öffentlichen Rechts" – wogegen sich insbesondere das Volksbegehren richtete – wird demgegenüber wohl verworfen werden. Diese Entscheidung wurde explizit auch damit begründet, dass man dem eindeutigen Votum des Volksentscheids Rechnung tragen wolle.

Eine Volksinitiative mit dem Namen „VolXUni – Rettet die Bildung" machte sich daran, eine Schließung der – bundesweit bekannten – Hochschule für Wirtschaft und Politik (HWP), in der auch Bewerber ohne Abitur aufgenommen werden, zu verhindern. Die zusätzliche Forderung, keine Studiengebühren zu erheben sowie ein nachfrageorientiertes Studienplatzangebot an allen Hamburger Hochschulen einzuführen, ist nach Meinung des Senates allerdings nicht verfassungskonform, weil hierdurch gegen jenen Artikel verstoßen würde, welcher besagt, dass Haushaltsangelegenheiten nicht Gegenstand einer Volksinitiative sein dürfen.

Aus diesem Grund wurde in einem anderen Fall auch das Instrument der *Volkspetition* genutzt: Die Polizeigewerkschaften hatten eine solche als Reaktion auf die Sparbeschlüsse des Senates angestrengt und unter dem Titel „Kopfloses

Sparen gefährdet die Innere Sicherheit" rund 20.000 Unterschriften gesammelt; der
Volkspetition wurde überraschend im Innenausschuss zugestimmt (ein CDU-
Abgeordneter stimmte mit den Oppositionsfraktionen) und an die Bürgerschaft
weitergeleitet, wo ihr allerdings kein Erfolg beschieden war.

Einen – bis in die jüngste Zeit andauernden – rechtlichen und politischen
Streit zog der Volksentscheid gegen den Verkauf des Landesbetriebes Krankenhäuser Hamburg (LBK) nach sich. Hatte sich die CDU im Wahlkampf Anfang des
Jahres 2004 bei diesem Thema noch bedeckt gehalten, so tat der Erste Bürgermeister Ole von Beust trotz des eindeutigen Votums vom 29. Februar 2004 kund, dass
nach eingehender Faktenprüfung ein Mehrheitsverkauf des LBK „eine Frage der
politischen Verantwortung" sei. Eine Teilprivatisierung der überschuldeten Hospi-
täler, so hieß es, sichere die medizinische Versorgung der Bevölkerung (gerade das
wird von den Gegnern einer solchen Maßnahme angezweifelt) und diene der Stärkung des Medizinstandortes Hamburg. Im Sommer 2004 wurden daher Verträge
mit dem Klinik-Betreiber „Asklepios" für ein „Stufenmodell" ausgehandelt, welches besagt, dass das bundesweit tätige Unternehmen zunächst 49,9 Prozent des
LBK mit seinen sieben Hospitälern übernimmt, um dann zwei Jahre später weitere
25 Prozent zu erwerben; der Kaufpreis soll bei 120 Mio. Euro liegen. Nach Meinung des Senates hat der damalige Volksentscheid zum Komplex LBK keine rechtlich bindende Wirkung, weil ihm – anders als bei der Wahlrechtsreform – kein
Gesetzentwurf zugrunde lag, sondern er vielmehr als reines *Ersuchen* formuliert
war. Dieses wurde und wird von den Initiatoren von „Gesundheit ist keine Ware"
diametral anders gesehen, weshalb diese eine Verfassungsklage einreichen, um
einen Gesetzesbeschluss über den Verkauf zu unterbinden. Das Verfassungsgericht
forderte daraufhin die Bürgerschaft zu einer Stellungnahme auf. Diese kam am 24.
September mit den Stimmen der Mehrheitsfraktion ebenfalls zu dem Ergebnis,
dass der Antrag der Kläger unbegründet sei. Am 15. Dezember 2004 wies das
Hamburgische Verfassungsgericht schließlich die Klage der Initiatoren zurück: Die
Bürgerschaft sei nicht gehindert, ein „die Veräußerung von Mehrheitsanteilen am
LBK gestattendes Gesetz zu beschließen". Nach Auffassung der Richter ist der
Antrag der Kläger zwar „zulässig"; die Volksinitiative sei „im Stadium nach erfolgreichem Volksbegehren und erst recht nach erfolgreichem Volksentscheid
parteifähig im Organstreit". Der Volksentscheid sei jedoch „weder für den Senat
noch für die Bürgerschaft rechtlich verbindlich, da er lediglich eine Aufforderung
an den Senat enthalte".

## 6    Derzeitige Entwicklung, Fazit und Ausblick

Im Hinblick auf das Thema „Direkte Demokratie" ist in Hamburg eine bemer-
kenswerte Entwicklung zu verzeichnen. War die Hansestadt bis 1996 in dieser

Hinsicht noch ein gänzlich unbeschriebenes Blatt, so gehört der Stadtstaat hier in mancher Beziehung inzwischen zu den Vorreitern. Wie in den vorhergehenden Kapiteln beschrieben, wurden innerhalb weniger Jahre durch einschlägige Volksentscheide bzw. die Verfassungsnovellierung von 2001 die Möglichkeiten der Volksgesetzgebung qualitativ stark ausgebaut – und das sowohl auf zentraler als auch auf bezirklicher Ebene. Bezüglich der Quoren für Volksbegehren und Volksentscheide sieht Hamburg im Bundesländervergleich – abgesehen von Bayern – die niedrigsten Hürden für eine erfolgreiche Volksgesetzgebung vor. Während auf Landesebene von entsprechenden Initiativen zunächst noch recht zurückhaltend Gebrauch gemacht wurde, fanden Bürgerbegehren auf der Ebene der Bezirke schon in den ersten Jahren ziemlich großen Anklang. Durch den Volksentscheid zum Thema LBK-Verkauf und die anschließende monatelange Diskussion darüber, spätestens aber seit dem Volksentscheid über die Reform des Hamburgischen Wahlrechts dürfte die Möglichkeit direktdemokratischer Mitbestimmung im Bewusstsein vieler Bürger in Hamburg noch stärker verankert worden sein. Noch nie zuvor nahm das Thema „Direkte Demokratie" in der öffentlichen Diskussion einen so breiten Raum ein. Dass es an Aktualität verliert, ist schon deshalb sehr unwahrscheinlich, weil die nächsten Wahlen zur Hamburgischen Bürgerschaft und zu den Bezirksversammlungen mutmaßlich unter gänzlich neuen Bedingungen stattfinden. Man darf gespannt sein, wie sich die Parteien und insbesondere ihre Kandidaten darauf einstellen werden. Schon präsentiert sich manch Bürgerschaftsabgeordneter auf seiner Homepage bereits als „Wahlkreisabgeordneter", obwohl er sein Mandat nachweislich noch dem alten Wahlrecht verdankt. Und auch die Eröffnung von „Bürgerbüros" durch Parlamentarier legt nahe, dass diese den Wert direkter(er) Kontakte zu ihren potenziellen Wählern im Hinblick auf die nächsten Wahlen als sehr hoch einschätzen.

Zum Jahresende 2004 entzündeten sich am Thema Volksgesetzgebung teilweise erbittert geführte politische Diskussionen. Insbesondere die Befürworter des (verfassungsrechtlichen) Status quo, namentlich die Protagonisten von „Mehr Demokratie", artikulierten die Befürchtung, dass die Volksgesetzgebung in der bisherigen – und aus ihrer Sicht bewährten – Form in Hamburg „abgeschafft" werden soll. Anlass dazu bot vor allem ein Antrag der CDU-Fraktion (Drs. 18/1101 vom 27. Oktober 2004) zu einer geplanten „Novellierung des Volksabstimmungsgesetzes". Darin wird gefordert, ein „einfacheres und kostengünstigeres Volksabstimmungsverfahren" zu ermöglichen „ohne dabei die Beteiligungsrechte der Bürger einzuschränken". In dem geltenden Gesetz, so heißt es, erweise sich die „normierte Verweisung" auf das Wahlrecht zur Hamburgischen Bürgerschaft „in verfahrensrechtlicher Hinsicht als problematisch". Aufgrund der Vielzahl anstehender Volksentscheide, die nicht mehr zeitgleich mit ohnehin stattfindenden Wahlen durchgeführt werden könnten, empfehle es sich (aus Kostengründen), „auf eine aufwendige Durchführung in Abstimmungslokalen zu verzichten und die Briefabstimmung wesentlich zu erleichtern". Gleichzeitig empfehle sich „eine grundsätzliche Abkoppelung von Volksentscheiden und allgemeinen Wahlen". Die Einführung eines solchen „Koppelungsverbotes" würde beide demokratischen Elemente – „die Neubildung des Parlaments und den Volksentscheid" – stärker zur Geltung bringen; letzterer würde dann nicht mehr als bloßes „Anhängsel" betrachtet werden. Ferner soll das Sammeln von Unterschriften durch die Initiatoren nicht mehr zugelassen werden, weil viele „professionelle Unterschriftensammler" in der Vergangenheit „starken sozialen Druck auf die Stimmberechtigten" hätten ausüben können. Da der überwiegende Teil der Unterschriften durch Straßensammlungen und nicht in amtlichen Stellen abgegeben worden seien, sei zudem der verfassungsrechtliche Auftrag nicht mehr hinreichend gewährleistet, nach dem „der Senat das Begehren durchzuführen hat". Mit einer Verlängerung der Eintragungszeit „um mindestens eine Woche" soll auf der anderen Seite den Abstimmungsberechtigten mehr Zeit eingeräumt werden, „das Volksbegehren durch Eintragung bei einer staatlichen Stelle zu unterstützen". Die bisherigen Eintragungslisten sollen durch „einzelne Eintragungsformulare" ersetzt werden, „da bislang ein umfassender Datenschutz nicht ermöglicht werden kann". Schließlich solle die Frage der Finanzierung von Initiativvorschlägen neu geregelt werden, indem die bisherige *Soll*-Vorschrift – gerade „in Anbetracht der derzeitigen Haushaltslage" – in eine *Muss*-Vorschrift umgewandelt wird. Dem Ersuchen des – am 11. November 2004 von der Bürgerschaft beschlossenen – Antrages an den Senat, einen die Vorgaben berücksichtigenden Gesetzesentwurf vorzulegen, kam dieser in Form einer Mitteilung (Drs. 18/1524) am 28. Dezember 2004 nach. Explizit heißt es dort, die Vorlage übernehme „die Novellierungsvorstellungen der Bürgerschaft zum ganz überwiegenden Teil", wobei noch weitere, vorwiegend redaktionelle, Änderungen vorgeschlagen würden. Relevant ist lediglich, dass der Entwurf, anders als in dem Antrag der CDU-Fraktion vorgesehen, von den Initiatoren der Volksabstimmungsverfahren keine Deckungsvorschläge zur Finanzierung ihrer Vorschläge verlangt. Auf eine entsprechende Vorschrift sei schon früher verzichtet worden, „da den Initiatoren nicht mehr abverlangt werden sollte als Bürgerschaftsabgeordneten, die einen Antrag in die Bürgerschaft einbringen". Außerdem bedeute eine solche Regelung einen erheblichen zusätzlichen Verwaltungsaufwand.

Würde dieses Gesetz angewendet, so die Kritiker, sei vorauszusehen, dass die Beteiligung an Volksentscheiden geringer werde und die entsprechenden Quoren schwieriger zu erfüllen seien. Grundsätzlich sei zu bezweifeln, dass die geplanten Veränderungen ohne eine Verfassungsänderung überhaupt möglich seien. Insgesamt schränke das Ansinnen von Senat und Mehrheitsfraktion das politische Engagement von Menschen außerhalb von Parteien stark ein. Als Reaktion startete daher im Dezember 2004 ein „Bündnis gegen die Abschaffung der Volksgesetzgebung" eine Volksinitiative „Rettet den Volksentscheid", welche u.a. von dem Verein „Mehr Demokratie", den Gewerkschaften, dem Mieterverein sowie SPD und

GAL getragen wird. Die dafür notwendigen 10.000 Stimmen sollten nach den Vorstellungen der Initiatoren schon bis Februar 2005 gesammelt werden, um möglichst am Tag der Bundestagswahl 2006 einen entsprechenden Volksentscheid durchführen zu können. In einer *Gesetzesvorlage* fordert das Bündnis neben dem Erhalt der Volksgesetzgebung in seiner jetzigen Form u.a. einen erweiterten Eintragungszeitraum beim Volksbegehren und einen Anspruch auf (Rechts-)Beratung der Volksinitiatoren durch die Stadt.

Eine Passage in der erwähnten Entscheidung des Hamburgischen Verfassungsgerichts zum Verkauf des LBK erregte ebenfalls Aufmerksamkeit. Dort war ja entschieden worden, dass die Bürgerschaft ein Gesetz zum Verkauf des LBK beschließen dürfe, weil der Volksentscheid mit seiner bloßen Aufforderung an den Senat „rechtlich nicht verbindlich" sei. Darüber hinaus heißt es: „Selbst bei Annahme einer Verbindlichkeit wäre die Bürgerschaft nicht gehindert, ein Gesetz mit anderem Inhalt zu beschließen", was aus der „Gleichrangigkeit von Volksgesetzgebung und parlamentarischer Gesetzgebung" folge. Dieses wurde in der politischen Berichterstattung zunächst als Schwächung direktdemokratischer Partizipationsmöglichkeiten, vice versa: als Stärkung des „klassischen" Elements der parlamentarischen Demokratie ausgelegt: Die Bürgerschaft könne, durch den Spruch der Verfassungsrichter zusätzlich abgesichert, nun auch durch Volksentscheide zustande gekommene Gesetze *zeitnah* revidieren. Zu dieser Sichtweise mag insbesondere die Argumentation der Befürworter eines LBK-Verkaufs beigetragen haben, die sich an den Volksentscheid zu diesem Komplex nicht gebunden fühlten, weil hier – im Gegensatz zum Volkentscheid zur Wahlrechtsreform – kein Gesetzentwurf vorgelegen habe. Ein *Ersuchen*, so die noch einmal bestätigte rechtliche Situation, bindet weder Bürgerschaft noch Senat, ein *Gesetzentwurf* lediglich den Senat. Insgesamt betrachtet gibt es aber keine Anzeichen dafür, dass das Urteil der Volksgesetzgebung lediglich eine nachgeordnete Rolle zuweist. Dafür steht folgender Satz in der Begründung des Verfassungsgerichtes: „Nach dem Grundsatz der Organtreue dürfen Parlament und Senat aber nicht leichtfertig über den im Volksentscheid zum Ausdruck gekommenen Willen des Volkes hinweggehen, sondern müssten diesen würdigen und abwägen". Politisch betrachtet dürften aber nicht wenige Repräsentanten in Senat und Mehrheitsfraktion inzwischen die Auffassung vertreten, dass durch „zuviel" direkte Demokratie das verfassungsrechtlich normierte repräsentativ-demokratische System sukzessive ausgehöhlt wird. Zu erinnern ist daran, dass die CDU als Oppositionspartei die jetzigen noch gültigen Regelungen, wenn auch nicht als originär treibende Kraft, mitbeschlossen hat. Auf der anderen Seite ist auch wahr, dass die SPD als damalige Regierungspartei im Hinblick auf einschlägige Beschlüsse zur Volksgesetzgebung oftmals „zum Jagen getragen" wurde. Falsch wäre es gleichwohl, den regierenden politischen Kräften – zurzeit in Gestalt lediglich einer Fraktion/Partei – in Gänze zu unterstellen, sie würden der direkten Demokratie skeptisch oder sogar ablehnend gegenüberstehen.

Dagegen sprechen Pläne aller Parteien, im Zuge einer baldigen Bezirksverwaltungsreform direktdemokratische Beteiligungsformen zumindest auf dieser Ebene deutlich zu stärken. So heißt es in einem von der Landes-CDU im November 2004 beschlossenen Reformplan: „In den neuen örtlichen Einheiten wird es von der Bevölkerung direkt gewählte Versammlungen geben, deren zukünftige Entscheidungsrechte (...) erweitert werden sollen".

Was die Wirksamkeit der Volksgesetzgebung betrifft, so ist auf die politische Dynamik zu verweisen, die diese teilweise schon in ihrem Anfangsstadium im parlamentarischen Raum hervorruft. Ein Beleg dafür ist die erwähnte Volksinitiative „Bildung ist keine Ware", auf die auch ohne das Vorhandensein einer *rechtlichen Bindung*, sondern rein politisch durch die Bürgerschaft reagiert wurde.

Das Thema *Direkte Demokratie* befindet sich in Hamburg zum Ende des Jahres 2004 im vollen Fluss. Entsprechend breit wird es in der Öffentlichkeit, von Befürwortern und Skeptikern, diskutiert. Die noch ausstehenden Entscheidungen und weitere Entwicklungen werden zeigen, ob die Freie und Hansestadt Hamburg auch zukünftig in quantitativer und qualitativer Hinsicht ihren spät erworbenen Ruf als „direktdemokratische Hochburg" behalten wird.

##  Literatur- und Internethinweise

*Bake, Rita / Hennings, Lars / Kiupel, Birgit:* EINBLICKE, Hamburgs Verfassung und politischer Alltag leicht gemacht (4. aktualisierte Auflage), Landeszentrale für politische Bildung, Hamburg 2004.

*Blumenthal, Julia von*: Land (Freie und Hansestadt) Hamburg, in: Andersen, Uwe/Woyke, Wichard (Hrsg.): Handwörterbuch des politischen Systems der Bundesrepublik Deutschland (Fünfte, aktualisierte Auflage), Opladen 2003, S. 314-319.

*Bull, Hans Peter* (Hrsg.): Fünf Jahre direkte Bürgerbeteiligung in Hamburg (unter Berücksichtigung von Berlin und Bremen), Hamburg 2001.

Die Bürgerschaft der Freien und Hansestadt Hamburg, 18. Wahlperiode (hrsg. vom Referat Öffentlichkeitsarbeit der Hamburgischen Bürgerschaft), Hamburg 2004.

*Siegloch, Klaus P.*: Die Parlamentsreform 1971 in der Hamburger Bürgerschaft. Ein Beispiel für die politische Willensbildung im parlamentarischen Regierungssystem, Hamburg 1973.

*Tilgner, Daniel*: Freie und Hansestadt Hamburg, „Metropole des Nordens", in: Wehling, Hans-Georg (Hrsg.): Die deutschen Länder. Geschichte, Politik, Wirtschaft (3., aktualisierte Auflage), Wiesbaden 2004, S. 133-144.

www.faires-wahlrecht.de

# Direkte Demokratie in Hessen

*Ulrich Dreßler*

## 1 Einleitung und Historische Entwicklung

Die direkte Demokratie stand in Hessen schon unmittelbar nach der Entstehung des Landes vor ihrer ersten Bewährungsprobe. Denn anders als das Grundgesetz (vgl. Art. 146 GG) wurde die Hessische Verfassung durch das Volk angenommen. Die entsprechende Volksabstimmung fand zeitgleich mit der Wahl des ersten Landtags am 1. Dezember 1946 statt. Ebenso wie in Bayern, wo an jenem Tag ebenfalls eine entsprechende Volksabstimmung stattfand, war damit der Einfluss der amerikanischen Besatzungsmacht deutlich erkennbar. Die Hessische Verfassung ist also eine echte Volksverfassung. Erst nach dem 1. Dezember 1946 wurde aus „Groß-Hessen" – die verschiedenen Landesteile hatten ja in dieser Zusammensetzung noch nie einen Staat gebildet – offiziell „Hessen". Drei Jahre später setzte sich im Parlamentarischen Rat der hessische Vertreter Heinrich von Brentano (CDU) eindringlich, aber vergeblich dafür ein, auch die Annahme des Grundgesetzes durch eine Volksabstimmung herbeizuführen. Mehrheitlich bestand die Auffassung, dass die Annahme des Grundgesetzes durch die Landesparlamente dessen Vorläufigkeit betonen und erst eine spätere gesamtdeutsche Verfassung Gegenstand eines Referendums sein sollte. So trat das Grundgesetz bekanntlich nach der Schlussabstimmung im Parlamentarischen Rat am 8. Mai 1949, dem 4. Jahrestag der bedingungslosen Kapitulation des Deutschen Reiches, der formellen Zustimmung der Militärgouverneure am 12. Mai 1949 und dem anschließenden Ratifizierungsverfahren in den einzelnen Landtagen mit Ablauf des 23. Mai 1949 in Kraft. An diesem Tag unterzeichneten die Ministerpräsidenten und die Landtagspräsidenten aller Länder der Westzonen in einem Festakt in Bonn die „vorläufige" Verfassungsurkunde des neuen Bundesstaats (vgl. Art. 146 GG).Dass nach dem Grundgesetz die Staatsgewalt vom Volk in Wahlen *und Abstimmungen* ausgeübt wird (20 Abs. 2 GG) und Abstimmungen (nur) im Zusammenhang mit der Neugliederung des Bundesgebietes zugelassen werden (vgl. Art. 29 GG), war für Hessen in der Folgezeit durchaus von erheblicher Bedeutung. Das Kerngebiet des ehemaligen Herzogtums und der späteren Preußischen Provinz „Nassau" am Unterlauf der Lahn und der linksrheinische Teil des vormals selbständigen „Hessen-Darmstadt" waren nämlich nach dem Krieg der französischen Besatzungszone zugeschlagen und in das neu geschaffene Land Rheinland-Pfalz eingegliedert worden. Hessen erhob den politischen Anspruch auf Rückführung dieser Gebiete. Schon das Staatsgrundgesetz des Staates Groß-Hessen vom 22. November 1945 hatte die ausdrückliche Feststellung enthalten, die o.a. Gebiete gehörten „zur Zeit nicht zu dem Staatsgebiet des Staates Groß-Hessen". 1956 wurden in diesen Gebieten auf Grund des Art. 29 Abs. 2 GG Volksbegehren durchgeführt. In Nassau und Rheinhessen sprachen sich 25,3 Prozent bzw. 20,2 Prozent der Stimmberechtigten für eine Angliederung an Hessen aus; nötig waren 10 Prozent der Stimmberechtigten. Der Bund zeigte im Anschluss allerdings keine Eile bei der Ansetzung der dadurch notwendigen Volksentscheide. Das Land Hessen reichte darauf hin eine Organklage ein, die vom Bundesverfassungsgericht zwar am 11. Juli 1961 als unzulässig abgewiesen wurde, jedoch nicht ohne die Verpflichtung des Bundes festzustellen, die Gebietsbevölkerung nunmehr über ihre Landeszugehörigkeit entscheiden zu lassen, und zwar unanhängig von der Frage der Wiedervereinigung und der Eingliederung des Saarlands. Die entsprechenden Volksabstimmungen fanden allerdings erst 1975 statt. Nach so langer Zeit konnte es natürlich nicht überraschen, dass sich für die Angliederung an Hessen keine Mehrheiten mehr fanden. Umgekehrt blieben allerdings auch „Abwanderungs-Bestrebungen" von südhessischen Gemeinden nach Baden-Württemberg erfolglos. Nicht nur bei der Entstehung der Landesverfassung hat das Volk in Hessen eine bzw. die entscheidende Rolle gespielt. Auch nachträgliche Verfassungsänderungen sind nur im Wege einer entsprechenden Volksabstimmung möglich (Art. 123 Abs. 2 HVerf.). Von den deutschen Ländern kennen nur Hessen und Bayern das sog. obligatorische Verfassungsreferendum. Auch das Grundgesetz kann bekanntlich ohne Volksabstimmung allein von Bundestag und Bundesrat, wenn auch mit Zwei-Drittel-Mehrheit, geändert werden (Art. 79 Abs. 2 GG).

Eine wichtige, wahrscheinlich sogar die wichtigste Änderung der Hessischen Verfassung wurde durch die Volksabstimmung vom 20. Januar 1991 vorgenommen. Durch die Novelle des Art. 138 wurde die Direktwahl der Bürgermeister und Landräte in die Hessische Verfassung aufgenommen. Damit setzte das Volk eine aus Süddeutschland importierte Idee des damaligen Ministerpräsidenten Dr. Walter Wallmann (CDU) in die Wirklichkeit um. Die Gestaltung der Detailregelungen über die Direktwahl in der Hessischen Gemeindeordnung und in der Hessischen Landkreisordnung blieb allerdings nach der Landtagwahl 1991 dem rot-grünen Kabinett Eichel/Fischer vorbehalten, das bei dieser Gelegenheit auch den ebenfalls aus Baden-Württemberg bekannten Bürgerentscheid in die Hessische Gemeindeordnung (HGO) einführte. Seit 1993 können die Bürgerinnen und Bürger in Hessen daher nicht nur in regelmäßigen Abständen mit Personalentscheidungen (Wahl der Gemeindevertreter alle fünf Jahre und Wahl des Bürgermeisters alle sechs Jahre), sondern auch ad hoc durch die Abstimmung über wichtige Sachfragen (Bürgerentscheid) Einfluss auf die Politik in der jeweiligen Gemeinde nehmen (§ 29 Abs. 1 HGO). Die auf dem eindeutigen Votum des Volkes – 82 Prozent der Abstimmenden stimmten am 20. Januar 1991 für die Einführung der Direktwahl – basierende

Modernisierung der Kommunalverfassung in Hessen zu Gunsten der direkten Demokratie löste eine gewaltige Reformwelle in den übrigen Bundesländern aus.
Bürgermeisterdirektwahl und Bürgerentscheid existieren mittlerweile in allen Bundesländern. So hat das hessische Volk die „einzige umfassende Strukturreform der
politischen Willensbildung in Deutschland im vergangenen Jahrzehnt" initiiert. Ex-
Ministerpräsident Wallmann erhielt im Jahr 2003 für seine Verdienste (u.a.) um die
Einführung der Direktwahl der Bürgermeister und Landräte den Hessischen Ver-
dienstorden.

## 2    Direkte Demokratie auf der Ebene des Landes

### 2.1 ... im Zusammenhang mit der Hessischen Verfassung

Die Landesverfassungen führen in der öffentlichen Wahrnehmung oft ein Schattendasein neben dem Grundgesetz. Speziell in Hessen wurde viele Jahre lang der
Vorrang des Grundgesetzes betont, insbesondere gegenüber den landesverfassungsrechtlichen Bestimmungen über die Todesstrafe (Art. 21 Abs. 1 Satz 2
HVerf.) und das Aussperrungsverbot (Art. 29 Abs. 5 HVerf.). In der jüngeren Vergangenheit ist aber immer deutlicher zu Tage getreten, dass viele Bestimmungen
der Hessischen Verfassung einen erheblichen Einfluss auf das öffentliche Leben
ausüben. Wann sind Rechtsverstöße im Vorfeld der Landtagswahl so erheblich,
dass sie die Wiederholung der Wahl verlangen (Art. 78 Abs. 2 HVerf.)? Darf die
Landesregierung trotz des engen Wortlauts des Art. 141 HVerf. Kredite über das
Ausgabevolumen für Investitionen aufnehmen? Sind Gebühren für das Studium an
hessischen Hochschulen nach Art. 59 Abs. 1 HVerf. tatsächlich verboten? Diese
beispielhaft aufgezählten Fragen haben in den letzten Jahren die öffentliche Diskussion und auch die Gerichte beschäftigt. Obwohl die Hessische Verfassung
also nach dem In-Kraft-Treten des Grundgesetzes keineswegs obsolet geworden
ist, hat der Hessische Landtag im Vergleich zum Nachbarland Bayern dem Volk
bisher nur selten eine Verfassungsänderung zur Abstimmung vorgeschlagen. Die
wenigen Vorschläge betrafen überwiegend Wahlrechtsaspekte und wurden bis auf
einen vom Volk akzeptiert:

| Abstimmungstag | Gegenstand | Stimmberechtigte | Abstimmende | Gültige Ja-Stimmen | Gültige Nein-Stimmen | Ergebnis |
|---|---|---|---|---|---|---|
| 9.7.1950 | Gesetz zur Änderung der Art. 75 und 137 Hessische Verfassung; Beseitigung der Bindung des Landtagswahlrechts an das System der Verhältniswahl; Aufhebung der Bindung des Kommunalwahlrechts an das System des Landtagswahlrechts | 2.974.556 | 1.007.267 | 740.465 | 204.135 | angenommen |
| 8.3.1970 | Gesetz zur Änderung der Art. 73 und 75 Hessische Verfassung; Herabsetzung des Wahlalters für das Wahlrecht zum Landtag von 21 auf 18 Jahre; von 25 auf 21 Jahre für die Wählbarkeit | 3.576.694 | 1.441.438 | 885.080 | 541.945 | angenommen |
| 20.1.1991 | Gesetz zur Einfügung des Art. 26a in die Verfassung; Schutz der natürlichen Lebensgrundlagen des Menschen | 4.278.151 | 3.028.821 | 2.260.733 | 510.699 | angenommen |
| | Gesetz zur Änderung des Art. 138 und Einfügung Art. 161 in die Verfassung; unmittelbare Wahl der Bürgermeister und Landräte, in Städten mit mehr als 50.000 Einwohnern der Oberbürgermeister durch die Bürgerinnen und Bürger | 4.278.151 | 3.028.820 | 2.276.425 | 500.689 | angenommen |
| 19.2.1995 | Gesetz zur Änderung des Art. 75 der Verfassung; Herabsetzung des Wählbarkeitsalters für die Landtagswahl von 21 auf 18 Jahre | 4.275.027 | 2.813.285 | 987.002 | 1.660.424 | abgelehnt |

| | | | | | | |
|---|---|---|---|---|---|---|
| | Gesetz zur Änderung des Art. 62a der Verfassung; - Aufnahme des Sports – | 4.328.293 | 3.445.469 | 2.381.253 | 844.200 | ange-nommen |
| 22.9.2002 | Gesetz zur Änderung der Art. 79 und 161 – Verlängerung der Landtagswahlperiode – | 4.328.293 | 3.445.618 | 1.799.500 | 1.443.213 | ange-nommen |
| | Gesetz zur Ergänzung des Art. 137 – Aufnahme des Konnexitätsprinzips – | 4.328.293 | 3.443.978 | 2.394.393 | 747.652 | ange-nommen |

Mit diesen punktuellen, zusammenhanglosen Verfassungsänderungen hat der Hessische Landtag keinen selbst gestellten Anspruch erkennen lassen, dafür Sorge zu tragen, dass das Land jederzeit insgesamt über eine moderne und zeitgemäße Verfassung verfügt. Die Zurückhaltung des Landtags für Initiativen zur Änderung der Landesverfassung deutet nach den Worten eines sachverständigen Beobachters darauf hin, „dass zu der stimmberechtigten Bürgerschaft als dem Partner für Verfassungsentscheidungen nur ein labiles Vertrauensverhältnis besteht". Dabei hat sich das Volk in Hessen keineswegs als unberechenbar erwiesen. Die Senkung des Wählbarkeitsalters für Landtagsabgeordnete auf 18 Jahre wurde 1995 nur abgelehnt, nachdem dieser Vorschlag zwar vom Landtag zwar mit breiter Mehrheit beschlossen, aber in der Öffentlichkeit kaum ernsthaft propagiert worden war. Wie „verkrampft" das Verhältnis zwischen dem Landesparlament und dem Volk bei Verfassungsänderungen ist, zeigte sich im Jahr 2002 auch darin, dass über die vorgesehenen drei nicht miteinander zusammenhängenden Verfassungsänderungen zunächst eine „Blockabstimmung" stattfinden sollte. Bei der vorletzten „großen" Verfassungsänderung in Bayern am 20. Februar 1998 wurden dagegen die vorgeschlagenen Verfassungsänderungen von vorneherein in drei Themenkomplexe unterteilt, über welche die Bürger getrennt abstimmen konnten. Zwei getrennte Abstimmungen hat es auch gegeben bei dem letzten Plebiszit in Bayern am 21. September 2003. Im Ergebnis ist die Hessische Verfassung als „älteste in Kraft befindliche Verfassung in Deutschland" reichlich antiquiert. Das Volk kann von sich aus nichts daran ändern. Denn in Hessen ist die Einleitung einer Verfassungsänderung gem. Art. 123 Abs. 2 HVerf. beim Landtag monopolisiert. In anderen Bundesländern – so auch in Bayern – können demgegenüber Verfassungsänderungen zusätzlich vom Volk im Wege eines Volksbegehrens initiiert werden. Die CDU-Fraktion im Hessischen Landtag versuchte schon 1952, auch dem Volk in Hessen, bei dem nach Art. 70 HVerf. unveräußerlich die Staatsgewalt liegt, die Möglichkeit einzuräumen, eine Verfassungsänderung ohne Mitwirkung des Parlaments herbeizuführen, doch der entsprechende Initiativantrag blieb erfolglos. Für die Bemühungen um

eine Modernisierung und Verschlankung der hessischen Landesgesetze und unter-
gesetzlichen Vorschriften ist dieses „Auf-der-Stelle-Treten" bei der Anpassung der
Hessischen Verfassung an die gesellschaftlichen Entwicklungen natürlich alles
andere als förderlich.

## 2.2 ... im Zusammenhang mit (einfachen) Gesetzen

Die Hessische Verfassung ließ von Anfang an – im Gegensatz zu anderen Landesverfassungen und später auch dem Grundgesetz – die Verabschiedung eines Gesetzes durch das Volk im Wege eines Volksentscheids grundsätzlich zu. Lediglich der
Haushaltsplan, Abgabengesetze und Besoldungsverordnungen können nicht Gegenstand der Volksgesetzgebung sein (Art. 124 Abs. 1 Satz 3 HVerf.). Die Hessische Verfassung nennt bei der Frage, wie die Gesetzgebung ausgeübt wird, den
Volksentscheid sogar vor dem Parlamentsbeschluss (Art. 116 und Art. 71 HVerf.).
Die Initiative für einen solchen Volksentscheid muss immer vom Volk ausgehen
(Volksbegehren). Dem Landtag ist es nicht erlaubt, etwa einen besonders umstrittenen Gesetzentwurf dem Volk zur Entscheidung vorzulegen; die Hessische Verfassung kennt kein Parlamentsbegehren. Das Volksbegehren, dem ein ausgearbeiteter Gesetzentwurf zu Grunde liegen muss, ist jedoch nur dann erfolgreich, wenn
es von 20 Prozent der Stimmberechtigten mittels ihrer Unterschrift unterstützt wird
(Art. 124 Abs. 1 Satz 1 HVerf). Nur in diesem Fall muss das Land einen Volksentscheid organisieren, bei dem das Volk über die Annahme oder Ablehnung des
begehrten Gesetzentwurfs abstimmt. Dieses 20 Prozent-Unterschriften-Quorum ist
sehr hoch und wurde in der Geschichte des Landes nie erreicht. Zur Verdeutli-
chung: Bei der letzten Landtagswahl 2003 gab es in Hessen rund 4.330.000 Wahlberechtigte; 20 Prozent davon sind 866.000 stimmberechtigte Bürgerinnen und
Bürger. Hinzu kommt, dass der Hessische Landtag im Jahr 1950 durch das Gesetz
über Volksbegehren und Volksentscheid die Anforderungen noch dadurch verschärft hat, dass zum einen die Unterschriften nicht frei gesammelt werden dürfen,
sondern – innerhalb einer Frist von (nur) 14 Tagen – in behördlichen Amtsräumen
abgegeben werden müssen und dass zum anderen ein solches Eintragungsverfahren
erst eingeleitet wird, wenn dem Landeswahlleiter von den Initiatoren ein entsprechender Antrag mit einem ausgearbeiteten Gesetzentwurf und den Unterschriften
von mindesten drei Prozent der (bei der letzten Landtagswahl) stimmberechtigten
Bürger zugeleitet wird. Zuletzt ist die Initiative zur Wiedereinführung des Buß-
und Bettages an dieser Antrags-Hürde gescheitert. Das 3- Prozent-Unterschriften-
Quorum wurde in der Geschichte des Landes Hessen erst ein Mal erreicht. Es ging
dabei um den Vorstoß der CDU zur Einführung der Briefwahl bei Landtagswahlen.
Das Volksbegehren scheiterte zwar am 20 Prozent-Unterschriften-Quorum, der
Landtag rang sich aber 1970 doch zur Verabschiedung eines entsprechenden Ge-

setzes durch. Über die Versuche, mittels eines erfolgreichen Volksbegehrens einen Volksentscheid zu erzwingen, gibt es keine amtliche Statistik. Der Landeswahlleiter listet die entsprechenden Initiativen, mit denen er in einem amtlichen Kontakt stand, wie folgt auf:

| Tag der Entscheidung der Landesregierung über die Zulassung | Gegenstand | Zulassung | Wahlberechtigte | Gesamtzahl der Eintragungen | Zahl der gültigen Eintragungen | Ergebnis |
|---|---|---|---|---|---|---|
| 02.09.1966 | Einführung der Briefwahl | Ja | 3.451.314 | 238.392 | 237.089 | Volksbegehren nicht zustande gekommen |
| 24.11.1981 | Keine Startbahn West | Nicht zugelassen, da der Gesetzentwurf nicht den Bestimmungen der Verfassung entsprach | - | - | - | - |
| 11.08.1997 | Wiedereinführung des Buß- und Bettages als gesetzlicher Feiertag | Nicht zugelassen, da die erforderliche Zahl von Mitantragstellern nicht erreicht war | - | - | - | - |

In der Presse wurde über weitere Anstrengungen berichtet, z.B. über die Volksbegehren für die christliche Gemeinschaftsschule, gegen die landesweite Zwangsförderstufe und für den Frieden (Verbot der Lagerung von Massenvernichtungswaffen in Folge des Nato-Doppelbeschlusses von 1979). Alle vier zurzeit im Landtag vertretenen Fraktionen haben zu unterschiedlichen Zeiten Vorstöße für eine Reduzierung (Halbierung) des für ein erfolgreiches Volksbegehren erforderlichen Unterschriften-Quorums von 20 Prozent unternommen oder zumindest ihr Einverständnis hiermit erklärt. Eine Volksabstimmung zur Änderung des Art. 124 Abs. 1 HVerf. hat der Landtag jedoch im Ergebnis nicht eingeleitet. Darüber waren die

Befürworter der direkten Demokratie besonders enttäuscht in der 15. Legislaturperiode (1999 bis 2003). Denn im Hinblick auf den Vorstoß der damaligen C-DU/FDP-Regierungskoalition für eine Verlängerung der Landtagswahlperiode auf fünf Jahre (Art. 79 HVerf.) wurde vielfach erwartet, die darin liegende Beeinträchtigung der Volkssouveränität werde verbunden mit ausgleichenden Maßnahmen zur Stärkung der (unmittelbaren) Demokratie bei Sachentscheidungen. Auch in Bayern setzt ein erfolgreiches Volksbegehren ein Unterschriften-Quorum in Höhe von (nur) 10 Prozent der Stimmberechtigten voraus (Art. 74 Abs. 1 Bayer. Verf.). Nach alledem kann es nicht überraschen, dass Hessen im Mitbestimmungs-Ranking der Organisation „Mehr Demokratie" vom Herbst 2003 beim Vergleich der Länder in Sachen direkte Demokratie auf Landesebene die Note „mangelhaft" erhielt: Hessen sehe beim Volksbegehren sowohl auf der Antragsstufe mit drei Prozent als auch beim Begehren mit 20 Prozent die höchsten Unterschriftenhürden in Deutschland vor. Die direkte Demokratie sei daher auf Landesebene nur ein „Papiertiger", es gäbe noch einen immensen Reformbedarf auf dem Weg zu einem fairen und bürgerfreundlichen Volksentscheid. Das Ranking ist einsehbar im Internet unter „www.mehr-demokratie.de/fileadmin/bund/pdf/ ranking.pdf,,. Diese Reform wird möglicherweise eingeleitet von dem im Jahr 2003 gewählten 16. Hessischen Landtag. Dieser hat nämlich am 8. Juli 2003 beschlossen, eine Enquete-Kommission zur Reform der Landesverfassung einzusetzen. Möglicherweise ist die beachtlich knappe Zustimmung des Volkes – 55,6 Prozent der Abstimmenden – zur Verlängerung der Landtagswahlperiode bei der Volksabstimmung am 22. September 2002 nicht ohne Eindruck geblieben. Auch erreichte die Beteiligung bei der Wahl zum 16. Hessischen Landtag am 2.2.2003 mit 64,6 Prozent den niedrigsten Wert bei Landtagswahlen seit Bestehen des Landes. Nach dem Einsetzungsbeschluss sollte die Enquete-Kommission ihre Novellierungsvorschläge bis zum 31. Dezember 2004 vorlegen. In ihrer Sitzung vom 10. Dezember 2004 hat die Enquete-Kommission mit den Stimmen von CDU, FDP und Bündnis 90/DIE GRÜNEN ein Zwischenergebnis erzielt, das Grundlage sein soll für die Abschlussempfehlung der Kommission im Frühjahr 2005. Danach sind auch und insbesondere Veränderungen an den Bestimmungen der Hessischen Verfassung über die direkte Demokratie geplant (Art. 123, 124 HVerf.). Volksbegehren sollen danach zukünftig auch zur Änderung der Verfassung selbst möglich sein, das Unterschriften-Quorum für die Einleitung eines Volksbegehrens soll deutlich abgesenkt werden (von 20 Prozent auf 12,5 Prozent) und mit der neu geschaffenen „Volksinitiative" sollen 50.000 Bürgerinnen und Bürger dem Landtag gemeinsam ein Anliegen unterbreiten können, mit dem sich das Parlament dann befassen muss. Es ist geplant, die für die Verfassungsänderung notwendige Volksabstimmung im September 2006 zusammen mit der Bundestagswahl durchzuführen. Dadurch werde die Hessische Verfassung an ihrem 60. Geburtstag am 1. Dezember 2006 wieder in den Stand gesetzt, Maßstäbe für die Gesetzgebung des Landes zu setzen, Orientierung über die grundlegenden Werte des hessischen Staates zu geben und Grundlage der Rechtsprechung seiner Gerichte zu sein. Die Verfassung werde rechtzeitig zu ihrem Jubiläum aus dem Museum zurück in die Mitte der Gesellschaft geholt. Der Kompromiss wird allerdings nicht mitgetragen von der SPD. Der Landesvorstand der SPD hat im Februar 2005 u.a. die vorgesehene Neuregelung abgelehnt, wonach künftig der Landtag mit Zwei-Drittel-Mehrheit – ohne Volksabstimmung – in die Lage versetzt werden soll, die Verfassung zu ändern. Man darf daher gespannt darauf sein, ob der Landtag tatsächlich – wie von der SPD gefordert – eine Volksabstimmung zur Generalrevision der Hessischen Verfassung nur dann einleitet, wenn über die inhaltlichen Vorschläge völliges Einvernehmen zwischen allen Fraktionen besteht. In diesem Falle wird es wohl keine Volksabstimmung schon im September 2006 geben und die allgemeinen Bemühungen zur Schaffung einer aktiven Bürgergesellschaft, einer Gesellschaft also, in der die Menschen aktiv (und ehrenamtlich) an der Gestaltung des Staats mitarbeiten, werden einen empfindlichen Rückschlag erleiden. Die Bundestags-Enquete-Kommission „Zukunft des bürgerschaftlichen Engagements" hat in ihrem Bericht vom 3.6.2002 in erfrischender Deutlichkeit klargestellt, dass zu einer „Bürgergesellschaft", die mit den Leistungen und Gestaltungskompetenzen der Bürgerinnen und Bürger rechnet, unabdingbar gehört, dass deren Rolle nicht nur mit Pflichten, sondern auch mit Rechten verbunden ist: „Zu den vornehmsten Rechten gehört, an den Entscheidungen des Gemeinwesens beteiligt zu sein. Eine Bürgergesellschaft ist dadurch gekennzeichnet, dass die Beteiligungsrechte über das Recht, in regelmäßigen Abständen Vertreter in Repräsentativkörperschaften zu wählen, hinausgehen. Bürgergesellschaften fordern daher mehr als liberale Demokratien. In einer Bürgergesellschaft umfassen die Beteiligungsrechte neben der Teilnahme an Wahlen (repräsentative Demokratie) auch die Beteiligung an Volksabstimmungen (plebiszitäre oder direkte Demokratie)." Aus Sicht eines unvoreingenommenen Beobachters erscheint die von der bemerkenswerten Allianz (CDU, FDP und Bündnis 90/DIE GRÜNEN) vorgeschlagene Novelle bei den Bestimmungen über die direkte Demokratie auf Landesebene durchaus tragbar. Anders als in Bayern hat in Hessen keine Partei realistische Aussichten auf die Erringung einer Zwei-Drittel-Mehrheit im Hessischen Landtag. Wenn zukünftig der Landtag ohne anschließende verbindliche Volksabstimmung die Verfassung ändern kann, sollte dies daher kein übertriebenes Misstrauen erzeugen. Die Verlagerung der Änderungsbefugnis auf den Landtag kann sogar helfen, zukünftig einen Reformstau zu vermeiden, die Arbeit des Landesparlaments wieder interessanter, lebendiger und volksnäher zu machen. Im Übrigen muss sich der Hessische Landtag im Jahr 2005 – unabhängig von der Frage der Verfassungsänderung – auf jeden Fall mit dem im Ländervergleich außerordentlich hohen Antrags-Quorum von drei Prozent für Volksbegehren beschäftigen. Denn die dafür erhebliche Rechtsgrundlage, das Gesetz über Volksbegehren und Volksentscheid, wird am 31. Dezember 2005 außer Kraft treten.

## 3    Direkte Demokratie auf der Ebene der Gemeinden

Parlamente tun sich mit der Einführung direktdemokratischer Elemente als Ergänzung zum repräsentativen System gewöhnlich leichter, wenn es um eine niedere
staatliche Ebene geht. Menschlich betrachtet ist dies durchaus verständlich: Wer
gibt schon gerne etwas von seiner Macht ab bzw. in diesem Fall zurück? (vgl. Art.
20 Abs. 2 Satz 1 GG: „Alle Staatsgewalt geht vom Volk aus" und Art. 70 HVerf.:
„Die Staatsgewalt liegt unveräußerlich beim Volke"). Man kann dies gegenwärtig
gut beobachten auf der Ebene des Bundes bei der Diskussion um die Frage, warum
es in Deutschland im Gegensatz zu anderen europäischen Ländern wie Frankreich,
England oder Spanien keine Volksabstimmung über die Europäische Verfassung
geben soll. In diesem Zusammenhang hört man von verschiedenen Bundestagsab-
geordneten immer wieder, dass direktdemokratische Elemente auf der Ebene der
Länder und der Kommunen durchaus segensreich seien, jedoch auf der Ebene des
Bundes nicht in Betracht kämen. Vor diesem Hintergrund kann es nicht überraschen, dass die direkte Demokratie auf der kommunalen Ebene in Hessen weitaus
besser funktioniert als auf der Landesebene. Durch die Kommunalverfassungsno-
velle 1992 hat der Landtag mit Wirkung zum 1. April 1993 den Bürgerentscheid in
der Hessischen Gemeindeordnung (§ 8b HGO) verankert. Mit dem Bürgerentscheid treffen die Bürgerinnen und Bürger einer Gemeinde Sachentscheidungen an
Stelle des Kommunalparlaments selbst. Voraussetzung für die Durchführung eines
Bürgerentscheids ist ein Bürgerbegehren, d.h. der Antrag einer ausreichenden Zahl
von Bürgern auf Durchführung eines Plebiszits. Die Hessische Gemeindeordnung
verlangt für ein erfolgreiches Bürgerbegehren die Unterschriften von zehn Prozent
der wahlberechtigten Gemeindeeinwohner. Die Unterschriften können frei gesammelt werden. Ein Bürgerentscheid auf Initiative des Kommunalparlaments (sog.
Ratsbegehren) ist nach der HGO nicht zulässig. Möglich ist ein Bürgerentscheid
auch auf der Ortsbezirksebene (§ 82 Abs. 6 HGO), nicht jedoch auf der Kreisebene. Ausschlaggebend dafür waren wohl die weitaus geringere Ausprägung von
Selbstverwaltungsaufgaben sowie das fehlende „Kreisbewusstsein" der Bevölkerung. Letzteres zeigt sich z.B. auch in der geringeren Wahlbeteiligung bei Land-
ratsdirektwahlen. Wegen der Großflächigkeit der Kreise besteht zudem insbesondere bei Standortentscheidungen die Gefahr, dass sich die Bevölkerung nicht als
Entscheidungskörper zusammenfindet, sondern sich im Gegenteil Segregationsin-
teressen durchsetzen. Bereits 1952 bei der Verabschiedung der heute noch gültigen
Hessischen Gemeindeordnung hatte der Landtag über die Einführung des Bürgerentscheids diskutiert. Ein entsprechender Antrag der CDU, mit dem Rats- und
Bürgerbegehren z.B. über Gemeindesatzungen, soweit sie sich nicht auf den Haushalt beziehen, ermöglicht werden sollten, wurde jedoch von der damaligen SPD-
Alleinregierung abgelehnt. Die Argumente für die Einführung des Bürgerentscheids lauteten: Das Volk müsse an die Demokratie herangebracht werden, es

solle daher nicht immer nur sein „Vormund", die Gemeindevertretung, entscheiden; auch das Vorbild der Schweiz spreche gegen eine rein repräsentative Kommunaldemokratie. Umgekehrt wurde 1990 von der damaligen CDU/FDP-Landesregierung ein Gesetzentwurf der Fraktion der GRÜNEN für ein Gesetz zur Einführung kommunaler Bürgerentscheide abgelehnt. So dauerte es mit der Einführung des Bürgerentscheids bis 1992. Hessen war das dritte Bundesland, das die direkte Demokratie auf der kommunalen Ebene als Ergänzung zum repräsentativen System erlaubte. Sicher war es kein Zufall, dass „Politikverdrossenheit" 1992 das Wort des Jahres war. Das bis dahin gesetzlich zugelassene Beteiligungsinstrument des „Bürgerantrags" (bzw. der „Bürgerpetition" oder der „Bürgerinitiative"), mit dem (lediglich) die Behandlung eines bestimmen Themas im Kommunalparlament erzwungen werden konnte, wurde gleichzeitig abgeschafft. Diesem Instrument – im Gesetz zudem missverständlicher Weise als „Bürgerbegehren" bezeichnet – wurde neben der echten Entscheidungsmöglichkeit keine Relevanz mehr zugemessen. Auch auf der Landesebene gibt es ja in Hessen neben dem Volksentscheid nicht auch noch die Volkspetition. In der Praxis verfolgt die weit überwiegende Zahl der Bürgerbegehren seit 1993 das Ziel, einen von der Gemeindevertretung gefassten Beschluss wieder aufzuheben; in diesem Fall muss die Unterschriften-Sammlung innerhalb von sechs Wochen durchgeführt werden. Über die Zulässigkeit des Bürgerbegehrens entscheidet die Gemeindevertretung. Stimmt diese zu, ist der Bürgerentscheid unverzüglich an einem Sonntag innerhalb der nächsten sechs Monate durchzuführen (§ 55 KWG). Die hessische Regelung zum Bürgerentscheid auf Gemeindeebene ist in der Mitte zwischen dem zurückhaltenden Traditionsmodell in Baden-Württemberg und der fortschrittlichen, bundesweit in wesentlichen Fragen einmaligen Variante in Bayern angesiedelt. Anders als in Baden-Württemberg, dem „Mutterland" des Bürgerentscheids, sind Bürgerentscheide nicht nur zu einigen speziellen kommunalpolitischen Themen zulässig (Positivkatalog), sondern grundsätzlich zu allen wichtigen Angelegenheiten der Gemeinde. Die relativ wenigen Gegenstände, zu denen ein Bürgerentscheid – und damit auch ein Bürgerbegehren – ausgeschlossen ist, sind in einem Negativkatalog (§ 8b Abs. 2 HGO) abschließend aufgezählt. Hessen war das erste Bundesland mit dieser bürgerfreundlichen Regelungstechnik, die mittlerweile auch von vielen anderen Bundesländern übernommen wurde. Anders als in Bayern muss das Bürgerbegehren allerdings auch einen nach dem Gesetz zulässigen Vorschlag für die Deckung der Kosten der verlangten Maßnahme enthalten. Das Abstimmungsquorum, das die Stimmenmehrheit beim Bürgerentscheid erreichen muss, damit der Bürgerentscheid die Wirkung eines endgültigen Beschlusses der Gemeindevertretung hat, wurde für alle Gemeinden auf 25 Prozent der Stimmberechtigten festgelegt. Die „Vorbildregelung" aus Baden-Württemberg (30 Prozent) wurde also bürgerfreundlich modifiziert. Ein solchermaßen erfolgreicher Bürgerentscheid darf von der Gemeindevertretung innerhalb der nächsten drei Jahre nicht abgeändert oder gar aufgehoben werden (Bindungswirkung). Nach fast 12 Jahren Bürgerentscheid in Hessen lässt sich feststellen, dass § 8b HGO insgesamt ausgewogene Vorgaben trifft, die einerseits anwenderfreundlich sind, andererseits aber einer missbräuchlichen Inanspruchnahme ausreichend vorbeugen. Bis zum 28. Februar 2005 wurden in den 426 hessischen Gemeinden insgesamt 77 Bürgerentscheide durchgeführt (Details sind im Internet unter „www.hsl.de/buergerentscheide/00_Datum.htm" einsehbar). § 8b HGO enthält eine praktikable und ausgewogene Regelung. Von dem Bürgerentscheid wird in den hessischen Gemeinden kontinuierlich, aber verantwortungsbewusst Gebrauch gemacht. Hessen hat daher auch im Herbst 2003 in dem bereits erwähnten „Mitbestimmungs-Ranking" der Organisation „Mehr Demokratie e. V." auf der kommunalen Ebene einen beachtlichen 4. Platz belegt. Der Bürgerentscheid hat die Kommunalpolitik in Hessen sicherlich in noch größerem Umfang verändert und belebt als die Direktwahl der Bürgermeister. Denn dieses Instrument wirkt nicht nur im konkreten Anwendungsfall, sondern es sorgt wegen seiner möglichen Anwendbarkeit ständig für eine hohe Durchlässigkeit des Systems für den Common Sense der Bürgerinnen und Bürger. Es hat sich auch in Zeiten der sog. Politikverdrossenheit gezeigt, dass es durchaus möglich ist, die Gemeindeöffentlichkeit für bestimmte Sachthemen zu mobilisieren. Die Befürchtung, der Bürger interessiere sich ohnehin nicht für Mitwirkungsmöglichkeiten und lasse sich lieber passiv verwalten, hat keine Bestätigung gefunden. Die Parteien werden auf ihre eigentliche grundgesetzliche Rolle zurückgedrängt, bei der politischen Willensbildung mitzuwirken (anstatt sie völlig zu beherrschen). Bürgerentscheide haben auf Grund ihrer hohen demokratischen Legitimation eine große Befriedungsfunktion. Im Übrigen fördern sie in vielen Fällen auch das bürgerschaftliche Element der kommunalen Selbstverwaltung, d.h. die ehrenamtliche Mitwirkung der Bürger an den gemeindlichen Angelegenheiten. In einer Gemeinde wurde z.B. die Übernahme eines kreiseigenen Hallenbades aus Kostengründen per Bürgerentscheid abgelehnt, das Hallenbad konnte jedoch durch die ehrenamtliche Arbeit eines Fördervereins, der sich anschließend vor Ort bildete, erhalten werden. Oftmals berühren Bürgerentscheide auch die staatliche Ebene, denn sie sind nicht nur in Angelegenheiten zulässig, in denen die letzte Entscheidungsbefugnis bei der Gemeinde liegt. Bürgerentscheide gibt es vielmehr auch in überörtlichen Angelegenheiten, an den die Gemeinde (lediglich) zur Mitwirkung aufgerufen ist. Rein rechtlich gesehen hat der Mitwirkungsakt der Gemeinde und damit auch der Bürgerentscheid in diesen Fällen oft nur eine unverbindliche Wirkung, in politischer Hinsicht ist seine Bedeutung aber oft ungleich größer. So hat z.B. die Landesregierung 1997 auf die Ausweisung eines Nationalparks „Kellerwald" in Nordhessen verzichtet, nachdem sich die Bürger der betroffenen Gemeinden durch Bürgerentscheid für die Ablehnung dieses Vorhabens ausgesprochen hatten. Umgekehrt hat ein Bürgerentscheid in einer osthessischen Kleinstadt im Jahr 2001 – freilich nach massivem Finanz-Versprechen des Justizministeriums – den Weg freigemacht für die erste teilprivatisierte Justizvollzugsanstalt in Deutschland. Zu Beginn des Jahres 2002 hat ein Bürgerentscheid in einer nordhessischen Kurgemeinde das Land in die Lage versetzt, dort den Bau einer Klinik für suchtkranke Straftäter zu genehmigen. Die Bürgerentscheide in Hessen haben nicht etwa dem Populismus Tür und Tor geöffnet, sondern sind ganz überwiegend Zeichen von solidem demokratischem Engagement. Dabei haben die Bürgerinnen und Bürger auch großes Verantwortungsbewusstsein dafür bewiesen, dass die Schuldenspirale der öffentlichen Haushalte gestoppt werden muss. Ein Bürgerbegehren gegen die Schließung eines unrentablen Hallenbads in Limburg an der Lahn hatte z.b. bei der entsprechenden Abstimmung im April 2004 keinen Erfolg. Nach einem Arbeitspapier der Konrad-Adenauer-Stiftung vom September 2002 war bei den ersten 66 Bürgerentscheiden in Hessen das jeweilige Bürgerbegehren in 36 Fällen erfolgreich. Die Stimmbeteiligung lag bei insgesamt 49 Prozent. Gerade die ehrenamtlichen Mandatsträger in den Kommunalparlamenten sollten aktive Bürger nicht länger argwöhnisch als Konkurrenten um die Gemeinwohlrealisierung begreifen. Das Ehrenamt in der Kommunalverwaltung wird durchaus aufgewertet, wenn es die Aufgabe eines Maklers oder Mittlers zwischen Bürgerschaft und Verwaltung unter dem Motto „Beteiligung statt Bevormundung, Mitmachgemeinde statt Zuschauerdemokratie" annimmt. In der jüngeren Vergangenheit hat es in Hessen sowohl Initiativen zur Erleichterung, als auch zur Verschärfung der gesetzlichen Regelungen über den Bürgerentscheid gegeben. Bundesweit hat mit Beginn des neuen Jahrzehnts eine Bewegung eingesetzt, den Bürgerentscheid und das Bürgerbegehren nach bayerischem Vorbild durch die Absenkung der maßgeblichen Quoren zu erleichtern. Insbesondere ist in Bayern das Abstimmungsquorum beim Bürgerentscheid relativ niedrig angesetzt (20 Prozent) und sinkt bei zunehmender Zahl der Gemeindeeinwohner auf bis zu zehn Prozent. Dadurch sollen die Bürgerinnen und Bürger ein echtes Angebot erhalten, den unmittelbaren eigenen Lebensraum in spürbarem Umfang mitzugestalten. Das persönliche Engagement und das Verantwortungsbewusstsein für das Gemeinwesen sollen gefördert sowie dem verbreiteten Gefühl politischer Ohnmacht entgegengewirkt werden. Mit dem erleichterten Bürgerentscheid will man in Bayern die Überleitung zur „neuen Bürgerkommune mit Selbsthilfeaufgaben", zu einer „neuen demokratischen Kultur" bewerkstelligen. Ein entsprechender Gesetzentwurf der Fraktion Bündnis 90/DIE GRÜNEN vom 17. August 2000 (LT-Drs. 15/1472), in dem darauf hingewiesen wurde, dass ein Bürgerbegehren in einer bayerischen Gemeinde durchschnittlich alle neun Jahre, dagegen in einer hessischen Gemeinde alle 21 Jahre eingereicht werde, war jedoch im Hessischen Landtag nicht erfolgreich. Gerade in Hessen hat sich gezeigt, dass das Abstimmungsquorum von 25 Prozent auch in Städten mit mehr als 50.000 Einwohnern (Hanau am 25. Juni 1995 und am 14. März 1999 sowie Bad Homburg v.d. Höhe am 22. August 1999) und sogar in Städten mit mehr als 100.000 Einwohnern (Wiesbaden am 11. Dezember 1994) keine unüberwindliche Hürde darstellt. Im

Übrigen misst die Bayerische Gemeindeordnung dem Bürgerentscheid als Konsequenz aus dem niedrigen Abstimmungsquorum auch nur eine Bindungswirkung von einem Jahr zu. Auch mit dem Einleitungsquorum von zehn Prozent beim Bürgerbegehren nimmt Hessen im Vergleich zu den anderen Flächenländern Deutschlands einen guten Mittelplatz ein. Andererseits sind aber im Jahr 2004 auch die Bemühungen des Hessischen Städtetages und des Hessischen Städte- und Gemeindebundes, die Landesregierung zu einer Ausdehnung des Negativkatalogs in § 8b Abs. 2 HGO im Rahmen der jüngsten Novellierung des Hessischen Kommunalrechts zu veranlassen, erfolglos geblieben. Die beiden kommunalen Spitzenverbände forderten insbesondere den gesetzlichen Ausschluss von Bürgerentscheiden zum einen bei den in der gemeindlichen Hauptsatzung festgelegten hauptamtlichen Beigeordnetenstellen und zum anderen in Angelegenheiten der Bauleitplanung. Es wurden offensichtlich Hoffnungen daran geknüpft, dass die CDU-Fraktion 1992 – noch in der Opposition – bei der Einführung des § 8b HGO den Ausschluss aller „Satzungen der Gemeinde" vom Bürgerentscheid gefordert hatte. Bei rein sachlicher Betrachtungsweise war aber festzustellen, dass es in den hessischen Gemeinden bisher gerade einmal sechs Bürgerentscheide zur Reduzierung der hauptamtlichen Beigeordnetenstellen gegeben hat und davon nur in vier Fällen die jeweilige Initiative zur Abschaffung bzw. Verhinderung der hauptamtlichen Beigeordnetenstelle erfolgreich war. Zwei dieser vier Fälle wiederum spielten sich in Gemeinden mit weniger als 20.000 Einwohnern ab. Gerade hier kann den beteiligten Bürgern kaum der Vorwurf einer kurzsichtigen und unklugen „Sparwut" gemacht werden, weil in solchen Gemeinden grundsätzlich ein hauptamtlicher Wahlbeamter, nämlich der Bürgermeister, als Leiter der Verwaltung ausreicht. Im Übrigen hat der Hess. VGH zwar entschieden, dass die Bürger einer hessischen Gemeinde mit dem Bürgerentscheid über die Frage der Einrichtung oder der Beibehaltung einer hauptamtlichen Beigeordnetenstelle (§ 44 Abs. 2 HGO) abstimmen dürfen. Es handelt sich insbesondere nicht um eine „Frage der inneren Organisation der Gemeindeverwaltung" im Sinne von § 8b Abs. 2 Nr. 2 HGO, sondern vielmehr um eine kommunalverfassungsrechtliche Grundentscheidung über die Zusammensetzung der Verwaltungsspitze. Der Hessische Verwaltungsgerichtshof (VGH) hat aber auch klargestellt, dass Bürgerbegehren zur Verkleinerung des hauptamtlichen Magistrats kassatorischer Natur sind, d.h. sich gegen einen gefassten Beschluss des gemeindlichen Kollegialorgans richten und die Sechs-Wochen-Frist (§ 8b Abs. 3 Satz 1 HGO) zur Aufhebung des entsprechenden Beschlusses der Gemeindevertretung über die Hauptsatzung nicht bei jedem Wechsel des Amtsinhabers neu zu laufen beginnt. Was Angelegenheiten der Bauleitplanung angeht, würde ein völliger Ausschluss die Entscheidungsmöglichkeiten der Bürgerinnen und Bürger empfindlich und unangemessen einengen. Nach Expertenmeinungen hätte bei einem Ausschluss der Bauleitplanung rund ein Viertel der bisher knapp 200 Bürgerbegehren in Hessen bereits für thematisch unzulässig erklärt werden müssen. Außerdem hat die Rechtsprechung klargestellt, dass sich ein Bürgerbegehren nur auf die Grundsatzentscheidung beziehen darf, ob ein gemeindlicher Bebauungsplan erlassen, aufgehoben oder geändert werden soll, nicht jedoch auf das „Wie" der Planung. Im Ergebnis hatte die CDU-Landesregierung in Hessen die Größe, öffentlich festzustellen, dass sich die von der rot-grünen Vorgängerregierung eingeführte Regelung über den Bürgerentscheid bewährt hat und eine grundlegende Änderung nicht geboten ist. Gerade in einer Zeit knapper Finanzmittel, in der Kommunalpolitik „mit" den Bürgerinnen und Bürgern (und nicht „für" die Bürger) gefragt ist, seien Einschränkungen des Bürgerentscheids – z.B. durch die Ausdehnung des sog. Negativkatalogs – nur bei Vorliegen besonders schwerwiegender Gründe angezeigt. § 8b HGO wurde nach alledem von der umfassenden und einschneidenden Kommunalrechtsnovelle 2005, die am 10. Februar in Kraft getreten ist, nicht angetastet.

 **Literatur- und Internethinweise**

*Hannappel / Meireis:* Leitfaden Bürgerbegehren und Bürgerentscheid im Lande Hessen, 2004.
*Spies, Ute:* Bürgerversammlung/Bürgerbegehren/Bürgerentscheid, Dissertation, 1999.
Zinn / Stein, Die Verfassung des Landes Hessen, Loseblattkommentar, 2 Ordner, 1954 (Stand 1991);

www.mehr-demokratie-hessen.de (Landesverband Hessen);
www.forschungsstelle-direkte-demokratie.de (Philipps-Universität Marburg).

# Direkte Demokratie in Mecklenburg-Vorpommern

*Tobias Franke-Polz*

## 1 Einleitung

Mecklenburg-Vorpommern ist mit 1,7 Mio. Einwohnern nach dem Saarland das kleinste und zudem am dünnsten besiedelte Bundesland. Auch hier wird die innere Organisation des Landes im Wesentlichen durch die 1994 in Kraft getretene Verfassung geregelt. Diese sieht mit Volksinitiative, Volksbegehren und Volksentscheid ein dreistufiges Verfahren der Volksgesetzgebung vor, durch das die Bürgerinnen und Bürger des Landes die Landesgesetzgebung mit eigenen Entscheidungen ergänzen oder verändern können. Die genauen Bestimmungen zu den einzelnen Verfahrensschritten finden sich im so genannten Volksabstimmungsgesetz (VaG M-V). Auf Kommunalebene wird das örtliche Institutionengefüge durch die Kommunalverfassung für das Land Mecklenburg-Vorpommern (KV M-V) normiert. Diese sieht wie mittlerweile alle Flächenländer mit Bürgerbegehren und Bürgerentscheid auch auf kommunaler Ebene direktdemokratische Einflussmöglichkeiten vor.

Doch weder auf kommunaler noch auf Landesebene ist es bislang zu einer ausfernden Zahl direktdemokratischer Initiativen gekommen. In Mecklenburg-Vorpommern sind bislang 15 Volksinitiativen gestartet worden, zu einem Volksbegehren respektive Volksentscheid kam es jedoch bis auf den Volksentscheid über die Landesverfassung bisher noch nicht. Die Gründe für die bisherige Enthaltsamkeit genauso wie die rechtlichen Grundlagen und die Art der bisher angestrebten Initiativen sollen im folgenden näher beleuchtet werden.

## 2 Die Entwicklung direktdemokratischer Instrumente

Am 3. Oktober 1990, dem Tag der Wiedervereinigung Deutschlands, konstituierten sich die fünf neuen Bundesländer als Gliedstaaten der Bundesrepublik. Damit setzte in Mecklenburg-Vorpommern wie in den anderen ostdeutschen Ländern auch der Prozess der parlamentarischen Verfassungsberatung und -verabschiedung ein. Zwar hatte es im Vorfeld schon Diskussionen über Gestalt und Inhalt einer neuen Landesverfassung gegeben, die in drei verschiedene Textentwürfe einflossen, doch durch das Ländereinführungsgesetz wurden nun die erstgewählten Landtage mit der Ausarbeitung einer Landesverfassung beauftragt. Eine verfahrensrechtliche Bindung, wie die Verfassungen verabschiedet werden sollen, war durch das Gesetz nicht vorgesehen: Es genügte demnach grundsätzlich die Bestätigung mit einfacher Parlamentsmehrheit. Inhaltlich war die Erarbeitung einer neuen Landesverfassung allerdings an das Homogenitätsprinzip des Art. 28 I GG und damit an den Rahmen des Grundgesetzes gebunden. Bis zum Inkrafttreten einer Verfassung galt das Vorläufige Statut für das Land Mecklenburg-Vorpommern vom 26.10.1990.

Mit der Erarbeitung der endgültigen Verfassung oblag dem Landtag auch die Verantwortung für die Ausformung direktdemokratischer Instrumente auf Landesebene. Darüber, ob direkte Volksgesetzgebung in Mecklenburg-Vorpommern möglich sein sollte, herrschte weitgehend Einigkeit – in der entsprechenden Kommission spätestens seit 1991. Es galt vielen Neu-Parlamentariern als eine Art moralische Selbstverständlichkeit angesichts der Erfahrungen mit den Entscheidungsprozessen in der DDR bzw. mit den basisdemokratischen Erfahrungen der Wende. Doch über das „Wie" sollte auch im Norden gestritten werden, wenngleich weniger heftig als z.B. in Thüringen.

Der Landtag von Mecklenburg-Vorpommern setzte Ende 1990 eine Verfassungskommission ein, die beauftragt wurde, für den Rechtsausschuss einen Verfassungsentwurf zu erarbeiten. Durch diese eher ungewöhnliche Konstruktion konnten, im Gegensatz zu anderen neuen Ländern, auch Nicht-Parlamentarier und die außerparlamentarische Opposition eingebunden werden – was zur Folge hatte, dass die konservativ-liberale Regierungskoalition in der Kommission keine Stimmenmehrheit hatte. Durch die Besetzung der Kommission wurden parteipolitische Konflikte im Vergleich zu anderen neuen Ländern eher in den Hintergrund gedrängt. Als erste Arbeitsgrundlage dienten primär zwei vorparlamentarische Verfassungsentwürfe. Im Verlauf der Beratungen standen jedoch zunehmend die von den durch SPD bzw. CDU benannten Sachverständigen Prof. Albert v. Mutius und Prof. Christian Starck erarbeiteten Textvorlagen im Mittelpunkt. Mit diesen Entwürfen standen sich ab Mai 1991 auch zwei alternative Modelle direktdemokratischer Verfahren gegenüber. Während sich der Entwurf des durch die SPD bestellten Sachverständigen weitgehend an den neuen Regelungen des benachbarten Schleswig-Holstein orientierte, favorisierte Starck restriktive Grenzen der Volksgesetzgebung, die selbst durch die regierende CDU in der Folge nur halbherzig unterstützt wurden. Dissens bestand insbesondere darüber, ob die Volksinitiative obligatorisch sein sollte – vor dem Volksbegehren also immer ein weiterer Verfahrensschritt gefordert ist. Strittig war darüber hinaus die Art der verfassungsrechtlichen Überprüfung eines Volksbegehrens: entweder durch die Landesregierung oder durch das Landesverfassungsgericht auf Anrufung durch die Landesregierung, da letztere bei einem Volksbegehren naturgemäß befangen sei und die Einleitung einer Klage vor dem Verfassungsgericht gegen die Entscheidung der Landesregierung den Initiatoren zusätzliche Hürden auferlege. Wie in den anderen neuen Ländern wurde in Mecklenburg-Vorpommern zudem über die Höhe der Quoren bei Volksinitiative, Volksbegehren und Volksentscheid gestritten. Im Ergebnis stand ein Kompromiss bei der Höhe der Quoren, die Festschreibung einer verfassungsgerichtlichen Vorabkontrolle und der Vorschlag, dass eine Volksinitiative nur fakultativ einem Volksbegehren vorgeschaltet ist.

Der vorgelegte Verfassungsentwurf wurde 1993 in zwei Lesungen durch den Landtag mit deutlicher Zweidrittel-Mehrheit aus CDU, SPD und FDP verabschiedet – lediglich die Vertreter der PDS stimmten dagegen. Die Verfassung trat damit allerdings nur vorläufig in Kraft, denn schon 1992 hatte der Landtag beschlossen, dass es zum endgültigen Inkrafttreten eines Volksentscheids bedarf. Dieser fand am 12. Juni 1994 – am gleichen Tag wie Europa- und Kommunalwahl – statt und bedurfte laut Verfassungstext lediglich der einfachen Mehrheit. Trotz der Verbindung mit den Wahlen war die Beteiligung mit 65,5 Prozent der Abstimmungsberechtigten sehr gering. Hinzu kommt, dass sich nur 60,1 Prozent der Abstimmenden für den Verfassungstext aussprachen. Damit votierten deutlich unter 40 Prozent aller Stimmberechtigten für die Verfassung – ein in der Bundesrepublik nahezu einmaliger Tiefstwert.

Die durch den Volksentscheid in Kraft getretene Verfassung liegt im Bereich der Volksgesetzgebungsrechte im Mittelfeld der neuen Länder: Auffällig sind die niedrigen Hürden für die Volksinitiative und die vergleichsweise hohen Quoren beim Volksentscheid.

Auch auf kommunaler Ebene können die Bürgerinnen und Bürger in Mecklenburg-Vorpommern direktdemokratisch mitentscheiden. Diese Möglichkeit räumte seit Mai 1990 die DDR-Kommunalverfassung durch Bürgerantrag, Bürgerbegehren und Bürgerentscheid auf Gemeindeebene ein. Die DDR-Kommunalverfassung galt auch nach Wiedergründung der neuen Länder gemäß Einigungsvertrag zunächst weiter, bis eine eigene Gemeindeordnung in Kraft trat. Dies geschah in Mecklenburg-Vorpommern mit den zweiten Kommunalwahlen am 12. Juni 1994. Durch das neue Landesgesetz waren in Mecklenburg-Vorpommern fortan auch direktdemokratische Verfahren auf Landkreisebene zulässig. Im Gegensatz zu allen anderen neuen Ländern wurden darüber hinaus auch die Verfahrenshürden abgesenkt: statt eines starren Unterschriftenquorums von zehn Prozent wurde in Mecklenburg-Vorpommern eine degressive Staffelung zwischen zehn Prozent und ca. 4,4 Prozent – je nach Gemeindegröße – eingeführt. Über die Zulässigkeit entscheidet nicht mehr allein die Kommunalvertretung, sondern diese muss sich mit der Rechtsaufsichtsbehörde ins Benehmen setzen – eine Regelung im Sinne potenzieller Initiatoren. Die Hürden für Ratsbegehren bzw. Bürgerentscheid wurden hingegen beibehalten: absolute Mehrheit bzw. 25 Prozent der Stimmberechtigten.

Mit zwei Änderungen in der Kommunalverfassung des Landes wurden in den folgenden Jahren die Mitspracherechte der Bürger gestärkt. Ging noch die 1994er

Kommunalverfassung von der Wahl der Bürgermeister und Landräte durch die Gemeindevertretungen und Kreistage aus, so ist seit 1998 die direkte Wahl durch die Bürgerinnen und Bürger vorgesehen. Auch eine direkte Abwahl ist nun möglich, gebunden allerdings an ein hohes Quorum. Die zweite Veränderung wurde 2004 auf den Weg gebracht. Zum einen wurde der so genannte Negativkatalog – Materien, die einem Bürgerentscheid nicht zugänglich sind – eingeschränkt, wenngleich im gleichen Zug auch der Positivkatalog gestrichen wurde. Zum anderen wurden die Unterschriftenhürden beim Bürgerbegehren für die größeren Städte gesenkt.

# 3 Landesebene

In Mecklenburg-Vorpommern sind durch die Landesverfassung Volksinitiative, Volksbegehren und Volksentscheid auf Landesebene vorgesehen. Auch die Höhe der Hürden und die Auflistung der Themen, die der Volksgesetzgebung nicht zugänglich sind, haben Eingang in den Verfassungstext gefunden. Die in Volksgesetzgebungsverfahren oft sehr entscheidenden Detailfragen zu Fristen, Kosten, Zulassungsformalitäten und anderem mehr sind dagegen mit dem Volksabstimmungsgesetz (VaG M-V) in einem eigenen Gesetz geregelt.

## 3.1 Volksinitiative

Von allen neuen Bundesländern stellt Mecklenburg-Vorpommern die niedrigsten Hürden bei der Volksinitiative auf. Lediglich 15.000 Unterschriften sind dafür nötig. Die Volksinitiative in Mecklenburg-Vorpommern ist nicht zwingende notwendige Voraussetzung für die Einleitung eines Volksbegehrens. Entscheiden sich die Initiatoren also für die Einleitung einer Volksinitiative mit dem Ziel einer Gesetzesänderung, weist Mecklenburg-Vorpommern ein dreistufiges Volksgesetzgebungsverfahren auf. Wird hingegen gleich ein Volksbegehren eingeleitet, so ist von einem zweistufigen Verfahren auszugehen, was die Zeit bis zum Volksentscheid naturgemäß verkürzt.

Allerdings ist eine Volksinitiative thematisch offener als Volksbegehren bzw. Volksentscheid. Auf dieser ersten Stufe wird kein ausgearbeiteter Gesetzentwurf verlangt. Vielmehr besteht der Sinn einer Volksinitiative hier gerade darin, dass der Landtag mit allen Gegenständen der politischen Willensbildung befasst werden kann – soweit diese das Land betreffen. Wird mit einer Volksinitiative jedoch ein Gesetzentwurf vorgelegt, so muss dieser nicht unbedingt verabschiedungsreif ausformuliert sein – allerdings wird auch hier die Angabe von Gründen für den Entwurf verlangt.

Doch auch bei der Volksinitiative gibt es – wie in den meisten Ländern, die dieses Instrument vorhalten – thematische Einschränkungen. Konkret sieht Art. 59 III Verf M-V die Unzulässigkeit von Initiativen über den Haushalt des Landes, über Abgaben und Besoldung vor. In diesem Bereich hat der Landtag ausschließliches Befassungs- und Entscheidungsrecht. Über die Reichweite dieser sogenannten Finanztrias besteht jedoch keine Klarheit. In mehreren Ländern ist die Frage, wann der Landeshaushalt betroffen ist, schon Gegenstand von Verfassungsgerichtsentscheidungen gewesen, wobei die Auslegung des Taburahmens durchaus unterschiedlich ausfiel. Konkret gilt es zu entscheiden, ob alle finanziell relevanten Gesetze unzulässig sind oder nur Entwürfe, die erheblich in den Landeshaushalt eingreifen.

Erfüllt eine Volksinitiative die formellen Bedingungen, sind also mindestens 15.000 gültige Unterschriften auf den entsprechenden Listen erfasst, und ist das Thema zulässig, dann muss sich der Landtag binnen drei Monaten abschließend mit der Volksinitiative befassen. Einem Vertreter der Volksinitiative wird dabei die Möglichkeit eingeräumt, sich im Landtag bzw. einem Ausschuss zur Sache zu äußern.

## 3.2 Volksbegehren und Volksentscheid

Ein Volksbegehren kann darauf gerichtet sein, ein Landesgesetz zu erlassen, zu ändern oder aufzuheben. Notwendig dafür ist ein ausgearbeiteter und mit Gründen versehener Gesetzentwurf, der von mindestens 140.000 Wahlberechtigten unterstützt wird. Das entspricht knapp zehn Prozent der wahlberechtigten Bürgerinnen und Bürger des Landes und damit der zehnfachen Hürde im Vergleich zur Volksinitiative. Ist der dem Volksbegehren zugrunde liegende Gesetzentwurf zuvor Gegenstand einer zulässigen Volksinitiative gewesen, die im Landtag nicht behandelt bzw. zurückgewiesen wurde, so können die Vertreter des Volksbegehrens neben der Möglichkeit der freien Stimmensammlung auch die Sammlung in den Amtsstuben verlangen. Dies ist ohne Zweifel eine Regelung im Sinne gerade organisationsschwacher Initiatoren, auch wenn die Amtseintragungsfrist auf zwei Monate begrenzt wurde. Werden die Unterschriften frei gesammelt, so sieht der Gesetzgeber dafür keine Frist vor – einmalig in Deutschland.

Haushaltsgesetze, Abgabengesetze und Besoldungsgesetze können nicht Gegenstand eines Volksbegehrens sein. Die Entscheidung darüber, ob ein Volksbegehren demnach unzulässig ist, trifft auf Antrag der Landesregierung oder eines Viertels der Landtagsmitglieder das Landesverfassungsgericht.

Ist ein Volksbegehren zulässig, so ist dessen Vertretern das Recht einzuräumen, im federführenden Ausschuss das Anliegen zu erläutern. Der Landtag muss sich in der zeitlich nächstmöglichen Sitzung mit dem Gesetzentwurf befassen. Er hat die Möglichkeit, den Entwurf anzunehmen. In diesem Fall, auch bei kleineren redaktionellen Änderungen, die nicht dem Ziel der Initiatoren zuwiderlaufen, ist das Volksbegehren erledigt. Die durchaus ungewöhnliche Möglichkeit zu kleineren Korrekturen dürfte zu einer Flexibilisierung des Verfahrens führen. Wird ein Volksbegehren jedoch abgelehnt oder innerhalb von sechs Monaten nicht abschließend behandelt, so findet frühestens drei und spätestens sechs Monate nach Ablehnung bzw. Fristablauf ein Volksentscheid statt. Nach Art. 60 IV Verf M-V ist ein Gesetzentwurf durch Volksentscheid angenommen, wenn die Mehrheit der Abstimmenden, mindestens jedoch ein Drittel der Stimmberechtigten zugestimmt haben. Dieses Quorum gilt auch, wenn der Landtag einen eigenen Gesetzentwurf zum Thema vorlegt. Bei dieser so genannten Konkurrenzvorlage haben allerdings die Abstimmenden nur eine Ja-Stimme. Entschließt sich das Parlament zu diesem Schritt, besteht die Gefahr, dass das Lager der Befürworter einer Neuregelung gezielt aufgespalten wird. Unter Umständen würde dann keiner der beiden Entwürfe das hohe Zustimmungsquorum erreichen. Viele Länder umgehen dies, indem sie die Möglichkeit einräumen, zwei Ja-Stimmen zu vergeben.

Auch die Verfassung kann durch Volksbegehren und Volksentscheid geändert werden. Hierfür wird das ohnehin schon hohe Quorum beim Volksentscheid allerdings nochmals verschärft. Eine Verfassungsänderung ist demnach nur möglich, wenn zwei Drittel der Abstimmenden, mindestens jedoch die Hälfte aller Wahlberechtigten zustimmen. Eine solche Hürde gilt als nahezu unüberwindbar.

Ein in vielen Ländern strittiger Punkt ist die Frage der finanziellen Unterstützung direktdemokratischer Initiativen. Ausgehend von der Prämisse, dass direkte Demokratie nicht nur Parteien und finanziell gut ausgestatteten Großorganisationen die Möglichkeit zur Initiative bieten soll, wird häufig eine Kostenerstattung für angemessene Werbung oder das Herstellen und Verteilen von Unterschriftenbögen eingefordert. Die Realität sieht anders aus: In den meisten Bundesländern können keinerlei finanziellen Ansprüche geltend gemacht werden. In Mecklenburg-Vorpommern findet sich immerhin die etwas merkwürdig anmutende Regelung, dass für den Fall der Erledigung eines Volksbegehrens die entstandenen Kosten zu erstatten sind, wenn die Initiatoren die Erledigung nicht zu vertreten haben.

Sind die Regelungen zu Volksinitiative, Volksbegehren und Volksentscheid bürgerfreundlich? Bei der Beantwortung dieser Frage darf nicht allein auf die Quoren abgestellt werden. Vielmehr ist von einer Kumulationswirkung der verschiedenen Regelungsinstrumente – Fristen, Kostenerstattung, Art der Sammlung etc. – auszugehen. Danach bleibt festzustellen, dass die fakultative Volksinitiative in Mecklenburg-Vorpommern durchaus „bürgerfreundlich" gestaltet wurde, wohingegen die Aussicht auf eine erfolgreiche Gesetzesinitiative durch Volksbegehren und Volksentscheid insbesondere angesichts der recht hohen Quoren eher gering ist. Bei einem Blick auf die bisherige Praxis in Mecklenburg-Vorpommern wird diese Vermutung bestätigt.

## 3.3 Direktdemokratische Praxis und Bewertung

In Mecklenburg-Vorpommern hat es bisher 15 Volksinitiativen gegeben, neben Brandenburg die meisten im Vergleich der neuen Länder. Im Gegensatz zum südlichen Nachbarland ist es hier allerdings noch nie zu einem Volksbegehren gekommen.

Hervorhebenswert ist die am 12.4.1995 durch den Landesverband des Deutschen Mieterbundes eingereichte Volksinitiative mit dem Ziel der „Schaffung sozialverträglicher rechtlicher Voraussetzungen bei der geplanten Überleitung preisgebundener Mieten in ein Vergleichsmietensystem in den neuen Bundesländern". Die Vergleichsmiete sollte nur unter bestimmten Voraussetzungen, wie etwa Wohngeldverbesserung und begrenzte Mieterhöhungen, in den neuen Ländern eingeführt werden. Für dieses Anliegen, so die Initiative, solle sich die Landesregierung gegenüber Bundesregierung und Bundesrat einsetzen. Ähnlich wie viele Volksinitiativen in Brandenburg zielte diese Initiative also nicht auf Landes-, sondern auf Bundesgesetzgebung ab. Am 14.6.1995 sprach sich eine Mehrheit im Landtag gegen die Volksinitiative aus.

Mit einer 1999 eingereichten Volksinitiative „Gegen eine Zwei-Klassen-Medizin im Osten" thematisierten die Organisatoren die von ihnen festgestellte Benachteiligung der Ostdeutschen im Gesundheitswesen. Die Landesregierung solle daher im Bundesrat für die Beseitigung der „Sozialmauer" in Deutschland eintreten. Konkret wurde gefordert, dass die ambulante Versorgung von Patienten in den neuen Ländern stärker finanziell unterfüttert wird. Zudem müsse das in Mecklenburg-Vorpommern unter dem Bundesdurchschnitt liegende Arzneimittelbudget dringend angehoben werden. Die vom Berufsverband der Allgemeinärzte organisierte und durch die jeweiligen Berufsverbände, die Kassenärztliche Vereinigung und die Landesärztekammer unterstützte Volksinitiative konnte eindrückliche 191.668 Unterschriften vorweisen – zum Vergleich: 15.000 Unterschriften werden gesetzlich gefordert. Der Landtag entschloss sich am 17.9.1999, den Forderungen der Volksinitiative teilweise entgegenzukommen.

Zuletzt wurde im Jahr 2004 durch die Gewerkschaft Erziehung und Wissenschaften und Bündnis 90/Die Grünen eine Volksinitiative zur „Änderung des neuen Gesetzes zur Förderung von Kindern in Kindertageseinrichtungen und in der Tagespflege" dem Landtag vorgelegt. Die durch 24.435 Unterschriften unterstütze Initiative zielte auf einen Stopp der laufenden Umsetzung des Gesetzes und eine erneute Debatte dazu im Landtag ab. Kindertagesstättenkosten sollten landesweit einheitlich berechnet werden. Der Landtag behandelte das Anliegen im September 2004 und überwies es in den Sozialausschuss.

Wie ist die bisherige Praxis direkter Demokratie in Mecklenburg-Vorpommern zu bewerten? Die Vielzahl von Volksinitiativen und die Tatsache, dass bisher noch kein Volksbegehren initiiert worden ist, verdeutlichen die hohe Bedeutung der rechtlichen Rahmenbedingungen. Für die Volksinitiative ist mit 15.000 Unterschriften nur eine niedrige Eingangshürde aufgebaut worden. Das geringe Quorum ermutigte offensichtlich potenzielle Initiatoren. Obwohl eine Volksinitiative in Mecklenburg-Vorpommern nur fakultativ ist, ein plebiszitäres Verfahren also gleich mit einem Volksbegehren eingeleitet werden könnte, entschieden sich alle Initiatoren angesichts der fast zehnfach höheren Hürde von 140.000 Unterschriften dagegen. Die Angst vor einem Scheitern war sicher der Hauptgrund dafür. Hinzu kam sicher auch die Möglichkeit, das Parlament nicht nur mit einer Gesetzesvorlage zu befassen, sondern darüber hinaus auch bestimmte Gegenstände der politischen Willensbildung vorzulegen. Letzteres lässt eine Ablehnung aus juristischen Gründen unwahrscheinlicher erscheinen.

Zwei Volksinitiativen in Mecklenburg-Vorpommern zielten auf eine Bundesratsinitiative ab. Diese Stoßrichtung scheint ein Spezifikum der neuen Länder zu sein: Neun Verfahren waren dort darauf gerichtet, die Landesregierung zu einem bestimmten Verhalten im Bundesrat bzw. gegenüber der Bundesregierung zu bewegen. Meist handelte es sich um Themen, die alle neuen Länder zugleich betrafen und die sich einer umfassenden Regelungskompetenz des Landesgesetzgebers entzogen. Vermutlich wurde dabei nur in Ermangelung bundesweiter plebiszitärer Mitspracherechte der Umweg über die Länder unternommen.

Neben dem Themenschwerpunkt Verkehr zeichnen sich mit (Aus-)Bildung und sozialen Fragen weitere Bereiche ab, die in Mecklenburg-Vorpommern oft im Mittelpunkt von Volksinitiativen standen. Auffällig ist dabei der große Unterschriftenerfolg, der insbesondere der Volksinitiative „Gegen eine Zwei-Klassen-Medizin im Osten" zuteil wurde. Auch an diesem Beispiel wird ersichtlich, dass gesamtgesellschaftliche Interessen, die zudem einfach vermittelbar sind und zudem auf eine gute Organisationsstruktur zurückgreifen können, die besten Aussichten auf Unterstützung haben.

# 4 Kommunale Ebene

## 4.1 Bürgerbegehren und Bürgerentscheid – rechtliche Grundlagen

In Mecklenburg-Vorpommern sind wie in mittlerweile allen deutschen Bundesländern (außer Berlin) Bürgerbegehren und Bürgerentscheid auf kommunaler Ebene vorgesehen. Die entsprechenden Regelungen sind dabei nach Inkrafttreten der einschlägigen Kommunalverfassung mehrfach überarbeitet worden. Durch die Novellierungen des Gesetzestextes wurden die Bürgerbeteiligungsrechte tendenziell gestärkt.

Das Bürgerbegehren ist der Antrag der Bürgerinnen und Bürger an die Gemeindevertretung, einen Bürgerentscheid durchzuführen. Der Bürgerentscheid zielt auf die unmittelbare Entscheidung in einer konkreten Sache durch die Bürgerschaft. Die Gemeindeeinwohner entscheiden an Stelle der Gemeindevertretung über eine wichtige Angelegenheit des so genannten eigenen Wirkungskreises. Ein Bürgerentscheid entfällt, wenn nach einem erfolgreichen Bürgerbegehren die Gemeindevertretung oder der Hauptausschuss die Durchführung der beantragten Maßnahme beschließt. Richtet sich ein Bürgerbegehren gegen einen Beschluss der Gemeindevertretung, spricht man von einem kassatorischen Begehren. Hierfür ist eine Frist von sechs Wochen nach Bekanntgabe des entsprechenden Beschlusses vorgesehen. Für ein initiierendes Begehren, mit dem ein neues Thema auf die politische Tagesordnung gesetzt werden soll, gelten keine Fristen – auch und insbesondere für die Dauer der Unterschriftensammlung. Allerdings sind Bürgerbegehren zu einem Thema unzulässig, das bereits innerhalb einer Frist von zwei Jahren schon einmal Gegenstand eines Bürgerentscheids war – es sei denn, die Sach- oder Rechtslage hat sich wesentlich geändert. War ein Bürgerentscheid erfolgreich, so kann der dadurch erfolgte Beschluss innerhalb einer Zwei-Jahres-Frist nur durch einen erneuten Bürgerentscheid, nicht aber durch die Gemeindevertretung, geändert bzw. aufgehoben werden. Die einzige Möglichkeit für die Gemeindevertretung, diese Frist zu umgehen, bietet das so genannte Ratsbegehren: Die Kommunalverfassung von Mecklenburg-Vorpommern bietet – wie im Gefolge der DDR-Kommunalverfassung fast alle ostdeutschen Gemeindeordnungen – die Möglichkeit der Gemeindevertretung, selbst einen Bürgerentscheid herbeizuführen. Zulässig sind im übrigen in dem norddeutschen Bundesland auch Bürgerbegehren und -entscheid auf Landkreisebene.

Auch auf kommunaler Ebene sind direktdemokratische Begehren mit thematischen Grenzen aus einem so genannten Negativkatalog konfrontiert. Ein ursprünglich im Gesetzestext aufgeführter Positivkatalog mit Materien, die ausdrücklich im Wege von Bürgerbegehren und -entscheid aufgegriffen werden können, wurde unlängst gestrichen. Doch auch der Negativkatalog fällt nach der letzten Novellierung im Jahr 2004 etwas geringer aus. Er schließt wie in allen Bundesländern Haushaltsentscheidungen, Abgaben- und Gebührenregelungen sowie Fragen der Besoldung und der inneren Organisation der Verwaltung als Gegenstand von Bürgerbegehren und -entscheiden aus. Ausdrücklich ausgeschlossen sind darüber hinaus u.a. Bauleitpläne und die Beteiligung an kommunaler Zusammenarbeit. Hier geht der Gesetzgeber offensichtlich von sehr komplexen Materien aus, die ein hohes Maß an Fachkenntnis oder Verantwortungsbewusstsein voraussetzen, das er eher beim Rat verortet.

Entscheidend für die Praxisrelevanz von Bürgerbegehren und Bürgerentscheid sind neben dem Umfang des Negativkatalogs vor allem die geforderten Quoren, die auf den zwei Stufen der Volksgesetzgebung verlangt werden. Hier liegt Mecklenburg-Vorpommern auch nach den Änderungen in der Kommunalverfassung im Mittelfeld der deutschen Bundesländer. Das Bürgerbegehren muss in Gemeinden bis 50.000 Einwohnern von mindestens zehn Prozent der Bürger, in Städten mit mehr Einwohnern von mindestens 4.000 Einwohnern unterzeichnet sein. Beim Bürgerentscheid wird Stimmenmehrheit gefordert, diese Mehrheit muss jedoch mindestens 25 Prozent der Stimmberechtigten umfassen. Die Staffelung nach Gemeindegröße ergibt sich aus der Tatsache, dass es mit zunehmender Einwohnerzahl immer schwieriger wird, die Bürgerinnen und Bürger für ein bestimmtes Thema zu mobilisieren. Dementsprechend gestaffelte Hürden weisen mittlerweile die meisten Bundesländer auf. Oftmals sind die Stufungen noch differenzierter – in Mecklenburg-Vorpommern hat der Gesetzgeber angesichts nur weniger größerer Städte lediglich eine zweigeteilte Staffelung vorgesehen.

Auch das Zustimmungsquorum beim Bürgerentscheid liegt im Schnitt der deutschen Bundesländer. Von Verfechtern direkter Demokratie wird diese zweite Hürde jedoch regelmäßig in Frage gestellt. Es sei unlogisch, da schließlich auch Wahlen im Regelfall keine Anforderungen an die Beteiligung stellten. Zudem sei es undemokratisch, weil ein Fernbleiben von der Stimmurne stillschweigend als Nein-Stimme betrachtet werde. Wer sich hingegen an der Abstimmung beteilige, signalisiere öffentlich seine Zustimmung. Es liege im Interesse der Abstimmungsgegner, sich nicht etwa offensiv mit den Argumenten der Gegenseite auseinander zu setzen, sondern vielmehr ein Thema eher totzuschweigen.

Neben dem geforderten Unterschriftenquorum sehen sich Initiatoren mit einer weiteren Hürde konfrontiert. Wie in nahezu allen Ländern, so wird auch in Mecklenburg-Vorpommern ein Vorschlag zur Deckung der Kosten der beantragten Maßnahme verlangt. Dazu können die Bürger Beratung der Gemeinde in Anspruch nehmen. Ein solcher Kostendeckungsvorschlag erscheint sinnvoll, da er eine verantwortungsvolle Entscheidung ermöglicht: Mittel und Zweck sowie finanzielle Tragbarkeit lassen sich durch die Abstimmenden besser abschätzen. Allerdings engt die schwache Finanzausstattung der Kommunen ohnehin schon die Entscheidungsspielräume ein. Vor diesem Hintergrund können Kostendeckungsvorschläge in der Praxis eine hohe Hürde darstellen.

Über die Zulässigkeit eines Bürgerbegehrens befindet in den meisten Ländern die Kommunalvertretung. Diese Kompetenzzuschreibung erscheint problematisch, da oftmals davon auszugehen ist, dass der Gemeinderat bzw. Kreistag in seiner Mehrheit in Opposition zu dem durch das Bürgerbegehren geforderten Entscheid steht. Um den Eindruck einer Interessenkollision zu vermeiden, legte der Gesetzgeber in Mecklenburg-Vorpommern fest, dass die Gemeindevertretung über die Zulässigkeit nur im Benehmen mit der zuständigen Rechtsaufsichtsbehörde entscheiden kann. Allerdings handelt es sich beim „Benehmen" im Gegensatz zum „Einvernehmen" nur um eine beratende Stellungnahme ohne rechtliche Bindung.

## 4.2 Bürgerbegehren und Bürgerentscheid – Praxis

Wie relevant waren die gesetzlich vorgesehenen Instrumente für kommunale direkte Demokratie in der Praxis? Vergleichsweise gering, glaubt man dem vorhandenen Zahlenmaterial: Bisher sind in Mecklenburg-Vorpommern 68 Bürgerbegehren initiiert worden; 23 Bürgerentscheide fanden im Land statt. Die Erfolgsquote der angestrengten Verfahren liegt zudem unter dem Bundesschnitt. Viele Initiativen wurden vor einem möglichen Bürgerentscheid für unzulässig erklärt. Kam es jedoch zu einem Bürgerentscheid, war die Beteiligung mit durchschnittlich über 50 Prozent vergleichsweise hoch. Sie lag damit nur knapp unter der Beteiligung bei Kommunalwahlen.

Im Mittelpunkt direktdemokratischer Verfahren stand in Mecklenburg-Vorpommern wie in den meisten neuen Ländern das Thema Gebietsreform. Im Zuge der Umstrukturierungen nach der friedlichen Revolution und angesichts des anhaltenden Bevölkerungsschwundes standen Gebietsänderungen, Fusionspläne und Wechsel der Gemeindezugehörigkeit im Mittelpunkt des öffentlichen Interesses. Insgesamt 30 Verfahren fanden vor diesem Hintergrund statt, oft durch den Rat initiiert.

Bürgerbegehren und Bürgerentscheid fanden in Mecklenburg-Vorpommern bisher fast ausschließlich auf Gemeinde- und Stadtebene statt. Lediglich in Ostvorpommern kam es in einem Fall zu einem Bürgerbegehren auf Kreisebene. Ein Bürgerbegehren richtete sich hier gegen die Privatisierung der Abfallwirtschaft im Kreis, wurde jedoch für unzulässig erklärt. Damit liegt Mecklenburg-Vorpommern im Bundestrend, denn auch hier wurden bisher nur in Ausnahmefällen Bürgerbegehren auf Kreisebene initiiert. In großflächigen Verwaltungseinheiten lassen sich die Bürgerinnen und Bürger offensichtlich schlechter mobilisieren: Probleme werden schlicht stärker lokal wahrgenommen.

Auch wenn in Mecklenburg-Vorpommern viele Initiativen gescheitert sind, gelang es doch zumindest, ein Thema auf die politische Agenda zu setzen. Themen wurden ausführlicher diskutiert, politische Entscheidungsprozesse und auch -zwänge sind transparenter geworden. Auf der anderen Seite kann die hohe Zahl gescheiterter oder für unzulässig erklärter Verfahren auch zu politischer Frustration führen.

## 4.3 Personalwahlen

Seit dem Jahr 2000 werden Landräte und hauptamtliche Bürgermeister in Mecklenburg-Vorpommern direkt durch die Bürgerinnen und Bürger gewählt. Auch die Abberufung erfolgt nicht mehr indirekt durch die Gemeindevertretungen bzw. Kreistage, sondern ist nur noch direkt durch die Bevölkerung möglich. Damit folgte Mecklenburg dem Beispiel aller neuen und mehrerer alter Länder, die bereits Anfang und Mitte der 1990er dieses zentrale Instrument der Süddeutschen Ratsverfassung in ihren Gemeinde- und Landkreisordnungen eingeführt hatten. Im Gegensatz jedoch zu anderen Ländern, die mit der Figur des starken Bürgermeisters – Politik- und Verwaltungsführung, Außenvertretung, Vorsitz der Gemeindevertretung – eng dem Modell der Süddeutschen Ratsverfassung folgten, ist in Mecklenburg-Vorpommern neben dem Bürgermeister bzw. Landrat eine eigenständige Position für den Ratsvorsitzenden vorgesehen. Die Gemeindevertretung wählt in hauptamtlich geführten Gemeinden aus ihrer Mitte einen Vorsitzenden – der Bürgermeister erfüllt diese Aufgabe nicht qua Amt.

Mit der Einführung der Direktwahl der hauptamtlichen Bürgermeister und Landräte wurden in Mecklenburg-Vorpommern die Einflussmöglichkeiten der Bürgerinnen und Bürger gestärkt. Allerdings besteht darüber, ob diese Wahlrechte als direktdemokratische Instrumente zu verstehen sind, keine Einigkeit. Die Argumentationen dazu finden sich ausführlich im Landesteil Thüringen.

Die direkte Wahl der Bürgermeister und Landräte erfolgt nach den Grundsätzen der absoluten Mehrheitswahl. Falls keiner der Bewerber die absolute Mehrheit der abgegebenen Stimmen erreicht, ist eine Stichwahl zwischen den beiden stärksten Kandidaten vorgesehen. Wenn nur ein Wahlbewerber antritt, so benötigt dieser für eine ausreichende Legitimation nicht nur die Mehrheit der abgegebenen gültigen Stimmen. Die Anzahl der auf ihn oder sie entfallenden Stimmen muss darüber hinaus mindestens einem Viertel der Wahlberechtigten entsprechen.

Die Amtszeit der hauptamtlichen Bürgermeister und Landräte liegt zwischen sieben und neun Jahren und entspricht damit nicht der Wahlperiode der Kommunalvertretungen. Die genaue Dauer der Amtsperiode wird durch die jeweilige Hauptsatzung festgelegt. Spiegelbildlich zur Wahl ist auch eine Abwahl nur direkt durch die Bürgerinnen und Bürger möglich. Ein Bürgerentscheid über die Abberufung eines Bürgermeisters oder Landrats bedarf allerdings eines Beschlusses der Kommunalvertretung mit Zweidrittel-Mehrheit – das Initiativrecht liegt damit wie in den meisten Bundesländern beim Rat. Ein anschließender Bürgerentscheid benötigt eine Mehrheit von zwei Dritteln der abgegebenen gültigen Stimmen, wobei diese Mehrheit mindestens einem Drittel der Stimmberechtigten entsprechen muss. Angesichts dieser im Vergleich zum Bürgerentscheid über Sachfragen erkennbar höheren Hürden ist eine ausufernde Praxis nicht zu erwarten.

Wie sind die neuen Regelungen zur Direktwahl und ihre Anwendung zu bewerten? Mit der Einführung der Direktwahl war nicht nur die Hoffnung verbunden, durch die direkte Legitimation die Akzeptanz und Responsivität der Gewählten zu verbessern, sondern darüber hinaus auch die Bürgerinnen und Bürger stärker politisch zu involvieren. Nimmt man die Wahlbeteiligung als Indikator, so ist festzustellen, dass letzteres nur begrenzt gelungen ist. War die Beteiligung an den Bürgermeisterwahlen gemessen an den Gemeinderatswahlen noch akzeptabel, so lässt sich dies für die Landratswahlen nicht feststellen. Im Durchschnitt beteiligten sich daran lediglich 37,9 Prozent der Wahlberechtigten, 17 Prozentpunkte weniger als bei den vergangenen Kreistagswahlen. Die Zurückhaltung lässt sich hauptsächlich aus zwei Motiven erklären: Zum einen sind die politischen Kompetenzen des Kreises und insbesondere des Landrats zu wenig im Bewusstsein verankert, zum anderen sind Landräte naturgemäß weniger bekannt und „erfahrbar" als örtliche Bürgermeister. Angesichts der enttäuschenden Beteiligung wurde in der Folge von einigen Seiten gefordert, das neue Verfahren wieder abzuschaffen.

Über die Auswirkungen der Direktwahl auf die politische Praxis bestehen durchaus unterschiedliche Meinungen (vgl. auch Landesteil Thüringen). Im Regelfall ist sicher von einer gestärkten Position des Amtsinhabers auszugehen. Kommunale Politik wird durch die Direktwahl weniger parteipolitisch geprägt. Der persönliche Bekanntheitsgrad ist für die Wahl ausschlaggebender als die Parteipräferenz. Die direkte Legitimation ermöglicht es den Gewählten, selbstbewusst und unabhängiger von den Ratsparteien zu agieren. Hinzu kommt, dass Amtsinhaber angesichts einer angestrebten Wiederwahl verstärkt den Kontakt zu den Bürgerinnen und Bürgern suchen werden. Die Kommunikation von Einwohnern und Kommunalpolitik kann dadurch gewinnen.

Die in Mecklenburg-Vorpommern ausgesprochen lange Amtszeit von bis zu neun Jahren ist allerdings in der Vergangenheit gelegentlich kritisiert worden. Den Bürgerinnen und Bürgern werde mit der Direktwahl ein Recht zugestanden, dass sie in der Praxis nur sehr selten nutzen könnten. Es sei fraglich, ob die Existenz dieses Instruments nebst dessen Bedeutung überhaupt vermittelbar sind.

## 4.4 Weitere Partizipationsinstrumente

Wie alle Gemeindeordnungen in Deutschland, so sieht auch die Kommunalverfassung in Mecklenburg-Vorpommern einen Bürgerantrag vor. Mit diesem Instrument, in Mecklenburg-Vorpommern Einwohnerantrag genannt, kann ein Rat gezwungen werden, sich mit einer wichtigen Angelegenheit zu befassen, die zum eigenen Wirkungskreis gehört. Auch hierfür wurden im Zuge der Novellierung des Kommunalverfassungsrechts die Hürden gesenkt. Ein Einwohnerantrag muss schriftlich an den Vorsitzenden der Gemeindevertretung gestellt werden und eine Begründung enthalten. In Gemeinden bis 40.000 Einwohnern muss er von mindestens fünf Prozent der Einwohner unterzeichnet sein, in größeren Städten von mindestens 2.000 Einwohnern. In Mecklenburg-Vorpommern ist ein Einwohnerantrag schon für Einwohner ab 14 Jahren möglich – ähnlich wie übrigens auch die Altersgrenze bei Kommunalwahlen in dem nördlichen Bundesland bei nur 16 Jahren liegt. Problem des Einwohnerantrags ist zweifelsohne, dass die Kommunalvertretung sich nur mit einer Angelegenheit befassen muss, nicht jedoch zu einem bestimmten Verhalten gezwungen werden kann. Ein Einwohnerantrag führt nicht zu einem Bürgerentscheid und bietet auch keine Vorteile für eventuell später angedachtes Bürgerbegehren zum gleichen Thema. Dementsprechend bedeutungslos blieb der Einwohnerantrag in der Vergangenheit, zumal die Hürden vor der Novellierung der Kommunalverfassung noch erkennbar höher lagen.

Ein weiteres Mitspracherecht sieht die Kommunalverfassung von Mecklenburg-Vorpommern mit der Fragestunde vor. Im Gesetzestext heißt es, dass die Gemeindevertretung bei öffentlichen Sitzungen Einwohnern, die das 14. Lebensjahr vollendet haben, die Möglichkeit einräumen *kann*, zu Angelegenheiten der örtlichen Gemeinschaft Fragen zu stellen und Vorschläge oder Anregungen zu unterbreiten.

Im weitesten Sinne kann auch die Unterrichtung der Einwohner als Partizipationsinstrument verstanden werden. Für diese Unterrichtung sind Einwohnerversammlungen oder andere Formen der Öffentlichkeitsarbeit vorgesehen. Im Grunde ist die Unterrichtung, die in der Kommunalverfassung bezüglich ihrer Form recht offen gelassen wird, allerdings – wie auch der Name verrät – nicht auf die Einflussnahme der Bürgerinnen und Bürger ausgerichtet. Im Regelfall dient sie eher als Instrument der Werbung und Profilierung.

## 5  Fazit

Mecklenburg-Vorpommern ist weder direktdemokratische Avantgarde noch Schlusslicht im Ländervergleich. Das betrifft sowohl die rechtliche Ausgestaltung direktdemokratischer Verfahren als auch die Praxis von Volksgesetzgebung. Auf Landesebene sticht die vergleichsweise hohe Zahl von Volksinitiativen ins Auge. Dem gegenüber stehen allerdings die vorgehaltenen Instrumente Volksbegehren und Volksentscheid, die in Anbetracht der vergleichsweise hohen Hürden noch nie in Anspruch genommen wurden. Die niedrigen Einstiegshürden für eine Volksinitiative ermutigten offensichtlich potenzielle Initiatoren ebenso wie das für ein Volksbegehren geforderte fast zehnprozentige Unterschriftenquorum abschreckte – zumal nach einem möglichen Volksbegehren noch ein recht hohes Quorum beim Volksentscheid gefordert wird.

Neben dem Themenkomplex Verkehr standen soziale Themen im Vordergrund bei den bisher angestrebten 15 Volksinitiativen. Eine Initiative beschäftigte sich mit dem Thema Gebietsreform, ein Komplex, der auf kommunaler Ebene bei Bürgerbegehren und -entscheid auffällig oft thematisiert wurde. Allerdings spielten auch auf der Ebene der Landkreise, Städte und Gemeinden direktdemokratische Verfahren bisher eine eher untergeordnete Rolle. Dabei bleibt allerdings abzuwarten, wie sich die inzwischen gelockerten Bestimmungen der Kommunalverfassung genauso wie die Direktwahl der Bürgermeister und Landräte auf die politische Praxis auswirken wird.

Die nüchterne Bilanz und der beträchtliche Anteil abgelehnter oder unzulässiger Initiativen zeigen, dass den Bürgerinnen und Bürgern zwar Beteiligungsrechte zugestanden werden, die allerdings in der Praxis keine große Relevanz entfalten. Sieht man allerdings die direktdemokratischen Instrumente als Möglichkeit, eine öffentliche Diskussion anzuregen, dann haben sich die Regelungen auch in Mecklenburg-Vorpommern sicher bewährt.

 ## Literatur- und Internethinweise

*Franke-Polz, Tobias*: Direkte Demokratie, Erfurt 2003.

*Hennecke, Hans Jörg,* Die Entwicklung der Rahmenbedingungen für die kommunale Demokratie in Mecklenburg-Vorpommern seit 1990, in: Nikolaus Werz u.a., Rostocker Informationen zu Politik und Verwaltung, Heft 15, Rostock 2001.

*Klages, Andreas*: Direkte Demokratie in Deutschland. Impulse aus der deutschen Einheit, Marburg 1996.

*Wollmann, Hellmut*: Direkte Demokratie in den ostdeutschen Kommunen, in: Bogumil, Jörg (Hg.): Kommunale Entscheidungsprozesse im Wandel, Opladen 2002.

www.forschungsstelle-direkte-demokratie.de

www.mehr-demokratie.de

# Direkte Demokratie in Niedersachsen

*Peter Hoffmann*

## 1 Direkte Bürgerbeteiligung auf Landesebene

Die deutsche Einheit brachte Niedersachsen eine neue Verfassung, die am 1. Juni 1993 in Kraft trat. Neu aufgenommen wurden im Fünften Abschnitt, in den Artikeln 47 bis 50, plebiszitäre Elemente auf Landesebene. Sie geben den Bürgerinnen und Bürgern die Möglichkeit, den Landtag direkt aufzufordern, sich mit bestimmten Sachverhalten der politischen Willensbildung zu befassen (Volksinitiative) oder selbst einen Gesetzentwurf zur Abstimmung in den Landtag einzubringen (Volksbegehren) bzw. das Volk über ihn abstimmen zu lassen (Volksentscheid).

Da die neue Verfassung die drei plebiszitären Rechtsinstitute nur in groben Zügen regelte, wurde der Landtag im Artikel 50, Abs. 2 verpflichtet, konkrete gesetzliche Regelungen über die Durchführung von Volksinitiativen, Volksbegehren und Volksentscheiden zu treffen. Ein entsprechendes Gesetz, das Niedersächsische Volksabstimmungsgesetz (NVAbstG), verabschiedete der Landtag ein Jahr später einstimmig am 15. Juni 1994, und so können die Bürgerinnen und Bürger in Niedersachsen seit nunmehr zehn Jahren nicht nur durch Wahlen politischen Einfluss nehmen, sondern Demokratie auch direkt ausüben.

Das NVAbstG bewertete der CDU-Abgeordnete Cassens in der zweiten Beratung im Landtag unter vier Aspekten positiv: „Erstens. Die plebiszitären Elemente sind ein wichtiges Mittel, um unsere Verfassung, die repräsentativ und demokratisch strukturiert ist, sinnvoll zu ergänzen. Zweitens. Wir haben klare rechtliche Vorgaben gefunden, den Zugang zu bestimmten Gegenständen der politischen Willensbildung des Landtages zu ermöglichen. Unsere Triebfeder war, das Ganze so praxisnah, so praktikabel und so sachgerecht wie möglich umzusetzen. Drittens. Die vom Gesetzgeber für notwendig erachteten organisatorischen Regelungsabläufe dienen der Rechtsqualität, auf die – gerade bei politischen Willensbildungsprozessen, denn es geht um die Mitwirkung – nicht verzichtet werden kann. Viertens. Mit diesem Gesetz leisten wir einen Beitrag dazu, dass die Demokratieabstinenz ein bisschen, wenn auch nicht vollends, abgebaut wird und dass unsere Mitbürger aus einer Zuschauermentalität wieder ins aktive Geschehen zurückgeholt werden."

Mit Hilfe der Abstimmungsinstrumente Volksinitiative, Volksbegehren und Volksentscheid können die Bürgerinnen und Bürger seitdem erreichen, dass sich der Niedersächsische Landtag mit bestimmten Sachthemen beschäftigen oder über

Gesetzentwürfe beschließen muss. Während die Volksinitiative eindeutig Teil der gesellschaftlichen Willensbildung ist, gehört der Volksentscheid seinerseits zur staatlichen Willensbildung. Das Volksbegehren wurde in Niedersachsen der gesellschaftlichen Willensbildung zugeordnet.

Die Trennung zwischen gesellschaftlicher und staatlicher Willensbildung, die die Verwischung von Zuständigkeiten und Verantwortlichkeiten ausschließen soll, begründete der SPD-Abgeordnete Oppermann im Landtagsplenum am 15. Juni 1994 mit folgenden Worten: „Die repräsentative Demokratie ist das Standbein unseres demokratischen Systems, während die plebiszitäre Demokratie sozusagen das Spielbein ist. Wir wollen mit der Volksgesetzgebung unsere repräsentative Demokratie ergänzen, sie aber nicht ersetzen. Deshalb muss man trennen." Zuständig für das Volksabstimmungsrecht ist das niedersächsische Innenministerium, das zusammen mit dem Landeswahlleiter die Einhaltung der Wahlrechtsgrundsätze gewährleistet.

## 2   Volksinitiative

Doch schon bevor das Niedersächsische Volksabstimmungsgesetz am 23. Juni 1994 in Kraft trat, startete die erste Volksinitiative am 10. Januar 1994. Damals sammelte die „Volksinitiative Verantwortung vor Gott und den Menschen in die Verfassung" in kürzester Zeit ca. 114.000 Unterstützungsunterschriften. Nicht zuletzt aufgrund dieser Volksinitiative verabschiedete der Niedersächsische Landtag im Juni 1994 ein Gesetz, mit dem die Präambel „Im Bewusstsein seiner Verantwortung vor Gott und den Menschen hat sich das Volk von Niedersachsen durch seinen Landtag diese Verfassung gegeben" in die Niedersächsische Verfassung aufgenommen wurde.

Mit der Volksinitiative wurde in Niedersachsen ein junges und in seiner Anwendung noch recht unbekanntes plebiszitäres Element geschaffen, denn Erfahrung aus anderen Bundesländern lagen nicht vor oder waren nicht vergleichbar. Mit Hilfe der Volksinitiative soll der Landtag dazu gebracht werden, seine Tagesordnung zu „erweitern" und sich im Rahmen seiner verfassungsgemäßen Zuständigkeit mit bestimmten Gegenständen der politischen Willensbildung zu befassen. Um eine solche Volksinitiative auf den Weg zu bringen, müssen sich zunächst fünf bis neun wahlberechtigte Personen finden, die als Vertreterinnen und Vertreter der Initiative benannt werden. Deren Auftrag ist es, die beabsichtigte Volksinitiative beim Niedersächsischen Landeswahlleiter anzuzeigen, der seinerseits den Gegenstand der Volksinitiative im Niedersächsischen Ministerialblatt veröffentlicht und auf diesem Wege landesweit bekannt macht. Außerdem unterrichtet er unverzüglich den Landtag über die Volksinitiative.

Ergeben sich rechtliche Bedenken gegen die Volksinitiative, weil u. U. die verfassungsmäßige Zuständigkeit nicht gegeben ist, teilt der Präsident des Landtages dies den Initiatoren der Volksinitiative mit. Durch diese Regelung sollen die Initiatoren davor geschützt werden, dass sie mit viel Mühe und Kosten die von der Verfassung verlangten 70.000 Unterschriften sammeln und erst danach erfahren, dass sich der Landtag mit ihrem Anliegen nicht befassen kann. Sobald beim Landeswahlleiter die Volksinitiative angezeigt ist, können deren Vertreterinnen und Vertreter mit der Sammlung der 70.000 vorgeschriebenen Unterstützungsunterschriften beginnen. Dabei müssen sie beachten, dass nur Unterschriftenbögen mit genau vorgeschriebenem Inhalt verwendet werden. Um hier keine Fehler zu machen, können sie sich vom Landeswahlleiter beraten lassen. Die Kosten für die Unterschriftenaktion sind von den Initiatoren der Volksinitiative zu tragen. Die unterschriebenen Bögen sind den Wohnsitzgemeinden der eingetragenen Personen zur Überprüfung ihres Stimmrechts vorzulegen. Die Gemeinden müssen das Ergebnis ihrer Prüfung auf den Bögen vermerken und diese anschließend den Initiatoren der Volksinitiative zurückgeben. Danach sind von diesen die Bögen innerhalb eines Jahres beim Landeswahlleiter einzureichen, der zu prüfen hat, ob mindestens 70.000 gültige Unterstützungsunterschriften vorliegen. Ist dies der Fall, leitet er das Ergebnis und den Antrag, der mit der Volksinitiative gestellt wurde, an die Landesregierung weiter. Diese verfasst eine Stellungnahme und stellt sie zusammen mit der Initiative dem Landtag zu, der sie innerhalb von vier Monaten zu behandeln hat. Aufgabe des Landtags ist es, in einem ersten Verfahrensschritt zu prüfen, ob die Volksinitiative die verfassungsmäßigen Zulassungsvoraussetzungen erfüllt hat, insbesondere ob sie in seine Zuständigkeit fällt. Ist dies nicht gegeben, befasst sich das Parlament nicht mit dem Gegenstand der Volksinitiative. Deren Vertreterinnen und Vertreter können sich in diesem Fall jedoch an den Staatsgerichtshof wenden, der über die Verfassungsmäßigkeit befindet. Hält der Landtag allerdings die Volksinitiative für verfassungsmäßig zulässig, berät er über deren inhaltlichen Sachverhalt. In diesem Stadium haben die Vertreterinnen oder Vertreter der Volksinitiative das Recht, vor dem jeweils zuständigen Landtagsausschuss in öffentlicher Sitzung angehört zu werden. Am Ende der Anhörungen und Beratungen fasst der Landtag einen Beschluss, mit dem die Initiative in der Sache endet.

Nach dem In-Kraft-Treten des NVAbstG wurden in Niedersachsen folgende acht Volksinitiativen initiiert:

- „Volksinitiative für kommunale Beitragsgerechtigkeit und Umweltschutz" (1995)
- „Volksinitiative für die Verbesserung und langfristige Sicherstellung der Unterrichtsversorgung in Niedersachsen" (1995)
- „Volksinitiative für Jugendgemeinderäte – gegen das Wahlalter 16" (1996)

- „Volksinitiative gegen den Verkauf der Harzwasserwerke" (1996)
- „Volksinitiative zum Erhalt des Rettungshubschraubers Christoph 30" (1996)
- „Volksinitiative Patientenschutzstelle Niedersachsen"(1998)
- „Volksinitiative für ein gebührenfreies Studium und Teilzeitstudium" (2003)
- „Volksinitiative für Lernmittelfreiheit und freie Schülerbeförderung" (2004)

Von diesen acht Initiativen konnte bisher nur die „Volksinitiative zum Erhalt des Rettungshubschraubers Christoph 30" einen ähnlichen Erfolg wie die erste in Niedersachsen durchgeführte „Volksinitiative Verantwortung vor Gott und den Menschen in die Verfassung" erringen. Aufgrund der Sammlung von 75.763 Unterstützungsunterschriften beschloss der Landtag den Erhalt des Standortes des Rettungshubschraubers Christoph 30 in Wolfenbüttel. Die „Volksinitiative für die Verbesserung und langfristige Sicherstellung der Unterrichtsversorgung in Niedersachsen" war mit der Sammlung von nahezu 140.000 Unterstützungsunterschriften auch sehr erfolgreich. Doch sie scheiterte letztlich, da der Landtag nach eingehender Beratung eine Entschließung verabschiedete, in der die finanziellen und politischen Rahmenbedingungen und die Maßnahmen des Landes dargestellt sowie die Forderungen der Volksinitiative als nicht realisierbar abgelehnt wurden. Die Sammlung von Unterschriften für die jüngste „Volksinitiative für Lernmittelfreiheit und freie Schülerbeförderung" wird zurzeit durchgeführt. Die Frist für die Einreichung der Unterschriftenbögen beim Landeswahlleiter endet am 2. Juni 2005. Die übrigen nicht erfolgreichen Volksinitiativen scheiterten daran, dass keine oder nicht genügend Unterstützungsunterschriften beigebracht wurden. Dennoch nahm sich der Landtag einiger Sachverhalte an. So entsprach er im Wesentlichen dem Anliegen der „Volksinitiative für kommunale Beitragsgerechtigkeit und Umweltschutz", die eine Modifikation des Nds. Wassergesetzes, der Nds. Gemeindeordnung und des Nds. Kommunalabgabegesetzes im Zusammenhang mit der Abwasserbeseitigung forderte, durch das 9. Gesetz zur Änderung des Nds. Wassergesetzes vom 16. November 1995.

---

**Hauptregeln für die Volksinitiative**

- Themen: Bestimmte Gegenstände der politischen Willensbildung; ein Gesetzentwurf ist nicht erforderlich.
- Quorum: 70.000 Unterschriften innerhalb von 12 Monaten.
- Der Landtag muss sich mit der Volksinitiative befassen und darüber entscheiden.
- Anhörung der Initiative im zuständigen Landtagsausschuss.

Die „Volksinitiative gegen den Verkauf der Harzwasserwerke" zog ihre Initiative zurück, nachdem der Landtag den Verkauf der Harzwasserwerke beschlossen hatte.

## 3 Volksbegehren

Beim Volksbegehren wurden in Niedersachsen Vorschriften über den Volksentscheid herangezogen, die sich bereits in Bayern und Rheinland-Pfalz bewährt hatten. Durch Volksbegehren und Volksentscheid sollten neben der bis dahin ausschließlichen Gesetzgebungszuständigkeit des Landtags ein ganz neuer Gesetzgebungsweg eröffnet werden. Um dem Ziel der neuen Verfassungsbestimmung, nämlich mehr Bürgerbeteiligung zu ermöglichen, gerecht zu werden, wurde ein einfaches, handhabbares und transparentes Verfahren der Volksgesetzgebung geschaffen.

Im Unterschied zur Volksinitiative muss dem Volksbegehren ein ausgearbeiteter Gesetzentwurf mit Begründung und mit Angaben der zu erwartenden Kosten für die öffentliche Hand zugrunde liegen. Das Ziel eines solchen Begehrens kann es sein, ein Gesetz im Rahmen der Gesetzgebungsbefugnis des Landes zu erlassen, zu ändern oder aufzuheben. Thematisch ausgenommen von Volksbegehren sind Gesetze über den Landeshaushalt, über öffentliche Abgaben sowie über Dienst- und Versorgungsbezüge.

Dem Volksbegehren wurde ein so genanntes Antragsverfahren vorgeschaltet, weil ein zulässiges Begehren ein aufwendiges öffentliches und förmliches Verfahren in Gang setzt, das ungefähr soviel wie eine Landtagswahl kostet. Auf diese Weise soll auch gewährleistet werden, dass nur ernsthafte Initiativen eine Chance haben. Wenn mindestens 25.000 Unterstützungsunterschriften vorliegen, müssen die Initiatoren des Volksbegehrens bei der Landesregierung einen Antrag auf Überprüfung der Zulässigkeit stellen, über den diese befinden muss. Gegen deren Entscheidung können die Initiatoren den Staatsgerichtshof anrufen. So kann in Konfliktsituationen ein verfassungsgemäßes Verfahren sichergestellt werden.

Wird die Durchführung des Volksbegehrens zugelassen, haben die Vertreterinnen und Vertreter des Volksbegehrens Anspruch auf Erstattung der notwendigen Kosten und auf eine angemessene Information der Öffentlichkeit über die Ziele des Volksbegehrens. Diese Kostenerstattungsregelung führte in der Landtagsdebatte über den Entwurf eines Gesetzes über Volksinitiative, Volksbegehren und Volksentscheid zu der Frage, ob sie nicht den Weg zu einer unzulässigen Parteienfinanzierung eröffne. Es wurde zwar das Recht der Parteien betont, einerseits Volksbegehren auf den Weg bringen zu dürfen, doch andererseits keine Doppelfinanzierung über Erstattung nach dem Volksabstimmungsgesetz und gleichzeitig als Wahlkampfkostenerstattung zuzulassen. Wenn mindestens zehn Prozent der Stimmberechtigten, d.h. ca. 570.000, das Volksbegehren unterstützt haben, ist es erfolgreich. Die Landesregierung leitet dann den dem Volksbegehren zugrunde liegenden Gesetzentwurf mit ihrer Stellungnahme unverzüglich an den Landtag weiter, der darüber beraten und abstimmen muss. Wenn das Begehren allerdings vom Landtag nicht im Wesentlichen unverändert angenommen wird, folgt ein Volksentscheid. Die strengeren Anforderungen an das Volksbegehren ergeben sich aus der Verfassung. Denn während es für die Volksinitiative genügt, dass ein bestimmter Wunsch an den Landtag gerichtet wird, muss als Volksbegehren ein ausgearbeiteter Gesetzentwurf mit Begründung und mit der Angabe der zu erwartenden Kosten für die öffentliche Hand vorgelegt werden.

Seit 1994 wurden in Niedersachsen die sechs folgenden Volksbegehren initiiert:

- „Befragung des Volkes in Niedersachsen zur Einführung der Europäischen Einheitswährung EURO" (1997)
- „Gesetz zur Befragung des Volkes in Niedersachsen zur gesetzlichen Regelung der Zuwanderung ausländischer Arbeitskräfte nach Deutschland" (2002)
- „Gesetz zur Sicherstellung der Unterrichtsbeteiligung an öffentlichen Schulen" (2002/2003)
- „WIR gegen die Rechtschreibreform" (1997/98)
- „Gentechnikfrei aus Niedersachsen" (1997/98)
- „Kindertagesstätten-Gesetz Niedersachsen" (1999/2001)

Die ersten drei Begehren scheiterten schon im Antragsverfahren, da in keinem Fall die erforderlichen 25.000 Unterschriften erreicht wurden. Das von Bündnis 90/Die Grünen und kirchlichen Gruppen initiierte Volksbegehren „Gentechnikfrei aus Niedersachsen" fand in der niedersächsischen Bevölkerung eine gute Resonanz. Da jedoch nach Beginn der Erfolg versprechenden Unterschriftaktion vom Bundesministerium für Gesundheit eine Verordnung zur Positivkennzeichnung von Lebensmitteln vorbereitet wurde, verfolgten die Initiatoren das Volksbegehren nicht weiter und stellten bei der Landesregierung keinen Antrag auf Feststellung der Zulässigkeit. Das Volksbegehren „WIR gegen die Rechtschreibreform" hatte zwar auch eine beträchtliche Resonanz in der Bevölkerung, doch fehlten letztlich über die Hälfte der für eine Zulassung erforderlichen Unterstützungsunterschriften. Selbst Unterschriften, die sich auf vom Landeswahlleiter nicht verbindlich festgelegten Unterschriftenbögen befanden und deshalb nicht als gültig anerkannt werden konnten, hätten dem Begehren keinen Erfolg gebracht. Nur das Volksbegehren „Kindertagesstätten-Gesetz Niedersachsen" war bisher erfolgreich. Bereits gut vier Monate nach Beginn der Unterschriftenaktion war das Zehnprozent-Quorum erreicht, und am Ende hatten fast zwölf Prozent der Wahlberechtigten unterschrieben. Danach nahm sich der Landtag des Volksbegehrens an und beschloss den mit ihm eingebrachten Gesetzentwurf mit geringen Änderungen am 12. Dezember

2001. Doch vorher musste sich der Niedersächsische Staatsgerichtshof in Bücke-burg mit einer Klage der Landesregierung wegen eines angeblichen Verstoßes gegen das Finanztabu beschäftigen, die er allerdings zurückwies. Für April 2005 hat der Blinden- und Sehbehindertenverband Niedersachsen den Start einer Unter-schriftenaktion für ein Volksbegehren mit dem Ziel vorgesehen, allen blinden Menschen in Niedersachsen wieder den Bezug eines einkommens- und vermögen-sunabhängigen Landesblindengeldes zu verschaffen.

---

**Hauptregeln für das Volksbegehren**

- Themenausschluss: Landeshaushalt, öffentliche Abgaben, Dienst- und Versorgungsbezüge.
- Quorum: 10% der Wahlberechtigten (ca. 590.000 Unterschriften)
- Sammelfrist: 1 Jahr
- Freie Unterschriftensammlung, keine Amtseintragung möglich.
- Im Erfolgsfall kann der Landtag binnen sechs Monaten das Volks-begehren beschließen, andernfalls kommt es zum Volksentscheid.

---

## 4 Volksentscheid

Wenn der Landtag nicht innerhalb von sechs Monaten einen Gesetzentwurf, der ihm aufgrund eines Volksbegehrens zugeleitet wurde, im Wesentlichen unverän-dert annimmt, muss innerhalb weiterer sechs Monate ein Volksentscheid stattfin-den. Dazu kann der Landtag einen eigenen Gesetzentwurf vorlegen. Dabei eröffnet der Volksentscheid der Bevölkerung die Möglichkeit, selbst abschließend über durch Volksbegehren eingebrachte Gesetzentwürfe abzustimmen. Für die Durch-führung eines Volksentscheids gelten die Entsprechungen für die Durchführung einer Landtagwahl, allerdings mit der Besonderheit, dass nur mit „Ja" oder „Nein" gestimmt werden darf. Ein Gesetz ist durch Volksentscheid beschlossen, wenn die Mehrheit derjenigen, die ihre Stimme abgegeben haben, jedoch mindestens ein Viertel der Wahlberechtigten, dem Entwurf zugestimmt hat. Bei einer Verfas-sungsänderung ist Bedingung, dass dieser im Volksentscheid mindestens die Hälfte der Wahlberechtigten zustimmt. Der Landeswahlausschuss stellt anschließend fest, ob die erforderlichen Quoren erreicht wurden. Ist dem so, ist das Gesetz oder die Änderung des Gesetzes bzw. der Verfassung auszufertigen.

Seit Einführung der Direkten Demokratie 1994 hat es in Niedersachsen jedoch noch keine Volksabstimmung gegeben.

**Hauptregeln für den Volksentscheid**

- Der Landtag kann ergänzend einen eigenen Gesetzentwurf zum Gegenstand des Volksbegehrens vorlegen (Konkurrenzvorlage).
- Abstimmungsklausel: Mindestens ein Viertel der Stimmberechtigten muss einem Vorschlag zustimmen (Zustimmungsquorum).
- Verfassungsänderung: Einer Verfassungsänderung muss mindestens die Hälfte der Stimmberechtigten zustimmen.

## 5 Bewertung plebiszitärer Entscheidungsverfahren auf Landesebene

Die bisherigen Erfahrungen mit der direkten Demokratie auf Landesebene zeigen, dass offensichtlich zu hohe Hürden die Anwendung begrenzen. So stellt sich die Frage, ob bei der Volksinitiative die Zahl der nötigen Unterschriften gesenkt werden sollte. Da es hierbei lediglich darum geht, dass ein Thema im Landtag diskutiert und entschieden wird, somit die Entscheidungskompetenz beim Landtag verbleibt, sollte der Weg für die Bürgerinnen und Bürger sowie für Verbände, mit dem Landtag ins Gespräch zu kommen, nicht zu beschwerlich sein. Das Gleiche gilt für die Senkung des Unterschriftenquorums beim Volksbegehren. Das derzeit gültige Quorum von zehn Prozent der Stimmberechtigten ermöglicht Volksbegehren nur in Ausnahmefällen, da der Aufwand für die Initiatoren zu groß ist. Dadurch kann ein Volksbegehren nur in Grenzen als Seismograph für gesellschaftliche Probleme funktionieren. Das Zustimmungsquorum beim Volksentscheid von 25 bzw. 50 Prozent kann Gegner einer Vorlage bewegen, zum Abstimmungsboykott aufzurufen, um durch eine geringe Abstimmungsbeteiligung zu einem Scheitern des Volksentscheids beizutragen. Solchen Aktionen kann das Prinzip „Die Mehrheit der abgegebenen Stimmen entscheidet" entgegenwirken. Des Weiteren könnte eine Koppelung von Volksinitiative und Volksbegehren die jeweiligen Vorteile beider Verfahren nutzen, ohne sie zu schwächen. Dazu müsste die Volksinitiative zur Voraussetzung für die Beantragung eines Volksbegehrens werden. Ähnlich wie in der Schweiz oder in vielen Bundesstaaten der USA könnten Fragen der öffentlichen Finanzen wie Steuern, Abgaben und die Verwendung der Staatsausgaben zum Gegenstand der Volksgesetzgebung werden. Das würde voraussetzen, dass die bisherigen Ausschlüsse von Themen wie Gesetze über den Landeshaushalt, öffentliche Abgaben sowie Dienst- und Versorgungsbezüge aufgehoben werden.

## 6    Bürger- und Einwohnerbeteiligung auf kommunaler Ebene

Der Rat hat seit je her auf Grund seiner Kompetenz, Richtlinien für die Verwaltungsführung aufzustellen, das Recht zu regeln, wie die Einwohner an der Verwaltung der Gemeinde zu beteiligen sind. Jedoch darf die so geregelte Beteiligung über eine Beratung der Organe, z.b. durch Beiräte, Kommissionen und ähnlich Einrichtungen, nicht hinausgehen. Denn verbindlichere Formen der Einwohnerbeteiligung bedeuten die Schaffung von Kommunalverfassungsrecht, für die nach der Kompetenzordnung des Grundgesetzes der Landtag zuständig ist. So setzte der Niedersächsische Landtag 1991 eine Enquete-Kommission ein, um Empfehlungen für eine Reform des Kommunalverfassungsrechts zu bekommen. Im Mai 1994 legte die Kommission ihren Abschlussbericht vor. Auf dessen Grundlage – aber im Gegensatz zu ihrem Votum gegen die Eingleisigkeit – verabschiedete der Niedersächsische Landtag am 6. März 1996 das Gesetz zur Reform des niedersächsischen Kommunalverfassungsrechts, das am 1. April verkündet wurde und am 1. November 1996 in Kraft trat. Die Kernelemente des Reformgesetzes wurden im August 1996 in die neue Niedersächsische Gemeindeordnung (NGO) und die neue Niedersächsische Landkreisordnung (NLO) übernommen, in denen Einzelheiten des in Niedersachsen noch jungen Instruments der plebiszitären Demokratie geregelt wurden.

In den abschließenden Beratungen des Landtags am 6. März führten vor allem die Direktwahl und das Prinzip der Eingleisigkeit für Bürgermeister- und Landratsamt zur politischen Kontroverse. Der Abgeordnete Weber von der Fraktion der regierenden Sozialdemokraten widmete sich der Kernfrage der Reform. „Führt die direkte Wahl von Bürgermeister und Landrat zu einer solch überragenden Position, dass daneben alle anderen demokratischen Rechte unausgleichbar verblassen?" Er verneinte diese Frage u. a. aufgrund der positiven Erfahrungen, die andere Bundesländer mit der Eingleisigkeit gemacht hätten. Dagegen nahm die CDU-Fraktion an der neuen Kompetenzfülle der nunmehr hauptamtlichen Bürgermeister und Landräte Anstoß, da sie darin einen Machtverlust der Gemeinderäte und Kreistage sah. Deshalb wollte sie nachdrücklich an der hergebrachten und von ihr als bewährt angesehenen Doppelspitze von Ehrenamtlichen und Hauptverwaltungsbeamten festhalten. Dabei konnte sich die CDU auf das Votum der Enquete-Kommission berufen, die sich fast einstimmig für die Beibehaltung des Systems der Doppelgleisigkeit ausgesprochen hatte. Die Position der CDU erläuterte ihr kommunalpolitischer Sprecher Eveslage mit den Worten: „Die neue Ordnung kommt einer radikalen Veränderung gleich, die in diesem Ausmaß weder von der Bevölkerung gewollt noch von den Kommunalpolitikern gewünscht, geschweige denn von ihnen verstanden wird." Zudem bekundete er seine Befürchtung, dass die parteipolitische Neutralität der niedersächsischen Hauptverwaltungsbeamten künftig gefährdet sein könnte. Am Ende der dritten Beratung war die Mehrheit für das neue Gesetz im

Landtag äußerst knapp, denn nur die die Landesregierung tragende SPD-Fraktion stimmte mit ihren 81 Abgeordneten dafür, die in Opposition stehenden Fraktionen von CDU und Bündnis 90/Die Grünen votierten mit ihren 80 Abgeordneten dagegen.

## 7  Direktwahl der Bürgermeister

Mit der Direktwahl der Bürgermeister wurde eine weitere direktdemokratische Komponente in die Kommunalverfassung eingeführt, denn sie stärkt die Mitwirkungsrechte der Bürger. Eine besondere Vor- und Ausbildung muss der Bürgermeister ebenso wenig aufweisen wie die übrigen Ratsmitglieder. Der Gesetzgeber geht davon aus, dass sich bei der Volkswahl nur ein Kandidat mit der erforderlichen persönlichen und fachlichen Eignung durchsetzen wird. Allerdings ist vorgeschrieben, dass ein anderer leitender Beamter eine besondere fachliche Qualifikation aufweisen muss, wenn der Bürgermeister sie nicht hat. Mit der kurzen Amtszeit des Bürgermeisters von nur fünf Jahren an Stelle der vorher üblichen sechs- bzw. zwölfjährigen Amtszeit des Gemeindedirektors soll gewährleistet werden, dass der Rat und die Wähler in einem überschaubaren Zeitraum eine wirkungsvolle Kontrolle über den Bürgermeister und seine Amtsführung behalten. Allerdings plant die jetzige Landesregierung, die Amtszeit auf acht Jahre zu verlängern.

Bei den bisher direkt gewählten Bürgermeistern zeigt sich bis heute ein deutliches Übergewicht von vormaligen Hauptverwaltungsbeamten, Lehrern und sonstigen Angehörigen des öffentlichen Dienstes, die gut zwei Drittel der gewählten Kandidaten stellen. Bei den Direktwahlen im September 2001 besetzten CDU und SPD nahezu drei Viertel der zu vergebenden Bürgermeisterposten, während die übrigen Bürgermeister bis auf wenige Ausnahmen (FDP, Grüne und freie Wählergruppierungen) als parteiunabhängige Kandidaten gewählt wurden. Der Anteil der Frauen unter den gewählten Hauptverwaltungsbeamten ist mit unter zehn Prozent recht gering. Eine weitere wichtige Neuerung zur direkten Bürgerbeteiligung auf kommunaler Ebene brachte das Gesetz zur Reform des niedersächsischen Kommunalverfassungsrechts mit den Instrumenten Einwohnerantrag, Bürgerbegehren und Bürgerentscheid, Anregungen und Beschwerden sowie Bürger- bzw. Einwohnerbefragung in den Gemeinden.

## 8  Einwohnerantrag

Als einziges Beteiligungsrecht ist der Einwohnerantrag, den man auch als Anregungsverfahren bezeichnen kann, nicht völlig neu, denn er fand sich bereits in der alten Gemeindeordnung als Bürgerantrag. Mit dem Einwohnerantrag können die

Einwohner direkt auf ihre gewählten Vertretungen einwirken. Dabei ist vorgegeben, dass innerhalb von zwölf Monaten in derselben Angelegenheit nur ein Einwohnerantrag gestellt werden darf. Darüber hinaus soll mit dem Unterschriftenquorum, das nach der Einwohnerzahl gestaffelt ist, sichergestellt werden, dass sich der Rat lediglich mit Anträgen zu befassen hat, die ein Minimum an öffentlicher Aufmerksamkeit erreicht haben. Seit Einführung des Einwohnerantrags hat er allerdings fast keine Bedeutung entwickelt.

Bewertet man das Instrument Einwohnerantrag nach den Kriterien Partizipation, Transparenz und Effizienz, so kann man alle als hoch bezeichnen, soweit der Antrag im Rat in öffentlicher Sitzung beraten wird und im Ergebnis Zustimmung findet. Somit geht von diesem Partizipationsinstrument eine – bisher wenig genutzte – potenzielle Druckwirkung aus.

---

### Hauptregeln für den Einwohnerantrag

- Themenausschluss:
  Angelegenheiten des eigenen Wirkungskreises, für die der Rat zuständig ist oder für die er sich die Beschlussfassung vorbehalten kann.
  Angelegenheiten, die im Rahmen eines Planfeststellungsverfahrens u. ä. zu entscheiden sind, z. B. Bauleitpläne.
- Quorum: Je nach Gemeindegröße 2,5 – 5% der Einwohnerinnen und Einwohner ab dem 14. Lebensjahr.
- Ziel: Beschlussfassung des Gemeinderats über den Gegenstand des Einwohnerantrags.

---

## 9 Bürgerbegehren und Bürgerentscheid

Erst mit der Kommunalverfassungsreform von 1996 wurden die eng miteinander verbundenen Instrumente Bürgerbegehren und Bürgerentscheid geschaffen. Beide sind zwei selbstständige Abschnitte eines Verfahrens, das eine Entscheidung einer Gemeindeangelegenheit unmittelbar durch die wahlberechtigte Bevölkerung zum Ziel hat. Sie sind damit eine große Herausforderung für die repräsentative Willensbildung des Rates.

Für die Einführung des Bürgerbegehrens wurde im Niedersächsischen Landtag angeführt, dass es die Bürger motiviere, sich verstärkt in kommunalen Sachfragen zu engagieren. Darüber hinaus eröffne es ihnen die Möglichkeit, auch zwischen den Wahlen im Einzelfall Entscheidungen der Ratsmehrheit zu korrigieren. Außerdem könnte angesammelter Unmut in der Bevölkerung über nicht akzeptierte Entscheidungen abgebaut sowie die Integration der Bürger in den politischen Entscheidungsprozess gefördert werden.

Die Durchführung des Bürgerbegehrens liegt dabei ausschließlich in der Hand der Initiatoren, während der Bürgerentscheid von der Gemeinde durchzuführen ist. Dabei kann jedermann, auch wenn er nicht Einwohner oder Bürger des betreffenden Ortes ist, Initiator eines Bürgerbegehrens sein. So können die Wahlberechtigten mit einem Bürgerbegehren beantragen, dass ihnen der Rat bestimmte Angelegenheiten des eigenen Wirkungskreises zur direkten Entscheidung (Bürgerentscheid) überlässt. Das Verfahren beginnt mit der Sammlung von Unterschriften, die der Gemeinde schriftlich anzuzeigen ist. Sobald diese Anzeige bei der Gemeinde eingeht, beginnt eine Frist von sechs Monaten, innerhalb der das Bürgerbegehren mit den erforderlichen Unterschriften einzureichen ist. Je nach Einwohnerzahl der Gemeinde muss eine bestimmte Zahl von Unterschriften wahlberechtigter Einwohner beigebracht werden, und zwar unter Festlegung von Höchstzahlen von 10% der Wahlberechtigten. Durch das Unterschriftenquorum soll nach dem Willen des Parlaments verhindert werden, dass kleine Interessengruppen das Bürgerbegehren dazu nutzen, mit von vornherein nicht mehrheitsfähigen Anträgen eine planvolle Kommunalpolitik zu behindern.

Mit dem Bürgerentscheid kann beantrag werden, dass die Bürger einer Kommune über eine bestimmte Angelegenheit ihrer Gemeinde entscheiden. Der Sachverhalt muss wie beim Bürgerantrag einer des eigenen Wirkungskreises in der Zuständigkeit des Rates sein. Viele Angelegenheiten von grundsätzlicher Bedeutung, wie z. B. die Organisation der Verwaltung, die Rechtsverhältnisse der Mandatsträger und Bediensteten, die Bauleitplanung, die Haushaltssatzung sowie Abgaben und Entgelte, die Jahresrechnung, Planfeststellungs- und andere förmliche Zulassungsverfahren, sind jedoch ausgenommen. Allerdings darf über die im Bürgerbegehren aufgegriffene Angelegenheit in den letzten zwei vorangegangenen Jahren kein Bürgerentscheid durchgeführt worden sein.

Das Bürgerbegehren steht häufig in Konkurrenz mit der Politik des Rats bzw. dessen Mehrheitsfraktion. Es initiiert damit kontroverse politische Diskussionen in einer Gemeinde. Wenn sich das Bürgerbegehren gegen einen Ratsbeschluss richtet, dann muss es innerhalb von drei Monaten nach Bekanntmachung dieses Beschlusses mitsamt den Unterschriften eingereicht werden. Diese Frist bei der Einleitung eines Bürgerbegehrens gilt nicht, wenn sich dieses gegen einen nicht bekannt gemachten Ratsbeschluss oder gegen Entscheidungen des Verwaltungsausschusses oder des Hauptverwaltungsbeamten richtet. Das Bürgerbegehren muss das Begehren so genau bezeichnen, dass darüber mit „Ja" oder „Nein" abgestimmt werden kann. Das schriftlich zu formulierende Begehren muss eine Begründung und einen durchführbaren Deckungsvorschlag für die entstehenden Kosten oder Einnahme-ausfälle enthalten. Die Begründung soll den Bürgern helfen, eine sachgerechte Entscheidung zu fällen, ob sie das Begehren mit ihrer Unterschrift unterstützen wollen oder nicht. Dabei sollten sich Umfang und Inhalt der Begründung nach dem Sachverhalt des Begehrens richten. Wichtig ist, dass möglichst für jeden Bürger, der sich für die Belange der Gemeinde interessiert, auch schwierige Sachverhalte verständlich sind.

Ein Deckungsvorschlag für die bei Verwirklichung des Antrags entstehenden Kosten oder Einnahmeausfälle ist ebenfalls erforderlich. Über die Zulässigkeit des Antrags entscheidet der Verwaltungsausschuss. Ist er zulässig, muss der Rat ihn innerhalb von drei Monaten beraten; ein Anspruch auf eine Sachentscheidung besteht nicht. An den Deckungsvorschlag werden hohe Anforderungen gestellt. Er muss nicht nur die Höhe der Kosten angeben, vielmehr muss es sich auch auf die Finanzierung der Beschaffungs- und Herstellungskosten sowie auf die Deckung der Folgekosten erstrecken. Hat z. B. eine Gemeinde ihre Kreditmöglichkeiten ausgeschöpft, dann ist der Deckungsvorschlag, einen Kredit aufzunehmen, nach den gesetzlichen Bestimmungen nicht zu akzeptieren. Andererseits ist kein Deckungsvorschlag notwendig, wenn durch das Begehren Kosten eingespart werden oder dieses kostenneutrale Folgen hat.

---

**Hauptregeln für das Bürgerbegehren**

- Themenausschluss: entsprechend den Einschränkungen beim Einwohnerantrag
- Quorum: Je nach Gemeinde- bzw. Landkreisgröße bis zu 10% der Bürgerinnen und Bürger ab dem 16. Lebensjahr
- Sammelfrist: 3 bzw. 6 Monate
- Freie Unterschriftensammlung
- Im Erfolgsfall kann der Rat das Bürgerbegehren übernehmen. Andernfalls kommt es zum Bürgerentscheid.

---

Über die Zulässigkeit des Bürgerbegehrens muss der Verwaltungsausschuss unverzüglich entscheiden. Während der Einwohnerantrag lediglich eine Anstoßfunktion für den Rat besitzt und deshalb eine großzügigere Interpretation seiner Zulässigkeit keine weitreichende Folgen hat, ist beim Bürgerbegehren die strikte Rechtsanwendung geboten, weil die Zulässigkeit des Begehrens regelmäßig die Durchführung des Bürgerentscheids zur Folge hat. Sollte der Verwaltungsausschuss die Unzulässigkeit des Bürgerbegehrens feststellen, können Bürger diese Entscheidung nur mittels einer Feststellungsklage anfechten, da es sich hier um eine kommunalverfassungsrechtliche Streitigkeit handelt. Im Falle der Zulässigkeit kann dagegen das Begehren nicht angefochten werden, auch nicht von Gegnern des verfolgten Anliegens, da sie in ihren Rechten unberührt bleiben. Den Beschluss des Verwaltungsausschusses überprüft die Kommunalaufsicht, um unnötige Bürgerentscheide und die damit verbundenen Kosten zu vermeiden.

Die Durchführung des Bürgerentscheids organisiert die Gemeinde. Gesetzlich ist nur vorgeschrieben, dass er nicht am Tage einer Kommunalwahl stattfinden darf und dass – wie beim Begehren – Stimmzettel zu verwenden sind, auf denen durch ein Kreuz mit „Ja" oder „Nein" abgestimmt wird. Die Erfolgschancen sind umso höher, je eindeutiger eine Partei oder Interessengruppe sich der Sache annimmt. Falls das Bürgerbegehren zulässig ist, muss der Bürgerentscheid spätestens drei Monate nach der Entscheidung des Verwaltungsausschusses durchgeführt werden, es sei denn, der Rat entscheidet vollständig oder im Wesentlichen im Sinne des Begehrens. Regelt die Gemeinde die Angelegenheit vorher unabänderbar anders, geht der Bürgerentscheid ins Leere. Dem Bürgerentscheid ist entsprochen, wenn die Mehrheit der gültigen Stimmen auf „Ja" lautet und diese Mehrheit mindestens 25 v. H. der wahlberechtigten Einwohner beträgt. Dieses Zustimmungsquorum wird von den Anhängern des Instruments Bürgerbegehren kritisiert, da dies insbesondere in den größeren Städten die Abstimmungsbereitschaft mindere. Außerdem fördere das Quorum die Boykottstrategie der Sachgegner, die ihre Nichtteilnahme an der Abstimmung wie eine Neinstimme wirken lassen könnten.

Der Bürgerentscheid hat die Wirkung eines Ratsbeschlusses und kann vor Ablauf von zwei Jahren nur auf Antrag des Rates durch einen neuen Bürgerentscheid geändert werden. Die Entscheidungs- und Handlungsfreiheit der Gemeinde ist bis zum Bürgerentscheid nicht eingeschränkt. Dennoch kann das langwierige Entscheidungsverfahren zu administrativen Effektivitätsverlusten sowie zu einer Verschiebung der politischen Gewichte zwischen den Bürgern und Rat und Verwaltung zu Lasten des Rats führen.

Den ersten Bürgerentscheid gab es am 16. März 1997 in Garstedt. Bei einer Wahlbeteiligung von fast 54% lehnte die Mehrheit der Stimmberechtigten mit 72% Nein-Stimmen das Begehren auf Abschaltung der Straßenbeleuchtung nachts ab. Das erste erfolgreiche Bürgerbegehren meldete die Gemeinde Bad Rothenfelde am 16. Oktober 1997, nachdem sich die Bürger in einem Bürgerentscheid bei einer Wahlbeteiligung von nahezu 52% mit fast 73% Ja-Stimmen gegen den Bau einer so genannten Wandelhalle im Kurpark ausgesprochen hatten.

---

**Hauptregeln für den Bürgerentscheid**

- Abstimmungsklausel: Mindestens ein Viertel der Stimmberechtigten muss einem Vorschlag zustimmen (Zustimmungsquorum).
- Ein Bürgerentscheid darf binnen zwei Jahren nur durch einen erneuten Bürgerentscheid abgeändert werden.

---

Beim Bürgerentscheid sind die Kriterien Partizipation vor allem wegen des Quorums nur relativ, Transparenz und Effizienz dagegen durchgehend hoch, es sei denn, der Entscheid scheitert.

In den ersten beiden Jahren nach Einführung des Bürgerbegehrens in Niedersachsen gab es jährlich nahezu zwanzig. In den beiden nachfolgenden Jahren halbierte sich die Zahl, und im Jahr 2001 gab es lediglich ein Begehren. Danach stieg die Zahl wieder auf gut zehn. Von den Begehren wurden jeweils in Volksentscheiden ca. ein Viertel positiv bzw. negativ entschieden. Die übrige Hälfte wurde von der Verwaltung entweder wegen Unzulässigkeit abgelehnt oder durch Entscheidungen der kommunalen Gremien abgewendet. Häufigste Gründe für eine Zurückweisung wegen Unzulässigkeit waren fehlende oder nicht ausreichende Kostendeckungsvorschläge sowie inhaltliche Sachverhalte, die nach der NGO nicht Gegenstand eines Bürgerbegehrens sein dürfen. Seltener spielten nicht korrekte Antragsbögen eine Rolle.

Die bisherigen Erfahrungen mit Bürgerbegehren und Bürgerentscheid lassen einige Änderungen empfehlenswert erscheinen:

- Die formellen Anforderungen an ein Bürgerbegehren sind sehr hoch und setzen juristische Kenntnisse voraus. Um hier unnötige Fehler zu vermeiden, könnte eine verpflichtende Beratung durch die Verwaltung hilfreich sein. Dies wäre auch förderlich für ein konfliktfreies Verhältnis zwischen Bürgern und Verwaltung.
- Das Unterschriftenquorum beim Bürgerbegehren von mindestens 10 Prozent erhöht den Aufwand für die Unterschriftensammlung, insbesondere bei steigender Einwohnerzahl, beträchtlich. Ein nach Einwohnerzahlen gestaffeltes Unterschriftenquorum erleichtert dagegen vor allem in den anonymen Großstädten die Arbeit der Initiatoren und Unterstützer des Bürgerbegehrens.
- Der Ausschluss von Themen, wie z. B. Bauleitplanung, oder Fragen, für die bereits eine öffentliche Beteiligung vorgesehen sind, wie z. B. Mülldeponien, lässt die Fachkompetenz von Bürgerinnen und Bürgern außer acht.
- Die hohen Anforderungen an einen Kostendeckungsvorschlag behindern die Initiierung eines Bürgerbegehrens sehr. Erfahrungen aus anderen Bundeslän-

dern zeigen, dass der Verzicht auf einen Kostendeckungsvorschlag nicht zu kostenträchtigen Folgen führen muss, da die Bürgerinnen und Bürger in der Regel sparsamer als ihre Vertreter in den Kommunalparlamenten abstimmen.

- Als einziges Bundesland gewährt Niedersachsen der Kommunalverwaltung ausdrücklich das Recht, Maßnahmen durchzuführen, die sich gegen ein laufendes oder eingereichtes Bürgerbegehren wenden. Dadurch kann der Anspruch auf einen Bürgerentscheid unterlaufen werden.

- Obwohl Zustimmungsquoren generell die Legitimität eines Bürgerentscheids erhöhen, führen sie – vor allem, wenn sie nicht gestaffelt sind – häufig zu Abstimmungs- und Diskussionsboykotten.

## 10 Anregungen und Beschwerden

Mit der neuen Kommunalordnung wurde erstmals auf kommunaler Ebene auch ein Petitionsrecht zum Rat eingeführt, das für die Landesexekutive, zu der auch die Gemeinden gehören, durch die Niedersächsische Verfassung bereits vorgeschrieben war. Es bestand jedoch die Auffassung, der Rat sei keine Volksvertretung und für ihn träfe deshalb das allgemeine Petitionsrecht nicht zu. Nunmehr hat jedermann, auch ein Minderjähriger, das Recht, sich mit Petitionen an den Rat, den Bürgermeister, den Verwaltungsausschuss oder einen sachlich zuständigen Fachausschuss zu wenden. Dabei ist die schriftliche Form zwingend vorgeschrieben. Durch die Bestimmung der Niedersächsischen Gemeindeordnung (NGO) ist dem Rat petitionsrechtlich eine Stellung verliehen worden, die die Parlamente verfassungsrechtlich schon lange besitzen. So hat der Rat als das Hauptorgan der Gemeinde die Möglichkeit, von Anregungen und Beschwerden auch dann zu erfahren, wenn sie Angelegenheiten betreffen, die nicht in seine Zuständigkeit fallen. Dadurch wird allerdings nicht die Entscheidungszuständigkeit verändert; dem Rat ist aber die Möglichkeit gegeben, sich im Rahmen seiner gesetzlichen Möglichkeiten einzuschalten. Der Gemeindebevölkerung kann das Petitionsrecht als Instrument bürgerschaftlicher Teilhabe an der kommunalpolitischen Willensbildung dienen, insbesondere dann, wenn sie von Bürgerinitiativen als Sammel- oder Massenpetition eingesetzt wird. Partizipation, Transparenz und Effizienz von Anregungen und Beschwerden sind hoch, wenn der Rat diese öffentlich erörtert und letztlich den Anregungen folgt.

## 11 Bürger- und Einwohnerbefragung

Die NGO gibt weiterhin Gemeinden die gesetzliche Grundlage, in einer bestimmten Angelegenheit nicht nur Meinungsumfragen durchzuführen, sondern die wahlberechtigten Einwohner auch umfassend zu befragen. Derartige Bürgerbefragungen haben mit den Ratsreferenden in Baden-Württemberg und Schleswig-Holstein gemeinsam, Initiativen des Rats zu sein, doch ist das Ergebnis der Befragungen im Gegensatz zu dem von Referenden unverbindlich. Hauptzweck der Befragungen ist es, dem Rat bei der Gewinnung von Informationen zu helfen, um seine Meinungs- und Willensbildung und damit seine Entscheidungsfähigkeit zu verbessern. Gleichzeitig können derartige Befragungen das Interesse der Bürger an den die Gemeinde betreffenden Angelegenheiten erhöhen und damit ihr kommunalpolitisches Engagement stärken.

Allerdings gibt es auch Vorbehalte gegenüber der Bürgerbefragung. So kann der Rat mit diesem Instrument Druck auf den Bürgermeister und den Verwaltungsausschuss ausüben, wenn er Sachverhalte befragen lässt, die in den Kompetenzbereich dieser beiden Organe fallen. Bisher hat es freilich in Niedersachsen bei den wenigen Bürgerbefragungen solche Konfliktsituationen nicht gegeben.

## 12 Einwohnerversammlung

Bei wichtigen Planungen und Vorhaben in einer Gemeinde soll der Bürgermeister Einwohnerversammlungen für die gesamte Gemeinde bzw. für Teile des Gemeindegebietes einberufen, um die Einwohner rechtzeitig und ausreichend über die Grundlagen, Ziele und Auswirkungen der geplanten Vorhaben zu unterrichten und ihnen gleichzeitig die Möglichkeit zu einer umfassenden Erörterung zu geben.

Damit ist die Einwohnerversammlung ein wichtiges Diskussionsforum, zu dem auch die nicht wahlberechtigten Einwohner zugelassen sind. Dennoch ist dieses Partizipationsinstrument – verglichen mit ähnlichen Einrichtungen in anderen Bundesländern – recht schwach, denn sie findet nicht in regelmäßigen Abständen statt und lässt auch keine Beschlüsse zu, die dem Rat Anregungen geben und von diesem in einer bestimmten Frist zu behandeln sind.

## 13 Beteiligung an der Bauleitplanung

Eine besondere Form der Beteiligung der Bürger ist die am Bauleitplanverfahren, die nach dem Baugesetz sowohl für den Flächennutzungsplan als auch für den Bebauungsplan vorgeschrieben ist. Dabei haben die Bürger bei der vorgezogenen Bürgerbeteiligung, die sich auf das Anfangsstadium eines Planungsvorhabens bezieht, und bei der förmlichen Bürgerbeteiligung nach Vorlage der Entwürfe der Bauleitpläne die Möglichkeit, ihre Vorstellungen einzubringen. Zu den Bürgern zählen dabei nach dem Baugesetz alle Personen, die durch den Bauleitplan betroffen sind, betroffen sein können oder irgendein Interesse an der Planung haben.

Dies kann z. B. auch für einen Nichteinwohner gelten, der möglicherweise nur ein Grundstück in der Gemeinde hat. Der Gemeinderat muss alle schriftlich vorgebrachten Anregungen prüfen und dann über Änderungen und Ergänzungen bis hin zur Aufhebung des Bauleitplans entscheiden. Dieses abschließende Entscheidungsrecht des Rats macht offenbar, dass den Bürgern nur eine begrenzte Mitwirkungsmöglichkeit an der Bauleitplanung gegeben ist. Andererseits kann eine nicht ordnungsgemäße Mitwirkung der Bürger an der Bauleitplanung dazu führen, dass höhere Verwaltungsbehörden den Plan nicht genehmigen und ihm damit die Rechtswirksamkeit verwehren.

## 14 Beiräte

Eine weitere Möglichkeit für die Bürger und insbesondere für bestimmte Gruppen der Einwohnerschaft, ihre spezifischen Belange dem Rat zu Gehör zu bringen, ist die Mitarbeit in Beiräten. Zu ihnen zählen vorzugsweise Personengruppen, die gewöhnlich wenig Einflussmöglichkeiten auf die Gemeindeorgane haben und die deshalb als benachteiligt angesehen werden.

Dies sind vor allem alte Menschen und Ausländer, Kinder und Jugendliche, die erst durch die Mitarbeit in den Beiräten zusätzliche Beteiligungschancen an der Kommunalpolitik erhalten. So gibt es *Jugendgemeinderäte* in erster Linie in kleineren Gemeinden mit bis zu 30.000 Einwohnern. In diesen Beiräten werden Jugendliche und Kinder in konkrete Planungsprozesse der Gemeinde einbezogen, in Foren und an „Runden Tischen" wird ihnen Gelegenheit zur Kritik gegenüber der Verwaltung und den Politikern gegeben und als Jugendparlament können sie sogar über eng begrenzte Beschlussrechte und Haushaltsmittel verfügen. Allerdings ist das Partizipationsinstrument Jugendbeirat und -parlament in Niedersachsen noch wenig entwickelt, denn es findet sich bisher noch in weniger als zwanzig Gemeinden, die sich ihrerseits auf 5 der insgesamt 38 Landkreise konzentrieren.

Weiter verbreitert sind die *Seniorenbeiräte*, die sich in fast 100 Gemeinden finden. Die Mitglieder dieser Beiräte können entweder in Urwahl von den Einwohnern, die in der Regel das 65. Lebensjahr vollendet haben, gewählt oder durch die Gemeinde berufen werden. Sie beraten und unterstützen u. a. die Träger der freien Wohlfahrtspflege und entsenden darüber hinaus einzelne Mitglieder in die Ratsausschüsse, insbesondere in den Sozialausschuss.

Für die Ausländer, die nicht Bürger von Mitgliedsstaaten der EU sind und damit kein Wahlrecht für die Gemeindevertretungen haben, gibt es in den niedersächsischen Gemeinden drei Einrichtungen, durch die sie ihren Belangen Gehör verschaffen können. Dazu gehören der Ausländerbeauftragte als Bediensteter der Gemeinde, der Ausländerausschuss als Ausschuss des Rats und der Ausländerbeirat, dem als Initiativ- und Beratungsgremium keinerlei Entscheidungskompetenzen zustehen. Da auch den Ausländerbeiräten eine gesetzliche Grundlage fehlt, ist deren politische Kompetenz, Zusammensetzung sowie Wahlrecht und Wahlmodus in den einzelnen Gemeinden sehr unterschiedlich. Manche Beiräte ähneln Verwaltungstreffen, andere wiederum Parlamenten ohne Entscheidungsbefugnis. Die meisten Beiräte haben jedoch ein Anhörungsrecht im Rat bei den die Ausländer betreffenden Angelegenheiten. Die meisten dieser Ausländerbeiräte finden sich in den Großstädten. Die geringe Wahlbeteiligung zwischen 10 und 30% lässt freilich gelegentlich Zweifel an deren Legitimität aufkommen.

Da die Beiräte in der NGO allerdings nicht erwähnt sind, fehlt ihnen eine rechtliche Grundlage. Sie bedürfen erst einer politischen Entscheidung des jeweiligen Rats, durch die ihre Kompetenzen und ihre personelle Besetzung festgelegt werden. Deshalb hängt es einerseits von der Sachkunde in den Beiräten, andererseits von der Haltung des Rats und der Verwaltung ab, welche reale Wirkung Empfehlungen von Beiräten entfalten können.

Die vorsichtige Haltung des Niedersächsischen Landtags gegenüber der Einführung von Beiräten, die auch durch die Empfehlungen der Enquete-Kommission gestützt wird, beruht auf der Sorge, die gesonderte Beteiligung einzelner Gruppen der Einwohnerschaft in Beiräten, gelegentlich auch „Nebengemeinderäte" genannt, könne die Einbindung der verschiedenen Einzelinitiativen in die kommunale Gesamtpolitik und damit die Wahrnehmung der Gesamtverantwortung durch den Rat erschweren. Deshalb haben bis heute Vorschläge, die die gesetzliche Verpflichtung zur Einführung von Beiräten vorsehen, im Niedersächsischen Landtag keine Mehrheit gefunden.

## 15 Projektorientierte Bürgerbeteiligung

Das geläufigste Beispiel für Projektorientierte Bürgerbeteiligung ist die *kommunale Agenda 21*, die auf der Agenda 21 von Rio de Janeiro beruht. Ziel ist es, Bürger, örtliche Organisationen und die Privatwirtschaft auf Foren ins Gespräch miteinander zu bringen, um so die gesamte Bevölkerung in die Diskussion über die nachhaltige Entwicklung des Gemeinwesens, die weit über die Bauleitplanung hinausgeht, einzubeziehen.

## 16 Bewertung plebiszitärer Entscheidungsverfahren auf kommunaler Ebene

Die Einführung erweiterter plebiszitärer Entscheidungsverfahren mit der Reform des niedersächsischen Kommunalverfassungsrechts von 1996 hat bis heute keine demokratische Massenmobilisierung in den niedersächsischen Gemeinden bewirkt.

So zählt Niedersachsen zu den Ländern mit den wenigsten Bürgerbegehren und - entscheiden. Zu groß ist der Aufwand für die Organisation und den Kommunikationsprozess, den die Initiatoren leisten müssen, um die plebiszitären Instrumente effektiv zu machen. Darüber hinaus werden wichtige Themen, wie z. B. Bauleitpläne, vom Bürgerentscheid ausgeschlossen. Die Sorge, die Funktion der Räte könne ausgehöhlt werden, hat sich jedoch bisher in Niedersachsen nicht bestätigt.

 **Literaturhinweise**

*Detjen, Joachim*: Demokratie in der Gemeinde – Bürgerbeteiligung an der Kommunalpolitik in Niedersachsen, Hannover 2000.
*Neumann, Heinzgeorg*: Die Niedersächsische Verfassung, Handkommentar, Stuttgart 2000.
*Thiele, Robert*: Niedersächsische Gemeindordnung, Kommentar, 6. Auflage, Hannover 2002.

# Direkte Demokratie in Nordrhein-Westfalen

*Andreas Kost*

## 1 Einleitung

Auch in Nordrhein-Westfalen, mit 18 Mio. Einwohnern das bevölkerungsreichste und am dichtesten besiedelte Flächenland der Bundesrepublik Deutschland, wird die innere Organisation des Landes und der dazugehörigen Gemeinden im Wesentlichen durch die Landesverfassung und die Gemeindeordnung festgelegt. Die Landesverfassung bildet in NRW den spezifischen Ausgangspunkt des politischen Systems und trat am 11.7.1950 in Kraft[1] – also erst nach Gründung der Bundesrepublik Deutschland. Sie ist auch vom Geist des Grundgesetzes beeinflusst und orientiert sich an den Grundsätzen eines republikanischen, demokratischen und sozialen Rechtsstaats. Nach dem klassischen Prinzip der Gewaltenteilung werden in der Landesverfassung der Aufbau und die Aufgaben der politischen Organe festgelegt. Die Gesetzgebung (Legislative) liegt beim Volk und dem Landtag, der als Volksvertretung fungiert. Die Verwaltung (Exekutive) wird von der Landesregierung ausgeübt und schließlich die Rechtsprechung (Jurisdiktion) von unabhängigen Richtern wahrgenommen.

So steht der Bevölkerung (und auch dem Landtag) die Möglichkeit zu, durch Volksbegehren und Volksentscheid unmittelbar in die Gesetzgebung auf Landesebene einzugreifen (Artikel 2 und 68 der Landesverfassung NRW). Mit der Volksinitiative (Art. 67 a LVf NRW) ist 2002 ein neues Instrument direkter Demokratie in die Landesverfassung eingefügt worden, durch welches die Bevölkerung erwirken kann, dass sich der nordrhein-westfälische Landtag verbindlich mit bestimmten Gegenständen der politischen Willensbildung zu befassen hat. Das Volksbegehren (Art. 68 LVf NRW) geht noch einen Schritt weiter, weil hiermit nordrhein-westfälische Bürgerinnen und Bürger sich mit einem Sachverhalt (zunächst) an die Landesregierung wenden können, ein Gesetz zu erlassen, zu ändern oder gar aufzuheben. Sollte der dafür zuständige Landtag dem nicht entsprechen, kommt es im Anschluss (nur dann) zu einem Volksentscheid (Art. 68 Abs. 2 LVf NRW). Ein erfolgreich durchgeführter Volksentscheid würde als Gesetzesbeschluss der Bürgerinnen und Bürger anstelle des Landtags treten. Ebenfalls erlaubt die 1994 refor-

---

[1] In diesem Zusammenhang ist es interessant, dass die Bevölkerung sich in einem Volksentscheid mit 3,6 Mio. gegen 2,2 Mio. Stimmen für die Verfassung aussprach und damit unmittelbar an diesem Einführungsprozess beteiligt war.

mierte Gemeindeordnung in NRW den Bürgerinnen und Bürgern eine stärkere und effektivere Mitwirkung – hier an der Kommunalpolitik. Hervorzuheben sind der Einwohnerantrag (§ 25 GO NRW), mit dem Stadt- oder Gemeinderat gezwungen werden können, über bestimmte Fragen zu beraten und zu entscheiden, sowie insbesondere die Partizipationsinstrumente Bürgerbegehren und Bürgerentscheid (§ 26 GO NRW), mit denen die Bürgerschaft selbst unmittelbare Sachentscheidungen herbeiführen kann. Auch die im September 1999 erstmalig von den Bürgerinnen und Bürgern für fünf Jahre in den Gemeinden und Städten gewählten hauptamtlichen Bürgermeister (in den kreisfreien Städten: Oberbürgermeister) sowie in den Kreisen gewählten hauptamtlichen Landräte werden als unmittelbare Personalwahlen den Ausprägungen der direkten Demokratie zugerechnet.

Allerdings darf bei den Beteiligungsmöglichkeiten mit Sachbezug – sowohl auf kommunaler als auch auf Landesebene – nicht übersehen werden, dass sie nur unter Ausschluss verschiedener Themen und mit Anbindung an spezifische Quoren realisiert werden können. Denn die politischen Entscheidungsträger auf der NRW-Landesebene behielten sich vor, wofür sie die Bürgerentscheidungen öffnen würden, um aus einer Vielzahl von politischen Themen Sachbereiche herauszufiltern. Zweifellos stellt die Erweiterung von Mitentscheidungsrechten politisch und rechtlich eine Ergänzung des repräsentativen-demokratischen Systems der Landesverfassung und der Gemeindeordnung um Elemente unmittelbarer plebiszitärer Ausformungen dar. Inwieweit aber damit nun das Interesse und die Bereitschaft der Bürgerinnen und Bürger an Themen der Politik gesteigert werden konnte, ist eine weitergehende und betrachtenswerte Frage. In den folgenden Kapiteln sollen daher Entwicklungen, Bestandteile, empirische Ergebnisse und Perspektiven der Elemente direkter Demokratie in Nordrhein-Westfalen näher untersucht werden.

## 2  Kurze historische Entwicklung zur Einführung direktdemokratischer Elemente in NRW

Obwohl die Mitglieder des Parlamentarischen Rates nach dem Zweiten Weltkrieg von einem tiefen Misstrauen gegen die Fähigkeit des Volkes zur plebiszitären Willensbildung erfüllt waren, nicht zuletzt durch die Kritik an der Ausgestaltung zahlreicher Elemente direkter Demokratie in der Weimarer Verfassungsordnung, wurden im Gegensatz zum Grundgesetz[2] in den meisten Landesverfassungen direktdemokratische Partizipationsinstrumente eingeführt. Auch die nordrheinwestfälische Landesverfassung enthielt schon in ihrer Ursprungsversion in den Artikeln 2 und 68 das Volksbegehren und den Volksentscheid. Damit wurde der Bevölkerung die Möglichkeit eingeräumt, unmittelbar an der Gesetzgebung teil-

---

[2] Ausnahme Artikel 29 im Zusammenhang mit Maßnahmen zur Neugliederung des Bundesgebietes.

nehmen zu können. Bemerkenswert ist dabei: Sogar schon vor Erlass der Landesverfassung wurden beide Instrumente durch Gesetz vom 27.7.1948 eingeführt. Für die Verfassungspraxis des Landes war auch bedeutend, dass Volksbegehren und Volksentscheid 1950 in Artikel 2 an hervorgehobener Stelle verankert wurden. Das Verfahren für die Zulassung und die Durchführung eines Volksbegehrens ist in Artikel 68, allerdings nur in seinen Grundzügen, geregelt. Die Einzelheiten sind in dem nach Absatz 5 Satz 2 erlassenen Gesetz über das Verfahren bei Volksbegehren und Volksentscheid vom 3.8.1951, in der dazu ergangenen Durchführungsverordnung und in den entsprechend anzuwendenden Vorschriften des Landeswahlgesetzes enthalten (letzte Verfassungsänderung im März 2002). Bislang fanden in Nordrhein-Westfalen tatsächlich aber (erst) zwei Versuche unmittelbarer Volksgesetzgebung statt. Wie konnte es zu dieser geringen Zahl kommen? Die Antwort soll in Kapitel 3 gegeben werden.

Schließlich kam im Rahmen des durchaus kontrovers diskutierten Gesetzes vom 5.3.2002 mit der Volksinitiative (Artikel 67 a) ein weiteres Instrument hinzu, welches eine unmittelbare Teilnahme der nordrhein-westfälischen Bürgerinnen und Bürger an der politischen Willensbildung eröffnet. Der Entwurf der Koalitionsfraktionen SPD und Bündnis 90/Die Grünen (LT-Drucksache 13/462) hatte für die Volksinitiative dieselben Einschränkungen vorgesehen, die auch für Volksbegehren gelten.[3] Eine Anhörung im Hauptausschuss des Landtages brachte dann jedoch die Erkenntnis, auf bestimmte Einschränkungen zu verzichten, weil sich das Parlament mit den entsprechenden Gesetzen ohnehin regelmäßig intensiv zu befassen hat. Weitere Kritik an der mangelnden Praxistauglichkeit des Instrumentes führte im nordrhein-westfälischen Landtag durch allgemeine Zustimmung im Juli 2004 (LT-Drucksache 13/5686) zu einer weitergehenden Erleichterung des Volksinitiativverfahrens.

Auf der kommunalen Ebene setzte eine verspätete direktdemokratische Entwicklung ein: In den 1980er Jahren artikulierten Verwaltungswissenschaftler, Hauptverwaltungsbeamte und bekannte Lokalpolitiker (insbesondere aus den Großstädten) ihren Unmut über die bestehende Gemeindeordnung hinsichtlich der Diskrepanz von Norm und Wirklichkeit und forderten eine grundlegende Reform des Kommunalverfassungsrechts. Eines der dringlichsten Probleme schien für viele Kritiker die so genannte Zweigleisigkeit oder „Doppelspitze" zu sein. Die nordrhein-westfälische Kommunalverfassung, die den Typus der Norddeutschen Ratsverfassung repräsentierte, sah vor, dass sich an der Spitze der Kommune zwei Personen die Aufgaben teilen: ein ehrenamtlicher Bürgermeister, der vom Rat gewählt wird und ein Gemeinde- bzw. Stadtdirektor, der die Verwaltung leitet. Dieses Organisationsmodell führte häufig zu unklaren Machtverhältnissen zwischen Bürgermeister, Verwaltungschef und Rat, und es wurde moniert, obwohl

---

[3] So sollte sich eine Volksinitiative nicht auf Finanzfragen, Abgabengesetze und Besoldungsordnungen beziehen dürfen.

grundsätzlich der Rat der Gemeinde für die Verwaltung zuständig ist, dass sich eine mangelnde Transparenz der Entscheidungsstrukturen, ein Kompetenzgerangel, aber auch eine verminderte Steuerungsfähigkeit insbesondere in finanzieller Hinsicht entwickelt hatte, welche die Funktionsfähigkeit der Gemeinde gefährdete und von den Bürgern nicht mehr zu durchschauen war. Vielen blieb die „Doppelspitze" fremd. Der Bürgermeister wurde z.b. sogar fälschlicherweise oft als Chef der Verwaltung angesehen. Nach langjährigen und wechselvollen Diskussionen verabschiedete schließlich der nordrhein-westfälische Landtag am 6. Mai 1994 das Gesetz zur Änderung der Kommunalverfassung (Gesetz- und Verordnungsblatt NRW (GVBl.) vom 17.5.1994, S. 270). Zahlreiche wichtige Änderungen brachten in Nordrhein-Westfalen quasi eine neue Kommunalverfassung hervor. Insbesondere die Einführung des hauptamtlichen Bürgermeisters gestaltete die innere Organisationsstruktur in den Kommunen nachhaltig um und seine Direktwahl durch die Bürgerinnen und Bürger erbrachte für die Gemeindeordnung eine neue Qualität.[4] Die seit 1999 in Nordrhein-Westfalen eingeführte Direktwahl des Bürgermeisters, die auch den Elementen der direkten Demokratie zugerechnet wird, lehnt sich an das Modell der Süddeutschen Ratsverfassung an. Anders als in der Süddeutschen Ratsverfassung findet die Kommunalwahl aber immer gleichzeitig mit der Bürgermeisterwahl statt, und der Rat hat wie vorher das Recht, in Verwaltungsangelegenheiten selber zu entscheiden (sog. Rückholrecht des Rates). Der Bürgermeister ist kein Ratsmitglied, hat allerdings Stimmrecht im Rat und besitzt den Status eines kommunalen Wahlbeamten auf Zeit.

Aber auch fehlende Formen direkter Bürgermitwirkung im Bereich von Sachthemen wurden als Reformdefizit kritisiert. In der bis zum 16.10.1994 gültigen nordrhein-westfälischen Gemeindeordnung war es den Bürgern nämlich nicht möglich, Sachentscheidungen selbst herbeizuführen. Als Lösung wurde die Einführung des Bürgerbegehrens bzw. Bürgerentscheids vorgeschlagen.[5] Einen Schub in der Reformdiskussion löste dabei sicher die deutsche Vereinigung aus, in der auch die „innere Gemeindeverfassung" auf den Prüfstand kam und Referenden in Form von Bürgerbegehren und Bürgerentscheid als wichtige demokratische Anliegen erklärt wurden. Die Aufnahme starker plebiszitärer Elemente in der Gemeindeordnung der neuen (und weiterer alter) Bundesländer entwickelte eine Sogwirkung, der sich auch Nordrhein-Westfalen nicht entziehen konnte. So wurde in dem Gesetzentwurf der nordrhein-westfälischen Landesregierung vom 4.2.1993 (LT-Drucksache 11/4983), Änderungsanträgen der SPD-Landtagsfraktion (Vorlage 11/2935) sowie Vorschlägen der CDU-Landtagsfraktion (Vorlage 11/2936) Bür-

---

[4] Entsprechendes gilt für die Kreise, in denen seit 1999 ein unmittelbar gewählter hauptamtlicher Landrat an die Stelle der Doppelspitze Landrat und Oberkreisdirektor getreten ist.
[5] Vgl. z.B. Hans Herbert von Arnim, Möglichkeiten unmittelbarer Demokratie auf Gemeindeebene, in: Die Öffentliche Verwaltung – Heft 3, 1990 oder Hans-Georg Wehling, Politische Partizipation in der Kommunalpolitik, in: Archiv für Kommunalwissenschaften (AfK I/1989).

gerbegehren und Bürgerentscheid aufgenommen.[6] Die Erweiterung von Mitentscheidungsrechten auf kommunaler Ebene sollte das Interesse an kommunalen Fragen bzw. der Kommunalpolitik stärken und stellte rechtlich eine Ergänzung des repräsentativ-demokratischen Systems der Gemeindeordnung dar. Die Ausgestaltung mit Zulässigkeits- und Abstimmungshürden sowie einem thematischen Negativkatalog in § 26 GO NRW lässt aber zumindest den Schluss zu, dass die neuen Partizipationsmöglichkeiten den Bürgerinnen und Bürgern mit einer gewissen Vorsicht nahe gebracht werden sollte.

# 3 Landesebene

## 3.1 Volksinitiative in NRW

Als neues Instrument direkter Demokratie ist durch Gesetz vom 5.3.2002 die Volksinitiative in die Landesverfassung (Artikel 67 a) eingefügt worden. Ihre Zielrichtung besteht unter anderem darin, den Volkswillen nachhaltiger als durch Petitionen sowie außerhalb des Gesetzgebungsverfahrens einbringen zu können. Die Befassung des Landtags mit bestimmten Gegenständen der politischen Willensbildung, die durch die Bürgerinnen und Bürger in Form von Unterschriftenaktionen initiiert werden müssen, kann auch durch Einreichung eines mit Gründen versehenen ausformulierten Gesetzesentwurfs geschehen. Die Zulässigkeit einer Volksinitiative hängt dabei von dem thematischen Gegenstand ab, welcher nur in der Entscheidungszuständigkeit des Landtags liegen darf. Somit kann durch die Volksinitiative der Landtag nicht veranlasst werden, sich beispielsweise mit bundespolitischen Themen auseinander zu setzen.

*Institutionelle Voraussetzungen:* Die ursprüngliche Vorschrift, mindestens 3.000 Unterschriften von Stimmberechtigten aus Nordrhein-Westfalen vorzulegen, um eine Volksinitiative beantragen zu können, ist seit Oktober 2004 hinfällig. Es reicht mittlerweile, das Innenministerium über den Start einer Volksinitiative zu informieren. Die Landesregierung entscheidet daraufhin innerhalb von sechs Wochen grundsätzlich über die Zulassung der Volksinitiative, wobei diese Zulassungsentscheidung bis zu sechs Monate ausgesetzt werden kann, wenn innerhalb eines Monats seit Eingang ein beantragter Gesetzesentwurf beim Landtag eingebracht ist. Eine zugelassene Initiative muss von mindestens 0,5 vom Hundert der Stimmberechtigten unterzeichnet werden, was einer Anzahl von rund 66.000 Bürgerinnen und Bürgern in NRW entspricht (siehe auch Artikel 31 Abs. 1 und Abs. 2 Satz LVf NRW über das Wahlrecht). Sollte diese Unterschriftenzahl erreicht wer-

---

[6] Grundsätzlich abweichende Vorstellungen der anderen Parteien (FDP und Bündnis 90/Die Grünen) blieben unberücksichtigt.

den, steht dem Landtag zur Behandlung einer Volksinitiative ein Zeitraum von sechs Monaten zur Verfügung. Eine Versäumung dieser Frist unterliegt jedoch keiner Sanktion.

*Ergebnisse und Bewertung:* Seit der Einführung dieses Partizipationsinstruments wurden in NRW bisher zwei Volksinitiativen durchgeführt. Im Herbst 2002 hatte eine Bürgerinitiative aus Herne das Instrument genutzt, um den Bau forensischer Kliniken im Land zu verhindern. Es kamen jedoch nur rund 18.500 Unterschriften zustande, so dass eine Befassung im Landtag unterblieb. Die zweite Volksinitiative „Jugend braucht Zukunft"[7] war erfolgreicher, da knapp 175.000 Unterschriften gesammelt werden konnten und die notwendige Hürde von 65.900 deutlich überschritten wurde – der Landtag musste sich nun mit dem Thema befassen. Eine dritte Initiative steht im Jahre 2005 unmittelbar bevor. Dabei handelt es sich um eine vom Bund der Steuerzahler gestartete „Volksinitiative Diätenreform". Ebenfalls ist eine weitere Volksinitiative für die Sonntagsöffnung von Videotheken angekündigt. Auch wenn unstrittig ist, dass die Volksinitiative es ermöglicht, eine spezifische Ausdrucksform unmittelbarer politischer Willensbildung in den nordrhein-westfälischen Landtag hinein zu transportieren, weist sie einige besondere institutionelle Hürden auf, die nicht unkommentiert bleiben sollten. Bis Juli 2004 erhielten in NRW Vertreter beziehungsweise Initiatoren von Volksinitiativen kein Recht auf Anhörung im Landesparlament. Nachdem in anderen Bundesländern dieses Anhörungsrecht in den Landtagen längst existierte, votierten am 15. Juli 2004 die im Parlament befindlichen Parteien in Nordrhein-Westfalen für eine Reform der Volksinitiative. Unter anderem wird dadurch der Landtag nach einer erfolgreichen Unterschriftensammlung zur Anhörung der Initiatoren verpflichtet. Durch ein solches Recht wird im Landtag quasi ein weiterer „Kommunikationskanal" geöffnet, der den Vertretern einer Volksinitiative eine etwas größere Medienpräsenz zugesteht. Kritikwürdig war auch die ursprüngliche Regelung, dass die Unterschriftensammlung nicht frei, sondern als recht aufwändiges Verfahren der Amtseintragung an die Rathäuser gebunden war, obwohl durch den eigentlichen Akt der Volksinitiative letztlich keinerlei Handlungszwang für den Landtag entsteht. In der Neufassung der Regelungen über die Volksinitiative kann nun die Unterschriftensammlung frei statt amtlich erfolgen. Ein erschwerender Faktor ist allerdings weiterhin die Eintragungsfrist in NRW, die bei zwei Monaten liegt. In den anderen Ländern beträgt sie mindestens sechs Monate, und beispielsweise in Bremen, Mecklenburg-Vorpommern, Sachsen und Sachsen-Anhalt existiert über-

---

[7] Die von der Arbeitsgemeinschaft Offene Tür gestartete Initiative, in der unter anderem die evangelische und die katholische Kirche vertreten waren, wollte die gesetzliche Absicherung der Kinder- und Jugendarbeit in NRW erreichen. Innerhalb von zwei Monaten konnten sich die Bürgerinnen und Bürger auf Ämtern als Unterstützer der Volksinitiative eintragen. Damit sollte eine drohende Schließung zahlreicher Jugendeinrichtungen verhindert werden. Der Landtag zeigte sich beeindruckt: Mit einem neuen Jugendfördergesetz werden dafür einzusetzende Landesmittel von 2006 an wieder erhöht.

haupt keine Sammlungsfrist. Da sich außerdem gezeigt hat, dass der Mobilisierungsaufwand für eine Volksinitiative vergleichbar mit dem eines Volksbegehrens ist, wäre anzuregen, ob nach einer Ablehnung durch den Landtag die Volksinitiative nicht auch als Antrag auf ein Volksbegehren gelten könnte. Diese gestufte Vorgehensweise wird bereits in anderen Ländern praktiziert und würde in NRW das Partizipationsinstrument durch eine solche (bisher noch nicht existierende) Verknüpfung direktdemokratisch aufwerten. Die Volksinitiative zeigt zwar in Nordrhein-Westfalen politische Wirkung, aber in der vorliegenden Form ist der instrumentelle Charakter für die Bürgerinnen und Bürger noch relativ schwer handhabbar.

## 3.2 Volksbegehren und Volksentscheid in NRW

Durch ein Volksbegehren erhalten die wahlberechtigten Bürgerinnen und Bürger Nordrhein-Westfalens[8] die Möglichkeit, per Antrag sich (zunächst) an die Landesregierung zu wenden, um ein Gesetz zu erlassen, zu ändern oder gar aufzuheben. Der thematische Gegenstand eines Volksbegehrens ist dabei immer ein förmliches Gesetz, für welches das Land Nordrhein-Westfalen die Gesetzeszuständigkeit besitzt. Allerdings sind auch nicht alle nordrhein-westfälischen Gesetze bei einem Volksbegehren zulässig: Ausgeschlossen sind Volksbegehren über Abgaben (Gebühren, Steuern), Besoldungsordnungen, Finanzfragen sowie über Staatsverträge. Ausgangspunkt eines initiierten Volksbegehrens ist ein ausgearbeiteter und mit Gründen versehener Gesetzentwurf, wobei dieser bei eventuell vorliegenden rechtstechnischen Mängeln das Volksbegehren aber nicht automatisch unzulässig macht.

*Institutionelle Voraussetzungen:* Wie bereits ausgeführt, sind die Einzelheiten über das Verfahren bei Volksbegehren und Volksentscheid in der dazu ergangenen Durchführungsverordnung und in den entsprechend anzuwendenden Vorschriften des Landeswahlgesetzes enthalten. Zunächst ist von mindestens 3.000 Stimmberechtigten ein unterzeichneter Antrag auf Zulassung der Auslegung von Eintragungslisten an den nordrhein-westfälischen Innenminister zu richten. Diesem Antrag ist der Gesetzentwurf beizufügen sowie die Benennung einer Vertrauensperson, inklusive deren Stellvertretung, für die Entgegennahme von behördlichen Mitteilungen. Die Entscheidung über den Zulassungsantrag fällt die Landesregierung und teilt das Ergebnis der Vertrauensperson mit. Liegt eine ablehnende Entscheidung vor (z.B. weil ein ausformulierter Gesetzesentwurf fehlt oder die Gesetzesbefugnis im konkreten Fall nicht beim Land NRW liegt), kann die Vertrauens-

---

[8] Damit sind deutsche Staatsbürger gemeint, die mindestens 18 Jahre alt sind und ihren Wohnsitz in Nordrhein-Westfalen haben.

person innerhalb eines Monats Beschwerde beim Landesverfassungsgericht in Münster einlegen.

Wird dem Antrag der Initiatoren stattgegeben, erfolgt eine unverzügliche Bekanntmachung im Ministerialblatt. Diese besagt, dass innerhalb von vier Wochen nach der Verkündung die Gemeindebehörden Eintragungslisten entgegennehmen müssen. Die Listen sind für die stimmberechtigten Unterstützer des Volksbegehrens zur eigenhändigen Eintragung in der Regel zwei Wochen auszulegen; erwähnenswert ist in diesem Zusammenhang, dass die Zahl der Eintragungsstätten nicht der Zahl der Wahllokale bei Landtags- oder Kommunalwahlen zu entsprechen braucht – unter Umständen ein Nachteil für die Initiatoren eines Volksbegehrens. Die Antragsteller haben außerdem zu beachten, dass sie für die Beschaffung und die Versendung der Listen selbst verantwortlich sind. Eine Erstattung der anfallenden Kosten ist dabei auch nur bei einem wirksam zustande gekommenen und erfolgreichen Volksbegehren möglich.

Seit März 2002 bedarf das Volksbegehren (nur noch) der Unterstützung von 8 Prozent der Stimmberechtigten in Nordrhein-Westfalen.[9] In einer Ranking-Liste der deutschen Länder hinsichtlich des Quorums liegt die nordrhein-westfälische Verfassung damit auf einem Mittelfeldplatz. Wird das Quorum von 8 Prozent nicht erreicht, ist das Volksbegehren gescheitert. Die Feststellung des Ergebnisses durch die Landesregierung kann noch vor dem Verfassungsgerichtshof angefochten werden. Der Landtag ist an die Feststellung gebunden und im übrigen wirklicher Adressat des Volksbegehrens; dabei hat er sich sachlich mit dem Volksbegehren zu befassen. Führt er jedoch innerhalb von zwei Monaten keinen Beschluss herbei, gilt das Volksbegehren als abgelehnt. Entspricht der Landtag wiederum dem Begehren ohne sachliche Änderungen, kommt das Landesgesetz wie jedes andere durch Ausfertigung und Verkündung zustande (siehe Artikel 71 LVfG NRW).

Ein Volksentscheid wird nur durchgeführt, wenn der Landtag einem zulässigen Volksbegehren nicht entsprochen hat (Artikel 68 Abs. 2 Satz 2 LVfG NRW). Der Volksentscheid hat das Ziel, einen Gesetzesbeschluss der Bürgerinnen und Bürger anstelle des Landtags treten zu lassen. Das Gesetz kann durch die Annahme des Entwurfs mit der Mehrheit der abgegebenen Stimmen realisiert werden; allerdings nur unter der Voraussetzung, dass diese Mehrheit mindestens 15 vom Hundert der Stimmberechtigten beträgt (Absatz 4 Satz 2). Ein solches Quorum soll eine gewisse Repräsentativität gewährleisten, steht aber im Hinblick seiner Angemessenheit im politischen Streit. Über den Gegenstand des Volksbegehrens kann beim Volksentscheid geheim nur mit „Ja" oder „Nein" abgestimmt werden. Entscheidend ist die Mehrheit der abgegebenen gültigen Stimmen. Bei Erreichen der notwendigen Mehrheit ist das Gesetz von der Landesregierung nach Artikel 71 auszu-

---

[9] Der Landtag hatte bei einer Neufassung des Artikels 68 entschieden, dass die Unterschriftenhürde von 20 auf 8 Prozent zu senken und im entsprechenden Gesetz die Eintragungsfrist von zwei auf acht Wochen auszudehnen ist.

fertigen und zu verkünden. Für Verfassungsänderungen durch Volksentscheid enthält Artikel 69 Abs. 3 Satz 2 und 3 eine Sonderregelung.[10]

*Ergebnisse und Bewertung:* In Nordrhein-Westfalen fanden bislang nur zwei konkrete Versuche unmittelbarer Gesetzgebung statt. Das erste Volksbegehren von 1974, die sog. „Aktion Bürgerwille" gegen die kommunale Gebietsreform im Ruhrgebiet (Wattenscheid-Gesetz), verfehlte mit 6 Prozent die zum damaligen Zeitpunkt noch geforderte Anzahl von einem Fünftel der Stimmberechtigten deutlich. Als Erfolg war hingegen das Volksbegehren gegen die Einführung der Kooperativen Schule zu bewerten, für das sich 1978 29,8 Prozent der stimmberechtigten Bürgerinnen und Bürger aussprachen. Das gegen eine Gesetzesinitiative gerichtete Begehren wurde von einer „Bürgeraktion Volksbegehren gegen die Kooperative Schule" angeführt, die sich aus Eltern- und Lehrerverbänden zusammensetzte und eine breite Unterstützung aus der Bevölkerung erfuhr. Auf Empfehlung der damaligen sozialliberalen Landesregierung hob daraufhin der Landtag das Gesetz zur Einführung dieses Schultyps auf, so dass kein Volksentscheid notwendig wurde. Seit dieser Zeit fand kein weiteres Volksbegehren in NRW mehr statt, auch wenn die CDU als Oppositionspartei dies hin und wieder erwogen hat (so z.B. bei der Reform der Kommunalverfassung und hier insbesondere im Zusammenhang mit Einführung des hauptamtlichen Bürgermeisters und seiner Anfang der 1990er Jahre noch heftig diskutierten Direktwahl).

Die geringe Zahl von zwei Volksbegehren seit Bestehen des Landes Nordrhein-Westfalen hat einerseits vermeintliche Befürchtungen einer Schwächung der repräsentativen Demokratie hinsichtlich einer Überforderung der Bürgerinnen und Bürger bei komplexen Entscheidungen nicht bestätigt, andererseits die Hoffnungen der Befürworter direkter Demokratie wohl enttäuscht, dass sich die Zahl der unmittelbar Beteiligten an der Landespolitik durch dieses Partizipationsinstrument signifikant erhöhen ließe. Gründe für die geringe Umsetzungsquote sind durchaus zu identifizieren: Das Quorum beim Volksbegehren ist trotz Absenkung auf 8 Prozent (vormals 20 Prozent) für ein Flächenland, zumal das bevölkerungsreichste, immer noch recht hoch. Bei insgesamt ca. 13 Mio. Stimmberechtigten in NRW auf Landesebene müssen für ein Volksbegehren also ungefähr 1.040.000 Stimmen zusammengetragen werden – dies erfordert eine erhebliche Organisationsfähigkeit der Initiatoren, weil zusätzlich die Eintragungsfrist mit acht Wochen sehr kurz ist. Auch beim Volksentscheid müssen Hürden genommen werden: Das Zustim-

---

[10] Absatz 3 regelt den bisher nicht eingetretenen Sonderfall eines Konflikts zwischen Landesregierung und Landtag im Gesetzgebungsverfahren. Er eröffnet der Landesregierung die Möglichkeit, die ablehnende Entscheidung des Landtags über einen von ihr eingebrachten Gesetzentwurf auf dem Wege über einen Volksentscheid überstimmen zu lassen. Gelingt ihr das, kann sie darüber hinaus den Landtag auflösen. Der Landtag kann die Auflösung durch die Wahl des neuen Ministerpräsidenten nach Artikel 61 abwenden. Wird das Gesetz demgegenüber auch im Volksentscheid abgelehnt, ist ein Rücktritt des Ministerpräsidenten unausweichlich; damit verlieren zugleich alle Minister ihr Amt (Artikel 62 Abs. 2 LVfG NRW) (*Dästner* 2002: 208).

mungsquorum für einen Entscheid bei einfachen Gesetzen beträgt 15 Prozent (also knapp 2 Mio. Stimmen) und macht bei Verfassungsänderungen 50 Prozent (ca. 6,5 Mio. Stimmen) erforderlich. Aufgrund dieser Zulassungsbeschränkungen scheinen Volksbegehren und -entscheide nur in Ausnahmefällen möglich zu sein. Hier ist die Frage zu stellen, ob die verantwortliche Politik bereit wäre, die zweifellos noch hohen Hürden weiter abzusenken.

In einem materiellen Sinne könnte im Hinblick auf eine erweiterte Bürgermitwirkung auch das Fehlen von obligatorischen Volksabstimmungen über Verfassungsänderungen sowie der Ausschluss von Volksbegehren zu Finanzthemen bemängelt werden. So wäre nicht auszuschließen, dass solche Kernbereiche demokratisch zu führender Entscheidungen das Interesse und das Verantwortungsgefühl der Bürgerinnen und Bürger gegenüber der Landespolitik in einem gewissen Maße stärken könnten. Zweifellos wäre eine erweiterte Einbindung der Bürgerinnen und Bürger durch unmittelbare Entscheidungen kein Allheilmittel gegen Politiker- und Parteienverdrossenheit, aber genauso wenig wäre es eine Gefahr für die Funktionsfähigkeit der Demokratie. Zumindest tragen Volksbegehren und Volksentscheid, trotz bisher spärlicher Anwendungszahl, indirekt dazu bei, die Politik etwas mehr zu kontrollieren und transparenter zu gestalten.

## 4 Kommunale Ebene

### 4.1 Bürgermeisterdirektwahl in NRW

Die seit 1999 in Nordrhein-Westfalen eingeführte Direktwahl des Bürgermeisters lehnt sich an das Modell der Süddeutschen Ratsverfassung an. Anders als in der Süddeutschen Ratsverfassung findet die Kommunalwahl aber immer gleichzeitig mit der Bürgermeisterwahl statt, und der Rat hat wie vorher das Recht, in Verwaltungsangelegenheiten selber zu entscheiden (sog. Rückholrecht des Rates). Der Bürgermeister ist kein Ratsmitglied, hat allerdings Stimmrecht im Rat und besitzt den Status eines kommunalen Wahlbeamten auf Zeit. Der nordrhein-westfälische Bürgermeister übt in den Gemeinden zwei wesentliche Funktionen aus. Er ist

- Chef der gesamten Verwaltung und
- Vorsitzender des Rates sowie des wichtigsten Ausschusses, des Hauptausschusses.

*Institutionelle Voraussetzungen:* Bis 1999 konnten nur die Ratsparteien gewählt werden. In der Regel stellte dann die stärkste Fraktion den (ehrenamtlichen) Bürgermeister. Die Direktwahl des (hauptamtlichen) Bürgermeisters seit September 1999 ergab jedoch erstmals die Möglichkeit, zwischen der Wahl einer Person und einer Partei zu unterscheiden und auf diese Weise auch die Stimme auf dem Wahlzettel unterschiedlich zu vergeben. Die Direktwahl der Bürgermeister in den Städten und Gemeinden und (vom Wahlverfahren deckungsgleich) der Landräte in den Kreisen funktioniert nach den Prinzipien der Mehrheitswahl, d.h., der ist gewählt, der mehr als die Hälfte der gültigen Stimmen erhalten hat. Erreicht keiner der Kandidaten im ersten Wahlgang die absolute Mehrheit, also über 50% der Stimmen, findet am zweiten Sonntag nach der Direktwahl eine Stichwahl unter den zwei Bewerbern mit den höchsten Stimmenanteilen statt.[11] Sollte jedoch nur ein Wahlvorschlag vorliegen, müssen mindestens 25% der Wahlberechtigten für den Bewerber stimmen. Bei Unterschreitung dieser Prozentgrenze wird der Bürgermeister dann durch den Rat gewählt. Dieser Fall trifft auch zu, wenn kein Wahlvorschlag vorliegt oder gar ein gewählter Bürgermeister die Wahl ablehnt.

*Ergebnisse und Bewertung:* Die Bürgermeisterdirektwahlen bei den Kommunalwahlen 1999 und 2004 zeichneten sich durch eine geringe Wahlbeteiligung aus. Die durchschnittliche Wahlbeteiligung in Nordrhein-Westfalen lag an den (jeweils ersten) Wahlsonntagen 1999 bei 55,1% und 2004 bei 54,5%. Dabei unterschied sich die Wahlbeteiligung in den Kommunen teilweise jedoch erheblich. Insgesamt wurde in NRW erkennbar, dass die Wahlbeteiligung mit der Gemeindegröße sank. So kam es bei den Bürgermeisterdirektwahlen aber in den beiden Wahljahren auch in knapp einem Drittel der Städte und Gemeinden zu Stichwahlen, weil dort keiner der Kandidaten mehr als die Hälfte der gültigen Stimmen erhalten hatte.

Der für NRW noch relativ neue Typus des hauptamtlichen Bürgermeisters übt mittlerweile in der Regel eine prägende Gestaltungskraft auf den kommunalen Entscheidungsprozess aus. Berücksichtigt werden muss dabei allerdings, dass die Bürgermeisterdirektwahl immer mit der Ratswahl verbunden ist, die Amtsperiode der Bürgermeister der gewählten Dauer der Ratsmitglieder entspricht (nämlich fünf Jahre) und überwiegend die Parteien die Bürgermeisterkandidaten in NRW nominieren. Dies steht beispielsweise im Gegensatz zu den Bestimmungen in Baden-Württemberg, wo nur Einzelbewerber zugelassen sind und die Bürgermeister traditionell eine starke individuelle Stellung besitzen. Dort ist auch die Amtsperiode der Bürgermeister (acht Jahre) von der Ratsperiode (fünf Jahre) entkoppelt. Hierbei ist nun die Frage zu stellen, ob die Bürgermeister in NRW in der Lage sind, unabhängig von ihrer eigenen Parteizugehörigkeit eine eigenständige und starke Rolle zu spielen und sich nicht doch eher subjektiven Parteiinteressen unterordnen müssen. Immerhin ist aber bereits schon eine Tendenz zu erkennen, die zeigt, dass die bisherigen „Vorentscheider" (bis 1999 ehrenamtliche Bürgermeister, Fraktions- und Ausschussvorsitzende, Führungspersonal der Verwaltung) ihre in der Vergangenheit wahrgenommene dominierende Stellung in der Kommunalpolitik Nordrhein-Westfalens (teilweise) zu Gunsten der neuen Einheitsspitze eingebüßt haben. Au-

---

[11] Bei den Kommunalwahlen 1999 und 2004 gab es jeweils 131 und 112 Stichwahlen in den Kommunen Nordrhein-Westfalens.

ßerdem ist nicht zu übersehen, dass ausgeprägte Persönlichkeiten unter den hauptamtlichen Bürgermeistern das „Licht der kommunalen Öffentlichkeit" auf sich
ziehen und in den Mittelpunkt der lokalen Presseberichterstattung rücken.

Das nordrhein-westfälische Bürgermeistermodell wird zukünftig gute Chancen haben, wenn Personentypen bzw. Kandidaten hervorgebracht werden, die über
verwaltungsfachlichen Sachverstand verfügen und Eigenschaften wie Bürgernähe
(z.B. offenes Auftreten, Redegewandtheit, Glaubwürdigkeit) zeigen. Durch die
verbundene Ratswahl müssen sie jedoch auch eine gewisse Parteibindung (z.B.
Engagement in Parteiarbeit, Identifikation mit den inhaltlichen Parteipositionen)
besitzen, um überhaupt die Chance für eine parteiinterne Auswahl als Kandidat zu
erhalten. Andererseits war in den Wahlkämpfen 1999 und auch 2004 zu beobachten, dass die herausragende Position der Bürgermeisterkandidaten in den jeweiligen Kommunen zu einer dominierenden persönlichen Auseinandersetzung der
Bewerber für dieses Amt führte. Die Wahl des Gemeinderates trat dabei etwas in
den Hintergrund. Auch aus diesem Grund wäre es ratsam, die Amtszeit eines Bürgermeisters in NRW von der Ratswahl zu entkoppeln. Hier wäre zu überlegen, ob
nicht beispielsweise eine siebenjährige oder achtjährige Amtszeit in Frage kommen
sollte. Dafür sprächen sowohl *Demokratieaspekte* (keine Dominanz der Gemeinderatswahlen) als auch *Effizienzaspekte* (langfristigere Wahrnehmung von Führungs-
aufgaben und größere Unabhängigkeit). Sollten zusätzlich die bereits genannten
qualifizierenden Kriterien und Eigenschaften bei den Bürgermeistern vorzufinden
sein, ist es wahrscheinlich, dass sie den kommunalen Entscheidungsprozess tatsächlich aktiv gestalten und mit einem angemessenen Führungsanspruch versehen
werden.

*Tabelle 1:*  Bürgermeisterwahl in Nordrhein-Westfalen (Wahlbeteiligung und
Stimmen der gewählten Bürgermeister in Prozent)

|         | Wahlbeteiligung | CDU  | SPD  | Unabhängige | Sonstige |
|---------|-----------------|------|------|-------------|----------|
| 1999    | 55,0 / 46,6[1]  | 66,4 | 19,9 | 11,9        | 1,8      |
| 2004[2] | 54,5 / 38,0[1]  | 57,1 | 25,0 | 16,9        | 1,0      |

[1] Diese Zahlen spiegeln die Wahlbeteiligung bei den Stichwahlen am jeweiligen zweiten
Wahlsonntag zur Bürgermeisterdirektwahl wider. Mit 38 Prozent erreichte sie 2004 einen
historischen Tiefstand.

[2] Bei der Bürgermeisterdirektwahl 2004 wurde nur in 379 Kommunen gewählt, weil in den
restlichen 17 Kommunen bereits in der Wahlperiode 1999 – 2004 durch das Ausscheiden
von Amtsinhabern Neu- bzw. Nachwahlen stattfinden mussten. Die 17 Bürgermeisterinnen
und Bürgermeister brauchten nach nordrhein-westfälischem Kommunalrecht 2004 nicht zur
Bürgermeisterdirektwahl antreten, sondern können ihr Amt bis 2009 ausüben. Die CDU
stellt in den insgesamt 396 nordrhein-westfälischen Städten und Gemeinden 226 Oberbürgermeister und Bürgermeister; die SPD kommt auf 99 – darunter 13 von 23 Oberbürger-
meistern. Im Vergleich zu 1999 verloren die Christdemokraten 37 Posten, die Sozialdemo-

kraten gewannen 21 hinzu. Außerdem wurden 67 unabhängige Einzelbewerber in das Bürgermeisteramt gewählt; 1999 lag die Zahl noch bei 52.

Prägende Kennzeichen für die Bürgermeisterwahl als Personenwahl sind bisher

- ein relativ niedriger Stammwähleranteil,
- ein schwächer werdender Einfluss der Parteiorientierung auf das Wahlverhalten,
- eine steigende thematische Kommunalorientierung der Wähler und
- eine wahrnehmbare Kandidatenorientierung als stärkster Erklärungsfaktor.

## 4.2 Bürgerbegehren und Bürgerentscheid in NRW

Bürgerbegehren und Bürgerentscheid bilden das Kernstück unmittelbarer Demokratie in der nordrhein-westfälischen Gemeindeordnung und sind in den Bestimmungen des § 26 GO (analog § 23 KrO beim Kreis) enthalten. Alle wahlberechtigten Bürger können *beantragen,* dass sie an Stelle des Rates über eine Angelegenheit der Gemeinde selbst *entscheiden.* Der Antrag als solcher ist das *Bürgerbegehren.*

*Institutionelle Voraussetzungen:* Das Bürgerbegehren wird als Antrag *schriftlich* eingereicht. Weiterhin wird vorausgesetzt, dass das Bürgerbegehren die zur Entscheidung zu bringende *Frage* und eine *Begründung* enthält. Ein Bürgerbegehren muss einen nach den gesetzlichen Vorschriften durchführbaren Vorschlag für die *Deckung der Kosten* der verlangten Maßnahme beinhalten. Die Anforderungen an einen Kostendeckungsvorschlag lassen sich nicht nach einheitlichen Kriterien einordnen, so dass durch den Gesetzgeber nur darüber Konsens erzielt wurde, das Kostenbewusstsein der Bürger zu stärken, jedoch damit keine weiteren Erschwernisse für die Durchführung des Bürgerbegehrens zu begründen. Zumindest aber müssen die Finanzierungsvorstellungen im Rahmen des geltenden Haushaltsrechts angewendet werden und somit nach den gesetzlichen Vorschriften durchführbar sein. Das Bürgerbegehren verlangt außerdem eine *Mindestzahl von Unterschriften der Bürger* (gestaffelte Quoren je nach Einwohnerzahl der Kommunen):

bis 10.000 Einwohner von 10%,
bis 20.000 Einwohner von 9%,
bis 30.000 Einwohner von 8%,
bis 50.000 Einwohner von 7%,
bis 100.000 Einwohner von 6%,
bis 200.000 Einwohner von 5%,
bis 500.000 Einwohner von 4%,
über 500.000 Einwohner von 3%

der stimmberechtigten Bürgerinnen und Bürger. Eine weitere Zulässigkeitsvoraus-
setzung ist die Forderung, bei der bis zu drei Personen benannt werden müssen, die
berechtigt sind, *die Unterzeichnenden zu vertreten*. Richtet sich ein Bürgerbegehren gegen einen Beschluss des Rates, muss es innerhalb von *sechs Wochen* nach
Bekanntmachung des Beschlusses eingereicht werden bzw. innerhalb von *drei
Monaten*, wenn der Beschluss keiner Bekanntmachung bedarf. Die gewählte *Frist*
dient dazu, die Ausführung von Gemeinderatsbeschlüssen in wichtigen Gemeindeangelegenheiten nicht unnötig zu verzögern oder rückgängig zu machen. Sobald
das Bürgerbegehren bei der Gemeinde eingereicht ist, stellt der Rat unverzüglich
fest, ob dieses *zulässig* ist. Dabei prüft der Rat als das politische Leitungsorgan die
rechtlichen Anforderungen, die der § 26 GO an (zulässige) Bürgerbegehren stellt.
Kernpunkt der inhaltlichen Zulässigkeitsregelungen ist die Frage, welche *Angelegenheiten* von Bürgerbegehren und Bürgerentscheid *ausgeschlossen* sind. In einem
sogenannten Negativkatalog werden die Angelegenheiten einzeln aufgelistet, über
die ein Bürgerbegehren unzulässig ist. Dabei ist zunächst zu prüfen, ob das eingebrachte Thema in den gemeindlichen Wirkungskreis fällt und damit eine Angelegenheit der Gemeinde ist. Im Wesentlichen bleiben bei einem Bürgerbegehren die
staatlich vorgegebenen und rechtlichen Angelegenheiten (Rechtsverhältnisse) ausgeschlossen sowie die innere Organisation der Gemeindeverwaltung.

Der Rat kann entweder die Sache im Sinne eines zulässigen Bürgerbegehrens
entscheiden oder dieses ablehnen und die Bürgerinnen und Bürger dann über das
Bürgerbegehren abstimmen lassen. Diese Abstimmung ist der *Bürgerentscheid*.
Beim Bürgerentscheid wird über die zur Abstimmung gestellte Frage nur mit *Ja*
oder *Nein* entschieden. Die Frage zu einem Bürgerentscheid ist in dem Sinne entschieden, in dem sie von der Mehrheit der gültigen Stimmen beantwortet wurde,
sofern diese Mehrheit *mindestens 20 % der Bürger* beträgt. Bis März 2000 betrug
das Abstimmungsquorum in NRW allerdings noch 25%. Bei Stimmengleichheit
gilt die Frage als mit Nein beantwortet. Der Bürgerentscheid hat die *Wirkung eines
Ratsbeschlusses*. Die Bürger und Bürgerinnen werden damit zum kommunalen
Entscheidungsorgan.

*Ergebnisse und Bewertung:* In Nordrhein-Westfalen wurden beispielsweise
seit Oktober 1994 bis Ende 2003 318 Bürgerbegehren eingereicht. Nicht einmal ein
Zehntel der Gemeinden und Städte in Nordrhein-Westfalen ist jedoch innerhalb
eines Jahres mit einem offiziellen Bürgerbegehren in Berührung gekommen. Außerdem wurden knapp 30% für unzulässig erklärt. Die tatsächliche Anzahl von
Bürgerentscheiden aufgrund von Bürgerbegehren lag in NRW für den identischen
Zeitraum bei 96. Diese fallende Tendenz im Vergleich zu Bürgerbegehren ergibt
bei den Bürgerentscheiden eine Auslastungsquote für alle Kommunen (= 396) von
3% pro Jahr. Mit anderen Worten: Durchschnittlich knapp 3% der Kommunen
haben in Nordrhein-Westfalen bisher pro Jahr einen Bürgerentscheid durchgeführt.
Etwas unter 40% der Bürgerentscheide waren dabei in Nordrhein-Westfalen er-

folgreich – im Sinne initiierter Bürgerbegehren. Ihr Ziel verfehlten allerdings knapp die Hälfte der Entscheide in NRW schon deswegen, weil die Mehrheit nicht mindestens 20% (bis März 2000 25%) der Abstimmungsberechtigten ausmachte. Wie eine empirische Untersuchung zeigte,[12] ist das Abstimmungsquorum bzw. die zur Wahl eines Sachverhaltes erforderliche Zahl von Wählern, neben dem Themen-Negativkatalog und dem Zwang eines Vorschlags zur Kostendeckung, eine beachtliche „institutionelle Hürde" bei der Realisierung eines Bürgerbegehrens bzw. eines Bürgerentscheids.

*Tabelle 2:* Bürgerentscheide in NRW (Stand 31.12.2003)

| Zeitraum | Annahme | Ablehnung | Quorums-höhe verfehlt | Summe |
|---|---|---|---|---|
| 10/1994 – 03/2000[1] | 19 | 9 | 27 | 55 |
| 04/2000 – 12/2000 | 0 | 1 | 1 | 2 |
| 2001 | 7 | 0 | 8 | 15 |
| 2002 | 5 | 1 | 3 | 9 |
| 2003 | 6 | 1 | 8 | 15 |
| Summe | 37 | 12 | 47 | 96 |

[1]Bis März 2000 lag die Höhe des Abstimmungsquorums bei 25 Prozent, danach bei 20 Prozent.

Auch wenn die Anzahl von Bürgerentscheiden noch recht überschaubar ist, stehen die Bürgerinnen und Bürger diesem Partizipationsinstrument durchaus aufgeschlossen gegenüber, gleichwohl die „institutionellen Hürden" eine gewisse abschreckende Wirkung beinhalten. Besondere Relevanz kommt aber dem Entscheidungsgegenstand zu. Hier trifft die Aussage zu: Je größer die Beachtung und der Informationsgehalt über den Sachbereich eines Bürgerentscheids in einer Kommune sind, desto höher liegt das Mobilisierungspotenzial – unabhängig von der Gemeindegröße. In Münster (ca. 270.000 Einwohner) war beispielsweise das Bürgerbegehren zum Thema der Standortentscheidung einer Gesamtschule bzw. dem „Auslaufen lassen" zweier Schulen wohl auch erfolgreich, weil der ganze Sachverhalt sich zu einem Politikum mit erheblichem Öffentlichkeitscharakter entwickelte (überregionale Berichterstattung der Medien in NRW, Beschäftigung des Landtags mit dem Bürgerbegehren, Klage vor dem OVG Münster). Zweifellos konnten dadurch viele Bürger mobilisiert werden, und zwar 33,9% bzw. 69.372 wahlberechtigte Einwohner. Recht aufsehenerregend war auch der erfolgreiche Bürgerent-

---

[12] Kost, Demokratie von unten. Bürgerbegehren und Bürgerentscheide in NRW, Schwalbach/Ts. 2002

scheid in Düsseldorf (ca. 570.000 Einwohner), in der sich die Bürger gegen eine Privatisierung der Stadtwerke aussprachen – und zwar mit einem Stimmenanteil von um die 90%. Doch nicht nur spektakuläre Bürgerbegehren waren in Großstädten erfolgreich, auch wenn in der Vergangenheit antizipiert wurde: „Dagegen dürfte der Bau eines Schwimmbades in einem Stadtteil kaum eine hinreichende Zahl von Bürgern einer Großstadt an die Urnen rufen."[13]. In Solingen (ca. 165.000 Einwohner) war z.b. das Bürgerbegehren gegen den Beschluss zur Schließung des Heidebades erfolgreich oder in Remscheid (ca. 125.000 Einwohner) das Bürgerbegehren für ein Parkraum-Management-Konzept. Auch das geglückte Bürgerbegehren in Mönchengladbach (ca. 270.000 Einwohner) über die Einführung von Abfallgroßbehältern (sog. Rolltonnen) stand unter keinen besonders spektakulären Vorzeichen, sondern war Ausdruck der gestiegenen Teilnahmebereitschaft der Bürger im Zusammenhang mit Alltagsproblemen in einer Kommune. Die Relevanz der Themen bzw. Problembereiche ergibt sich m.E. aus der unmittelbaren und persönlichen Betroffenheit vor Ort, die zwar z.B. durch ausführliche lokale Berichterstattungen gesteigert werden kann, sich aber nicht nur an der Publikumswirksamkeit eines Themas messen lässt.

Allerdings hat sich ebenfalls gezeigt, dass die Effizienz bzw. die Wirksamkeit von Bürgerbegehren sich nicht nur am formalen Ausgang der Bürgerbeteiligung messen lassen können. Über die unmittelbare Bürgermitwirkung hinaus konnten in Einzelfällen Sachverhalte neu überdacht und verhandelt werden, selbst wenn sie nicht den Zulässigkeitsvoraussetzungen entsprachen. So hob beispielsweise der Rat der Stadt Bielefeld, trotz Unzulässigkeitserklärung des Bürgerbegehrens durch das nordrhein-westfälische Innenministerium wegen eines nicht ausreichenden Deckungsvorschlags, seinen Beschluss zur Schließung eines öffentlichen Hallenbades wieder auf. Nach weitergehendem Beschluss des Rates zum Erhalt bzw. zur Substitution im Rahmen eines „Bäderkonzepts" erklärten die Initiatoren des Bürgerbegehrens ihr Anliegen für erledigt. Auch in Engelskirchen hob der Rat das ursprünglich für unzulässig erklärte Bürgerbegehren gegen die Einführung von Parkscheinautomaten (öffentliche Abgaben) wieder auf. Schließlich kamen nach einem Bürgerbegehren auch Kompromisse zustande. So wurde das Bürgerbegehren in Kamen mit dem Thema „Aufhebung der Durchfahrtssperre am Alten Markt" einerseits als unzulässig eingestuft (Frist nach § 26 Abs. 3 GO wurde nicht eingehalten), andererseits fand man eine gemeinsame Lösung, welche die Antragsteller bewegte, das Begehren freiwillig zurückzuziehen. Ähnlich kompromissbereit verfuhr man bspw. bei zwei als unzulässig erklärten Bürgerbegehren in Wuppertal („Denkmalschutz für die Wuppertaler Schwebebahn" und „Rückbau von Bushaltestellen"). Insgesamt gelangten somit deutlich über 50% der Anträge durch die Bevölkerung zu einem Erfolg oder zumindest zu einem Teilerfolg. Aufgrund der „Bargaining-

---

[13] Kreutz-Gers, Waltraud 1989: Bürgerbegehren und Bürgerentscheid, in: Städte- und Gemeinderat 10/1989, S. 315

Prozesse" konnten Bürgerbegehren und Bürgerentscheide damit auch eine integrative Wirkung entfalten und auf der Output-Seite des politischen Systems etwas bewirken.

Aus den bisherigen empirischen Erhebungen lassen sich auf der thematischen Seite von Bürgerbegehren und Bürgerentscheiden gewisse inhaltliche Schwerpunkte erkennen. In NRW dominieren Begehren über öffentliche Einrichtungen (insbesondere Schulen und Schwimmbäder), Verkehrsfragen und Bauvorhaben. Bürgerbegehren mit investitionsförderndem wie auch investitionshemmendem Charakter halten sich in etwa die Waage, wobei der Anteil der Begehren, die sich für ein Investitionsvorhaben einsetzten, mit ca. 55% sogar leicht überwiegt. Einerseits (pro Investitionen) wird z.B. der Neubau kommunaler Bäder sowie von Sporthallen, Denkmalsanierungen, die Einführung eines Stadtbusses, eines Radwegeprogramms oder die Förderung des Einzelhandels gefordert, während andererseits (contra Investitionen) die Einführung von Parkscheinautomaten, eine Stromnetzübernahme, eine Rathauserweiterung oder der Bau einer Tiefgarage verhindert werden sollen. Insgesamt zeigt die direktdemokratische Politik in Nordrhein-Westfalen eher gering verändernde Bestrebungen bereits bestehender Politikinhalte.

Bis Juli 2004 war bei der Handhabung von Bürgerentscheiden zu bemängeln, dass z.B. verbindliche Regelungen über die Form der Briefwahl und der Wahlbenachrichtigung fehlten. Diesbezüglich hatten nämlich die Städte und Gemeinden die Satzungshoheit und konnten selbst entscheiden, ob sie Briefwahl zulassen oder eine Wahlbenachrichtigung versenden. Einige Kommunen agierten in dieser Hinsicht durchaus bürgerfreundlicher als andere. Allerdings hatte nicht einmal die Hälfte der Kommunen in NRW bis zu diesem Zeitpunkt überhaupt eine Bürgerentscheid-Satzung. Dieser Umstand führte zu Ungleichheiten in den Städten und Gemeinden und übte zweifellos Einfluss auf die Wahlbeteiligung aus, die immerhin bei 20% der Wahlberechtigten liegen muss, um überhaupt einen gültigen Bürgerentscheid zu ermöglichen. Das nordrhein-westfälische Innenministerium erließ daher im Juli 2004 eine Verordnung, die den Städten und Gemeinden Standards für lokale Abstimmungen vorschreibt. Dies bedeutet, dass alle Kommunen sich diesbezüglich eine Satzung geben beziehungsweise die bestehenden Regelungen an die neue Verordnung anpassen müssen. Somit sind die schriftliche Wahlbenachrichtigung und die Möglichkeit zur Briefwahl Pflicht.

Diskussionswürdig ist auch der Umstand, dass das grundsätzlich anerkannte Repräsentationsprinzip kaum ausgehöhlt würde, wenn mehr materielle Sachthemen als bisher vorgesehen bei Bürgerentscheiden zur Abstimmung kämen. Ob nun über alle kommunalen Selbstverwaltungsangelegenheiten entschieden werden sollte oder bestimmte Verwaltungskernbereiche (z.B. Haushaltssatzung und innere Verwaltungsorganisation) wegen einer antizipierten funktionalen Handlungsautonomie und -fähigkeit ausgeblendet bleiben sollten, ist letztlich eine praktisch zu lösende Ermessensfrage. Warum sollte man den Bürgern nicht mehr Vertrauen schenken und sie in NRW beispielsweise über kommunale Abgaben oder abfallrechtliche, immissionsschutzrechtliche und wasserrechtliche Zulassungsverfahren abstimmen lassen? In anderen Bundesländern, wie in Bayern und in Hessen, sind diese Themenfelder durchaus Gegenstand von Bürgerentscheiden und bilden einen beachtlichen Anteil bei den zur Abstimmung stehenden Sachfragen. Damit könnte bei den Bürgern weiteres politisches Interesse und auch ein erhöhtes Verantwortungsbewusstsein geweckt werden. Die Bürger haben bei Bürgerbegehren und Bürgerentscheiden durchaus Kostenbewusstsein (auch bei investitionsfördernden Maßnahmen) gezeigt, so dass ihnen der Zugang zu den genannten Themenbereichen nicht verwehrt bleiben sollte.

Die bisher aufgetretenen Unzulänglichkeiten der „Strukturen" haben jedoch nicht dazu geführt, den demokratischen Fortschritt von Bürgerbegehren und Bürgerentscheid in Abrede zu stellen. Obwohl diese Partizipationsinstrumente kaum zum kommunalpolitischen „Alltagsgeschäft" gehören, haben nicht nur Parteien, sondern gerade auch Bürgerinitiativen und einzelne bzw. sich zusammenschließende aktive Bürger diese Form der unmittelbaren Bürgerbeteiligung für sich entdeckt. Insgesamt wurden Bürgerbegehren und Bürgerentscheid, nicht zuletzt wegen der vorhandenen Zulässigkeitsvoraussetzungen, von den aktiven Bürgern und Interessengruppen dosiert angewendet. Hin und wieder erinnerte diese Form der unmittelbaren Bürgerbeteiligung die kommunalpolitisch Verantwortlichen daran, dass auch deren Handlungssouveränität inhaltlich und zeitlich begrenzt ist und der Bürgerstatus im Hinblick auf eine ausgeweitete Dimension von politischer Partizipation eine neue Einflussnahme gegen (mögliche) Uneinsichtigkeit und Ignoranz gewonnen hat. Eine „direktdemokratische Anreicherung" durch das geschaffene institutionalisierte Partizipationsinstrument kommt jedoch bloß tendenziell zustande.

## 4.3 Weitere Formen direkter Demokratie in NRW

Die nordrhein-westfälische Gemeindeordnung stellt den Bürgern weitere Einwirkungsmöglichkeiten zur Verfügung, bei denen es sich allerdings nicht um verbindliche Personal- oder Sachentscheidungen handelt, sondern lediglich um unverbindliche Anregungen, Initiativen oder sonstige Mitwirkungen der Bürger an der Vorbereitung von Entscheidungen, die andere Gemeindeorgane in eigener Verantwortung treffen (z.B. Einwohnerversammlungen, Anregungen, Beschwerden, Einwohneranträge). Sie wurden sogar schon als „unechte Formen" unmittelbarer Demokratie bezeichnet.[14] Auch wenn unbestreitbar ist, dass diese Partizipationsformen

---

[14] von Arnim, Möglichkeiten unmittelbarer Demokratie auf Gemeindeebene, in: Die Öffentliche Verwaltung (DÖV) – Heft 9, 1990, S. 364-372

durchaus Einflussmöglichkeiten für die Bürgerinnen und Bürger bieten, ist ein genauer Anwendungsüberblick – gerade durch die empirisch kaum zu erhebende Anzahl in NRW – nicht zu gewinnen. Dennoch sind institutionelle Grundaussagen über diese Partizipationsformen möglich.

Als eine Vorstufe der Bürgerbeteiligung gilt die Gewinnung von Informationen auf kommunaler Ebene. Für jedermann zugänglich ist *die Unterrichtung der Einwohner* über wichtige kommunalpolitische Angelegenheiten durch den Rat. Sie kann primär in Einwohnerversammlungen (§ 23 GO) sowie dem Abhalten von Fragestunden (§ 48 GO) in Ratssitzungen erfolgen. Selbst wenn aber Gelegenheit zur Äußerung und Erörterung für die Bürger mit dem Rat besteht, haben diese Partizipationsformen ausschließlich Informationscharakter und schließen ein Mitspracherecht aus. Eine weitere Partizipationsform ist das Recht der Bürger, sich mit *Anregungen und/oder Beschwerden* an den Rat oder die Bezirksvertretung zu wenden (§ 24 GO). Wichtig ist hier, dass Gemeinderat oder Ausschuss zu dem eingebrachten Antrag eine Stellung abgeben muss, nicht aber gezwungen werden kann, eine Entscheidung herbeizuführen. Auch in diesem Fall bleibt die Handlungskompetenz dieser Beschlussorgane unberührt, und es kann lediglich informeller Handlungsdruck ausgeübt werden. Dem so genannten *Einwohnerantrag*, auch schon als „kleines Bürgerbegehren" tituliert, der seit 1994 ebenfalls in der nordrhein-westfälischen Gemeindeordnung verankert ist (§ 25 GO), wurden recht große Erwartungen entgegen gebracht. Sein Antragsrecht liegt im Grenzbereich zwischen der Massenpetition und der plebiszitären Beteiligung des Staatsbürgers an der Willensbildung. Durch den Einwohnerantrag wird der Rat verpflichtet, sich innerhalb von vier Monaten mit einer schriftlich eingereichten Angelegenheit zu befassen und auch darüber zu entscheiden. Die Aufforderung für den Rat zur Entscheidung gilt nicht in allen Gemeindeordnungen der Bundesrepublik, in denen ein Einwohnerantrag verankert ist. Der Passus in Absatz 1 ist daher in Nordrhein-Westfalen relativ weitgehend (man könnte auch sagen bürgerfreundlicher). Das Unterzeichnungsquorum ist deutlich niedriger als beim Bürgerbegehren (in kreisangehörigen Gemeinden mindestens 5 vom Hundert bzw. höchstens von 4.000 Einwohnern und in kreisfreien Städten mindestens 4 vom Hundert bzw. höchstens von 8.000 Einwohnern). Außerdem beginnt die Altersgrenze der Wahlberechtigten bereits beim 14. Lebensjahr. Doch darf auch hier nicht übersehen werden, dass eine Beschlusswirkung vom Einwohnerantrag nicht ausgeht. Die Entscheidungskompetenz liegt weiterhin in den Händen der Kommunalvertretung.

## 5  Fazit

Prinzipiell hat die Anwendung verschiedener Partizipationsinstrumente die politische Szene in Nordrhein-Westfalen belebt. Die Möglichkeiten, sich zu kommunal-

und landespolitischen Einzelthemen artikulieren zu können und darüber hinaus direkte Entscheidungen zu treffen, stellen durchaus eine wirksame Form unmittelbarer Demokratie dar. So haben die Partizipationsinstrumente zu einer Stärkung direktdemokratischer Politik geführt, ohne jedoch wirklich ein starkes Gegengewicht zum Landtag oder den kommunalen Volksvertretungen bilden zu können und eine systematische Machtkontrolle durch den Bürger auszuüben. Das Repräsentationsprinzip des Landtags sowie die Wahrnehmung der kommunalen Selbstverwaltung blieben dabei im Grundsatz unangetastet. Die institutionalisierte Bürgerbeteiligung entpuppte sich tatsächlich als relativ sparsam und gezielt genutzter Seismograph für Stimmungslagen zu bestimmten Sachfragen mit insgesamt geringen Auswirkungen auf die politische Machtbalance. Insbesondere die überschaubare Anwendung von zwei Volksbegehren seit Gründung des Landes Nordrhein-Westfalen bestätigt den Ausnahmecharakter dieses Partizipationsinstruments, wobei die institutionell-strukturellen Zulässigkeitsbeschränkungen sowie die sachliche Beschränkung nur auf bestimmte Themengebiete dieser geringen Anzahl Vorschub geleistet haben. Die relativ neu eingeführte Volksinitiative wäre sicher noch bürgerfreundlicher, wenn die hohe Unterschriftenhürde abgesenkt würde und die Initiative gleichzeitig als Antrag auf ein Volksbegehren genutzt werden könnte. Positiver im Hinblick auf direktdemokratische Anwendungsmöglichkeiten schaut es auf der kommunalen Ebene aus, wo sich die Einführung der Bürgermeisterdirektwahl seit 1999 bewährt hat und die Entscheidungsalternativen bei einer Kommunalwahl für die Bürger erweitert wurden. Auch wenn bei Bürgerbegehren und Bürgerentscheid weiterhin zentrale Themen ausgeschlossen sind, hatte die Politik zumindest die seit 1994 eingeführten Regelungen bereits 2000 nachgebessert. So wurde beim Bürgerbegehren eine recht niedrige gestaffelte Unterschriftenhürde nach Gemeindegröße von 3 bis 10 Prozent eingeführt und das Zustimmungsquorum beim Bürgerentscheid auf 20% abgesenkt. Weitere Veränderungen, z.B. die Erweiterung des Themenkatalogs bei Bürgerbegehren und Volksbegehren, sind zweifellos vorstellbar und die verantwortlichen Landespolitiker lassen eine gewisse Reformbereitschaft hier auch erkennen. Sollten zusätzliche politische Handlungsspielräume geöffnet werden, könnte daraus eventuell eine vermehrte bürgerschaftliche Mitarbeit erwachsen und vielleicht sogar dadurch wieder verloren gegangenes Vertrauen an der Politik zurückgewonnen werden.

##  Literatur- und Internethinweise

*Andersen, Uwe / Bovermann, Rainer* (Hrsg.): Im Westen was Neues. Kommunalwahl 1999 in NRW, Opladen 2002.

*Dästner, Christian*: Die Verfassung des Landes Nordrhein-Westfalen. Kommentar, Stuttgart 2002, 2. Überarbeitete und erweiterte Auflage.

*Kost, Andreas*: Bürgerbegehren und Bürgerentscheid. Genese, Programm und Wirkungen am Beispiel Nordrhein-Westfalen, Schwalbach/Ts. 1999.

*Kost, Andreas*: Demokratie von unten. Bürgerbegehren und Bürgerentscheide in NRW, Schwalbach/Ts. 2002.

www.im.nrw.de/bue/1.htm (Innenministerium NRW)

www.mehr-demokratie.de/nrw (Mehr Demokratie e.V. in NRW)

# Direkte Demokratie in Rheinland-Pfalz

*Petra Paulus*

## 1 Einleitung

Seit Anfang der 1990er Jahre wurde der Komplex Bürgerbeteiligung verstärkt in den verfassungspolitischen Diskussionen in Deutschland thematisiert. Dabei gaben die Erfahrungen der Bürgerbewegung 1989/1990 und die Verfassungsdiskussionen vor allem in den ostdeutschen Bundesländern wichtige Impulse für die gesamtdeutsche Debatte. Gleichzeitig hatte die Reform der schleswig-holsteinischen Landesverfassung 1990 und die dortige Einführung moderner Partizipationsverfahren eine gewisse Anstoß- und Vorbildwirkung auf andere Bundesländer. Auch in Rheinland-Pfalz war seit Ende der 1980er/Anfang der 1990er Jahre eine verfassungsrechtliche Diskussion in Gang gekommen, die Aspekte der unmittelbaren Bürgerbeteiligung einbezog. Nach dem Regierungswechsel 1991 setzte die SPD-FDP-Landesregierung die Reform der Kommunalverfassung um, die 1994 in Kraft trat und mit der Einführung von Bürgerbegehren und Bürgerentscheid die direktdemokratischen Rechte auf der Kommunalebene wesentlich erweiterte. Auf Landesebene wurde 1991 die Novellierung der Landesverfassung initiiert, die im Jahr 2000 abgeschlossen wurde und zu einer Ergänzung und Modernisierung der unmittelbaren Beteiligungsverfahren führte.

## 2 Direktdemokratische Verfahren auf Landesebene

### 2.1 Historische Entwicklung

Die Verfassung von Rheinland-Pfalz wurde in einer Volksabstimmung am 18. Mai 1947 von den Bürgerinnen und Bürgern mit einer Mehrheit von 53 Prozent angenommen. Sie gehört somit zu den frühen, vor dem Grundgesetz entstandenen Landesverfassungen, die wie selbstverständlich das repräsentative System durch direktdemokratische Elemente ergänzen. Das klassische Volksgesetzgebungsverfahren in Form von Volksbegehren und Volksentscheid war von Anfang an Bestandteil des rheinland-pfälzischen Verfassungsrechts, blieb jedoch aufgrund der restriktiven Regelungen (Volksbegehren: Quorum 20 Prozent der Stimmberechtigten, Eintragungsfrist: 14 Tage) ohne praktische Bedeutung.

1991 wurde eine Landtags-Enquetekommission „Verfassungsreform"[1] mit dem Auftrag eingesetzt, verfassungsrechtliche Regelungen u.a. im Hinblick auf eine Stärkung der bisher schwach ausgeprägten Mitwirkung der Bürgerinnen und Bürger an der Staatswillensbildung zu überprüfen. Der Abschlussbericht[2] dieser Kommission vom September 1994 empfahl die Einführung der Volksinitiative sowie wesentliche Änderungen beim Volksbegehren und Volksentscheid (halbiertes Quorum, Mindestbeteiligung beim Volksentscheid, detaillierte Verfahrensbestimmungen). Im Zuge der parlamentarischen Beratungen legten alle Landtagsfraktionen eigene Entwürfe zur Änderung der Landesverfassung vor, da weder eine Einigung auf die Empfehlungen der Enquetekommission noch auf einen anderen gemeinsamen Entwurf erzielt werden konnte. Keiner dieser Fraktionsentwürfe erreichte im Landtag die notwendige Zweidrittelmehrheit – die angestrebte Verfassungsreform war an der Reformunwilligkeit der Parteien im Zeichen des Landtagswahlkampfes gescheitert.

Nach der Landtagswahl 1996 kam es zu einer neuen Initiative. Wie bereits 1991 sah die Koalitionsvereinbarung zwischen SPD und FDP die Einrichtung einer Enquetekommission zur Vorbereitung einer Verfassungsreform vor. Die im Juni 1996 vom Landtag eingesetzte Enquetekommission „Parlamentsreform"[3] wurde beauftragt, die Arbeit der vorangegangenen Kommission fortzuführen und Vorschläge zu erarbeiten u.a. zu der Frage, „wie der Landtag seine Aufgabe, Vermittler zwischen dem Staat und den Bürgerinnen und Bürgern zu sein, effektiver wahrnehmen kann". Im Sommer 1998 wurde ein Bericht[4] mit zahlreichen Empfehlungen für die Änderung und Ergänzung der Landesverfassung auch hinsichtlich des Komplexes Stärkung der Bürgerbeteiligung vorgelegt. Die Vorschläge der Enquetekommission von 1994 wurden hierbei aufgegriffen und mehrheitlich folgende Empfehlungen ausgesprochen:

- Einführung der Volksinitiative (empfohlenes Quorum: 30.000 Stimmberechtigte),
- Senkung des Eintragungsquorums beim Volksbegehren auf 300.000 Stimmen,
- Einführung eines Beteiligungsquorums von 25 Prozent der Stimmberechtigten beim Volksentscheid,
- verfassungsrechtliche Regelung der Fristen für die Durchführung von Volksbegehren und Volksentscheid,
- verfassungsrechtliche Normierung des Rechts des Landtags zur Vorlage eines eigenen Gesetzentwurfs beim Volksentscheid.

---

[1] Enquetekommission 12/1: eingesetzt am 15.8.1991; LT-Drs. 12/17.
[2] LT-Drs. 12/5555.
[3] Enquetekommission 13/1; LT-Drs. 13/727. Die Kommission bestand aus 15 Mitgliedern, darunter neun Abgeordneten und sechs stimmberechtigten Sachverständigen, die nicht dem Landtag angehörten.
[4] LT-Drs. 13/3500 (auch erschienen als Heft 4 der Schriftenreihe des Landtags Rheinland-Pfalz).

Die CDU-Vertreter in der Kommission vertraten die Auffassung, das Thema Ausbau der Bürgerbeteiligung sei nicht vom Auftrag der Enquetekommission gedeckt und gaben keiner dieser Vorschläge ihre Zustimmung. Die Vertreter der Fraktion von Bündnis 90/Die Grünen legten punktuelle Alternativvorschläge vor (niedrigere Quoren: 20.000 Stimmen für eine Volksinitiative, 5 Prozent der Stimmberechtigten für ein Volksbegehren, kein Beteiligungsquorum beim Volksentscheid), die jedoch von der Mehrheit der Kommission abgelehnt wurden.

Die Empfehlungen der Enquetekommission „Parlamentsreform" wurden von den Parteien im Landtag positiv aufgenommen und in einen gemeinsamen Gesetzentwurf von SPD, CDU und FDP umgesetzt. Am 16. Februar 2000 wurde das Gesetz zur Änderung der Verfassung im Landtag mit Zweidrittelmehrheit verabschiedet. Die Abgeordneten von Bündnis 90/Die Grünen stimmten gegen die Vorlage, da sie ihre Positionen nicht ausreichend berücksichtigt sahen. Neben dem Ausbau der unmittelbaren Mitwirkungsrechte der Bürgerinnen und Bürger umfasste die Verfassungsreform u.a. die Aufnahme neuer Staatszielbestimmungen, Minderheitenrechte sowie zahlreiche Änderungen zur Parlamentsreform.

## 2.2 Volksinitiative

Die Bürgerinnen und Bürger haben nach Art. 108 a LV das Recht, den Landtag mit bestimmten Gegenständen der politischen Willensbildung zu befassen. Die Volksinitiative ist nicht auf ausgearbeitete Gesetzentwürfe beschränkt, sondern kann jede Angelegenheit, die in die Zuständigkeit des Landtags fällt, beinhalten. Hierbei gelten keine besonderen formalen Erfordernisse und inhaltlichen Einschränkungen. Soweit der Volksinitiative ein Gesetzentwurf zugrunde liegt, darf er – entsprechend den Regelungen für Volksbegehren – nicht Finanzfragen, Abgabengesetze und Besoldungsverordnungen betreffen. Initiativberechtigt sind alle Staatsbürger. Eine Volksinitiative muss von 30.000 Stimmberechtigten (rund 1 Prozent der Stimmberechtigten) unterzeichnet sein. Die Landesverfassung überlässt die Fristsetzung für die Unterschriftensammlung dem Landeswahlgesetz, das vorschreibt, dass die Unterschriften bei Einreichung der Initiative nicht älter als ein Jahr sein dürfen. Eine zustande gekommene Volksinitiative verpflichtet den Landtag, sich innerhalb von drei Monaten mit ihr zu befassen. Ein verfassungsrechtlich garantiertes Anhörungsrecht der Vertreter der Volksinitiative gibt es nicht, jedoch gewährt das Landeswahlgesetz den Initiatoren ein Recht auf Anhörung in den zuständigen Landtagsausschüssen. Die Volksinitiative ist nach den parlamentarischen Beratungen abgeschlossen. Hat die Volksinitiative die notwendige Unterschriftenzahl nicht erreicht, kann sie mit Zustimmung ihrer Vertreter an den Petitionsausschuss überwiesen werden. Eine Besonderheit gilt für den Fall, dass ein ausgearbeiteter Gesetzentwurf Gegenstand der Volksinitiative war: Bei Ablehnung durch den Landtag kann die Durchführung eines Volksbegehrens beantragt werden.

*Bewertung:* Mit der Einführung der Volksinitiative wurde nach dem Vorbild Schleswig-Holsteins ein neues Beteiligungsinstrument geschaffen, das es den Bürgerinnen und Bürgern ermöglicht, bestimmte Themen auf die Tagesordnung des Parlaments zu setzen. In Rheinland-Pfalz wurde die Volksinitiative nicht als obligatorische erste Stufe in ein dreistufiges Volksgesetzgebungsverfahren eingebaut. Jedoch führen die Befassungspflicht des Landtags und die dreimonatige Fristsetzung in Verbindung mit der Option, bei Ablehnung der Initiative unter erleichterten Zulassungsbedingungen ein Volksbegehren durchzuführen, zu einem politischen Druck auf das Parlament, sich mit der bürgerinitiierten Vorlage auseinander zu setzen. Das Volksgesetzgebungsverfahren kann zwei- *oder* dreistufig genutzt werden und es bleibt den Initiatoren überlassen, ob sie zunächst eine Volksinitiative durchführen oder direkt ein Volksbegehren beantragen wollen.

Mit dem Verzicht auf das Erfordernis eines ausgearbeiteten Gesetzentwurfs wurde der Anwendungsbereich der Volksinitiative erheblich erweitert. Damit kommt der Volksinitiative außerhalb des eigentlichen Volksgesetzgebungsverfahrens ein eigener Charakter als eine Art qualifizierte Massenpetition zu. Anwendungsfreundlich ist die Fristsetzung für die Sammlung der Unterschriften, die bis zu einem Jahr alt sein dürfen. Hier hatte die erste Enquetekommission seinerzeit lediglich eine Dreimonatsfrist empfohlen.

## 2.3 Volksbegehren und Volksentscheid

Kernstück der unmittelbaren Bürgerbeteiligung bilden Volksbegehren und Volksentscheid nach Art. 109 LV. Mit dem Volksbegehren wird den Bürgern das Recht zur Gesetzesinitiative neben Landesregierung, Fraktionen und Abgeordneten gegeben. Ein Volksbegehren kann darauf gerichtet sein,

- Gesetze, die in die Gesetzgebungskompetenz des Landes fallen, zu erlassen, zu ändern oder aufzuheben,
- den Landtag aufzulösen,
- ein Gesetz, dessen Verkündung auf Antrag von einem Drittel des Landtags ausgesetzt ist, einem Volksentscheid zu unterbreiten (Art. 115 LV).

Dem Volksbegehren muss ein ausgearbeiteter Gesetzentwurf zugrunde liegen. Zwar fordert die Verfassung keine Begründung des Gesetzentwurfs, jedoch bestimmt das Landeswahlgesetz, dass der Antrag einen „mit Gründen versehenen Gesetzentwurf" enthalten muss. Unzulässig sind Volksbegehren über Finanzfragen, Abgabengesetze und Besoldungsverordnungen. Solche materielle Einschränkungen der Volksgesetzgebung sehen alle Landesverfassungen vor und stehen in Deutschland in einer langen Verfassungstradition. Die rheinland-pfälzische Verfassung weicht von der klassischen Finanztrias (Haushalt, Abgabengesetze, Besoldungsbestimmungen) insofern ab, als die Formulierung „Finanzfragen" sehr weit gefasst ist und neben Haushaltsgesetz und Haushaltsplan auch andere finanzwirksame Gesetze einschließt. Jedoch kann der Begriff nicht so weit ausgelegt werden, dass jeder Gesetzentwurf mit finanzieller Auswirkung der Volksgesetzgebung entzogen wäre, weil dadurch ihre Anwendung nahezu unmöglich wäre. Ein volksbegehrter Gesetzentwurf ist hingegen erst als unzulässig einzustufen, wenn er finanzielle Auswirkungen auf die Haushaltsplanung im ganzen hat.[5] Volksbegehren können auch auf die Änderung der Landesverfassung gerichtet sein, jedoch gilt bei verfassungsändernden Volksentscheiden ein höheres Abstimmungsquorum.

Ein Volksbegehren muss von mindestens 300.000 Stimmberechtigten unterstützt werden, was einem Quorum von rund 10 Prozent entspricht. Bei einem so genannten *qualifizierten Volksbegehren* nach Art. 115 LV (bei Aussetzung der Verkündung eines Gesetzes durch den Landtag) beträgt das Unterstützungsquorum 150.000 Unterschriften (rund 5 Prozent der Stimmberechtigten).

Zur Einleitung eines Volksbegehrens muss ein besonderes Zulassungs- und Eintragungsverfahren durchgeführt werden, dass im Landeswahlgesetz (§§ 62-72) geregelt wird. Das Zulassungsverfahren entfällt bei einer zustande gekommenen, aber vom Landtag abgelehnten Volksinitiative, der ein ausgearbeiteter Gesetzentwurf zugrunde liegt, wenn die Vertreter der Initiative innerhalb von drei Monaten die Durchführung eines Volksbegehrens bei der Landesregierung beantragen. Der Zulassungsantrag muss den Wortlaut des beantragten Volksbegehrens, die Benennung von drei Vertretungsberechtigten sowie mindestens 20.000 Unterschriften von Stimmberechtigten enthalten. Die Unterschriften dürfen bei der Antragstellung nicht älter als ein Jahr sein und können frei gesammelt werden. Im Fall eines qualifizierten Volksbegehrens nach Art. 115 LV müssen nur 10.000 Unterschriften vorliegen, da die Antragstellung innerhalb eines Monats erfolgen muss.

Die Landesregierung entscheidet über den Zulassungsantrag; gegen deren Entscheidung können die Antragsteller innerhalb eines Monats den Verfassungsgerichtshof anrufen. Wird der Antrag für zulässig erklärt, schließt sich das Eintragungsverfahren an, bei dem die Eintragungslisten in den Gemeindeverwaltungen ausgelegt werden. Die Eintragungslisten sind von den Antragstellern zur Verfügung zu stellen und an die Gemeinden zu versenden. Die Landesverfassung befristet die Eintragung auf zwei Monate, bei einem qualifizierten Volksbegehren auf einen Monat. Stimmberechtigte können sich nur in der Gemeinde eintragen, in der sie ihren (Haupt-) Wohnsitz haben. Wurde die erforderliche Unterschriftenzahl innerhalb der Eintragungsfrist erreicht, unterbreitet die Landesregierung das Volks-

---

[5] Vgl. hierzu: Grimm 2001, Art. 109, Rz. 16.

begehren mit einer eigenen Stellungnahme dem Landtag. Der Landtag muss innerhalb von drei Monaten über das Volksbegehren entscheiden. Entspricht er dem begehrten Gesetzentwurf (bzw. beschließt er seine Auflösung) ist das Verfahren beendet, da das Ziel des Volksbegehrens erreicht wurde. Entspricht der Landtag dem Anliegen nicht, wird ein Volksentscheid eingeleitet. Bei qualifizierten Volksbegehren kommt es nach Erreichen des Quorums direkt zu einem Volksentscheid über das in Frage stehende Gesetz.

Das Verfahren des *Volksentscheids* wird im Landeswahlgesetz geregelt, jedoch legt die Verfassung die Fristen für die Durchführung fest. Hat der Landtag dem Volksbegehren nicht (fristgerecht) zugestimmt, findet grundsätzlich innerhalb von weiteren drei Monaten der Volksentscheid statt. Der Landtag hat das Recht, einen eigenen Gesetzentwurf vorzulegen, was zu einer Verlängerung der Frist auf sechs Monate führt. Die Landesregierung setzt den Tag der Abstimmung fest und gibt den Gegenstand des Volksentscheids öffentlich bekannt. Bei der Abstimmung entscheidet die Mehrheit der abgegebenen gültigen Stimmen über Annahme oder Ablehnung der Vorlage, jedoch müssen sich mindestens ein Viertel der Stimmberechtigten am Volksentscheid beteiligen, um ein Gesetz zu beschließen bzw. den Landtag aufzulösen. Bei verfassungsändernden Gesetzen ist die qualifizierte Mehrheit, d.h. die Mehrheit der Stimmberechtigten, erforderlich (Art. 129 I LV).

*Bewertung:* Die im Rahmen der Verfassungsreform vollzogenen Änderungen haben zu einer Modernisierung des Volksgesetzgebungsverfahrens und einer Verbesserung der Partizipationsmöglichkeiten auf Landesebene geführt. Wesentlich hat hierzu die Halbierung der geforderten Unterschriftenzahl für ein Volksbegehren beigetragen. Quoren sind ein zentrales Gestaltungselement und entscheiden maßgeblich über die Funktionsfähigkeit direktdemokratischer Verfahren. Ihre beiden Funktionen sind gegeneinander abzuwägen: Zum einen gewährleisten sie als „Filter", dass nur politisch relevante Anliegen, die von einem gewissen Bevölkerungsanteil unterstützt werden, zum Volksentscheid kommen, zum anderen muss die Hürde so niedrig angesetzt werden, dass eine direktdemokratische Beteiligung nicht unnötig erschwert wird.

Die von der Enquetekommission „Parlamentsreform" empfohlene Senkung des Quorums von zuvor 20 Prozent der Stimmberechtigten auf 300.000 Unterschriften und damit rund 10 Prozent der Stimmberechtigten sollte bewirkten, dass der Durchführung von Volksbegehren „keine unüberwindlichen Hindernisse" entgegengestellt werden. Negative Auswirkungen, wie z. B. die von Kritikern direkter Demokratie befürchtete inflationäre Nutzung von Volksbegehren, sind mit dem vorliegenden Quorum nicht zu erwarten und sind nicht eingetreten. Auch nach der Halbierung des Quorums ist das Erfordernis von 300.000 Unterschriften noch eine erhebliche Hürde, die nur mit großem personellen, organisatorischem und vor allem finanziellem Aufwand überwunden werden kann. Mit der Definition des Quorums als absolute Zahl statt eines Prozentanteils wurde Klarheit geschaffen, wie viele Unterschriften erforderlich sind; damit entfällt der Verwaltungsaufwand für die Ermittlung der erforderlichen Stimmenzahl zum Zeitpunkt eines Volksbegehrens.

Als „Ausgleich" für die Halbierung des Unterstützungsquorums wurde beim Volksentscheid ein Mindestbeteiligungsquorum von 25 Prozent der Stimmberechtigten eingeführt. Zuvor hatte die Verfassung neben der Mehrheit der gültigen Stimmen kein weiteres Quorum vorgesehen. Sinn eines Beteiligungsquorums ist es, ein Mindestmaß an demokratischer Legitimation sicher zu stellen. Ein solches Quorum stellt jedoch eine neue Hürde im direktdemokratischen Entscheidungsverfahren dar und sollte im Hinblick auf mögliche Auswirkungen auf das Abstimmungsverhalten auch kritisch hinterfragt werden. Boykottaufrufe können rechtswirksame Volksentscheide effektiv verhindern, da sich Stimmenthaltungen als Nein-Stimmen auswirken und dadurch das Abstimmungsgeheimnis gefährdet wird. Der rheinland-pfälzische Verfassungsgeber hat mit dem 25-prozentigen Beteiligungsquorum jedoch eine moderate Regelung getroffen und auf ein so genanntes Zustimmungsquorum,[6] wie es viele andere Verfassungen vorsehen, verzichtet.

Einem allgemeinen Trend folgend werden nun wesentliche Verfahrensbestimmungen in der Verfassung und nicht wie bisher im Landeswahlgesetz geregelt. Dies betrifft insbesondere die Eintragungsfrist für das Volksbegehren und die Fristsetzungen für die einzelnen Verfahrensschritte. Durch die verfassungsrechtliche Normierung wird die Bedeutung dieser Regelungen für die praktische Durchführung verdeutlicht. Es bleibt nicht dem einfachen Gesetzgeber überlassen, je nach politischer Mehrheit einschneidende Änderungen vorzunehmen, die das Volksgesetzgebungsverfahren und seine Anwendungsmöglichkeiten erheblich beeinflussen können. Die Eintragungsfrist betrug bis zum Jahr 2000 nur 14 Tage. Die Enquetekommission Parlamentsreform hatte eine dreimonatige Eintragsfrist empfohlen, die vom Landtag jedoch nicht übernommen, sondern auf zwei Monate reduziert wurde. Trotzdem ist dies als deutliche Verbesserung zu bewerten und steigert die Nutzungschancen eines Volksbegehrens.

Zu den neuen verfassungsrechtlichen Regelungen gehört das Recht des Landtags, im Rahmen eines Volksgesetzgebungsverfahrens einen eigenen Gesetzentwurf vorzulegen, was zuvor nur einfachgesetzlich geregelt war. Parlamentarische und direktdemokratische Gesetzgebung werden auf diese Weise miteinander verflochten und es wird dem Landtag ermöglicht, sich konstruktiv in das direktdemokratische Verfahren einzuschalten. Beim Volksentscheid wird die Entscheidungsmöglichkeit der Abstimmenden durch den Alternativvorschlag des Landtags erweitert. Dem von Kritikern direktdemokratischer Elemente häufig behaupteten Bedeutungsverlust des Parlaments wird damit entgegengewirkt.

---

[6] Ein Zustimmungsquorum birgt die Gefahr, dass sich im Falle eines konkurrierenden Gesetzentwurfs des Landtags die Ja-Stimmen auf zwei Vorlagen verteilen und damit das Erreichen des Quorums für jeden Entwurf erschwert wird.

Eine Regelung der Kostenerstattung für die Durchführung von Volkbegehren und Volksentscheid – in Anlehnung an die Wahlkampfkostenerstattung für Parteien – fand in der Enquetekommission mehrheitlich keine Zustimmung und wurde nicht in die Landesverfassung aufgenommen. Jedoch sieht das Landeswahlgesetz vor, dass die Kosten der Herstellung der Eintragungslisten und der Versendung an die Gemeindeverwaltungen den Antragstellern erstattet werden, wenn das durch Volksbegehren vorlegte Gesetz vom Landtag verabschiedet oder im Wege des Volksentscheids angenommen wurde. Einige Bundesländer haben weitergehende Regelungen getroffen, die neben einer Kostenerstattung für die Durchführung von Volksinitiativen, Volksbegehren und Volksentscheiden auch die Kosten einer angemessenen Information der Öffentlichkeit einschließen. Zu bedenken ist dabei, dass das notwendige finanzielle Engagement für ein Volksbegehren nicht unerheblich ist. Neben dem Druck und dem Versand der Eintragungslisten führt die Information der Öffentlichkeit über das Anliegen des Volksentscheids zu hohen Kosten, die entsprechende Anforderungen an die Finanzkraft der Initianten stellen. Für eine angemessene Kostenerstattung spricht zudem, dass es sich bei einem – mit der Unterstützung von mindestens 300.000 Bürgern (!) – zustande gekommenen Volksbegehren um eine verfassungsrechtlich garantierte Form der politischen Willensbildung handelt, bei der die Staatsbürger an der Ausübung der Staatsgewalt teilnehmen und dies durch eine teilweise Erstattung der Kosten unterstützt werden sollte. Die Ungleichbehandlung der Kostenerstattung für direktdemokratische Verfahren einerseits und der Parteien- und Fraktionsfinanzierung andererseits weisen eine deutliche Bevorzugung repräsentativer Entscheidungsstrukturen auf, die in diesem Ausmaß sachlich unbegründet scheint.

## 2.4 Praxis der direktdemokratischen Beteiligungsverfahren

In der verfassungsrechtlichen Praxis von Rheinland-Pfalz haben direktdemokratische Verfahren bislang kaum Bedeutung erlangt. Eine Besonderheit sind die 1956 in den damaligen Regierungsbezirken Koblenz, Trier, Montabaur, Rheinhessen und Pfalz durchgeführten Volksbegehren zur Neugliederung des Bundeslandes. Diese wurden jedoch nicht nach den Bestimmungen der Landesverfassung, sondern gemäß Art. 29 II GG durchgeführt und führten 1975 zu Volksentscheiden, in denen die begehrten Angliederungen der rheinland-pfälzischen Landesteile an andere Bundesländer abgelehnt wurden.

Bei der Nutzung direkter Bürgerbeteiligungsformen liegt Rheinland-Pfalz im Ländervergleich auf einer der letzten Stellen. Seit 1947 wurden nur zwei Volksbegehren angestrengt, zu einem Volksentscheid nach Art. 109 LV kam es bisher nicht. 1994 wurde ein Volksbegehren gegen ein Landestransplantationsgesetz vom Landtag angenommen; 1998 scheiterte ein Volksbegehren für die Wiedereinführung des Buß- und Bettags als Feiertag am erforderlichen Unterschriftenquorum. Auf dem Hintergrund der verfassungsrechtlichen Bestimmungen vor 2000 kann dieses Ergebnis nicht verwundern: Die vormaligen restriktiven Regelungen – eine Kombination aus hohen Quoren und kurzen Fristen – sind als „beteiligungs*verhindernde* Verfahren" und weniger als „Beteiligungsverfahren" zu charakterisieren. Zwar hat sich nach der Verfassungsreform daran wesentliches geändert, jedoch kann noch keine stärkere Nutzung der angebotenen Partizipationsmöglichkeiten erkannt werden. Nur einmal wurde bisher der Versuch unternommen, das neue Instrument der Volksinitiative anzuwenden: Im Mai 2000 wurde mit der Sammlung von Unterschriften für eine Volksinitiative „Ein neues Verfassungsmodell für Rheinland-Pfalz"[7] begonnen, die jedoch im Juli 2001 beim Stand von rund 15.000 Unterschriften eingestellt wurde.

## 2.5 Gesamtbild

Mit der Modernisierung der direktdemokratischen Verfahren im Zuge der Verfassungsreform ist Rheinland-Pfalz der Verfassungsentwicklung in anderen Bundesländern gefolgt. Die Stärkung der unmittelbaren Partizipationsformen auf Landesebene ist positiv zu bewerten. Dabei ging der Verfassungsgeber behutsam vor und griff auf moderate Regelungen zurück. Auf innovative und bisher weniger verbreitete Elemente der Verfahrensgestaltung wurde verzichtet, wie z. B. Kostenerstattungsregelungen oder die Zulassung eines „Doppelten Ja".

Bei einer Bewertung der Verfassungsreform und ihrer Ergebnisse im Bereich der direktdemokratischen Beteiligung sind die politischen Rahmenbedingungen und parteipolitischen Positionen zu diesem Komplex bedeutsam. Die Grundkonstellation war geprägt von einer SPD-FDP-Landesregierung, die die unmittelbaren Beteiligungs- und Entscheidungsmöglichkeiten auf Landesebene moderat stärken, dabei jedoch nicht „zuviel" direkte Demokratie wagen wollte. Die CDU-Fraktion im Mainzer Landtag, die sich in der Enquetekommission „Parlamentsreform" noch ablehnend verhalten hatte, öffnete sich im parlamentarischen Verfahren für die gemäßigten Vorschläge für mehr Bürgerbeteiligung. Bündnis 90/Die Grünen gingen in ihren Forderungen und Regelungsvorschlägen deutlich weiter, konnten ihre Anliegen für niedrigere Quoren und anwenderfreundlichere Regelungen jedoch nicht durchsetzen.

---

[7] Träger der Volksinitiative waren der Landesverband Freie Wähler (FWG) und Prof. Hans Herbert von Arnim. Ziel der Volksinitiative war u.a. die Einführung der Direktwahl des Ministerpräsidenten, Kumulieren und Panaschieren im Landeswahlrecht, die Abschaffung der Fünf-Prozent-Klausel sowie die Trennung von Amt und Mandat.

## 3 Bürgerbeteiligung auf kommunaler Ebene

### 3.1 Entwicklung direktdemokratischer Verfahren in der Kommunalverfassung

Bis zur Kommunalverfassungsreform 1993 war die Bürgerbeteiligung auf kommunaler Ebene in Rheinland-Pfalz nur schwach ausgeprägt. Die Gemeindeordnung kannte lediglich die so genannte Bürgerinitiative und die Einwohnerversammlung als unmittelbare Beteiligungsformen. Im März 1988 wurde auf Antrag der SPD-Fraktion die Enquetekommission „Möglichkeiten direkter Bürgerbeteiligung und -entscheidung in der repräsentativen Demokratie" eingesetzt[8], deren Auftrag die Prüfung verschiedener Partizipationsmöglichkeiten umfasste, u.a. die Änderung des Kommunalwahlrechts, Bürgerbegehren und Bürgerentscheid und die Direktwahl von Bürgermeistern und Landräten. In ihrem Abschlussbericht[9] aus dem Jahr 1990 empfahl die Kommission mehrheitlich, die unmittelbare Bürgerbeteiligung im kommunalen Bereich zu stärken. Diese Vorschläge sowie die Detailarbeit einer Arbeitsgruppe im Innenministerium, an der auch Vertreter der kommunalen Spitzenverbände teilnahmen, bildeten die Grundlage für einen Gesetzentwurf der Landesregierung zur Änderung der kommunalrechtlichen Vorschriften. Die seit 1991 regierende SPD-FDP-Regierung hatte in ihrer Koalitionsvereinbarung eine stärkere Bürgerbeteiligung in den Gemeinden und Landkreisen als innenpolitisches Ziel formuliert und so zählten die Einführung der Urwahl der Bürgermeister und Landräte sowie von Bürgerbegehren und Bürgerentscheid zu den zentralen Politikpunkten der Landesregierung.

Über die Zielsetzung einer Stärkung der kommunalen Bürgerbeteiligung herrschte bei allen Landtagsfraktionen im Grundsatz Einvernehmen, jedoch gab es verschiedene Auffassungen über die konkrete Ausgestaltung. Im Rahmen der Erarbeitung des Regierungsentwurfs zur Kommunalverfassungsreform hatten politische Spitzengespräche zwischen SPD, CDU und FDP stattgefunden. Da für die Einführung der Direktwahl der Bürgermeister und Landräte eine Verfassungsänderung und damit eine Zwei-Drittel-Mehrheit im Landtag, für die Änderung der Kommunalverfassung (u.a. die Einführung von Bürgerbegehren und -entscheid) jedoch nur die einfache Mehrheit erforderlich war, strebte die CDU eine politische Paketlösung an und forderte Mitsprache auch bei der Gestaltung der (einfachgesetzlichen) Kommunalverfassungsreform. Im Ergebnis stellen die in 1993 eingeführten Regelungen einen politischen Kompromiss zwischen der Landesregierung (SPD, FDP) und der in der Opposition befindlichen CDU dar und sind auch auf diesem Hintergrund zu bewerten. Die Grünen wurden nicht in die spitzenpolitischen Gespräche

---

[8] LT-Drs. 11/1260
[9] LT-Drs. 11/4707

und damit in die Vorarbeiten am Gesetzentwurf einbezogen. Im parlamentarischen Gesetzgebungsverfahren war ihr Antrag[10] auf niedrigere formelle und materielle Hürden bei Bürgerbegehren und Bürgerentscheiden nicht mehrheitsfähig. Das Landesgesetz zur Änderung kommunalrechtlicher Vorschriften wurde am 5. Okt. 1993 vom Landtag verabschiedet und trat am 12. Juni 1994 in Kraft. Die Änderungen der Gemeindeordnung (GemO) und der Landkreisordnung (LKO) umfassten u.a.

- die Neugestaltung des Einwohnerantrags (bisher: „Bürgerinitiative") in § 17 GemO und § 11 d LKO,
- die Einführung von Bürgerbegehren und Bürgerentscheid auf Gemeinde- und Kreisebene (§ 17 a GemO, § 11 e LKO),
- die Einführung der Direktwahl der Bürgermeister und Landräte (§ 50 GemO, § 46 LKO)
- die Einführung der Einwohnerfragestunde (§ 16 a GemO, § 11 a LKO),
- die Konkretisierung des Kommunalen Petitionsrechts (§16 b GemO, §11 b LKO).

## 3.2 Einwohnerantrag

Seit 1974 sah die GemO die „Bürgerinitiative" (§ 17 GemO) als Antragsrecht der Bürgerinnen und Bürger gegenüber dem Gemeinderat mit einem nach Gemeindegröße gestaffeltem Quorum von bis zu 10 Prozent der Stimmberechtigten vor. Mit der Novellierung der Kommunalverfassung erfolgte eine Umbenennung in „Einwohnerantrag" und damit eine begriffliche Klärung, die auch Verwechslungen mit der Organisationsform der Bürgerinitiative vermeiden soll.

Einwohnerinnen und Einwohner können mit einem Einwohnerantrag verlangen, dass sich der Gemeinderat über eine bestimmte Angelegenheit der örtlichen Selbstverwaltung, für deren Entscheidung er zuständig ist, berät und entscheidet. Antragsberechtigt sind alle Einwohnerinnen und Einwohner, die das 16. Lebensjahr vollendet haben. Damit ist der Teilnehmerkreis nicht auf Deutsche und Staatsangehörige von EU-Staaten begrenzt (wie bei Kommunalwahlen) und auch Jugendliche erhalten die Möglichkeit, ihre Anliegen in die Kommunalpolitik einzubringen. Die Zahl der erforderlichen Unterschriften ist nach Gemeindegröße gestaffelt und nach oben begrenzt:

---

[10] Änderungsantrag der Fraktion Die Grünen vom 24.6.1993 zum Gesetzentwurf der Landesregierung, LT-Vorlage 12/1498.

| Einwohnerzahl der Gemeinde | Quorum | max. erforderliche Unterschriftenzahl |
|---|---|---|
| bis 3.000 | 5 % | 120 |
| 3.001-10.000 | 4 % | 300 |
| 10.001-50.000 | 3 % | 1.000 |
| über 50.000 | 2 % | 2.000 |

In den Landkreisen sind für einen Einwohnerantrag die Unterschriften von 2 Prozent der Einwohner erforderlich, höchstens jedoch 2.000. Der Antrag muss ein bestimmtes Begehren mit Begründung enthalten und schriftlich bei der Gemeinde-/Kreisverwaltung eingereicht werden. Der Gemeinderat/Kreistag muss nicht über den Einwohnerantrag beraten, wenn zur selben Angelegenheit innerhalb der laufenden Wahlzeit bereits ein zulässiger Einwohnerantrag gestellt wurde. Über die Zulässigkeit entscheidet das Kommunalparlament. Innerhalb von drei Monaten muss es über den Antrag beraten, die Vertreter des Einwohnerantrags anhören und entscheiden.

*Bewertung:* Die Umgestaltung der früheren Bürgerinitiative zum Einwohnerantrag führte zu deutlichen formalen Erleichterungen: Ausweitung des Kreises der Antragsberechtigten auf Einwohner ab 16 Jahre, Wegfall des Erfordernisses eines Finanzierungsvorschlags sowie Halbierung der Zahl der geforderten Unterschriften. Der Einwohnerantrag ist ein Initiativrecht gegenüber den kommunalen Vertretungsorganen, das unterhalb des Bürgerbegehrens angesiedelt ist. Ein Teil der Einwohner kann das Kommunalparlament mit Gemeindeangelegenheiten befassen, ohne jedoch einen Einfluss auf die Entscheidung zu erlangen. Die Festsetzung des Quorums ist von großer Bedeutung für den praktischen Nutzen eines solchen Beteiligungsinstruments. Es muss so niedrig angesetzt sein, dass es nicht nur bei Themen erreicht wird, die ohnehin von den örtlichen Parteien bzw. Ratsmitgliedern aufgegriffen werden. In diesem Sinne handelt es sich auch um ein Minderheitenrecht, dessen Anwendung nicht durch hohe Quoren erschwert werden sollte. Entsprechend ist das Quorum beim Einwohnerantrag deutlich niedriger als beim Bürgerbegehren.

## 3.3 Bürgerbegehren und Bürgerentscheid

Stärkste Form der Bürgerbeteiligung in der GemO und LKO sind Bürgerbegehren und Bürgerentscheid. Beim Bürgerbegehren sind die Bürger einer Gemeinde (Stadt, Kreis) antragsberechtigt (volljährige Deutsche oder Staatsangehörige eines anderen EU-Staates). Gegenstand eines Bürgerbegehrens können nur „wichtige

Angelegenheiten" der Gemeinde sein, die in einem Positivkatalog abschließend definiert werden. Dies sind:

- die Errichtung, wesentliche Erweiterung und Aufhebung einer öffentlichen Einrichtung, die der Gesamtheit der Einwohner dient,
- die Änderung des Gemeindegebiets sowie
- die Bildung, Änderung und Auflösung von Ortsbezirken.

Durch die Hauptsatzung der Gemeinde und des Kreises kann bestimmt werden, welche weiteren Angelegenheiten als wichtig gelten. Ein Negativkatalog erklärt darüber hinaus eine Reihe von Angelegenheiten für unzulässig und entzieht sie grundsätzlich einer Bürgerentscheidung. Hierzu zählen:

- Angelegenheiten, die kraft Gesetzes dem Bürgermeister obliegen,
- Fragen der inneren Organisation der Gemeindeverwaltung,
- die Rechtsverhältnisse der Ratsmitglieder, des Bürgermeisters, der Beigeordneten und der Gemeindebediensteten,
- die Haushaltssatzung, der Haushaltsplan, die Abgabensätze und Tarife der Ver- und Entsorgungsunternehmen der Gemeinde,
- die Jahresrechnung der Gemeinde,
- Bauleitpläne,
- Vorhaben, für die ein Planfeststellungsverfahren oder ein förmliches Verwaltungsverfahren mit Öffentlichkeitsbeteiligung erforderlich ist,
- Entscheidungen in Rechtsbehelfs- und Rechtsmittelverfahren sowie
- gesetzwidrige Anträge.

Eine Wiederholungssperre von drei Jahren erklärt Bürgerbegehren für unzulässig, wenn innerhalb der letzten drei Jahre über den Gegenstand des Begehrens ein Bürgerentscheid durchgeführt wurde.

In Gemeinden muss ein Bürgerbegehren von mindestens 15 Prozent der bei der letzten Wahl zum Gemeinderat wahlberechtigten Einwohner unterzeichnet werden. Dabei wird das Quorum nach Gemeindegröße durch eine Höchstzahlregelung gekappt. Die LKO schreibt eine nach der Einwohnerzahl des Landkreises gestaffelte Mindestunterschriftenzahl vor.

| Einwohnerzahl der Gemeinde/des Landkreises | max. erforderliche Unterschriftenzahl | |
|---|---|---|
| | GemO | LKO |
| bis 50.000 | 3.000 | |
| 50.001-100.000 | 6.000 | 6.000 |
| 100.001-200.000 | 12.000 | 12.000 |
| über 200.000 | 24.000 | 24.000 |

Das Bürgerbegehren muss schriftlich bei der Gemeinde-/Kreisverwaltung einge-reicht werden, eine Begründung und einen nach den gesetzlichen Bestimmungen durchführbaren Kostendeckungsvorschlag enthalten sowie drei Vertretungsberech-tigte benennen. Die zu entscheidende Angelegenheit muss als Frage formuliert sein, die mit Ja oder Nein zu beantworten ist. Richtet sich ein Bürgerbegehren gegen einen Gemeinderatsbeschluss („kassatorisches Begehren"), muss das Begeh-ren innerhalb von zwei Monaten nach Beschlussfassung eingereicht werden. Bei einem normalen Bürgerbegehren ist keine Frist für die Sammlung der Unterschrif-ten vorgeschrieben. Über die Zulässigkeit des Bürgerbegehrens entscheidet der Gemeinderat nach Anhörung der Vertreter des Begehrens. Das Kommunalwahlge-setz bestimmt ohne Nennung einer konkreten Frist, dass nach der Entscheidung über die Zulässigkeit der Bürgerentscheid „unverzüglich" durchzuführen ist. Ein Bürgerentscheid findet nicht statt, wenn der Gemeinderat die Durchführung der begehrten Maßnahme beschließt.

Beim Bürgerentscheid entscheidet die Mehrheit der gültigen Stimmen. Dabei muss ein Abstimmungsquorum von 30 Prozent erreicht werden, d. h. die Mehrheit der abgegebenen Stimmen muss mindestens 30 Prozent der Stimmberechtigten betragen, um eine rechtsgültige Entscheidung herbeizuführen. Wird die erforderli-che Mehrheit nicht erreicht, hat der Gemeinderat über die Angelegenheit zu ent-scheiden. Der Bürgerentscheid ist in seiner Wirkung einem Gemeinderatsbeschluss gleichgestellt und begründet damit die Pflicht zum Vollzug. Darüber hinaus ge-nießt die Bürgerentscheidung einen besonderen Bestandsschutz, da der Gemeinde-rat einen Bürgerentscheid frühestens nach drei Jahren abändern kann.

*Bewertung:* Die Einführung von Bürgerbegehren und -entscheid stellt aus di-rektdemokratischer Sicht die wichtigste Ergänzung des Kommunalverfassungs-rechts dar. Mit einem Bürgerentscheid fordern die Bürgerinnen und Bürger in einer konkreten Angelegenheit die Selbstentscheidung zurück und entscheiden anstelle des Kommunalparlaments. Bei der Schaffung dieses Verfahrens orientierte sich der rheinland-pfälzische Gesetzgeber in vielen Bereichen an der Kommunalverfassung des Nachbarlandes Baden-Württemberg. Dabei wurde bewusst eine zurückhaltende Position vertreten. Die Mitwirkungs- und Entscheidungsrechte der Bürgerinnen und Bürger sollten gestärkt werden, jedoch sollte dies nicht so ausgeprägt geschehen wie z. B. in Bayern. Vielmehr wollte man sich mit den für Rheinland-Pfalz neuen Verfahren zurückhaltender positionieren. Dies findet Ausdruck in den Detailregelungen der GemO und LKO.

Durch den Positiv- und Negativkatalog wird das zulässige Themenspektrum von Bürgerbegehren in erheblichem Maße eingeschränkt. Die Möglichkeit, in der Hauptsatzung weitere Angelegenheiten als wichtig zu erklären, wurde in der Praxis bislang nur in wenigen Einzelfällen und dann aus konkretem politischen Anlass genutzt. Die doppelte „Absicherung" des Bürgerbegehrens durch Positiv- *und* Negativkatalog erscheint überflüssig, zumal andere Bundesländer auf einen derartig eng definierten Positivkatalog verzichten. Ein reiner Negativkatalog ist hingegen ausreichend und würde das Verfahren für Themen öffnen, die ihre Wichtigkeit durch das Erreichen des Quorums unter Beweis stellen. Im Gegensatz zu einigen anderen Bundesländern schließt der rheinland-pfälzische Negativkatalog auch Bürgerbegehren aus, die im Zusammenhang mit der Bauleitplanung und anderen Verfahren mit förmlicher Öffentlichkeitsbeteiligung stehen.

Bei den Quoren wird die zögerliche Haltung des rheinland-pfälzischen Gesetzgebers gegenüber direktdemokratischen Erweiterungen ebenfalls deutlich. Mit einem Unterschriftenquorum von bis zu 15 Prozent verlangt Rheinland-Pfalz nach Thüringen und zusammen mit Sachsen, Sachsen-Anhalt und dem Saarland das höchste Quorum auf kommunaler Ebene in Deutschland. Abgemildert wird dieser Befund durch die Kappung des Quorums, die sich in größeren Kommunen deutlich quorumssenkend auswirkt: Beispielsweise sind in der größten rheinland-pfälzischen Stadt Mainz mit rund 186.000 Einwohnern mindestens 12.000 Unterschriften erforderlich, was einem Prozentsatz von 8,9 Prozent der stimmberechtigten Bürger entspricht. In der Praxis anderer Bundesländer hat sich gezeigt, dass mit zunehmender Größe einer Stadt die Mobilisierung der Bürgerinnen und Bürger schwieriger wird. Zudem sind selten alle Einwohner in gleichem Maße von der zu entscheidenden Angelegenheit betroffen. Die Kappung des Unterschriftenquorums ist daher sinnvoll, da es eine Angleichung der Initiierungschancen in kleineren und größeren Städten bewirkt. Bei der rheinland-pfälzischen Regelung fällt jedoch in Kommunen, die knapp über einer Größengrenze liegen, der Kappungseffekt nur sehr gering aus. Diese Wirkung könnte durch eine Staffelung mit prozentualen Quoren (wie z. B. in Bayern oder Nordrhein-Westfalen) abgemildert werden. Da z. B. die Städte Speyer, Trier und Kaiserslautern jeweils im Bereich eines Schwellenwerts liegen, ist dies nicht nur eine Überlegung von theoretischer Relevanz.

Im vorgesehene dreijährige Abänderungssperre von rechtswirksamen Bürgerentscheiden steht in Relation zu dem 30-prozentigen Abstimmungsquorum, mit dem im bundesweiten Vergleich eine der höchsten Hürden aufgebaut wird. Ziel eines solchen Quorums ist die Sicherung der demokratischen Legitimität der Bürgerentscheidung. Gleichzeitig müssen auch negative Auswirkungen von Abstimmungsquoren in Betracht gezogen werden (siehe 2.3). Die Abstimmungsbeteiligung ist ebenso wie bei Wahlen von der Gemeindegröße abhängig. Das 30-prozentige Abstimmungsquorum beeinträchtigt daher vor allem in größeren Kommunen die Funktionsfähigkeit direktdemokratischer Verfahren. Eine Differenzierung des Abstimmungsquorums durch eine Staffelung nach Gemeindegröße – wie in Bayern – kann diese strukturelle Benachteiligung abmildern. Alternativ hierzu wäre auch ein Zurückgreifen auf eine Mindestbeteiligungsregel, z.b. ein Viertel der Stimmberechtigten wie es die Landesverfassung für Volksentscheide vorsieht, sinnvoll.

Das Zusammenwirken von jeweils dreijähriger Wiederholungs- und Abänderungssperre führt dazu, dass Rheinland-Pfalz neben Hessen das einzige Bundesland ist, in dem keine Möglichkeit besteht, einen rechtswirksamen Bürgerentscheid innerhalb dieser Frist abzuändern.

GemO und LKO sehen vor, dass vor der Durchführung eines Bürgerentscheids den Bürgern, die von den Gemeindeorganen vertretenen Auffassungen in Form einer öffentlichen Bekanntmachung dargelegt werden. Wünschenswert wäre die Bestimmung, dass im Sinne einer qualifizierten öffentlichen Abstimmungsdiskussion auch die Positionen der Initiatoren des Bürgerbegehrens im gleichen Umfang darzulegen sind.

Insgesamt hat die Kommunalverfassungsreform zu einer Erweiterung der Partizipationsmöglichkeiten geführt, jedoch wurden die Beteiligungsverfahren vergleichsweise restriktiv gestaltet. Die Stärkung der Bürgerbeteiligung war zwar ein zentrales politisches Anliegen der SPD-FDP-Landesregierung, jedoch wollte man – wie auch bei der Novellierung der Landesverfassung – scheinbar keinen allzu großen direktdemokratischen Schritt wagen. Das Vorbild Baden-Württemberg ist erkennbar, auch wenn in wichtigen Regelungsbereichen in Rheinland-Pfalz eine größere Zurückhaltung deutlich wird. Die verhältnismäßig hohen Quoren sowie die starken materiellen Einschränkungen sind Ausdruck einer gewissen Vorsicht in bezug auf partizipatorische Erweiterungen, gleichzeitig aber auch Resultat eines politischen Kompromisses, dessen Grundzüge außerhalb des parlamentarischen Gesetzgebungsverfahrens mit der Oppositionspartei CDU ausgehandelt wurden. Auf dem Hintergrund der zurückhaltenden programmatischen Position der CDU und der entsprechenden Haltung ihrer Vertreter in der Enquetekommission „Parlamentsreform" im Hinblick auf eine Stärkung unmittelbarer Entscheidungsverfahren in der Landesverfassung, war eine weitergehende Bürgerbeteiligung in Form von anwendungsfreundlicheren Verfahrensregelungen offenkundig nicht mehrheitsfähig.

## 3.4 Praxis von Einwohneranträgen, Bürgerbegehren und Bürgerentscheiden

In Rheinland-Pfalz wird keine amtliche Statistik über die Nutzung von Einwohneranträgen, Bürgerbegehren und Bürgerentscheiden geführt. Jedoch waren regelmäßige Kleine Anfragen[11] im Landtag Anlass, Umfragen bei den Gemeinden und Kreisverwaltungen durchzuführen und Daten über die Praxis direktdemokratischer Verfahren zu erheben. Seit der Einführung im Juni 1994 bis zum Febr. 2004 wurden in den kommunalen Gebietskörperschaften 91 Bürgerbegehren eingereicht und 36 Bürgerentscheide durchgeführt; in der gleichen Zeit wurden 86 Einwohneranträge gestellt.

Bürgerentscheide 1994-2004*

|                            | Gemeinden | Landkreise | Insgesamt |
|----------------------------|-----------|------------|-----------|
| Bürgerbegehren             | 86        | 5          | 91        |
| davon unzulässig           | 24        | 2          | 26        |
| Bürgerentscheide           | 35        | 1          | 36        |
| Zustimmung                 | 13        | 0          | 13        |
| Ablehnung                  | 7         | 0          | 7         |
| Abstimmungsquorum verfehlt | 15        | 1          | 16        |

* 12 Verfahren waren zum Zeitpunkt der Umfragen noch offen bzw. war deren Ausgang unbekannt.

Bürgerbegehren und Bürgerentscheid wurden als Partizipationsangebote angenommen, jedoch ist ihr Nutzungsgrad noch vergleichsweise gering. In nur knapp 4 Prozent aller kommunalen Gliederungen, in denen Bürgerbegehren möglich sind, wurde ein solches eingeleitet, und in 1,5 Prozent aller Kommunen kam es zu einem Bürgerentscheid. Im bundesweiten Vergleich der Nutzung von Bürgerbegehren und -entscheiden liegt Rheinland-Pfalz nach verschiedenen Untersuchungen[12] an fünftletzter Stelle. Hinsichtlich der Einwohnergröße der Kommunen lässt sich feststellen, dass mit wachsender Größe der Gemeinde die Wahrscheinlichkeit für die Einreichung eines Bürgerbegehrens steigt. In Städten mit mehr als 50.000 Einwohnern (0,3 Prozent der Gemeinden) wurden 5,8 Prozent der Bürgerbegehren

---

[11] Vgl. Kleine Anfragen und Antworten des Ministeriums des Innern und für Sport LT-Drs. 1277003, LT-Drs. 13/470, LT-Drs. 13/3953, LT-Drs. 14/2962.
[12] Vgl. Gabriel 2000; Mittendorf, V./Rehmet, F. 2002: Bürgerbegehren und Bürgerentscheid. In: Bogumil, J. (Hrsg.): Kommunale Entscheidungsprozesse im Wandel. Theoretische und empirische Analysen, S. 219-238.

eingereicht, in Gemeinden mit 20.000 bis 50.000 Einwohnern (0,9 Prozent der Gemeinden) 8,1 Prozent.

Auffällig ist mit rund 29 Prozent der hohe Anteil von unzulässigen Bürgerbegehren, wobei nur eine kleine Zahl der Begehren am geforderten Unterstützungsquorum scheiterte. Häufiger begründeten Verstöße gegen den Positiv- und Negativkatalog sowie gegen Fristen und andere formale Voraussetzungen die Unzulässigkeit. Betrachtet man die Ergebnisse der Bürgerentscheide, ist festzustellen, dass 13 Bürgerentscheide rechtswirksam im Sinne des Begehrens abgeschlossen wurden. Bei einer „Erfolgsstatistik" müssen zahlreiche Bürgerbegehren hinzu gerechnet werden, die bereits mit ihrer Annahme durch den Gemeinderat erfolgreich abgeschlossen wurden[13] oder sich auf andere Weise im Sinne des Bürgerbegehrens erledigten. Jedoch sollten direktdemokratische Beteiligungsverfahren nicht ausschließlich ergebnisorientiert betrachtet werden. Auch die Ablehnung eines Begehrens durch die Mehrheit der Abstimmenden ist als demokratischer Mehrwert zu bewerten.

Positiv fallen die teilweise hohen Abstimmungsbeteiligungen auf. Zwar lag die Abstimmungsbeteiligung durchschnittlich bei 55,9 Prozent, jedoch erreichte sie in zahlreichen Fällen zwischen 70 und 80 Prozent und mehr. Nachdenklich stimmt dagegen, dass nur rund 56 Prozent der Bürgerentscheide rechtswirksam abgeschlossen wurden, weil das 30-prozentige Abstimmungsquorum nicht erreicht wurde. 28 Prozent aller Bürgerentscheide „scheiterten unecht", d.h. die Vorlage erhielt die Mehrheit der gültigen Stimmen, jedoch nicht die Zustimmung von 30 Prozent der Stimmberechtigten. Nach den Bestimmungen der Landesverfassung für Volksentscheide, die eine Mindestbeteiligung von 25 Prozent vorsehen, hätten alle Bürgerentscheide zu einem rechtsgültigen Ergebnis geführt.

Die eingereichten Begehren wiesen ein breites Themenspektrum auf, wobei der Bereich Öffentliche Infrastruktur und öffentliche Sozial- und Versorgungseinrichtungen (Schulen, Kindergärten, Bürgerhäuser, Friedhöfe, Sportanlagen usw.) mit über der Hälfte aller Begehren deutlich dominierten. Weitere häufige Themen waren Baumaßnahmen und Bebauungspläne, Verkehrs- sowie Wirtschaftsprojekte (jeweils mit einem Anteil von etwa 10 Prozent).

Die bis 1994 bestehende Beteiligungsform der „Bürgerinitiative" hatte seit ihrer Einführung 1974 eine rege Nutzung erfahren. Von 1974 bis 1989 wurden 448 Bürgerinitiativen ermittelt, dies entsprach einem Jahresdurchschnitt von 30 Bürgerinitiativen. Verglichen damit wurde der Einwohnerantrag bisher weniger häufig genutzt. Zwischen 1994 und 2004 gab es im Jahresdurchschnitt lediglich neun Einwohneranträge, was vor allem mit der Nutzung der zuvor nicht vorhandenen Verfahren des Bürgerbegehrens und Bürgerentscheids zu erklären ist.

---

[13] 1996-2004 erledigten sich neun Bürgerbegehren durch einen entsprechenden Ratsbeschluss im Sinne der Antragsteller.

Einwohneranträge 1994-2004

|                       | Gemeinden | Landkreise | Insgesamt |
|-----------------------|-----------|------------|-----------|
| Einwohneranträge      | 81        | 5          | 86        |
| unzulässig            | 6         | 1          | 7         |
| vom Rat/Kreistag abgelehnt | 42   | 2          | 44        |

## 3.5 Direktwahl der Bürgermeister und Landräte

Ein Ausgangspunkt für die Überlegungen zur Novellierung des Kommunalrechts war die Einführung der Direktwahl nach den Vorbildern Baden-Württemberg und Bayern. In der öffentlichen Wahrnehmung und der Medienberichterstattung wurde sie zu einem Kernthema der Kommunalverfassungsreform, das die nicht minder bedeutenden direktdemokratischen Elemente wie Bürgerbegehren und -entscheid in den Hintergrund drängte.

Die Einführung der Direktwahl erforderte eine Änderung der Landesverfassung, die bis dahin in Artikel 50 vorsah, dass in den Gemeinden und Gemeindeverbänden nur die Vertretungskörperschaften von den Bürgern gewählt werden. Mit dem Erfordernis der für Verfassungsänderungen notwendigen Zweidrittelmehrheit kam der Einführung der Urwahl eine besondere politische Bedeutung zu, jedoch herrschte unter den Parteien im Landtag grundsätzlich weitgehendes Einvernehmen über dieses Reformvorhaben. In den parlamentarischen Beratungen wurde die Direktwahl von den Abgeordneten der SPD, CDU und FDP vor allem unter dem Aspekt einer Stärkung der politischen Teilhaberechte diskutiert. Dagegen wurden aus der Fraktion der Grünen auch Bedenken gegen die Direktwahl geäußert, da von ihr eine weitere Stärkung des ohnehin „mächtigen Bürgermeisters" ausgehen würde.

Das novellierte rheinland-pfälzische Kommunalrecht steht den Grundsätzen der süddeutschen Ratsverfassung nahe. Dem Bürgermeister kommt eine starke Stellung innerhalb der Kommunalverfassung zu und er verfügt über eine entsprechende Gestaltungs- und Vollzugsmacht als Vorsitzender des Gemeinderats mit Stimmrecht, Chef der Verwaltung sowie Repräsentant und gesetzlicher Vertreter der Gemeinde nach außen. Seit 1994 werden die haupt- und ehrenamtlichen Bürgermeister sowie – anders als beim Vorbild Baden-Württemberg – die Landräte direkt gewählt (§ 53 GemO, § 46 LKO). Die Amtszeit der hauptamtlichen Bürgermeister und Landräte beträgt acht Jahre (bis 1994: zehn Jahre), die der ehrenamtlichen Bürgermeister fünf Jahre. 1998 wurde die Direktwahl der Ortsvorsteher eingeführt (§76 GemO), die als Ehrenamtliche die Belange ihres Ortsbezirks gegenüber den Organen der Gemeinde vertreten.

Die Wahl der Bürgermeister und Landräte wird nach den Grundsätzen der Mehrheitswahl durchgeführt; gewählt ist, wer mehr als die Hälfte der gültigen Stimmen erhält. Erhält kein Bewerber die erforderliche Mehrheit, findet eine Stichwahl unter den zwei Bewerbern statt, die die höchste Stimmenzahl erhalten haben. Ausnahmsweise findet anstelle der Direktwahl eine Wahl durch den Gemeinderat bzw. Kreistag statt, wenn keine gültige Bewerbung für das Amt eingereicht wurde oder ein einzelner gültiger Bewerber in der Wahl keine Mehrheit erreicht hat. Die hauptamtlichen Bürgermeister können vor Ablauf ihrer Amtszeit von den Bürgern abgewählt werden. Das Abwahlverfahren kann nur vom Kommunalparlament und nicht von den Bürgern eingeleitet werden und führt zu einem Bürgerentscheid. Der Bürgermeister ist abgewählt, wenn die Mehrheit der gültigen Stimmen der Abwahl zustimmt, sofern diese Mehrheit mindestens 30 Prozent der Stimmberechtigten beträgt. Die Regelung gilt entsprechend für die Abwahl von Landräten. Die Möglichkeit der Abberufung der Bürgermeister und Landräte durch die Bürger ist eine logische Konsequenz aus der Einführung der Direktwahl. Nur wer einem Amtsträger die demokratische Legitimation verliehen hat – in diesem Fall die Wahlbürger – kann ihm diese wieder entziehen. Durch das ausschließliche Initiativrecht des Rates unterliegt die Einleitung der Abwahl jedoch einer parlamentarischen Kontrolle.

*Bewertung:* Mit der Einführung der Urwahl folgte Rheinland-Pfalz einem gesamtdeutschen Trend. Angesichts der häufig beklagten Parteien- und Politikverdrossenheit und einer zunehmenden Distanz der Bürgerinnen und Bürger zu den politischen Akteuren, sollen die Direktwahl die Bürgerpartizipation auf kommunaler Ebene stärken und die Distanz zur politischen und administrativen Spitze abbauen. Die Direktwahl bedeutet ein Mehr an Entscheidung für die Bürgerinnen und Bürger im Sinne einer zusätzlichen Wahloption. Die unmittelbar gewählten Repräsentanten werden in stärkerem Maße als bisher als Vertreterinnen und Vertreter der Bürger angesehen und erhalten durch die direkte Legitimation eine größere Unabhängigkeit von den Parteien. Die Direktwahl führt zu einem Bedeutungszuwachs des Bürgermeisters und des Landrats und einer Stärkung der kommunalen Exekutive, welche mittel- und langfristig eine Machtverschiebung zwischen den kommunalen Organen bewirken kann. Entscheidend ist, wie die Direktwahl in das Kommunalverfassungssystem eingebaut wird und ob durch die Stärkung der Rechte des Rats ein gewisser Ausgleich geschaffen wird. Mit der Neufassung der rheinlandpfälzischen Kommunalverfassung wurden die Aufgaben des Rates dadurch erweitert, dass er die Grundsätze für die Verwaltung der Gemeinde festlegt und damit die Möglichkeit hat, in gewissem Maße auf den Aufgabenbereich des Bürgermeisters einzuwirken. Zudem wurden die Kontrollrechte gegenüber der Exekutive durch erweiterte Unterrichtungs- und Einsichtsrechte des Gemeinderats gestärkt.

Als *ein* Element der erweiterten Bürgerbeteiligung neben direktdemokratischen Verfahren hat die Direktwahl der Bürgermeister und Landräte die politische

Kultur in Rheinland-Pfalz angereichert. Jedoch haben sich die mit ihrer Einführung verbundenen Erwartungen, einen zusätzlichen Partizipationsanreiz zu schaffen, angesichts der häufig geringen Wahlbeteiligungen nicht erfüllt. Die Auswirkungen der Urwahl sind also weniger in einer stärkeren Bürgerbeteiligung als auf Seiten der Stärkung der kommunalen Verwaltungsspitze zu sehen. Zu beobachten sind ferner Aufweichungen bisher fester Mehrheitsstrukturen und eine Differenzierung der politischen Verhältnisse auf kommunaler Ebene.

### 3.6 Weitere Formen der Bürgerbeteiligung

*Einwohnerversammlung*

Die Einwohnerversammlung (§ 16 GemO) dient der Unterrichtung der Einwohnerinnen und Einwohner über wichtige Gemeindeangelegenheiten und wird vom Bürgermeister oder der Mehrheit des Gemeinderats einberufen. Sie soll mindestens einmal im Jahr oder nach Bedarf abgehalten werden. Die Einwohnerversammlung kann auf Teile des Gemeindegebiets oder bestimmte Themen beschränkt werden und somit als Informationsveranstaltung über konkrete Themen fungieren, die für die Gemeinde oder bestimmte Gemeindeteile von besonderem Interesse sind. In der Aussprache erhalten Einwohner das Wort.

*Einwohnerfragestunde*

Die Einwohnerfragestunde (§16 a GemO, § 11 a LKO) eröffnet den Bürgerinnen und Bürgern die verstärkte Möglichkeit zur Information und Beteiligung am gemeindlichen Willensbildungsprozess. Der Gemeinderat/Kreistag kann bei öffentlichen Sitzungen Einwohnern Gelegenheit geben, Fragen aus dem Bereich der örtlichen Verwaltung zu stellen oder Anregungen und Vorschläge zu unterbreiten.

*Kommunales Petitionsrecht*

Das in Artikel 11 der Landesverfassung verankerte Petitionsrecht wurde 1993 im Kommunalverfassungsrecht konkretisiert (§ 16 b GemO, § 11 b LKO). Danach hat jeder / jede das Recht, sich schriftlich mit Anregungen oder Beschwerden aus dem Bereich der (örtlichen) Verwaltung an den Gemeinderat/Kreistag zu wenden.

*Amtliche Einwohnerbefragung*

Ein weiteres Verfahren zur Einbeziehung der Bürger in die gemeindliche Willensbildung ist die amtliche Einwohnerbefragung, die in der Kommunalverfassung nicht ausdrücklich geregelt ist, sich jedoch in der kommunalen Praxis als weitere „Beteiligungsform" herausgebildet hat. Bei der Befragung handelt es sich praktisch um eine Meinungsumfrage unter den Einwohnern über eine bestimmte Gemeindeangelegenheit, an dessen Ergebnis die Gemeindeorgane nicht gebunden sind. Daher ist dieses Instrument nicht den direktdemokratischen Beteiligungsverfahren zuzurechnen. Den Bürgern kommt weder ein Initiativrecht noch eine Entscheidungsbefugnis zu.

### Kommunales Wahlrecht – Kumulieren und Panaschieren

Die Wahl zu den kommunalen Vertretungsorganen ist eine zentrale Form der Mitwirkung am politischen Prozess in den Gemeinden, Städten und Landkreisen. Das seit 1989 geltende rheinland-pfälzische Kommunalwahlrecht[14] gibt den Wählerinnen und Wählern durch die Möglichkeit des Kumulierens und Panaschierens einen größeren Einfluss auf die personelle Zusammensetzung der Kommunalparlamente als bei Wahlen mit starren Listen. Der Wähler hat so viele Stimmen, wie Mitglieder des Gemeinderats/Kreistags zu wählen sind. Er kann einem Bewerber bis zu drei Stimmen geben (Kumulieren) und seine Stimmen auf Bewerber aus verschiedenen Wahlvorschlägen (Listen) verteilen (Panaschieren). Somit sind die Bürger bei der Stimmabgabe nicht an die Kandidatinnen und Kandidaten einer Partei bzw. Wählervereinigung gebunden, sondern können deren Platzierung auf den Listen wesentlich verändern. Die bei der starren Listenwahl dominierende Binnenorientierung der Bewerber auf die eigene Partei wird zugunsten einer stärken Bürgerorientierung relativiert.

## 4 Fazit

Die direktdemokratischen Beteiligungsverfahren wurden auf Landesebene durch die Einführung der Volksinitiative und die Modernisierung des Volksgesetzgebungsverfahrens sowie auf Kommunalebene durch die Ergänzung von Bürgerbegehren und Bürgerentscheid institutionell gestärkt. Die Rechts- und Verfassungsentwicklung in Rheinland-Pfalz lag damit im gesamtdeutschen Trend, der in den 1990er Jahren in fast allen Bundesländern zu einem Ausbau unmittelbarer Partizipationsrechte als Ergänzung repräsentativer Strukturen führte. In der politischen Praxis in Rheinland-Pfalz spielten hingegen direktdemokratische Beteiligungsverfahren bislang eine nachrangige Rolle. Auf Landesebene haben die seit 2000 geltenden Verfahren mit einer Ausnahme noch keine praktische Bedeutung erlangt. In

---

[14] Kommunalwahlgesetz (KWG) in der Fassung vom 31. Jan. 1994 (GVBl S. 137), § 32. Bei der Wahl zum Bezirkstag des Bezirksverbandes Pfalz hat der Wähler nur eine Stimme für einen Wahlvorschlag, Kumulieren und Panaschieren ist nicht möglich.

den Kommunen wurden in den vergangenen zehn Jahren Einwohneranträge, Bürgerbegehren und Bürgerentscheide in vergleichsweise geringem Ausmaß genutzt. Diese Entwicklung hat weder die Hoffnungen der Befürworter direkter Bürgerbeteiligung erfüllt, eine größere politische Mobilisierung der Bürgerinnen und Bürger zu erreichen, noch die Befürchtungen der Kritiker bestätigt, dass direktdemokratische Instrumente den Politikbetrieb beeinträchtigen würden.

Die 1994 eingeführte Direktwahl der Bürgermeister und Landräte hat sich etabliert. Eine Würdigung dieser Neuerung muss berücksichtigten, dass es sich hierbei um eine Reform innerhalb repräsentativer Politikstrukturen und um eine Personalentscheidung handelt. Eine systematische Erweiterung politischer Beteiligungsformen ist vor allem mit sach- bzw. themenbezogenen Mitwirkungsrechten verbunden. So verstandene direktdemokratische Instrumente machen den eigentlichen „Reform-Mehrwert" aus. Ihre in der rheinland-pfälzischen Praxis bisher zurückhaltende Anwendung stellt keineswegs ihren Sinn und Wert in Frage. Eine Senkung der formellen und materiellen Hürden insbesondere bei den Verfahren auf kommunaler Ebene sollte in Betracht gezogen werden und war bereits Gegenstand einer parlamentarischen Gesetzesinitiative im Frühjahr 2004. Neben institutionellen Voraussetzungen sind auch die Ausprägungen der regionalen politischen Kultur für die praktische Nutzung bedeutsam. Die Zukunft wird zeigen, inwieweit sich die vorhandenen Mitwirkungs- und Entscheidungsrechte als geeignete Rahmenbedingungen für ein breiteres bürgerschaftliches Engagement erweisen und sich zu einem festen Bestandteil der politischen Kultur in Rheinland-Pfalz entwickeln.

##  Literatur- und Internethinweise

Gabriel, Oscar W. 2000: Bürgerbegehren und Bürgerentscheide: Neue Formen politischer Beteiligung? In: Politische Kultur in Rheinland-Pfalz. Hrsg. v. Ulrich Sarcinelli u. a. Mainz, München, S. 333-360

Grimm, Christoph 2001: Verfassung für Rheinland-Pfalz. Kommentar.

Gusy, Christoph / Wagner, Edgar 2003: Die verfassungsrechtliche Entwicklung in Rheinland-Pfalz von 1996-2001. In: Jahrbuch des öffentlichen Rechts Bd. 51, S. 385-402

Kommunalbrevier Rheinland-Pfalz 1999. Rechtliche Schwerpunktthemen: „Beteiligung von Bürgern und Einwohnern an der gemeindlichen Politik: Die Partizipationsinstrumente der Gemeindeordnung." (www.gstbrp.de)

Mielke, Gerd / Benzer, Bodo 2000: Kein neuer Wein in alten Schläuchen. Die Urwahlen von Bürgermeistern und Landräten in Rheinland-Pfalz. In: Politische Kultur in Rheinland-Pfalz. Hrsg. v. Ulrich Sarcinelli u. a. Mainz, München, S. 361-384

www.gstbrp.de
Informationsseiten des Ministeriums des Innern und für Sport (ISM) und des Gemeinde- und Städtebundes Rheinland-Pfalz (GStB) zum Thema Bürgerbeteiligung (Rubrik „Bürgerbeteiligung")

www.ism.rlp.de
Ausführliche Informationen des Innenministeriums über direktdemokratische Beteiligungsverfahren in der Landesverfassung

www.forschungsstelle-direkte-demokratie.de/
Forschungsstelle Bürgerbeteiligung und Direkte Demokratie an der Philipps Universität Marburg, Fachbereich Politikwissenschaft, u. a. mit Datenbanken zu Bürgerbegehren, Volksbegehren und Volksentscheiden in den Bundesländern

# Direkte Demokratie im Saarland

*Jürgen Wohlfarth*

## 1 Einleitung

Nehmen wir das Ergebnis vorweg! Das Saarland landet bei einem Vergleich der direktdemokratischen Verfahren der Länder und Gemeinden mit der Note „mangelhaft" auf dem vorletzten Platz[1]. Zwar sind die Instrumente Volksbegehren/Bürgerbegehren und Volksentscheid/Bürgerentscheid im saarländischen Landesrecht vorhanden. Allerdings sind ihre jeweiligen Voraussetzungen außerordentlich hoch und in der Praxis kaum erfüllbar. Dabei gibt es Unterschiede zwischen Land und Gemeinden. Die 1997 in das saarländische Kommunalselbstverwaltungsgesetz aufgenommene Bürgerbeteiligung rangiert im Ländervergleich mit der Bewertung „ausreichend" auf Platz 10. Dagegen bildet die schon 1979 durch Verfassungsänderung eingeführte Volksgesetzgebung das Schlusslicht der Länder – Platz 16 mit der Note „ungenügend".

Aber zurück zum Ausgangspunkt. Die Verfassung des Saarlandes datiert vom 15.12.1947. Sie ähnelt dem rechtlichen und politischen System des Grundgesetzes. In ihrem ersten Hauptteil befasst sie sich mit den Grundrechten und Grundpflichten der Einzelpersonen. Der zweite Hauptteil gilt der näheren Betrachtung des Staates in Aufgaben und Aufbau. Das Saarland ist eine freiheitliche Demokratie und ein sozialer Rechtsstaat. Es fördert die europäische Einigung und tritt für die Beteiligung eigenständiger Regionen an der Willensbildung der europäischen Gemeinschaften und des vereinten Europa ein. Alle Staatsgewalt geht vom Volke aus. Sie wird durch allgemeine, gleiche, unmittelbare, geheime und freie Wahlen bestellt. Es gelten die Prinzipien der Gewaltenteilung und der Gesetzesbindung. Organe des Volkswillens sind der Landtag und die Landesregierung. Es besteht ein eigener Verfassungsgerichtshof.

Ein unverzichtbares Recht des Landtages ist die Ausübung der Gesetzgebung. Als Regelprinzip werden die Gesetzesvorlagen vom Ministerpräsidenten namens der Landesregierung, von einem Mitglied des Landtages oder einer Fraktion eingebracht. Der Ministerpräsident hat die im verfassungsmäßigem Verfahren beschlossenen Gesetze anschließend mit den zuständigen Ministern auszufertigen und im Amtsblatt des Saarlandes zu verkünden. Dieses geschlossene Modell staatlicher

---

[1] Mehr Demokratie e.V., Erstes Volksentscheid-Ranking – Die direktdemokratischen Verfahren der Länder und Gemeinden im Vergleich, Berlin 2003.

Gesetzgebung ist in den Artikeln 99 und 100 der Saarländischen Verfassung durchbrochen. Über ein Volksbegehren und einen anschließenden Volksentscheid lassen sich theoretisch durch private Initiative Landesgesetze auf den Weg bringen. Der Ausschluss von Themen einerseits und ein hoher Verfahrensanspruch andererseits entwerten diese Instrumente direkter Demokratie mit der Folge, dass keine nennenswerten Praxiserfahrungen vorliegen.

## 2 Hinweise zur historischen Entwicklung

### 2.1 Land

Die Verfassung des Saarlandes aus dem Jahr 1947 kannte kein Volksbegehren, enthielt aber eine Teilregelung zu einem Volksentscheid. Diese Bestimmungen waren aus heutiger Sicht völlig unzureichend. Zunächst blieb es nämlich bei der Regel, dass Gesetzesvorlagen entweder vom Ministerpräsidenten oder aus der Mitte des Landtages eingebracht wurden (Art. 100 LV a.f.). Somit war es unmöglich, einen Volksentscheid unmittelbar aus dem Volk heraus zu initiieren. Die Option des Volksentscheides setzte in der ersten Stufe den Beginn eines herkömmlichen Gesetzgebungsverfahrens voraus. Der Landtag konnte dann mit mehr als einem Drittel der Abgeordneten einen Volksentscheid beantragen. Dieser Volksentscheid musste zusätzlich durch ein Drittel der Wahlberechtigten unterstützt werden. Daneben bestanden inhaltliche Restriktionen. Über Verfassungsänderungen, den Haushaltsplan, Abgabengesetze und Besoldungsordnungen war von vornherein ein Volksentscheid nicht statthaft. Schließlich konnte der Landtag durch Gesetz den Gegenstand des beantragten Volksentscheides mit der Konsequenz übernehmen, dass der Volksentscheid zu unterbleiben hatte (Art. 101, 102 LV a. F.). Beide Verfassungsnormen aus 1947 verwiesen – insbesondere hinsichtlich des Verfahrens – auf ein zu erlassendes Gesetz. Ein solches ist aber nie ergangen. Aus all diesen Gründen kam es bis zur Änderung der Verfassung im Jahr 1979 zu keinem einzigen Volksentscheid. Die Altbestimmungen liefen also völlig leer.

Eine eingesetzte Verfassungsenquete-Kommission Ende der 1970er Jahre empfahl nach eingehender Diskussion, eine echte Volksgesetzgebung in die Verfassung aufzunehmen. Die Initiative dazu sollte weder bei einer parlamentarischen Minderheit im Saarländischen Landtag monopolisiert noch gegenständlich auf bestimmte Gesetzesvorlagen beschränkt werden[2]. Die Verfassung wurde durch Gesetz Nr. 1102 des Saarlandes vom 05.07.1979[3] geändert. Die Formulierungen in den neuen Art. 99, 100 LV orientierten sich damals an Vergleichsregelungen der

---

[2] LT-Drs. 7/1260, S. 36 ff.
[3] ABl. 1979, S. 650.

Länder Bayern und Nordrhein-Westfalen. Der Empfehlung der Enquete-Kommission wurde nur teilweise gefolgt. Die Instrumente Volksbegehren und Volksentscheid finden sich zwar in dem Verfassungstext wieder, sehen aber formelle und materielle Einschränkungen vor.

## 2.2 Gemeinden

Die heutige saarländische Kommunalverfassung erscheint als Mischform zwischen Bürgermeister- und Süddeutscher Ratsverfassung. Bis zum 21.02.1947 galt im Saarland die frühere Deutsche Gemeindeordnung von 1935 fort. Ein am „Code des Communes" orientiertes Übergangsrecht endete am 10.07.1951 mit einer neuen durch den Landtag ordnungsgemäß beschlossenen Gemeindeordnung[4]. Nach vierjähriger Beratung wurde das heutige Kommunalselbstverwaltungsgesetz in seiner Grundfassung am 15.01.1964 in Kraft gesetzt[5]. Eine bundesweit einmalige Besonderheit war die Zusammenfassung der Gemeinde-, Amts- und Kreisordnung in einem einzigen Gesetzeswerk. Ein Gesetz zur Neugliederung der Gemeinden und Landkreise des Saarlandes vom 19.12.1973[6] löste von den seinerzeit bestehenden 345 Gemeinden insgesamt 341 auf und bildete 50 neu. Die Anzahl der Landkreise verringerte sich von sieben auf fünf. Augenblicklich gibt es im Saarland 52 Gemeinden.

Eine Bestandsaufnahme der Gefährdungstendenzen und Herausforderungen der kommunalen Selbstverwaltung im ausgehenden 20. Jahrhundert war 1994 der Anlass für die damalige Landesregierung zur Einsetzung einer Kommission „Stärkung der kommunalen Selbstverwaltung". Ihre Mitglieder kamen aus allen staatlichen Ebenen, der Verbandstätigkeit, der Kommunalunternehmen sowie der privaten Wirtschaft. In einem „Grünbuch" erstattete die Kommission ihren Bericht und gab Handlungsempfehlungen an den Gesetzgeber[7]. Die Kommission stellte fest, dass die Aktivierung des bürgerschaftlichen Engagements von entscheidender Bedeutung für das Funktionieren kommunaler Selbstverwaltung ist[8]. Der Stärkung der Bürgerbeteiligung an der demokratischen Willensbildung auf der Ebene der Gemeinden und Gemeindeverbände ist daher ein großer Abschnitt gewidmet. Zunächst empfahl die Kommission mehrheitlich die Einführung der Direktwahl der Bürgermeister, der Landräte sowie des Stadtverbandspräsidenten des Stadtverbandes Saarbrücken, einem kreisähnlichen Stadt-Umland-Verband. Die direkt Gewählten sollten dadurch gestärkt werden, dass sie ein Stimmrecht in der Vertre-

---

[4] ABl. 1951, S. 995.
[5] ABl. 1964, S. 682.
[6] NGG, ABl. 1974, S. 852.
[7] Ministerium des Innern (Hrsg.), Stärkung der kommunalen Selbstverwaltung, 1994.
[8] Ebenda, S. 64.

tungskörperschaft sowie deren Ausschüssen erhalten sollten. Dagegen wurde die Einführung der Direktwahl in der Ortsrats- und Bezirksratsverfassung abgelehnt. Ein weiteres Sachanliegen der Kommission war die gesetzliche Ermöglichung eines Bürgerentscheides nach erfolgreicher Durchführung eines Bürgerbegehrens. Ablehnend stand die Kommission Forderungen nach einem kommunalen Petitionsrecht entgegen. Befürwortet wurde die zusätzliche Wahl sachkundiger Bürger in Ausschüsse der Vertretungskörperschaften. Jeweils durch kommunale Satzung sollten die Einwohnerfragestunde in Rat und Kreistag sowie die Zulässigkeit einer Bürgerbefragung geregelt werden.

Die Direktwahl der Bürgermeister, Landräte und des Stadtverbandspräsidenten wurde noch im Erscheinungsjahr des Kommissionsberichtes durch Änderungsgesetz zum KSVG umgesetzt[9]. Weitere Instrumente unmittelbarer Demokratie mit dem Schwerpunkt Bürgerbegehren und Bürgerentscheid beschloss der Landtag dann im Jahre 1997[10]. In das Gesetz wurden Satzungsermächtigungen für Einwohnerfragestunden und Einwohnerbefragungen aufgenommen (§§ 20 a) und b) KSVG). Die Voraussetzungen für einen bereits früher im KSVG vorhandenen Einwohnerantrag wurden erleichtert (§ 21 KSVG). Nicht ins Gesetz kam die Figur des sachkundigen Bürgers bzw. Einwohners.

## 3 Volksbegehren und Volksentscheid im Saarland

Der Zweck eines Volksbegehrens (und sein eingegrenzter Anwendungsbereich) ergibt sich aus Art. 99 der saarländischen Landesverfassung (LV). Volksbegehren betreffen demnach nur die Gesetzgebung des Landes. Ihr Ziel muss darauf gerichtet sein, Gesetze zu erlassen, zu ändern oder aufzuheben. Die Verfassung schließt finanzwirksame Gesetze von Volksbegehren ausdrücklich aus. Dazu zählen Gesetze über Abgaben, die Besoldung, Staatsleistungen und den Staatshaushalt.

Einem Volksbegehren liegt ein ausgearbeiteter und mit Gründen versehener Gesetzentwurf zugrunde. Es muss eingeleitet werden, wenn 5.000 Stimmberechtigte es beantragen. Das Volksbegehren ist erst dann zustande gekommen, wenn es von mindestens einem Fünftel der Stimmberechtigten unterstützt wird. Augenblicklich hat das Saarland rund 1,06 Millionen Einwohner. Die Stimmberechtigung ist an das Wahlrecht zum Landtag geknüpft. Ein Fünftel der Stimmberechtigten bedeutet derzeit 163.206 wahlberechtigte Personen. Die Landesregierung selbst entscheidet über Zulässigkeit und Zustandekommen des Volksbegehrens. Allerdings kann gegen ihre Entscheidung der Saarländische Verfassungsgerichtshof

---

[9] ABl. 1994, S. 818.
[10] ABl. 1997, S. 682 ff.

angerufen werden. Die Landesregierung hat das Volksbegehren unter Darlegung ihres Standpunktes unverzüglich dem Landtag zu unterbreiten.

Entspricht der Landtag binnen drei Monaten dem Volksbegehren nicht, muss innerhalb von weiteren drei Monaten ein Volksentscheid herbeigeführt werden. Tritt während des Laufes dieser Fristen ein neuer Landtag zusammen, beginnen beide Fristen neu zu laufen (Art. 100 LV).

Der dem Volk zur Entscheidung vorgelegte Gesetzentwurf ist mit einer Stellungnahme der Landesregierung zu begleiten, die bündig und sachlich sowohl die Begründung der Antragsteller wie die Auffassung der Landesregierung über den Gegenstand darlegt. Der Landtag hat die Befugnis, dem Volk einen eigenen Gesetzentwurf zur Entscheidung mit vorzulegen. Das Gesetz ist durch Volksentscheid beschlossen, wenn ihm mehr als die Hälfte der Stimmberechtigten zustimmt. Gegenwärtig würde das Zustimmungsquorum 408.016 Wahlberechtigte betragen.

Der saarländische Gesetzgeber hat bei intendierten Verfassungsänderungen einen Sonderweg beschritten. Nach Art. 100 Abs. 4 LV findet ein Volksentscheid über ein Volksbegehren, das auf Änderung der Verfassung gerichtet ist, nicht statt. Solche die Verfassung ändernden Gesetzentwürfe können somit als Volksbegehren in die Landesregierung und anschließend den Landtag transportiert werden. Dieser behandelt das Sachanliegen nach eigenem Ermessen. Jedenfalls ist eine unmittelbar anschließende Volksabstimmung durch die Verfassung untersagt.

Die Art. 99, 100 LV zu Volksbegehren und Volksentscheid werden seit 1982[11] durch ein Volksabstimmungsgesetz und 1983[12] durch eine Volksabstimmungsordnung flankiert. Im Schwerpunkt enthalten beide Rechtsquellen Verfahrensregelungen und nur ausnahmsweise auch materielle Bestimmungen. Die Unterstützung eines Gesetzentwurfes muss durch persönliche und handschriftliche Unterschrift beim Minister für Inneres und Sport (heute: Ministerium für Inneres, Sport, Frauen und Familie) erfolgt sein[13]. Der Nachweis der Stimmberechtigung geschieht über eine von der zuständigen Gemeinde kostenfrei erteilten Bescheinigung. Die Gemeinden sind auch verpflichtet, die Unterstützungsblätter für die Dauer der Unterstützungsfrist bereitzuhalten. Die Frist beträgt sechs Monate vor Eingang des Antrags beim Ministerium. Spätestens eine Woche vor Beginn der Unterstützungsfrist sind die Eintragungsräume, die Eintragungszeiten sowie die Unterstützungsfrist durch die Gemeinden öffentlich bekannt zu machen. Die näheren Einzelheiten dazu werden durch die Volksabstimmungsordnung bestimmt. Die Unterstützungsblätter sind nach einem Muster zu fertigen, die als Anlage Bestandteil der Verordnung ist. Das Eintragungsrecht orientiert sich an der Wahlberechtigung zum Saarländischen Landtag. Nach § 3 Abs. 1 Nr. 3 des Volksabstimmungsgesetzes ist ein Zulassungsantrag auch dann unzulässig, wenn innerhalb der letzten

---

[11] ABl. 1982, S. 649 ff.
[12] ABl. 1983, S. 105.
[13] § 2 Abs. 2 Nr. 2 des Volksabstimmungsgesetzes vom 16.06.1982.

zwei Jahre vor der Antragstellung ein Volksbegehren über einen inhaltlich gleichen Gesetzentwurf erfolglos durchgeführt worden ist.

Die hohen saarländischen Quoren für Volksbegehren und Volksentscheid haben mit einem einzigen Ausnahmefall keine Gesetzesinitiative aus dem Volk befördern können. Die fehlende Praxis belegt in erster Linie den abschreckenden Effekt der Vorschriften. Im Frühjahr 1986 hatte eine Aktionsgemeinschaft „Rettet die Schulen" die Zulassung eines Volksbegehrens mit dem Ziel einer Änderung des saarländischen Schulordnungsgesetzes beantragt. Mit Beschluss vom 10.06.1986 lehnte die Landesregierung die Zulassung ab. In der Begründung war ausgeführt, das Volksbegehren ziele in Wahrheit auf den Erlass eines finanzwirksamen Gesetzes ab und verstoße wegen unzulässiger Rückwirkung gegen das Rechtsstaatsprinzip. Diese Entscheidung wurde von der Aktionsgemeinschaft, ihrem Vertrauensmann und dessen Stellvertreter angefochten. So kam es zu der einzigen Entscheidung des Verfassungsgerichtshofes zu den Art. 99, 100 LV[14]. Nach Ansicht des Verfassungsgerichtshofes war infolge einer nachträglichen Änderung der gesetzlichen Ausgangslage das Volksbegehren unzulässig geworden. Die Entscheidung enthält daneben einige allgemeine Hinweise zur Auslegung der Art. 99, 100 LV. Zur Anfechtung der Nichtzulassung eines Volksbegehrens ist demnach allein der Vertrauensmann befugt. Für die Übermittlung des Beschlusses der Landesregierung ist der Minister des Innern (heute: Ministerium für Inneres, Sport, Frauen und Familie) zuständig. Die Pflicht zur Begründung des vorgelegten Gesetzentwurfes soll die Betreiber eines Volksbegehrens zwingen, Inhalt und Tragweite der angestrebten Regelung so offen zu legen, dass jeder Abstimmungsberechtigte eindeutig erkennen kann, für was seine Stimmabgabe steht oder deren Unterlassung bedeutet. Bei einer Verwerfung des Volksbegehrens ist der Verfassungsgerichtshof nicht gehalten, nur die Ablehnungsgründe der Landesregierung zu prüfen. Schließlich stellt der Verfassungsgerichtshof fest, dass der plebiszitären gegenüber der parlamentarischen Gesetzgebung kein Vorrang zukommt.

## 4 Bürgerbegehren und Bürgerentscheid im Saarland

Als letztes Bundesland hat das Saarland in Anlehnung an die Rechtslage Nordrhein-Westfalens Bürgerbegehren und Bürgerentscheid 1997 eingeführt[15]. Die Reichweite von Bürgerbegehren und Bürgerentscheid erschließt sich aus dem inhaltlichen Zusammenhang von drei Rechtsquellen. Die grundlegenden formellen und materiellen Voraussetzungen der neuen Beteiligungsform wurden vom Gesetzgeber mit dem §§ 21 a KSVG in den III. Abschnitt des Gesetzes unter „Ein-

---

[14] Lv 3/86; AS 21, S. 249 ff.
[15] ABl. 1997, S. 682 ff.

wohner und Bürger" positioniert. Weitere verfahrensbestimmende Einzelheiten lassen sich dem geänderten Kommunalwahlgesetz (KWG)[16] entnehmen. Aussagen über die Unterstützungsblätter und Stimmzettel des Bürgerentscheides sowie über die Ergebnisfeststellung trifft eine Ergänzung der Kommunalwahlordnung (KWO)[17]. Die Bedeutung der neuen Vorschriften erschließt sich aus ihrem persönlichen und sachlichen Anwendungsbereich. Durch den Bürgerentscheid wird eine Ratsangelegenheit der Gemeinde mittels Urabstimmung der Kommunalwahlberechtigten einer endgültigen Regelung zugeführt. Das Bürgerbegehren ist das dazu vorgeschaltete Antragsverfahren. Der Gemeinderat kann mit erledigender Wirkung einem zulässigen Bürgerbegehren entsprechen (§ 21 a Abs. 1 und 5 Satz 2 KSVG). Ein Bürgerentscheid ist daher ohne Bürgerbegehren undenkbar. Ein korrektes Bürgerbegehren führt aber nicht zwangsläufig zu einem Bürgerentscheid.

Das implizite Antragsrecht des Bürgerbegehrens gewährt der Landesgesetzgeber den Gemeindebürgern. Diese sind Deutsche im Sinne des Art. 116 GG und Unionsbürger. Alle müssen das 18. Lebensjahr vollendet haben und mindestens drei Monate in der Gemeinde wohnen[18].

Sachlich muss das Bürgerbegehren in die gemeindliche Innenkompetenz des Gemeinderates fallen[19]. Ausgeschlossen sind damit im Selbstverwaltungsbereich alle Bürgermeisterangelegenheiten – in erster Linie die Geschäfte laufender Verwaltung[20]. Sie kommen mehr oder weniger regelmäßig vor und sind nach Größe, Umfang der Verwaltungstätigkeit und Finanzsituation der Gemeinde von sachlich weniger erheblicher Bedeutung[21]. Die Entscheidungsbefugnisse der Orts- und Bezirksräte[22] bleiben ebenfalls unangetastet. In Eigenbetriebsangelegenheiten stehen die Kompetenzen des Bürgermeisters, der Werkleitung und des Werksausschusses nicht zur Disposition[23]. Für öffentlich-rechtliche Zweckverbände und privatrechtlich organisierte Unternehmen der Gemeinde, wie z. B. die GmbH und die Aktiengesellschaft, gelten die neuen Vorschriften nicht unmittelbar. Die Wahrnehmung von Mitgliedschaftsrechten sowie die Steuerungs- und Einwirkungspflichten der Gemeinde können im Innenverhältnis aber zu vielfältigen Vorschlagsrechten und Weisungsbefugnissen des Rates führen[24]. Zumindest in der Theorie sind damit dem Rat vorbehaltene Weisungen an Vertreter in Organen von Zweckverbänden und Gesellschaften bürgerentscheidfähig, soweit dies mit höherem Recht – beispielsweise dem bundesrechtlichen Gesellschaftsrecht – im Einzelfall vereinbar ist.

---

[16] §§ 85 ff. KWG; ABl. 1997, S. 552 ff.
[17] §§ 117 ff. KWO; ABl. 1997, S. 740.
[18] § 18 Abs. 2 KSVG.
[19] §§ 34, 35 KSVG:
[20] § 59 Abs. 3 Satz 1 KSVG.
[21] Beispielhaft: BGH, NVwZ-RR 1997, S. 725 ff.; Wohlfarth, Kommunalrecht, 3. Aufl. 2003, Rn. 179.
[22] §73 Abs. 3 KSVG.
[23] §§ 3, 5, 6 EigVO.
[24] Beispielhaft: § 114 Abs. 4 KSVG.

Staatliche Fremdverwaltungsaufgaben laufen im Saarland fast ausnahmslos an der Zuständigkeit des Gemeinderates vorbei[25]. Dies betrifft alle Auftragsangelegenheiten sowie die Funktionen der so genannten Organleihe, zu der in erster Linie die Tätigkeit der Verwaltungspolizeibehörden gehört. Über 90% der erledigten Aufgaben in der Gemeinde sind damit der Verwaltungskompetenz des Bürgermeisters nicht zu entziehen. Die Zuständigkeiten des Gemeinderates sind quantitativ äußerst schmal. Ein Negativkatalog aus zehn Punkten erklärt ein Bürgerbegehren und damit auch einen Bürgerentscheid in materieller Hinsicht für unzulässig, nämlich über

1.  die innere Organisation der Gemeindeverwaltung,
2.  die Rechtsverhältnisse der für die Gemeinde ehren- oder hauptamtlich Tätigen,
3.  die Haushaltssatzung einschließlich der Wirtschaftspläne der Eigenbetriebe und sonstigen Unternehmen ohne eigene Rechtspersönlichkeit mit Sonderrechnung, das Haushaltssicherungskonzept sowie die kommunalen Abgaben und die privatrechtlichen Entgelte,
4.  die Jahresrechnung der Gemeinde, die Entlastung des Bürgermeisters und der Beigeordneten und die Feststellung der Jahresabschlüsse der Eigenbetriebe und sonstigen Unternehmen ohne eigene Rechtspersönlichkeit mit Sonderrechnung,
5.  Vorhaben, für deren Zulassung ein Planfeststellungsverfahren oder ein förmliches Verwaltungsverfahren mit Öffentlichkeitsbeteiligung erforderlich ist,
6.  die Aufstellung, Änderung, Ergänzung und Aufhebung von Bauleitplänen,
7.  Entscheidungen über Rechtsbehelfe und Rechtsstreitigkeiten,
8.  Angelegenheiten, für die der Gemeinderat keine gesetzliche Zuständigkeit hat,
9.  Anträge, die ein gesetzwidriges Ziel verfolgen und
10. Angelegenheiten, über die innerhalb der letzten zwei Jahre bereits ein Bürgerentscheid durchgeführt worden ist.

Bei Lichte betrachtet haben drei von diesen Ausschlussgründen nur deklamatorischen Charakter. Schon von Gesetzes wegen ist das Recht der inneren Organisation der Verwaltung im Saarland Bürgermeisterangelegenheit[26]. Weitere Leertitel sind Fälle fehlender Ratszuständigkeit und Verfolgungen gesetzeswidriger Ziele. Dem direkten bürgerschaftlichen Zugriff verschlossen bleiben die Rechtsverhältnisse der ehren- oder hauptamtlich Tätigen. Dies tritt zum einen die ehrenamtlich tätigen Bürger im engeren Sinne. Ihrem Zweck nach erstreckt sich die Vorschrift auch auf die Mitglieder kommunaler Gremien, da das Gesetz bei der Definition ihres Status

---

[25] Beispielhaft: §§ 6, 59 Abs. 4 KSVG:
[26] § 59 Abs. 2 KSVG.

weitgehend auf die Bestimmungen über ehrenamtliche Tätigkeit zurückverweist[27]. Mit dem Bedienstetenvorbehalt anerkennt der Gesetzgeber das geschlossene Regelungssystem des Beamten-, Tarif- und Arbeitsrechtes. Einem Bürgerbegehren nicht zugänglich sind auch Rechtsbehelfe und Rechtsstreitigkeiten. Dafür spricht die Sachnotwendigkeit rascher Reaktion sowie die beabsichtigte oder bereits erfolgte Anrufung der rechtsprechenden Staatsgewalt. Seit jeher fordern Planungs- und Investitionsprojekte den Widerspruchsgeist der tatsächlich und vermeintlich Betroffenen heraus. Zur Einbringung eigener Ansichten und Interessen sehen daher Planfeststellungs- und Bauleitplanverfahren in den Fachgesetzen Anhör- und Beteiligungsrechte vor[28]. Die Verankerung einer Sperrklausel dient dem Vertrauen in den Fortbestand unlängst getroffener Entscheidungen. Ein durchgeführter Bürgerentscheid kann regelmäßig nicht vor Ablauf von zwei Jahren geändert werden. Zu Recht hat sich der Gesetzgeber für eine grundsätzliche Unantastbarkeit der kommunalen Finanzhoheit entschieden[29]. Haushaltssatzung, Wirtschaftspläne und Haushaltssicherungskonzept bleiben in der Kompetenz des Gemeinderates. Dazu gehören auch Feststellungen und Entlastungen hinsichtlich der Rechnungsergebnisse. Der Versuchung zur Absenkung kommunaler Abgaben und privatrechtlicher Entgelte per Stimmzettel ist ein Riegel vorgeschoben. Hier ist es beim Ratsvorbehalt geblieben.

Ein Bürgerbegehren muss von mindestens 15% der Bürger unterzeichnet sein. Ausreichend sind jedoch in Gemeinden

| | |
|---|---|
| mit nicht mehr als 20.000 Einwohnern | 2.000 Unterschriften, |
| mit mehr als 20.000 Einwohnern, aber nicht mehr als 40.000 Einwohnern | 4.500 Unterschriften, |
| mit mehr als 40.000 Einwohnern, aber nicht mehr als 60.000 Einwohnern | 7.500 Unterschriften, |
| mit mehr als 60.000 Einwohnern | 18.000 Unterschriften. |

Zur Vermeidung eines Missbrauchs sind datenschutzrechtlich verträgliche offizielle Formblätter nach einem vorgegebenen Muster zu verwenden[30]. Als Initiativrecht ist das Bürgerbegehren an keine Frist gebunden. Ausnahmsweise besteht bei dem Ziel der Aufhebung eines bereits gefassten Ratsbeschlusses eine Frist von zwei Monaten nach Beschlussfassung. Das Ziel des Bürgerbegehrens muss in die Form

---

[27] §§ 25 Abs. 1, 30 Abs. 1 KSVG.
[28] Beispielhaft: §§ 72 ff. SVwVfG, 3 ff. BauGB.
[29] Wohlfarth, Kommunalrecht, 3. Aufl. 2003, Rn. 43.
[30] § 117 KWO.

einer mit „Ja" oder „Nein" zu beantwortenden Frage gegossen werden. Es muss eine Begründung und einen nach den gesetzlichen Bestimmungen durchführbaren Vorschlag für die Deckung der Kosten der begehrten Maßnahme enthalten. Schließlich müssen bis zu drei Personen benannt werden, die das Bürgerbegehren zu vertreten berechtigt sind. Man mag einwenden, dass die Komplexität von Sachverhalten sich im Allgemeinen nicht auf ein „Ja" oder „Nein" reduzieren lässt. Das Bestimmtheitserfordernis der Fragestellung soll auch Personen ohne verwaltungsrechtliche Kenntnisse erlauben, eine Entscheidungsalternative zu formulieren und zu verstehen. Scheinfragen mit beabsichtigter Suggestivwirkung erfüllen die gesetzlichen Voraussetzungen nicht. Im Einzelfall zu klären ist die Substanz des nach den gesetzlichen Bestimmungen durchzuführenden Kostendeckungsvorschlages. Richtigerweise müssen bereits im Bürgerbegehren die geschätzten Kosten der Größenordnung nach angegeben werden. Der konkrete Deckungsvorschlag hat sich an das Haushaltsrecht zu halten. Initiatoren eines Bürgerbegehrens können sich einmal an Anwälte oder sonstige Fachberater wenden. Angezeigt sind auch Beratungsgespräche mit der Verwaltung über die Zulässigkeitsvoraussetzungen von Bürgerbegehren und Bürgerentscheid. Der Bürgermeister ist an die Ratsbeschlüsse gebunden; er hat sie vorzubereiten und auszuführen[31]. Jedoch wird man vom Bürgermeister nicht verlangen können, dass er den Bürgervertretern Begründung und Deckungsvorschlag für ein Bürgerbegehren unterschriftsreif zu liefern hat.

Die Zulässigkeitsfeststellung über das Bürgerbegehren obliegt dem Gemeinderat. Er hat sie unverzüglich – ohne schuldhaftes Zögern – zu treffen. Der Bürgermeister hat ein Vorprüfungs-, aber kein Verwerfungsrecht. Auf Aufforderung können die benannten Vertreter des Bürgerbegehrens behebbare Mängel innerhalb einer angemessenen Ausschlussfrist nachbessern. Vor einer Entscheidung über das Bürgerbegehren ist seinen erschienenen Vertretern im Rahmen einer Ratssitzung Gelegenheit zur Äußerung zu geben. Die Entscheidung des Rates ist anschließend den Vertretern zuzustellen und öffentlich bekannt zu machen. Im Fall der Unzulässigkeit besteht eine Begründungspflicht. Zu der Rechtsnatur der Zulassungsentscheidung äußert sich der Gesetzgeber nicht. Aus den Sichtweisen der unterschiedlichen Kommunalgesetze der Länder fokussiert sich ein juristischer Streit auf die Frage, ob eine Regelung mit oder ohne Außenwirkung vorliegt. An dieser Stelle kann die Kontroverse nur skizziert werden. Theoretisch lassen sich die Akteure des Bürgerbegehrens als Quasi-Gemeindeorgan definieren. Sie könnten dann ihr Anliegen im Wege eines Kommunalverfassungsstreitverfahrens austragen. Prozessual bemerkenswert ist damit der Wegfall eines Vorverfahrens. Klagegegner wäre nicht die Gemeinde als Gebietskörperschaft, sondern der Gemeinderat als Verwaltungsorgan. Die Befürworter dieser Innenrechtslösung ziehen ihre Argumente aus der gesetzlichen Gleichsetzung des erfolgreichen Bürgerentscheides mit einem Ratsbe-

---

[31] § 59 Abs. 2 Satz 2 KSVG.

schluss, ferner der hierarchiefreien Entscheidungskonkurrenz zwischen Bürgern und Rat.

Verneint man allerdings einen Quasi-Organstatus der Bürgerebene, fällt die Zurückweisungsentscheidung des Rates in den Außenrechtskreis der Gemeinde und ist daher Verwaltungsakt. Statthafte Klageart ist demnach die Verpflichtungsklage. Klagebefugt und beteiligtenfähig sind nur die benannten Vertreter des Bürgerbegehrens als Personengesamtheit. Wegen Fehlens einer spezialgesetzlichen Bestimmung kann dann auf ein Vorverfahren nicht verzichtet werden.

Anders ist das Verfahren nach Zulässigkeitsfeststellung des Bürgerbegehrens durch den Rat. Durch Beitrittsbeschluss kann der Rat den Bürgerentscheid vorwegnehmen. Denkbar ist natürlich auch eine nur teilweise Entsprechung der gestellten Anträge im Bürgerbegehren. Dann findet wie im Fall völliger Verwerfung hinsichtlich des nicht erledigten Teiles ein Bürgerentscheid statt. Die weitere Organisation des Bürgerentscheides ist Bürgermeisterangelegenheit. Er setzt den Tag der Stimmabgabe (Sonntag oder öffentlicher Ruhetag) fest und sorgt für die öffentliche Bekanntmachung der gesetzlichen Inhalte des Bürgerbegehrens sowie der genannten Vertreter. Die von den Gemeindeorganen zum Gegenstand des Bürgerbegehrens vertretenen Auffassungen sind Teil der Bekanntmachung [32]. Ein Sachlichkeitsgebot trifft Bürgermeister und Rat. Die von den Gemeindeorganen und Vertretern eines Bürgerbegehrens geäußerten Auffassungen müssen in gleichem Umfang dargestellt werden. Die Wahl erfolgt auf amtlich hergestellten Stimmzetteln. Der Gemeindewahlausschuss stellt das Ergebnis des Bürgerentscheides fest. Der Bürgermeister unterrichtet anschließend den Rat unverzüglich über das Ergebnis und macht es öffentlich bekannt. Die im Bürgerentscheid zur Abstimmung gestellte Frage bedarf allerdings einer Mehrheit von mindestens 30% der Stimmberechtigten. Vor Ablauf von zwei Jahren kann der Bürgerentscheid nur auf Initiative des Rates durch einen neuen Bürgerentscheid abgeändert werden.

Die Einreichung des Bürgerbegehrens kann sich gegen einen bereits erfolgten Ratsbeschluss richten. Nach dem Gesetz wäre dieser vom Bürgermeister auszuführen. Jetzt stellt sich die Frage einer aufschiebenden Wirkung. Das KSVG trifft dazu keine Aussage. Hier gilt der Grundsatz, dass subjektive Rechte und Anfechtungsmöglichkeiten nur ausdrücklich durch den Gesetzgeber begründet werden können. Die ordnungsgemäße Durchführung des Bürgerentscheides liegt im öffentlichen Interesse. Notfalls kann sie im Wege der Rechtsaufsicht durchgesetzt werden. Das Gesetz gibt wie bei der Kommunalwahl den Wahlberechtigten eine individuelle Anfechtungsmöglichkeit. Denn innerhalb von zwei Wochen nach der öffentlichen Bekanntgabe des Wahlergebnisses kann bei der Kommunalaufsicht der betroffenen Gemeinde die Wahl mit der Begründung angefochten werden, dass sie nicht den gesetzlichen Vorschriften entsprach.

---

[32] § 89 Abs. 2 Nr. 4 KWG.

Auch in Anbetracht der hohen formellen und materiellen Hürden sind Bürgerbegehren und Bürgerentscheid im Saarland bedeutungslos geblieben. Das Verwaltungsgericht des Saarlandes in Saarlouis musste sich bisher nur mit einem streitigen Fall aus dem Jahr 2004 befassen, der – zum Zeitpunkt der Abfassung dieses Manuskriptes – noch nicht rechtskräftig entschieden war[33]. Es ging um die Zulässigkeit eines Bürgerbegehrens nach Schließung des gemeindlichen Hallenbades in der Gemeinde Schmelz. Das VG Saarland vertrat die Ansicht, dass im Fall des Streites um die Zulässigkeit eines Bürgerbegehrens die Feststellungsklage die richtige Klageart ist. Demnach sei ein Vorverfahren entbehrlich. Ein Bürgerbegehren sei jedenfalls dann unzulässig, wenn es auch nur mittelbar wesentliche Auswirkungen auf tragende Teile eines Haushaltssicherungskonzeptes habe. Außerdem müsse ein Kostendeckungsvoranschlag die Angabe der zu erwartenden Kosten enthalten. Je nach Art der begehrten Maßnahme müssten die Herstellungs- bzw. Anschaffungskosten sowie etwaige Folgekosten angegeben werden. In dem Fall konnte demnach ein Bürgerentscheid nicht durchgeführt werden.

## 5 Sonstige Formen direkter Demokratie im Saarland

Der erste ernsthafte Reformschub zur Einführung konkreter Formen unmittelbarer Demokratie erfolgte im Saarland 1973. Damals wurden in das Kommunalselbstverwaltungsgesetz folgende Instrumente eingebracht: Bürgerantrag (jetzt. Einwohnerantrag), Unterrichtung der Ortsbevölkerung über wichtige Gemeindeangelegenheiten in Einwohnerversammlungen sowie die Gremienanhörung von Sachverständigen und Personengruppen[34].

Die Einbringung eines kommunalen Sachanliegens aus der Einwohnerschaft in den Gemeinderat ist das Anliegen des früheren Bürger- und heutigen Einwohnerantrages. Bis 1979[35] war das Initiativrecht den Bürgern im gemeinderechtlichen Sinne vorbehalten. Der seinerzeitige Bürgerantrag bedurfte einer Unterzeichnung von mindestens 15% solcher „Bürger". Nach der gegenwärtigen Rechtslage rührt der Einwohnerantrag aus der Mitte der Ortsbevölkerung her und muss schriftlich abgefasst sein. 5% der Einwohner ab 16 Jahre müssen ihn unterzeichnet haben. Zur weiteren Zulässigkeit gehören ein hinreichend bestimmter Antrag sowie eine Begründung. Besondere Betonung verdient die Erstreckung des Antragsrechtes auf Jugendliche im Alter von 16 und 17 Jahren. Gegenstand des Einwohnerantrages ist die Verpflichtung des Bürgermeisters, eine in die Zuständigkeit des Rates fallende Selbstverwaltungsangelegenheit diesem zur Beratung und Entscheidung vorzule-

---

[33] VG des Saarlandes, Saarl. Kommunalzeitschrift 2004, S. 110 ff.
[34] ABl. 1973, S. 852 ff.; §§ 20, 21, 49 KSVG.
[35] § 20 a Abs. 1 u. 2 KSVG a. F.

gen[36]. Damit sind vom Einwohnerantrag gegenständlich die staatlichen Auftragsangelegenheiten, Funktionen der Organleihe sowie Geschäfte der laufenden Verwaltung als Bürgermeisterangelegenheiten ausgeschlossen[37]. Über die Zulässigkeit
des Einwohnerantrages entscheidet der Bürgermeister. Ist der Antrag zulässig, so
hat der Rat innerhalb von drei Monaten nach Antragseingang die Angelegenheit zu
behandeln. Bei einer Aufgabendelegation auf einen Fachausschuss muss dieser
entsprechend verfahren. Zu den jeweiligen Tagesordnungspunkten sollen Vertreter
der Antragsteller angehört werden. Da für dieses Verfahren keine bereichsspezifi-
schen Bestimmungen existieren, gelten die allgemeinen Regelungen über die Anhörung von Personen und Personengruppen[38]. Die Anhörung als Soll-Bestimmung
wird also ausdrücklich vom Rat oder Fachausschuss durch Beschluss zugelassen.
Damit werden keine „Rederechte" im Sinne eines Mitgliedschaftsrechtes vermittelt. In seiner Sachentscheidung bleibt das Beschlussorgan frei. Anschließend ist
die getroffene Entscheidung öffentlich bekannt zu machen.

Hält der Bürgermeister den Einwohnerantrag für unzulässig, trifft er selbst eine Zurückweisungsentscheidung. Der Rat wird dann mit der Sache nicht mehr
befasst. Die Handhabung des Einwohnerantrages durch den Bürgermeister ist vor
dem Verwaltungsgericht überprüfbar. Die Ablehnung des Antrages ist ein anfecht-
barer Verwaltungsakt. Dagegen hat die Heranziehung der Grundsätze des Organ-
streitverfahrens wenig Überzeugungskraft, da die Maßnahme in den Außenrechtskreis der Gemeinde fällt und die Antragsteller keinen Organstatus haben. Der Einwohnerantrag ist als theoretisches Initiativrecht bemerkenswert, in der Praxis aber
ohne Relevanz geblieben. Dies mag auch daran liegen, dass als nachvollziehbar
empfundene Anliegen über das Spektrum der Ratsfraktionen in die Gremien eingebracht werden.

Der Bürgermeister soll die Einwohner über wichtige Gemeindeangelegenheiten in geeigneter Form unterrichten (§ 20 Abs. 1 KSVG). Bei der Erledigung dieser
Pflicht hat er gleichermaßen Beurteilungs- und Ermessensspielräume. Wichtige
Selbstverwaltungs- und staatliche Auftragsangelegenheiten müssen signifikant in
Bedeutung und Auswirkungen aus dem Alltagsgeschäft herausragen. In der heutigen Zeit sind geeignete Unterrichtungsformen regelmäßige Pressekonferenzen oder
-mitteilungen sowie Berichte in gemeindeeigenen Amtsblättern oder sonstigen
verfügbaren Medien. Bei Projekten mit vielen Betroffenheiten und räumlichen
sowie strukturellen Folgen können – gegebenenfalls gebietsbeschränkte – Einwohnerversammlungen durchgeführt werden. Beispiele: Einführung einer flächende-
ckenden Zonengeschwindigkeitsbeschränkung, Errichtung von Fußgängerzonen.
Zu diesen Einwohnerversammlungen lädt der Bürgermeister förmlich ungebunden
durch Ankündigung in der Tagespresse oder per Handzettelwerbung ein. Ansprü-

---

[36] §§ 34, 35 KSVG.
[37] §§ 6, 59 Abs. 3 Satz 1 KSVG.
[38] § 49 Abs. 3 KSVG.

che bestehen auf Einberufung von Einwohnerversammlungen weder zugunsten des Rates noch einzelner Einwohner.

Ein weiteres unmittelbares Demokratieelement im saarländischen KSVG ist die gezielte Befragung der Einwohner durch die Gemeinde (§ 20 b KSVG). Sie wird im Einzelfall vom Rat in einer wichtigen Gemeindeangelegenheit beschlossen. Wichtig im Sinne des Gesetzes ist eine Ratsangelegenheit, denkbar erscheint aber auch eine Entscheidungsbefugnis der Ortsräte bzw. Bezirksräte. Ziel der Befragung ist das Erkunden der mehrheitlichen Meinung der Einwohner in einer konkreten Sache. Dazu regelt das Gesetz wenig, gibt den Gemeinden aber eigene Handlungsspielräume durch kommunale Satzung. Wird eine Befragung durchgeführt, müssen den Einwohnern die vertretenen Auffassungen von den Gemeindeorganen in der Form einer öffentlichen Bekanntmachung dargelegt werden. Organe sind nur Bürgermeister und Rat[39]. Damit werden die Auffassungen sonstiger kommunaler Gremien ohne Organstatus wie etwa auch Fraktionen von der Befugnis zur Veröffentlichung nicht erfasst. Die Befragung ist generell freiwillig und muss in anonymisierter Form erfolgen. Fraglich ist, ob ein Abgleich der abgegebenen Stimmen mit dem Verzeichnis der teilnahmeberechtigten Personen zulässig ist. Zumindest wäre es sinnvoll, den Rücklauf der amtlichen Vordrucke mit einem nicht personenbeziehbaren Zahlenaufdruck zu versehen. Die Kosten einer Einwohnerbefragung reichen an die von einer Wahl heran. Die relative Schwerfälligkeit des Verfahrens sowie eine faktische Bindungswirkung der Befragungsergebnisse gegenüber der Ortspolitik rücken diese Form der Bürgerbeteiligung inhaltlich in die Nähe von Bürgerbegehren und Bürgerentscheid. Bisher sind im Saarland nur ganz wenige Bürgerbefragungen durchgeführt worden. Ein vernünftiges Beispiel lieferte die Gemeinde Marpingen. Nach angeblichen spektakulären Marienerscheinungen im Ort wurden die Einwohner zu dem Vorschlag befragt, die Gemeinde zu einem Wallfahrtsort fortzuentwickeln. Die Idee wurde mit großer Beteiligung der örtlichen Bevölkerung abgelehnt.

Nach dem 1979 neu eingeführten § 20 a KSVG kann der Stadt- oder Gemeinderat bei öffentlichen Sitzungen Einwohnern und gleichgestellten Personen/Personenvereinigungen Gelegenheit zu Fragen aus dem Bereich der kommunalen Selbstverwaltung geben. Dieser Personenkreis darf auch Anregungen und Vorschläge unterbreiten. Näheres bestimmt nach dem Willen des Gesetzgebers eine kommunale Satzung. Den Einwohnern gleichgestellt sind z. B. Grundeigentümer und Gewerbetreibende mit einem Wohnsitz außerhalb der Gemeinde. Ansonsten sind Ortsfremde von dem Beteiligungsrecht ausgeschlossen. Inhaltlich ist die Gesetzesbestimmung nicht ohne Widersprüche. Die Einwohnerfragestunde ist auf Sitzungen des Rates begrenzt, wo nach der kommunalverfassungsrechtlichen Funktionstrennung und Aufgabenzuweisung nur wichtige Selbstverwaltungsange-

---

[39] § 29 KSVG.

legenheiten beraten werden dürfen. Der Wortlaut des Gesetzes erstreckt das Frage- und Vorschlagsrecht aber undifferenziert auf alle Selbstverwaltungsangelegenheiten, also auch die Geschäfte laufender Verwaltung als exklusive Bürgermeistertätigkeiten. Hinzu kommen die Angelegenheiten der Orts- und Ausländerbeiräte. Ausgeschlossen sind Fragen/Anregungen zu staatlichen Fremdverwaltungsangelegenheiten. Aber selbst von einem vernunftbegabten Durchschnittsbürger wird nicht zu erwarten sein, dass er die erledigten Aufgabenkategorien mit ihren unterschiedlichen Zuständigkeiten in der Gemeinde kennt und auseinander hält. Adressaten der Einwohnerbefragung sind beide Gemeindeorgane, also Bürgermeister und Rat. Mit dem gesetzlichen Satzungserfordernis werden die organisatorischen Rahmenbedingungen festgesetzt wie z. B. Häufigkeit der Fragestunde, Platzierung in der Tagesordnung, Höchstzahl der Fragen pro Fragesteller und Sitzung, Zahl möglicher Zusatzfragen, vorherige Einreichung, Beantwortungsverfahren, Redezeitbegrenzung. In saarländischen Gemeinden wird von dem Instrument unterschiedlich Gebrauch gemacht, so dass ein einheitliches Bild nicht vorliegt.

## 6 Sonstige gemeinderechtlich vorgesehene Beteiligungsformen

Neben den dargestellten direktdemokratischen Instrumenten kennt das saarländische Gemeinderecht weitere Einwohnerbeteiligungsformen. Ihr demokratischer Gehalt ist verschieden. Gemeinsames Merkmal dieser Teilhabefunktionen ist die rechtliche Selbstständigkeit. Der örtlichen „Volksvertretung", dem Gemeinderat, können auf diese Weise Empfehlungen, Anregungen und Informationen gegeben werden. Es geht um Personen (Gruppen) und Beiräte, die entweder situationsbedingt einmal oder als ordentliches Gremium regelmäßig Anliegen aus Teilen der Einwohnerschaft aufgreifen, vorberaten und in den Gemeinderat einspielen. Sie weichen vom traditionellen Organisationsstandard mittelbarer Demokratie ab und verdienen daher eine Kurzvorstellung.

Der Gemeinderat und seine Ausschüsse haben eine Amtspflicht zum gesetzmäßigen Verhalten. Dazu gehört, dass sie den zu entscheidenden Sachverhalt im erforderlichen Umfang erforscht haben. Grundsätzlich obliegt es dem Bürgermeister, die Gremiensitzungen entscheidungsreif vorzubereiten. Das KSVG gestattet aber in § 49 Abs. 3 und 4 ausdrücklich die Anhörung von Personen oder Personengruppen zu bestimmten Beratungsgegenständen. Erforderlich ist zunächst ein Gremienbeschluss. Es muss sich nicht um Menschen mit deutscher Staatsangehörigkeit handeln. Rechtsansprüche auf Anhörung bestehen nicht. Nach dem Wortlaut des Gesetzes ist die Anhörung im übrigen nicht von Voraussetzungen abhängig. Die Vorschrift kann aber nur im Auge haben, das Gremium auf der Informationsebene besser auszustatten. Da dem anzuhörenden Personenkreis das demokratische Mandat fehlt, geht es nicht um eine Mitentscheidung aus politischen Gründen. Faktisch wird meistens eine konkrete Rechtsbetroffenheit oder Beeinträchtigung eigener Interessen bei den anzuhörenden Einwohnern vorliegen. Wegen fehlender Mitgliedschaftsrechte dürfen die Anzuhörenden nicht in eine Sachdebatte mit Ratsmitgliedern einbezogen werden. Ein vernünftiges Anhörverfahren dient dem Beratungsgegenstand, den politischen Akteuren und den Personen, die ihre Sichtweise schildern können. Prozeduren wie „Sitzungsunterbrechungen" und „Gespräche mit dem Gemeinderat im Anschluss an eine Sitzung" sind überflüssig, da die Anhörung und ihre Auswertung zum ordentlichen Beratungsvorgang gehören. Von der Anwendung der Gesetzesbestimmung wird in den saarländischen Gemeinden sehr häufig Gebrauch gemacht.

Für die Einräumung von Antrags- und Anhörrechten sogenannter „Jugendräte" gab es bis 1997 im Saarland keine Rechtsgrundlage. Der Landrat in Saarlouis hat als Kommunalaufsicht eine derartige Praxis der Gemeinde Saarwellingen aufsichtsrechtlich beanstandet. Seit 1997 ist die Beteiligung von Kindern und Jugendlichen mit einem neuen § 49 a KSVG auf eine gesetzliche Grundlage gestellt. Nach pflichtgemäßem Ermessen darf die Gemeinde Kinder und Jugendliche bei bestimmten Planungen und Vorhaben in angemessener Weise beteiligen. Dabei müssen die Interessen von Kindern und Jugendlichen ausdrücklich berührt sein. Planungen und Vorhaben können nur Selbstverwaltungsangelegenheit mit der Wertigkeit einer Rats- oder Bezirksangelegenheit sein. Typische Beteiligungsfälle sind Beratungen über Einrichtungen für Kinder und Jugendliche (Kinderspielplätze, Jugendzentren, Skateboard-Anlagen u. Ä.). Die Beteiligung „in angemessener Weise" ist vielfältig deutbar. In der Regel geht es um Information, Anhörung und Empfehlung, nie aber um eine rechtsverbindliche letzte Entscheidung. Eine Kinderbeteiligung (junge Menschen bis 13 Jahre) kann über interne oder externe Sachwalter/Kinderbeauftragte erfolgen. Für Jugendliche (14 bis 17 Jahre) dürfen Gremien wie Jugendräte eingerichtet werden. Näheres hat dann die Gemeinde durch Satzung zu regeln, insbesondere Zusammensetzung, Wahl, Amtszeit, Rechtsstellung, Arbeitsweise und Entschädigung. Die Urwahl solcher Gremien hat im Saarland keine Tradition. Soweit Gemeinden Satzungen über Jugendräte erlassen haben, wurden Entsendungsrechte bestehender Jugendorganisationen für das Gremium verankert. Dieses operiert öffentlich-rechtlich als Untergliederung der Verwaltung und hat Vorschlagsrechte gegenüber dem Rat und den sonstigen Gremien. Die Abwendungstendenzen der Bevölkerung von der Politik sind an den Jugendgremien nicht spurlos vorbeigegangen. Ihre Bedeutung ist örtlich verschieden, generell aber äußerst gering.

Mit dem Änderungsgesetz vom 18.01.1989[40] hat das Saarland die Ausländerbeiräte unverbindlicher Ausprägung aus der Grauzone zwischen politischem Wol-

---

[40] ABl. 1989, S. 557 ff.

len und rechtlichem Dürfen herausgeführt[41]. Erstmals wurde in einem Bundesland ein Ausländerbeirat gemeinderechtlich institutionalisiert. In Gemeinden mit einem Ausländeranteil von mindestens 3 % müssen nach § 50 KSVG Ausländerbeiräte gebildet werden. Die Mitgliedschaft im Ausländerbeirat beschränkt sich auf Ausländer und Staatenlose. Der Ausländerbeirat wird nach den Grundsätzen des Kommunalwahlrechtes durch die ausländische Wohnbevölkerung gewählt. Errichtung des Ausländerbeirates und Ausgestaltung des Wahlverfahrens erfolgen durch kommunale Satzung. Koppelungen mit der Wahlperiode des jeweiligen Gemeinderates bestehen unter keinem Aspekt. Allerdings sind die Beiratsmitglieder den ehrenamtlichen Gemeinderäten in wesentlichen Punkten gleichgestellt (öffentlich-rechtliches Treueverhältnis, Sitzungsgeld und Verdienstausfall).

Eine Zuständigkeit des Ausländerbeirates besteht nur im Selbstverwaltungs-, nie im staatlichen Fremdverwaltungsbereich. Zusätzlich müssen einschränkend „Belange" der nichtdeutschen Wohnbevölkerung berührt sein. Potenzielle Betätigungsfelder für das Wirken des Ausländerbeirates sind vor allem die Bereiche kundenorientierte Dienstleistung, Soziales, Schule und Kultur, Sport, Freizeit, Bauplanung, Gesundheit und Umweltschutz. Neben dem Befassungsrecht des Ausländerbeirates besteht ein konkretes Antragsrecht gegenüber dem Gemeinderat auf Beratung und Entscheidung. Der Bürgermeister setzt einen Initiativantrag des Ausländerbeirates auf die Tagesordnung des Rates. Eigene Entscheidungsrechte hat der Ausländerbeirat nicht. Aus seinen Reihen wählt er einen Sprecher, der die Sitzungen des Ausländerbeirates leitet. Außerdem hat er ein Teilnahme- und Rederecht an Rats- und Ausschusssitzungen, in denen ein Initiativantrag des Ausländerbeirates behandelt wird.

Im Saarland waren in den Städten Saarbrücken, Neunkirchen, Saarlouis, Merzig, Mettlach, Sulzbach, Dillingen, Völklingen und St. Ingbert Ausländerbeiräte gebildet, die seit 1990 im Rahmen einer Arbeitsgemeinschaft zusammenarbeiten. Die Wahlbeteiligung ist – sicherlich auch mit Blick auf die Einführung des Kommunalwahlrechtes für Unionsbürger – dramatisch gesunken und liegt nicht selten nur noch zwischen 5 und 10% der Wahlberechtigten. Überlegungen sowohl in Nordrhein-Westfalen als auch in den Ausschüssen des Deutschen Städtetages um eine Neuorientierung der Ausländerbeiräte haben das Saarland noch nicht erreicht.

## 7  Fazit

Die Schlüsselinstrumente direktdemokratischer Intervention und Entscheidung mit verdrängender Wirkung der repräsentativen Volksvertretung sind im Saarland zwar sowohl in der Verfassung als auch im Kommunalselbstverwaltungsgesetz vorhan-

---

[41] Wohlfarth, Verwaltungsrundschau 1990, S. 306 ff.

den. Hohe formelle Hürden und sachliche Themenausschlüsse haben sie in die praktische Bedeutungslosigkeit geführt. Die im Gesetz angelegten sektoralen Möglichkeiten der Einbringung bürgerschaftlichen Engagements ohne parteipolitische Festlegung werden auch in den Gemeinden genutzt, wenngleich weder von einer Einheitlichkeit noch einer verlässlichen Bewertung gesprochen werden kann.

 **Literaturhinweise**

*Brosig, Rudolph:* Die Verfassung des Saarlandes, Köln, Berlin, Bonn, München 2001.
*Wohlfarth, Jürgen:* Kommunalrecht für das Saarland, 3. Aufl. 2003, Baden-Baden.

# Direkte Demokratie in Sachsen[1]

*Werner J. Patzelt*

## 1 Die Einführung eines Systems ‚direkter Demokratie'

Auch in Sachsen gehörte es zum Erbe der Friedlichen Revolution, ein umfangreiches System der Bürgerbeteiligung aufbauen zu wollen. Die Träger der Friedlichen Revolution wollten ohnehin nicht zurück hinter die positive Erfahrung, ihr Schicksal in die eigenen Hände genommen zu haben. Und die zur PDS gewordene SED hatte sich, aus welchen Gründen auch immer, ebenfalls die Überzeugung zu eigen gemacht, es könne nur gut sein, wenn ein Volk stets auch unmittelbar auf die Willensbildung und Entscheidungsfindung seiner Vertreter Einfluss nehmen könne. Darum ging die Diskussion bei der Verfassungsgebung [2] nur darüber, wie im Freistaat Sachsen die Instrumente direkter Demokratie im einzelnen ausgestaltet sein sollten und welche Sicherheitsvorkehrungen gegen ihren demagogischen Gebrauch getroffen werden müssten. Unstrittig aber war, dass Sachsen ein System ‚direkter Demokratie'[3] bekommen sollte, welches die einzurichtende repräsentative Demo-

---

[1] Für die Beschaffung der Materialien zum Thema und für wertvolle Detailrecherchen dankt der Verfasser seinen Mitarbeitern Sabine Friedel und Jakob Lempp.

[2] Vgl. Suzanne Drehwald / Christoph Jaestedt, Sachsen als Verfassungsstaat, Leipzig 1998, und Marko Schiemann, Vom ‚Gohrischer Entwurf' zur Verfassung vom 27. Mai 1992, in: Zehn Jahre Sächsischer Landtag. Bilanz und Ausblick, = Festschrift 10 Jahre Sächsischer Landtag 1990-2000, hrsg. v. Präsidenten des Sächsischen Landtags, Dresden 2000, S. 31-44.

[3] Auch in Sachsen wird der Begriff der ‚direkten' oder ‚unmittelbaren' Demokratie meist sehr undifferenziert verwendet. In einer – ebenfalls in diesem Beitrag benutzten – engen Bedeutung bezeichnet er nur die Ergänzung repräsentativer Demokratie durch plebiszitäre Elemente, nämlich durch die Möglichkeiten von Volksgesetzgebung und Referenden. Selbst diese enge Bedeutung ist nicht unproblematisch, weil es bei Referenden einen gewaltigen Unterschied macht, ob es nur obligatorische Referenden zu Verfassungsänderungen oder neuen Gesetzen gibt oder ob der politischen Klasse auch das Recht eingeräumt wird, eigene – und dann auch vor dem Volk zu verantwortende – Sachentscheidungen dadurch zu umgehen, dass man diese im Wege eines Referendums dem Volk selbst vorlegt. Ferner legt selbst dieser enge Begriff der ‚direkten' Demokratie die Fehldeutung nahe, die Wahlentscheidung des Bürgers für eine Partei oder für einen Kandidaten sei eben nicht direkt. Noch viel nachteiliger ist indessen, dass in einer viel weiteren und ebenfalls oft vorkommenden Begriffsverwendung unter dem Begriff der ‚direkten' Demokratie auch noch die Direktwahl möglichst vieler politischer Amtsträger verstanden wird, etwa die von Bürgermeistern, Landräten oder der Regierungschefs auf Landes- oder Bundesebene. Hier wird unter dem Begriff der ‚direkten' Demokratie dann – ohne sich dies allerdings vor Augen zu führen – die Frage nach dem einzurichtenden Regierungssystem gestellt: Will man ein parlamentarisches Regierungssystem mit Wahl des Regierungschefs durch das Parlament haben (wie in Deutschland auf Länder- und Bundesebene der Fall) oder ein präsidentielles mit Wahl des Regierungschefs durch

kratie sowohl auf kommunaler Ebene als auch auf Landesebene zu ergänzen und zu vervollständigen hätte.[4]

Dieses System wurde dann auch eingeführt, nämlich durch Schaffung der Verfassung des Freistaates Sachsen vom 27. Mai 1992, durch das die Verfassung hinsichtlich ihrer plebiszitären Elemente konkretisierende Gesetz über Volksantrag, Volksbegehren und Volksentscheid vom 19. Oktober 1993 (VVVG)[5] sowie durch die Verordnung des Sächsischen Staatsministeriums für Justiz zur Durchführung dieses Gesetzes vom 18. Juli 1994, ihrerseits geändert durch eine neue Verordnung vom 31. März 2001. Auf kommunaler Ebene wurden plebiszitäre Elemente eingeführt durch die Sächsische Gemeindeordnung vom 21. April 1993 und durch die Landkreisordnung vom 19. Juli 1993, durch die Hauptsatzungen der Sächsischen Kommunen sowie durch einige einschlägige weitere Verwaltungsvorschriften. Wesentlich sind des weiteren zwei Urteile des Sächsischen Verfassungsgerichtshofs.[6] Was durch diese rechtsetzenden Maßnahmen und deren Nutzung seitens von Sachsens Bürgerinnen und Bürger herauskam, kann sich in Deutschland sehen lassen: Beim im Herbst 2003 erstmals erschienenen ‚Volksentscheid-Ranking' der deutschen Bundesländer lag Sachsen – wenn auch deutlich hinter Bayern und Hamburg – auf dem dritten Platz.[7]

---

das Volk (wie in den meisten deutschen Ländern inzwischen auf kommunaler Ebene)? Trennt man aber die Frage nach der Art des Regierungssystems nicht von jener nach der Rolle von plebiszitären Elementen in einem Regierungssystem, so wirkt das parlamentarische Regierungssystem als solches wie eine – im Vergleich zum präsidentiellen Regierungssystem – ‚minderwertige Variante der eigentlich anzustrebenden direkten Demokratie' und legt dergestalt Urteile über diesen Systemtyp nahe, die von den empirischen Befunden der vergleichenden Systemforschung nun einmal nicht gedeckt sind. Vgl. Jürgen Hartmann, Westliche Regierungssysteme. Parlamentarisches, präsidentielles und semi-präsidentielles Regierungssystem, Opladen 2000; Arturo Valenzuela / Juan Linz (Hg.), The Failure of Presidential Democracy, Baltimore u. London 1994; Arend Lijphart (Hg.), Parliamentary versus Presidential Government, Oxford (u.a.) 2000; Fred Riggs, Presidentialism versus Parliamentarism: Implications for Representativeness and Legitimacy, in: International Political Science Review 18 (1997), 253-278.

[4] Vgl. auch Andreas Klages / Petra Paulus, Direkte Demokratie in Deutschland. Impulse aus der deutschen Einheit, Marburg 1996, und Guido Sampels, Bürgerpartizipation in den neuen Länderverfassungen. Eine verfassungshistorische und verfassungsrechtliche Analyse, Berlin 1998.

[5] Ergänzend zu ihm finden die Vorschriften des Gesetzes über die Wahlen zum Sächsischen Landtag vom 5. August 1993 Anwendung, desgleichen eine dieses Gesetz weiter konkretisierende Verordnung des Sächsischen Innenministeriums.

[6] Das erste Urteil vom 15. März 2001 erzwang die Rücknahme einer äußerst restriktiven Interpretation der Anforderungen an die Gültigkeit von Unterstützungsunterschriften für Volksanträge und Volksbegehren und machte es deutlich leichter, die erforderlichen Unterschriften zu sammeln. Das zweite Urteil vom 11. Juli 2002 brachte dann auch noch die Feststellung, dass Volksbegehren selbst dann zulässig sind, wenn sie finanzielle Folgen nach sich ziehen. Vgl. hierzu Peter Neumann, Durchbruch bei der Ausgestaltung der Volksgesetzgebung. Finanzvorbehalte nach der Verfassung des Freistaates Sachsen, Zur Entscheidung des Sächsischen Verfassungsgerichtshofes zum Volksbegehren, in: Sächsische Verwaltungsblätter 2002, 229ff.

[7] Siehe Mehr Demokratie e.V., 1. Volksentscheid-Ranking. Die direktdemokratischen Verfahren der Länder und Gemeinden im Vergleich, Berlin 2003, S. 5. Sachsen erreichte nach den dort angewendeten Indikatoren einen Mittelwert von 3,60 hinter Bayern mit 2,45 und Hamburg mit 2,55; unmittelbar hinter

## 2 Direkte Demokratie auf Landesebene

### 2.1 Die rechtlichen Bestimmungen

Auf Landesebene kennt der Freistaat Sachsen ein vollständig entfaltetes Verfahren der Volksgesetzgebung. Es schließt auch Veränderungen der Verfassung ein und sieht Parlament wie Volk als gleichberechtigte Träger der gesetzgebenden Gewalt. Diese geht ohnehin, wie alle Staatsgewalt, vom Volk aus (Art. 3,1 Sächsische Verfassung). Nach Art. 70,1 der Sächsischen Verfassung werden Gesetzesvorlagen von der Staatsregierung, aus der Mitte des Landtages oder vom Volk durch Volksantrag eingebracht; nach Art 70,2 werden die Gesetze vom Landtag oder unmittelbar vom Volk durch Volksentscheid beschlossen. Der Art. 71 der Sächsischen Verfassung regelt, auf welche Weise das Volk seine Gesetzgebungsmacht ins Spiel bringen kann. Nach Art. 71,1 haben alle im Land Stimmberechtigten das Recht, einen Volksantrag in Gang zu setzen, dem ein mit Begründung versehener Gesetzentwurf zugrunde liegen muss.[8] Dieser Volksantrag muss von mindestens 40.000 Stimmberechtigten durch ihre Unterschrift unterstützt werden. Für den entsprechenden Unterschriftsbogen gibt laut § 4 des Gesetzes über Volksantrag, Volksbegehren und Volksentscheid (VVVG) ein amtliches Muster, auf dem seit einem Verfassungsgerichtshofurteil vom März 2001 im Grunde nur noch die Unterschrift eigenhändig geleistet sein muss.[9] Die Gemeinden überprüfen auf Grundlage von § 6 VVVG jeweils sehr sorgfältig, ob die auf den Unterschriftsbögen mit Wohnsitz eingetragenen Unterzeichner wirklich das Stimmrecht besitzen,[10] desgleichen, ob sie ihr Recht auf Unterstützung eines Volksantrages beim selben Volksantrag auch wirklich nur ein einziges Mal ausgeübt haben. Unterschriften ohne Stimmrechtsbestätigung seitens der jeweiligen Stadt oder Gemeinde werden nicht mitgezählt. Im übrigen darf die Stimmrechtsbestätigung bei Einreichung

---

Sachsen lagen Nordrhein-Westfalen (3,65), Schleswig-Holstein (3,65), Hessen (3,9) und Niedersachsen (4,1). Unter den neuen Bundesländern folgten dann erst Brandenburg, Sachsen-Anhalt und Mecklenburg-Vorpommern.

[8] Laut § 3 des Gesetzes über Volksantrag, Volksbegehren und Volksentscheid werden im übrigen eine Vertrauensperson sowie eine stellvertretende Vertrauensperson bestimmt, die gegenüber dem Landtagspräsidenten, dem durch die einschlägigen Verfassungsbestimmungen eingesetzten ‚Hüter des Verfahrens', den Volksantrag und die Belange von dessen Unterstützern vertreten.

[9] § 5,2 VVVG verlangte ursprünglich auch noch die Eigenhändigkeit der Eintragung von Vor- und Familiennamen, von Geburtsdatum, Hauptwohnung sowie von Tag und Ort der Unterzeichnung, desgleichen die Leserlichkeit all dessen, was insgesamt zu einer restriktiven und die Grenze des Missbräuchlichen überschreitenden Überprüfung der formalen Voraussetzungen einer gültigen Unterschrift führen konnte. Der Verfassungsgerichtshof erklärte diese Vorschriften denn auch für mit Art. 72 Abs. 2 Satz 1 der Verfassung für unvereinbar.

[10] Das Stimmrecht besitzt, wer am Tag der Unterzeichnung des Volksantrags das Wahlrecht zum Sächsischen Landtag besitzt, also das 18. Lebensjahr vollendet und seinen Hauptwohnsitz seit mindestens drei Monaten im Freistaat Sachsen hat.

eines Volksantrags nicht älter als ein Jahr sein. Bis zur Einreichung der Unterschriften beim Landtagspräsidenten – so der Weitergang des Verfahrens nach Art. 71,2 der Sächsischen Verfassung – sind die anfallenden Kosten für einen Volksantrag durch die Antragsteller zu tragen,[11] während die übrigen Kosten des Volksantrags zu Lasten des Freistaates Sachsen gehen. Insbesondere erstattet der Freistaat den Gemeinden die durch den Volksantrag veranlassten notwendigen Kosten durch einen festen, vom Justizministerium im Einvernehmen mit dem Finanzministerium festgesetzten Betrag je Stimmrechtsbestätigung.

Hält der Landtagspräsident die formellen Voraussetzungen für den Volksantrag für erfüllt,[12] so holt er nach Art. 71,2 der Sächsischen Verfassung eine – laut § 8,2 VVVG unverzüglich zu erteilende – Stellungnahme der Staatsregierung zum Volksantrag ein und entscheidet nach deren Eingang auch seinerseits unverzüglich über die Zulässigkeit.[13] Die Kriterien für die Zulässigkeit des dem Volksantrag zwingend beizugebenden Gesetzentwurfs formuliert Art. 73,1 der Verfassung: Volksantrag, Volksbegehren und Volksentscheid finden nicht statt über Abgaben-, Besoldungs- und Haushaltsgesetze. Der restriktiven Interpretation, dass folglich alle finanziell irgendwie folgenreichen Gesetze der Volksgesetzgebung gänzlich entzogen seien, setzte der Sächsische Verfassungsgerichtshof mit seinem Urteil vom 11. Juli 2002 ein Ende. Hält der Landtagspräsident den dem Volksantrag beigegebenen Gesetzentwurf für ganz oder teilweise verfassungswidrig, so entscheidet auf seinen Antrag der Verfassungsgerichtshof. Dieser kann laut § 12,2 VVVG den Volksantrag für unzulässig erklären, wenn er zu der Überzeugung gelangt, der Gesetzentwurf sei ganz oder teilweise verfassungswidrig. Bis zu einer gegenteiligen Entscheidung darf ein Volksantrag natürlich nicht als unzulässig behandelt werden. Einen zulässigen Volksantrag samt seiner Begründung veröffentlicht der Landtagspräsident sodann laut Art. 71,3 der Verfassung und laut § 13 VVVG im Sächsischen Amtsblatt.

Einem so zustande gekommenen Volksantrag kann der Landtag ohne weitere Änderungen innerhalb von sechs Monaten zustimmen (Art. 72,1 der Verfassung). Dann ist der Volksantrag als Landesgesetz beschlossen. Stimmt hingegen der Landtag dem Volksantrag nicht binnen von sechs Monaten zu, so können die An-

---

[11] Das Nähere zur Kostenerstattung für die Organisation des Volksbegehrens und für einen angemessenen Abstimmungswahlkampf bestimmt auf der – genau diese Kostenerstattung verankernden – Grundlage des Art. 73,3 der Verfassung das Gesetz über Volksantrag, Volksbegehren und Volksentscheid aus dem Jahr 1993, und zwar im § 15.

[12] Hält der Landtagspräsident schon die formellen Voraussetzungen für einen Volksantrag für nicht erfüllt, so erlässt er hierüber laut § 10 VVVG einen schriftlichen Bescheid, der den Vertrauenspersonen des Volksantrags zuzustellen ist. Gegen diesen können die Vertrauenspersonen nach § 11 VVVG binnen eines Monats den Verfassungsgerichtshof anrufen, der seinerseits den entsprechenden Bescheid des Landtagspräsidenten aufheben kann.

[13] Laut Art. 71,4 der Verfassung hat der Landtagspräsident auch den Antragstellern Gelegenheit zur Anhörung zu geben.

tragsteller durch schriftliche Erklärung gegenüber dem Landtagspräsidenten (so §
16 VVVG) ein Volksbegehren mit dem Ziel in Gang setzen, einen Volksentscheid
über den Antrag herbeizuführen. Diesem Volksbegehren kann auch ein gegenüber
dem Volksantrag veränderter Gesetzentwurf zugrunde gelegt werden,[14] über dessen
Zulässigkeit der Landtagspräsident ganz entsprechend dem gerade geschilderten
Verfahren nach Art. 71,2 der Verfassung zu entscheiden hat. Ein für zulässig be-
fundenes Volksbegehren veröffentlicht, gemeinsam mit dem ihm zugrunde liegenden Gesetzentwurf einschließlich seiner Begründung, der Landtagspräsident unverzüglich im Sächsischen Amtsblatt (§ 17 VVVG).

Ein Volksentscheid findet anschließend laut Art. 72,2 der Verfassung dann
statt, wenn sich für ihn ein bestimmtes Unterstützungsquorum findet. Dessen
Spannweite legt die Sächsische Verfassung mit mindestens 450.000, jedoch nicht
mehr als 15 Prozent der Stimmberechtigten fest. Bei Einführung der Verfassung im
Jahr 1992 hatte Sachsen eine Bevölkerung von 4,64 Mio., so dass das Unterstützungsquorum von 450.000 Stimmberechtigten einem Anteil von 9,7 Prozent des
Volkes entsprach. Im Jahr 2004 hatte Sachsen dann noch 4,29 Mio. Einwohner,
womit das geforderte Unterstützungsquorum bereits 10,5 Prozent der Bevölkerung
entsprach. Die ,Kappungsgrenze' von 15 Prozent wird erst bei einer auf 3 Mio.
geschrumpften Bevölkerung Sachsens erreicht sein. Für die Sammlung der geforderten Unterschriften stehen sechs Monate zur Verfügung; spätestens acht Monate
nach Veröffentlichung des Volksbegehrens im Sächsischen Amtsblatt sind die
Unterschriftenbögen eines Volksbegehrens beim Landtagspräsidenten einzureichen
(§ 20 VVVG). Dabei gelten für die Gültigkeit der Unterschriften und für deren
Überprüfung laut § 18 und 19 VVVG im Grunde die gleichen Bestimmungen wie
schon im Fall des Volksantrags.[15] Die notwendigen Kosten für die Organisation
eines Volksbegehrens werden den Antragstellern nach § 24 VVG auf Antrag und
auch über Abschlagszahlungen erstattet; die Kosten für die Durchführung des
Volkbegehrens trägt nach § 25 VVVG der Freistaat Sachsen.

Ist das Volksbegehren erfolgreich, so kommt es zu einem Volksentscheid.[16]
Ihm kann der Landtag laut Art. 72,2 der Verfassung einen eigenen Gesetzentwurf
beifügen. Den Abstimmungstag bestimmt nach § 26 VVVG der Landtagspräsident.
Die Frist zwischen einem erfolgreich abgeschlossenen Volksbegehren und dem
Volksentscheid beträgt laut Art. 72,3 der Verfassung mindestens drei und höchs-
tens sechs Monate. Sie soll der öffentlichen Information und Diskussion über den

---

[14] Dieser Gesetzentwurf muss lt. § 16,2 VVVG zwingend der Erklärung zur Einleitung eines Volksbegehrens beigegeben werden.
[15] Dem Unterschriftsbogen nach amtlichem Muster ist insbesondere auch der Wortlaut des Volksbegehrens samt dem zugrunde liegenden Gesetzentwurf einschließlich Begründung beizufügen.
[16] Die amtliche Feststellung des Erfolgs oder Scheiterns eines Volksbegehrens obliegt nach § 22 VVVG
dem Landtagspräsidenten. Gegen diese Feststellung können die Vertrauenspersonen des Volksantrags
bzw. Volksbegehrens laut § 23 VVVG binnen eines Monats den Verfassungsgerichtshof anrufen, der
analog zum Parallelfall eines für gescheitert erklärten Volksantrags verfährt.

Gegenstand des Volksentscheides dienen und kann nur mit Einverständnis der Antragsteller unter- oder überschritten werden. Die Kosten für einen angemessenen Abstimmungswahlkampf werden den Antragstellern laut § 47 VVVG erstattet; die Kosten des Volksentscheids trägt nach § 48 VVVG der Freistaat Sachsen.

Beim ansonsten ganz analog zur Organisation einer Landtagswahl durchgeführten Volksentscheid (siehe §§ 26-40 VVVG)[17] gibt es laut Art. 72,4 der Sächsischen Verfassung keinerlei Beteiligungsquorum: Es wird mit Ja oder Nein gestimmt, wobei die Mehrheit der abgegebenen gültigen Stimmen entscheidet. Ist die Zahl der gültigen Ja-Stimmen jener der Nein-Stimmen gleich, so ist der Gesetzentwurf abgelehnt (§ 42,1 VVVG). Sind bei einer gleichzeitigen Abstimmung über mehrere Gesetzentwürfe, die den gleichen Gegenstand betreffen, inhaltlich aber nicht miteinander vereinbar sind, jeweils mehr gültige Ja- als Nein-Stimmen abgegeben worden, so ist der Entwurf angenommen, der die meisten Ja-Stimmen erhalten hat; ist die Zahl der gültigen Ja-Stimmen für mehrere Gesetzentwürfe gleich, so ist derjenige angenommen, der nach Abzug der auf ihn entfallenen Nein-Stimmen die größte Anzahl der Ja-Stimmen auf sich vereinigt (§ 42,2 VVVG). Wird ein Volksantrag durch Volksentscheid abgelehnt, so kann er laut Art. 73,2 der Sächsischen Verfassung frühestens nach Ablauf der Wahlperiode des Landtags wieder in Gang gesetzt werden.

Auch Verfassungsänderungen können im Freistaat Sachsen grundsätzlich durch Volksentscheid vorgenommen werden. Die nötigen Regelungen treffen die §§ 49 und 50 VVVG. Einesteils kann laut § 49 der Verfassung der ganz normale Dreischritt von Volksantrag, Volksbegehren und Volksentscheid zu einer Verfassungsänderung führen. Allerdings greift dann ein Abstimmungsquorum: Es muss die Mehrheit der Stimmberechtigten dem verfassungsändernden Gesetz zustimmen, damit es zustande kommt. Andernteils kann mehr als die Hälfte der Mitglieder des Landtages einen Antrag auf die Durchführung eines verfassungsändernden Volksentscheids herbeiführen. Auch in diesem Fall kommt ein verfassungsänderndes Gesetz nur dann zustande, wenn ihm die Mehrheit der Stimmberechtigten zustimmt. Dieses jeweils gleiche Abstimmungsquorum macht beide Wege der Verfassungsänderung durch Volksentscheid nach allen praktischen Erfahrungen ganz unrealistisch.

## 2.2 Die Verfassungspraxis

Bis heute kam es im Freistaat Sachsen zu acht Volksanträgen. Alle fanden die erforderliche Anzahl von Unterstützungsunterschriften. Drei jedoch wurden wegen

---

[17] Die Regelungen über die Prüfung des Volksentscheides durch den Landtagspräsidenten und über etwa nötige Nachabstimmungen oder Abstimmungswiederholungen finden sch in §§ 43-46 VVVG.

formaler Mängel zurückgewiesen. Einem vierten Volksantrag folgte kein Volksbegehren. Drei der vier tatsächlich durchgeführten Volksbegehren wurden wegen nicht ausreichend vieler Unterschriften als gescheitert erklärt; das vierte wurde nach einem Rechtsstreit der Antragsteller gegen eine ablehnende Entscheidung des Landtagspräsidenten durchgeführt. Am Ende wurde ein einziger und dann auch erfolgreicher Volksentscheid durchgeführt. Drei der Volksanträge betrafen das Schulgesetz, zwei die Gemeinde- bzw. Kreisgebietsreform und je einer die Verfassung, die Gemeindeordnung sowie das Sparkassengesetz. Im einzelnen machte der Freistaat Sachsen mit seinem System der Volksgesetzgebung die folgenden Erfahrungen:

▪   Im Juli 1992 reichten die Landräte zweier Landkreise als Volksantrag einen mit mehr als 45.000 Unterschriften unterstützten Gesetzentwurf zur Änderung des Gesetzes zur Kreisgebietsreform ein. Weil es sich aber nicht um einen selbständigen Gesetzentwurf handelte, waren die formellen Voraussetzungen für einen Volksantrag nicht erfüllt.

▪   Im Juli 1993 legten die PDS-Landtagsfraktion, der PDS-Landesverband Sachsen sowie eine der PDS nahestehende ‚Initiative für ein demokratisch verfasstes Sachsen' per Volksantrag ein Gesetz zur Änderung der Verfassung vor; es wurde, nach Angaben der Initianten, von 55.446 Unterschriften unterstützt. Der Landtagspräsident legte diesen Volksantrag im Januar 1994 wegen verfassungsrechtlicher Bedenken dem Verfassungsgerichtshof vor. Noch vor dessen Entscheidung lehnte der Landtag den durch Volksantrag vorgelegten Gesetzentwurf ab. Gleich anschließend erklärten die Antragsteller die Einleitung eines Volksbegehrens, dem ein veränderter Gesetzentwurf zugrunde gelegt wurde. Gegen diesen machte der Landtagspräsident keine verfassungsrechtlichen Bedenken geltend; seinen Antrag auf Prüfung des ursprünglichen Gesetzentwurfs durch den Verfassungsgerichtshof zog er zurück. Das Volksbegehren erlangte allerdings nur 140.585 Unterstützungsunterschriften und wurde darum Ende März 1995 für gescheitert erklärt.

▪   Im Mai 1993 reichten der Kreiselternrat der Stadt Dresden sowie eine Arbeitsgruppe ‚Grundschulen in Sachsen' beim Landtagspräsidenten einen – nach Angabe der Initianten von 50.379 Unterschriften unterstützten – Volksantrag zur Novellierung des sächsischen Schulgesetzes ein. Allerdings enthielten die Unterschriftslisten keinen Gesetzentwurf. Also erfüllte der Volksantrag nicht die formalen Voraussetzungen, was der Landtagspräsident Anfang September 1993 dessen Vertrauenspersonen mitteilte.

▪   Daraufhin reichte im Februar 1994 der Landeselternrat Sachsen einen Volksantrag mit einem Gesetz zur Änderung des sächsischen Schulgesetzes ein, der von 188.731 Unterschriften getragen wurde. Diesen Gesetzentwurf lehnte der Landtag im Juni 1994 ab. Das daraufhin eingeleitete Volksbegehren erlangte eine Unterstützung durch 210.803 Unterschriften und wurde daraufhin im Januar 1996 für gescheitert erklärt.

- Im April 1993 reichten die Bürgerinitiativen Soziales Sachsen (BISS) mit einem von 115.283 Unterschriften unterstützten Volksantrag ein Gesetz über die Änderung der Sächsischen Gemeindeordnung ein. Der Landtag behandelte diesen Gesetzentwurf im Juli 1997 in erster Lesung, überwies ihn in die Ausschüsse und lehnte ihn im November 1997 ab, was der Präsident den Initianten dann im Dezember 1997 formell mitteilte.

- Im Dezember 1997 reichte der Sächsische Gemeindebund per Volksantrag – unterstützt von 58.691 Unterschriften – ein Gesetz über das Leitbild, die Leitlinien und die Durchführung der Gemeindegebietsreform ein. Allerdings ergab die Überprüfung der Unterschriftslisten, dass die formellen Voraussetzungen für gültige Unterschriften nicht eingehalten wurden, was die Mehrzahl der Unterschriften ungültig machte und – so die Mitteilung des Landtagspräsidenten vom Februar 1998 an den Gemeindebund – das geforderte Quorum von 40.000 Stimmen verfehlen ließ.

- Im März 1999 reichte eine Bürgerinitiative ‚Pro Kommunale Sparkasse' einen von 96.317 Unterschriften getragenen Volksantrag mit einem Gesetzentwurf zur Änderung des Sparkassengesetzes ein. Im Kern sollte damit verhindert werden, dass die Staatsregierung durch Zusammenschluss der Sparkassen einen sächsischen Finanzverbund schuf. Der vom Volksantrag begehrte Gesetzentwurf wurde vom Landtag im April 1999 in erster Lesung behandelt, in die Ausschüsse überwiesen und schließlich im Juni 1999 abgelehnt. Daraufhin leiteten die Initianten im Juli 1999 ein Volksbegehren ein, dem sie einen gegenüber dem Volksantrag veränderten Gesetzentwurf beifügten. Zu ihm äußerte die Staatsregierung verfassungsrechtliche Bedenken. Diese teilte der Landtagspräsident allerdings nicht, sondern erklärte das Volksbegehren im September 1999 für verfassungsgemäß.

Im Mai 2000 wurden dann dem Landtagspräsidenten die unterstützenden Unterschriften vorgelegt. Wegen einer sehr restriktiven Überprüfung auf vollständige und eigenhändige Eintragungen, etwa auch zum Ort und Datum der Unterschrift, wurde die Zahl der gültigen Unterschriften mit gerade 449.667 (anstelle der erforderlichen 450.000) ermittelt, was den Landtagspräsidenten das Volksbegehren für gescheitert erklären ließ. Dagegen legten die Vertrauenspersonen des Volksbegehrens im August 2000 Klage beim Verfassungsgerichtshof ein. Durch sein bei der Darstellung der Rechtsgrundlagen schon behandeltes Urteil vom März 2001 hob dieser einige jener Vorschriften des VVVG auf, die der restriktiven Überprüfung der Gültigkeit der Unterschriften zugrunde gelegt worden waren; überdies ordnete er die Neufeststellung gültiger Unterschriften durch den Landtagspräsidenten an. Nach deren Abschluss erklärte im April 2001 dieser dann einen erfolgreichen Abschluss des Volkbegehrens. Daraufhin kam es am 21.10.2001 zum bislang einzigen sächsischen Volksentscheid seit der Wiedervereinigung. Von den 3,5 Mio. Abstimmungsberechtigten beteiligten sich 25,9 Prozent, von denen rund 85 Prozent für und rund 15 Prozent gegen den Gesetzentwurf der Antragsteller stimmten. Allerdings hebelte der Landtag diesen erfolgreichen Volksentscheid aus, indem er zwar jenen zunächst gesetzlich errichteten sächsischen Finanzverbund auflöste, gegen den sich das Volksbegehren gewandt hatte, zugleich aber einen neuen Finanzverbund auf den Weg brachte.

- Im August 2001 reichte der Verein ‚Zukunft braucht Schule' einen von rund 62.000 Unterschriften getragenen Volksantrag mit einem Gesetz zur Änderung des sächsischen Schulgesetzes ein. Ihm ging es im Wesentlichen um eine stärkere Ausrichtung der Lehrpläne an den Bedürfnissen der Schüler sowie um wohnortnähere und kleinere Schulen in Sachsen. Neben einem formellen Mangel des Volksantrags, der rasch behoben wurde, litt der Gesetzentwurf nach Ansicht von Staatsregierung und Landtagspräsidenten am verfassungsrechtlichen Mangel, dass er die Haushaltshoheit des Landtags beeinträchtige. Der Landtagspräsident wandte sich darum im Dezember 2001 an den Verfassungsgerichtshof zum Zweck einer Feststellung zur möglichen Verfassungswidrigkeit des Gesetzentwurfs. Nachdem der Verfassungsgerichtshof im Juni 2002 in seinem Urteil festgestellt hatte, dass keineswegs jeder finanziell irgendwie folgenreiche Gesetzentwurf der Volksgesetzgebung entzogen sei, behandelte der Landtag im Januar 2002 den ihm durch Volksantrag vorgelegten Gesetzentwurf. Er überwies ihn in die Ausschüsse und lehnte ihn im Juni 2002 ab. Daraufhin wurde im August 2002 ein Volksbegehren eingeleitet. Mit Ende der Abgabefrist im Mai 2003 wurden dem Landtagspräsidenten – nach Angaben der Initiatoren – 363.134 Unterschriften überreicht. Daraufhin erklärte der Landtagspräsident das Volksbegehren für gescheitert.

Was bedeuten die geschilderten, nur ein einziges Mal zu einer Volksabstimmung führenden Vorgänge in systematischer Hinsicht? Erstens fallen fünf der acht begonnenen Verfahren der Volksgesetzgebung in die Jahre 1992 bis 1994 und somit in die Zeit des Sammelns erster Erfahrungen. Offenbar waren sie nicht allzu ermutigend; jedenfalls kam es seither klar seltener als in der Anfangszeit zu Versuchen, die Möglichkeiten der Volksgesetzgebung zu nutzen. Zweitens wurden in fünf von acht Verfahren vom Landtagspräsidenten formale bzw. verfassungsrechtliche Gründe zur Beendigung eines Prozesses der Volksgesetzgebung ins Spiel gebracht. In den ersten drei Fällen – 1992, 1993 und 1997 – akzeptierten das die Antragsteller. In den beiden Folgefällen (‚Sparkassengesetz' 1999, ‚Schulgesetz' 2001) bestritten die Antragsteller allerdings die behaupteten formalen oder verfassungsrechtlichen Mängel. Sie zogen jeweils vor dem Verfassungsgerichtshof und bekamen dort Recht. Also wird die Einschätzung nicht falsch sein, dass der Verfassungsgerichtshof eine allzu restriktive Beurteilungspraxis des Landtagspräsidenten gerade im Wissen um die Absicht derartiger Restriktion beendete und dergestalt einer Verstetigung volksgesetzgeberischer Initiativen bewusst den Weg offenhielt. Drittens erwies sich das Antragsquorum für ein Volksbegehren als eine ziemlich hohe Hürde. Faktisch liegt sie über dem – auch seinerseits wohl noch zu hohen – Bundesdurchschnitt von 11 Prozent; verfassungsmäßig gedeckelt ist sie ohnehin erst ab 15 Prozent. Es ist also kein Wunder, dass in nicht weniger als drei von vier Fällen eines Volksbegehrens dieses Antragsquorum zum Scheitern führte.[18] Zwar spricht nichts Grundsätzliches für ein vergleichsweise hohes Antragsquorum, sofern es nur dem Zweck dient, fair die Ernsthaftigkeit und Mobilisierungskraft eines volksgesetzgeberischen Anliegens auf den Prüfstand zu stellen. Doch sehr wohl gibt es auch eine Höhe von Beteiligungsanforderungen, die demotivierend wirkt und die Volksgesetzgebung von vornherein ins Leere laufen lässt. Vieles spricht dafür, dass das sächsische Antragsquorum zumindest in der Nähe, wenn nicht gar schon im Bereich solchermaßen überzogener Anforderungen liegt. Vor allem aber gestaltet sich das sächsische Beteiligungsquorum für die Antragsteller immer ungünstiger, solange der Bevölkerungsrückgang weiter anhält. Also wäre anzuraten, dieses Quorum nicht durch eine feste Zahl von für ein Volksbegehren beizubringenden Unterschriften, sondern durch Angabe eines Prozentsatzes zu definieren und diesen im übrigen etwas niedriger als derzeit anzusetzen. Aus allen erörterten Gründen ist die Geschichte der sächsischen Versuche zur Einleitung von Verfahren der Volksgesetzgebung nicht gerade eine Erfolgsgeschichte. Sie kann aber, zumal von den beiden korrigierenden Urteilen des Verfassungsgerichtshofs beflügelt, durchaus zu weiteren Versuchen ermutigen. Diese werden auch bestimmt nicht ausbleiben.

## 3  Direkte Demokratie auf kommunaler Ebene

### 3.1 Die Direktwahl von Bürgermeistern und Landräten

In erster Linie legt die gegebene oder fehlende Direktwahl von Regierungschefs, von Landräten und von Bürgermeistern den Typ des auf der jeweiligen Politikebene eingerichteten Regierungssystems fest, nicht aber den Ort jenes Regierungssystems auf einem Kontinuum zwischen ‚direkter‘ und ‚indirekter‘ Demokratie. Trotzdem wird die mögliche Direktwahl der ‚chief executives‘ immer wieder zum Themenbereich ‚direkte Demokratie‘ geschlagen. Akzeptiert man das, so ist für

---

[18] Vgl. Volksentscheid-Ranking, a.a.O., S. 10. Brandenburg hat hier eine Hürde von vier Prozent, Hamburg und Schleswig-Holstein haben fünf Prozent. In den US-Bundesstaaten betragen die Unterschriftenquoren durchschnittlich 3 bis 4 Prozent, in den Kantonen der Schweiz 2 bis 3 Prozent; siehe ebenda, S. 16.

den Freistaat Sachsen festzustellen, dass auf kommunaler Ebene in dieser Hinsicht durchweg ,direkte Demokratie' besteht: Laut Gemeinde- sowie Landkreisordnung werden alle (Ober-) Bürgermeister und Landräte von den jeweiligen Gemeinde- bzw. Wahlkreisbürgern in allgemeinen, unmittelbaren, freien, gleichen und geheimen Wahlen ins Amt gebracht. Hier folgte man in Sachsen weitestgehend den entsprechenden institutionellen Vorbildern Baden-Württembergs und Bayerns.

Laut § 48,2 der Gemeindeordnung ist gewählt, wer mehr als die Hälfte der gültigen Stimmen erhalten hat. Entfällt auf keinen Bewerber mehr als die Hälfte der gültigen Stimmen, so findet frühestens zwei Wochen und spätestens vier Wochen nach der ersten Wahl eine Neuwahl statt. Bei ihr gelten die Vorschriften über die erste Wahl mit der Maßgabe, dass die höchste Stimmenzahl und bei Stimmengleichheit das Los entscheidet. Bei diesem zweiten Wahlgang können auch Bewerber antreten, welche bei der ersten Wahl nicht kandidiert haben. Ähnliches gilt für Landratswahlen: Laut § 44,2 der Landkreisordnung ist auch hier gewählt, wer mehr als die Hälfte der gültigen Stimmen erhalten hat. Entfällt auf keinen Bewerber mehr als die Hälfte der gültigen Stimmen, so findet frühestens am zweiten und spätestens am vierten Sonntag nach der ersten Wahl eine Neuwahl statt. Auch hier gelten dann die Vorschriften über die erste Wahl mit der Maßgabe, dass die höchste Stimmenzahl und bei Stimmengleichheit das Los entscheidet.

Ein Bürgermeister kann laut § 51,7 der Gemeindeordnung von den Bürgern der Gemeinde auch vorzeitig abgewählt werden. Er ist abgewählt, wenn sich für die Abwahl eine Mehrheit der gültigen Stimmen ergibt, die ihrerseits aber mindestens 50 Prozent der Bürger beträgt. Zur Einleitung dieses Abwahlverfahrens bedarf es laut § 51,8 der Gemeindeordnung eines – im Detail nachfolgend beschriebenen – Bürgerbegehrens, bei dem mindestens ein Drittel der Bürger schriftlich die Durchführung des Abwahlverfahrens beantragt. In Gemeinden mit mehr als 100.000 Einwohnern kann die Hauptsatzung ein geringeres Quorum verlangen, das jedoch nicht weniger als ein Fünftel betragen darf. Laut § 51,9 der Gemeindeordnung kann das Abwahlverfahren auch durch einen Beschluss der Mitglieder des Gemeinderates eingeleitet werden, der durch eine Mehrheit von mindestens drei Vierteln aller Mitglieder des Gemeinderates gefasst wird.

Auch ein Landrat kann laut § 47,6 der Landkreisordnung von den Bürgern des Landkreises vorzeitig abgewählt werden. Er ist abgewählt, wenn sich für die Abwahl eine Mehrheit der gültigen Stimmen ergibt, sofern diese Mehrheit mindestens 50 Prozent der Bürger ergibt. Auch zur Einleitung des Verfahrens zur Abwahl eines Landrats bedarf es laut § 47,7 der Landkreisordnung eines Bürgerbegehrens, für dessen Erfolg mindestens ein Drittel der Bürger des Landkreises schriftlich die Durchführung des Verfahrens verlangen müssen. Laut § 47,8 der Landkreisordnung kann das Abwahlverfahren auch durch einen von mindestens drei Vierteln der Stimmen aller Mitglieder des Kreistages zu fassenden Beschluss eingeleitet werden.

## 3.2 Bürgerbegehren und Bürgerentscheide

Laut § 25,1 der Sächsischen Gemeindeordnung kann von den Bürgern einer Gemeinde und von den dort Wahlberechtigten die Durchführung eines Bürgerentscheides im Wege eines Bürgerbegehrens schriftlich beantragt werden. Ein solches Bürgerbegehren muss von mindestens 15 Prozent der Bürger bzw. der in der Gemeinde Wahlberechtigten unterzeichnet sein. Die jeweilige Hauptsatzung kann auch ein geringeres Quorum festlegen, das allerdings 5 Prozent der Wahlberechtigten nicht unterschreiten darf. Genau dieses Mindestquorum wurde in Leipzig und Chemnitz eingeführt, desgleichen auch – auf Initiative der Grünen – 1994 in Dresden. 1999 kehrte die Stadtratsmehrheit von CDU, FDP und DSU wieder zum ursprünglichen Antragsquorum von 15 Prozent zurück. Ein Bürgerbegehren muss weiterhin drei Vertreter bezeichnen, die zur Entgegennahme von Mitteilungen und Entscheidungen der Gemeinde sowie zur Abgabe von verbindlichen Erklärungen seitens der Initianten des Bürgergehrens ermächtigt sind.

Grundsätzlich darf ein Bürgerbegehren nur Angelegenheiten zum Gegenstand haben, über die innerhalb der letzten drei Jahre nicht bereits ein Bürgerentscheid aufgrund eines Bürgerbegehrens durchgeführt wurde. Im übrigen muss es laut § 25,2 der Gemeindeordnung eine mit ja oder nein zu entscheidende Fragestellung und eine Begründung enthalten, desgleichen einen nach den gesetzlichen Bestimmungen durchführbaren Vorschlag zur Deckung der Kosten für die verlangte Maßnahme. Richtet sich ein Bürgerbegehren gegen einen Beschluss des Gemeinderates, so muss es innerhalb von zwei Monaten nach der öffentlichen Bekanntgabe des Beschlusses eingereicht werden. Zulässig sind nur Bürgerbegehren, zu denen auch ein Bürgerentscheid zulässig ist. Nach § 24,2 der Gemeindeordnung sind das im Grundsatz zwar alle Fragen, für welche der Gemeinderat zuständig ist. Doch der gleiche Absatz zählt auch acht Gegenstände auf, über welche ein Bürgerentscheid nicht stattfinden darf: Weisungsaufgaben; Fragen der inneren Organisation der Gemeindeverwaltung; Haushaltssatzungen und Wirtschaftspläne; Gemeindeabgaben; Tarife und Entgelte; Jahresrechnungen und Jahresabschlüsse; die Rechtsverhältnisse der Gemeinderäte, des Bürgermeisters und der Gemeindebediensteten; Entscheidungen in Rechtsmittelfragen; sowie Anträge, die gesetzwidrige Ziele verfolgen. Folgenreich ist hier der Ausschluss einiger haushaltsrelevanter Themen, welcher die Reichweite dieses Instruments direkter Demokratie doch ziemlich einschränkt. Über die Zulässigkeit eines Bürgerbegehrens entscheidet laut § 25,3 der Gemeindeordnung der Gemeinderat, dessen Entscheidung ortsüblich bekannt zu geben ist. Da die Entscheidung über die Zulässigkeit eines Bürgerbegehrens als feststellender Verwaltungsakt angesehen wird, kann von den Vertretungsberechtigten zunächst Widerspruch eingelegt werden. Wird der Widerspruch abgelehnt, können die Vertretungsberechtigten der Initianten dagegen Klage beim Verwaltungsgericht einlegen.

Nach der Feststellung der Zulässigkeit eines Bürgerbegehrens darf gemäß §
25,3 der Gemeindeordnung eine diesem Bürgerbegehren widersprechende Entscheidung des Gemeinderates nicht mehr getroffen werden. Statt dessen ist innerhalb von drei Monaten ein Bürgerentscheid durchzuführen. Er entfällt nach § 24,5
der Gemeindeordnung, wenn der Gemeinderat die Durchführung der mit dem Bürgerbegehren verlangten Maßnahme beschließt. Laut § 24,1 der Gemeindeordnung
kann ein solcher Bürgerentscheid nicht nur durch ein Bürgerbegehren, sondern
auch durch einen Gemeinderatsbeschluss herbeigeführt werden, nämlich falls der
Gemeinderat mit einer Mehrheit von zwei Dritteln seiner Mitglieder die Durchführung eines Bürgerbescheides beschließt. Laut § 24,3 der Gemeindeordnung ist bei
einem Bürgerbescheid die stets in Ja/Nein-Form zu stellende Frage in dem Sinne
entschieden, in dem sie von der Mehrheit der gültigen Stimmen beantwortet wurde.
Allerdings muss diese Mehrheit mindestens 25 Prozent der Stimmberechtigten
umfassen, was – im Unterschied zum Volksentscheid auf Landesebene – doch ein
recht beträchtliches Zustimmungsquorum darstellt. Wird diese Mehrheit nicht
erreicht, so hat der Gemeinderat zu entscheiden. Im übrigen steht nach § 25,4 der
Bürgerentscheid einem Beschluss des Gemeinderates gleich, kann aber innerhalb
von drei Jahren nicht durch einen Gemeinderatsbeschluss, sondern nur durch einen
neuen Bürgerentscheid abgeändert werden. Diesen freilich kann der Gemeinderat
durch einen Beschluss mit einer Zweidrittelmehrheit herbeiführen.

Die dergestalt eröffneten Möglichkeiten direkter Demokratie wurden im Freistaat Sachsen zwischen 1993 und 2004 ziemlich intensiv genutzt. Es kam zu rund
200 Bürgerbegehren, von denen 77 zum Bürgerentscheid führten, 43 als unzulässig
erklärt wurden, 21 sich durch Beschluss des Gemeinderates erledigten und die
übrigen offen sind oder einen Ausgang nahmen, der in den verfügbaren Daten
nicht nachgewiesen ist. 86 Prozent der Bürgerbegehren fanden in Kommunen unter
20.000 Einwohnern statt, 7 Prozent in Kommunen mit 100.000 und mehr Einwohnern. Dabei waren die häufigsten Themengebiete die Gemeindegebietsreform sowie die öffentliche Infrastruktur, wobei im letzteren Bereich die sächsische Bilanz
im großen und ganzen mit der bundesweit am besten bekannten bayerischen übereinstimmt.[19] Die meisten Bürgerentscheide waren im Sinn der Antragsteller erfolgreich.

Obwohl die nachstehend mitgeteilten Daten unvollständig sein können, werden auch Ergänzungen und Korrekturen am folgenden Gesamtbild nichts Wesentliches ändern:

- 72 Bürgerentscheide wurden herbeigeführt und im Sinne des Begehrens entschieden. Gerade in den ersten, von der Gemeindegebietsreform geprägten
  Jahren befassten sich besonders viele – und insgesamt die allermeisten – mit

---

[19] Vgl. Volksentscheid-Ranking, a.a.O., S. 9.

Fragen von Eingemeindungen, Gemeindezusammenschlüssen, Verwaltungs-
gemeinschaften oder weiterer gemeindlicher Selbständigkeit. Die weiteren
Gegenstände sind bei weitem weniger zahlreich und dabei überaus vielfältig.
Sie reichen von Baumaßnahmen über gemeindliche Verkaufsmaßnahmen und
Privatisierungsfragen bis hin zu Schulfragen, zur Benennung von Gemeinden
und zur Erhaltung traditioneller Lagerfeuer.

- Nur fünf Bürgerentscheide wurden zwar herbeigeführt, gingen dann aber im
  Sinn des Bürgerbegehrens verloren. Drei dieser Fälle betrafen Fragen der Gebietsreform, zwei die Errichtung von Windkraftanlagen. Ein weiteres Bürgerbegehren wurde zwar angekündigt, doch nicht eingereicht.

- 21 Bürgerbegehren wurden durch einen neuen Ratsbeschluss positiv erledigt.
  Auch hier ging es meist um Fragen von Eingemeindung, Selbständigkeit und
  Bildung von Verwaltungsgemeinschaften, vereinzelt auch um Straßenbahn-
  netze oder Bebauungsfragen.

- 43 Bürgerbegehren wurden für unzulässig erklärt. Auch hier ging es recht
  häufig, doch viel seltener als in den bislang besprochenen Fallgruppen, um
  Fragen der Gebietsreform oder von Eingemeindungen. Vergleichsweise oft
  finden sich hier auch Themen wie die Schulnetzplanung und der Erhalt oder
  die Schließung von Schulen, wie Bebauungs- und Flächennutzungspläne, wie
  Verkäufe von Gebäuden und Grundstücken, wie Verkehrs- und Energiepro-
  jekte oder wie Abwasserbeiträge.

- Offen oder aufgrund der verfügbaren Daten unbekannt ist der Ausgang von 46
  weiteren Bürgerbegehren. Rund die Hälfte davon betrifft Themen der Gemeindegebietsreform und dürfte sich darum erledigt haben. Die anderen befassten sich mit Verkehrsplanung, Schulplanung, großtechnischen Anlagen
  oder mit dem Verkauf bzw. der Privatisierung von Krankenhäusern.

### 3.3 Weitere Formen unmittelbarer Demokratie

Nicht nur können natürlich auch in Sachsen Instrumente wie Planungszellen[20] oder
vielfältige Beratungs- und Mediationsverfahren, etwa im Rahmen der Lokalen
Agenda 21, verwendet werden.[21] Nur scheint es nicht allzu häufig zu ihnen zu
kommen. Allerdings fehlen systematische Datensammlungen hierüber. Das gleiche
gilt für die Nutzung der übrigen Möglichkeiten direkter Bürgerbeteiligung, welche
die Gemeindeordnung vorsieht. Bei ihnen handelt es sich im Wesentlichen um die
Instrumente der Einwohnerversammlung, des Einwohnerantrags sowie der Zuzie-

---

[20] Vgl. Peter Dienel, Planungszelle, Opladen 2002.
[21] Vgl. Anke Kohl / Britta Obszerninks, Dimensionen direkter Bürgerbeteiligung auf kommunaler
Ebene, in: Norbert Konegen / Paul Kevenhörster / Wichard Woyke, Hrsg., Politik und Verwaltung nach
der Jahrtausendwende, Opladen 1998, S. 291-308.

hung sachkundiger Einwohner zu den Beratungen des Gemeinderates und seiner Ausschüsse.

Nach § 22,1 der Sächsischen Gemeindeordnung sollen alle bedeutsamen Gemeindeangelegenheiten mit den Einwohnern erörtert werden. Zu diesem Zweck soll der Gemeinderat mindestens einmal im Jahr eine Einwohnerversammlung anberaumen. Sie kann auf Gemeindeteile beschränkt werden, wird in der Regel vom Bürgermeister präsidiert und von ihm auch spätestens eine Woche vor ihrer Durchführung auf ortsübliche Weise bekanntgegeben. § 22 Abs. 2 und 3 der Gemeindeordnung geben den Gemeindeeinwohnern auch ein aktives Recht, eine solche Einwohnerversammlung herbeizuführen. Sie ist anzuberaumen, wenn dies von den Einwohnern unter Bezeichnung der zu erörternden Angelegenheit schriftlich beantragt wird. Ein solcher Antrag muss von mindestens 10 Prozent der Einwohner, die das 16. Lebensjahr vollendet haben, unterzeichnet sein. Die Hauptsatzung kann auch hier ein geringeres Quorum vorsehen, das jedoch nicht weniger als 5 Prozent der Einwohner betragen darf. Ist ein solcher Antrag beim Bürgermeister eingegangen, so hat er innerhalb von drei Monaten eine Einwohnerversammlung anzuberaumen. Anschließend kann die Erörterung derselben Angelegenheit in einer Einwohnerversammlung innerhalb eines Jahres nur dann erneut beantragt werden, wenn sich die Sach- oder Rechtslage wesentlich verändert hat. In jedem Fall sind, laut § 22,4 der Gemeindeordnung, die Vorschläge und Anregungen der Einwohnerversammlung innerhalb von drei Monaten vom zuständigen Organ der Gemeinde zu behandeln. Das Ergebnis der Behandlung der Vorschläge und Anregungen ist in ortsüblicher Weise bekanntzugeben.

§ 23 der Sächsischen Gemeindeordnung behandelt den Einwohnerantrag. Nach dieser Regelung muss der Gemeinderat in seinem Zuständigkeitsbereich liegende Gemeindeangelegenheiten innerhalb von drei Monaten dann behandeln, wenn genau dies von den Einwohnern beantragt wird. Hierfür gelten die auch für die Einberufung einer Einwohnerversammlung festgelegten Regeln. In einem so zustande gekommenen Einwohnerantrag können obendrein bis zu drei Personen benannt werden, die zur Abgabe von Erklärungen ermächtigt sind. Diese sind bei der Beratung im Gemeinderat dann auch zu hören.

Laut § 44,1 und 2 können der Gemeinderat und seine Ausschüsse ferner sachkundige Einwohner – neben sonstigen Sachverständigen – zur Beratung einzelner Angelegenheiten heranziehen. Der Gemeinderat kann sachkundige Einwohner sogar widerruflich als beratende Mitglieder zur ehrenamtlichen Tätigkeit in einzelne beratende und auch beschließende Ausschüsse berufen. Allerdings darf die Zahl der so berufenen Mitglieder in den einzelnen Ausschüssen die jeweilige Zahl der Gemeinderäte nicht erreichen. Des weiteren können nach § 44,3 der Gemeindeordnung der Gemeinderat und einzelne seiner Ausschüsse bei ihren öffentlichen Sitzungen Einwohnern sowie Vertretern von Bürgerinitiativen die Möglichkeit einräumen, Fragen zu Gemeindeangelegenheiten zu stellen oder Anregungen und

Vorschläge zu unterbreiten. Im übrigen dürfen nach § 44,4 der Gemeinderat und seine Ausschüsse betroffenen Personen und Personengruppen die Gelegenheit geben, ihre Auffassungen vorzutragen, selbst wenn eine Anhörung nicht gesetzlich vorgeschrieben ist.

Überblickt man alle diese Möglichkeiten, so wird man sich dem Eindruck nicht verschließen können, dass von Rechts wegen in Sachsen einer sehr dichten und lebendigen direkten Demokratie auf kommunaler Ebene nichts im Wege steht. Es müssen schon politischer Unwille oder bürgerschaftliche Zurückhaltung aus gleich welchen Gründen sein, wenn in der Praxis allzu wenig aus den geschaffenen Möglichkeiten werden sollte. Die Eindrücke des Verfassers gehen dahin, dass die von der Gemeindeordnung erschlossenen Potentiale im Rahmen einer durchaus beschränkten Nachfrage ohne Probleme benutzt werden, dass es gegen alle Instrumente direkter bürgergesellschaftlicher Politikbeteiligung aber noch große Vorbehalte zumal auf Seiten der Kommunalpolitiker gibt. Das betrifft leider auch jene Möglichkeiten direkter Bürgerbeteiligung, für welche es, wie beim Planungszellenverfahren, besondere rechtliche Bestimmungen gar nicht braucht, da ihre Nutzung ohnehin ganz im Ermessensspielraum der Entscheidungsträger liegt. Hier wird sich Sachsens direkte Demokratie auf kommunaler Ebene nur dann weiterentwickeln, wenn die politische Klasse einfach besser begreift, dass direkte Bürgerbeteiligung jenseits punktueller Interessenpolitik, wie sie für Bürgerinitiativen und Verbände ohnehin selbstverständlich ist, dem Gemeinwohl in den meisten Fällen wirklich mehr nutzt als schadet.

## 4    Wie steht es um die direkte Demokratie in Sachsen?

Die gute Nachricht lautet: Traut man den Indikatoren des eingangs zitierten Volksentscheid-Rankings, dann schneidet Sachsen unter 16 Bundesländern auf einem hervorragenden dritten Platz ab. Die schlechte Nachricht besagt allerdings: Die Note beträgt im Grunde nur 3,6 auf einer fünfstufigen Skala, was wohl auf ein schlechtes ‚befriedigend' oder auf ein gutes ‚ausreichend' hinausläuft. Auch liegt Sachsen hinter der zweitplazierten Hansestadt Hamburg um einen ganzen Skalenpunkt zurück. Also wird man gut daran tun, im Fall Sachsens durchaus Verbesserungsbedarf einzugestehen. Am besten ist solchem Verbesserungsbedarf bislang der Sächsische Verfassungsgerichtshof nachgekommen: mit seinem Urteil vom 15. März 2001, welches missbräuchlich einschränkend angewendete Bestimmungen des Gesetzes über Volksantrag, Volksbegehren und Volksentscheid zur Überprüfung der Gültigkeit vorgelegter Unterstützungsunterschriften für unwirksam erklärte, und mit seinem Urteil vom 11. Juli 2002, das – im Kielwasser einer Entscheidung des Niedersächsischen Staatsgerichtshofs von 2001 zur Zulässigkeit eines Volksbegehrens zur Finanzierung der Kindertagesstätten – ausdrücklich die Zulassung auch finanzwirksamer Volksbegehren anerkannte. Damit mag der Verfassungsgerichtshof geholfen haben, die Weichen hin zu einem erstrebenswerten Zustand wie in den Staaten der USA und den Schweizer Kantonen zu stellen, wo ausdrücklich auch haushaltswirksame Volksabstimmungen möglich sind.

Die wichtigste weitere Verbesserungsnotwendigkeit auf Landesebene scheint beim viel zu hohen und angesichts der Bevölkerungswicklung faktisch noch steigenden Beteiligungsquorum bei der Unterstützung eines Volksbegehrens zu liegen. Auf der kommunalen Ebene wiederum sollte man das viel zu hohe Zustimmungsquorum zurücknehmen oder ebenso beseitigen, wie das auf Landesebene ja schon der Fall ist: Nur so lässt sich nämlich verhindern, dass sozusagen Wahlkampf gegen die Beteiligung an einem Bürgerentscheid gemacht wird. Hilfreich wären wohl auch Verbesserungen bei der Bürgerinformation im Fall eines Volks- oder Bürgerentscheids, etwa in Gestalt eines obligatorisch und von Amts wegen zu verteilenden inhaltlich neutralen ,Abstimmungsbüchleins'. Käme es zu diesen Verbesserungen, so schlüge erst recht gut an, was es im Freistaat Sachsen an guten Institutionalisierungen direkter Demokratie bereits gibt. Auf kommunaler Ebene ist dies das Fehlen eines allzu umfangreichen Themenausschlusskatalogs, auf Landesebene das Fehlen eines jeglichen Beteiligungs- oder Zustimmungsquorums, desgleichen die Verfügbarkeit eines voll entwickelten, dreistufigen Verfahrens der Volksgesetzgebung: vom Volksantrag über das Volksbegehren bis hin zum Volksentscheid. Gut sind desgleichen die Möglichkeiten, jeweils auch Konkurrenzanträge des Landtags bzw. Gemeinderats zur Abstimmung zu stellen, die Regelungen zur Kostenerstattung für die Initiatoren sowie die Freiheit der Unterschriftensammlung, ausreichende Zeit für sie und nunmehr auch noch Eigenhändigkeitserfordernisse, die auf das Minimum der persönlichen Unterschrift reduziert sind. Gerade diese letztgenannten formalen Aspekte der direkten Demokratie sollte man nicht unterschätzen: Hier haben sich Formfragen längst als Machtfragen vom fast gleichen Kaliber erwiesen, wie das Geschäftsordnungsfragen im parlamentarischen Verfahrensgang von jeher sind.

Wie sind Norm und Wirklichkeit direkter Demokratie in Sachsen zusammenfassend zu bewerten? In den rechtlichen Grundlagen sind – bei nur wenigen, doch teils wirklich gravierenden Verbesserungsnotwendigkeiten – die wünschenswerten Dinge wirklich gut geregelt. Hinsichtlich der Verfassungspraxis hat der Verfassungsgerichtshof einige nicht gerade gutwillige Weisen des Umgangs mit den Rechtsregeln unterbunden und hoffentlich auch positive Veränderungen an der politisch-institutionellen Einsicht politischer Entscheidungsträger bewirkt. Im übrigen sollten die Sachsen nicht nur weiterhin jene Instrumente direkter Demokratie anwenden, die ihnen zusätzlich zu den Möglichkeiten repräsentativer Demokratie an die Hand gegeben sind. Sie sollten auch die so vielfältigen Möglichkeiten ihrer Staatsbürgerrolle umfangreicher nutzen, als sie das bislang tun: vom politischen Engagement im vorpolitischen Raum und in den Parteien bis hin zum Einwirken auf ihre kommunalpolitischen Entscheidungsträger mit dem Ziel, das Potenzial weiterer Möglichkeiten direkter Bürgerbeteiligung in der Art der Planungszelle endlich besser nutzen zu können. Und alles in allem scheint es um das Instrumentarium von Sachsens Demokratie viel besser bestellt zu sein als um jene Umsicht und Ausdauer, mit welcher Sachsens Bürgerinnen und Bürger von ihm Gebrauch machen.

##  Literaturhinweise

Klages, Andreas / Paulus, Petra: Direkte Demokratie in Deutschland. Impulse aus der deutschen Einheit, Marburg 1996

Kohl, Anke / Obszerninks, Britta: Dimensionen direkter Bürgerbeteiligung auf kommunaler Ebene, in: Norbert Konegen / Paul Kevenhörster / Wichard Woyke, Hrsg., Politik und Verwaltung nach der Jahrtausendwende, Opladen 1998, S. 291-308Mehr Demokratie e.V.: 1. Volksentscheid-Ranking. Die direktdemokratischen Verfahren der Länder und Gemeinden im Vergleich, Berlin 2003

Neumann, Peter: Durchbruch bei der Ausgestaltung der Volksgesetzgebung – Finanzvorbehalte nach der Verfassung des Freistaates Sachsen. Zur Entscheidung des Sächsischen Verfassungsgerichtshofes zum Volksbegehren, in: Sächsische Verwaltungsblätter 2002, S. 229ff.

Sampels, Guido: Bürgerpartizipation in den neuen Länderverfassungen – Eine verfassungshistorische und verfassungsrechtliche Analyse, Berlin 1998

# Direkte Demokratie in Sachsen-Anhalt

*Torsten Gruß*

## 1 Einführung

Über direktdemokratische Entscheidungsverfahren in den Ländern der Bundesrepublik zu schreiben, mag wie eine Werbekampagne für ein bereits bestens am Markt platziertes Produkt wirken, denn alle 16 Landesverfassungen gestalten derartige Verfahren aus, und sie gehören auf kommunaler Ebene bereits zum gesellschaftlichen Alltag. Scheinbar folgen alle Landesverfassungen *einer* verfassungspolitischen Linienführung, die direktdemokratische Entscheidungsverfahren als notwendige Ergänzung zur überwiegend repräsentativen Verfassung unseres Staates präferiert, weil sie als konsequent demokratisch, als in besonderer Weise Legitimität und Identifikation stiftend oder als unserem Freiheits- und Individualitätsanspruch am ehesten entsprechend gelten. All das trifft zu, reduziert man die Betrachtung von Verfassung auf ihren Wortlaut. Allerdings: Verfassungen wurzeln tief in den gesellschaftlichen Zusammenhängen, erklären sich letztlich vollständig nur aus der Zeit, die sie hervorbrachte. Für die Verfassung des Landes Sachsen-Anhalt ist daher vor allem prägend, dass sie ihre Quelle und Inspiration in der Emanzipationsbewegung des Herbstes 1989 fand und auch darauf ausgerichtet war, in einem staatsrechtlich traditionell zersplitterten Raum eine gliedstaatliche Einheit zurückzugewinnen. Der Beitrag wird sich deshalb auf die Aufhellung dieser Entstehungszusammenhänge konzentrieren, wird die direktdemokratischen Entscheidungsverfahren auf kommunaler und – vor allem – auf Landesebene darstellen und in ein grundsätzliches Fazit einmünden.

Am 16. Juli 1945 war die ehemals preußische Provinz Sachsen unter Einschluss von Anhalt wieder hergestellt worden. Dabei konnte auf ein bereits 1929 vorgelegtes Modell zur Bildung Sachsen-Anhalts[1] zurückgegriffen werden. Am 10. Januar 1947 beschloss der Provinziallandtag eine ihrem Inhalt nach weitgehend

---

[1] Die rasante Entwicklung des mitteldeutschen Wirtschafts-, Sozial- und Kulturraumes in der Weimarer Republik, welche die Region endgültig zu den führenden deutschen Wirtschaftsgebieten aufschließen ließ, machte die staatsrechtliche Integration des Raumes möglich und unabdingbar. Im Jahre 1927 hatte der Landtag der preußischen Provinz Sachsen eine föderale Neugliederung Mitteldeutschlands verlangt. Nach dem Scheitern des Projekts der Bildung eines mitteldeutschen Staates unter Einschluss der Provinz Sachsen, Anhalts, Braunschweigs und Thüringens hatte Landeshauptmann *Hübener* 1929 die staatsrechtliche Gliederung Mitteldeutschlands in Sachsen, Thüringen und Sachsen-Anhalt vorgeschlagen.

demokratische Verfassung. Die Bildung des Landes Sachsen-Anhalt erfolgte, nachdem Preußen am 25. Februar 1947 auch formell aufgelöst worden war. Durch Annahme einer Verfassung war am 7. Oktober 1949 die DDR proklamiert worden. Der neue Staat verstand sich als Föderation; Sachsen-Anhalt wurde zu einem seiner Länder. Das „Gesetz über die weitere Demokratisierung des Aufbaus und der Arbeitsweise der staatlichen Organe in den Ländern der DDR" vom 23. Juli 1952 markiert das faktische Ende Sachsen-Anhalts.[2] Das Land musste – wie alle Länder der DDR – im Interesse einer dirigistischen, streng zentralistischen Struktur des Staates ausschließlich politisch-administrativen Gliederungen ohne Geschichte und Identität („Bezirke") weichen. Nur noch die fortbestehenden Bezeichnungen ehemaliger Einrichtungen des Landes (Landestheater, Landesmuseum, Universitäts- und Landesbibliothek) erinnerten an Sachsen-Anhalt, nachdem die Landeszusätze in der Bezirksbezeichnung entfallen waren. Erst die friedliche Revolution 1989/1990 setzte das Ziel einer demokratischen Verfasstheit von Staat und Gesellschaft sowie föderale Strukturen wieder auf die politische Tagesordnung. Konnte die Wiedererrichtung der Länder etwa in Sachsen und Thüringen auch auf eine erhalten gebliebene, historisch tief verwurzelte Verbundenheit aufbauen, so fand die (Re-)Föderalisierung der DDR in allen Regionen ihren zentralen Antrieb in einer angestrebten Dezentralisierung zentralistischer staatlicher Strukturen. Staatlicher Allmacht sollten durch horizontale Gewaltenteilung Grenzen gesetzt werden. Schnell kamen dabei auch die 1952 untergegangenen Länderstrukturen in den Blick.[3] Die nach der freien Volkskammer-Wahl am 18. März 1990 – die nicht zu unrecht als „Verfassungswahl" sowie als Sachplebiszit über das Verfahren und den Zeitplan der Herstellung der staatlichen Einheit Deutschlands bezeichnet wird – gebildete Regierung *de Maiziere* verfolgte die Föderalisierung als eine zentrale politische Zielstellung und setzte sie um. Vollzogen wurde auch eine generelle Demokratisierung des Verfassungsrechts, deren Kristallisationspunkt das „Verfassungsgrundsätze-Gesetz" vom 17. Juni 1990[4] war. Die weitgehende Abstinenz direktdemokratischer Sachentscheidungsverfahren im Verfassungsrecht der DDR wurde allerdings nicht beseitigt.[5]

---

[2] Formal sind die Länder der DDR nicht aufgelöst und ihre Verfassungen nicht aufgehoben worden; vielmehr wurden nach dem Gesetzeswortlaut die Bezirke und Kreise *in den Ländern* gebildet. Auch die Länderkammer bestand bis 1958 fort – allerdings faktisch ohne jede Bedeutung. Erst die DDR-Verfassung von 1968 und ihre Änderung von 1974 eliminierten auch im Verfassungstext alle föderalistischen Elemente der Staatlichkeit der DDR.

[3] So forderte etwa *Demokratie jetzt* die „Wiederherstellung der Länderstrukturen und weitgehende Dezentralisierung". Der *Demokratische Aufbruch* plädierte in einem Strategiepapier „für eine grundlegende Verwaltungsreform, die auch Länderstrukturen auf dem Territorium der DDR wiederherstellt, wie sie bis 1952 bestanden haben".

[4] GBl. DDR I S. 299.

[5] Die DDR-Verfassung vom 7. Oktober 1949 kannte sowohl den Gesetzesbeschluss im Wege des Volksentscheides (Art. 81) als auch die Verfassungsänderung durch das Volk (Art. 83 Abs. 3). Ein Volksbegehren war lediglich statthaft, wenn ein Drittel der Abgeordneten die Ausfertigung und Ver-

Dass im rasanten Vereinigungsprozess auf die Länderstruktur von 1952 zurückgegriffen worden ist und die Länder Brandenburg, Mecklenburg-Vorpommern, Sachsen, Sachsen-Anhalt und Thüringen wiedererrichtet worden sind, mag bereits damals fachöffentlich kritisiert worden sein und auch heute manchem unverständlich erscheinen; politisch allerdings war dies faktisch ohne jede Alternative. Die wiederentstehenden Länder waren so nicht nur verfassungsrechtlicher Reflex der bürgerschaftlichen Forderungen nach horizontaler Teilung der Gewalten und Dezentralisierung von politischer Macht. Indem sie ihre Quelle und Inspiration nicht zuletzt in den Forderungen der friedlichen Revolution des Herbstes 1989 finden, wurden die „neuen" Länder auch zu einer Auffangbasis für ein sich auflösendes Staatswesen.

Nach hergebrachtem deutschen Staatsverständnis besitzen sowohl der Bund als auch die Länder Staatsqualität. Ihr folgt eine ureigene Verfassungsautonomie der Länder, wobei (lediglich) ein Mindestmaß an Homogenität der verfassungsrechtlichen Regelungen der Länder mit jenen des Bundes gefordert ist (Art. 28 Abs. 1 GG). Der Anstoß für die Ausfüllung des Verfassungsraumes durch die in Wiederrichtung begriffenen Länder in der DDR war durch § 23 Abs. 2 des Verfassungsgesetzes zur Bildung von Ländern in der DDR (Ländereinführungsgesetz) vom 23. Juli 1990 gegeben worden, der die erstgewählten Landesparlamente zu verfassungsgebenden Landesversammlungen bestimmte. Bereits vor der Länderbildung waren durch den „Runden Tisch Sachsen-Anhalt" (Unterarbeitsgruppe Verfassung der Arbeitsgruppe Landtag) im Juli 1990 ein erster sowie im Oktober 1990 ein zweiter Entwurf vorgelegt worden. Beide Entwürfe strebten Vollverfassungen an, indem sie Regelungen zum Staatsorganisationsrecht und einen Grundrechtskatalog enthielten. Die Normen waren sowohl durch eine Reflexion von DDR-Erfahrungen als auch durch das Vorbild moderner westdeutscher Landesverfassungen (insbesondere Schleswig-Holstein) sowie den Homogenitätsanspruch des Grundgesetzes inspiriert. Von besonderer Bedeutung für die Suche nach verfassungspolitischen Kompromissen war u.a. die Frage, in welchem Verfahren die Landesverfassung verabschiedet werden sollte. Hatten Erwägungen, den Gesetzesbeschluss der verfassungsgebenden Landesversammlung lediglich an eine relative Mehrheit zu binden, praktisch keine Rolle gespielt, standen sich als Positionen der Fraktionen die Verfahren des Verfassungsplebiszits und des Parlamentsbeschlusses mit qualifizierter Mehrheit gegenüber. Durch einfaches Gesetz ist schließlich be-

---

kündung eines Gesetzesbeschlusses verlangt und sich ein Volksbegehren gegen den Erlass des Gesetzes gewandt hatte; dieses Begehr konnte durch die Mehrheit der Mitglieder der Volkskammer durchbrochen werden (Art. 86) Das Ausführungsgesetz nach Art. 87 Abs. 7 ist nie verabschiedet worden. Die DDR-Verfassung vom 6. April 1968 – im Wege eines Volksentscheids zustande gekommen – reduzierte diese direktdemokratischen Verfahren auf die Möglichkeit, „Entwürfe grundlegender Gesetze ... vor ihrer Verabschiedung der Bevölkerung zur Erörterung..." zu unterbreiten. Insgesamt fanden in der DDR fünf Volksabstimmungen statt, die teils akklamatorischer, teils propagandistischer, nie jedoch meinungsstreitiger Natur waren.

stimmt worden, dass die Annahme der Landesverfassung einer Zustimmung von zwei Dritteln der Mitglieder des Landtages bedürfe.[6] Die Verfassung des Landes Sachsen-Anhalt (LV) wurde am 15. Juli 1992 durch den Landtag verabschiedet. Die Verfassungsurkunde wurde am Folgetage im Rahmen eines Festakts feierlich ausgefertigt. Die Landesverfassung trat 18. Juli 1992 in Kraft.[7] Sie ist durch Gesetz vom 27. Januar 2005 geändert worden.[8]

Die sachsen-anhaltische Landesverfassung ist – nicht zuletzt aus Gründen der Identifikation der Bürgerinnen und Bürger mit ihrem Land[9] – eine Vollverfassung, die auf einen lediglich summarischen Verweis auf den Grundrechtskatalog des Grundgesetzes verzichtet. So regelt sie neben der Staatsorganisation auch das Verhältnis von Bürger und Staat (Art. 3 LV) und fächert dieses durch einen Katalog von Grundrechten (Art. 4 bis 23 LV), Einrichtungsgarantien (Art. 24 bis 33 LV) und Staatszielen (Art. 34 bis 40 LV) weiter auf. Das Land wird grundsätzlich als parlamentarisch-repräsentative Demokratie ausgestaltet, die maßvoll um direktdemokratische Verfahren ergänzt ist. Der Landtag ist gliedstaatliches Repräsentationsorgan („... *gewählte Vertretung des Volkes von Sachsen-Anhalt...* "; Art. 41 Abs. 1 Satz 1 LV). Er wird in unmittelbarer Wahl nach einem Verfahren gewählt, das nach dem Vorbild der Wahlen zum Deutschen Bundestag die Persönlichkeitswahl mit den Grundsätzen der Verhältniswahl verbindet, wobei ein Ausgleich von Überhangmandaten stattfindet. Der Landtag ist als oberstes Organ der demokratischen Willensbildung darüber hinaus *das* Gesetzgebungsorgan des Landes („... *übt die gesetzgebende Gewalt aus...* "; Art. 41 Abs. 1 Satz 2 LV), ist Landesforum mit einem allgemeindemokratischen Mandat („... *verhandelt öffentliche Angelegenheiten...* "; Art. 41 Abs. 1 Satz 4 LV) und stellt demokratische Öffentlichkeit her („... *verhandelt öffentlich...* "; Art. 50 Abs. 1 LV). Die Gewährleistung der kommunalen Selbstverwaltung erfolgt ebenfalls im Range einer Grundsatznorm der Verfassung (Art. 2 Abs. 3 LV); die Landkreise werden bereits durch die Verfassung (Art. 87 Abs. 1 LV) den Kommunen zugeordnet. Die Landeverfassung gestaltet die Kom-

---

[6] Die Fraktion der SPD folgte – auch im Interesse eines möglichst breiten Konsenses über die Verfassung – der Auffassung der CDU, eine geringe Beteiligung am Verfassungsplebiszit würde Reputation und Dignität der Verfassung untergraben. Entscheidungserheblich war auch die Tatsache, dass durch die Landesverfassung Magdeburg als Landeshauptstadt verbindlich festgeschrieben werden und der „Hauptstadt-Streit" mit Halle/Saale entschieden werden sollte; es wurde befürchtet, ein Großteil der im südlichen Landesteil ansässigen Abstimmungsberechtigten würde sich aus diesem Grunde nicht an der Abstimmung beteiligen oder die Verfassung ablehnen.

[7] GVBl. LSA S. 600.

[8] GVBl. LSA S. 44.

[9] Der Vorsitzende des Verfassungsausschusses und spätere Ministerpräsident des Landes *Dr. Höppner* hatte diese verfassungspolitische Grundsatzfrage in der Ausschusssitzung am 19. Juni 1991auf die Frage zugespitzt, ob es Sachsen-Anhalt hinnehmen wolle, im Vergleich etwa zu Brandenburg oder Thüringen nicht als vollwertiges Land zu gelten, weil hier lediglich auf die Grundrechte des Grundgesetzes verwiesen werden soll; in den Grundrechten müsse- man vielmehr auch eine emotionale Frage sehen, die auch das Finden einer Landesidentität berühre.

munen als Teil der exekutiven Gewalt aus. In den Gemeinden und Landkreisen ist nach Art. 89 Abs. 1 LV eine Vertretung des Volkes zwingend, die aus unmittelbaren Wahlen hervorgegangen ist. Auf die Aufnahme von direktdemokratischen Mitgestaltungs- und Kontrollrechten der gemeindlichen bzw. der Landkreisbürgerschaften in die Landesverfassung wurde in den Verfassungsberatungen verzichtet, da sie bereits kommunalverfassungsrechtlich verankert waren.

## 2 Direkte Demokratie auf Landesebene

### 2.1 Direkte Demokratie in den Verfassungsberatungen 1991/1992

Die gesellschaftliche Debatte um die Einführung direktdemokratischer Sachentscheidungsverfahren auf Landesebene ist Teil der Verfassungsdebatte und -verhandlungen, die dem Landtagsbeschluss über die Landesverfassung vom 16. Juli 1992 vorangingen. Politisch wie ideengeschichtlich standen die parlamentarischen Verhandlungen über die Einführung direktdemokratischer Verfahren durch die Landesverfassung nicht in einer landesverfassungsrechtlichen Traditionslinie;[10] zu groß war der insbesondere durch die DDR-Verfassung vom 1968 manifestierte Bruch. Die Verhandlungen spiegelten vielmehr vor allem die direktdemokratischen Ideen und Konzepte der emanzipatorischen Bewegung des Herbstes 1989,[11] rezipierten dabei auch die verfassungspolitischen Debatten der (alten) Bundesrepublik über die direkte Demokratie, ohne die Auseinandersetzungen allerdings auf diese überkommenen politischen Lager zurückführen zu können oder zu wollen.

*Verfassungsentwürfe des Runden Tisches:* Vor dem förmlichen Gesetzgebungsverfahren des Landtages über eine Landesverfassung lagen bereits im Juli 1990 ein erster sowie im Oktober 1990 ein zweiter Verfassungsentwurf des Run-

---

[10] Sowohl die republikanische Verfassung Anhalts vom 18. Juli 1919 als auch die Verfassung Preußens, zu deren Geltungsbereich auch die preußische Provinz Sachsen gehörte, regelten direktdemokratische Verfahren (Volksbegehren, Volksentscheid, Parlamentsauflösung). Die Landesverfassung vom 10. Januar 1947 enthielt ebenfalls Volksbegehren- sowie Volksentscheidverfahren. Den Verfassungsdebatten in der SBZ lagen zwei Verfassungsentwürfe der SED zugrunde, die in den einzelnen Ländern durchgesetzt werden sollten, allerdings nicht in jedem Fall durchsetzbar waren. So kam es lediglich in Sachsen-Anhalt – dem einzigen Land, in dem eine bürgerliche Mehrheit gegen die SED vorhanden war – in der Frage des Volksentscheids zu einer Auseinandersetzung im Landtagsplenum. Streitgegenstand in der Sitzung am 10. Januar 1947 waren Absichten der SED, es neben einem Zehntel der Wahlberechtigten nicht nur politischen Parteien, sondern auch Massenorganisationen wie dem FDGB oder der FDJ zu gestatten, das Instrument des Volksbegehrens in Anspruch zu nehmen. Der Antrag wurde gegen die Stimmen der SED-Fraktion abgelehnt.

[11] Vgl. auch den Entwurf einer Verfassung der DDR der Arbeitsgruppe „Neue Verfassung der DDR" des Runden Tisches, der die Institute Volksbegehren (Art. 98 Abs. 1) und Volksentscheid (Art. 98 Abs. 3) enthielt und den Trägern des Volksbegehrens einen Anspruch auf unentgeltliche Werbung in öffentlich-rechtlichen Medien einräumte.

den Tisches vor.[12] In Fortführung des ersten Entwurfes bestimmte der zweite Entwurf des Runden Tisches, dass Gesetzentwürfe auch durch Volksgehren eingebracht werden können. Dem Volksbegehren sollte ein ausgearbeiteter und mit einer Begründung versehener Gesetzentwurf zugrunde liegen; es sollte der Unterstützung von mindestens einem Zehntel der Wahlberechtigten bedürfen. Das begehrte Gesetz musste in die (Gesetzgebungs-)Kompetenz des Landes fallen, durfte keine abgaben- und besoldungsrechtlichen Regelungen zum Gegenstand haben – auf die Haushaltsmaterie wurde verzichtet – und hatte im Falle von Mehrausgaben oder Mindereinnahmen Deckungsvorschläge zu unterbreiten. Den Vertrauenspersonen war für die Verhandlungen des Landtagsplenums ein Recht auf Zutritt sowie für die Ausschussberatungen ein Anhörungsanspruch eingeräumt worden. Ein Volksentscheid fand statt, wenn das Gesetz durch den Landtag nicht unverändert oder in einer Fassung verabschiedet worden ist, die durch mindestens sechs der neun Vertrauensleute des Volksbegehrens genehmigt worden ist. Der Gesetzentwurf sollte im Wege des Volksentscheides beschlossen sein, wenn er mehr als die Hälfte der abgegebenen gültigen Stimmen auf sich vereinigt, eine plebiszitäre Verfassungsänderung sollte der Zustimmung der Mehrheit der Wahlberechtigten bedürfen. Auch die Ermittlung der Auffassung des Volkes bzw. die Ermittlung der Mehrheit des Volkes in einer Sachfrage ohne Bindungswirkung sollte durch Einführung der Volksbefragung ermöglicht werden. Daneben war die Einführung des Instruments der öffentlichen Erörterung vorgesehen. Danach sollte dem Landtag das Recht zuwachsen, die durch die Landesregierung oder aus seiner Mitte eingebrachten Gesetzentwürfe zum Zwecke der öffentlichen Erörterung dem Volk in geeigneter Weise bekannt zu geben, wobei der Landtag zwei Monate nach Bekanntgabe an einem Gesetzesbeschluss gehindert sein sollte. Schließlich sollte auch eine plebiszitäre Auflösung des Landtages zulässig sein, wenn diese durch ein Drittel der Wahlberechtigten begehrt wurde; das Auflösungsbegehren sollte frühestens zwei Jahre nach Beginn der Wahlperiode eingeleitet werden dürfen. Der Verfassungsentwurf kannte für den Fall der plebiszitären Parlamentsauflösung weder ein Beteiligungs-, noch ein Zustimmungsquorum.

*Verfassungsentwurf der Fraktion Bündnis 90/Grüne vom 9. Januar 1991:* Auf der Grundlage der Vorentwürfe des Runden Tisches strebte auch der Verfassungsentwurf der Fraktion Bündnis 90/Grüne[13] die Einführung des direktdemokratischen Gesetzgebungsverfahrens an. Ein Volksantrag, der durch 8.000 Wahlberechtigte unterstützt sein sollte, bewirkte eine Behandlung des beantragten Gesetzentwurfs im Landtag; ein umfassendes Recht der Vertreter des Volksantrages, im Landtag gehört zu werden, war gewährleistet. Ist das beantragte Gesetz nicht beschlossen worden, sollte ein Volksbegehren zustande kommen, wenn innerhalb eines Jahres die Unterschriften von 80.000 Wahlberechtigten gesammelt und behördlich bestä-

---

[12] Jahrbuch des öffentlichen Rechts (neue Folge) Bd. 39, S. 455ff. sowie Bd. 40. S. 441ff.
[13] Landtagsdrucksache 1/78.

tigt worden sind. Nach erfolgreichem Volksbegehren bestand ein Anspruch auf Kostenerstattung. Ein Volksentscheid sollte sich unmittelbar anschließen; das Gesetz sollte der Mehrheit der abgegebenen Stimmen – im Falle eines verfassungsändernden Gesetzes der Mehrheit der Wahlberechtigten – bedürfen. Mindestens vier und höchstens acht Monate waren für eine öffentliche Diskussion des Gesetzentwurfs vorgesehen; den Vertretern der Initiative sollte der Anspruch auf eine „angemessene authentische Darstellung ihres Anliegens" eingeräumt werden. Volksentscheide über Dienst- und Versorgungsbezüge sollten nicht statthaft, Gesetzentwürfe, die öffentliche Haushalte belasten, allerdings zulässig sein, wenn sie Deckungen aufzeigen. Auch das Institut der öffentlichen Erörterung war aus den Vorentwürfen des Runden Tisches übernommen worden. Eine plebiszitäre Parlamentsauflösung dagegen kannte der Verfassungsentwurf von Bündnis 90/Grüne nicht mehr.

*Verfassungsentwurf der Fraktionen von CDU und FDP vom 8. März 1991:* Der Verfassungsentwurf der Koalitionsfraktionen[14] stellte ein rein repräsentativ-demokratisch geprägtes Organisationsstatut dar.

*Verfassungsentwurf der Fraktion der SPD vom 12. März 1991:* Der Verfassungsentwurf der Fraktion der SPD,[15] der eine Vollverfassung anstrebte, wies die gesetzgebende Gewalt Volk und Landtag gleichberechtigt zu. Mit einer Volksinitiative sollte es 20.000 Wahlberechtigten möglich sein, den Landtag mit bestimmten Gegenständen der politischen Willensbildung zu befassen, die das Land Sachsen-Anhalt betreffen; eine Volksinitiative sollte auch einen mit Gründen versehenen Gesetzentwurf zum Inhalt haben. Einem Drittel der Mitglieder des Landtages oder 75.000 Wahlberechtigten sollte das Recht zuwachsen, das Volk zu befragen. Die Befragung sollte im Zusammenhang mit der nächsten landesweiten allgemeinen Wahl erfolgen. Ein Drittel der Mitglieder des Landtages sollte verlangen können, einen Gesetzentwurf dem Volk zur öffentlichen Information und Diskussion zu unterbreiten. Das Volksgesetzgebungsverfahren sollte zweistufig ausgestaltet sein. Ein Volksbegehren, das von mindestens 75.000 Wahlberechtigten unterstützt wird, sollte darauf gerichtet werden können, ein Landesgesetz zu erlassen, zu ändern oder aufzuheben. Haushaltsgesetze, Abgabengesetze und Besoldungsregelungen sollten einem Volksbegehren nicht zugänglich sein. Im Falle einer Zustimmung von fünf Prozent der Wahlberechtigten zum Volksbegehren war der begehrte Gesetzentwurf an den Landtag weiterzuleiten. Wurde der Entwurf nicht innerhalb von drei Monaten durch den Landtag angenommen, sollte ein Volksentscheid stattfinden. Das Gesetz bedurfte eine Zustimmung der Mehrheit der an der Abstimmung Teilnehmenden, mindestens jedoch eines Drittels der Wahlberechtigten. Eine plebiszitäre Verfassungsänderung sollte beschlossen sein, wenn zwei Drittel der Abstimmenden, mindestens jedoch die Hälfte der Abstimmungsberechtigten zustim-

---

[14] Landtagsdrucksache 1/253.
[15] Landtagsdrucksache 1/260.

men. Der Verfassungsentwurf enthielt eine Klausel, die den Initiatoren die Erstattung notwendiger Kosten für die Durchführung des Volksbegehrens sowie für die Werbung für den Volksentscheid zusagte. Eine vorzeitige Beendigung der Wahlperiode des Landtages durch das Volk war statthaft; dem Volksentscheid musste ein Volksbegehren, das durch mindestens ein Fünftel der Wahlberechtigten unterstützt wird, vorangehen. Eine Parlamentsauflösung war beschlossen, wenn dieser die Mehrheit der abgegebenen Stimmen, mindestens jedoch zwei Fünftel der Wahlberechtigten zustimmen.

*Verhandlungen im Verfassungsausschuss:* Die erste ausführliche Behandlung der direktdemokratischen Verfahren fand in der Sitzung des Verfassungsausschusses am 26. Juni 1991 statt. Ihr war der Austausch der verfassungspolitischen Grundpositionen der Fraktionen vorbehalten. Für die Fraktion der CDU legte der Abgeordnete *Becker* dar, zwar ließen die Art. 28 und 20 GG direktdemokratische Verfahren auf Landesebene zu, jedoch habe sich der Grundgesetzgeber aus historischen Gründen gegen die Aufnahme dieser Instrumente ausgesprochen und eindeutig auf eine mittelbare Demokratie abgestellt. Man befinde sich zudem in einer Massengesellschaft, in der die gesetzgeberisch zu entscheidenden Sachfragen außerordentlich kompliziert seien, was einer Vorformung des politischen Willens etwa durch Parteien bedürfe und eine Reduzierung der Sachentscheidung auf eine Zustimmungs-/Ablehnungsalternative wohl kaum gestatte. Schließlich sei eine gewisse Wahlmüdigkeit zu besorgen. Der Abgeordnete *Tschiche* entgegnete für die Fraktion Bündnis 90/Die Grünen, dass sich der nunmehr erreichte Entwicklungsstand des Parlamentarismus zwar erheblich von dem unterscheide, was man überwunden habe, dass Parteien und Parlamente jedoch in der Gefahr stünden, sich zu verselbständigen. Bürgerinnen und Bürgern sollte daher ein unmittelbarer Einfluss ermöglicht werden. Er verkenne die Risiken einer reinen Basisdemokratie nicht, in der letztendlich jeder für alles und am Ende keiner für irgendetwas zuständig sei. Man benötige daher politische Strukturen. Wie die Parteien strukturloses Politisieren begrenzten, so begrenzten plebiszitäre Verfahren die den Parteien immanente Gefahr, sich vom Volk zu entfernen. Für die Fraktion der SPD betonte der Abgeordnete *Dr. Höppner*, man müsse mit der Verfassung das Verhältnis zwischen parlamentarischer und unmittelbarer Demokratie klären; das Parlament müsse in einer zentralen Zuständigkeit bleiben. Allerdings müsse es in elementaren Fragen möglich sein, diese jedem Einzelnen zur Entscheidung vorzulegen, was bewirken würde, dass die Bürgerinnen und Bürger sich eine Meinung bildeten, anstatt lediglich nur Meinungen zu konsumieren. Natürlich sei er dagegen, bei geringer Beteiligung an Plebisziten einfache Mehrheiten vorzusehen. Allerdings gehe er davon aus, dass seine Fraktion einer Verfassung nicht zustimmen können würde, die keine direktdemokratischen Elemente vorsehe. Der Verfassungsausschuss öffnete sich der Kompromisssuche, die schließlich in einen gemeinsamen Gesetzentwurf der Fraktionen[16] einmündete, der die Einführung von Volksinitiative, Volksbegehren und Volksentscheid vorsah. In der zweiten Lesung des Verfassungsentwurfs in der Sitzung des Landtages am 25. Juni 1992 legte der Abgeordnete *Dr. Kupfer* für die Fraktion der CDU schließlich dar, die Einführung von plebiszitärdemokratischen Instrumenten habe seine Fraktion im Kompromisswege im Verfassungsausschuss hingenommen, und man habe straffe Verfahren entwickelt. Den nunmehr gefundenen Kompromiss trage die CDU-Fraktion ohne Einschränkung mit.

*Die Verfassungsänderung von 2004:* Durch Gesetz vom 27. Januar 2005[17] ist die Landesverfassung erstmals geändert worden. Dem Gesetzesbeschluss lag dabei ein Gesetzentwurf aller Fraktionen zugrunde. Bei Verlängerung der Wahlperiode von vier auf fünf Jahre senkt das Gesetz die Quoren ab. Landtagspräsident *Professor Dr. Spotka* hatte im Rahmen der 49. Sitzung des Landtages am 11. November 2004 in der zweiten Lesung des Gesetzentwurfes betont, der Landtag trage der seit dem In-Kraft-Treten der Landesverfassung eingetretenen Veränderung der Bevölkerungszahl Rechnung und senke die Quoren für die Instrumente der direkten Demokratie. Die Absenkung erfolge allerdings – in Respekt vor der verfassungspolitischen Grundentscheidung im Jahre 1992 für eine repräsentative Demokratie, die um Elemente direkter Demokratie ergänzt ist – maßvoll. So bedürfen Volksinitiativen nunmehr der Unterstützung durch 30.000 Wahlberechtigte (bisher 35.000) sowie Volksbegehren durch elf vom Hundert[18] der Wahlberechtigten (bisher 250.000).

## 2.2 Direktdemokratische Verfahren auf Landesebene

Die Ausübung der gesetzgebenden Gewalt ist grundsätzlich dem Landtag zugewiesen. Daneben ergänzt die Landesverfassung die parlamentarische Gesetzgebung um die Instrumente der direktdemokratischen Gesetzesinitiative (Volksbegehren; Art. 77 Abs. 2, 81 Abs. 1 LV) und der Entscheidung des Volkes über den Gesetzentwurf (Volksentscheid; Art. 81 Abs. 3 LV). Auch die Änderung der Landesverfassung ist Volksgehren und Volksentscheiden zugänglich. Nimmt das Volk an der Staatswillensbildung teil, handelt es als Staatsorgan und letztlich mit der gleichen Verbindlichkeit wie das Parlament. Das erfordert und legitimiert verfassungsrechtliche Vorgaben, die gewährleisten, dass die Staatswillensbildung auf der Grundlage und im Rahmen der Verfassung erfolgt. Im übrigen ist den Bürgerinnen und Bürgern die Möglichkeit gegeben, den Landtag mit bestimmten Gegenständen der politischen Willensbildung zu befassen, die das Land Sachsen-Anhalt betreffen

---

[16] Landtagsdrucksache 1/1334 vom 1. April 1992.
[17] GVBl. LSA S. 44.
[18] Beim ersten Volksentscheid am 23. Januar 2005 waren 2.085.030 Bürgerinnen und Bürger anstimmungsberechtigt.

(Volksinitiative; Art. 80 Abs. 1 LV). Sowohl das zweistufige Volksgesetzgebungs-verfahren (Volksbegehren und Volksentscheid) als auch das reine Thematisie-rungsinstrument der Volksinitiative sind durch den einfachen Gesetzgeber näher auszugestalten (Art. 80 Abs. 3, 81 Abs. 6 LV). Der Gesetzgeber ist diesem Auftrag mit dem Gesetz über das Verfahren bei Volksinitiative, Volksbegehren und Volks-entscheid (Volksabstimmungsgesetz) vom 9. August 1995 nachgekommen.[19]

## 2.2.1 Volksinitiative

*Voraussetzungen:* Neben dem zweistufigen Volksgesetzgebungsverfahren gestaltet die Landesverfassung das Instrument der Volksinitiative (Art. 80 LV) aus. Danach haben Bürger das Recht, den Landtag mit bestimmten Gegenständen der politi-schen Willensbildung zu befassen, die das Land Sachsen-Anhalt betreffen. Eine Volksinitiative kann auch einen mit Gründen versehenen Gesetzentwurf „zum Inhalt" haben. Im Unterschied zu anderen Landesverfassungen, welche die Volks-initiative als Einstieg in das Volksgesetzgebungsverfahren ausgestalten, wächst diesem Instrument nach sachsen-anhaltischem Verfassungsrecht – etwa im Sinne einer Volkspetition – lediglich eine Thematisierungsfunktion ohne Anspruch auf eine Entscheidung des Landtages in der Sache zu; es knüpft allein an der Forums-und Diskursfunktion des Parlaments an. Der Gegenstand, mit dem sich der Landtag befassen soll, kann in vielfältiger Weise (Thema, Antrag, Gesetzentwurf) formu-liert sein; ein Anspruch auf Entscheidung wird auch dann nicht begründet, wenn der Gegenstand in Form eines Antrages oder eines Gesetzentwurfs („Der Landtag wolle beschließen") eingebracht wird. Der Gegenstand muss hinreichend bestimmt und der politischen Willensbildung zugänglich sein. Er muss daneben das Land Sachsen-Anhalt betreffen, mithin durch das allgemeinpolitische Mandat des Land-tages (Art. 41 Abs. 1 LV) gedeckt sein.[20] Schließlich muss die Volksinitiative durch mindestens 30.000 Wahlberechtigte unterstützt werden.

*Zulassung:* Ist einem Volksbegehren zunächst ein Antrag auf Durchführung vorgeschaltet, der auch eine materielle Prüfung gestattet, sieht § 5 des Volksab-stimmungsgesetzes lediglich einen an den Landtagspräsidenten zu richtenden An-trag auf Behandlung vor, der den Wortlaut des Gegenstandes, mindestens 30.000 Eintragungen auf Unterschriftenbögen sowie die Angabe der Vertrauenspersonen sowie deren Unterschriften enthalten muss. Der Präsident des Landtages entschei-det über die Annahme der Volksinitiative. Bei der Prüfung der Unterschriften be-

---

[19] GVBl. LSA S. 232, zuletzt geändert durch Gesetz vom 7. Dezember 2001 (GVBl. LSA S. 540). Das Volksabstimmungsgesetz hatte das Ausführungsgesetz vom 13. Juli 1994 (GVBl. LSA S. 810) abgelöst.
[20] Die einschränkende Bedingung des § 4 Satz 2 des Volksabstimmungsgesetzes („...der in der Gesetz-gebungskompetenz des Landes liegt...") dürfte angesichts der ausschließlich thematisierenden Funktion der Volksinitiative verfassungsrechtlich nicht unbedenklich sein.

schränkt er sich auf eine – unter Umständen auch nur stichprobenweise vollzogene – Prüfung der Eintragungen auf Plausibilität; er kann den Landeswahlleiter beteiligen.

*Parlamentarische Behandlung:* Die parlamentarische Behandlung zustande gekommener Volksinitiativen wird danach gestaffelt, ob sie einen Gesetzentwurf zum Inhalt haben oder nicht: letztere sollen – so § 9 Abs. 3 des Volksabstimmungsgesetzes – durch den Landtag entsprechend seiner Regeln zur Behandlung von Gesetzentwürfen behandelt werden, erstere werden an den Petitionsausschuss überwiesen und im Plenum auf der Grundlage eines Berichts des Ausschusses behandelt. Die Vertrauenspersonen der Volksinitiative haben das Recht, angehört zu werden (Art. 80 Abs. 2 LV).[21] Volksinitiativen, die nicht die erforderliche Unterschriftenzahl erreicht haben, werden an den Petitionsausschuss überwiesen und wie eine Massenpetition behandelt. Ist die Volksinitiative durch mindestens 5.000 Beteiligungsberechtigte unterzeichnet worden, hört der Petitionsausschuss die Vertrauenspersonen an.

*Anwendungsfälle:* Wichtigster[22] Anwendungsfall war bislang die Volksinitiative „Für die Zukunft unserer Kinder", die den Entwurf eines Kinderbetreuungsgesetzes zum Inhalt hatte, der sich gegen eine am 18. Februar 1999 beschlossene Novellierung des entsprechenden Gesetzes wandte und den bisherigen Betreuungsstandard aufrecht erhalten wollte. Die Volksinitiative war am 17. Juni 1999 im Landtag behandelt und in ausgewählte Ausschüsse überwiesen worden. In seiner Sitzung am 17. Dezember 1999 entschied der Landtag mehrheitlich, auf einen förmlichen Beschluss über den Gesetzentwurf der (Gesetzes-)Volksinitiative zu verzichten. Gegen diese Entscheidung wandten sich die Vertrauenspersonen Beschwerde führend an das Landesverfassungsgericht. Das Gericht stellte klar, dass auf der Grundlage von § 9 Abs. 3 des Volksabstimmungsgesetzes – und damit durch eine Volksinitiative – kein förmliches Gesetzgebungsverfahren eingeleitet werden könne. Dies sei den in Art. 77 Abs. 2 LV abschließend aufgezählten Initiativberechtigten vorbehalten.[23]

*Bewertung:* Die Landesverfassung gestaltet die Volksinitiative ausschließlich prozessorientiert aus; sie begründet lediglich einen Anspruch auf Befassung des Landtages, nicht auf seine Entscheidung in der Sache. Dessen ungeachtet, ermöglicht sie im staatszentrierten Prozess demokratischer Kommunikation die Artikulation von Interessen durch Thematisierung im Landtag, wirkt damit auch im Sinne einer Verklammerung der Prozesse gesellschaftlicher und staatlicher Meinungsbil-

---

[21] Der Landtag legt diesen Anspruch weit aus und gewährleistet das Gehör in jeder Phase des parlamentarischen Verfahrens.

[22] Daneben waren die Volksinitiative „Sozialverträgliche Mieten" (!992) sowie die Volksinitiative „Bau der Südharzautobahn A 82" (1994) zustande gekommen und durch den Landtag behandelt worden. Die Volksinitiative „Gegen die Pflichtförderstufe und das 13. Schuljahr" (1995) war wegen Nichterreichens des Unterstützungsquorums nach der Prüfung der Unterzeichnungen nicht angenommen worden.

[23] Urteil vom 29. August 2000 (LVG 1/00); vgl. LVerfGE 11, S. 462.

dung. Sie wird mitunter als lediglich „stumpfes Schwert" in der Hand der Bürgerinnen und Bürger bezeichnet, was wegen des fehlenden Anspruchs auf eine Entscheidung in der Sache als begründet erscheinen mag. Zwangsläufig politisch unwirksam ist das Instrument dadurch nicht, wie die Volksinitiative für den Bau der Südharzautobahn zeigt. Die Beteiligung der Vertrauenspersonen am Verfahren ist vorbildlich ausgestaltet.

## 2.2.2 Volksbegehren

*Voraussetzungen:* Ein Volksbegehren kann darauf gerichtet werden, ein *Landes*gesetz zu erlassen, zu ändern oder aufzuheben (Art. 81 Abs. 1 Satz 1 LV) – das gesamte denkbare Spektrum gesetzgeberischen Handelns ist eröffnet. Materien, die nach der Kompetenzordnung des Grundgesetzes bundesrechtlich zu regeln sind, sind mithin weder dem Landesgesetzgeber Landtag noch dem Landesgesetzgeber Volk zugänglich. Im Falle von Änderungen der Landesverfassung sind die inhaltlichen Schranken des Art. 78 Abs. 3 LV zu beachten, welche die Verfassung jedem verfassungsändernden Gesetzgeber setzt („Ewigkeitsklausel"). Weiter können Haushaltsgesetze, Abgabengesetze und Besoldungsregelungen nicht Gegenstand eines Volksbegehrens sein (Art. 81 Abs. 1 Satz 3 LV), auch wenn sie in die Gesetzgebungskompetenz des Landes fallen. Diese Gegenstände sind dem Landesgesetzgeber Landtag vorbehalten. Entsprechend bestimmt § 11 Abs. 2 des Volksabstimmungsgesetzes, dass ein Antrag auf Durchführung eines Volksbegehrens durch die Landesregierung abzulehnen ist, wenn der begehrte Gesetzentwurf eine Materie regelt, die der Gesetzgebungskompetenz des Landes nicht unterliegt, oder ein Haushaltsgesetz, ein Abgabengesetz oder Besoldungsregelungen zum Gegenstand hat („vorbeugende Normenkontrolle"). Schließlich ist verfassungsrechtlich bestimmt, dass dem Volksbegehren ein ausgearbeiteter, mit Gründen versehener Gesetzentwurf zugrunde liegen muss; auch Volksgesetzgebung ist Gesetzgebung. Das bedingt, dass die begehrte Regelung bereits in Gesetzesform gebracht sein muss, um den Landtag oder das Volk in die Lage zu versetzen, sie ohne Korrektur Gesetz werden zu lassen; Mängel ausschließlich redaktioneller Natur dürften im Ausfertigungsverfahren allerdings behoben werden können. Schließlich muss ein Volksbegehren von mindestens elf vom Hundert der Wahlberechtigten unterstützt werden (Art. 81 Abs. 1 Satz 3 LV).

*Zulässigkeitsentscheidung und Eintragungsverfahren:* Mit § 10 des Volksabstimmungsgesetzes wird dem Verfahren eine Entscheidung über die Durchführung des Volksbegehrens, die materiell eine Entscheidung über die Zulässigkeit darstellt, vorangestellt. Der Antrag muss – neben den verfassungsrechtlich geregelten Voraussetzungen – im Interesse einer Glaubhaftmachung der Ernsthaftigkeit des Vorhabens die Unterstützung des begehrten Gesetzentwurfs durch mindestens

10.000 Beteiligungsberechtigte nachweisen. Dieses Erfordernis entfällt, wenn dem Volksbegehren eine zulässige Volksinitiative, die einen inhaltlich gleichen oder denselben Gesetzentwurf „zum Inhalt" hatte, vorangegangen ist. Weiter sind die Vertrauenspersonen anzugeben und der Antrag auf Durchführung des Volksbegehrens durch diese zu unterzeichnen. Auf der Grundlage dieses Antrages entscheidet die Landesregierung innerhalb eines Monats. Der Antrag ist auch abzulehnen, wenn innerhalb der letzten zwei Jahre vor der Antragstellung ein Volksbegehren über einen „inhaltlich gleichen" Gesetzentwurf erfolglos durchgeführt worden ist.[24] Gegen die Entscheidung der Landesregierung ist den Vertrauenspersonen und einem Viertel der Mitglieder des Landtages der Rechtsweg zum Landesverfassungsgericht eröffnet. Wird dem Antrag auf Durchführung des Volksbegehrens durch die Landesregierung stattgegeben, setzt sie auch den Beginn der Frist fest, in der die Eintragungen für das Volksbegehren vorgenommen werden können. Die Eintragsfrist beträgt sechs Monate; sie kann auf Antrag der Vertrauenspersonen nach Ablauf von mindestens drei Monaten vorzeitig beendet werden, wenn anzunehmen ist, dass die erforderliche Zahl von Eintragungen vorliegt (§ 12 Abs. 2 des Volksabstimmungsgesetzes). Der Antrag auf Durchführung eines Volksbegehrens kann im übrigen bis zum Beginn der Eintragungsfrist zurückgenommen werden. Das Volksbegehren kann daneben auf Antrag der Vertrauenspersonen durch die Landesregierung auch für erledigt erklärt werden, wenn der Landtag zwischenzeitlich ein Gesetz beschließt, dass dem durch das Volk begehrten Gesetzes „mindestens in seinem Grundanliegen" entspricht (§ 14 Abs. 4 des Volksabstimmungsgesetzes). Der Gesetzgeber knüpft eine Erledigungserklärung damit nicht nur an eine subjektive Voraussetzung – die ausdrückliche Willensbekundung aller Vertrauenspersonen –, sondern fordert auch eine materielle Mindestübereinstimmung des durch den Landtag beschlossenen Gesetzes mit dem durch das Volk begehrten Gesetz. Wie diese Mindestübereinstimmung darzulegen ist und woran sie zu messen ist, bleibt offen. Auch gegen die Erledigungserklärung ist der Rechtsweg zum Landesverfassungsgericht eröffnet.

Die Eintragung der Beteiligungsberechtigten erfolgt auf getrennt nach Meldebehörden geführten, amtlich hergestellten Eintragungsbögen. Die Eintragung erfolgt ausschließlich außerhalb von behördlichen Räumen im Wege einer „freien Sammlung" durch die Vertrauenspersonen und Initiatoren des Volksbegehrens. Dieses Verfahren war in Ablösung des amtlichen Eintragungsverfahrens im Jahre 1995 eingeführt worden, um die Unterstützung eines Volksbegehrens auch dann zu ermöglichen, wenn eine als zu groß empfundene Reserviertheit gegenüber staatlichen Einrichtungen an einer Eintragung hindern würde. Nach Ablauf der Eintragungsfrist werden die gesammelten Unterstützungserklärungen nach Meldebehörden geordnet an das Ministerium des Innern übergeben und durch den Landeswahl-

---

[24] Ob diese lediglich einfachgesetzlich geregelte „Wiederholungssperre" grundsätzlich verfassungskonform und die Zweijahresfrist verhältnismäßig ist, ist umstritten.

leiter unter Hinzuziehung der Meldebehörden geprüft. Die Landesregierung stellt fest, ob das Volksbegehren zustande gekommen ist und leitet zustande gekommene Volksbegehren unter Darlegung ihres Standpunktes unverzüglich an den Landtag weiter (§§ 18 Abs. 3, 19 Abs. 1 des Volksabstimmungsgesetzes). Den Vertrauenspersonen werden notwendige Kosten einer angemessenen Werbung erstattet, sofern das Volksbegehren zustande kommt (§ 31 Abs. 1 des Volksabstimmungsgesetzes).

*Parlamentarische Beratung:* Im Wege des Volksbegehrens nimmt das Volk sein Gesetzesinitiativrecht wahr. Zustande gekommene Volksbegehren behandelt der Landtag daher wie Gesetzentwürfe aus seiner Mitte oder der Landesregierung mit der Maßgabe, dass Gesetzgebungsverfahren auf der Grundlage eines Volksbegehrens durch den Landtag innerhalb von vier Monaten nach Eingang abzuschließen sind (§ 19 Abs. 2 des Volksabstimmungsgesetzes). Der Landtag behandelt Gesetzentwürfe mindestens in zwei Beratungen („Lesungen"), zwischen denen mindestens zwei Tage liegen müssen. Regelmäßig zerfällt das Gesetzgebungsverfahren in eine Einbringung und grundsätzliche Behandlung des Gesetzentwurfs in erster Lesung, in eine Ausschussberatung (nicht zwingend; sie ist durchzuführen, wenn 24 Mitglieder des Landtages diese verlangen) sowie in einer detaillierten Behandlung der Vorlage in zweiter Lesung im Landtagsplenum. Die Einbringung von Gesetzentwürfen, die durch Volksbegehren zustande gekommen sind, erfolgt durch eine Vertrauensperson.[25] Daneben besteht ein dem Anhörungsrecht in Art. 80 Abs. 2 Satz 2 LV nachgebildeter Anspruch der Vertrauenspersonen auf Anhörung im Plenum sowie in den Ausschüssen, in welche die Vorlage zur Beratung überwiesen worden ist.[26] Die Vertrauenspersonen haben die Möglichkeit, an allen Ausschusssitzungen, in denen der Gesetzentwurf des Volksbegehrens behandelt wird, teilzunehmen und das Wort zu ergreifen – ein Stimmrecht besteht nicht. Schließlich wird den Vertrauenspersonen in der zweiten, abschließende Behandlung des Gesetzentwurfs im Plenum nach der Berichterstattung aus den Ausschüssen und der Aussprache der Fraktionen ein Rederecht eingeräumt. Wie jede Gesetzesinitiative beansprucht auch das Volksbegehren, dass der Landtag über die Sache beschließt. Nimmt der Landtag das durch das Volk begehrte Gesetz innerhalb von

---

[25] Der Ältestenrat hatte sich in seiner Sitzung am 1. Juli 2004 in Vorbereitung der parlamentarischen Behandlung des ersten zustande gekommenen Volksbegehrens darauf verständigt, einer Vertrauensperson in der ersten Beratung eine Rede zur Einbringung des Gesetzentwurfs zu ermöglichen, da diese Einbringungsrede in der Parlamentspraxis Sachsen-Anhalts essenzieller Bestandteil des Gesetzgebungsverfahrens ist, auf den die Initianten einen Anspruch haben. Daran solle in diesem Falle auch dann festgehalten werden, wenn die Vertrauenspersonen im Unterschied zu Mitgliedern des Landtages oder der Landesregierung unabhängig von der Gesetzesinitiative keine eigenständige Verfahrensposition hätten. Der Landtag folgte dieser Verfahrensentscheidung.

[26] Der Ältestenrat hatte sich in seiner Sitzung am 1. Juli 2004 davon leiten lassen, dass der Wortlaut des Art. 81 LV den Vertrauenspersonen des Volksbegehrens ein Anhörungsrecht zwar nicht einräume, dieses aber dem Anspruch der Vertrauenspersonen der Volksinitiative auf Anhörung in Art. 80 Abs. 2 Satz 2 LV nachzubilden sei, da diese im Verhältnis zum Volksbegehren das Weniger darstelle.

vier Monaten unverändert an, ist der Gesetzesbeschluss zustande gekommen, durch den Präsidenten des Landtages auszufertigen und vom Ministerpräsidenten zu verkünden (Art. 82 Abs. 1 LV). Im Falle der Nichtannahme des begehrten Gesetzentwurfes oder nach Ablauf der Viermonatsfrist findet über den Gesetzentwurf des Volksbegehrens ein Volksentscheid statt (Art. 81 Abs. 3 Satz 1 LV).[27]

*Anwendungsfälle:* Als bislang einziges zustande gekommenes[28] Volksbegehren hat der Landtag den durch das Volksbegehren „Für ein kinder- und jugendfreundliches Sachsen-Anhalt"[29] eingebrachten Entwurf eines Gesetzes zur Förderung, Betreuung und Bildung von Kindern in Kindertageseinrichtungen (KiBeG)[30] in seinen Sitzungen am 8. Juli sowie am 14. Oktober 2004 behandelt. Parallel dazu waren durch die Landesregierung sowie durch die oppositionelle Fraktion der SPD Gesetzentwürfe zur gleichen Materie eingebracht worden. Bis weit in die parlamentarischen Gesetzesberatungen hinein war umstritten geblieben, ob die Option der Erledigung des Volksbegehrens im Falle einer Annahme eines Gesetzes, das dem begehrten Gesetz in seinem Grundanliegen entspricht (§ 20 Abs. 2 des Volksabstimmungsgesetzes), verfassungskonform und damit in Betracht zu ziehen wäre, was Verhandlungen mit den Vertrauenspersonen parallel zum parlamentarischen Gesetzgebungsverfahren zur Vermeidung eines Volksentscheids ermöglicht hätte. Auch war diskutiert worden, ob das begehrte Gesetz nicht als Haushaltsgesetz anzusehen sei und deshalb durch die Landesregierung als unzulässig zu behandeln gewesen wäre, da es den Haushalt belaste.[31] Der Landtag lehnte den Gesetzentwurf

---

[27] § 20 Abs. 2 des Volksabstimmungsgesetzes eröffnet den Vertrauenspersonen auch für den Fall einer Annahme des Gesetzentwurfs in geänderter Fassung die Möglichkeit, bei der Landesregierung die Erledigung des Volksbegehrens zu beantragen, wenn das beschlossene Gesetz dem begehrten Gesetz „mindestens in seinem Grundanliegen" entspricht. Die Verfassungskonformität dieser Regelung ist – gemessen am Wortlaut von Art. 81 Abs. 3 Satz 1 LV („Nimmt der Landtag nicht ... unverändert an, findet ... statt.") – zu bezweifeln.

[28] Ein Volksbegehren „Kindertagesstättengesetz des Landes Sachsen-Anhalt" war im Jahre 2000 wegen des Nichterreichens des Quorums nicht zustande gekommen.

[29] Am 28. Mai 2003 hatte das Bündnis „Für ein kinder- und jugendfreundliches Sachsen-Anhalt" die Durchführung eines Volksbegehrens mit dem Ziel der Annahme eines Gesetzentwurfes beantragt. Dazu waren 1.612 Unterschriftsbögen mit 31.496 unterstützenden Unterschriften eingereicht worden. In der Sitzung der Landesregierung am 25. Juni 2003 war der Antrag auf Durchführung eines Volksbegehrens angenommen und die Eintragungsfrist auf den Zeitraum vom 13. August 2003 bis zum 12. Februar 2004 festgelegt worden. Am 20. Februar 2004 sind dem Landeswahlleiter nach „freier Sammlung" nahezu 40.000 Unterschriftslisten mit mehr als 310.000 Unterschriften übergeben worden. Nach Prüfung des Beteiligungsrechts wurden 260.588 gültige und 30.040 ungültige Eintragungen für das Volksbegehren festgestellt.

[30] Landtagsdrucksache 4/1680.

[31] Ministerpräsident *Professor Dr. Böhmer* hatte in der 52. Sitzung des Landtages am 17. Dezember 2004 darauf hingewiesen, das vorliegende Gesetz sei kein Haushaltsgesetz, aber ein haushaltsrelevantes Gesetz, weil es in die Haushaltsstrukturen hineinsteuere, und betont: „...die Landesregierung hat nichts, aber auch gar nichts unternommen, um diesen Vorgang zu bremsen oder ihn durch eine juristische Paragrafendiskussion auszuhebeln. Als wir entscheiden mussten, was wir zulassen oder nicht, haben wir ausdrücklich gesagt: Wir machen hieraus keine juristische Diskussion. Wir lassen das ganz bewusst so

des Volksbegehrens in seiner Sitzung am 14. Oktober 2004 ab und nahm den Gesetzentwurf der Landesregierung an. Von der Möglichkeit, dem Volk einen eigenen Gesetzentwurf zum Gegenstand des Volksbegehrens mit vorzulegen, hat der Landtag keinen Gebrauch gemacht.

*Bewertung:* Nimmt das Volksbegehren nach seinem Zustimmungsquorum auch nach der Verfassungsänderung von 2004 – begründet durch die verfassungspolitische Leitentscheidung für eine eindeutige Dominanz der parlamentarischen Gesetzgebung – im Ländervergleich nur einen mittleren Rang ein, so sind das Verfahren der freien Sammlung und vor allem die weitgehend gleichberechtigte und umfassende Teilnahme der Vertrauenspersonen des Volksbegehrens am parlamentarischen Verfahren – gemessen an ihrer Bürgerfreundlichkeit – vorbildlich.

### 2.2.3 Volksentscheid

*Voraussetzungen:* Ein Volksentscheid über einen Gesetzentwurf findet ausschließlich statt, wenn der Landtag einen durch Volksbegehren eingebrachten Gesetzentwurf nicht innerhalb von vier Monaten unverändert angenommen hat. Zur Abstimmung steht allein der Gesetzentwurf des Volksbegehrens oder zusätzlich ein Gesetzesbeschluss des Landtages zum Gegenstand des Volksbegehrens (Art. 81 Abs. 3, 4 LV).[32]

*Verfahren:* Der Volksentscheid findet nach mindestens drei und höchstens sechs Monaten nach Ablauf der Sechsmonatsfrist oder dem Beschluss des Landtages statt. Den Abstimmungstag bestimmt die Landesregierung im Benehmen mit den Vertrauenspersonen. Liegt dem Volk allein der durch den Landtag abgelehnte Gesetzentwurf des Volksbegehrens vor, ist er durch Volksentscheid angenommen, wenn die Mehrheit derjenigen, die ihre Stimme gültig abgegeben haben, mindestens jedoch ein Viertel der Wahlberechtigten zugestimmt hat (Art. 81 Abs. 3 LV). Liegt dem Volk neben dem Gesetzentwurf des Volksbegehrens auch ein Gesetzesbeschluss des Landtages vor, wird der Gesetzentwurf des Landtages nach jenem des Volksbegehrens auf dem Stimmzettel aufgeführt (§ 24 Abs. 3 des Volksabstimmungsgesetzes). Es entscheidet die Mehrheit der abgegeben gültigen Stimmen (Art. 81 Abs. 4 LV). Im Falle eines Verfassungsplebiszits kann die Landesverfas-

---

laufen, und wenn es zu einem Volksentscheid kommt, müssen wir die öffentliche Debatte auch über die Haushaltsrelevanz führen, damit all diejenigen, die zu einer Entscheidung berechtigt sind, in die gleiche Situation versetzt werden, in die Sie sich selbst versetzen, wenn Sie über einen Haushalt entscheiden, nämlich zwischen den unterschiedlichen Prioritäten abwägen zu können. Dies muss nun unsere Aufgabe sein. Ich halte das für eine mündige Demokratie für einen völlig legitimen Vorgang."

[32] Von den 2.085.032 Abstimmungsberechtigten nahmen 549.802 an der Anstimmung teil. Von den gültig abgegebenen 548.421 Stimmen entfielen auf den Gesetzentwurf des Volksbegehrens 331.858 (60,51 Prozent; das entspricht 15,92 Prozent der Beteiligungsberechtigten) – dagegen stimmten 216.563 (39,49 Prozent).

sung nur geändert werden, wenn zwei Drittel derjenigen, die ihre Stimme abgegeben haben, mindestens jedoch die Hälfte der Wahlberechtigten zustimmen (Art. 81 Abs. 5 LV). Das Abstimmungsergebnis kann durch Einspruch angefochten werden. Gegen die Entscheidung über den Einspruch ist der Rechtsweg zum Landesverfassungsgericht eröffnet. Eine Rangfolge direktdemokratisch und parlamentarisch beschlossener Gesetze kennt die Landesverfassung nicht; vielmehr scheint sie von einer Betonung des Landtages als Gesetzgeber auszugehen (Art. 77 Abs. 1 LV). Der Landtag ist rechtlich nicht gehindert, durch Volksentscheid zustande gekommene Gesetze durch Parlamentsgesetz zu ändern oder aufzuheben.

*Anwendungsfälle:* Am 23. Januar 2005 fand der erste Volksentscheid auf der Grundlage der Landesverfassung statt. Zur Entscheidung stand allein der Gesetzentwurf des Volksbegehrens „Für ein kinder- und jugendfreundliches Sachsen-Anhalt", der durch den Landtag abgelehnt worden war. Die gesellschaftliche Auseinandersetzung war sowohl durch spezielle kinder- und jugendpolitische Argumente als auch durch allgemeine fiskal- und vor allem transferpolitische Erwägungen geprägt. Sie wurde intensiv durch die Medien begleitet, die anschaulich erklärten, welche Wirkungen ein „Ja", welche ein „Nein" zum Gesetzentwurf und welche eine Nichtbeteiligung am Volksentscheid haben würde. Eine familienpolitische Werbekampagne der Landesregierung begleitete die Vorbereitung des Volksentscheids.[33] Der Gesetzentwurf des Volksbegehrens wurde trotz der Zustimmung der Mehrheit der Abstimmungsbeteiligten abgelehnt; er scheiterte am qualifizierten Zustimmungserfordernis („*... mindestens jedoch ein Viertel der Wahlberechtigten...* "; Art. 81 Abs. 3 LV). *Bewertung:* Gemessen am Zustimmungsquorum nimmt der Volksentscheid im Ländervergleich einen mittleren Rang ein. Schützt das Erfordernis der Zustimmung von mindestens einem Viertel der Wahlberechtigten letztlich den parlamentarischen Gesetzgeber, so schränkt dieses Quorum die direktdemokratischen Verfahren allgemein immanente Aktivierungsfunktion im Unterschied etwa zur Nichtbeteiligung an allgemeinen Wahlen insofern ein, als Gegner des begehrten Gesetzes bereits durch ihre Nichtteilnahme am Volksentscheid aktiv auf das Scheitern der Vorlage hinwirken können.

## 3   Direktdemokratische Verfahren auf kommunaler Ebene (Gemeinden und Landkreise)

Einen wesentlichen Schnittpunkt der Demokratisierung der Kommunen stellte die Kommunalverfassung der DDR vom 17. Mai 1990. Mit ihr gelang – so Minister *Preiß* am 10. Mai 1990 in der Volkskammer – ein weiterer rechtlicher Schritt zur

---

[33] Zur parlamentarischen Begleitung dieser Werbekampagne vgl. die Fragestunde in der Sitzung des Landtages am 17. Dezember 2004.

Dezentralisierung der Macht, der insbesondere darauf gerichtet war, der kommunalen Selbstverwaltung als ein tragendes Prinzip demokratische und sozialer Rechtstaatlichkeit den Weg zu öffnen. Die Kommunalverfassung der DDR, die nach Maßgabe des Einigungsvertrages als Kommunalverfassung der neuen Länder – so auch Sachsen-Anhalts – fortgalt, bestimmte die Gemeinde zu Grundlage und Glied des demokratischen Staates sowie zur Bürgergemeinschaft. Die gewählten Vertretungen auf Gemeinde- und Landkreisebene sowie die durch die Vertretungen gewählten Bürgermeister und Landräte dominierten die kommunale Demokratie. Ergänzt war dieses grundsätzliche repräsentativdemokratische Modell um direktdemokratische Verfahren (Bürgerantrag, Bürgerbegehren, Bürgerentscheid). Das Kommunalverfassungsrecht Sachsen-Anhalts von 1993 (Gemeindeordnung[34] und Landkreisordnung[35]) und ihre zwischenzeitlichen Änderungen, die auch wesentliche Bereiche der kommunalen Plebiszite betrafen, setzte dies fort.

*Wahl und Abwahl des Bürgermeisters:* Die Gemeindeordnung Sachsen-Anhalts gründet auf dem süddeutschen Ratsverfassungsmodell; das Amt des Bürgermeisters ist im Interesse einer homogenen Entwicklung der Gemeinde gestärkt. Der Bürgermeister wird gemäß § 58 Abs. 1 der Gemeindeordnung durch die wahlberechtigten Gemeindebürger für die Dauer von sieben Jahren direkt gewählt; gewählt ist, wer mehr als die Hälfte der gültigen Stimmen auf sich vereinigt. Er kann nach § 61 der Gemeindeordnung mit der Mehrheit der abgegebenen gültigen Stimmen vorzeitig abgewählt werden, sofern diese Mehrheit mindestens 30 vom Hundert der Wahlberechtigten beträgt. Einleitungsberechtigt ist allein der Gemeinderat, der auf Grund eines Antrages von mindestens zwei Dritteln seiner Mitglieder mit der Mehrheit von drei Vierteln seiner Mitglieder entscheidet. Einwohneranträge und Bürgerbegehren zum Zwecke der Abwahl sind nicht statthaft.

*Einwohnerantrag:* Einwohner der Gemeinde, die das 16. Lebensjahr vollendet haben, können auf der Grundlage von § 24 der Gemeindeordnung beantragen, dass der Gemeinderat bestimmte Angelegenheiten des eigenen Wirkungskreises berät; bei Jugendbelangen sind alle Einwohner, die das 14. Lebensjahr vollendet haben, antragsberechtigt. Der Einwohnerantrag bedarf der Schriftform und ist zu begründen; er muss „bis zu" drei Personen als Vertreter benennen. Der Einwohnerantrag muss von mindestens fünf vom Hundert der Antragsberechtigten unterzeichnet werden. Die Gemeindeordnung regelt Obergrenzen des Quorums je Einwohnerzahl. Ein zustande gekommener Einwohnerantrag begründet eine Pflicht des Gemeinderates, sich mit der Angelegenheit zu befassen, ohne damit eine Pflicht zur Abstimmung oder eine Pflicht zu einer bestimmten Sachentscheidung zu verbinden.

---

[34] Gemeindeordnung vom 5. Oktober 1993 (GVBl. LSA S.568, zuletzt geändert durch Art. 3 des Gesetzes vom 28. April 2004 (GVBl. LSA S. 246).
[35] Landkreisordnung vom 5. Oktober 1993 (GVBl. LSA S.598, zuletzt geändert durch Art. 3 des Gesetzes vom 28. April 2004 (GVBl. LSA S. 246).

*Bürgerbegehren und Bürgerentscheid:* Über eine wichtige Gemeindeangelegenheit kann nach § 25 der Gemeindeordnung die Bürgerschaft der Gemeinde einen Bürgerentscheid beantragen (Bürgerbegehren). Wichtige Gemeindeangelegenheiten sind durch § 26 Abs. 2 der Gemeindeordnung oder durch Hauptsatzung bestimmt. Das Bürgerbegehren ist schriftlich einzureichen und muss eine mit „Ja" oder mit „Nein" zu beantwortende Fragestellung enthalten. Es muss von mindestens 15 vom Hundert der wahlberechtigten Bürger unterzeichnet sein, wobei die Gemeindeordnung nach Gemeindegrößen Obergrenzen regelt. Wird die Zulässigkeit des Bürgerbegehrens durch den Gemeinderat festgestellt, ist der Bürgerentscheid innerhalb von drei Monaten durchzuführen; er entfällt, wenn der Gemeinderat die begehrte Maßnahme beschließt. Ist die im Bürgerentscheid enthaltene Fragestellung von der Mehrheit der gültig stimmenden Wahlberechtigten, mindestens jedoch durch 25 vom Hundert der stimmberechtigten Bürger mit „Ja" beantwortet worden, so hat der Bürgerentscheid die Wirkung eines Gemeinderatsbeschlusses; ist die Mehrheit nicht erreicht worden, entscheidet der Gemeinderat. Ein erfolgreicher Bürgerentscheid kann innerhalb eines Jahres nur durch einen neuen Bürgerentscheid geändert werden.

*Anhörung der Gemeindebürger bei Änderung der Gemeindegrenzen:* Vor einer Beschlussfassung des Gemeinderats über die Änderung von Gemeindegrenzen sind die Bürger zu hören, die im betroffenen Gebiet wohnen (§ 17 Abs. 1 der Gemeindeordnung); das Verfahren der Anhörung entspricht jenem der Wahl des Bürgermeisters.

*Landkreisebene:* Die Landkreisordnung folgt bei der Ausgestaltung direktdemokratischer Verfahren im Wesentlichen dem Modell der Gemeindeordnung und sieht die Direktwahl auf sieben Jahre sowie die Abwahl des Landrats (§§ 47, 50) sowie das Bürgerbegehren (§ 18) und den Bürgerentscheid (§ 19) vor.

*Bewertung:* Die Hinwendung zur Direktwahl von Bürgermeister und Landrat auf sieben Jahre und die Möglichkeit ihrer vorzeitigen Abwahl haben die Personalisierung der Politik auf kommunaler Ebene gefördert und dort für Stabilität Sorge getragen, wo persönlich anerkannte und fachlich versierte Persönlichkeiten in die Ämter gelangten. Die Bereitschaft, sich für das Amt des Bürgermeisters in die Pflicht nehmen zu lassen, scheint allerdings zunehmend von der Größe und der Finanzkraft der Gemeinde abhängig zu sein. Die direktdemokratischen Entscheidungsinstrumente auf Gemeinde- sowie auf Landkreisebene ergänzen die Vertretungen in den Kommunen maßvoll und zurückhaltend, ohne – schon allein wegen der Höhe der Quoren sowie den kommunalen Referenden nicht zugänglichen Materien – im Gemeindeleben jene Rolle einnehmen zu können, die den Organen der Gemeinden und Landkreise – Bürgermeister und Gemeinderat; Landrat und Kreistag – zukommt.

## 4 Fazit

Das Land Sachsen-Anhalt hat seit der friedlichen Revolution von 1989 und der Wiedervereinigung sowohl auf gliedstaatlicher wie kommunaler Ebene eine beeindruckende Entwicklung hin zu einer demokratischen, gewaltengeteilten, dezentralisierten, auf den Wettbewerb der politischen Ideen und Konzepte sowie auf Ausgleich ausgerichteter Staatlichkeit genommen. Sie ist alltäglicher Zustand geworden und hat zu einer – so nicht unbedingt vorhersehbaren – demokratische Stabilität geführt. In Ergänzung des strukturbestimmenden repräsentativdemokratischen Modells haben die direktdemokratischen Verfahren auf kommunaler und Landesebene maßgeblichen Anteil an dieser integrierenden und identitätsstiftenden Wirkung der Verfassung, die sich bereits auf die bloße Existenz der Verfahren und ihre beispielgebende Anwendung stützen kann und nicht etwa bedingt, sie zum Teil des Alltagslebens zu entwickeln. Auch wenn die Beteiligung der Bürgerinnen und Bürger an Sach- oder Personenplebisziten nicht immer zufrieden stellend ist, so bedienen diese Verfahren die allgemeine Erwartung der Bürgerinnen und Bürger, wichtige politische Fragen selbst entscheiden zu können.[36] Daneben begrenzen direktdemokratische Verfahren die Parteienherrschaft, ermöglichen die Versachlichung von Politik, entfachen nicht selten faktische Vorwirkungen und bewirken Verständigungszwang und Interessenausgleich, setzen den Erscheinungsformen der massenmedialen Stimmungsdemokratie zumindest die Möglichkeit einer direktdemokratischen Sachentscheidungsdemokratie entgegen und können helfen, Repräsentationsdefizite der repräsentativen Demokratie abzubauen. Das parlamentarische Regierungssystem deutscher Provenienz, wie es auch in Sachsen-Anhalt ausgestaltet worden ist, bedarf dieser direktdemokratischen Ergänzung. Ihr weiterer Ausbau muss maßvoll erfolgen, sollen die Vorzüge der deutschen demokratischen Verfassung – eine starke Repräsentativdemokratie mit den Parlamenten im Zentrum, einem grundsätzlich funktionsfähigen Parteienwettbewerb und die Zügelung von Legislative und Exekutive durch mächtige Verfassungsgerichte – erhalten bleiben. Die Demokratie bedarf letztlich beherzter, der Herausforderung repräsentativen Handelns und politischen Führens gewachsener Bürgerinnen und Bürger in Parlamenten, Regierungen, in Landratsämtern und Rathäusern. Mangelt es an ihnen, wächst die Neigung des Systems zur Labilität. Diese Labilität ist direktdemokratisch nicht abzufangen und – auf dem Boden der Demokratie – letztlich nicht zu bannen; sie ist ihr vielmehr wesenseigen. Ein Volk, das sein politisches Leben

---

[36] Im Rahmen der im Jahre 2000 durch den Landtag von Sachsen-Anhalt initiierten repräsentativen Umfrage „Bürger und Parlament" hatten 87,6 Prozent der Befragten zugestimmt, wichtige Fragen durch das Volk entscheiden zu lassen. Eine häufigere Nennung (88,8 Prozent) erhielt lediglich die These, eine lebendigere Demokratie sei ohne politische Opposition nicht denkbar.

demokratisch organisiert, muss die Kraft und Bereitschaft haben, diese Labilität auszuhalten (*Böckenförde*).[37]

 ## Literaturhinweise

*Holtmann, Everhart/Boll, Bernhard:* Sachsen-Anhalt. Eine politische Landeskunde, Landeszentrale für politische Bildung Sachsen-Anhalt, Magdeburg 1997
*Kilian, Michael (Hrsg.):* Verfassungshandbuch Sachsen-Anhalt, Baden-Baden 2004
*Klang, Klaus A./ Gundlach, Klaus A.:* Gemeindeordnung und Landkreisordnung für das Land Sachsen-Anhalt, 2. Auflage, Stuttgart 1998
*Tullner, Mathias:* Geschichte des Landes Sachsen-Anhalt, Landeszentrale für politische Bildung Sachsen-Anhalt, 3. Auflage, Magdeburg 2001

---

[37] *Böckenförde*, Demokratische Willensbildung und Repräsentation, Handbuch des Staatsrechts der Bundesrepublik Deutschland, Band II, S. 29, 46.

# Direkte Demokratie in Schleswig-Holstein

*Klaus Kellmann*

## 1 Historische Entwicklung

Bis zur grundlegenden Verfassungsreform des Jahres 1990 gehörte Schleswig-Holstein zu den wenigen westdeutschen Bundesländern, in deren Verfassung Elemente direkt-demokratischer Mitwirkung schlichtweg nicht vorgesehen waren. Vielmehr bekannte sich Artikel 2 der Landessatzung vom 13. Dezember 1949 zur repräsentativen Demokratie und sah – außerhalb der Wahlen – eine unmittelbare Mitwirkung des Volkes an der politischen Willensbildung nicht vor. Das erklärte Vorbild hierfür bildete das Grundgesetz. Initiativen wie diejenige der FDP aus dem Jahre 1978, die Landessatzung um das Instrument des Volksbegehrens zu erweitern, fanden keinerlei ausreichende Resonanz. Es bedurfte erste eines Skandals, der von einem deutschen Nachrichtenmagazin als die „Mutter aller Nachkriegsaffären" bezeichnet wurde, um den Ruf nach einer neuen politischen Kultur laut werden zu lassen, die dem Bedürfnis der Bürgerinnen und Bürger nach direkter Mitwirkung konkrete gesetzgeberische Qualität verlieh. In der Tat war es der Erste Untersuchungsausschuss zur „Aufklärung von eventuell rechtswidrigen Handlungen und Unterlassungen des Ministerpräsidenten Dr. Barschel", der seine Aufgabe ausdrücklich nicht nur in der Aufklärung der inszenierten Schmutzkampagnen gegen den Oppositionskandidaten Björn Engholm in der Landtagswahl 1987 sah, sondern der dem Landtag darüber hinaus empfahl, institutionelle Reformen zur Kontrolle und Begrenzung politisch-parlamentarischer Macht einzuleiten. Der Landtag setzte daraufhin am 29. Juni 1988 eine Enquête-Kommission „Verfassungs- und Parlamentsreform" mit dem Auftrag ein, „Möglichkeiten zur wirksamen Kontrolle der Regierung, zur verstärkten Beteiligung der Bürgerinnen und Bürger und zur Stärkung des Landtages" zu prüfen, insbesondere, ob sich eine „Ergänzung des Repräsentationssystems, wie zum Beispiel durch die Einführung von Volksbegehren und Volksentscheid", empfiehlt. Dies kann mit einigem Fug und Recht als die Geburtsstunde der direkten Demokratie in der jüngeren und jüngsten Geschichte des Landes Schleswig-Holstein bezeichnet werden, die mit der Verabschiedung des reformierten „Gesetzes über Initiativen aus dem Volk, Volksbegehren und Volksentscheid" vom 5. April 2004 ihren bisherigen Abschluss fand.

## 2    Direkte Demokratie auf Landesebene

Die Kommission schlug vor, dass der Landtag mit Gegenständen der politischen Willensbildung befasst werden könne, bei denen es sich auch um begründete Gesetzesentwürfe handelt. Eine solche Initiative aus dem Volk sollte von 10.000 Stimmberechtigten unterzeichnet sein. Außerdem empfahl die Kommission, einem Drittel der Landtagsabgeordneten das Recht zu gewähren, zu bestimmten Gegenständen das Volk zu befragen, allerdings sollte der Landtag an das Ergebnis einer solchen „Volksenquête" rechtlich nicht gebunden sein. Die Einführung von Volksentscheiden wurde von der Kommission mehrheitlich verworfen. Auch in dem Sonderausschuss Verfassungs- und Parlamentsreform, der am 14. Februar 1989 vom Landtag eingesetzt wurde und der sich mit den Empfehlungen der Enquête-Kommission auseinandersetzen sollte, blieb die Frage der Ergänzung des repräsentativen Systems um Formen direkt-demokratischer Mitwirkung umstritten. Insbesondere die Vertreter der CDU drängten auf eine Heraufsetzung der Quoren. Erst daraufhin nahm der Landtag die Empfehlung des Ausschusses am 30. Mai 1990 einstimmig an. In Artikel 41 und 42 der am 13. Juni 1990 in Kraft getretenen neuen Landesverfassung sind Volksinitiativen, Volksbegehren und Volksentscheid geregelt und verankert, jedoch wurde das hierfür erforderliche Gesetz erst am 11. Mai 1995 verabschiedet, woraufhin die Verordnung zur Durchführung des Volksabstimmungsgesetzes am 8. Mai 1996 in Kraft trat. Es war unübersehbar, dass der seit 1989 von den Bürgerrechtlern in der DDR erhobene, demokratische Rechte einfordernde und zum Schluss immer lauter werdende Ruf „Wir sind das Volk" in diesem Prozess große, möglicherweise sogar entscheidende Bedeutung gehabt hat.

Das schleswig-holsteinische Konzept direkt-demokratischer Mitwirkung zeichnet sich durch zwei Besonderheiten aus, die es von den im deutschen Verfassungsrecht vor 1990 bekannten Formen unterscheiden und die Modellcharakter für die nach der deutschen Vereinigung geschaffenen bzw. novellierten Landesverfassungen erhalten sollte. Diese Besonderheiten betreffen die Art und Weise der Mitwirkung wie auch den Verfahrensgang.

Gegenstände der Mitwirkung können Gesetzesentwürfe oder andere Vorlagen sein, die durch Initiativen aus dem Volk in Gang gesetzt werden. Diese treten damit gleichberechtigt neben Gesetzentwürfe der Landesregierung oder einzelner Landtagsabgeordneter. Die Gesetzesinitiative aus dem Volk kann durch Landtagsbeschluss oder, im Fall der Ablehnung durch den Landtag, durch Volksentscheid Gesetz werden.

Hinsichtlich der konkreten Bürgerbeteiligung sieht die Landesverfassung ein dreistufiges Verfahren vor: Volksinitiative, Volksbegehren und Volksentscheid. Eine Initiative bedarf der Unterstützung durch mindestens 20.000 stimmberechtigte Bürgerinnen und Bürger, die ihren Wohnsitz in Schleswig-Holstein haben. Diese Zahl geforderter Unterschriften orientiert sich an der Zahl der Wählerstimmen, die auf das letzte zu vergebende Mandat im Landtag entfallen. Dadurch soll der Initiative das gleiche Gewicht verliehen werden, das mindestens gefordert ist, um einen Abgeordneten in den Landtag zu wählen.

Ist der Antrag auf Behandlung einer Volksinitiative gestellt, muss der Landtag binnen vier Monaten über deren Zulässigkeit entscheiden. Gegen eine Ablehnung können die Initianten das Bundesverfassungsgericht anrufen. Hält der Landtag die Initiative für zulässig, so kann er ihr zustimmen, sie ablehnen oder unentschieden liegen lassen. In den beiden letztgenannten Fällen können die Initianten den Antrag auf Durchführung eines Volksbegehrens mit dem Ziel des Volksentscheids stellen. Stimmt der Landtag einer Volksinitiative nicht zu, so muss er dies begründen und den Bescheid im Gesetz- und Verordnungsblatt veröffentlichen.

Die Volksinitiative und das Volksbegehren unterscheiden sich insofern, als erstere den Landtag mit einem (zustimmenden) Gesetzesentwurf befassen will, letztere hingegen einen Volksentscheid herbeiführen will. Ein Volksbegehren ist erfolgreich, wenn ihm mindestens fünf Prozent der Stimmberechtigten, das sind zur Zeit knapp 110.000 Bürgerinnen und Bürger, zugestimmt haben. Ist dieses Quorum erreicht, muss unmittelbar und zwingend mit dem Verfahren des Volksentscheids begonnen werden, und zwar ohne vorherige Befassung des Landtages. Allerdings hat dieser das Recht, im Volksentscheid einen eigenen Gesetzesentwurf oder eine abgeänderte Vorlage zur Abstimmung zu stellen. Er ist also nicht zur totalen Passivität verdammt.

Ein durch Volksentscheid vorgelegter Gesetzesentwurf ist angenommen, wenn ihm mindestens ein Viertel aller Stimmberechtigten zustimmt. Das entspricht gegenwärtig etwa 540.000 Schleswig-Holsteinern und Schleswig-Holsteinerinnen, eine recht hoch gelegte Latte. Zu der Frage, ob ein derartig zustande gekommenes Gesetz so wie ein vom Parlament beschlossenes Gesetz durch den Landtag geändert oder wieder aufgehoben werden kann, enthält die Landesverfassung (wie schon die Weimarer Reichsverfassung) keine eindeutige Aussage. Da aber alle Gesetze unabhängig von ihrem Zustandekommen die gleiche Bindungswirkung haben, ist der Landtag verfassungsrechtlich nicht gehindert, ein durch Volksentscheid entstandenes Gesetz genauso zu behandeln wie ein im Parlament beschlossenes, was im Streit um die Rechtschreibreform wirksam werden sollte.

In der Reihe der bisher an den Landtag gerichteten Volksinitiativen gab es ausformulierte Gesetzesentwürfe wie denjenigen zur Beschränkung der Anzahl der Landtagsabgeordneten auf 50 oder denjenigen zur Beibehaltung der bisherigen statt der reformierten Rechtschreibung, aber auch Vorlagen bzw. Aufforderungen, so für die Einführung der Direktwahl von Landräten und Bürgermeistern, für den Erhalt des Buß- und Bettages als gesetzlichen Feiertag, für den Verzicht auf die Schank- und Getränkesteuer und für den Erhalt der Polizeireiterstaffel. Die von der CDU und der FDP getragene Initiative zur Direktwahl von Landräten und Bürgermeistern war erfolgreich und wurde am 6. Dezember 1995 vom Landtag als Änderung des kommunalen Verfassungsrechts verabschiedet und verankert. Auch das von der FDP ausgehende und dann von der SPD als Gesetzesvorschlag formulierte Verbot für die Kreise und Gemeinden zur Erhebung einer Schank- und Getränkesteuer wurde am 21. Februar 1996 Gesetz. Ebenfalls gesetzlich angenommen wurde die Initiative zur Sonntagsöffnung von Videotheken (am 13.12.2001).

Anderen Initiativen ist der Landtag nicht gefolgt, woraufhin bei dreien (Buß- und Bettag, Reiterstaffel der Polizei und Rechtschreibung) ein Volksbegehren beantragt wurde. Die Befürworter der Reiterstaffel verfehlten das erforderliche Quorum, diejenigen des Buß- und Bettages konnten hingegen die Durchführung eines Volksentscheides zwingend machen, der auf den 30. November 1997 anberaumt wurde. Der Tag muss als Niederlage der Nordelbischen Kirche, die als verantwortlicher Initiant figurierte, bezeichnet werden, denn bei einer Abstimmungsbeteiligung von 29,3 Prozent votierten zwar 68,2 Prozent (422.851 Bürgerinnen und Bürger) mit Ja, was aber lediglich 19,9 Prozent aller Wahlberechtigten im nördlichsten Bundesland entsprach – 5,1 Prozent zu wenig.

Ein besonderes Schicksal hatte die Initiative gegen die Rechtschreibreform, die sowohl als Volksbegehren wie auch als Volksentscheid (am 27.9.1998) erfolgreich war, die aber trotzdem nicht geltendes Recht wurde, weil der Landtag dies am 21.9.1999 ablehnte. Gleichwohl schwelt der Streit allenthalben weiter.

Den Initiativen „Schule in Freiheit" von 1998 und „Für die Erfüllung einer verbindlichen Stundentafel für Schülerinnen und Schüler in Schleswig-Holstein" von 2004 versagte der Landtag die Zulässigkeit, der mit der Initiative „Für eine menschenwürdige Pflege" vorgelegte Gesetzesentwurf wurde am 27.2.2002 nur teilweise angenommen. Noch nicht in den Landtag eingebracht wurde die vom Aktionsbündnis „Gentechnikfreies Schleswig-Holstein" im April 2004 dem Landtagspräsidenten vorgelegte Initiative für eine gentechnikfreie Landnutzung. In einer ersten Stellungnahme des Innenministeriums vom 5.4.2004 werden nach Artikel 41 der Landesverfassung bereits Bedenken erhoben und die Frage aufgeworfen, ob hier nicht gegen geltendes EU-Recht verstoßen wird.

Bereits jetzt, nach dem Erfahrungszeitraum eines Jahrzehnts, lässt sich das Urteil formulieren, dass die mit der Volksinitiative, dem Volksbegehren und dem Volksentscheid praktizierten Formen direktdemokratischer Mitwirkung weder die Aufgabe und Funktion der Parteien noch die Autorität des Parlaments relativiert oder gar beschädigt haben und sie auch nicht zum Missbrauchsinstrument in der Hand von Lobbyisten geworden sind. Ob durch sie allerdings das hehre Ziel des Gesetzgebers erreicht ist, „den Mitgestaltungswillen und das individuelle politische Engagement der Wählerinnen und Wähler" zu stärken, wie es der Vorsitzende des Sonderausschusses „Verfassungs- und Parlamentsreform" am 30. Mai 1990 formulierte, bleibt fraglich.

## 3   Direkte Demokratie auf kommunaler Ebene

In Schleswig-Holstein sind mit der Novellierung der Kommunalverfassung vom 24. April 1990 verstärkte Elemente unmittelbarer Demokratie eingeführt worden. Diese sind sowohl informeller Natur, wie die Einwohnerversammlung und die Einwohnerfragestunde oder die Öffentlichkeit von Ausschusssitzungen, sie beinhalten mit den Möglichkeiten des Bürgerbegehrens und des Bürgerentscheids aber auch Formen konkret-personaler Mitwirkung. Durch Bürgerentscheide werden in der Regel Entscheidungen der demokratisch legitimierten Volksvertreter wieder aufgehoben.

Das eigentlich Neue aber war die am 1.1.1997 wirksam gewordene Einführung der Direktwahl der hauptamtlichen Bürgermeister (in Gemeinden ab 2.000 Einwohnern) und Landräte, die erstmalig bereits 1997 bei der Oberbürgermeisterwahl in Kiel durchgeführt wurde. Da die Wahlbeteiligung hier wie auch bei vergleichbaren Direktwahlen nicht höher lag als bei vorhergehenden Kommunalwahlen, wurde eins schnell deutlich: Das eigentliche Ziel des Gesetzgebers, eine höhere Beteiligung des Bürgers an kommunalen Prozessen zu erreichen, ist bislang nicht realisiert worden. Das – durchaus gewollte – Spannungsverhältnis zwischen repräsentativer und unmittelbarer Demokratie auf gemeindlicher Ebene hat die erhoffte Aktivierungswirkung nicht im vollen Umfang erfüllt.

Hinsichtlich der Frage nach der Direktwahl der Vertretungskörperschaften im kommunalen Raum heißt es in Artikel 2 der Landesverfassung, dass alle „Gemeindeverbände" einer direkt gewählten Vertretung bedürfen. Unter der Voraussetzung, dass auch die Ämter als „Gemeindeverbände" anzusehen sind, wäre dann auch eine Direktwahl der Amtsausschüsse verfassungsrechtlich geboten, vorausgesetzt, die jeweiligen Ämter haben einen Aufgabenbestand, der demjenigen der kommunalen Gebietskörperschaften Gemeinde und Kreis vergleichbar ist. Allerdings kann es hier nur um den Bereich der Selbstverwaltungsaufgaben gehen, nicht um die fachweisungsrechtlich gebundenen Pflichtaufgaben. Der Selbstverwaltung unterliegen diejenigen Belange, die den örtlichen Siedlungsraum und die Siedlungsgemeinschaft unmittelbar betreffen und in denen das Amt an Stelle der amtsangehörigen Gemeinde tätig wird. Da die hierfür in Frage kommende politisch-demokratische Gestaltungsmasse aber nur bei einigen Ämtern in Schleswig-Holstein gegeben ist, hätte die Einführung der Direktwahl der Amtsausschüsse das Kommunalverfassungsrecht des Landes nur (weiter) zersplittert und ist deshalb nicht vorgenommen worden. Auch wäre es der Bevölkerung nur schwer zu vermitteln gewesen, warum in einzelnen Ämtern unterschiedlich legitimierte Gremien tätig sind.

Am 25. Juni 2002 wurde die bereits 1950 verabschiedete schleswig-holsteinische Gemeindeordnung durch das „Gesetz zur Stärkung der kommunalen Selbstverwaltung" vollständig novelliert. Nach ihm sind Städte rechtlich Gemeinden, die mindestens 10.000 Einwohner haben, die Funktion eines Unterzentrums ausüben und „städtisches Gepräge" aufweisen. Von dieser Bestimmung unberührt bleiben die historischen, zum Teil bereits seit Jahrhunderten das Stadtrecht besitzenden Städte, von denen viele die genannte Einwohnergrenze unterschreiten. Die bis dahin geltende Magistratsverfassung wurde bereits 1997/98 abgeschafft. Der Magistrat bestand aus ehrenamtlich tätigen Stadtvertretern (Stadträten) – wobei in Städten über 20.000 Einwohnern auch hauptamtliche Stadträte bestellt werden durften – sowie aus dem hauptamtlichen Bürgermeister. Er leitete als Kollegialorgan die Stadtverwaltung. Seit 1997/98 werden die Bürgermeister nicht mehr von den Stadtvertretungen, sondern vom Volk für mindestens sechs und höchstens acht Jahre gewählt. Sie haben in der Stadtvertretung eine beratende Stimme, können dort aber Beschlussanträge stellen. Grundlage dieser Novellierung war ein Gesetz, das in Form einer Beschlussempfehlung des Innen- und Rechtsausschusses des Landtages im Dezember 1995 mit nur einer Stimme Mehrheit im Landtagsplenum verabschiedet wurde. Es empfahl die Direktwahl der hauptamtlichen Bürgermeister und Landräte durch das Volk und die Abschaffung der Magistrats- bzw. der Kreisausschussverfassung. Auf Grund des deutlichen Zuwachses an demokratischer Legitimation musste insbesondere das politische Kräfteverhältnis zwischen dem Hauptverwaltungsbeamten auf der einen und der Stadtvertretung (entsprechend Kreistag und Gemeindevertretung) als dem durch die Verfassung vorgesehenen obersten Entscheidungs- und Kontrollorgan auf der anderen Seite neu definiert werden. Da die eigentliche Neuerung in der eindeutigen Trennung von Politik und Verwaltung bestand, hat der Hauptausschuss eine zentrale politische Bedeutung in den kreisfreien Städten, den Kreisen und allen Gemeinden mit hauptamtlichem Bürgermeister gewonnen, da er die Arbeit der übrigen Ausschüsse zu koordinieren und die gesamte Verwaltung zu überwachen hat. Zwar gehört ihm Kraft Gesetz auch der Bürgermeister selbst an, er besitzt dort allerdings kein Stimmrecht und darf auch nicht zum Vorsitzenden gewählt werden. Der Hauptausschuss ist ausdrücklich *kein* Nachfolgeorgan des Magistrats. Gegenüber dem Bürgermeister ist der Hauptausschuss Dienstvorgesetzter.

Ein wesentliches Bestreben des Gesetzgebers bei der Einführung der 1990 in Kraft getretenen neuen Kommunalverfassung war es, die direkten Informations-, Kontroll- und Mitwirkungsmöglichkeiten der Bürgerinnen und Bürger durch die fakultative Öffentlichkeit von Ausschusssitzungen, des kommunalen Petitionsrechts, der Einwohnerfragestunde und -versammlung, des Einwohnerantrages sowie des Bürgerbegehrens und des Bürgerentscheids zu kodifizieren. Die Direktwahl der hauptamtlichen Bürgermeister und Landräte soll so durch eine weitere Form unmittelbarer Partizipation und Beteiligung sinnvoll ergänzt werden. Eine weitere, nicht weniger gewichtige Begründung resultierte aus dem Sachverhalt, dass gemeindliche Vertretungen und Kreistage keine Parlamente im staatsrechtlichen Sinne, sondern kollegiale Verwaltungsorgane sind. Dies bedeutet, dass demokratisch legitimierte Mandatsträger – anders als Parlamentsabgeordnete – unmittelbare Verwaltungstätigkeiten ausüben, weiterhin das Postulat klassischer Gewalten-teilung hierbei durchbrochen ist und Instrumentarien direkter Demokratie und Kontrolle erforderlich sind. Letztere wurden 1990 eingeführt.

Juristisch am höchsten einzuordnen ist der Bürgerentscheid, weil durch ihn wichtige politische Entscheidungen nicht durch die an sich zuständigen Be-schlussorgane wie die Gemeinde- bzw. die Stadtvertretung oder den Kreistag, sondern von den Bürgerinnen und Bürgern direkt getroffen werden. Damit ist er nicht nur als Ergänzung der repräsentativen Demokratie anzusehen, sondern er kann auch zur Aufhebung von in ihrem Rahmen getroffenen Entscheidungen füh-ren. In Baden-Württemberg gibt es diese Einwirkungsmöglichkeit bereits seit 1956. Es ist verblüffend, dass sie seither in keinem anderen Bundesland Schule machte und erst, als sie 34 Jahre später hoch im Norden zum zweiten Mal ge-setzlich installiert wurde, eine Flut von ähnlichen Regelungen in zahlreichen ande-ren Bundesländern auslöste. Ein Bürgerentscheid kann durch einen Beschluss der Stadt- oder Gemeindevertretung bzw. des Kreistages oder durch die Bevölkerung über ein Bürgerbegehren in Gang gesetzt werden. Für seine Einleitung müssen 10 Prozent der wahlberechtigten Bevölkerung unterschreiben. Die reformierte, seit dem 1. April 2003 gültige Gemeindeordnung enthält außerdem den Zusatz, dass die Gemeindeorgane nach der Feststellung der Zulässigkeit eines Bürgerbegehrens bis zur Durchführung des Bürgerentscheids keine dem Begehren entgegenstehende Entscheidung treffen oder einleiten dürfen, was zum Beispiel hinsichtlich umstrit-tener Bauvorhaben eine nicht unerhebliche Gesetzesergänzung darstellt. In Schleswig-Holstein sind Bürgerentscheide grundsätzlich zu allen wichtigen Ange-legenheiten mit Ausnahme von Haushalts- und Hauptsatzung, Bauleitplanung und innerer Organisation der Gemeindeverwaltung möglich. Demzufolge hatten und haben sie vor allem Planungsentscheidungen wie die Einrichtung von Schulen, Sporthallen und Kindergärten sowie Verkehrsleitplanungen, z.B. Autobahntrassen, und Fragen der Ver- und Entsorgung (Energie, Wasser, Müll) als auch Gebühren und Abgaben zum Gegenstand. Neben einer Reihe von formellen Anforderungen ist für den Erfolg eines Bürgerentscheids die Mehrheit der abgegebenen Stimmen notwendig, sofern die Mehrheit mindestens 20 Prozent der Stimmberechtigten umfasst. Zwar liegt die Beteiligung bei den bisher in Schleswig-Holstein durchge-führten Entscheidungen knapp unter 50 Prozent, vor allem in den größeren Städten hat sich dieses Quorum jedoch als unüberwindbare Hürde erwiesen. Es ist deshalb sicherlich kein Zufall, dass Bürgerbegehren und Bürgerentscheide bislang in erster Linie in kleineren Kommunen eine Rolle gespielt haben. Seit 1990 wurden weniger als 20 Bürgerentscheide durch Stadt-, Kreis- oder Gemeindevertretungen initiiert. Weitaus häufiger, nämlich über 200 mal, fanden Bürgerbegehren statt, von denen allerdings nur knapp die Hälfte in einen Bürgerentscheid einmündete. Ausgangs-punkt waren hier auch Einwohneranträge, die eine Beratung und Entscheidung der Gemeindevertretung herbeiführen wollen. In insgesamt nur gut einem Dutzend

Fällen kam die Gemeindevertretung dem erfolgreich absolvierten Bürgerbegehren nach. In den Fällen, in denen die Gemeindevertretung bei bisher geäußerten Auffassungen blieb oder ansonsten ein negatives Votum abgab, kam es zu Bürgerentscheiden, von denen aber nur ein Teil positiv im Sinne der Antragssteller beschieden wurde. Beispiele für Bürgerbegehren und Bürgerentscheide waren in Bereichen für oder wider die Errichtung einer integrierten Gesamtschule, die Privatisierung von Krankenhäusern, neue Müllentsorgungskonzepte, Kurtaxen, die Trennung von Gemeinden und die Schaffung von Windparks, Wochenmärkten und Freibädern angesiedelt. Fast immer findet sich bei der Durchführung eines Bürgerentscheids eine Mehrheit erforderlicher Ja-Stimmen, aber nur selten kommt eine ausreichende Beteiligung zustande. In jedem Fall aber entfaltet er politischen Druck. Wenn er Erfolg hat, ist er nichts anderes als die Umsetzung einer politischen Meinung in geltendes Recht. Neben diesen Instrumentarien haben die Gemeinden und Kreise außerdem das Recht, durch Satzungen Beiräte für „gesellschaftlich bedeutsame Gruppen", z.B. für Senioren, Ausländer, Kinder und Jugendliche zu installieren. In den größeren Städten artikulieren Ortsbeiräte ihre Interessen zu lokalen Belangen.

## 4  Fazit

Volkes Wille hat es im Norden immer noch nicht leicht. Das Schicksal des (erfolgreichen) Volksentscheids gegen die Rechtschreibreform macht das nur zu deutlich. Um zu verhindern, dass Schleswig-Holstein eine „Rechtschreib-Insel" wird, kassierte der Landtag die Entscheidung wieder ein. Trotzdem geschieht einiges, damit es Volkes Wille zusehends leichter hat. So enthält das jüngste Volksabstimmungsgesetz vom 5. April 2004 Ausführungsbestimmungen, nach denen die Initianten ihre Listen nicht nur in Amtsstuben, sondern auch in Geschäften und Videotheken auslegen können.

Insgesamt bleibt es ein mühseliger Prozess, den Bürgerinnen und Bürgern ihre Rechte und Möglichkeiten demokratischer Mitgestaltung auch tatsächlich zu vermitteln. Da das gesamte politische, ökonomische und gesellschaftliche Leben auf der Ebene der Kreise, Städte, Dörfer und Gemeinden immer noch am unmittelbarsten erlebt und erfahren wird, kann die Wahlbeteiligung bei Kommunalwahlen gleichsam als Indikator für das Interesse und die Motivation hinsichtlich direktdemokratischer Artikulationsformen gelten. Die Wahlbeteiligung bei den letzten Kommunalwahlen in Schleswig-Holstein 2003 sank auf das absolute historische Tief von 54,5 Prozent (1998: 62,8 Prozent; 1994: 70,5 Prozent). Diese Zahl vermittelt einiges von den Problembergen, vor denen diejenigen stehen, die unmittelbar und zusammen mit dem Volk Windmühlen auf diesen Bergen errichten oder aber diese verhindern wollen.

**Literatur**

Dehn, Klaus-Dieter, Auswirkungen der neuen Kommunalverfassung auf die kommunale Demokratie, in: Wewer, a.a.O., S. 473-488

Hübner, Peter, Volksbegehren und Volksentscheide in der Landespolitik, in: Wewer, a.a.O., S. 385-472

Kellmann, Klaus, Kommunalpolitik in Schleswig-Holstein, in: Kost, Andreas und Wehling, Hans-Georg (Hrsg.), Kommunalpolitik in den deutschen Ländern, Wiesbaden 2003, S. 277-289

Scharbach, Norbert, Plebiszitäre Demokratie auf der kommunalen Ebene, in: Wewer, a.a.O., S. 489-508

Steinger, Hans-Martin, Demokratische Legitimation in den schleswig-holsteinischen Ämtern, in: Wewer, a.a.O., S. 449-472

Wewer, Göttrik (Hrsg.), Demokratie in Schleswig-Holstein. Historische Aspekte und aktuelle Fragen, Opladen 1998

# Direkte Demokratie in Thüringen

*Tobias Franke-Polz*

## 1 Einleitung

Im Thüringen stand das Thema Direkte Demokratie wiederholt ganz oben auf der politischen Agenda. Das lag nicht an einer ausufernden Praxis direktdemokratischer Verfahren auf Landes- oder Kommunalebene. Ganz im Gegenteil, im Freistaat wurden bisher nur wenige Initiativen aktiv. Die geringe Praxis wurde oft auf die Regelungen in Verfassung und Gemeindeordnung zurückgeführt, die bis 2003 nahezu prohibitive Hürden für Volksgesetzgebung aufstellte bzw. die auf kommunaler Ebene auch heute noch nahezu einzigartig hoch sind.

Doch gerade die engen Schranken für unmittelbare Gesetzgebung provozierten Ende der 1990er Jahre Widerstand. Ein „Bündnis für Mehr Demokratie" organisierte sich und ein erfolgreiches Volksbegehren für eine Senkung der Hürden. Das Volksbegehren scheiterte zwar vor dem Thüringer Verfassungsgerichtshof, doch der daraus erwachsene politische Druck führte zu Änderungen sowohl in der Thüringer Verfassung als auch in der Thüringer Kommunalordnung. Während die Bürgerinnen und Bürger auf Landesebene nun wesentlich leichter direktdemokratische Anliegen einbringen können, bedeuteten die Änderungen in der Kommunalverfassung praktisch keine Verbesserung des Status quo.

## 2 Die Entwicklung direktdemokratischer Instrumente

In den nach der friedlichen Revolution wieder entstehenden Ländern wurden im Zuge der Verfassungsgebung die grundlegenden Weichen für den Aufbau des demokratischen Gemeinwesens gestellt. Die letzte frei gewählte Volkskammer beschloss dazu im Ländereinführungsgesetz, dass den erstgewählten Landtagen die Aufgabe einer verfassungsgebenden Versammlung obliegt. Wie diese Regelung umgesetzt werden sollte, wurde nicht festgelegt – ohne verfahrensrechtliche Bindung war damit ein Beschluss mit einfacher Mehrheit genauso denkbar wie eine Bestätigung durch die Bürgerinnen und Bürger im Volksentscheid.

Schon vor der parlamentarischen Verfassungsdiskussion lagen drei Verfassungsentwürfe vor, die wie auch die öffentliche Diskussion zum Thema auch darauf gerichtet waren, möglichst weitgehende direktdemokratische Mitspracherechte zu etablieren. In den anschließenden Beratungen im neu geschaffenen Verfassungsausschuss spielten diese Entwürfe – im Gegensatz zu anderen neuen Bundesländern – jedoch ebenso wenig wie die historischen Verfassungen des Landes eine größere Rolle.

Zwar waren die Erfahrungen der Wende, der Ruf „Wir sind das Volk", noch allgegenwärtig, doch im Verfassungsausschuss war nun das Hauptaugenmerk darauf gerichtet, eine Landesverfassung zu entwerfen, die den Anforderungen des Grundgesetzes entsprach. Die Bestrebungen, in Abgrenzung vom DDR-Zentralismus möglichst eigenständige Verfassungstexte zu formulieren, waren in Thüringen mithin schwächer ausgeprägt als in anderen neuen Ländern.

Nach der Landtagswahl im Jahr 1990 betraten die meisten Abgeordneten naturgemäß Neuland. Auch der Verfassungsausschuss, in dem die fünf Fraktionen (CDU, SPD, LL-PDS, Neues Forum/Grüne/Demokratie Jetzt und FDP) vertreten waren, bestand praktisch aus politischen Laien. Erst im weiteren Verlauf der Beratungen zogen die Fraktionen externe Verfassungsspezialisten mit hinzu.

Thüringen fiel bei den Beratungen zur künftigen Verfassung etwas auf, da alle Fraktionen aufgefordert wurden, einen eigenen Verfassungsentwurf in die Beratungen einzubringen. Dadurch gab es keine überparlamentarische Diskussionsgrundlage, und in der Folgezeit spielte Parteipolitik eine größere Rolle als in anderen neuen Ländern. Konsequenz: Die Beratungen nahmen mehr Zeit in Anspruch.

In der Synopse der verschiedenen Entwürfe waren gerade beim Thema direkte Demokratie schon zum damaligen Zeitpunkt die Positionen der Parteien klar erkennbar, die sich bis zum heutigen Tag nachzeichnen lassen. Zwar wurde in Thüringen wie in den meisten ostdeutschen Ländern nicht über das „ob" von direkter Demokratie gestritten, dafür wurden über das „wie" harte Auseinandersetzungen geführt. In der Diskussion, die sich besonders kontrovers um die Fragen zu Zwei- bzw. Dreistufigkeit des Verfahrens, Quorum bei einer Volksinitiative sowie Quorum und Frist bei Volksbegehren drehte, wurden immer wieder die grundsätzlichen Bedenken gegenüber weitreichender Volksgesetzgebung angeführt.

Von „linker" Seite wurden im Ausschuss möglichst niedrige Schwellen für Volksinitiative und Volksbegehren gefordert, während sich die CDU-FDP-Koalition für höhere Quoren einsetzte. Neben der weiteren Diskussion über die Gegenstände, die Volksgesetzgebung zugänglich gemacht werden sollten, mögliche Kostenerstattungen für die Initiatoren direktdemokratischer Verfahren, Höhe und Art des Quorums beim Volksentscheid und anderem mehr, kristallisierte sich die Einführung der Volksinitiative als Hauptstreitpunkt heraus. Es ging dabei nicht um die Frage, wie eine Volksinitiative in das weitere Verfahren von Volksbegehren und Volksentscheid eingebunden werden soll, sondern ob es überhaupt eines dreistufigen Verfahrens bedürfe. Die Debatte darüber ist insofern atypisch, da in den anderen neuen Ländern nie am Sinn oder Zweck einer Volksinitiative gezweifelt wurde. Wenn überhaupt, dann sollte eine solche Initiative auch ein hohes Quorum überwinden müssen – 20 Prozent der Wahlberechtigten waren nach Meinung der CDU im eingesetzten Unterausschuss angemessen. Zieht man in Betracht, dass die Regierungsfraktionen auch für das Bürgerbegehren eine 20 Prozent-Hürde vorschlug, wird die reservierte Haltung der konservativen Parlamentsmehrheit sehr deutlich.

Die Polarisierung zwischen CDU und FDP auf der einen und SPD, LL-PDS sowie NF/Grüne/DJ auf der anderen Seite wich jedoch im Laufe der Verhandlungen einer großen Verfassungskoalition aus CDU, SPD und FDP. Letztlich war es die Kompromissbereitschaft der SPD beim Schulrecht, die eine Einigung bei den plebiszitären Elementen ermöglichte. Aus der Volksinitiative wurde ein Bürgerantrag, den nach Art. 68 ThürVerf sechs Prozent der Stimmberechtigten unterstützen mussten und der mit einer Flächenklausel versehen war.

Die Kompromissbereitschaft der Regierungsparteien war dabei keineswegs selbstverständlich. Lange Zeit hielt sich die CDU die Option offen, die Verfassung lediglich mit einfacher Mehrheit und einem Landtagsbeschluss zu verabschieden, während die SPD immer für eine 2/3-Mehrheit und einen Volksentscheid plädierte. Lediglich das informelle Interesse, eine so grundlegende Norm wie die Verfassung mit breiter Mehrheit zu verabschieden, führte zu Kompromisslösungen – wobei die kleinen Parteien LL-PDS und NF/Grüne/DJ mit ihren Vorschlägen außen vor blieben.

Das öffentliche Interesse am Verfassungsgebungsprozess hielt sich in engen Grenzen. Auch die Veröffentlichung des im Landtag 1993 vorgestellten Verfassungsentwurfs in den regionalen Tageszeitungen änderte nichts an dieser Tatsache. Von den wenigen Anregungen aus der Bevölkerung bezog sich neben den Themenkomplexen Staatszielen und soziale Grundrechte ein Großteil auf die Ausgestaltung der direktdemokratischen Verfahren und die Höhe der Quoren, wobei sich die Mehrheit für Erleichterung bei der Volksgesetzgebung stark machte. Mit Erfolg: die Quoren für Bürgerantrag und Volksbegehren wurden – wenn auch nur leicht – herabgesetzt.

Das erstaunlich geringe Interesse am Verfassungstext hatte sicherlich mehrere Ursachen: Ein echtes Verfassungsbewusstsein existierte nicht – kein Wunder angesichts der Bedeutungslosigkeit der DDR-Verfassung. Die Beratungen fanden in einer Phase existenzieller Unsicherheit nach dem Umbruch statt. Hinzu kam aber auch die begrenzte Transparenz der Diskussion durch die Nichtöffentlichkeit der Ausschusssitzungen.

Trotz der Konzessionen der CDU bei den Verfassungsberatungen wies Thüringen mit der im Oktober 1993 durch CDU, SPD und FDP verabschiedeten Verfassung die restriktivsten direktdemokratischen Vorschriften aller neuen Länder auf. Für den Bürgerantrag, der fakultativ einem Volksgesetzgebungsverfahren vorgeschaltet sein sollte, mussten sechs Prozent der Stimmberechtigten unterschreiben, zudem wurden in wenigstens der Hälfte der Landkreise und kreisfreien

Städte fünf Prozent gefordert. Hintergrund dieser einmaligen Regelung des Bürgerantrags, den die CDU ursprünglich gänzlich ablehnte, war die Befürchtung, dass regionale Interessen zu einer Flut von Initiativen führen könnten – das Land hatte gerade eine schmerzliche Gebietsreform hinter sich. Die Angst war unbegründet, führte jedoch dazu, dass ein Bürgerantrag in Thüringen schwerer zu realisieren war als die zweite Stufe der Volksgesetzgebung, das Volksbegehren, wie z.B. im Land Brandenburg (knapp vier Prozent). Hinzu kam, dass ein erfolgreicher Bürgerantrag nicht den Antrag auf ein Volksbegehren ersetzen konnte – eine unter den neuen Ländern einmalige Regelung. Für das Volksbegehren in Thüringen war wiederum mit 14 Prozent eine hohe Hürde errichtet worden, die nur begrenzt durch die recht lange Sammelfrist von vier Monaten erleichtert werden konnte. Für den Fall, dass der Landtag dem Volksbegehren nicht entsprechen würde, war ein Volksentscheid vorgesehen, bei dem die Mehrheit entscheidet. Diese Mehrheit sollte bei verfassungsändernden Gesetzen mindestens 50 Prozent umfassen, bei einfachen Gesetzen mindestens ein Drittel der Stimmberechtigten. Gerade letzteres Quorum bewegt sich auch wieder an der Spitze der neuen Länder und wurde in der Folgezeit häufig kritisiert.

Die Thüringer Verfassung, bis auf die einzigartige Regelung des Bürgerantrags nicht sonderlich innovativ, sollte jedoch nach der Verabschiedung im Landtag – anders als die Verfassungen Sachsens und Sachsen-Anhalts – auch durch einen Volksentscheid legitimiert werden. Darüber bestand seit 1991 fraktionsübergreifend (mit Ausnahme der FDP) Einigkeit. Die Abstimmung wurde auf den Tag der Bundestags- und Landtagswahl am 16.10.1994 gelegt, was die Beteiligung naturgemäß hoch ausfallen ließ. 70,1 Prozent der Thüringer Bürgerinnen und Bürger sprachen sich für das Verfassungswerk aus – deutlich mehr als in den ebenfalls abstimmenden Ländern Mecklenburg-Vorpommern und Brandenburg. Es ist die einzige deutsche Landesverfassung, die auf die Zustimmung der Mehrheit nicht allein der Abstimmenden, sondern aller Stimmberechtigten verweisen kann. Mit dem Volksentscheid hatte ausgerechnet Thüringen, das die Verfassungsdebatte in Ostdeutschland vergleichsweise früh begonnen hatte, als letztes der fünf neuen Bundesländer seine Verfassung verabschiedet.

Nun startete die Bewährungsphase der Verfassung und damit auch für die Regelungen zur Volksgesetzgebung. Die Bilanz fiel zu Ende der 1990er Jahre ernüchternd aus. Im Gegensatz zu anderen Bundesländern war in Thüringer kein einziger Bürgerantrag eingereicht worden, es kam zu zwei Volksbegehren, die jedoch am hohen Quorum scheiterten. Vor diesem Hintergrund konstituierte sich 1998 das „Bündnis für Mehr Demokratie in Thüringen". Die Mitgliedschaft reichte von SPD, PDS, Bündnis 90/Die Grünen bis zu Gewerkschaften, der Evangelischen Jugend und dem Bund der Steuerzahler. Einer weitgehenden Politik- und Parteienverdrossenheit im Land wollte das Bündnis durch verstärkte Beteiligungsrechte der Bürgerinnen und Bürger entgegentreten. Ende 1999 wurden 9.200 Unterschriften für die Zulassung eines entsprechenden Volksbegehrens gesammelt. Das Begehren zielte auf eine Verfassungsänderung, Änderungen im Ausführungsgesetz und in der Thüringer Kommunalordnung ab. Konkret sollte statt des Bürgerantrags eine echte Volksinitiative geschaffen werden, die genauso wie das Bürgerbegehren mit deutlich niedrigeren Hürden versehen werden sollte. Auch finanzwirksame Volksentscheide sollten zukünftig möglich sein. Das Quorum beim Volksentscheid sollte entfallen. Auch auf kommunaler Ebene sollten die Quoren für Bürgerbegehren und Bürgerentscheid drastisch gesenkt werden bzw. entfallen.

Die zuständige Landtagspräsidentin legte der Landesregierung daraufhin den Gesetzentwurf des Volksbegehrens vor. Die Thüringer Regierung sah in einer Stellungnahme zwar die formellen Voraussetzungen als gegeben an, bestritt aber die Verfassungsmäßigkeit des Gesetzentwurfs. Die Landtagspräsidentin stellte hingegen im folgenden fest, dass der Zulassungsantrag für das Volksbegehren unzulässig sei, da wichtige formelle Fehler vorlägen. Für das Bündnis bedeutete die Ablehnung jedoch nicht das Ende: Nur wenige Monate später wurde ein erneuter Antrag auf Zulassung eines Volksbegehrens eingereicht, diesmal sogar von 19.500 statt der geforderten 5.000 Unterschriften unterstützt.

Der zweite Versuch für ein Volksbegehren „Mehr Demokratie in Thüringen" wurde zugelassen. Der neue Gesetzentwurf war anders angelegt: Die Initiatoren beschränkten sich auf Verfassungsänderungen; die Kommunalordnung blieb unangetastet. Für den Bürgerantrag sollte die Flächenklausel entfallen und die Hürde von sechs Prozent auf ca. 1,25 Prozent abgesenkt werden. Die Eintragungsfrist für Volksbegehren sollte um zwei auf sechs Monate aufgestockt werden. Zudem war eine Quorensenkung von 14 Prozent auf fünf Prozent anvisiert. Grundsätzlich zulässig sollten Volksbegehren werden, auch wenn sie Auswirkungen auf den Landhaushalt entfalten. Bedingung: Es muss ein Kostendeckungsvorschlag vorgelegt und das gesamtwirtschaftliche Gleichgewicht beachtet werden. Beim Volksentscheid sollte das Zustimmungsquorum bei einfachen Gesetzen ganz entfallen und bei Verfassungsänderungen auf 25 Prozent halbiert werden. Mit diesen Vorschlägen wäre Thüringen zweifelsohne zur direktdemokratischen Avantgarde unter den deutschen Ländern aufgestiegen.

Die Unterschriftensammlung für das Volksbegehren erfolgte im Sommer und Herbst des Jahres 2000. Entgegen aller Erwartungen kamen nicht nur die geforderten 14 Prozent zustande, sondern es unterzeichneten 18,34 Prozent aller stimmberechtigten Bürgerinnen und Bürger. Die 363.000 Unterschriften – „Wertpapiere für die Demokratie", wie es das Bündnis formulierte – markierten das zweitbeste prozentuale Ergebnis, das es je für ein Begehren in der Bundesrepublik gab.

Dessen ungeachtet erhob die Thüringer Landesregierung Klage gegen das Begehren vor dem Thüringer Verfassungsgerichtshof in Weimar. Der Konflikt, der auch zwischen Opposition und CDU-Alleinregierung zu verorten war, wurde damit von der politischen auf die juristische Ebene verlagert. Die Regierung stützte sich dabei auf zwei Gutachten, die zu dem Schluss kamen, dass der Inhalt des Begehrens mit der Thüringer Verfassung unvereinbar sei.

Am 19.9.2001 kam auch der Thüringer VerfGH zu dem Ergebnis, dass das Volksbegehren unzulässig ist. Da gerade die Herzstücke des Volksbegehrens verfassungswidrig seien, komme auch eine Teilzulässigkeit nicht in Frage. Die Initiatoren hätten sich aus anderen Landesregelungen „die Rosinen" herausgepickt, um „direkte Demokratie in einem Maß zu erleichtern", dass die Gewichte nachhaltig zugunsten der Volksgesetzgebung und zulasten parlamentarischer Demokratie verschoben würde. Sowohl mit der Gestaltung der Quoren als auch mit der Möglichkeit finanzwirksamer Volksgesetze würde der Vorrang der parlamentarischen Gesetzgebung in Frage gestellt. Durch den Richterspruch unterblieb eine weitere parlamentarische Behandlung des Volksbegehrens.

Das Urteil ist in der Folge scharf kritisiert worden, insbesondere weil es für Volksgesetzgebung in Thüringen sehr enge Grenzen formulierte. Sowohl bezüglich der Quoren als auch des Finanzvorbehalts des Parlaments, so wurde bemängelt, stütze sich das Gericht weniger auf verfassungsrechtliche als vielmehr auf verfassungspolitische Erwägungen.

Trotz des juristischen Erfolges sah sich die Landesregierung einem erheblichen öffentlichen Druck ausgesetzt, die Volksgesetzgebung im Freistaat zu verbessern. Die Suche nach neuen Lösungen setzte daher ausgerechnet zu einem Zeitpunkt ein, an dem die regierende CDU mit dem Urteil einen Erfolg für sich verbuchen konnte. Eine nicht zu unterschätzende Rolle spielte sicher die Befürchtung, dass die Opposition im Land das Thema im Landtagswahlkampf 2004 politisch besetzen könnte.

Nachdem die CDU Bereitschaft für eine Ausweitung der Mitbestimmungsmöglichkeiten zeigte, legten die Oppositionsfraktionen SPD und PDS einen gemeinsamen Entwurf für ein „Gesetz zur Entwicklung direkter Demokratie im Freistaat Thüringen" vor. Der Gesetzestext basierte auf dem „Mehr Demokratie"-Volksbegehren, berücksichtigte aber auch die Entscheidung des Verfassungsgerichts. Der Entwurf unterschied sich vom Volksbegehrenstext vor allem dadurch, dass von einer Relativierung des Finanzvorbehalts abgesehen wurde und die Hürden für Volksbegehren heraufgesetzt wurden. Gleichzeitig hielt der SPD-PDS-Entwurf jedoch am Verzicht auf Quoren beim Volksentscheid über einfache Gesetze fest. Auch die CDU präsentierte in der Folge einen eigenen Gesetzentwurf mit Änderungsvorschlägen, die allerdings nicht unbedingt zu einer Erleichterung von Volksgesetzgebung im Land geführt hätten. So sollte zwar die Eintragungshürde beim Volksbegehren von 14 auf 10 Prozent gesenkt und die Hürden beim Bürgerantrag deutlich abgesenkt werden. Gleichzeitig zielte der Gesetzentwurf jedoch statt der bisher freien Unterschriftensammlung auf eine Amtseintragung ab; die Eintragungsfrist für Volksbegehren sollte von vier Monaten auf nur zwei Wochen verkürzt werden.

Bei den Entwürfen von CDU und SPD/PDS zeigten sich wieder die unterschiedlichen Positionen der politischen Parteien, die schon während der Verfassungsberatungen deutlich zutage getreten waren. Doch der Konfrontationskurs, den die CDU seit Beginn des Volksbegehrens an den Tag legte, begann in den folgenden Monaten aufzuweichen. Hatte noch im April 2001 der CDU-Landesvorsitzende Dieter Althaus vor einer „Gegendemokratie" durch zu starke direktdemokratische Instrumente gewarnt, folgten nun moderatere Töne. Der unverkennbare Erfolg des Volksbegehrens führte zu Kompromissbereitschaft. Die langen und schwierigen Gespräche der drei Fraktionen führten letzten Endes zehn Jahre nach den schon damals verbittert geführten Verfassungsverhandlungen zum Thema direkte Demokratie zu einer deutlich verbesserten Rechtslage für Volksgesetzgebungsverfahren auf Landesebene, die bis zum heutigen Tag gültig ist. Das Volksbegehren für „Mehr Demokratie" war quasi „erfolgreich gescheitert".

Auch auf kommunaler Ebene lässt sich bei den Regelungen zur direkten Demokratie eine wechselvolle Geschichte nachzeichnen. In Thüringen waren schon während der Weimarer Republik kommunale Referenden landesgesetzlich verankert. Nach dem Sturz des SED-Regimes galt in den wiederentstandenen Ländern bis zur Verabschiedung einer eigenen Kommunalordnung die Kommunalverfassung der DDR von 1990 weiter, die recht weitgehende direktdemokratische Mitspracherechte vorgesehen hatte. Am 18.2.1994 wurde in Thüringen eine eigene Kommunalordnung nach dem Vorbild der „Süddeutschen Ratsverfassung" beschlossen, die wie alle Kommunalverfassungen der ostdeutschen Länder vor dem Hintergrund der Wende-Erfahrungen direktdemokratische Instrumente vorsah. Allerdings wurden in mehreren neuen Ländern die Hürden für Volksgesetzgebung merklich erhöht, insbesondere in Thüringen, wo nun beim Bürgerbegehren statt 10 Prozent (DDR-Kommunalverfassung) 20 Prozent der Stimmberechtigten gefordert wurden. Beim Bürgerentscheid sollte hingegen weiterhin die Mehrheit entscheiden, sobald diese Mehrheit mehr als 25 Prozent der Stimmberechtigten umfasste. Ein Ratsbegehren, das der Gemeinde- oder Stadtrat zur Abstimmung stellt, war genauso wenig vorgesehen wie direktdemokratische Einflussmöglichkeiten auf Landkreisebene.

Angesichts der engen Grenzen für Bürgerinnen und Bürger, in ihrer Gemeinde direkt mitzuentscheiden, nimmt es nicht Wunder, dass die direktdemokratischen Initiativen in Thüringen auch auf kommunaler Ebene sehr überschaubar blieben. Vor diesem Hintergrund zielte der erste Versuch für ein Volksbegehren für „Mehr Demokratie in Thüringen" auch auf Erleichterungen für die Volksgesetzgebung auf kommunaler Ebene ab. Nach der Ablehnung des ersten Zulassungsantrags für dieses Volksbegehren wurde das Thema allerdings zunächst fallengelassen. Im Jahr 2002 brachte dagegen die CDU einen Gesetzentwurf zur Änderung der Thüringer Kommunalverfassung ein. Vor dem Hintergrund der Debatten um bessere Mitbestimmungsrechte der Bürgerinnen und Bürger stellte sie eigene Vorschläge zur Diskussion. Das Quorum für den sogenannten Bürgerantrag – nicht zu verwechseln mit dem Bürgerantrag auf Landesebene – sollte von 10 Prozent auf fünf Prozent gesenkt werden, beim Bürgerbegehren von 20 Prozent auf 15 Prozent – weiterhin ohne Staffelung nach Gemeindegröße. Den Kernpunkt der Vorschläge bildete die Einführung der Amtssammlung – in Deutschland in keinem anderen Bundesland auf kommunaler Ebene praktiziert – und die Begrenzung der Sammlungsfrist auf zwei Wochen. Mit diesen Verfahrensanforderungen wären die Voraussetzungen für erfolgreiche Initiativen auf kommunaler Ebene tendenziell eher erschwert worden: „Etikettenschwindel", warnte das Bündnis für „Mehr Demokratie in Thüringen" denn auch. In letzter Sekunde lenkte die regierende CDU ein, da die Opposition sonst mit einem Abbruch der parallel stattfindenden Gespräche über eine Reform von Volksbegehren drohte. Der Gesetzentwurf für kommunale Volksgesetzgebung wurde überarbeitet und sah nun doch von einer Eintragung in den Amtsstuben ab. Zudem wurde eine degressive Staffelung für Bürgerbegehren je nach Gemeindegröße von 13 Prozent bis 17 Prozent eingeführt; die Unterschriftensammlung wurde nun an eine Frist von zwei Monaten gebunden. Die Hürden beim Bürgerentscheid blieben die gleichen. Trotz dieser Änderungen bleibt Thüringen bis zum heutigen Tage im Vergleich der deutschen Bundesländer bei kommunalen Mitentscheidungsrechten am unteren Ende der Skala.

Vor diesem Hintergrund – auch nach der 2002 verabschiedeten Novelle wurden bis zum Jahr 2004 kaum mehr als zehn Bürgerbegehren initiiert – engagiert sich das Bündnis für „Mehr Demokratie" weiter für mehr Beteiligungsrechte. Ins Spiel gebracht werden dabei u.a. je nach Gemeindegröße ein Quorum beim Bürgerbegehren von 5 Prozent bis zwölf Prozent, für den Bürgerentscheid von zehn bis 23 Prozent, eine Ausdehnung der Sammlungsfrist auf vier Monate und eine deutliche Reduzierung des Negativkatalogs, der Themen benennt, die einem Bürgerbegehren nicht zugänglich sein sollen.

# 3  Landesebene

## 3.1 Bürgerantrag

Die direktdemokratischen Beteiligungsmöglichkeiten sind in der Thüringer Verfassung und dem Thüringer Gesetz über das Verfahren bei Bürgerantrag, Volksbegehren und Volksentscheid (ThürBVVG) normiert. Die Verfassung enthält dabei – insbesondere nach der Reform der Volksgesetzgebung im Jahr 2003 – vergleichsweise detaillierte Festlegungen. Dennoch beinhaltet auch das Ausführungsgesetz durchaus verfahrensrelevante Bestimmungen, so für den Bürgerantrag bezüglich der Dauer der Unterschriftensammlung.

Mit dem Bürgerantrag haben Thüringens Bürgerinnen und Bürger die Möglichkeit, ein Thema oder einen Gesetzentwurf im Landtag zur Behandlung vorzulegen. Der Bürgerantrag muss landesweit von mindestens 50.000 Stimmberechtigten unterzeichnet sein. Es gibt keine Unterschriftenlisten, sondern jede Stimme muss auf einem eigenen Bogen abgegeben werden. Die Sammlung erfolgt ausschließlich frei, d.h., in den Amtsstuben des Freistaats werden keine Unterschriftenbögen ausgelegt.

Nach dem Ende der Sammlungsfrist von sechs Monaten werden die Bögen von den Meldebehörden geprüft und danach an den Landtagspräsidenten weitergeleitet. Dieser entscheidet über die Zulässigkeit des Bürgerantrags und holt eine Stellungnahme der Landesregierung ein. Falls der Landtagspräsident die Unzulässigkeit des Bürgerantrags feststellt, obliegt es dem Antragsteller, innerhalb eines Monats vor dem Thüringer Verfassungsgerichtshof zu klagen. Bei Zulässigkeit hat der Landtag innerhalb von vier Monaten abschließend über den Bürgerantrag zu befinden. Falls der Bürgerantrag nicht nur im Plenum, sondern auch in den Ausschüssen behandelt wird, hat die Vertrauensperson eines Bürgerantrags Anwesenheits- und Rederecht, solange es nicht zu nicht zu Beschlussfassungen im Zusammenhang mit dem Antrag kommt.

Im Gegensatz zum Volksbegehren wird beim Bürgerantrag kein ausgearbeiteter Gesetzentwurf vorausgesetzt. Vielmehr geht es gerade darum, dass der Landtag auch mit bestimmten Gegenständen der politischen Willensbildung befasst werden kann – soweit sie in der Zuständigkeit des Landesparlaments liegen.

Trotz der deutlichen Absenkung der Hürden beim Bürgerantrag stößt dieses Verfahren immer noch auf Kritik. Das bisher nahezu unerreichbare Quorum von sechs Prozent der Stimmberechtigten (ca. 250.000) ist zwar auf 50.000 Unterschriften herabgesetzt worden; zudem ist die Flächenklausel entfallen, nach der in mindestens der Hälfte der Kreise fünf Prozent der Stimmberechtigten unterzeichnen müssen. Dennoch wird die Konstruktion des Bürgerantrags oftmals bemängelt. Der Bürgerantrag steht im Gegensatz zu einigen anderen neuen Ländern (dort: Volksinitiative) als fakultativer Verfahrensschritt vor dem Volksgesetzgebungsverfahren durch Volksbegehren und Volksentscheid. Ein Volksbegehren für einen bestimmten Gesetzentwurf muss also nicht durch einen vorhergehenden Bürgerantrag eingeleitet werden. Allerdings ist in Thüringen für ein Volksbegehren immer zwingend ein Zulassungsantrag zu stellen, der von mindestens 5.000 Stimmberechtigten unterzeichnet sein muss. Was auf den ersten Blick nach einem verkürzten Verfahren aussieht, da die erste Stufe eines möglichen Gesetzgebungsverfahrens ausgelassen werden kann, wird von den Verfechtern mehr direktdemokratischer Entscheidungsrechte dennoch kritisiert. Falls nämlich ein Bürgerantrag zu einer möglichen Gesetzesänderung gestellt und dieser abgelehnt wird, müssen die Initiatoren im Zweifelsfall ein quasi vierstufiges Verfahren durchlaufen: Bürgerantrag, Zulassungsantrag auf ein Volksbegehren, Volksbegehren, Volksentscheid. Kritiker fordern hier den Rückbau auf ein dreistufiges System, in dem sich nach einem Bürgerantrag (Volksinitiative) ein Anliegen stufenweise über Volksbegehren und Volksentscheid qualifizieren kann. In Thüringen jedoch steht der Bürgerantrag als eigenständiges Instrument neben Volksbegehren und Volksentscheid. Falls der Antrag abgelehnt wird, kann nicht direkt zu einem Volksbegehren übergegangen werden.

## 3.2 Volksbegehren und Volksentscheid

Auch die Regelungen zu Volksbegehren und Volksentscheid sind durch die Reform der Volksgesetzgebung im Jahr 2003 gelockert worden. Dabei richtet sich ein Volksbegehren nach wie vor auf ein Gesetz und ist an anspruchsvollere Voraussetzungen gebunden als ein Bürgerantrag. Bis 2003 waren allerdings für ein Volksbegehren die Unterschriften von mindestens 14 Prozent der Stimmberechtigten gefordert, nunmehr sind es nur noch zehn Prozent bei freier Unterschriftensammlung und acht Prozent bei der neu eingeführten optionalen Unterschriftensammlung in den Amtsstuben. Die Frist bleibt bei einer freien Sammlung mit vier Monaten unangetastet, bei amtlicher Sammlung wurde sie auf zwei Monate festgesetzt. Bei einer Sammlung in den Amtsstuben tragen die Initiatoren dafür Sorge, dass die Unterschriftenbögen rechtzeitig den Landkreisen und kreisfreien Städten zur Verfügung stehen.

Vor dem Volksbegehren ist ein Antrag auf Zulassung desselben zu stellen, der von 5.000 Stimmberechtigten innerhalb von sechs Wochen unterzeichnet werden muss. Bei der Neuregelung des Antrags ist ein Konstruktionsfehler der alten Verfassungsnormen beseitigt worden: Ursprünglich war die Anrufung des Verfassungsgerichtshofs bei Zweifeln an der Zulässigkeit des Begehrens erst nach dem Volksbegehren vorgesehen, nun aber hat die Landesregierung oder ein Drittel der Landtagsmitglieder bereits nach Einreichung des Antrags auf Volksbegehren zu klagen, wenn sie meinen, dass das Begehren unzulässig sei oder gegen höherrangiges Recht verstoße. Das schafft Rechtssicherheit für die Initiatoren, die es in dieser Form bisher in Thüringen nicht gab.

Nach der Prüfung der Unterschriftenbögen des Volksbegehrens durch die Meldebehörden werden diese an den Landtagspräsidenten weitergeleitet. Falls dieser das Nichtzustandekommen des Volksbegehrens feststellt, kann die Vertrauensperson des Volksbegehrens innerhalb Monatsfrist den Verfassungsgerichtshof in Weimar anrufen. Ist das Volksbegehren jedoch zustande gekommen, muss sich der Landtag innerhalb von sechs Monaten abschließend mit dem Volksbegehren befassen. Der Landtag kann entweder das Volksbegehren unverändert oder aber auch in veränderter Form annehmen, so die Vertrauensperson des Volksbegehrens dem zustimmt. Falls der Landtag das begehrte Gesetz hingegen ablehnt, kommt es zum Volksentscheid.

Beim Volksentscheid gibt es zwei Möglichkeiten: Zum einen kann der durch den Landtag abgelehnte Gesetzentwurf alleine zur Abstimmung stehen, zum anderen kann der Landtag einen eigenen Gesetzentwurf dagegen stellen. Im letztgenannten Fall der so genannten Konkurrenzvorlage besteht in einigen anderen Ländern die Gefahr, dass das Lager der Befürworter einer Gesetzesänderung gezielt aufgespaltet wird, so dass keiner der Entwürfe die erforderliche Mehrheit an Ja-Stimmen der Stimmberechtigten erhält. Diesem Problem wird in Thüringen teilweise vorgebeugt, indem auch zwei Ja-Stimmen vergeben werden können.

Für den Volksentscheid wird nicht nur eine Mehrheit der abgegebenen Stimmen gefordert, sondern auch ein so genanntes Zustimmungsquorum verlangt. Bei einfachen Gesetzen müssen mindestens ein Viertel der Stimmberechtigten für einen Entwurf gestimmt haben, bei verfassungsändernden Gesetzen indes mindestens 40 Prozent. Dabei gilt natürlich, dass die durch die „Ewigkeitsklausel" (Art. 83 III ThürVerf) geschützten Normen – Menschenwürde, Zugehörigkeit zur Bundesrepublik Deutschland, Grundsätze des demokratischen und sozialen Rechtsstaats, Volkssouveränität, Bindung der Gesetzgebung an die verfassungsmäßige Ordnung und der vollziehenden Gewalt bzw. der Rechtssprechung an Gesetz und Recht – nicht geändert werden dürfen. Einem Volksbegehren und damit einem Volksentscheid sind in Thüringen darüber hinaus Entscheidungen zum Landeshaushalt, zu Dienst- und Versorgungsbezügen, Abgaben und Personalentscheidungen nicht zugänglich. Im Gegensatz z.B. zu Sachsen und Sachsen-Anhalt gilt dieser so genannte Negativkatalog in Thüringen sogar für den Bürgerantrag (in Sachsen und Sachsen-Anhalt: Volksinitiative). Über die Reichweite der genannten Ausschlüsse besteht jedoch keine Einigkeit. Insbesondere ist strittig, wann der Landeshaushalt betroffen ist. Gilt der Ausschluss nur für das „goldene Recht" des Parlaments, das Haushaltsgesetz, oder sind alle finanziell relevanten Gesetze unzulässig? Der Thüringer Verfassungsgerichtshof spricht sich hier im Gegensatz zu seinen sächsischen Amtskollegen für eine weitreichende Auslegung aus.

Der Volksentscheid ist durch die Landesregierung innerhalb einer Frist von sechs Monaten durchzuführen und findet an einem Sonntag oder gesetzlichem Feiertag statt. Neu ist nach der Reform der Volksgesetzgebung in Thüringen, dass die Initiatoren durch den Freistaat finanziell unterstützt werden. Falls ein Volksbegehren erfolgreich war, erhalten die Initiatoren 0,15 EUR für jede Stimme, die für das Erreichen des Quorums notwendig war. Falls es zu einem Volksentscheid kommt und der begehrte Gesetzentwurf das erforderliche Zustimmungsquorum überwinden konnte, erhalten die Initiatoren für jede erforderliche Ja-Stimme 0,075 EUR. Die Notwendigkeit des Erfolgs wird zweifelsohne potenzielle Initiatoren anspornen; weniger aussichtsreiche Unterfangen werden hingegen bereits im Vorfeld ausgefiltert.

Sinnvoll erscheint die neue Regelung, wonach allen Thüringer Haushalten eine Abstimmungsbroschüre zuzusenden ist, die alle begründeten Gesetzentwürfe und detaillierte Angaben zu Stimmzettel enthält. Damit wurde einer Forderung des Bündnisses „Mehr Demokratie in Thüringen" entsprochen, die damit eine möglichst breite und umfassende Debatte unter den Bürgerinnen und Bürgern des Freistaats ermöglichen wollten.

## 3.3 Direktdemokratische Praxis und Bewertung

Der Freistaat Thüringen bildet insofern eine Ausnahme unter den neuen Bundesländern, als nur hier bisher keine Volksinitiative gestartet worden ist. Für das hier Bürgerantrag genannte Verfahren waren bekanntlich bis 2003 sehr hohe Hürden zu überwinden. Allerdings hat es in Thüringen mehrere Anläufe für Volksbegehren gegeben. Den Anfang machte 1994 der DGB mit seiner Unterschriftensammlung „Für Arbeit in Thüringen". Mit einem „Aufbaugesetz 2000" sollten 300.000 neue Arbeitsplätze in Thüringen geschaffen werden. Mehr als 133.000 Unterschriften wurden durch den DGB und Einzelgewerkschaften zusammengetragen. Über das genaue Verfahren herrschte jedoch weitgehend Unklarheit, da das die Verfassung konkretisierende Ausführungsgesetz für Volksbegehren erst nach Ende der Unterschriftensammlung verabschiedet wurde. Am Ende der Sammlungsfrist von vier Monaten stand fest, dass das notwendige Quorum von 14 Prozent der Stimmberechtigten weit verfehlt wurde. Im weiteren Verlauf wurde das Volksbegehren als Massenpetition umgedeutet und an den Petitionsausschuss verwiesen. Nach Meinung der Landesregierung bestand jedoch kein Handlungsbedarf im Sinne des Volksbegehrens. Ähnlich erging es einem damals eingeleiteten Volksbegehren des Deutschen Mieterbundes

Erst fünf Jahre später gab es wieder einen Versuch, ein Volksbegehren durchzuführen. Nach dem Scheitern eines ersten Zulassungsantrags für ein Volksbegehren war das Volksbegehren für „Mehr Demokratie in Thüringen" letztlich erfolgreich. Es überwand die Hürde von 14 Prozent der Stimmberechtigten, scheiterte jedoch nach einer Klage der Landesregierung vor dem Verfassungsgerichtshof. Ungeachtet dessen entfaltete das Volksbegehren allerdings einen hohen politischen Druck auf die Verantwortlichen, so dass es 2003 zu einem Kompromiss bei den Vorschriften zur Volksgesetzgebung auf Landesebene kam (siehe oben). Das Volksbegehren war durch die öffentliche Diskussion indirekt erfolgreich.

Mit insgesamt drei initiierten Volksbegehren und ohne Praxiserfahrungen beim Bürgerantrag bzw. Bürgerentscheid markierte Thüringen ungeachtet dessen eines der Schlusslichter im bundesweiten Vergleich der Länder. Mit den gelockerten Vorschriften durch die Reformen im Jahr 2003 schloss der Freistaat immerhin zum Mittelfeld bei den rechtlichen Regelungen auf. Direkte Demokratie sieht sich

in Zukunft auf keiner Verfahrensstufe den hohen Quoren der Vergangenheit ausgesetzt, als den Bürgerinnen und Bürgern quasi nur ein „als ob"-Recht zugestanden
wurde. Mittlerweile gibt es mehrere Organisationen und Parteien, die über die
Einleitung direktdemokratischer Verfahren nachdenken.

# 4    Kommunale Ebene

Bürgerbegehren und Bürgerentscheid in den Städten und Gemeinden werden durch
die Thüringer Kommunalordnung (§17 ThürKO) geregelt. Die Thüringer Gemein-
deverfassung trat 1994 in Kraft und wurde im Bereich der Volksgesetzgebung im
Jahr 2002 geändert. Vor 1994 galt im Wesentlichen das noch im Mai 1990 von der
Volkskammer beschlossene Gesetz über die Selbstverwaltung der Gemeinden und
Landkreise in der DDR. Mit der danach beschlossenen Kommunalordnung über-
nahm Thüringen das Modell der Süddeutschen Ratsverfassung, dass sich in der
Vergangenheit in immer mehr Bundesländern durchgesetzt hat.

## 4.1 Bürgerbegehren und Bürgerentscheid – rechtliche Grundlagen

Durch Bürgerbegehren und Bürgerentscheid können die Einwohner einer Gemeinde eine Entscheidung über wichtige Angelegenheiten des eigenen Wirkungskreises
herbeiführen. Anders als in den anderen neuen Ländern sind direktdemokratische
Verfahren allerdings nicht auf Kreisebene vorgesehen. Auch das sogenannte Ratsbegehren – ein durch die Kommunalvertretung eingeleiteter Bürgerentscheid – ist
in Thüringen nicht existent.

Zulässig ist ein Bürgerbegehren zur Durchführung eines Bürgerentscheids „in
wichtigen Angelegenheiten". Angesichts der in Thüringen sehr hohen Quoren für
ein erfolgreiches Bürgerbegehren (13 bis 17 Prozent), ist bei deren Überwinden im
Regelfall wohl von einer wichtigen Angelegenheit auszugehen, welche die Bevölkerung in erkennbarer Weise betrifft. Dabei sind aber einige Gemeindeangelegenheiten für Bürgerbegehren grundsätzlich nicht zugänglich. In einem Negativkatalog werden Materien aufgelistet, die den Bürgerinnen und Bürgern nicht zur Entscheidung vorgelegt werden dürfen. Auch in allen anderen Bundesländern ist ein
solcher Katalog in den Gemeindeverfassungen aufgeführt, doch in Thüringen sind
die Tabuthemen besonders umfangreich. Im Regelfall sind Haushaltsentscheidungen, Abgaben- und Gebührenregelungen, Fragen der Besoldung und der inneren
Organisation der Verwaltung sowie die Beteiligung in anhängigen Rechtsstreitigkeiten ausgeschlossen. In Thüringen sind darüber hinaus auch Themen wie der
Erlass, die Änderung oder die Aufhebung von Satzungen jeder Art oder kommunale Unternehmen oder Unternehmensbeteiligungen grundsätzlich tabu. Einen Posi-

tivkatalog mit ausdrücklich zulässigen Materien gibt es in Thüringen nicht. Dafür existiert allerdings eine Frist nicht nur für das Sammeln der Unterschriften, sondern auch für die vorhergehende Einreichung eines Zulassungsantrags auf ein Bürgerbegehren. Für den Fall, dass sich ein Begehren gegen den Beschluss eines Gemeinderates bzw. Ausschusses richtet, ist der Antrag innerhalb von vier Wochen nach der Bekanntmachung des Beschlusses zu stellen.

Auf einer Linie befindet sich der Freistaat mit den meisten Bundesländern, wenn es um die Forderung nach einem Kostendeckungsvorschlag geht. Es muss dargelegt werden, wie das Anliegen des Bürgerbegehrens in gesetzlich zulässiger Weise finanziert werden kann – angesichts der notorisch klammen Haushaltskassen in vielen Fällen kein einfaches Unterfangen.

Auch durch die Zahl der geforderten Unterschriften wird eine hohe Hürde aufgestellt. Bis zum Jahr 2002 galt in Thüringen das Erfordernis von 20 Prozent Unterstützungsunterschriften für ein Bürgerbegehren. Mit der Novelle der Kommunalordnung sind es nun zwischen 13 und 17 Prozent – abhängig von der Gemeindegröße. Der Grund für die neu eingeführte degressive Staffelung: Nach allen Erfahrungen zeigt sich, dass es mit zunehmender Einwohnerzahl schwieriger wird, eine bestimmte Quote an Unterschriften zu erreichen. Auch beim Bürgerentscheid wurde eine Abstufung nach Gemeindegröße eingeführt, womit Thüringen dem Beispiel Bayerns folgte, dass als bis dato einziges Bundesland eine solche Regelung kannte. Ein Bürgerentscheid ist nunmehr angenommen, wenn er die Mehrheit der abgegebenen Stimmen auf sich vereinigt und diese Mehrheit mindestens 20, 23 bzw. 25 Prozent der Stimmberechtigten beträgt. Der Entscheid findet nicht statt, wenn der Gemeinderat die Durchführung der verlangten Maßnahme von sich aus beschließt. War ein Bürgerentscheid erfolgreich, so kann er innerhalb von zwei Jahren nur durch einen neuen Bürgerentscheid geändert werden, es sei denn, die zugrunde liegende Sach- oder Rechtslage hat sich vor Ablauf dieser Sperrfrist wesentlich geändert.

Trotz der Novellierung der Regelungen zu Bürgerbegehren und Bürgerentscheid werden die Thüringer Regelungen von den Verfechtern von mehr direkter Demokratie kritisiert. Grund dafür sind die nach wie vor sehr hohen Quoren, aber auch die neu eingeführte Sammlungsfrist bei Bürgerbegehren, die mit acht Wochen die kürzeste in Deutschland ist. Vor diesem Hintergrund sei keine lebendige direkte Demokratie in den Thüringer Kommunen zu erwarten.

## 4.2 Bürgerbegehren und Bürgerentscheid – Praxis

Bürgerbegehren und Bürgerentscheide werden in Thüringen wie in den meisten Ländern nicht durch das Land erfasst. Dementsprechend unterschiedlich sind die Zahlen, die gelegentlich genannt werden. Die verlässlichste Datenquelle für bisher in Thüringen durchgeführte Bürgerbegehren und –entscheide bietet die in Marburg ansässige Forschungsstelle Direkte Demokratie. Dort sind 56 Bürgerbegehren und zwölf Bürgerentscheide von 1994 bis zum Jahr 2003 registriert – die genauen Zahlen dürften aber etwas darüber liegen. Vor dem Hintergrund dessen, dass viele Initiativen gerade in den kleineren der über 1.000 Thüringer Gemeinden stattfanden, wird allerdings schnell klar: Direktdemokratische Instrumente spielen nur eine geringe Rolle im kommunalpolitischen Alltag Thüringens.

In sieben Fällen waren Bürgerbegehren in Thüringen dadurch erfolgreich, dass der Gemeinderat die entsprechende Beschlussvorlage übernommen hat. In elf von zwölf Fällen war ein Bürgerentscheid erfolgreich im Sinne der Initiatoren – ein auffallend hoher Anteil. Allerdings wurden auch 14 Bürgerbegehren als unzulässig abgelehnt. Auffällig ist in Thüringen – wie in den anderen neuen Ländern auch – die hohe Zahl der Initiativen zum Thema Gebietsreform. Anfang bis Mitte der 1990er Jahre wurden in den noch jungen Ländern die kommunalen Verwaltungsstrukturen gestrafft, was in der Öffentlichkeit kontrovers diskutiert wurde und sich auch in der Zahl der initiierten Bürgerbegehren niedergeschlagen hat. Weitere thematische Schwerpunkte bildeten in Thüringen die Themen Müll/Abwasser, Verkehr und öffentliche Infrastruktur bzw. Versorgungseinrichtungen. Zu letzterem Themenkomplex gehört auch ein Bürgerbegehren, dass in Gera gegen ein Cross-Border-Leasing-Geschäft angestrengt wurde. Mit der Transaktion sollte die städtische Schieneninfrastruktur an einen US-Investor verleast werden, um so Geld in die klamme Stadtkasse zu bringen. Vor dem Hintergrund der Globalisierungsdebatte wurden in vielen Ländern derartige Begehren gestartet, die sich im weitesten Sinne gegen die Privatisierung kommunaler Einrichtungen wenden. Allerdings: vor dem Hintergrund des Thüringen weitreichenden Negativkatalogs der Kommunalordnung wurde das Begehren durch die Geraer Stadtverwaltung abgelehnt – in Bayern oder Hessen wäre es hingegen zulässig gewesen.

## 4.3 Personalwahlen

Mit der 1994 in Kraft getretenen Kommunalordnung wurden in Thüringen die Grundstrukturen in den Kommunen nach dem Vorbild der Süddeutschen Ratsverfassung ausgerichtet. Damit liegt der Freistaat in einem Trend ein, der in den 1990er Jahren alle ostdeutschen und mehrere westdeutsche Länder erfasste. Die Entscheidung für die Süddeutsche Ratsverfassung bedeutete auch eine Änderung des Verfahrens für die Wahl der Bürgermeister und Landräte. Wurden diese bisher durch die Kommunalvertretungen bzw. Kreistage gewählt, so ist nun die direkte Wahl durch die Bürgerinnen und Bürger vorgesehen. Darüber hinaus wurde die Dauer der Wahlperiode von Bürgermeistern und Landräten von der der Gemeinderäte bzw. der Kreistagsmitglieder entkoppelt. Erklärtes Ziel war es, die Stellung und die Legitimation der Bürgermeister und Landräte zu stärken. Zwischen den Bürgerinnen und Bürgern und den zu wählenden Bürgermeistern bzw. Landräten sollte ein direkter Legitimationsstrang aufgebaut werden, was de facto der Errichtung einer Art lokalen Präsidialsystems gleichkommt. Thüringen folgte dabei der Süddeutschen Ratsverfassung sehr weitgehend: Der Bürgermeister bzw. Landrat ist zum einen Leiter der Verwaltung, darüber hinaus zum anderen auch stimmberechtigter Ratsvorsitzender.

Darüber, wie sich die Direktwahl bisher ausgewirkt hat, gibt es durchaus unterschiedliche Ansichten. Viele Beobachter gehen davon aus, dass die Stellung des Bürgermeisters bzw. des Landrats nicht nur lediglich gestärkt wurde, sondern dass der jeweilige Amtsinhaber auch unabhängiger von Parteien geworden ist und somit politisch selbständiger agiert. Dagegen wird eingewandt, dass es auch zu einer Schwächung kommen kann, wenn der Bürgermeister bzw. der Landrat weniger von politischen Gruppierungen getragen wird und sich politische Mehrheiten immer aufs Neue organisieren muss.

Doch handelt es sich bei der 1994 eingeführten Direktwahl tatsächlich – wie so oft apostrophiert – um den Siegeszug der *plebiszitären*, das heißt der direktdemokratischen Bürgermeisterverfassung? Das Problem: Die direkte Wahl des Bürgermeisters bzw. Landrats schafft noch keinen unmittelbaren Einfluss auf eine spezifische Sachentscheidung. Die Bürgerinnen und Bürger treten nicht als Gesetzgeber auf. Vielmehr stellen direkte Personalwahlen eine Erweiterung der Gestaltungsmöglichkeiten des repräsentativen Systems dar. Mit dieser Einschränkung wird allerdings nicht in Frage gestellt, dass die Bürgerinnen und Bürger damit indirekten Einfluss auf politische Entscheidungen nehmen können – ein direkt gewählter Amtsinhaber wird im Regelfall daran interessiert sein, dass politische Entscheidungen auch von einer Mehrheit in der Bevölkerung getragen werden.

Die Einschätzung, dass die Direktwahl von kommunalen Amtsträgern nicht als direktdemokratisches Verfahren anzusehen ist, ist nicht unumstritten. In der einschlägigen Literatur wird teilweise versucht, den Streit durch eine Unterscheidung von direkter Demokratie im engeren und direkter Demokratie im weiteren Sinn zu entschärfen. Ungeachtet dieser eher akademischen Debatte gilt es festzuhalten, dass durch die 1994 auch in Thüringen eingeführte Direktwahl genauso wie durch die Möglichkeit des Kumulierens und Panaschierens die politischen Beteiligungsmöglichkeiten für die Bürgerinnen und Bürgern in den Gemeinden und Landkreisen zweifelsohne gestärkt wurden.

Bürgermeister und Landräte werden in Thüringen für eine Dauer von sechs Jahren gewählt, für die Gemeinde- und Stadträte ist eine Wahlperiode von fünf Jahren vorgesehen. Wie in allen anderen ostdeutschen Bundesländern, so sind auch in Thüringen Bürgermeister und Landräte abwählbar. Dazu bedarf es im Freistaat allerdings eines Beschlusses von zwei Dritteln des Gemeinderates bzw. Kreistages. Findet ein entsprechender Entscheid statt, so ist der Amtsinhaber abgewählt, wenn sich eine Mehrheit für eine Abwahl ausspricht und diese Mehrheit mindestens 30 Prozent aller Wahlberechtigten beträgt. Die Abwahl eines Amtsinhabers ist im Vergleich zu seiner Wahl eher als direktdemokratisches Verfahren anzusehen, da hier der *punktuelle* Wunsch nach Neuwahlen und einer grundsätzlichen Kurskorrektur geäußert wird. Bis 2002 gab es in Thüringen fünf Abwahlverfahren gegen Bürgermeister, von denen zwei erfolgreich waren. In drei Fällen kam es zu erfolglosen Abwahlverfahren gegen Landräte.

## 4.4 Weitere Partizipationsinstrumente

Die Thüringer Kommunalordnung hält neben Bürgerbegehren und Bürgerentscheid zwei weitere Instrumente der Bürgerbeteiligung bereit. Diesen Beteiligungsformen haftet jedoch der Makel an, dass es ihnen an Durchsetzungskraft fehlt.

Zum einen findet sich in der Kommunalordnung die Pflicht der Gemeinde, mindestens einmal im Jahr die Einwohner über wichtige Gemeindeangelegenheiten in einer Einwohnerversammlung zu unterrichten. In größeren Gemeinden können Einwohnerversammlungen auf Teile des Gemeindegebiets beschränkt werden.

Darüber hinaus garantiert die Gemeindeverfassung mit dem Bürgerantrag eine Art Äquivalent zum Thüringer Bürgerantrag auf Landesebene. Die Bürgerinnen und Bürger können demnach beantragen, dass der Gemeinderat über eine gemeindliche Angelegenheit, für die er zuständig ist, berät und entscheidet – solange diese Angelegenheit nicht Gegenstand eines Bürgerantrags innerhalb des letzten Jahres war. Der Bürgerantrag muss schriftlich bei der Gemeinde eingereicht werden, er muss hinreichend bestimmt sein und eine Begründung enthalten. Darüber hinaus muss er in Abhängigkeit von der Gemeindegröße von einer ausreichenden Zahl der bei der letzten Gemeindewahl amtlich ermittelten Zahl der Bürgerinnen und Bürger unterstützt werden. Die Hürden reichen von acht Prozent von Gemeinden mit weniger als 3.000 Einwohnern bis zu vier Prozent bei Gemeinden mit mehr als 10.000 Einwohnern. Falls der Gemeinderat den Bürgerantrag für zulässig hält, ist darüber innerhalb von drei Monaten nach Eingang zu beraten und zu entscheiden. Im Gegensatz zum Beispiel zu Nordrhein-Westfalen (dort Einwohnerantrag) ist die Beteiligung an einem Bürgerantrag an die Erreichung des passiven Wahlrechts gebunden, d.h. Jugendliche unter 18 Jahren können in Thüringen einen Bürgerantrag nicht unterstützen.

## 5  Fazit

Direkte Demokratie führt in Thüringen bisher ein Schattendasein. Dies hat sich weder nach der Novelle der Thüringer Kommunalordnung im Jahr 2002 noch nach der Reform der Volksgesetzgebung auf Landesebene im Jahr 2003 geändert. Mit insgesamt drei Volksbegehren und ohne praktische Erfahrungen mit einem Bürgerantrag bzw. einem Volksentscheid liegt Thüringen erkennbar unter dem Bundesdurchschnitt. Allerdings gibt es Pläne von Parteien und Verbänden, die schwer erkämpften Beteiligungsrechte in Zukunft stärker zu nutzen. Angesichts der hohen Hürden für direkte Demokratie auf kommunaler Ebene gibt es darüber hinaus auch in diesem Bereich erkennbare Bestrebungen, hier zu einer Lockerung zu kommen.

Ungeachtet der geringen praktischen Erfahrungen in Thüringen bleibt festzustellen: Direktdemokratische Verfahren werden auch hier nicht nur an ihrem direkten Erfolg gemessen. Selbst wenn ein Begehren nicht erfolgreich war, so führte es doch häufig zu Kompromisslösungen. Im Fall des juristisch gescheiterten Volksbegehrens für „Mehr Demokratie in Thüringen" war beispielsweise der öffentliche Druck so groß, dass die Landesregierung sich zu Gesprächen mit der Opposition und schließlich zu einer Lockerung der Verfahrensregelungen bereit erklärte. Auch in den Fällen, in denen ein Begehren oder Entscheid erkennbar ohne Folgen blieb, bleibt trotzdem ein Nutzen. Politische Themen – egal, ob auf Landes- oder Kommunalebene – werden ausführlicher diskutiert, Menschen werden an politische Zusammenhänge herangeführt. Entscheidungsprozesse und die Motive für ein bestimmtes politisches Handeln werden transparenter. In dieser Hinsicht haben auch in Thüringen die direktdemokratischen Mitspracherechte positiv gewirkt. Zweifel bleiben an der Höhe der Hürden, insbesondere auf Kommunalebene. Durch zu hohe Quoren droht schnell das Gefühl politischer Ohnmacht – hier bietet sich die Möglichkeit, verloren gegangenes Vertrauen durch verbesserte Beteiligungsrechte zurückzugewinnen.

 ## Literatur- und Internethinweise

*Edinger, Michael*: Die Herausforderung der repräsentativen Demokratie in Thüringern, in: Schmitt, Karl (Hrsg.): Herausforderungen der repräsentativen Demokratie, Baden-Baden 2003.

*Franke-Polz, Tobias*: Direkte Demokratie, Erfurt 2003.

*Jung, Otmar*: Direkte Demokratie in Thüringen. Der Freistaat im Ranking der Bundesländer, in: Thüringer Verwaltungsblätter 12/2002.

*Klages, Andreas*: Direkte Demokratie in Deutschland. Impulse aus der deutschen Einheit, Marburg 1996.

*Wollmann, Hellmut*: Direkte Demokratie in den ostdeutschen Kommunen, in: Bogumil, Jörg (Hg.): Kommunale Entscheidungsprozesse im Wandel, Opladen 2002.

www.forschungsstelle-direkte-demokratie.de

www.mehr-demokratie.de

# Grundsatzfragen der direkten Demokratie

*Otmar Jung*


## 1 Einleitung

So wichtig die Betrachtung der direkten Demokratie in den einzelnen Bundesländern ist – sowohl der Verfassungsrechtslage als auch der Staatspraxis –, weil Politik erst dort konkret wird, so nützlich ist ein Blick „über den Tellerrand", nach draußen zu anderen Ländern, Völkern und Kulturen. Direkte Demokratie wird ja weltweit praktiziert, besonders intensiv in der Schweiz (auf allen staatlichen Ebenen) und in vielen US-Bundesstaaten. Dort hat sich ein Erfahrungsschatz angesammelt, der auch für manche deutsche Debatte hilfreich sein kann, und zwar in doppelter Hinsicht. Erstens: Wie direkte Demokratie anderswo gehandhabt wird, vermittelt Maßstäbe, um Verfahren und Ergebnisse hierzulande kritisch zu beurteilen. Zweitens: Aus den Erfahrungen der anderen ergeben sich Antworten auf Fragen, die in Deutschland diskutiert werden, ohne dass wir selbst sie beantworten könnten. Ob beispielsweise die Einführung der direkten Demokratie in Deutschland auf Bundesebene mit dem Prinzip des Föderalismus vereinbar ist oder aber zu einer Schwächung der Bundesländer führt – um eine aktuelle Diskussion anzutippen (Beckstein 2003; Jung 2004) –, lässt sich bei einer näheren Befassung mit den schweizerischen Verhältnissen und der Entwicklung der kantonalen Selbständigkeit seit Einführung bzw. Ausbau der direkten Demokratie auf der eidgenössischen Ebene ziemlich sicher beantworten.

Dieses Beispiel illustriert eine Eigenart der einschlägigen deutschen Diskussion. Warner und Bedenkenträger tun oft so, als ob für die Einführung direkter Demokratie geradezu Wagemut vonnöten sei und als ob ihre Befürworter einen Sprung ins Unbekannte riskieren wollten.[1] Tatsächlich brauchen die Deutschen gar

---

[1] Geradezu exemplarisch erscheint, was der rechtspolitische Sprecher und neue Parlamentarische Geschäftsführer der CDU/CSU-Bundestagsfraktion, *Norbert Röttgen,* zu dem jüngsten Vorstoß der rotgrünen Koalition für Volksentscheide in Deutschland in einem Interview bemerkte: „... grundsätzlich bin ich der Auffassung[,] ist ein Volksentscheid, die Einführung solcher Elemente mit mehr Nachteilen als mit Vorteilen für unsere Demokratie verbunden. NDR Info: Wie können Sie das so genau wissen? Kommt es nicht erst mal auf einen Versuch an? Röttgen: Man kann nicht experimentieren. Wenn es schlechter ist, dann hat man sich eben die schlechtere Demokratie eingehandelt. Man muss es verantwortlich entscheiden, man muss sich seine Meinung bilden. *Wissen kann das keiner, es ist meine Meinung und nicht mein Wissen."* http://www.ndrinfo.de/ndrinfo_pages_std/ 0,2758,OID638232_ REF6,00.html (Zugriff 27. 10. 2004 – Hervorhebung nicht im Original).

nichts zu wagen. Es geht einfach darum, ob man Instrumente übernimmt, die schon in vielen anderen Ländern der Welt wohltätige Effekte gezeitigt haben, wovon man sich insbesondere bei unseren südwestlichen Nachbarn und bei der Führungsmacht jenseits des Atlantiks überzeugen kann.

Natürlich gibt es Grenzen einer (rechts-)vergleichenden Argumentation. Man muss gewiss nicht alles so machen wie die anderen. Aber wenn man es anders macht – und zumal, wenn man es auffällig anders oder abweichend von allen anderen macht –, sollte man die herkömmlichen Begründungen für den besonderen eigenen Weg gut reflektieren. Selbstverständlich darf man auch die Antworten anderer auf die eigenen Fragen nicht einfach unkritisch übernehmen. Die systemischen Zusammenhänge, die spezifischen Traditionen und die besondere politische Kultur eines Landes mögen dazu führen, dass seine Antworten für ein anderes Land nicht passen (vgl. Abromeit 2003: 97 ff.; Schmidt 2003: 119 f.). Aber man sollte jene Antworten anderer Länder zur Kenntnis nehmen und nicht so tun, als sei bei der einschlägigen Problematik alles dunkel und unklar.

Ähnliches wie für den Blick nach draußen gilt für den Blick zurück. Gewiss wiederholt sich Geschichte nicht einfach, und vor allem hält sie keine schlichten Ratschläge bereit. Aber das heißt umgekehrt doch nicht, dass es in einer aufgeklärten historischen Sicht aus der Vergangenheit nichts zu lernen gäbe.

In diesem Sinne sollen hier Grundsatzfragen der direkten Demokratie aufgeworfen werden: Wie ist direkte Demokratie zu konzipieren (dazu unter 2.), wie ist sie auszugestalten (dazu unter 3.), und welche Wirkungen hat sie (dazu unter 4.)? Darauf sollen Antworten gegeben werden – die deutschen Bundesländer im Blick und ausländische Erfahrungen sowie die deutsche Geschichte im Hinterkopf. Ein Überblick darüber, wie hierzulande oft über direkte Demokratie diskutiert wird (unter 5.), zeigt, wie viel in dieser Hinsicht noch zu lernen ist.

## 2 Die Konzeption der direkten Demokratie

### 2.1 Direkte Demokratie überhaupt?

Bis 1989 kannten in der alten Bundesrepublik nur die vorgrundgesetzlichen Landesverfassungen der ehemaligen amerikanischen und französischen Besatzungszonen (sowie Nordrhein-Westfalen und Berlin) die Volksgesetzgebung; seitdem haben bis 1996 auch alle anderen Bundesländer diese Form direkter Demokratie übernommen. Ferner besteht in Bayern und Hessen sowie – mit Modifikationen – in Bremen ein sogenanntes obligatorisches Verfassungsreferendum (Jung 2005a). Geradezu einem Siegeszug glich die Entwicklung auf der Kommunalebene, wo jahrzehntelang Baden-Württemberg als einziges Land Bürgerbegehren und Bürgerentscheid vorsah, bis dann zwischen 1990 und 1997 die kommunale Direktde-

mokratie flächendeckend eingeführt wurde (Jung 1999c, Geitmann 1999). Auf
Bundesebene wurden lange Zeit alle einschlägigen Vorstöße abgewehrt. Erstmals
fand sich 2002 im Bundestag eine Mehrheit für die Einführung von Volksinitiative,
Volksbegehren und Volksentscheid ins Grundgesetz – freilich (noch) nicht die
verfassungsrechtlich erforderliche Zweidrittel-Mehrheit (Jung 2002d). Inzwischen
hat die Koalition von SPD und Bündnis 90/Die Grünen ihren damaligen Entwurf,
überarbeitet und mit Blick auf die europäische Verfassung um ein – problemati-
sches – Staatsvertragsplebiszit ergänzt (Jung 2005b), erneut zur politischen Diskussion gestellt. Heißt das, dass die Parlamente direkte Demokratie nach Gutdünken einführen oder nicht einführen, einführen und womöglich auch wieder abschaffen können (für letzteres hat das Abgeordnetenhaus von Berlin 1974 ein trau-
riges Exempel gegeben, das erst 1995 mit der neuen Verfassung von Berlin wieder
gut gemacht wurde (Schachtschneider 1975; Jung 1996b))? Nach positivem Verfassungsrecht und vor allem machtpolitisch lautet die Antwort – leider –: Ja.

Nach dem Maßstab kritischer Vernunft und in der emanzipatorischen Perspektive bürgerlicher Selbstbestimmung sehen die Dinge anders aus. Die ausschließlich
repräsentative Demokratie – schrieb der deutsch-schweizerische Beobachter *Neumayer* schon vor über 35 Jahren – sei eine Staatsform der Bevormundung politisch
nicht hinlänglich herangereifter Völker, die dem Entwicklungsstand der deutschen
Monarchie vor 1914 entsprochen haben möge. „Die ausschließlich repräsentative
Demokratie repräsentiert aber bei einer pluralistischen Gesellschaft mit hohem
Bildungsstand, regem politischem Interesse der breiten Volksschichten und ihrer
Bereitschaft zu politischer Verantwortung nicht mehr. Sie erinnert an die Bevormundung eines Mündigen, dem allein das Recht verliehen ist, sich seinen Gewalt-
haber von Zeit zu Zeit frei zu wählen." (1968: 344) So gesehen ist nicht die Einführung direkter Demokratie, sondern die Ablehnung dieser Einführung rechtferti-
gungsbedürftig, und *v. Arnim* hat dazu eine überzeugende Argumentation entwickelt: Gewiss sind auch repräsentativ-demokratische Verfahren demokratisch –
aber das heißt nicht, dass nun alle Entscheidungswege gleich seien. Vielmehr
„muss das Maß an Demokratie durch die Nähe zum mehrheitlichen Volkswillen
definiert werden" (v. Arnim 2002: 311), und danach ist eine von den Bürgern unmittelbar getroffene Entscheidung „demokratisch höherwertig. Direktdemokratische Entscheidungen haben einen demokratischen Mehrwert". *V. Arnim* hat daraus
das Prinzip des „Vorrang(s) direktdemokratischer Verfahren" entwickelt, was
praktisch heißt, dass die Einführung direktdemokratischer Elemente „rechts- und
verfassungspolitisch nur mit Gründen abgelehnt werden kann, aus denen sich –
hinsichtlich des Kriteriums der Richtigkeit – ein eindeutiges Votum für die rein
repräsentative Demokratie und gegen direktdemokratische Elemente ergibt, das das
geringere Maß an Selbstbestimmung überkompensiert oder zumindest aufwiegt"
(v. Arnim 2000: 191).

Eine solche Rechtfertigung liefert gewiss nicht der lange Zeit so beliebte Verweis auf die angeblich negativen „Weimarer Erfahrungen" mit Volksbegehren und Volksentscheid bzw. gar auf die Volksabstimmungen der Nationalsozialisten. Dazu braucht hier nicht auf diese im einzelnen sehr differenziert zu bewertenden Erfahrungen eingegangen zu werden (vgl. vom Nestor der historischen Direkte-Demokratie-Forschung zuletzt Schiffers 2000; 2002), weil auf der Hand liegt, dass eine vernünftige Lehre aus etwaigen schlechten Erfahrungen nur lauten kann, es künftig „besser zu machen" (Graf v. Pestalozza 1981: 29). Zum Vergleich: Bei den noch relativ freien Reichstagswahlen am 5. März 1933 wählten 43,9 Prozent der Aktivbürger die NSDAP mit den bekannten Folgen, und dennoch fanden seit 1949 – vier Jahre nach Ende des „Dritten Reiches" – in der alten Bundesrepublik wieder auf gesamtstaatlicher Ebene freie Wahlen statt. Freilich auch dank einiger Vorkehrungen – von der „wehrhaften Demokratie" bis zu einem verbesserten Wahlrecht – wurden Wahlen so bis heute zu einem großen legitimatorischen Erfolg der bundesdeutschen Demokratie. Dies hieß eine angemessene Lehre aus der Vergangenheit ziehen. Im Fall der direkten Demokratie aber eine Art institutionellen Bann auszusprechen ist sicher eine irrationale Konsequenz. Wenn man speziell die Entscheidungen des Parlamentarischen Rats gegen Formen direkter Demokratie untersucht und als dessen Hauptmotiv erkennt, über den jungen Weststaat eine Art plebiszitärer Quarantäne zu verhängen, um während des Kalten Krieges den Kommunisten keine Chance zu geben (Jung 1992; 1994[2]; vgl. Büsching 2004), dann ist diese Räson spätestens mit dem Ende der DDR und der Wiedervereinigung Deutschlands 1989/90 entfallen.

## 2.2 Umfassende Direktdemokratie oder Tabus?

Bei der Volksgesetzgebung setzt das Volk an Stelle des Parlaments Recht; beim Referendum bestätigt oder verwirft es eine Parlamentsentscheidung. Die direkte Demokratie läuft also prinzipiell parallel zur parlamentarischen Gesetzgebung. Um davon abzuweichen, ist – entsprechend dem zum Punkt „Direkte Demokratie überhaupt?" entwickelten Gedankengang – ebenfalls eine Rechtfertigung im Sinne durchschlagender Gründe vonnöten. Ein positivistischer Hinweis, dass der Verfassungsgeber diese oder jene Materie von der Volksgesetzgebung ausgenommen habe, genügt nicht. Die in Deutschland existierenden bzw. diskutierten Tabus sind

---

[2] Wenn *Isensee* dagegen weiter die herkömmliche Meinung eines antiplebiszitären (Wesens-)Zuges des Grundgesetzes verficht (2002:60-67), hat das seinen wissenschaftlichen Preis: *Isensee* fällt vom Forschungsstand der Juristischen Zeitgeschichte zurück auf die vergleichsweise schlichte „Entstehungsgeschichte", wie sie Staatsrechtler anhand der gedruckten Protokolle des Parlamentarischen Rates zu (re-)konstruieren pflegen.

nach diesem Maßstab unhaltbar; sie gelten nur bzw. würden nur gelten infolge bloßer Machtentscheidung der repräsentativ-demokratischen Organe.

## 2.2.1 Das Verfassungstabu

Dass in Berlin „der ganze Lebenssachverhalt" Verfassung (Jung 2001c: 43) vom Volksgesetzgebungsverfahren ausgenommen ist (vgl. Art. 62 Abs. 5 Verfassung von Berlin) und im Saarland über ein auf Änderung der Verfassung gerichtetes Volksbegehren kein Volksentscheid stattfindet (vgl. Art. 100 Abs. 4 Verfassung des Saarlandes), verdient schärfste Kritik.

Dieses Tabu stellt die Verfassungsgeschichte auf den Kopf – waren es doch sowohl in den US-Bundesstaaten (Massachusetts 1778 und New Hampshire 1779) als auch in der Eidgenossenschaft (Bundesverfassung von 1848) gerade die Verfassungen, über welche die ersten Volksabstimmungen stattfanden (vgl. Schiller 2004: 799).

Ferner ist dieses Tabu verfassungspolitisch unklug – gerade die großen, wichtigen und alle bewegenden Verfassungsthemen sind viel eher für eine politische Diskussion im Volk und eine anschließende Entscheidung durch die Bürger selbst geeignet als die Themen der einfachen Gesetzgebung, die oft kleinteilig, begrenzt bedeutsam und nur für bestimmte Gruppen in der Bevölkerung von Interesse sind (Degenhart 1992: 85 f., 97).

Schließlich ist ein Verfassungstabu theoretisch bedenklich. Der Grundsatz der Gewaltenteilung und -hemmung ist aufgehoben, wenn dem Parlament auch die Verfassungsgesetzgebung (allein) übertragen wird; damit ist das „Prinzip der Volkssouveränität in seinem eigentlichen Wesenskern zerstört", hat *Loewenstein* bereits zu der entsprechenden Entscheidung der Assemblée Nationale während der Französischen Revolution festgestellt (1922: 356). Die normalen Bürger drücken es einfacher aus: Es hat als „Entscheidung in eigener Sache" einen schlechten Beigeschmack, wenn das Parlament etwa die Legislaturperiode verlängert, ohne das Volk zu befragen – wie es die Parlamente in Nordrhein-Westfalen (1969), Baden-Württemberg (1995), Berlin und Schleswig-Holstein (beide 1998) sowie Sachsen-Anhalt (2004) taten.[3]

---

[3] Selbst wenn die einschlägigen Landtagsbeschlüsse dem Volk noch zur Entscheidung vorgelegt werden müssen, zeigen sich durchaus Misshelligkeiten, vgl. – zu Bayern 1998 und Hessen 2002 – Jung 2005a.

## 2.2.2 Das Finanztabu

Dem sogenannten Finanztabu, das alle deutschen Landesverfassungen aufstellen, liegt eine „demokratische Misanthropie" zugrunde (Kühne 1991: 118), deren Charakteristik man an der „Muttervorschrift" des Art. 73 Abs. 4 Weimarer Reichsverfassung ablesen kann. Gezweifelt wurde in dieser Bestimmung nicht an der intellektuellen Kapazität des Volkes – auf Veranlassung des Reichspräsidenten (also „von oben") konnte es ja durchaus „über den Haushaltsplan, über Abgabengesetze und Besoldungsordnungen" abstimmen. Die Politiker misstrauten vielmehr der moralischen Festigkeit der Bürger und wollten ihnen daher verwehren, selbst („von unten") den Volksentscheid über diese Materien zu betreiben – mit dem offenkundigen Hintergedanken, dass die Bürger ansonsten entweder auf der Einnahmeseite (Abschaffung der Steuern) oder bei den Ausgaben (Wohltaten für alle) die Staatsfinanzen ruinieren würden.

Diese Weichenstellung der Nationalversammlung vor nunmehr 85 Jahren hat Deutschland auf einen Sonderweg geführt.[4] In der Schweiz und in den US-Bundesstaaten gehört die Abstimmung des Volkes über Finanzvorlagen – d. h. die steuerzahlenden Bürger bestimmen auch darüber, was mit ihren Steuergeldern geschieht – zu den vornehmsten Volksrechten und macht geradezu den Kern der direkten Demokratie aus. Dort staunt man jedenfalls, dass in Deutschland das Budgetrecht, historisch von den Parlamenten den Monarchen abgerungen, heute von den Volksvertretungen wie ein Privileg gegenüber ihren eigenen demokratischen Auftraggebern verteidigt wird. Es zeugt nachgerade von politischer Verblendung, dass, sobald es irgendwie finanziell ernst wird – zuletzt vom Bundesverfassungsgericht festgestellt für einen Fall, der 0,7 Prozent der Gesamtausgaben betraf (Bundesverfassungsgericht 2000) –, die direkte Demokratie in Deutschland endet. In den schweizerischen Kantonen dagegen griff im Durchschnitt bei diesem Wert schon 1970 das obligatorische Finanzreferendum.[5] Das heißt: Von der gleichen Schwelle an, wo in der *obrigkeitsstaatlichen* Demokratie Deutschlands das Volk – qua Finanztabu – automatisch ausgeschlossen wird, bezieht die schweizerische Demokratie die Bürger – durch das obligatorische Finanzreferendum – notwendig ein.

Dabei lassen sich übrigens in anderen Ländern die deutschen Befürchtungen, dass der (Finanz-)"Staatskarren" gegen die Wand gefahren würde, nicht bestätigen. Gewiss wurden manche Projekte gestoppt, weil die Bürger sie nicht bezahlen wollten. Aber Steuerverweigerer oder Finanzchaoten – die *Poujades* und *Glistrups* aller

---

[4] Kühne spricht von einer „normative(n) Reduktion ..., die außerhalb Deutschlands praktisch ohne Parallele ist" (1991: 118).
[5] Vgl. Trechsel/Serdült 1999: 40. Inzwischen betrifft das obligatorische Finanzreferendum bereits alle Ausgaben, die durchschnittlich 0,35 Prozent der Gesamtausgaben ausmachen.

Couleur – hatten, empirisch gesehen, bei Schweizern und US-Amerikanern nie eine Chance. In Deutschland dagegen hat das Finanztabu zwei gravierende Folgen gezeitigt. Erstens: Da Geld eine der wichtigsten politischen Ressourcen ist und es in dieser Welt fast nichts gibt, was nicht irgendwelche Kosten verursachte, führt ein Finanztabu – zumal in der extensiven Auslegung, welche die Landesverfassungsgerichte ihm gaben – zu einer Entkernung direktdemokratischer Politik. So gut wie jeder volksbegehrte Entwurf ist auf diese Weise zu „packen" bzw. hat erst einmal mit diesem Vorwurf zu kämpfen. Zweitens: Wenn alle wichtigen Entscheidungen durch jene Finanzklauseln tabuisiert sind und für direkte Demokratie nur Restmaterien bleiben, aus denen materiell garantiert nichts folgt, sinkt natürlich auch das Interesse der Bürger, sich auf solchen politischen Spielwiesen noch zu beteiligen oder gar zu engagieren.

Was bislang „nur" ein unbegründetes Misstrauen der Volksvertreter gegen ihre eigene Basis war, wurde durch die Entwicklung der letzten Jahre nachgerade ad absurdum geführt. Die dem Volk zugeschriebene Disziplinlosigkeit in Finanzdingen ist inzwischen in der parlamentarischen Demokratie empirisch nachweisbar. Die Staatsverschuldung ist auf Rekordhöhe geklettert,[6] und die meisten Landeshaushalte sind verfassungswidrig, weil die Neuverschuldung die Summe der Investitionen übersteigt.[7] Während Projekte der Basis, wie gezeigt, bei geplanten Ausgaben noch unter 1 Prozent des Etats schon verfassungsgerichtlich gestoppt werden, weil sie das parlamentarische Budgetrecht gefährdeten, hat das Abgeordnetenhaus von Berlin im Frühjahr 2002 ein Gesetz beschlossen, das die privaten Immobilienrisiken eines maroden Bankenkonzerns in Höhe von nicht weniger als 21,6 Mrd. Euro „abschirmt"[8] – bei einem Etat des ganzen Landes von 23,8 Mrd. Euro für 2002 und 21,1 Mrd. Euro für 2003. Es wurde also rechnerisch ein ganzer Landeshaushalt an Schulden aus diesen Garantien auf den Schuldenberg in Höhe zweier Landesetats, den Berlin ohnehin vor sich herschiebt, draufgepackt. Dass diese Entscheidung der (zugegebenermaßen vom Finanzkapital erpressten) Abgeordneten nach Zweck und Tragweite ein legitimer Gebrauch des parlamentarischen Budgetrechts war, muss bezweifelt werden.[9]

---

[6] Vgl. „Eichel bricht den Schulden-Rekord. Rund 44 Milliarden Euro Neuverschuldung in diesem Jahr", in: Der Tagesspiegel Nr. 18 620 v. 7. 10. 2004.

[7] Vgl. „Die meisten Landeshaushalte sind verfassungswidrig", in: Der Tagesspiegel Nr. 18 562 v. 10. 8. 2004.

[8] Gesetz über die Ermächtigung des Senats zur Übernahme einer Landesgarantie für Risiken aus dem Immobiliendienstleistungsgeschäft der Bankgesellschaft Berlin AG und einiger ihrer Tochtergesellschaften v. 16. 4. 2002, GVBl. S. 121.

[9] Inzwischen klagt das Land vor dem Bundesverfassungsgericht auf Gewährung von Sanierungshilfen des Bundes, weil es sich, wie der Senat im Herbst desselben Jahres 2002 feststellte, in einer extremen Haushaltsnotlage befinde, aus der es sich aus eigener Kraft nicht befreien könne.

Angesichts solcher Verhältnisse wecken natürlich Untersuchungen der Modernen Politischen Ökonomie aus der Schweiz und den USA besonderes Interesse, die darauf hindeuten, dass bei der direkten Demokratie langfristige Interessen bessere Chancen haben. Belegen lässt sich dies dadurch, dass in Kantonen bzw. Bundesstaaten mit intensiver direktdemokratischer Praxis die Verschuldung tendenziell geringer ist – Indiz für eine angemessene Berücksichtigung der Interessen der zukünftigen Generationen – und die Ausgaben für Bildung tendenziell steigen. Gleichzeitig ist ein größeres Maß an Wirtschaftlichkeit bei der Erfüllung öffentlicher Aufgaben und mehr Bürgerzufriedenheit festzustellen. Gemeinden, Kreise und Länder mit direktdemokratischen Elementen tendieren – wie es scheint – zu einer insgesamt besseren „performance" als Gebietskörperschaften ohne solche Elemente (vgl. Jung 2002b: 57-60). Ausgehend von der strukturellen Kurzatmigkeit der Berufspolitik, die aus der auf den nächsten Wahltermin fixierten Perspektive der Akteure folgt,[10] ist es also nicht so, dass die Bürger sich gewissermaßen „noch schlimmer" verhielten, vielmehr können sie, weil sie nicht mit ihrer ganzen wirtschaftlich-gesellschaftlichen Existenz von Wahl- bzw. Abstimmungsergebnissen abhängig sind, sich durchaus eine längerfristige Perspektive „leisten" (v. Arnim 2001: 372 f.). Bei öffentlichen Finanzfragen verwandeln sich die Bürger eben nicht in jene Spießer, von denen schon *Lenin* spottete, dass sie „eine beliebige Menge Trüffel, Autos, Klaviere und dergleichen mehr" verlangten (1917: 483), sondern sie agieren eher als knauserige Haushalter. Ein „Risikoabschirmungsgesetz", wie es das Abgeordnetenhaus von Berlin 2002 den steuerzahlenden Bürgern aufbürdete, wäre aller Voraussicht nach in einem Volksentscheid nie angenommen worden. Im Gegenteil kämpft nicht von ungefähr seit Jahren eine Bürgerinitiative auf direktdemokratischem Wege – zuletzt mit einem Verfassungsprozess[11] – für die Aufhebung jenes Gesetzes.

So lässt sich nicht nur rechtsvergleichend wie historisch die Maxime begründen: „Für Finanztabus ist in einer Demokratie kein Platz." (v. Arnim 2000: 273, vgl. 198-202) Dafür sprechen auch die praktischen Erfahrungen der anderen und die wirtschaftliche Vernunft. Statt über die abgestandene Tabufrage sollte man in Deutschland – gerade angesichts der gegenwärtigen Finanzkrise, die praktisch alle Gebietskörperschaften erfasst hat – über die Einführung von Finanzreferenden diskutieren (vgl. Freitag/Vatter/Müller: 2003; Tiefenbach: 2004). Für den Repräsentations-Idealismus jedenfalls, den die (Landes-)Verfassungsgerichte in diesem Zusammenhang pflegen, ist wahrlich kein Grund gegeben (vgl. Platter 2004: 506; Löwer/Menzel 2003: 92).

---

[10] Dass die Gefahr einer Überschuldung „auch in der inneren Logik der [sc. repräsentativ] verfassten Demokratie" liegt, zeigt Wolff 2004: 316.

[11] Gegen die Nichtzulassung ihres Volksbegehrens „Schluss mit dem Berliner Bankenskandal" haben die Vertrauenspersonen der Bürgerinitiative Einspruch beim Verfassungsgerichtshof des Landes Berlin erhoben (Az.: VerfGH 35/04), über den derzeit (Januar 2005) noch nicht entschieden ist.

## 2.2.3 Weitere Tabus

Die weiteren Tabus, die – vor allem für die Bundesebene – diskutiert bzw. sogar schon parlamentarisch vorgeschlagen wurden, entsprechen, was das Welt- und Menschenbild ihrer Urheber angeht, dem Finanztabu. Die Bürger könnten ja nicht nur in finanziellen Dingen, sondern auch auf anderen wichtigen Politikfeldern törichte Beschlüsse fassen – also schließt man sie von diesen Feldern vorsorglich ebenfalls aus: Das Volk soll auch über Außenpolitik nicht abstimmen dürfen, selbstverständlich nicht über Sicherheits- bzw. Verteidigungsfragen, nicht über Währungspolitik, nicht über Entwicklungshilfe, und nach einem Vorschlag der größeren Regierungspartei SPD sollten auch Wahlen (Wahlrecht?) tabu sein.[12] Je wichtiger eine Materie ist, um so weniger verträgt sie für diese Demokraten eine „Einmischung" der Bürger, um so mehr ist im Gegenteil ihre Tabuisierung vonnöten. Am Ende ähnelt das Design direkter Demokratie einem Schweizer Käse, wo man vor lauter Löchern kaum noch die Masse findet – was manche Bedenkenträger mit der Empfehlung „krönen", es gleich ganz zu lassen.

Zugrunde liegt diesem politischen Ansatz ein unverhohlenes Misstrauen der politischen Klasse gegen das Volk, insbesondere der Volksvertreter gegen diejenigen, die sie vertreten sollen. Unreflektiert nimmt man eine patriarchalisch-besorgte Haltung gegenüber dem Volk ein, das nicht als Gesamtheit selbstbewusster Bürger, sondern als eine Art „großer Lümmel" (Ridder 1990) vorgestellt wird. Immer noch gilt, was ein Reichstagsabgeordneter angesichts des ersten deutschen Volksentscheids 1926, der angeblich den Status quo des Eigentums gefährdete („Fürstenenteignung"), erklärte, man müsse dem Volk „dieses Mittel aus der Hand nehmen wie einem Kinde die Streichhölzer" (Gildemeister 1926: 260).

Einer besonderen Würdigung bedarf in diesem Zusammenhang noch das Tabu der „Rechtsverhältnisse der Mitglieder des Deutschen Bundestages", das die rotgrünen Koalitionsentwürfe von 2002 und 2004 vorsahen.[13] Es wirkte befremdlich, dass die Parlamentarier sich bei der Festsetzung ihrer Diäten und ihrer Versorgung sozusagen nicht stören lassen wollten. Immerhin hatten die Verantwortlichen hier den politischen Wind richtig gespürt: Schon vor einigen Jahren hat der Bund der Steuerzahler e. V. ein Gutachten in Auftrag gegeben, das die Reichweite der Finanzausschlussklauseln in den Landesverfassungen beispielhaft anhand der Frage erörtern sollte, „ob das System der Abgeordnetenentschädigungen und -

---

[12] Vgl. Jung 2001g: 147 f. – Inzwischen hat eine Volksinitiative „Mehr Bürgerrechte – ein neues Wahlrecht für Hamburg" dieses Herzstück der parlamentarischen Demokratie im Wege der Volksgesetzgebung auf beeindruckende Weise reformiert, vgl. Raumsauer/Heidmann 2003.

[13] Deutscher Bundestag Drucksache 14/8503 v. 13. 3. 2002: Entwurf eines Gesetzes zur Einführung von Volksinitiative, Volksbegehren und Volksentscheid in das Grundgesetz. Aufgrund der öffentlichen Kritik wurde diese Abschirmung der Abgeordnetendiäten wenig später zurückgenommen (Jung 2002d: 281 f.), in dem bislang nicht eingebrachten neuerlichen Entwurf von 2004 ist sie wieder enthalten.

versorgungen, für dessen Reform (etwa beim Abbau von Doppelversorgungen) die Betroffenen oft nicht den nötigen Willen aufbringen, einer Entscheidung durch das Volk zugänglich ist" (Birk/Wernsmann 2000: 669). In Bayern schließlich schritt die kleine ÖDP 2004 zur Tat mit einem Volksbegehren „Gerecht sparen, auch an der Spitze", das die beitragsfreien Politikerpensionen abschaffen sowie Aufsichtsratsposten und Beraterverträge für Abgeordnete verbieten will.[14] – Im Januar 2005 startete der Bund der Steuerzahler in Nordrhein-Westfalen eine Volksinitiative zur Diätenreform.

Es erscheint typisch für die deutsche politische Kultur, dass an dieser Stelle nicht eine kritische Diskussion – gerade mit dem Volk und im Volk – geführt wird über die Art und Höhe einer angemessenen Politikerbezahlung, sondern dass starke Kräfte das Thema für direkte Demokratie verfassungsrechtlich tabuisieren wollen.

## 3 Die Ausgestaltung der direkten Demokratie

### 3.1 Das „Design" des Verfahrens

Unter dem „Design" des Verfahrens ist das Regelwerk zu verstehen, dessen Ausgestaltung alle Sorgfalt verdient. Dabei handelt es sich um eine Kunst und nicht um exakte Wissenschaft. Es gibt nicht – bzw. selten – richtig oder falsch, sondern einzelne Regelungen erweisen sich als mehr oder minder sinnvoll, zielführend oder erfolgversprechend. Daher wäre auch die Vorstellung eines Räderwerks falsch, wo ja schon bei einem Fehler die ganze Uhr stehen bleibt. Angemessen ist das Bild eines Musikstücks, das – auch an unterschiedlichen Stellen – eben schöner oder weniger angenehm klingen kann.

Dieses Regelwerk wird nicht am grünen Tisch entworfen. Es genügt, sich die überall existierenden Formen und Verfahren direkter Demokratie kritisch anzusehen und ihr Funktionieren – die erstrebten Ziele wie die Nebenwirkungen und Kontereffekte – zu prüfen. Für die direkte Demokratie, wie sie in Deutschland bislang praktiziert wird, lässt sich dabei vorab sagen, dass es nicht beim Justieren hier und da sein Bewenden haben kann, sondern dass vielfach größere Umbauten erforderlich sind.

---

[14] Die erforderlichen 25.000 Unterschriften wurden im Frühjahr 2004 gesammelt. Nach zwischenzeitlichem Abwarten, da man annahm, dass in die Frage der Politikerprivilegien im Herbst deutlich Bewegung kommen würde, stellte die ÖDP den Antrag auf Zulassung ihres Volksbegehrens im Januar 2005. Im Februar 2005 legte das Bayerische Staatsministerium des Innern das Volksbegehren wegen verfassungsrechtlicher Bedenken dem Bayerischen Verfassungsgerichtshof zur Entscheidung vor.

## 3.1.1 Der ausgearbeitete Gesetzentwurf

Die dieser Forderung zugrundeliegende Idee, dass das Volk nicht über bloße Parolen (etwa „für ein gerechtes Steuersystem"), sondern über konkrete Rechtsnormen abstimmen soll, dürfte unstreitig sein. Das Problem besteht darin, dass die Rechtsetzung inzwischen ein derartiges rechtstechnisches Niveau erreicht hat, dass Initiativen von unten, auch wenn sie sich – was praktisch immer geschieht – von Fachleuten beraten lassen, oft Schwierigkeiten haben, mitzuhalten. Das Jahr 1928, als der Reichsminister des Innern ein Volksbegehren zuließ, dessen Gesetzentwurf aus einem einzigen Satz bestand („Der Bau von Panzerschiffen und Kreuzern jeder Art ist verboten"), liegt lange zurück.

Für dieses Problem sind drei Lösungen ersichtlich. Am freundlichsten erscheint die Lösung, dass die Initiatoren eines Volksgesetzgebungsverfahrens auf die gleichen Ressourcen zurückgreifen dürfen, deren sich auch die Abgeordneten bedienen, die ja bei Initiativen aus der Mitte des Parlaments oft vor den gleichen Problemen stehen: auf den wissenschaftlichen Parlamentsdienst. Solche Forderungen wurden schon im „Hofgeismarer Entwurf" 1990 erhoben (Jung 1991: 34). Die Beratung der Initiatoren, zu welcher der Landeswahlleiter in Mecklenburg-Vorpommern[15] von Anfang an und der Präsident des Landtags in Thüringen[16] bzw. das Innenministerium von Schleswig-Holstein[17] seit jüngsten Novellen verpflichtet sind, bedeutet einen Schritt in diese Richtung (vgl. zu den in einigen US-Bundesstaaten üblichen Beratungsverfahren und zu deren Übertragbarkeit Heußner 1994: 250-255). Vorher Expertisen zur Verfügung zu stellen im Sinne eines „kooperativen Staates", erscheint in jeder Hinsicht glücklicher als die nachträgliche Auseinandersetzung über eventuelle Mängel eines Gesetzentwurfs vor dem Verfassungsgericht.

Einen anderen Weg weist ein Urteil des Niedersächsischen Staatsgerichtshofs von 2001, demzufolge bei einem Volksbegehren keine Perfektion erforderlich ist: Eine ausreichende Information als Voraussetzung einer sachgerechten Abstimmung liege „bereits dann vor, wenn der Kern des Volksbegehrens, das heißt seine tatsächliche Zielsetzung, für den Bürger erkennbar ist". Speziell bei der Begründung sei es „im Hinblick auf den Empfängerhorizont der Adressaten gerade nicht zu beanstanden, dass die gewählten Formulierungen nicht immer juristisch exakt, manchmal ,volkstümlicher' ausgefallen sind". Was die gebotene Darlegung der zu erwartenden Kosten und Mindereinnahmen (vgl. Art. 68 Abs. 1 Niedersächsische Verfassung) angehe, erfordere „ein Gesetzentwurf im Rahmen der Volksgesetzge-

---

[15] Vgl. § 6 Volksabstimmungsgesetz (VAbstG) v. 31. 1. 1994, GVOBl. S. 127.
[16] Vgl. § 4 Thüringer Gesetz über das Verfahren bei Bürgerantrag, Volksbegehren und Volksentscheid (ThürBVVG) i. d. F. der Neubekanntmachung v. 23. 2. 2004, GVBl. S. 237.
[17] Vgl. § 5 Abs. 1 Volksabstimmungsgesetz v. 11. 5. 1995 i. d. F. des Änderungsgesetzes v. 14. 2. 2004, GOVBl. S. 54.

bung keine gesicherte Kostenermittlung". Auch ein Parlamentsgesetz sei schließlich „nicht deshalb verfassungswidrig, weil sich die in seinem Entwurf getroffenen Aussagen zu den Kosten als unzureichend erweisen. Nichts anderes gilt für die Volksgesetzgebung." (Niedersächsischer Staatsgerichtshof 2001; zustimmend Löwer/Menzel 2003: 90 f.).

Als dritte Lösung kommt in Betracht, was die Schweiz schon vor über 100 Jahren eingeführt hat: Die Initiatoren können ihr Anliegen in der Form einer allgemeinen Anregung vorbringen, die dann von der Bundesversammlung (dem schweizerischen Parlament) – entweder weil sie ohnehin mit der Initiative einverstanden ist oder weil eine Volksabstimmung sie dazu gezwungen hat – in eine entsprechende Rechtsänderung umgesetzt wird. Theoretisch überzeugt diese Kombination, dass die Basis die Richtung vorgibt und die politischen „Profis" die rechtstechnische Ausarbeitung besorgen. Praktisch liegt die Schwachstelle dieser Lösung darin, dass die Initiatoren auf die loyale Umsetzung ihres Anliegens angewiesen sind, und dabei bestehen eben doch für Fachleute, zumal wenn sie gegen ihre Überzeugung zu etwas angehalten werden, erhebliche Spielräume. Auch in der für direkte Demokratie so aufgeschlossenen politischen Kultur der Schweiz müssen die Initiatoren daher befürchten, „daß ihre Forderung in der parlamentarischen Ausformulierung verwässert wird, während ein ausformulierter Vorschlag unverändert ... dem Volk vorzulegen ist". Konsequenz in der eidgenössischen Wirklichkeit ist denn auch, daß der selbst ausgearbeitete Gesetzentwurf „in der Regel vorgezogen" wird (Linder 1999: 248).

## 3.1.2 Hürden beim Volksbegehren

Dass sich eine gewisse Anzahl von Stimmbürgern eintragen muss, damit ein Volksbegehren zustande kommt, ist zunächst ganz wörtlich als Hürde zu verstehen. An ihr sollen alle Projekte hängen bleiben, die gar zu wenig politische Unterstützung finden – im Interesse der Staatsbürger, die nicht mit aussichtslosen Ideen förmlich behelligt werden sollen, der Verwaltung, die Zeit und Kraft für jeden solchen Vorstoß aufwenden muss, und nicht zuletzt der Initiatoren selbst, für die eine baldige Trennung von politischem Spreu und Weizen auch sinnvoll ist. Die Hürde darf aber nicht so hoch sein, dass sie prohibitiv wirkt und durchaus perspektivreiche Projekte vereitelt. Hier den Mittelweg zu finden ist eine Kunst, die gerade in Deutschland offenbar wenig beherrscht wird.

Üblicherweise wird die Hürde als Prozentwert formuliert, wobei man in Deutschland und in der Schweiz durchweg auf die Gesamtzahl der Stimmberechtigten abstellt – also auch die Nichtwähler rechnerisch einbezieht (was an dieser Stelle aber noch nicht weiter schädlich ist) –, während in den US-Bundesstaaten in der Regel auf die Aktivbürgerschaft prozentuiert wird, meist definiert als die Teilnehmer an den letzten allgemeinen Wahlen bzw. den Gouverneurswahlen vor der Abstimmung. Der Vorteil des amerikanischen Systems liegt darin, dass die erforderliche Unterstützung für eine direktdemokratische Korrektur sinnreich in Beziehung gesetzt wird zu dem Maß der demokratischen Legitimation, auf die sich die zu korrigierenden repräsentativ-demokratischen Institutionen berufen können. Der Thüringer Landtag z. B., an dessen Wahl sich zuletzt (2004) gerade einmal 53,8 Prozent der Wahlberechtigten beteiligten, wäre nach jenem System leichter zu korrigieren als etwa die hamburgische Bürgerschaft, die (2004) immerhin von 68,7 Prozent der Wahlberechtigten gewählt wurde. Oder anders: Wenn die Wahlbeteiligung in Bayern von 1998 bis 2003 von 69,8 auf 57,1 Prozent zurückging, würde daraufhin die Volksgesetzgebung entsprechend erleichtert. Ein solcher Zusammenhang zwischen der Performanz des repräsentativ-demokratischen Systems in seinem Kernbereich – eine hinreichende Legitimation für den Kreationsakt zu finden – und der Hürde am Beginn eines direktdemokratischen Korrekturverfahrens ist in Deutschland in gewisser Weise unerhört. Ein Entwurf der Bürgeraktion Mehr Demokratie e. V. in Bremen, der u. a. einen solchen Systemwechsel vorsah, wurde vom Bremischen Staatsgerichtshof in einem durchaus kritikwürdigen Urteil für unzulässig erklärt (Bremischer Staatsgerichtshof 2000; vgl. zur Kritik Jung 2001b: 32).

Im Hinblick auf die Prozentsätze spreizen sich die Werte in Deutschland von 4 bis 20 Prozent, wobei über die letzten zwölf Jahre hin gesehen ein Trend zur Senkung der Hürden deutlich ist.[18] Insbesondere die in der Nachkriegszeit offenkundig überhöhte 20Prozent-Hürde wird zunehmend abgebaut. Ansonsten erscheinen die deutschen Hürden im internationalen Vergleich immer noch sehr hoch. In der Schweiz liegen die Quoren für Gesetzesinitiativen in den Kantonen, die übrigens wesentlich mehr legislatorische Befugnisse haben als deutsche Bundesländer, zwischen 0,8 Prozent (Appenzell A. Rh.) bzw. 0,9 Prozent (Basel-Landschaft, Aargau) und 4,8 Prozent (Genf), ja 5,7 Prozent (Neuenburg), zumeist jedoch im 2- bis-3-Prozent-Bereich (vgl. Linder 1999: 266). Auch in den USA liegt die Begehrensquote für einfache Volksgesetze – die andere Prozentuierung berücksichtigt – zwischen 2 und 4 Prozent der Stimmberechtigten (vgl. v. Arnim 2000: 318 f.; siehe die Tabelle bei Heußner 1999: 102 f.).

Die Unterschiede zwischen den Bundesländern werden geradezu enorm, wenn man noch die sehr verschiedenen Eintragungszeiten berücksichtigt, die von 14 Tagen (in Bayern) bis zu acht Monaten (in Sachsen) reichen. Kombiniert man diese beiden Faktoren (Prozentsätze und Eintragungszeiten) als sogenannten Mobilisierungskoeffizienten – das Maß des auf den Initiatoren bei diesem Relevanztest

---

[18] Vgl. die graphische Darstellung bei Jung 2002c: 271. – Inzwischen ist dieser Trend noch weitergegangen mit der Senkung der Volksbegehrenshürde in Thüringen von 14 auf 8 (10) Prozent (Art. 82 Abs. 2 Verfassung des Freistaats Thüringen i. d. F. des Zweiten Änderungsgesetzes v. 24. 11. 2003, GVBl. S. 493.

lastenden Drucks[19] –, so ist es z. B. in Hessen[20] mehr als 50 mal so schwer, die Volksbegehrens-Hürde zu nehmen wie etwa in Schleswig-Holstein.[21]

Um diese Unterschiede zu beurteilen, geht es natürlich nicht an, die Maxime „je leichter, desto besser" zugrunde zu legen bzw. umgekehrt den Popanz der angeblich drohenden (Wahl- und) Abstimmungsmüdigkeit aufzubauen. Sinnvoll ist es dagegen, sich noch einmal den kommunikativen Sinn des Verfahrens zu vergegenwärtigen und nach seiner Nutzung in Deutschland unter den gegebenen Bedingungen zu fragen. Ein Volksbegehren ist einer Frage vergleichbar. Eine funktionale Minderheit – diejenigen, die sich eingetragen haben – hat gleichsam das Recht erworben, das gesamte Volk zu fragen, d. h. sie bekommt eine Artikulationschance. Die Antwort aber gibt immer die Aktivbürgerschaft bzw. deren Mehrheit. Auch direkte Demokratie ist eben Mehrheitsherrschaft, und sie hat auch dann funktioniert und ihren Sinn gehabt, wenn die Antwort auf Nein lautet. Dieses Verfahren wird in Deutschland nur sehr selten genutzt. In Bayern, das inzwischen mit guten Gründen als Vorreiter direkter Demokratie gilt, fand in den ersten fünf Legislaturperioden (!) nach 1946 überhaupt keine Volksgesetzgebung statt; 1967 – nach 21 Jahren – kam es zum ersten Volksbegehren. In Nordrhein-Westfalen kam in 54 Jahren Staatspraxis bislang ein einziges Volksbegehren zustande („Kooperative Schule" 1978), in Hessen fand in 58 Jahren Verfassungsleben ein – erfolgloses – Volksbegehren statt („Einführung der Briefwahl" 1966), in Rheinland-Pfalz dauerte es sogar 51 (!) Jahre bis zum ersten Volksbegehren. In Deutschland wird – lautet die Schlussfolgerung – offensichtlich viel zu wenig gefragt; viel zu oft kommt der mit der direkten Demokratie intendierte Kommunikationsprozess von vornherein nicht in Gang. Die Hürden vor dem Verfahren sind in der Tat weithin prohibitiv (vgl. Rehmet 2002: 107 ff.).

Dieser Effekt lässt sich gut illustrieren am Beispiel zweier gleichgelagerter Volksbegehren. 1996/97 unterstützten 6,48 Prozent der Stimmberechtigten in Schleswig-Holstein ein Volksbegehren zur Erhaltung des Buß- und Bettages als gesetzlichen Feiertags. Dank der niedrigen 5Prozent-Hürde der Reformverfassung von 1990 ging das Volksgesetzgebungsverfahren weiter bis zu einem Volksentscheid 1998, bei dem das Projekt freilich „unecht" (d. h. mangels hinreichender Beteiligung) scheiterte (vgl. Schimmer 1999: 283). Im selben Jahr 1998 erreichte eine entsprechende Initiative in Rheinland-Pfalz, dass sich 6,17 Prozent der Stimmberechtigten beim Volksbegehren eintrugen – fast der gleiche Anteil wie in Schleswig-Holstein, aber im Grunde viel höher zu veranschlagen, weil in ungleich kürzerer Zeit (nämlich in 14 Tagen statt in einem halben Jahr) und bei ungünstige-

---

[19] Der Mobilisierungskoeffizient besagt, welchen Prozentsatz der Stimmberechtigten die Betreiber eines direktdemokratischen Projekts durchschnittlich pro Tag zur Eintragung mobilisieren müssen, um am Ende der Eintragungsfrist die notwendige Unterstützung beisammen zu haben (Jung 1993b: 325 f.).
[20] 20 Prozent der Stimmberechtigten in 14 Tagen = 1,428.
[21] 5 Prozent in sechs Monaten = 0,028 (einen Monat zu 30 Tagen gerechnet).

rer konfessioneller Struktur mobilisiert wurde. Doch in Rheinland-Pfalz galt noch das alte 20Prozent-Quorum der Verfassung von 1947, das sich als nahezu unüberwindbare Mauer erwies (vgl. zu diesem Fall näher Jung 2002a: 9 ff.). Bei einem solchen bewegenden Thema, wie es die „Opferung" eines kirchlichen Feiertags zur Finanzierung einer sozialpolitischen Maßnahme war, erscheint ein Regelwerk weiser, das eine förmliche gesellschaftliche Auseinandersetzung über dieses Problem ermöglicht, während die „Botschaft" der rheinland-pfälzischen Hürde lautete: Solange es sich nicht um ein Dezenniums-Ereignis handelt, findet keine solche Auseinandersetzung statt. In einem Land ließ das Verfahren die Frage zu, auch wenn die Antwort im Ergebnis für die Initiatoren nicht positiv ausfiel; im anderen Land blockte die Verfahrensordnung bereits die Frage ab.

Die vorstehend untersuchte Hürde beim Volksbegehren soll, wie vorsorglich festgehalten sei, der einzige Relevanztest sein. Ein Vorhaben, das von der geforderten Zahl von Bürgern unterstützt wird, hat den Test bestanden; seine Frage soll nun an das Volk gerichtet werden. Zusätzliche materielle Anforderungen, wie sie vor allem der Bremische Staatsgerichtshof aufgestellt hat – demokratische Verallgemeinerungsfähigkeit, Gemeinwohlbindung – sind nicht nur methodisch als „frei erfunden(e) Voraussetzungen" (v. Arnim 2002: 312) abzulehnen; es besteht für sie auch schlichtweg kein Bedarf. Wenn aber direktdemokratische Projekte offenkundig nicht das Gemeinwohl im Auge haben, sondern Eigen- oder Klientelinteressen bedienen wollen – oder einfach nur töricht sind –, dann ist auch das kein Problem, dem ausschließlich juristisch – und das heißt letzten Endes verfassungsrichterlich – beizukommen wäre. Sinnvoller – auch als demokratischer Lernprozess – ist es, derartige Vorhaben politisch zu bekämpfen (wofür man natürlich etwas Vertrauen in die Qualität der eigenen Position haben und den aufgerufenen Bürgern ein gewisses politisches Urteilsvermögen zutrauen muss) und sie, schweizerisch gesprochen, bei der Abstimmung „bachab zu schicken" (vgl. Jung 2001b: 36).

### 3.1.3 Quoren beim Volksentscheid

Der Ausgangsgedanke leuchtet unmittelbar ein. Das bloße Mehrheitsprinzip ist zwar eine notwendige, aber noch keine hinreichende Bedingung für einen positiven Abschluss des Verfahrens. Gewiss entscheidet die Mehrheit derer, die an die Urnen kommen und mit Ja oder Nein stimmen. Aber im Ja-Falle – wenn also der Status quo geändert werden soll – muss diese Mehrheit auch einen gewissen quantitativen Umfang haben, damit man legitimer Weise von einem *Volks*gesetz sprechen kann. Stehen numerisch nur wenige hinter der Ja-Mehrheit bei der Abstimmung, soll ihr Gesetzentwurf nicht allgemeinverbindlich werden.

Die einschlägigen Regelungen in den Bundesländern reichen von dem geradezu schweizerisch anmutenden radikaldemokratischen Grundsatz, dass die Mehrheit der abgegebenen gültigen Stimmen entscheidet (ohne jedes Quorum) – so in Bayern, Hessen und Sachsen, in Bayern bis zu einer Kehrtwende des Verfassungsgerichtshofs 1999 sogar für verfassungsändernde Gesetze –, bis zum Erfordernis eines Zustimmungsquorums von 50 Prozent der Stimmberechtigten bei verfassungsändernder Volksgesetzgebung – so in Baden-Württemberg, Brandenburg, Bremen, Hamburg, Mecklenburg-Vorpommern, Niedersachsen, Rheinland-Pfalz, Sachsen, Sachsen-Anhalt und Schleswig-Holstein.

Das Quorum – üblicherweise ausgedrückt als Prozentsatz der Gesamtheit der Stimmberechtigten – ist ein hochproblematisches Instrument, weil es stillschweigend eine ideale Gesellschaft voraussetzt, in der freie Einzelne sich unbeeinflusst entscheiden, ob sie sich an einer Abstimmung beteiligen und ob sie gegebenenfalls einem Projekt zustimmen oder es ablehnen. In den Niederungen der politischen Wirklichkeit aber handeln Gruppen, die miteinander um Macht kämpfen und dabei die eigenen Vorhaben durchsetzen und die Projekte der anderen abblocken wollen. Ihnen eröffnen Quoren eine neue und fatal attraktive Chance, ihr Ziel zu erreichen.

Lehrreich sind die beiden ersten reichsweiten Volksentscheide in Deutschland 1926 zur so genannten „Fürstenenteignung" und 1929 gegen den „Youngplan". Damals galt ein Beteiligungsquorum von 50 Prozent (Art. 75 Weimarer Reichsverfassung), d. h. ein Volksentscheid war nur gültig, wenn sich die Mehrheit der Stimmberechtigten an der Abstimmung beteiligte, und beide Projekte wurden von den jeweiligen Sachgegnern auf der Rechten bzw. der Linken boykottiert und sabotiert. Statt anzutreten, gaben die Gegner jedes Mal die Parole aus: „Bleibt zu Hause!" Warum? Zum kleinen politischen Einmaleins in Weimar gehörte:

- Boykott war effektiv – man konnte, da nun das Abstimmungsgeheimnis faktisch aufgehoben war (wer überhaupt zur Abstimmung ging, „outete" sich als Befürworter), den Sozialdruck nutzen.
- Boykott war billig – man sparte sich die ganze Mobilisierungslast einer „Stimmt mit Nein"-Kampagne.
- Boykott war sicher – gegen die nachträgliche interpretative Vereinnahmung sämtlicher Nichterschienener als überzeugte Sachgegner konnten jene sich ja schlecht wehren.

So stimmten 1926 beim ersten Volksentscheid knapp 14,5 Mio. Bürger *für* den Gesetzentwurf, aber nur gut 0,5 Mio. *dagegen*. Damit war der Volksentscheid „mangels Beteiligung" gescheitert. Um sich das Ungeheuerliche der zugrunde liegenden Verfahrensregelung klarzumachen, muss man diese Daten[22] nur ins

---

[22] Die Daten zu Volksbegehren und Volksentscheiden der Weimarer Zeit auf Reichsebene sind zusammengestellt bei Jung 2001d: 37 f.

Wahlrecht übertragen. Eine Partei(-enkoalition), auf die bei einer Wahl 14,5 Mio. Stimmen entfallen wären, hätte – bei etwa 30 Mio. Aktivbürgern seinerzeit – die absolute Mehrheit der Mandate bekommen. *Fijalkowski* hat von daher die Ablehnung von Quoren-Forderungen begründet: „Wenn es Weimarer Erfahrungen gibt, dann diese: Die Entscheidung muss an der Urne fallen und darf nicht durch Mobilisierbarkeit von Teilnahmeboykott herbeigeführt werden können. Stimmenthaltungen sind keine Nein-Stimmen." (2002: 318)

Entsprechendes Anschauungsmaterial hält die heutige Staatspraxis in Italien bereit (z. B. den Volksentscheid zur Wahlrechtsänderung 1999).

Gelegentlich wird argumentiert, solche Negativverscheinungen gebe es nur bei Beteiligungsquoren, während bei einem Zustimmungsquorum ein Boykottaufruf nicht sinnvoll sei (vgl. Horn 1999: 409). Aber auch bei Geltung eines Zustimmungsquorums kann ein Boykottaufruf z.b. das Abstimmungsgeheimnis praktisch aufheben und damit den Einsatz von Sozialdruck ermöglichen, und je höher das Zustimmungsquorum liegt, um so gewisser werden die Sachgegner zu solchen Praktiken greifen. Auch bei einem Zustimmungsquorum werden die Kräfte, die das vorgeschlagene Projekt ablehnen, eine politische Kosten-Nutzen-Rechnung anstellen, ob eine Mobilisierung für Nein oder die Ausgabe der Boykott-Parole günstiger ist, und werden das Risiko einer offenen Niederlage scheuen. Die Versuchung wird wiederum übermächtig sein, anstatt die Befürworter mit hohem Aufwand (bei Gefahr des Misserfolgs!) an den Urnen zu schlagen, sie unter weit geringeren Kosten verfahrensmäßig ins Aus zu manövrieren.

Wichtig ist nun zu erkennen, dass es sich dabei nicht um ein Fehlverhalten aufgrund menschlicher Bosheit handelt, sondern dass die betreffenden Akteure völlig logisch handeln. Ein Beteiligungsquorum bedeutet ja im Grenzfall sogar, dass ein paar Nein-Stimmen mehr dazu führen, dass der direktdemokratische Entwurf angenommen wird.[23] Dieses Risiko ist unzumutbar. Ein solches Regelwerk ermöglicht also nicht nur, es gebietet geradezu staatsbürgerliche Passivität. Die Sachgegner müssen es von der Logik des Reglements her den Befürwortern überlassen, das Beteiligungsquorum aus eigenen Kräften zu überwinden.[24]

Was ist da passiert? Man hat offenbar von der Erwünschtheit einer hinreichenden Beteiligung bzw. Zustimmung schlicht auf die Nützlichkeit eines entsprechenden Quorums geschlossen und dabei ein richtiges Ziel mit dem falschen Mittel zu erreichen versucht. Jedes Quorum setzt massive Fehlanreize. Hier ist nach allen Erfahrungen nur noch in der Sprache der Medizin zu reden: Ein politisches Heil-

---

[23] Man betrachte einmal den Fall des italienischen Volksentscheids vom 18. April 1999 zur Wahlrechtsänderung, der 49,6 Prozent der Stimmberechtigten zustimmten (analysiert bei Jung 2001f: 68).
[24] Lapidar hat *S. Jung,* eine scharfsinnige Demokratie-Analytikerin, festgestellt: „Problematisch sind Beteiligungsquoren allerdings insofern, als ihre Anwendung geradezu systematisch verhindert, dass dieses letztere Ziel [d.h. die Maximierung von Beteiligung] erreicht wird. Denn existieren Beteiligungsquoren, so wird das Fernbleiben von der Abstimmung für die Gruppe der Gegner einer Vorlage zur erfolgversprechenden und zugleich bequemen Strategie." (2001: 94).

mittel, das so hohe Risiken birgt und derart unerträgliche Nebenwirkungen produziert, sollte endlich vom politischen Markt genommen werden. Heißt das nun, dass keinerlei Möglichkeit besteht, auf eine gute Beteiligung an den direktdemokratischen Verfahren hinzuwirken? Durchaus nicht.

- Wie einige durchaus demokratische Länder eine Wahlpflicht kennen, könnte man auch an eine Abstimmungspflicht denken (demokratietheoretische Einwände bei Fuchs 2000: 265 f.). Aber dann handelt man sich zugleich das Problem der Sanktionen ein, ohne die eine entsprechende Pflicht zum bloßen moralischen Appell würde. Eine so unfrohe Lösung würde sich nicht empfehlen.

- Man könnte ferner an die Methoden denken, mit denen der moderne Staat sonst erwünschtes Verhalten befördert: Werbung für die Teilnahme am Volksentscheid, ausgiebige Bekanntmachung der Abstimmungsalternativen, Förderung von Pro- und Contra-Diskussionen in den Medien, eine zweckmäßige Ausgestaltung der Abstimmungskampfkostenerstattung, kurz: all die Anstalten, die von Wahlkämpfen her bekannt sind und sich leicht auf Abstimmungskämpfe übertragen lassen.

- Gewiss empfiehlt es sich, Volksentscheide zusammen mit Wahlen abzuhalten, was einen Huckepack-Effekt bewirkt, aus dem eine sehr viel höhere Abstimmungsbeteiligung resultiert (vgl. Jung 1999b: 887-891).

- Aber am besten greift – und das ist die Weisheit der alten Demokratien der Schweiz und der US-Bundesstaaten – die Streichung jedes Quorums beim Volksentscheid. Wenn klar ist: Es entscheidet die Mehrheit derer, die an die Urnen kommen und mit Ja oder Nein stimmen, sendet dies zugleich die Botschaft aus: „Jetzt gilt's!" Für Tricks und Manöver ist dann kein Raum mehr.

Einen Beweis für die Richtigkeit der letzten Überlegung bieten die Wahlen in Deutschland und anderen Demokratien, die nach eben diesem Regelwerk funktionieren und wo natürlich niemand zum Boykott aufruft, weil dies einer Selbstausschaltung gleichkäme.[25] Das gleiche gilt für die direkte Demokratie in den genannten Referenzländern und ebenso auch in Bayern, das bis 1999 den Volksentscheid – auch über verfassungsändernde Gesetzentwürfe – ohne jedes Quorum praktizierte und damit gut fuhr (vgl. Hahnzog 1999). Dass unter solchen Bedingungen im Extremfall bloß ein einziger Bürger zur Abstimmung ginge und den ganzen Volksentscheid entschiede, ist nur schlechte Theorie. Die politische Klasse duldet kein

---

[25] Sonderfälle unter irregulären Verhältnissen – also Boykott-Aufrufe, von der neugegründeten KPD vor den Wahlen zur Verfassunggebenden Deutschen Nationalversammlung 1919 bis zur serbischen Minderheit vor den Parlamentswahlen im Kosovo 2004 – werden nicht übersehen, aber dabei waltet eine andere Logik, die eigene Schwäche nicht offen zu legen, was den erhobenen ideologischen Anspruch gefährden würde.

Machtvakuum. Der Oppositionscharakter der Volksgesetzgebung markiert mit der Regierung und der bzw. den sie tragenden Partei(en) Gegner, die doch nicht schmollen, sondern antreten (vgl. Jung 1999a: 427). Sinn einer Abstimmungsregel ohne Quoren ist also nicht – wie das häufige Missverständnis lautet –, einer Minderheit die Macht zu überlassen; sie ist vielmehr ein strategisches Moment, um die Mehrheit zu Aktivität anzuspornen, damit sich die Minderheit nicht durchsetzt (vgl. Jung 1999b: 882).

## 3.1.4 Das Timing

Ein Volksentscheid bedeutet nicht die einfache Abfrage eines fertig vorliegenden Volkswillens, sondern stellt den Abschluss eines politischen Willensbildungsprozesses dar, der zugleich ein wichtiger gesellschaftlicher Lernprozess ist (vgl. Herrmann 2003: 93). Hierin unterscheidet sich direkte Demokratie von Demoskopie. Die Diskussion, das Gespräch der Bürger miteinander, bevor dann die Einzelnen ihre Entscheidung treffen, hat in schweizerischer Sicht *Gross* einmal „die Seele der direkten Demokratie" genannt (vgl. 1996: 12; ebenso 2002: 336). Von daher ist die Zeit, die eine Gesellschaft sich für diese Prozesse nimmt, von erheblicher Bedeutung. Für die wichtigste Phase des Verfahrens: zwischen dem Volksbegehren und dem Volksentscheid, legen die Verfassungen bzw. die Ausführungsgesetze Höchstfristen zwischen zwei (Hessen) und zwölf Monaten (Mecklenburg-Vorpommern, Niedersachsen, Sachsen) fest (vgl. Weixner 2002: 168 ff.). Nimmt man noch die Eintragungszeiten für das Volksbegehren hinzu, die, wie erwähnt, bis zu acht Monaten (Sachsen) reichen, erklärt sich leicht, dass das Volksgesetzgebungsverfahren insgesamt – also vom Zulassungsantrag bis zur Volksabstimmung – 16 bis 20 Monate dauern kann. Werden Verfahren durch dazwischengeschaltete Verfassungsprozesse verzögert, ist eine Verfahrensdauer bis zu drei Jahren möglich. *Weixners* Frage, „ob bis dahin ein begehrter Gesetzentwurf noch aktuell ist, ob man nach so langer Zeit die Bevölkerung noch zur Unterstützung mobilisieren kann" (2002: 170), ist berechtigt. Von den Initiativen und ihrer Kampagne her gesehen besteht die Gefahr, dass der Spannungsbogen zusammenbricht. Fälle, wo angesichts der nicht absehbaren verfassungsgerichtlichen „Freigabe" ihres Projekts die Initiativen mit dem schließlich doch errungenen juristischen Erfolg politisch nichts mehr „anfangen" konnten, sind vorgekommen.[26]

Jene Frage mutet aber zugleich ziemlich deutsch an, wenn man zum Vergleich in die Schweiz blickt. Gewiss gab es auch dort die Verschleppungstaktik, „Volksbegehren in der Warteschublade auskühlen zu lassen" (Linder 1999: 249), und das

---

[26] Vgl. den Fall des Volksbegehrens gegen die Rechtschreibreform in Bremen 1999/2000 und dazu Jung 2000b: 444.

Parlament hat deshalb 1997 eine Reform beschlossen. Aber die neuen verkürzten Fristen zeugen immer noch von einer viel größeren Bereitschaft, die Volksgesetzgebung als ein langsames Verfahren zu akzeptieren: Die Frist für die Sammlung der Unterschriften beträgt generell 18 Monate.[27] Bei ausgearbeiteten Gesetzentwürfen hat die Regierung innerhalb eines Jahres dem Parlament einen Antrag vorzulegen; die parlamentarische Behandlung muss 30 Monate nach Einreichung der Initiative abgeschlossen sein, und innerhalb weiterer neun Monate muss die Volksabstimmung stattfinden – damit dauert das Verfahren längstens immer noch fast fünf Jahre.

Bei allem Verständnis für Kampagnenzwänge muss sich die Waage im Zweifel für „mehr Zeit" neigen. Es ist ja nicht zu verkennen, dass viele der Vorwürfe, die der direkten Demokratie – unberechtigt – gemacht werden, in gewisser Weise mit Zeit zusammenhängen und sich, was immer daran sein sollte, bei einem langsamen Verfahren „in Luft auflösten".

*Theodor Heuss'* polemisches Wort von der „Prämie für jeden Demagogen"[28] – wenn sich das Verfahren lange hinzieht, wird deren Geschäft deutlich erschweren. Der Vorwurf der emotionalen Beeinflussung – abgesehen von dem seltsam „verkopften" Menschenbild dahinter, sollten sich bloße Stimmungen (von Leidenschaften ganz zu schweigen) nicht über Jahre hinweg aufrecht erhalten lassen. Die angeblich schlechte Information vieler Bürger über die anstehenden Probleme – wenn Aufklärung da eine Chance haben soll, braucht auch sie ihre Zeit.

Es muss aber nicht nur für direkte Demokratie überhaupt viel Zeit gewährt werden, zum „Timing" gehört auch die Bestimmung, wann der Willensbildungs- und Lernprozess in eine Entscheidung mündet, d.h. abgestimmt wird. Hier kann man tatsächlich von einer Zeitherrschaft sprechen, wenn bislang den Regierungen, obschon geborene Gegnerinnen jedes Projekts der Volksgesetzgebung, wie selbstverständlich das Recht zugestanden wird, den Abstimmungstag festzusetzen. Dabei geht es natürlich nicht um diesen oder jenen Sonntag, sondern das Problem ist die Frage der getrennten Abhaltung oder der Zusammenlegung von Volksentscheiden und Wahlen, ob also der erwähnte Huckepack-Effekt ausgelöst wird oder nicht. Daher darf es der Regierung nicht mehr freistehen, wann sie die Volksabstimmung anordnet, und sei es zu einem noch so ungünstigen Termin – dabei auf die „Quorenfalle" spekulierend –, sondern daraus ergibt sich die Forderung nach Zusammenlegung von Volksentscheiden mit den nächsten allgemeinen Wahlen.[29] Notfalls

---

[27] Vgl. Art. 138 Abs. 1, 139 Abs. 1 und Art. 139a Abs. 1 BV i. d. F. v. 1. 8. 2003.

[28] Vgl. zu dieser Sentenz Jung 1994: 283, allgemein zum Thema *Heuss* und die direkte Demokratie: 290-294.

[29] Von daher gesehen ist der jüngste Beschluss der hamburgischen Bürgerschaft, Volksentscheide von allgemeinen Wahlen grundsätzlich abzukoppeln (ein entsprechender Antrag der CDU-Fraktion – Ersuchen an den Senat zur Novellierung des Volksabstimmungsgesetzes – Drucksache 18/1101 v. 27. 10. 2004 wurde am 11. 11. 2004 angenommen), sehr bedauerlich; er geht demokratiepolitisch gerade in die falsche Richtung.

müssen starre Fristvorgaben in den einschlägigen Regelwerken gelockert werden. In den US-Bundesstaaten jedenfalls ist diese Zusammenlegung selbstverständlich.

### 3.1.5 Kostenerstattung

*Volks*gesetzgebung ist kein *Privat*vergnügen und sollte auch nicht als solches behandelt werden. Die Kontrolle bzw. Korrektur parlamentarischer Entscheidungen dient nicht weniger dem Gemeinwohl als die Arbeit der zu kontrollierenden bzw. zu korrigierenden Volksvertretungen selbst. In einer politischen Kultur, in der (was jetzt nicht hinterfragt werden soll) Parteien- und Fraktionsfinanzierung, Wahlkampfkostenerstattung und dergleichen mehr selbstverständlich sind, erscheint eine öffentliche Hilfe zumindest bei den Abstimmungskampfkosten ein Gebot der Gerechtigkeit. Schließlich stehen bei einem Volksentscheid der Initiative und ihrem Projekt mit der Regierung und der bzw. den sie tragenden Fraktion(en) zwei staatsfinanzierte Institutionen der repräsentativen Demokratie gegenüber, so dass auch das Gebot der Chancengleichheit zu beachten ist (vgl. Weixner 2002: 176). Insofern erstaunt es doch, dass gerade sechs der 16 Bundesländer entsprechende Kostenerstattungsregelungen getroffen haben: Hamburg, Niedersachsen, Sachsen, Sachsen-Anhalt, Schleswig-Holstein und Thüringen.[30] Über viele Einzelheiten dieser Regelungen wird man streiten können. Ob schon nach dem Zustandekommen eines Volksbegehrens öffentliche Mittel gewährt oder nur – der früheren Formel des Parteiengesetzes zur Wahlkampfkostenpauschale nachgebildet – die notwendigen Kosten eines angemessenen Abstimmungskampfes erstattet werden sollen, ist sicher diskussionswürdig. Bei den Sätzen wird man einerseits gewiss nicht von staatlicher „Vollfinanzierung" träumen, und die Größenordnung der staatlichen Teilfinanzierung der Parteien kann vernünftigerweise eben so wenig als Maßstab dienen. Andererseits können sich allein die Papier- und Druckkosten zu stattlichen Beträgen summieren, so dass doch realistische Sätze zu fordern sind. Zur Staatspraxis gibt es nur wenige empirische Daten.

- Die Bürgeraktion „Mehr Demokratie in Bayern e. V.", die 1995 im Wege der Volksgesetzgebung die Einführung des kommunalen Bürgerentscheids im Freistaat durchsetzte, gab für den Volksentscheid 273.374,79 DM aus.[31] Dass 1.857.919 Bürgerinnen und Bürger (gleich 57,8 Prozent der Abstimmenden) ihrem Gesetzentwurf zustimmten, war ein beeindruckender Erfolg. Eine Erstattung indes war und ist in Bayern nicht vorgesehen.

---

[30] Die Regelungen für die erstgenannten fünf Länder sind tabellarisch aufgeführt bei Jung 2002c: 276, ferner bei Weixner 2002: 174 f. – für die jüngste Regelung in Thüringen vgl. Thüringer Landtag 2004: 16.

[31] Vgl. die detaillierte Einnahmen- und Ausgabenrechnung der Bürgeraktion bei Jung 1996a: 251.

- Nach dem Volksentscheid zur „Erhaltung des Buß- und Bettages" in Schleswig-Holstein 1997 erhielt die Nordelbische Evangelisch-Lutherische Kirche als Initiatorin für die erreichten 422.851 gültigen Ja-Stimmen (gleich 68,2 Prozent) je 0,50 DM, also 211.425,50 DM. Die Kostendeckung betrug etwa 35 Prozent (vgl. Jung 2002c: 277).

- Die Bürgeraktion „Mehr Demokratie in Hamburg" wandte 1998 für ihre Doppelinitiative zur Änderung der Volksgesetzgebung und zur Einführung von Bürgerentscheiden und Bürgerbegehren in den Bezirken rund 300.000 DM auf, davon für die letzte Phase bis zum Doppelvolksentscheid rund 160.000 DM (vgl. Hiller 1998: 46 f.). Für ihre Gesetzentwürfe wurden, gewiss auch dank der Zusammenlegung der Abstimmung mit der Bundestagswahl, 546.937 bzw. 538.995 Ja-Stimmen abgegeben (gleich 74,05 bzw. 73,24 Prozent), doch griff hier die Deckelung des Erstattungsrechts auf je 400.000 Stimmen. Hamburg zahlte – in diesen Grenzen – je 20 Pfennig pro Ja-Stimme, so dass die reinen Abstimmungskampfkosten im Ergebnis voll erstattet wurden (etwas anders Rehmet 2003: 30).

- Misslich dagegen erscheint die Situation im bereits erwähnten jüngsten Fall der direktdemokratisch bewirkten Wahlrechtsreform 2004 in Hamburg. Die Initiatoren haben beim Volksentscheid das Ja von 256.973 Bürgerinnen und Bürgern (gleich 66,7 Prozent) für ihren Entwurf erhalten, während auf die Konkurrenzvorlage der Bürgerschaft nur 196.615 Ja-Stimmen (gleich 53,7 Prozent) entfielen. Hamburg zahlte ihnen daraufhin 10 Cent pro Ja-Stimme, also 25.697 Euro, an Spenden gingen knapp 30.000 Euro ein, aber bei Kosten von 100.000 Euro waren die Aktivisten der Wahlrechts-Initiative damit „erfolgreich in die Pleite" geraten.[32]

Ohne den letzten Fall zu vertiefen, lässt sich allgemein sagen: Wer diese Verhältnisse und Zusammenhänge nicht sorgfältig beobachtet und gegebenenfalls Abhilfe schafft, begünstigt objektiv einen plutokratischen Zug in dem Verfahren – dass sich am Ende eben nur noch finanzstarke Verbände eine Initiative „leisten" können –, was dann natürlich besorgte Warnungen vor dem Einfluss des „großen Geldes" etwas heuchlerisch erscheinen lässt (vgl. Jung 2001e: 62 f., Heußner 1999: 116 ff.).

### 3.1.6 Der Bestand eines Volksgesetzes

Was bis dahin ein theoretisches Nebenproblem war, gewann durch einen Präzedenzfall höchst praktische Bedeutung, nämlich durch die Aufhebung gleich des

---

[32] Vgl. Meissner, Sigrid: Wahlrecht-Initiative. Aktivisten sind pleite. Trotz erfolgreicher Abstimmung werden Auslagen nicht voll erstattet, in: Hamburger Morgenpost v. 14. 7. 2004.

ersten Volksgesetzes durch den Schleswig-Holsteinischen Landtag 1999 (Fall „Rechtschreibreform"). Verschärfend kam hinzu, dass das Parlament nach nicht einmal einem Jahr das Volksgesetz kassierte und in einem halben Jahr Landtagswahlen anstanden, die man schließlich hätte abwarten können, dass sich die Umstände gegenüber der Zeit des Volksentscheids nicht wesentlich geändert hatten, und dass sich der Landtag in Kiel kaum die Mühe einer ernsthaften Debatte machte (vgl. Jung 2001a: 146-150). Nun haben wir gewiss keine politische Kultur wie in der Schweiz, wo ein Volksentscheid „sakrosankt" ist (Linder 1999: 277) und wie ein „Gottesurteil" wirkt (Möckli 1994: 354); aber dass das Parlament ein vom Volk beschlossenes Gesetz soll (ohne weiteres) kassieren dürfen, leuchtet auch nicht ein und wirkt jedenfalls, wenn das rechtens sein sollte, massiv demotivierend.

Die wissenschaftliche Literatur ist gespalten. Die herrschende Meinung argumentiert dürr-formal: Volks- und Parlamentsgesetze hätten den gleichen Rang, folglich gelte der allgemeine Rechtsgrundsatz, wonach das frühere Gesetz durch das spätere gebrochen wird (die Lex-posterior-Regel), und damit könne das Parlament, zumal in den Verfassungen nichts Gegenteiliges stehe, ein volksbeschlossenes Gesetz „jederzeit" wieder ändern oder aufheben (allenfalls begrenzt durch das Rechtsprinzip gegenseitiger Rücksichtnahme, so Gallwas 2000: 447-451). Die Gegenmeinung hält das Problem nicht für eine Rangfrage, sondern stellt auf das Muster der Konfliktlösung ab: Die (mehrfache) Beteiligung des Parlaments beim in Deutschland üblichen indirekten Verfahren der Volksgesetzgebung könne nur als Bindung verstanden werden. Der Ausweg, um keiner Versteinerung das Wort zu reden, müsse anderswo gesucht werden (Clausula rebus sic stantibus, Aufhebungsreferendum). Rechtstechnisch ausformuliert: „Ein Gesetz des Parlaments, das ein durch Volksentscheid beschlossenes Gesetz ändert oder aufhebt, bedarf der Zustimmung des Volkes. Dies gilt nicht, wenn sich die dem Volksentscheid zugrunde liegende Sach- und Rechtslage wesentlich geändert hat." Strittig ist wiederum, ob dies nur als ein rechtspolitischer Vorschlag anzusehen ist oder bereits als ungeschriebenes Verfassungsrecht gilt (vgl. Jung 2002b: 52).

## 3.2 Die Haltung der Eliten

Gerade, wenn man die Ausgestaltung des „Designs" der direkten Demokratie als Kunst versteht, wird ein weiterer Aspekt wichtig: Diese Kunst kann nicht gelingen, wenn sie nicht von einer bestimmten Haltung der Eliten geleitet wird: Sie müssen die direkte Demokratie wirklich wollen, wenn sie funktionieren soll. Es genügt nicht, Sachabstimmungen abzuhalten (vgl. Möckli 2003) bzw. einfach nur Volksbegehren und Volksentscheid einzuführen – die Institutionen müssen auch adäquat sein (vgl. v. Arnim 1999). Man kann die einzelnen Elemente des direktdemokratischen „Designs" – vor allem Hürden, Quoren, Timing, Kosten und Bestand – auch so anordnen, dass gar nichts „läuft". In Deutschland gibt es einschlägige Traditionen: Die nach dem Krieg in Hessen, Rheinland-Pfalz, Bremen, Nordrhein-Westfalen und Berlin auf 20 Prozent hochgezogene Hürde beim Volksbegehren (hinzu kam das Saarland 1979) verriegelte das Verfahren zuverlässig.[33] Das Erfordernis einer Zweidrittel-Mehrheit zuzüglich eines 50prozentigen Zustimmungsquorums beim Volksentscheid über Verfassungsänderungen, das man nach 1989 in Schleswig-Holstein, Brandenburg, Sachsen-Anhalt, Mecklenburg-Vorpommern und Hamburg in die neuen bzw. revidierten Verfassungen geschrieben hat, stellt Anforderungen, die realistischerweise nicht zu erfüllen sind – und offenkundig auch gar nicht erfüllt werden sollen: In einer Art symbolischer Politik wird den Bürgern nur ein „Als-ob"-Recht gewährt.

In einer historischen Perspektive mag man sich damit trösten, dass sogar die Einführung solcher Art direkter Demokratie nicht sinnlos ist: Auch damit wird in den Köpfen eine Bewegung in Gang gesetzt, die sich nicht mehr stoppen läßt. Aus einem Stolperstein kann so ein Grundstein werden (vgl. Möckli 1996). Aber in der Wirklichkeit der Gegenwart bleibt es wahr, dass ohne ein gewisses Maß an gutem Willen der repräsentativ-demokratischen Kräfte, das oft einen Mentalitätswechsel nötig machen wird, direkte Demokratie kaum gelingen kann, sondern wegen der vielfältigen Möglichkeiten ihrer Hintertreibung letztlich zum Scheitern verurteilt ist.

Zu diesem Mentalitätswechsel gehört auch der Abschied von dem, was man im Herbst 2004 bei der Diskussion über den jüngsten Vorschlag der rot-grünen Koalition für Volksentscheide in Deutschland wieder erleben musste: ein (extrem) instrumentelles Verständnis von Demokratie. Natürlich hat jeder Gesetzgeber Gründe bzw. Anlässe, um überhaupt aktiv zu werden, sicher verfolgt er mit seiner Tätigkeit bestimmte Ziele, und gewiss ist es sinnvoll, bei notwendigerweise abstrakt und generell zu formulierenden Normen sich konkrete Vorstellungen davon zu machen, wie das dann hier und da in der Praxis aussehen wird. Nicht an geht aber, dass man Verfahren und Regeln, die für eine unbegrenzte Zahl von Fällen aufgestellt werden, allein in der Perspektive des eigenen nächsten politischen Vorhabens diskutiert und bewertet (vgl. Gross 1996: 13) – ob EU-Beitritt der Türkei oder Verhinderung der Kürzung von Transferleistungen und dergleichen. Bei der Einführung der direkten Demokratie auf Bundesebene bzw. der Verbesserung ihres „Designs" auf Landes- und Kommunalebene muss „über den Tag hinaus" gedacht werden.

---

[33] Dies gilt auch, wenn diese Hürde einmal – in einer politischen Ausnahmekonstellation – überwunden wurde: beim Koop-Volksbegehren in Nordrhein-Westfalen 1978, vgl. Jung 1993a: 9 ff.

## 3.3 Politische Auseinandersetzungen

Jenseits von Kunst und Haltung sind die Einführung direktdemokratischer Verfahren und ihre konkrete Ausgestaltung, die schließlich Kontrolle und gegebenenfalls Korrektur parlamentarischer Entscheidungen ermöglichen sollen, immer auch – alte Wahrheit – Ergebnis politischer Kämpfe (vgl. Möckli 2003: 109). „Kampf" kann freilich in diesem Zusammenhang Verschiedenes bedeuten. Man muss nicht gleich an eine Reprise des „Steckli-Donnerstags" von 1831 denken, als 600 mit Stöcken bewaffnete Bauern aus dem Rheintal sich vor der Tagungsstätte des st. gallischen Verfassungsrates zusammenrotteten und die Aufnahme des Gesetzesvetos in die neue Kantonsverfassung erzwangen (vgl. Möckli 1996: 209). Heutigen Zeiten angemessener erscheint der Kampf um Mehr Demokratie in Hamburg 1998. Dort gelang es einer Bürgeraktion dieses Namens, 18,4 Prozent der Stimmberechtigten zur Eintragung für ihr Volksbegehren zur Verbesserung der Volksgesetzgebung zu bewegen – der zweithöchste Zuspruch bei einem Volksbegehren in Deutschland, nötig wären 10 Prozent gewesen. Beim nachfolgenden Volksentscheid stimmten 74,05 Prozent der Abstimmenden (gleich 45,5 Prozent der Stimmberechtigten) für den Gesetzentwurf dieser Initiative, während für die Konkurrenzvorlage des Landesparlaments „nur" 60,04 Prozent der Abstimmenden (gleich 35,48 Prozent der Stimmberechtigten) votierten. Formal war die Bürgeraktion mit ihrem Vorhaben gescheitert – es fehlten 4,5 Prozentpunkte, um die (überhöhte) Hürde der verfassungsändernden Volksgesetzgebung in Hamburg zu überwinden. Aber Senat und Bürgerschaft hatten verstanden, was das Anliegen dieser – in absoluten Zahlen – 546.937 Bürgerinnen und Bürger war, die dem Gesetzentwurf der Initiative zugestimmt hatten (Zahlen nach Efler 1999: 211, 218 bzw. 2001: 81, 85), und leiteten einen parlamentarischen Reformprozess ein, der nach knapp drei Jahren zwar nicht die getreuliche Umsetzung der seinerzeit in den Abstimmungskampf geworfenen Konkurrenzvorlage – die ihrerseits 426.506 Bürgerinnen und Bürger unterstützt hatten –, aber doch deutliche Erleichterungen des Volksgesetzgebungsverfahrens brachte (z. B. eine Halbierung der Hürde beim Volksbegehren von 10 auf 5 Prozent). Die politische Elite Hamburgs hatte sich also responsiv verhalten, das politische Wollen so vieler Bürgerinnen und Bürger aufgenommen und produktiv verarbeitet.

Ähnlich verliefen die Dinge in Thüringen, wo es zwar nicht zum Volksentscheid kam, weil der Verfassungsgerichtshof das bereits zustande gekommene Volksbegehren „Mehr Demokratie in Thüringen" nachträglich für unzulässig erklärte; aber der enorme Zuspruch von 363.123 Bürgerinnen und Bürgern gleich 18,3 Prozent der Stimmberechtigten[34] im Jahre 2000 wurde von Regierung und

---

[34] Einen noch höheren Eintragungssatz erreichten nach dem Zweiten Weltkrieg auf Landesebene nur das Koop-Volksbegehren in Nordrhein-Westfalen 1978 mit 29,8 Prozent der Stimmberechtigten – freilich

Parlament ebenfalls positiv verarbeitet. Auch hier stand am Ende der parlamentarischen Reform – 3,5 Jahre nach dem Volksbegehren – zwar nicht das seinerzeit von den Initiatoren begehrte Volksgesetz, aber eine deutlich verbesserte Regelung, mit der das Parlament große Schritte in die von der Bevölkerung so deutlich gewünschte Richtung tat (etwa eine Senkung der Hürde beim Volksbegehren von 14 auf 8 bzw. 10 Prozent )[35].

Nun handelt es sich hier um zwei spektakuläre Fälle, aber auch andere Auseinandersetzungen fruchteten offenbar. So haben von den sechs oben genannten Ländern vier in den Jahren 1994 bis 2002 die prohibitive 20Prozent-Hürde beim Volksbegehren (mindestens) halbiert. Allein in Hessen und im Saarland haben sich die politischen Eliten bislang nicht bewegt.

Einer anderen Dramaturgie folgten jene politischen Kämpfe, die in der Arena der Justiz ausgetragen wurden. Im Ergebnis wurden in einer ganzen Reihe von Fällen – vor allem in Bayern, Bremen, Schleswig-Holstein und Thüringen – direktdemokratische Projekte für eine Reform der Volksgesetzgebung von (Landes-)Verfassungsgerichten harsch gestoppt (vgl. Jung 2002b: 47-52, Neumann 2002a). Hier zeigten sich doch erhebliche Nachteile gegenüber der parlamentarisch-politischen Auseinandersetzung. Während einem Parlament schier unbegrenzte Möglichkeiten des Entgegenkommens, der Kompensation, kurz: des Kompromisses zu Gebote stehen, ist ein Gericht auf die binäre Entscheidung: verfassungswidrig oder nicht, beschränkt. Und während ein Parlament weit beweglicher ist – auch nach seinem Selbstverständnis –, ein Thema wieder aufzugreifen, eine Reform durchzuführen, einen Punkt „nachzubessern" usw., weichen Gerichte nur ungern von der eigenen Rechtsprechung ab. Ging dann das erste Präjudiz zu weit, resultiert daraus eine „Zementierungsrechtsprechung",[36] eine „Versteinerung" der betreffenden Verfassung, die ihr die Möglichkeit nimmt, sich den Wandlungen gesellschaftlicher, politischer und wirtschaftlicher Gegebenheiten anzupassen (vgl. Huber 2004: 341). In etlichen Fällen wird den Gerichten freilich – anders geht es nach der Institutionenordnung nicht – gar nichts anderes übrig bleiben, als die von ihnen zu weit vorn bzw. zu tief eingeschlagenen Pflöcke selbst wieder herauszuziehen. Das geht auch, wie Beispiele zeigen; aber das dauert.

In diesem Zusammenhang ist von durchaus wohlmeinender Seite der Vorwurf erhoben worden, die Bürgeraktion „Mehr Demokratie e. V.", welche die meisten einschlägigen Projekte gestartet hatte, habe durch „radikale" Gesetzentwürfe jene Urteile im Grunde provoziert und so letztlich kontraproduktiv gehandelt (vgl. Neumann 2002a: 147 f.). Was zunächst einleuchtend erscheint, setzt bei näherer

---

unter verschiedenen Gesichtspunkten ein Ausnahmefall – und (um eine Dezimale) das erwähnte Volksbegehren zur Änderung der Volksgesetzgebung in Hamburg 1998.

[35] Diesen Fall eines „erfolgreichen Scheiterns" analysiert Edinger 2003.

[36] So *Siegfried Jutzi* zu einem Urteil des Thüringischen Verfassungsgerichtshofs, nachgewiesen bei Jung 2002b: 51 FN 87.

Prüfung der Zusammenhänge doch nur eine Legende in die Welt. Erstens haben hier nicht einfach Dilettanten „radikale" Entwürfe vorgelegt, sondern alle Texte wurden jeweils von mehreren Fachleuten auf ihre verfassungsrechtliche Zulässigkeit hin „abgeklopft". Dies ist, wie die Erfahrung lehrt, zwar keine Garantie; aber fehlendes Problembewusstsein bzw. mangelnde Sorgfalt kann man den Verantwortlichen nicht vorwerfen. Zweitens war nicht vorauszusehen, dass die Gerichte derart „überreagieren" würden. Insbesondere die methodischen „Kapriolen" vorauszusehen, zu denen sich die Gerichte – eher wohl von Angst als von Weisheit geleitet[37] – dabei hinreißen ließen, dafür hätten die Initiatoren und ihre Berater hellseherische Fähigkeiten haben müssen. Diese konnten nicht ahnen, dass der Bayerische Verfassungsgerichtshof seine bisherige Rechtsprechung quasi um 180 Grad ändern würde; sie mussten nicht damit rechnen, dass die Verfassungsgerichte „abwegig"[38] und „normlogisch unhaltbar"[39] argumentieren, Voraussetzungen frei erfinden (vgl. v. Arnim 2002: 312) bzw. sich „Phantasie im Juristischen"[40] leisten und schließlich noch „leichthändig" „mit ‚Ewigkeitswerten' hantieren" (Löwer/Menzel 2003: 92) würden – all dies keine Schmähungen enttäuschter Bürger oder wortgewaltiger Rechtsanwälte, sondern Verdikte angesehener Staatsrechtslehrer in wissenschaftlichen Publikationen. Nicht minder scharf fiel etliche Kritik von Richterkollegen aus – in Minderheitsvoten, wenn etwa der Mehrheit ins Stammbuch geschrieben wurde, dass ihre Kehrtwende „nicht ernsthaft begründet werden" könne und Elemente der Mehrheitsentscheidung „schlichtweg nicht nachvollziehbar" seien.[41] Der Kritiker resümiert selbst, dass die einschlägige Rechtsprechung „längst den äußersten Rand des rechtlich Vertretbaren erreicht – wenn nicht überschritten" habe (Neumann 2002a: 148). Vor allem aber wird – drittens – die Tragweite dessen, was hier geschehen ist, verkannt, wenn man es nach dem schlichten psychologischen Muster „Provokation durch radikale Entwürfe" interpretiert. Tatsächlich wurde hier nichts weniger als ein weiteres Exempel jener juristischen „Demokratieverhinderung" statuiert, bei der verfassungsgerichtlicher Voluntarismus an die Stelle demokratischer Gesetzgebung tritt (vgl. Maus 2004: 847).

---

[37] Angst als schlechten Ratgeber des Thüringischen Verfassungsgerichtshofs macht auch *Neumann* aus (2002a: 148). *Huber* formuliert vielsagend, der Gerichtshof habe „sich in eine diffuse ‚Gesamtbetrachtung' geflüchtet (!), in der politische und rechtliche Erwägungen bzw. Maßstäbe ununterscheidbar verschwimmen" (2004: 342). – Zur Angst der Regierenden vor dem Volk, vor allem bei direkter Demokratie, vgl. Majer 2000; Büsching 2004.

[38] So *Helmut Siekmann* zu einem Urteil des Bremischen Staatsgerichtshofs, nachgewiesen bei Jung 2002b: 49 FN 74.

[39] So *Helmut Siekmann* zu einem Beschluss des Bundesverfassungsgerichts (als Landesverfassungsgericht für Schleswig-Holstein), nachgewiesen bei Jung 2002b: 51 FN 82.

[40] Vgl. Pestalozza 2003: 128. Die Überschrift dieses Kapitels lautet: „1999: Die Erfindung des Quorums für verfassungsändernde Volksgesetze" (127).

[41] So das Sondervotum zu einem Urteil des Bayerischen Verfassungsgerichtshofs, nachgewiesen bei Jung 2002b: 48 FN 69.

Dass man Verfassungsrecht auch anders sprechen kann, haben die Gerichte in Niedersachsen, Brandenburg und vor allem in Sachsen vorgeführt. Der Sächsische Verfassungsgerichtshof hat in einem aufsehenerregenden Urteil von 2002 nicht nur einen einzelnen Volksantrag für zulässig erklärt, sondern mit seiner methodischen Disziplin für die eben kritisierte Rechtsprechung der anderen Landesverfassungsgerichte Maßstäbe gesetzt und dabei, was direkte Demokratie angeht, einige Dinge wieder „vom Kopf auf die Füße" gestellt (Jung 2003, ferner Neumann 2002b; siehe zu dieser Rechtsprechung insgesamt Jutzi 2003, Platter 2004).

## 4 Die Wirkungen der direkten Demokratie

### 4.1 Anderer Politikstil

Direkte Demokratie als Ergänzung der repräsentativen Demokratie bedeutet, dass der empirische Wille der Mehrheit der Aktivbürger auch in den Jahren zwischen zwei Wahlterminen zählt. Durch Wahlen wird Herrschaft auf Zeit also nur unter dem Vorbehalt übertragen, dass die Bürger sich nicht selber ein Problem vornehmen und es in ihrem Sinne entscheiden. Damit ist zugleich das Ende des bisherigen „parlamentarischen Absolutismus", von dem schon *Ernst Fraenkel* sprach, gekommen und des für ihn typischen Gebarens derer, die wissen, dass sie vier oder fünf Jahre lang politisch nach ihrem Gutdünken entscheiden können. Die Volksvertreter müssen nun ganz anders als bislang auf die Meinung und das Denken der Menschen, die sie gewählt haben, achten. Die Politiker müssen dem Volk ihre Politik vermitteln – in einem bisher hierzulande gar nicht gekannten (weil nicht erforderlichen) Maße. Für ein Regieren „über die Köpfe der Menschen hinweg" bleibt da kein Raum (Müller 2004: 739), mit einer „Basta"-Politik ist dann Schluss; unverstandene bzw. unverständliche Reformen haben keine Chance mehr, weil die Leute sie an den Urnen einfach verwerfen – anstatt sich bis zur nächsten Wahl in so und soviel Jahren fügen zu müssen (und dann womöglich doch nichts mehr ändern zu können). Diese Veränderung der Rahmenbedingungen verlangt eine ganz neue Kommunikationsweise und eine qualitativ andere Überzeugungsarbeit. Die Bürger werden nicht nur am Wahltag als mündig behandelt.

Dies bedeutet natürlich nicht, dass die Bürger nun permanent selbst an den Urnen politische Entscheidungen treffen müssten. Vielmehr greift hier die sogenannte Vorwirkung: Wie jede Kontrollinstitution bzw. jedes Korrekturverfahren wirken auch die direktdemokratischen Instrumente allein schon durch ihr bloßes Vorhandensein. Die Verwaltung arbeitet effektiver, wenn sie einen Rechnungshof über sich weiß. Der Gesetzgeber wird auf die Verfassung besonders sorgfältig achten, wenn ein Verfassungsgericht existiert, das zur Normenkontrolle befugt ist. Entsprechend „läuft" ein ganzer Politikbetrieb anders, wenn den Akteuren bewusst ist, dass die einfachen Bürger gegebenenfalls eine Sachentscheidung an sich ziehen und die Lösung der politischen Profis verwerfen können. Eine gewisse Selbstherrlichkeit, die bei der politischen Klasse in Deutschland gegenwärtig kaum mehr zu übersehen ist, dürfte dadurch zurückgedrängt werden. Manche Fehler, die uns heute noch empören, wird das Parlament – die direktdemokratische Revision vor Augen – erst gar nicht mehr machen. Fachlich ausgedrückt: Die Responsivität der Politik im repräsentativen System wird gesteigert, wenn die Parlamentsentscheidung in wichtigen Fällen an den empirischen Volkswillen gekoppelt ist.

Es entsteht in der Tat eine andere Republik, aber nicht im Sinne des negativ gemeinten Schlagworts, sondern als grundlegende qualitative Veränderung des demokratischen Regimes hin zum Besseren. Direktdemokratische Elemente ergänzen also nicht nur die repräsentative Demokratie, sondern „vergüten" sie.

Empirisch lassen sich diese modellhaften Erwartungen in den deutschen Ländern nur teilweise bestätigen. Einerseits ist es bemerkenswert, dass die CSU, die seit der letzten Landtagswahl mehr als zwei Drittel der Mandate besitzt, im Herbst 2004 einen offenbar unzulänglichen Fraktionsbeschluss – die Lernmittelfreiheit stark einzuschränken – binnen einer Woche zurückzog, allein auf die prompte Ankündigung der schwachen Oppositionsfraktionen von SPD und Grünen hin, dagegen mit einem Volksbegehren vorzugehen. Dabei war jener Fraktionsbeschluss nicht einmal sachpolitisch falsch – im Gegenteil, es ist nicht richtig, dass Arme und Reiche die gleichen Transferleistungen erhalten –, er war nur falsch konzipiert, nämlich als bloße Sparmaßnahme statt als Korrektur einer Ungerechtigkeit, und die CSU zweifelte offenbar daran, dass sie diesen Beschluss noch würde richtig vermitteln können.[42] Dass schon die Ankündigung eines Volksbegehrens hiergegen solch durchschlagende Wirkung hatte, geht nicht allein auf das relativ günstige Regelwerk in Bayern zurück (das jedenfalls mit einer Volksbegehrenshürde von 10 Prozent im deutschen Vergleich nur im Mittelfeld liegt (vgl. Jung 2002c: 271)), sondern auch auf die erfolgreiche Praxis direkter Demokratie in Bayern, die an der Basis für Erfahrung und Selbstvertrauen gleichermaßen sorgt.

Andererseits ist anzunehmen, dass der gleiche Konflikt, hypothetisch nach Hessen transponiert, nicht so ausgegangen wäre. Die Drohung mit einem Volksbegehren hätte dort selbst auf die knappe einfache CDU-Mehrheit bei weitem nicht den gleichen Eindruck gemacht, weil die politische Elite weiß, dass das Volksgesetzgebungsverfahren in Hessen praxisuntauglich ist (20prozentige Hürde beim Volksbegehren!) und die Bevölkerung so gut wie keine praktische Erfahrung mit Volksbegehren und damit auch nicht das entsprechende Selbstbewusstsein hat. Damit bestätigt sich wieder die überragende Bedeutung, die einer gelungenen Komposition des direktdemokratischen „Designs" zukommt.

---

[42] Man habe die emotionale Wirkung dieses Vorhabens wahrscheinlich unterschätzt, räumte der Fraktionsvorsitzende *Joachim Herrmann* ein, vgl. http://www.sueddeutsche.de/deutschland/artikel/163/40123/ (Zugriff 29. 9. 2004).

Es ist daher auch nicht sinnvoll, eine Rechnung aufzumachen, dass es „pro Bundesland im Durchschnitt nur alle 43 Jahre zu einer Volksabstimmung" komme, die „von unten" erreicht wurde (Kampwirth 2003: 662). Denn dabei werden die Länder mit den „verriegelten" Verfahren mitgezählt, welche die Statistik sozusagen verderben. Überdies ist für die Länder mit praktikablen Regelwerken daran zu erinnern, dass das Ziel der direkten Demokratie doch nicht darin besteht, möglichst oft abzustimmen, sondern die Responsivität der parlamentarischen Politik zu erhöhen, und wenn sich das im Wege der Vorwirkung erreichen lässt (die solche Rechenkunststücke nicht erfassen) – um so besser![43]

## 4.2 Flexibilisierung der Politik

Eines der Charakteristika der repräsentativen Demokratie besteht darin, dass ein Wahlergebnis – obwohl in gewisser Weise immer nur eine Momentaufnahme – zu einem mehrjährigen Machtverhältnis gerinnt. Mehrheit und Minderheit, Regierungs- und Oppositionsrolle sind für eine Legislaturperiode im Prinzip festgeschrieben. Hier führt eine Ergänzung um Elemente direkter Demokratie zu einer Auflockerung; nun bekommt auch die Opposition, im übrigen während einer Wahlperiode von der Entscheidungsmacht getrennt, eine begrenzte Chance zur Durchsetzung ihrer Vorstellungen.

Ferner öffnet sich damit die politische Klasse. Speziell im Verfahren der Volksgesetzgebung können eben auch Parteien initiativ werden, welche die 5Prozent-Hürde des Wahlrechts nicht „geschafft" haben, und Gruppen, die keine Parteien sind. Sogar Bürgerinitiativen erhalten auf diese Weise – punktuell – Einflusschancen, die ihnen im regulären parlamentarischen Problemlösungssystem versagt sind. Das Entscheidungsprivileg der (Parlaments-)Parteien wird also gelockert.

Schließlich ist direkte Demokratie vorzüglich geeignet zur Aufhebung politischer Blockaden. Immer wieder erscheinen im Bereich der repräsentativen Demokratie Entscheidungen als „nicht machbar", weil strategische Positionen von Interessenten besetzt sind. Direkte Demokratie arbeitet hier unbekümmert, geradezu „respektlos". Beim Volksbegehren und Volksentscheid zur Einführung der Christlichen Gemeinschaftsschule in Bayern 1967/68 zeigte sich dieser Effekt zum erstenmal. Inzwischen sind die beiden schleswig-holsteinischen Fälle „Buß- und Bettag" und „Rechtschreibreform" hinzugekommen, in denen jedenfalls die Basis

---

[43] Eindrucksvolle Fälle von Vorwirkung sind analysiert bei Jung 1995; andere Fälle, in denen direktdemokratisch vorgetragene Anliegen von Regierungen und Parlamenten aufgegriffen wurden, bei Jung 2000b: 441; 2005a). – Jene Statistik erfasst also nur jene Projekte, die gegen zähen Widerstand bis zum Verfahrensende durchgekämpft werden mussten.

dieses Landes gegen den Großverbund eines bundespolitisch gesteuerten kooperativen Föderalismus anging.

Die erwähnten begrenzten bzw. punktuellen Chancen werden von den Gegnern der direkten Demokratie oft negativ bewertet. Eine große Linie zustande zu
bringen – heißt es –, sei so unmöglich, im Gegenteil könne ein Gesamtkonzept, wie
es im Repräsentativsystem entwickelt zu werden pflege, durch einzelne Volksabstimmungen nur gestört werden. Am Ende wird das Schreckbild der Unregierbar-
keit beschworen.

Die Gefahr der Inkohärenz besteht in der Tat; man darf sie freilich nicht über-
bewerten. Zum einen ginge es fehl, in einer Art Souveränitätsillusion zu postulie-
ren, eine Regierung müsse ihre einzelnen Politiken völlig frei von externen Vorgaben bzw. Interventionen entwickeln können (die sogenannte „Politik aus einem
Guß“, vgl. Schmidt 2003: 118). Gerade am Beispiel des Bundesverfassungsgerichts lässt sich zeigen, wie das parlamentarische System einzelne außerparlamentarische Vorgaben mit vorbildlicher Loyalität verarbeitet. Warum soll nicht eine
Regierung auch eine direktdemokratische Einzelkorrektur – man denke an die
sozialdemokratische Schulpolitik in Nordrhein-Westfalen und das „Koop“-
Volksbegehren 1978 – ebenso loyal verarbeiten können, ohne dass um den Ge-
samtzusammenhang ihrer Politik ernsthaft gebangt werden müsste? Warum sollte
nicht – so ein Vorschlag des Richters am Bundesverfassungsgericht *Mahrenholz*
von 1986 – ein Wechselspiel möglich sein zwischen „der politischen Integration
des Gesamtspektrums gesellschaftlicher Fragen in ein politisches Programm, das
eine in sich kohärente Politik ermöglicht“ – durch regelmäßige Wahlen zu verwirk-
lichen –, und „einer eigenständigen Artikulationsmöglichkeit des Volkes durch die
direkte Entscheidung gewichtiger politischer Einzelfragen“ – die Sache gelegentli-
cher Volksentscheide (vgl. 1986: 378)?

Zum anderen muss das Postulat der Kohärenz – jedenfalls in einem parteipolitischen Sinne – selbst hinterfragt werden. Das gegenwärtige Repräsentativsystem
könnte man im wirtschaftlichen Bereich damit vergleichen, dass sich jeder Kon-
sument entscheiden müsste, in welchem Kaufhaus er in den nächsten vier Jahren
seinen gesamten Bedarf decken will (vgl. Kruse 1996: 17). Wie jeder Konsumbür-
ger das – vernünftigerweise – für absurd halten würde, fragt es sich eben auch,
warum, wer etwa die Sozialpolitik der SPD schätzt, z. B. auch ihre Politik der
inneren Sicherheit „in Kauf“ nehmen muss? Die starre Kombination der Sachpoli-
tiken der Parteien leuchtet keineswegs immer ein. Weshalb soll man nicht vernünftigerweise – zum Beispiel – die Arbeitsmarktpolitik der SPD, die Außenpolitik der
CDU, die Wirtschaftspolitik der FDP und die Umweltpolitik der GRÜNEN schät-
zen (und für sie optieren) können? Kennt nicht auch die Koalitionsgeschichte hier
schon die kühnsten Kombinationen?

## 4.3 Höhere Rationalität

Zu den Standard-Argumenten gegen direkte Demokratie gehört der Hinweis auf die Komplexität moderner Gesellschaften, deren Probleme hohen Sachverstand zu ihrer Lösung erforderten. Hier selbst als Gesetzgeber überzeugende Entscheidungen zu treffen, sei der normale Bürger schlechterdings außerstande. Er würde unvermeidlicher Weise nach Willkür, Stimmung usw., aber jedenfalls nicht rational abstimmen.

Dieses Inkompetenz-Argument wurde von den Befürwortern der direkten Demokratie lange Zeit eher defensiv diskutiert. Man wies daraufhin, dass ihm ein falscher Kompetenzbegriff zugrunde liegt. Ernsthaft in Betracht kommen kann für direkte Demokratie natürlich nicht die Kompetenz der Experten, sondern nur die staatsbürgerliche Kompetenz, jene Mischung aus Grundwissen und gesundem Menschenverstand, die gewissermaßen das personale Substrat der Demokratie darstellt. Dazu hat schon der große Soziologe *Weber* in klassischer Einfachheit formuliert, man brauche „sicherlich selbst kein Schuster zu sein, um zu wissen, ob der Schuh drückt, den der Schuster hergestellt hat" (1984: 545 f.).

Ferner zielt diese Argumentation sozusagen „zu tief": Wer die staatsbürgerliche Kompetenz in Abrede stellt, kann konsequenterweise auch nicht das demokratische Prinzip der allgemeinen Wahl rechtfertigen. Es ist widersprüchlich, wegen intellektueller Insuffizienz den Stimmbürger abzulehnen, zugleich aber das Gemeinwesen der Wahlentscheidung derselben Personen auszuliefern. Während Abstimmungen „aus dem Bauch heraus" die direkte Demokratie disqualifizieren sollen, werden die Mandate aus Wahlen ganz selbstverständlich angenommen, ohne lange zu fragen, welchen Körperteil die Wähler dabei benutzt haben (vgl. Jung 1997: 16).

In der jüngsten Zeit wurde jenes Argument offensiv angegangen. Demokratie, gerade auch die repräsentativ verfasste, braucht politisch gebildete Bürger, und direkte Demokratie, die Befassung mit politischen Sachentscheidungen, ist insoweit – um einen Redner aus der konstituierenden Versammlung in Hamburg vor über 150 Jahren zu zitieren –, „eine wahre Bildungsschule für das Volk ..., bei der es nicht fehlen kann, dass das Volk die völlige politische Reife erlangt, die es sonst nie erreichen wird" (vgl. Abg. Ferdinand Löwe, in: Schubert 1992: 257 f. (26. 3. 1849)). Was vor 150 Jahren in Deutschland nur Hoffnung war, scheint in der Schweiz dank generationenlanger Praxis inzwischen gelungen zu sein. Jedenfalls kokettiert man dort sogar mit der Frage, „ob der durchschnittliche (sc. deutsche) Bundestagsabgeordnete bei seiner Entscheidung wirklich besser informiert ist als der durchschnittliche schweizerische Stimmbürger" (Kirchgässner/Feld/Savioz 1999: 59). Da mag Euphorie mitspielen, aber wenn nur die Hälfte daran wahr ist, hätte man einen geradezu enormen edukativen Effekt der direkten Demokratie festgemacht.

Doch nicht nur die Individuen werden gebildeter, auch die Qualität des politischen Prozesses nimmt zu. Die von schweizerischen Forschern vertretene These, dass die öffentliche Debatte im Zuge direktdemokratischer Verfahren sogar mehr deliberatives Potenzial biete als unter den Bedingungen einer repräsentativdemokratischen Entscheidungsfindung, hat jüngst *Schneider* hat in einer empirischen Untersuchung zu dem wahrlich schwierigen Thema des rechtspolitischen Umgangs mit der Gentechnik bestätigen können. Es wurde in der Abstimmungskampagne deutlich mehr argumentiert, es herrschte eine größere Vielfalt in der Argumentation, der Argumentationsraum wurde vollständiger ausgeschöpft, Beurteilungen ohne Begründung kamen seltener vor, es wurde signifikant mehr Stützungswissen vermittelt, und es fand häufiger eine argumentative Auseinandersetzung mit der Gegenseite statt. Die direkte Demokratie war „zweifellos in der Lage, auch komplexe Themen wie das untersuchte zu bewältigen" (2003: 240). Diese Ergebnisse widerlegen nicht nur jenes Standard-Argument der deutschen Diskussion, sondern kehren es um: Statt vor direkter Demokratie zu warnen, weil sie die Rationalität des politischen Entscheidens senke, ist (mehr) direkte Demokratie zu fordern, um die rationale Qualität der politischen Entscheidungsfindung zu erhöhen. Der Befund leuchtet ein. Wenn die Stimmbürger entscheiden, besteht ja immer die Notwendigkeit, zu argumentieren und zu überzeugen; kommandieren lassen sich die einzelnen nicht. In der Praxis der repräsentativen Demokratie dagegen herrschen – anders als in der Theorie, wo ein freier Wettstreit der Gedanken die Wahrscheinlichkeit erhöhen soll, dass ein richtiges Ergebnis gefunden wird – hierarchische Strukturen vor: Was in oft kleinsten Zirkeln beschlossen wird, „segnen" nachfolgend Arbeitskreise, Ausschüsse und schließlich das Plenum einfach „ab". Das Interesse gilt der Macht – Durchsetzung der eigenen Position – und dem Image – der Geschlossenheit des Auftretens –, ohne lange nach guten Argumenten zu fragen. Das Stichwort „Fraktionszwang" mag genügen.

## 4.4 Fortschrittlich? Rückschrittlich? Frauenfreundlich!

Es wurde schon erwähnt, dass es eigentlich nicht angeht, bei direkter Demokratie zu fragen, ob sie dem eigenen nächsten Anliegen nützt oder nicht, und dass sich im Herbst 2004 bei der Diskussion über den jüngsten Vorschlag der rot-grünen Koalition für Volksentscheide in Deutschland ein (extrem) instrumentelles Verständnis von Demokratie zeigte. Bei einem für unbestimmt viele Fälle offenen Verfahren ist eine solche Vorgehensweise sicher nicht sinnvoll.

Aber auch im Rückblick beispielsweise auf die intensive Praxis direkter Demokratie in der Schweiz und den US-Bundesstaaten ist die aufgeworfene Frage nach Fortschritt oder Rückschritt kaum zu beantworten. Formal kann man natürlich verschiedene Verfahrensarten unterscheiden und dann – mit dem griffigen Bild –

die Funktion der Volksinitiative als „Gaspedal" und die des Referendums als „Bremse" charakterisieren (vgl. Freitag/Vatter/Müller 2003). Aber es wäre naiv, jeden Druck aufs „Gaspedal" für materiell „fortschrittlich" und jeden Tritt auf die „Bremse" für materiell „rückschrittlich" zu halten oder für „progressiv" bzw. „konservativ" oder für „links" bzw. „rechts". Es kommt doch sehr darauf an, was da z. B. durch ein Referendum verhindert wird. *Schiller* hat nach der Musterung etlicher Länder und Themenkomplexe resümiert: „Ein der Institution generell zugeschriebenes Wirkungsmuster findet sich insoweit also nicht, vielmehr muss der gesamte politische Kontext einschließlich langfristiger Machtstrukturen und Parteienkonstellationen einbezogen werden." (2002: 164) Dieser Befund bedeutet keinen Nachteil – vielmehr legitimiert er geradezu die direkte Demokratie. Würden nämlich direktdemokratische Verfahren „eine politische Richtung systematisch begünstigen, dann wäre dies normativ höchst problematisch, da Demokratie ein unparteiisches Wahl- bzw. Abstimmungsverfahren voraussetzt" (Erne 2002: 81).

Auch die Status-quo-Präferenz, die sich über längere Zeit hinweg zeigen lässt – dass also die Stimmbürger im Zweifel gegen eine Neuregelung entscheiden und die alte, bekannte Regelung beibehalten wollen –, führt zu keinem anderen Ergebnis. Sie bedeutet ja nur formal eine Verlangsamung, aber lässt offen, wem diese Langsamkeit inhaltlich nützt (vgl. Majer 2004: 727). Konkret kann unter solchen Bedingungen z. B. der Sozialstaat tendenziell langsamer ausgebaut – aber tendenziell auch nur langsamer abgebaut werden.[44]

Sicher lässt sich die Frage „progressiv" oder „konservativ" nicht beantworten durch den Vergleich von Reformtempi, indem man etwa – das scheinbar schlagende Exempel – der direktdemokratisch geprägten Schweiz vorhält, dass sie das Frauenwahlrecht erst viele Jahrzehnte nach beispielsweise Deutschland eingeführt hat (vgl. Linder 1999: 60 ff.). Damit werden allzu verschiedene politische „Produkte" verglichen. Die direkte Demokratie der Schweiz führt ja eine so grundlegende Reform erst dann durch, wenn eine Mehrheit der Stimmbürger – und hier muss man präzisieren: der bisher schon berechtigten Stimmbürger, d.h. der Männer – diese Änderung verstanden und ausdrücklich gutgeheißen hat. Das hat in der Tat bis 1971 gedauert. In Deutschland dagegen wurde das Frauenwahlrecht einfach durch Anordnung der Volksbeauftragten während der Novemberrevolution eingeführt (mit offenkundiger Spekulation auf eine „politische Ernte" bei den kommenden Wahlen zur verfassunggebenden Deutschen Nationalversammlung). Es handelte sich also um einen – nach wie vor – obrigkeitlich verfügten Fortschritt auf dem Wege zur Gleichberechtigung. Fairerweise müsste man hypothetisch fragen, ob die deutschen Männer 1918, wenn man sie hätte abstimmen lassen, wohl das Wahl-

---

[44] Nach *Kühne* ist die Volksgesetzgebung nicht „konservativ im parteipolitischen Sinne", sondern ihr eignet „ein konservierender Zug, der jedem abrupten Wechsel von welcher Seite auch immer abhold ist und damit in politischer Weise eine Aufgabe übernimmt, für die verfassungsrechtlich in Deutschland der Verhältnismäßigkeitsgrundsatz entwickelt worden ist" (1991: 122).

recht für Frauen bejaht hätten. Und wenn man, falls nein, die deutschen Männer später immer wieder gefragt hätte, hätten sie dann eher als die Schweizer Männer das Wahlrecht der Frauen akzeptiert und bejaht?

Jenseits jenes „Totschlags-Arguments" lässt sich jedoch gerade mit Blick auf Frauen eine echte Fortschrittlichkeit direkter Demokratie nachweisen. Vor allem *Holland-Cunz* hat mit ihrer „feministischen Demokratietheorie" hier Pionierarbeit geleistet. In vier entscheidenden Dimensionen sieht sie „die Entsprechungen zwischen den Theorien der Direktdemokratie und dem feministischen Anliegen ... als ausgesprochen hoch. Im *politischen Prozess* entsprechen sich die Ideale einer Politik von unten und die aktuellen Partizipationsmöglichkeiten von Frauen. Bezogen auf die *politischen Ziele* besteht Übereinstimmung im Wunsch nach öffentlicher Gegenmacht zu den herrschenden Eliten. In der *politischen Anthropologie* setzen sowohl Feminismus als auch Direktdemokratie auf die bindenden Tugenden der Verantwortlichkeit und Gemeinsinnigkeit. Beide Strömungen sind schließlich mit den gleichen *Praktikabilitätseinwänden* konfrontiert und widersetzen sich bewusst einem politischen Machbarkeitswahn, der Effizienz gegenüber Beteiligung als den höherrangigen Wert betrachtet" (1998: 186 f. – Hervorhebung nicht im Original).

Auch praktisch-politisch führt *Holland-Cunz* eine Reihe guter Gründe an, warum direkte Demokratie ein „frauenpolitisch höchst interessantes Demokratiemodell" darstelle. Frauen zögen ein „basisnahes, ... zeitweiliges, selbstbestimmtes, ehrenamtliches, lokales, alltagsbezogenes Engagement", wie es direkte Demokratie ermögliche, der Arbeit im repräsentativ-parlamentarischen System und insbesondere seinem parteipolitischen Unterbau vor, die durch langdauernde feste Mitgliedschaft, formalisierte, manchmal straffe Einbindung und eine gewisse Neigung zu Abgehobenheit und Prinzipienreiterei charakterisiert und oft durch ausgesprochen patriarchalische Strukturen und Inhalte dominiert sei (vgl. Holland-Cunz 2000).

Die Bedeutung der von *Holland-Cunz* selbst als „erstaunlich" zahlreich bezeichneten Kongruenzen geht weit über den Kreis feministischer Aktivistinnen hinaus. Wenn im Gefolge einer wachsenden gesellschaftlichen Rolle der Frauen diese auch die Politik und den politischen Stil künftig stärker prägen – wenn Gesellschaft und Staat sozusagen „verweiblichen" –, ist jenes Paradigma, das sich ja auf eine feministische Anthropologie stützt, von kaum zu überschätzender Tragweite: Dies allein sagt der direkten Demokratie eine glänzende Zukunft voraus.

Kühler als *Holland-Cunz* betrachtet *Sauer* die Lage. Aber auch für sie schneiden in der feministischen Abwägung „direktdemokratische Instrumente deutlich besser ab": Sie seien „bezüglich Partizipation, Zugang zur politischen Öffentlichkeit sowie in bezug auf Responsivität geschlechtergerechter als Institutionen der repräsentativen Demokratie" (2001: 251). Die schweizerischen Erfahrungen hat *Stämpfli* (2002) auf die ironische Formel „weder feministisches Paradies noch Patriarchatskorsett" gebracht.

## 4.5 Systemkompatibilität?

Bei aller Aufgeschlossenheit für die Verhältnisse in anderen Ländern und aller Bereitschaft, zu lernen, ist freilich auch das Bewusstsein dafür gewachsen, dass man nicht beliebig Einrichtungen und Verfahren importieren kann; es sind eben auch die systemischen Bezüge zu beachten, um die Gefahr schwerwiegender Funktionsstörungen zu vermeiden. Zu fragen ist also, ob das repräsentativ-demokratische Regierungssystem sich bei intensiv praktizierter direkter Demokratie ändert bzw. ändern muss. Auf bislang unerreichtem Niveau hat *S. Jung* diese Problematik untersucht mit folgendem Ergebnis: Von der Einführung der Volksgesetzgebung und des fakultativ-minoritären Referendums in Deutschland auf Bundesebene sei dringend abzuraten. Das politische System würde sich mit hoher Wahrscheinlichkeit zu einer Konkordanzdemokratie hin entwickeln; vom Ausgangspunkt der ganzen Reformversuche her gesehen, wäre dieses Ergebnis kontraproduktiv. Dann man bekäme einen Demokratietypus, „dem nicht nur die wesentlichen Stärken des bundesdeutschen Systems fehlen, sondern für den zudem gerade jene Schwächen charakteristisch sind, die man eigentlich hatte beseitigen wollen" (2001: 292). Grundsätzlich vereinbar mit dem bestehenden politischen System seien dagegen das obligatorische Verfassungsreferendum sowie fakultativ-plebiszitäre Referenden.

Die wahre Zwickmühle, die sich nach *S. Jung* hier auftut, ist freilich doppelt zu hinterfragen. Erstens erscheint es keineswegs zwingend, dass jedes repräsentativ-demokratische System, das Elemente direkter Demokratie aufnimmt, den Weg der Schweiz seit 1874 nachgehen muss. Gegen diese Argumentation kann man auf die US-Bundesstaaten verweisen, die trotz intensiv praktizierter direkter Demokratie nicht zur Konkordanz übergegangen sind (vgl. Linder 1999: 332 f., Schiller 2002: 158 f.), desgleichen auf Italien und Bayern (vgl. Schiller 2002: 160 f.). *Schiller* resümiert, aus dem Modellfall Schweiz lasse sich ableiten, dass vorhandene direktdemokratische Verfahren (insbesondere das fakultative Referendum) von Oppositionsparteien dann häufig eingesetzt werden, wenn sie einer strukturellen Mehrheit gegenüberstehen und ein Mehrheitswechsel durch Wahlen langfristig ausgeschlossen ist („frozen majority"). „Für politische Systeme ohne eingefrorene Mehrheiten und mit einer gewissen Praxis an parlamentarischen Regierungswechseln kann hingegen eine Entwicklungsautomatik zur Konkordanzdemokratie nicht angenommen werden." (2002: 160) Dabei scheint das Geheimnis der Dosis eine erhebliche Rolle zu spielen.[45]

Zweitens: Wenn einerseits viele Bürger, wie *Patzelt* nachgewiesen hat, die Funktionslogik des parlamentarischen Regierungssystems gar nicht verstehen

---

[45] Vgl. *Möcklis* Präzisierung: „Direkte Demokratie mit *niederschwelligen* Verfahren zwingt zur Einbindung von Minderheiten, zu Kompromiss und Konkordanz" (2003: 112 – Hervorhebung nicht im Original).

(1998) und andererseits – entgegen diesem Westminster-Modell – im Bundesstaat Deutschland ohnehin, vermittelt über die Länderkammer, eine Politikverflechtung besteht, die auf eine informell-permanente Große Koalition hinausläuft, wäre es dann nicht an der Zeit, das schweizerische Modell einer Konkordanzdemokratie mit gut ausgebauten Volksrechten aus deutscher Sicht vergleichend zu analysieren und seinen demokratischen Ertrag nüchtern zu bilanzieren (vgl. Luthardt 1997: 44-49), anstatt es, wie bislang üblich, gleich abzuweisen? So hat *Möckli* unlängst vor einem deutschen Publikum ein „Missverständnis" zu klären versucht, „die Ansicht nämlich, daß in der Konkordanzdemokratie weniger gestritten würde als in der Konkurrenzdemokratie. Es wird sehr wohl leidenschaftlich gestritten, aber zu einem früheren Zeitpunkt im Entscheidungsprozeß. Wenn der Entscheid einmal feststeht, wird dieser von allen Beteiligten akzeptiert und gemeinsam vertreten. Die Trennlinie zwischen Befürwortern und Gegnern ist nicht bei allen Gegenständen die gleiche, sondern verläuft von Fall zu Fall anders." (2003: 112 FN 40).

## 5  Die Diskussion über direkte Demokratie

Über direkte Demokratie muss gestritten werden. Sie ist ein politisches Mittel, zu dem man sich per Diskussion verhält; mit dem „Glauben" an direkte Demokratie ist nicht gedient, mit „Bekenntnissen" gegen sie bzw. zur repräsentativen Demokratie freilich auch nicht. Wenn um direkte Demokratie politische Kämpfe stattfinden, kann gewiss nicht die Atmosphäre eines wissenschaftlichen Kongresses den Maßstab bilden. Gleichwohl sollte auch eine engagierte politische Diskussion möglichst rational und fair sein – und dieses ganze Kapitel wäre überflüssig, wenn nicht allzu oft das Gegenteil zu beobachten wäre. Daher seien die häufigsten Fälle angesprochen, in denen – und das ist typisch unfair – mit „zweierlei Maß" gemessen wird.

Relativ abstrakt haben *Kirchgässner/Feld/Savioz* folgende Maximen herausgearbeitet (1999: 14 ff.):

- Man darf nicht reale Verhältnisse bei Volksabstimmungen mit dem Idealbild einer repräsentativen Demokratie vergleichen („Nirwana-Ansatz"). Entweder stellt man zwei demokratische Entscheidungsverfahren theoretisch-ideal einander gegenüber oder man betrachtet beide empirisch-realistisch.

- „Die direkte Demokratie darf nicht nach dem Ausgang einzelner Entscheidungen beurteilt werden, sondern sie ist nach der zu erwartenden durchschnittlichen Qualität der Gesamtheit aller Entscheidungen zu beurteilen" (14). Auch über die Leistungsfähigkeit des parlamentarischen Systems wird niemand aufgrund eines einzelnen Beispiels urteilen, sondern man wird eine Gesamtbilanz versuchen. Einzelfälle zeigen nur, was alles passieren kann im politischen Leben, aber sie vermögen keine systematischen Aussagen zu tragen.

- Man sollte die direkte Demokratie „nicht (ausschließlich) aufgrund einer augenblicklichen (aber vorübergehenden) Interessenlage beurteilen" (14); eine solche Haltung wurde oben als extrem instrumentelles Verständnis von Demokratie bezeichnet. Dies wäre genauso kurzsichtig, wie wenn man etwa Regeln der repräsentativen Demokratie (Wahl- und Parlamentsrecht) nur nach den aktuellen Kräfteverhältnissen aufstellen würde ohne zu bedenken, dass letztere sich ändern können und dann die heutige Opposition sich jene Regeln zunutze machen wird.

Von konkreten Argumentationsfiguren, die immer wieder vorkommen, seien folgende behandelt:

Das Argument, direkte Demokratie führe zu sinkender Wahlbeteiligung, wirkt vordergründig plausibel, wenn man etwa die durchschnittlich bei 40 Prozent liegende Wahlbeteiligung in der Schweiz auf eidgenössischer Ebene (Linder 1999: 65) den Beteiligungs-Spitzenwerten bei Bundestagswahlen in Deutschland von über 80 Prozent gegenüberstellt. *Kühne* hat demgegenüber darauf hingewiesen, dass die geringere Wahlbeteiligung in der Schweiz (und in den US-Bundesstaaten) vor allem „die Konsequenz der dort wesentlich höher zur Verfügung gestellten und genutzten volksunmittelbaren Zugriffsmöglichkeiten" ist. „Die zutreffende Vergleichsrechnung hätte also additiv von der gesamten Stimmbeteiligung innerhalb der Frist einer gängigen Wahlperiode auszugehen. Dann aber ergibt sich ohne weiteres eine höhere Stimmbeteiligung und -aktivität, als sie in einem System mit bloßer Beschränkung auf Parlamentswahlen üblicherweise je erreicht wird" (1991: 128).

Im Zusammenhang der Kompetenz-Argumentation wird nicht nur – wie oben ausgeführt –, was das Volk angeht, mit einem falschen Kompetenzbegriff operiert: dem des Experten statt des Staatsbürgers mit gesundem Menschenverstand; vor allem wird die Situation in den Parlamenten nicht realistisch gesehen. Selbstverständlich vertraut die große Mehrheit der Abgeordneten immer den jeweiligen Kollegen, die sich in die Materie eingearbeitet haben, den sachpolitischen „Sprechern" und den entsprechenden Arbeitskreisen (vgl. Abromeit 2003: 108). Ebenso können auch die abstimmenden Bürger bei ihrer Entscheidung vertrauen: sachkundigen Mitbürgern oder Autoritäten wie den Kirchen, Verbänden vom ADAC bis zu Greenpeace, aber natürlich auch einzelnen Politikern anderer Couleur, als man vielleicht bei einer Wahl bevorzugt.

Direkte Demokratie „bringe nichts". So wenig man ein Parlament allein nach seiner Gesetzesproduktion beurteilen wird, so wenig erschöpft sich direkte Demokratie darin, irgendwelche Vorschriften ins Verkündungsblatt zu setzen. Der Funktion des Parlaments als Forum der Politik entspricht eine Artikulationsfunktion des direktdemokratischen Verfahrens. Wie das Parlament allein schon durch das Aufgreifen bestimmter Themen Wirkungen erzeugt, ist bei der direkten Demokratie die Vorwirkung womöglich wichtiger als die formell durchgeführten Verfahren. Dass eine allein auf Volksabstimmungen aufbauende Statistik eher harte Konfliktfälle als Wirkungen der direkten Demokratie zählt, wurde schon ausgeführt.

Bei einer Volksabstimmung sei, heißt es, nur eine schlichte Ja/Nein-Entscheidung möglich, was der Komplexität heutiger politischer Probleme nicht gerecht werden könne. Aber dabei wird eine entscheidungstechnische Regel – auch die parlamentarische Schlussabstimmung lautet selbstverständlich auf Ja oder Nein – mit der vorgängigen politischen Alternativenauswahl verwechselt, die durchaus nicht simpel zu sein braucht. Dass das Verfahren der Volksgesetzgebung zumindest von der Stufe des Volksbegehrens an vergleichsweise starr ist, trifft zu. Aber dann sollte man das Problem so benennen und sich nicht an der Ja/Nein-Entscheidungsregel reiben (vgl. Jung 2001e: 63 f.). Geradezu grotesk erscheint jener Vorwurf, wenn er in Zusammenhängen erhoben wird, wo auch die grundsätzlich bestehende und anzuerkennende Flexibilität des parlamentarischen Verfahrens ausgeschaltet ist, nämlich bei der Ratifikation völkerrechtlicher Verträge. Die derzeit anstehende parlamentarische Abstimmung über die europäische Verfassung ist verfahrensmäßig genauso starr, wie es ein eventuelles Referendum wäre: Immer können die Entscheidenden nur Ja oder Nein sagen. Alle Flexibilität hat die Exekutive während der Vertragsverhandlungen sozusagen konsumiert.

Gewählte Volksvertreter – lautet ein anderes Argument – dürften nicht nur, sondern müssten entscheiden. Ein Problem dem Volk zur Entscheidung vorzulegen bedeute eine Flucht aus der mit dem Mandat übernommenen Verantwortung. Dabei wird übersehen, dass die Abgeordneten keineswegs jede Verantwortung, die objektiv auf ihnen ruht, beherzt wahrnehmen. Auch die genuin parlamentarischen Möglichkeiten, unbequeme Fragen zu vertagen bzw. auszusitzen, auf die Diskontinuität der Legislaturperioden zu setzen und dergleichen mehr, sind nach solch strengem Maßstab Fluchtmöglichkeiten (vgl. Kühne 1991: 127), die vergleichsweise kaum kritisiert werden.

Das Verfahren der Volksgesetzgebung läuft manchmal etwas „holperig". Aber dies ist typischerweise dort der Fall, wo bislang gar nicht oder kaum direkte Demokratie praktiziert wurde, und es erscheint unfair, solche erste Versuche der Volksgesetzgebung mit den seit über 100 Jahren geübten Wahlverfahren und seiner Perfektion zu vergleichen. Wenn beispielsweise in Sachsen-Anhalt die Bürger im Januar 2005 zum ersten mal seit 1929 (!) wieder in einem Volksentscheid frei abstimmen durften, dann musste eben vorher geklärt werden, ob etwa Kreistage Abstimmungsempfehlungen aussprechen dürfen usw. Schon in Bayern und Hamburg zeigt sich, wie eine gewisse Praxis sowohl eine Rechtsprechung als auch eine politische Kultur hervorbringt, dank deren dann klar ist, wie das Verfahren korrekt zu verlaufen hat, wie das Ergebnis zu interpretieren ist usw. In der Schweiz endlich stehen die Volksabstimmungen den Wahlen an Perfektion gewiss nicht nach. Schließlich werden noch einige Strukturprobleme der Gesellschaft der direkten Demokratie unfair angelastet. Die gesellschaftliche Macht, vor allem in Form von Geld und medialem Einfluss, ist hierzulande ungleich verteilt. Aber warum soll das spezifisch gegen direkte Demokratie sprechen? Die repräsentative Demokratie jedenfalls hat diese Ungleichheit für sich hingenommen und mitnichten gesellschaftliche Egalität zu ihrer Voraussetzung erklärt. Auch dass direkte Demokratie insoweit „schadensgeneigter" sei, lässt sich kaum sagen. Im Gegenteil spricht viel dafür, dass sich gesellschaftliche Macht leichter über das Parlament in politischen Einfluss umsetzen lässt als auf dem „Umweg" über die millionenköpfige Wählerschaft (vgl. näher Jung 2001e: 62 f.[46]). Selbstverständlich können und sollen die Mittel, welche die repräsentative Demokratie zur Zähmung solcher gesellschaftlicher Macht entwickelt hat – vor allem Transparenzvorschriften –, auch für direkte Demokratie angewandt werden. Im übrigen kann man sich mit der Kunde aus der Schweiz beruhigen: „Ein Abstimmungssieg läßt sich in einer freiheitlichen Demokratie ebenso wenig kaufen wie ein Wahlsieg" (Möckli 1994: 311).

Gleichsam spiegelbildlich wird dieses Argument so formuliert: Direkte Demokratie nütze aufgrund ihrer strukturellen Voraussetzungen hauptsächlich Gegenliten der Mittelschichten und benachteilige daher mittelbar die Unterschichten, die sich jenes Instrumentariums gar nicht bedienen könnten. Auch hier sind die Fakten kaum zu bestreiten, wohl aber erscheint problematisch, dass sie allein gegen die direkte Demokratie gekehrt werden. Hat man jemals beim Wahlrecht eine solche Argumentation gelten lassen? Wird unser personalisiertes Verhältniswahlrecht samt Stimmensplitting, Überhangs-(und Ausgleichs-)Mandaten, gelegentlich angereichert durch Kumulieren und Panaschieren, von den Unterschichten virtuos gehandhabt? Gehen letztere auch mit den Feinheiten des Parteien- und Parlamentsrechts souverän um? Dass hier mit „zweierlei Maß" gemessen wird, ist eklatant.

Besonders verquer wird unter dem Stichwort „Minderheiten" argumentiert, und zwar in doppelter Hinsicht. Zum Fall der politischen Minderheiten heißt es, bei geringer Abstimmungsbeteiligung könne es geschehen, dass sich „aktive" Minderheiten gegen die „schweigende", d.h. passive Mehrheit durchsetzten, und das stelle

---

[46] Wenn *Schmidt* lapidar behauptet, dass „auch die Direktdemokratie den artikulations-, organisations- und konfliktfähigen Mitgliedern der politischen Klasse und ihren Bündnispartnern besonders gute Chancen" gebe (2003: 119), müsste er eigentlich erklären, warum so viele Parteien und Verbände hierzulande diese ihre angeblichen Chancen nicht sehen bzw. wahrnehmen. Besser analysiert *Abromeit*, daß ressourcenstarke Gruppen nicht generell im Vorteil seien: „Der mächtige Verband ist der Ad-hoc-(Bürger-)Gruppe eben gerade nicht automatisch überlegen. Im Gegenteil bietet das fakultative Referendum wahrscheinlich die einzige Möglichkeit, den unorganisierten Entscheidungsbetroffenen eine eigene Stimme im Konzert der organisierten und institutionalisierten Entscheidungsträger zu verleihen" (2003: 106).

– als Minderheitsherrschaft – die Idee der Demokratie auf den Kopf. Zunächst sei festgehalten, dass bei einer Volksabstimmung selbstverständlich die Mehrheit der abgegebenen gültigen Stimmen entscheidet. Jene Argumentativ ist nur dadurch möglich, dass man diese aktuelle Abstimmungsmehrheit auf das Gesamtelektorat bezieht und so rechnerisch zur Minderheit erklärt. Offenbar machen sich diese Kritiker nicht klar, dass wir bei dieser Rechenmethode auch in der repräsentativen Demokratie viel Minderheitsherrschaft haben – von Hamburg (Hennig 1997) bis Bayern (Jung 1999a: 425) und bei Europa- und Kommunalwahlen mit Beteiligungen von oft weit unter 50 Prozent von vorneherein. „Natürlich" rechnet man bei Wahlen nicht so, sondern lässt die Nichtwähler einfach ausscheiden. Aber mit welcher inneren Berechtigung wird bei der direkten Demokratie anders argumentiert (vgl. Stuby 2001: 253)?

Die Situation der politischen Minderheiten ist nicht problematisch, solange sie eine faire Chance haben, ihrerseits – z. B. durch Aktivität – zur Mehrheit zu werden. Anders sieht es mit den strukturellen Minderheiten aus, die eine solche Chance gerade nicht haben. Sie würden, befürchten manche, bei direkter Demokratie gleichsam „niedergemacht". Solche Sensibilität gereicht zur Ehre, aber mit dieser Argumentation wird die direkte Demokratie, die wie jedes andere demokratische Verfahren auf dem Mehrheitsprinzip beruht, überfordert. Der notwendige Schutz dieser Minderheiten, die nicht einfach überrollt werden dürfen, ist daher auch nicht etwa in der repräsentativen Demokratie zu sehen, sondern im Rechtsstaat und insbesondere in den Grundrechten der Verfassung.

# 6 Schluss

Dass die Bürgerinnen und Bürger die parlamentarische Arbeit beaufsichtigen, prüfen und gegebenenfalls berichtigen, indem sie selber Gesetze geben,[47] ist ein anspruchsvolles Konzept von Demokratie. Die Regeln dafür sind mit großer Sorgfalt aufzustellen, und der Umgang mit diesem empfindlichen Verfahren erfordert durchaus ein besonderes politisches Ethos. Freilich ist die Aufgabe nicht allzu schwierig, da Deutschland insoweit ja keine Pionierarbeit zu leisten braucht, sondern eigentlich nur zum Stand der direkten Demokratie in vielen anderen Ländern aufschließen müsste. Die Anstrengung würde lohnen. Ob dadurch ein anderer Stil der Politik gefördert oder ob sie flexibler oder frauenfreundlicher wird, ob die Rationalität des demokratischen Prozesses steigt oder die öffentlichen Finanzen

---

[47] Die „direkte Gesetzgebung durch das Volk" sei, hieß es in den Standarderläuterungen zum „Erfurter Programm" der SPD von 1891, „die naturnotwendige Folge der Repräsentativ-Verfassung" und ein „Mittel der Aufsicht, der Prüfung und der Berichtigung" der parlamentarischen Arbeit (Schoenlank in: Kautsky/ders. 1893: 34 ff.).

saniert werden – hier scheint die Möglichkeit für eine grundlegende Verbesserung der Demokratie hierzulande zu bestehen.

In dieser Perspektive lässt sich die direkte Demokratie in den deutschen Ländern heute am besten mit dem Begriff des *Übergangs* charakterisieren, und zwar in doppelter Hinsicht. In den Ländern selbst befindet sich die direkte Demokratie in einem Übergang von der früheren Phase des toten Buchstabens zu jener lebendigen Beteiligung des Volkes an der Politik zwischen den Wahltagen, von der Bayern und Hamburg schon einen Vorgeschmack geben. Die laufende Aufsicht, Prüfung und Berichtigung erklärt die reaktive Anlage vieler Volksinitiativen und Volksbegehren, die sich oft auf die Kernaussage „Weg mit" oder „Schluss mit" bringen lassen. Das Verfahren der Volksgesetzgebung muss hier ersetzen, was die Leute eigentlich wollen: Referenden, bei denen sie missliebige Reformen verwerfen können. Innovativ sind dagegen jene Projekte, welche die großen Reformthemen auf die politische Tagesordnung setzen.

- Das betrifft zunächst die Gestalt der Volksrechte selbst – das hier so genannte „Design" der direkten Demokratie. Noch zu viele der oben ausgeführten Grundfragen sind unbeantwortet; erinnert sei nur an die große Frage, ob die öffentlichen Finanzen nun – wie bisher – für das Volk tabu sein oder – gerade umgekehrt – um einer weniger verschwenderischen Ausgabenpolitik willen seiner Kontrolle anvertraut werden sollen. „Die direktdemokratischen Einrichtungen, welche die Schweiz heute kennt und routinemäßig anwendet, haben sich in einem jahrzehntelangen Trial-and-Error-Prozess herausgebildet. Die Kantone waren dabei die ‚Laboratorien' hat *Möckli* berichtet (2003: 102). Warum sollte die Entwicklung in Deutschland anders gehen? Dass wir dabei den Eidgenossen um 100 Jahre hinterher sind, ist auch ein Preis, der den von Deutschland geführten Kriegen und den Diktaturen, die das Land zu ertragen hatte, und den dadurch verursachten Systembrüchen geschuldet ist.
- Alsdann wird die Gestalt der repräsentativen Demokratie zum Thema werden. Die durch Volksentscheid erreichte Abschaffung der Zweiten Kammer (des „Senats") in Bayern (1998), die in Bayern, Bremen, Nordrhein-Westfalen und Niedersachsen (1998-2004) direktdemokratisch induzierte Verkleinerung der Landesparlamente[48] und die Einführung eines neuen Wahlrechts in Hamburg im Wege der Volksgesetzgebung (2004) weisen die Richtung. Die Direktwahl der Ministerpräsidenten ist in der politikwissenschaftlichen Diskussion bereits ebenso vorgedacht wie die Reduzierung der allzu üppig erscheinenden Bezahlung und vor allem Versorgung der Abgeordneten.

---

[48] In Bremen fand dazu 1999 ein förmliches Volksbegehren statt (vgl. Jung 2000b: 441); in den drei anderen Ländern genügten Unterschriftensammlungen bzw. schon die Androhung solcher Initiativen, um die Vorwirkung auszulösen.

Im Zeichen des Übergangs steht aber auch die direkte Demokratie auf Landesebene im gesamtstaatlichen Gefüge. Ein großer Volkserzieher hätte die direkte Demokratie von unten – von den Gemeinden her – aufgebaut. In Deutschland ist es zu der Verwerfung gekommen, dass erst die direkte Demokratie auf Landesebene – in der amerikanischen und französischen Besatzungszone schon kurz nach dem 2. Weltkrieg – (wieder-)eingeführt wurde und die Kommunalebene (von Baden-Württemberg abgesehen) mit fast einem halben Jahrhundert Verspätung nachzog. Gleichviel: Eine durchaus lebhafte direkte Demokratie in den Städten und Gemeinden sowie eine revitalisierte direkte Demokratie in den Ländern erzeugen natürlich einen enormen Druck auf die Bundesebene – dessen Zeugen wir gegenwärtig sind –, das Projekt einer direktdemokratischen Ergänzung der repräsentativen Demokratie in Deutschland zu vollenden (Jung 2002d; 2005b). Gewiss kann man versuchen, die Bundesebene als etwas völlig Unvergleichliches abzuriegeln und jenem Druck standzuhalten. Die CDU und – mit Abstrichen – die CSU versuchen dies gerade mit erheblicher Kraftanstrengung und unter Inkaufnahme starker innerparteilicher Spannungen (wenn etwa die Ministerpräsidenten *Althaus* von Thüringen, *Böhmer* von Sachsen-Anhalt, *Müller* vom Saarland und *Stoiber* von Bayern von dieser Parteilinie mehr oder minder klar abweichen), und in der Tat kann die CDU/CSU-Fraktion, solange sie „durchhält", mit ihrer Sperrminorität im Bundestag eine entsprechende Verfassungsänderung verhindern. Indes ist ziemlich sicher, dass sowohl in der politischen Klasse allgemein als auch in den Unionsparteien im besonderen die Zahl derer wachsen wird, welche die direkte Demokratie in den Ländern eher positiv: als Impulse für das Grundgesetz (Degenhart 1992) empfinden. Je mehr die Berufung auf Weimar oder die NS-Zeit in der Generationenablösung verblasst, um so wichtiger wird die Rolle der noch gut erinnerlichen Fälle der Volksgesetzgebung bzw. der Referenden auf Landesebene, um in dieser aktuellen Bundes-Diskussion die bekannten Argumente mit Erfahrungen unterfüttern zu können.

## Anhang: Direkte Demokratie in Deutschland auf Landesebene

## Volksentscheide seit 1989[*]

| Jahr | Land | Thema | |
|------|------|-------|-|
| | | Volksgesetzgebung | Referendum |
| 1991 | Hessen | | Urwahl der Bürgermeister |
| 1991 | Hessen | | Umweltschutz |
| *1991* | *Bayern* | *Abfallrecht* | |
| 1992 | Brandenburg | | Verabschiedung der Verfassung |
| 1994 | Mecklenburg-Vorpommern | | Verabschiedung der Verfassung |
| 1994 | Thüringen | | Verabschiedung der Verfassung |
| 1994 | Bremen | | Verfassungsrevision |
| *1995* | *Hessen* | | *Wählbarkeitsalter* |
| 1995 | Bayern | Kommunaler Bürgerentscheid | |
| 1995 | Berlin | | Verabschiedung der Verfassung |
| 1996 | Berlin | | Länderfusion |
| *1996* | *Brandenburg* | | *Länderfusion* |
| *1997* | *Schleswig-Holstein* | *Buß- und Bettag* | |
| 1998 | Bayern | | Grundrechte und Staatsziele |
| 1998 | Bayern | | Landtag und Staatsregierung |
| 1998 | Bayern | Abschaffung des Senats | |
| 1998 | Schleswig-Holstein | Rechtschreibreform | |
| *1998* | *Hamburg* | *Volksgesetzgebung* | |
| 1998 | Hamburg | Bezirklicher Bürgerentscheid | |
| 2001 | Sachsen | Sparkassen-organisation | |
| 2002 | Hessen | | Legislaturperiode |
| 2002 | Hessen | | Staatsziel Sport |
| 2002 | Hessen | | Konnexitätsprinzip |
| 2003 | Bayern | | Konnexitätsprinzip u.a. |
| 2003 | Bayern | | Grundrechte u. a. |
| 2004 | Hamburg | Krankenhausprivatisierung | |
| 2004 | Hamburg | Wahlrechtsreform | |
| *2005* | *Sachsen-Anhalt* | *Kinderbetreuung* | |

[*] Volksentscheide, bei denen die volksbegehrten Gesetzentwürfe *nicht* angenommen bzw. die zum Referendum gestellten Vorlagen *nicht* gebilligt wurden, sind *kursiv* ausgezeichnet.

## Volksbegehren seit 1989[*]

| Jahr | Land | Thema | Hürde | Eintragungen |
|------|------|-------|-------|--------------|
| 1990 | Bayern | Abfallrecht | 10 % | 12,8 % |
| 1993 | Brandenburg | Kreisneugliederung | 80.000[a] | 9.259 |
| 1994 | Brandenburg | Kreisstadt Finsterwalde | 80.000[a] | 6.125 |
| 1994 | Sachsen | Soziale Grundrechte | 450.000[b] | 140.585 |
| 1995 | Bayern | Kommunaler Bürgerent-scheid | 10 % | 13,7 % |
| 1995 | Sachsen | Schulgesetz | 450.000[b] | 210.803 |
| 1996 | Brandenburg | Wasserstraßenausbau | 80.000[a] | 58.306 |
| 1996/7 | Schleswig-Holstein | Buß- und Bettag | 5 % | 6,48 % |
| 1996/7 | Schleswig-Holstein | Polizei-Reiterstaffel | 5 % | 0,84 % |
| 1997 | Bayern | Abschaffung des Senats | 10 % | 10,5 % |
| 1997 | Bremen | Lernmittelfreiheit | 10 % | 6,37 % |
| 1997/8 | Brandenburg | Transrapid Berlin–Hamburg | 80.000[a] | 69.570 |
| 1998 | Hamburg | Volksgesetzgebung | 10 % | 18,4 % |
| 1998 | Hamburg | Bezirklicher Bürgerentscheid | 10 % | 18,1 % |
| 1997/8 | Schleswig-Holstein | Rechtschreibreform | 5 % | 10,5 % |
| 1997/8 | Niedersachsen | Rechtschreibreform | 10 % | 4,7 % |
| 1998 | Bayern | Gentechnik | 10 % | 4,9 % |
| 1998 | Rheinland-Pfalz | Buß- und Bettag | 20 % | 6,17 % |
| 1999 | Berlin | Rechtschreibreform | 10 % | 4,4 % |
| 1999 | Niedersachsen | Kindertagesstätten-Gesetz | 10 % | 11,65 % |
| 2000 | Bayern | Schulreform | 10 % | 5,7 % |
| 2000 | Bayern | Verfassungsgerichtshof | 10 % | 3,0 % |
| 2000 | Brandenburg | Musikschulen | 80 000[a] | 20 772 |
| 2000 | Sachsen | Pro kommunale Sparkasse | 450 000[b] | 449 446[c] |
| 2000 | Thüringen | Volksgesetzgebung | 14 % | 18,3 %[d] |
| 2001 | Sachsen-Anhalt | Kinderbetreuung | 250 000[e] | 43 600 |
| 2002/3 | Sachsen | Schulreform | 450 000[b] | 363 134 |
| 2003 | Hamburg | Krankenhausprivatisierung | 5 % | 9,3 %[f] |
| 2003 | Bayern | Klon-Verbot | 10 % | 2,3 % |
| 2003 | Hamburg | Wahlrechtsreform | 5 % | 6,5 %[f] |
| 2003 | Hamburg | Kita-Reform | 5 % | 13,9 %[f] |
| 2003/4 | Sachsen-Anhalt | Kinderbetreuung | 250 000[e] | 260.588 |
| 2003/4 | Brandenburg | Zwangseingemeindung | 80 000[a] | 35.812 |

| 2004 | Hamburg | Privatisierung der Berufs-schulen | 5 % | 10,2% [f] |
| 2004 | Hamburg | Privatisierung der Wasser-werke | 5 % | 12,2% [f] |
| *2004* | *Bayern* | *Forstreform* | *10 %* | *9,3* |

[*] Volksbegehren, welche die Qualifikationshürde *nicht* überwanden, sind *kursiv* ausgezeichnet.

[a] Entspricht 4,07 Prozent der Wahlberechtigten bei der Landtagswahl 1990.

[b] Entspricht 12,13 Prozent der Wahlberechtigten bei der Landtagswahl 1990.

[c] Zustande gekommen infolge des Urteils des Sächsischen Verfassungsgerichtshofs v. 15. 3. 2001; von einer weiteren Auszählung wurde abgesehen.

[d] Dieses zustande gekommene (!) Volksbegehren hat der Thüringer Verfassungsgerichtshof mit Urteil v. 19. 9. 2001 für unzulässig erklärt.

[e] Entspricht 11,28 Prozent der Wahlberechtigten bei der Landtagswahl 1990.

[f] Die Eintragungen wurden nur insoweit geprüft, als es für die Entscheidung über das Zustandekommen erforderlich war.

## Volksbegehren [VB] und Volksinitiativen [VI] seit 1989, die nicht zugelassen wurden

| Jahr | Land | Thema | Initiator | Grund |
|---|---|---|---|---|
| 1994 (VB) | Bayern | „Faire Volksent-scheide im Land" | Bürgeraktion „Mehr Demokra-tie" | Materielle Verfas-sungsänderung |
| 1994 (VB) | Bayern | „Bessere Schule" | GEW u. a. | Finanztabu ver-letzt |
| 1994 (VB) | Bayern | „Keine Klasse über 30" | GEW u. a. | Finanztabu ver-letzt |
| 1997 (VB) | Bremen | Schulunterrichts-versorgung | Elterninitiativen | Finanztabu ver-letzt |
| 1997 (VB) | Bremen | Schulraum | Elterninitiativen | Finanztabu ver-letzt |
| 1998 (VI) | Schleswig-Holstein | „Schule in Frei-heit" | Elterninitiative | Finanztabu ver-letzt |
| 1999 (VB) | Berlin | Erleichterung der Volksgesetzge-bung | Bürgeraktion „Mehr Demokra-tie" | Unstatthafte Ver-fassungsänderung |
| 1999 (VB) | Nordrhein-Westfalen | Erleichterung der Volksgesetzge-bung; faire Bür-gerentscheide in den Kommunen | Bürgeraktion „Mehr Demokra-tie" | Unstatthafte Ver-fassungsänderung |

| 2000 (VB) | Bremen | Erleichterung der Volksgesetzgebung | Bürgeraktion „Mehr Demokratie" | Unstatthafte Verfassungsänderung |
|---|---|---|---|---|
| 2000 (VB) | Bayern | „Faire Volksrechte im Land" | Bürgeraktion „Mehr Demokratie" | Unstatthafte Verfassungsänderung |
| 2000 (VB) | Bayern | „Schutz des Bürgerentscheids" | Bürgeraktion „Mehr Demokratie" | Unstatthafte Verfassungsänderung |
| 2000 (VB) | Baden-Württemberg | Reform des kommunalen Bürgerentscheids | Bürgeraktion „Mehr Demokratie" | Unstatthafte Verfassungsänderung |
| 2000 (VI) | Brandenburg | Kinderbetreuung | Bürgerinitiative | Finanztabu verletzt |
| 2001 (VB) | Thüringen | Erleichterung der Volksgesetzgebung | Bürgeraktion „Mehr Demokratie" | Unstatthafte Verfassungsänderung |
| 2004 (VB) | Berlin | Aufhebung einer Landesbürgschaft | Bürgerinitiative „Schluss mit dem Berliner Bankenskandal"[a] | Finanztabu verletzt |
| 2004 (VI) | Hamburg | Verbot von Studiengebühren usw. | Studierendenvertretungen | Finanztabu verletzt[b] |
| 2005- (VB) | Bayern | Abschaffung von Abgeordnetenprivilegien | ÖDP | Mit Verfassung nicht vereinbar[c] |

[a] Gegen die Nichtzulassung ihres Volksbegehrens haben die Vertrauenspersonen der Bürgerinitiative Einspruch beim Verfassungsgerichtshof des Landes Berlin erhoben (Az.: VerfGH 35/04), über den derzeit (Februar 2005) noch nicht entschieden ist.

[b] Der Senat hat das Hamburgische Verfassungsgericht angerufen, um feststellen zu lassen, dass die Forderungen der Volksinitiative in die Haushaltskompetenz der Bürgerschaft eingreifen würden. In dem Verfahren (Az.: HVerfG 05/04) ist derzeit (Februar 2005) noch keine Entscheidung ergangen.

[c] Das Bayerische Staatsministerium des Innern hat das Volksbegehren im Februar 2005 dem Bayerischen Verfassungsgerichtshof zur Entscheidung vorgelegt.

**Literatur**

*Abromeit, Heidrun* 2003: Nutzen und Risiken direktdemokratischer Instrumente, in: Demokratisierung der Demokratie, hrsg. von Offe, S. 95-110.

*Arnim, Hans Herbert v.* (Hrsg.) 1999: Adäquate Institutionen: Voraussetzungen für „gute" und bürgernahe Politik? Vorträge auf dem 2. Speyerer Demokratie-Forum vom 14. bis 16. Oktober 1998 an der Deutschen Hochschule für Verwaltungswissenschaften Speyer, Berlin (Schriftenreihe der Hochschule Speyer Bd. 133).

*Arnim, Hans Herbert v.* (Hrsg.) 2000: Direkte Demokratie. Beiträge auf dem 3. Speyerer Demokratieforum vom 27. bis 29. Oktober 1999 an der Deutschen Hochschule für Verwaltungswissenschaften Speyer, Berlin (Schriftenreihe der Hochschule Speyer Bd. 140).

*Arnim, Hans Herbert v.* 2000: Vom schönen Schein der Demokratie. Politik ohne Verantwortung – am Volk vorbei [Taschenbuchausgabe 2002], München.

*Arnim, Hans Herbert v.* 2001: Das System. Die Machenschaften der Macht [Taschenbuchausgabe 2004], München.

*Arnim, Hans Herbert v.* 2002: Nachwort zur Taschenbuchausgabe: Zeit zum Handeln, in: ders.: Vom schönen Schein der Demokratie. Politik ohne Verantwortung – am Volk vorbei, [Taschenbuchausgabe], München, S. 303-314.

*Beckstein, Günther* 2003: Volksgesetzgebung auf Bundesebene und bundesstaatliche Ordnung, in: Recht im Pluralismus. Festschrift für Walter Schmitt Glaeser zum 70. Geburtstag, hrsg. von Hans-Detlef Horn, Berlin, S. 199-133.

*Birk, Dieter/Wernsmann, Rainer* 2000: Volksgesetzgebung über Finanzen – Zur Reichweite der Finanzausschlussklauseln in den Landesverfassungen –, in: Deutsches Verwaltungsblatt 115, S. 669-675.

*Bovenschulte, Andreas* u. a. (Hrsg.) 2001: Demokratie und Selbstverwaltung in Europa. Festschrift für Dian Schefold zum 65. Geburtstag, Baden-Baden.

*Bremischer Staatsgerichtshof,* Urteil v. 14. 2. 2000 – StGH 1/98 –, in: Die Öffentliche Verwaltung 53 (2000), S. 915-919.

*Brink, Stefan/Wolff, Heinrich Amadeus* (Hrsg.) 2004: Gemeinwohl und Verantwortung. Festschrift für Hans Herbert von Arnim zum 65. Geburtstag, Berlin.

*Büsching, Stephan* 2004: Angst vor dem Volk! Die Diskussion um die Einführung plebiszitärer Elemente in das Grundgesetz, Frankfurt a. M.

*Bundesverfassungsgericht,* Beschluß v. 3. Juli 2000, in: Entscheidungen des Bundesverfassungsgerichts Bd. 102, S. 176-192.

*Degenhart, Christoph* 1992: Direkte Demokratie in den Ländern – Impulse für das Grundgesetz? in: Der Staat 31, S. 77-97.

*Edinger, Michael* 2003: Die Herausforderung der repräsentativen Demokratie in Thüringen. Hintergründe, Verlauf und Wirkungen der Kontroverse um das Volksbegehren, in: Herausforderungen der repräsentativen Demokratie, hrsg. von Schmitt, S. 121-156.

*Efler, Michael* 1999: Der Kampf um Mehr Demokratie in Hamburg, in: Mehr direkte Demokratie wagen, hrsg. von Heußner/Jung, S. 205-222; auch in: Fünf Jahre direkte Bürgerbeteiligung in Hamburg – unter Berücksichtigung von Berlin und Bremen, hrsg. von Hans Peter Bull, Hamburg 2001, S. 77-87.

*Erne, Roland* 2002: Obligatorisches Referendum, Plebiszit und Volksbegehren – drei Typen direkter Demokratie im europäischen Vergleich, in: Direkte Demokratie, hrsg. von Schiller/Mittendorf, S. 76-101.

*Fijalkowski, Jürgen* 2002: Zum Problem direkt-demokratischer Beteiligung, in: Bürger und Demokratie in Ost und West. Studien zur politischen Kultur und zum politischen Prozeß. Festschrift für Hans-Dieter Klingemann, hrsg. von Dieter Fuchs u. a., Wiesbaden, S. 303-318.

*Freitag, Markus/Vatter, Adrian/Müller, Christoph* 2003: Bremse oder Gaspedal? Eine empirische Untersuchung zur Wirkung der direkten Demokratie auf den Steuerstaat, in: Politische Vierteljahresschrift 44, S. 348-369.

*Fuchs, Dieter* 2000: Demokratie und Beteiligung in der modernen Gesellschaft: einige demokratietheoretische Überlegungen, in: Demokratie und Partizipation. Festschrift für Max Kaase, hrsg. von Oskar Niedermayer/Bettina Westle, Wiesbaden, S. 250-280.

*Gallwas, Hans-Ullrich* 2000: Zur Gesetzgebungskonkurrenz zwischen Volk und Landtag nach der Bayerischen Verfassung, in: Staaten und Steuern. Festschrift für Klaus Vogel zum 70. Geburtstag, hrsg. von Paul Kirchhof u. a., Heidelberg, S. 441-452.

*Geitmann, Roland* 1999: Der Siegeszug der kommunalen Direktdemokratie, in: Mehr direkte Demokratie wagen, hrsg. von Heußner/Jung, S. 237-254.

*Gildemeister, Alfred* 1926: Der Volksentscheid über die Fürstenabfindung, in: Deutsche Stimmen 38, S. 257-261.

*Gross, Andreas* 1996: Warum der bundesweite Volksentscheid wichtig ist! oder: Die emanzipativen Potentiale der Direkten Demokratie, in: Mehr Demokratie e. V. (Hrsg.): Reader zur Arbeitstagung „Auf dem Weg zum bundesweiten Volksentscheid" in Bielefeld 1./2. Juni 1996, München, S. 7-19.

*Gross, Andreas* 2002: Das Design der Direkten Demokratie und ihre Qualitäten. Erfahrungen und Reformideen im Vergleich zwischen Kalifornien, Schweiz und den deutschen Bundesländern, in: Direkte Demokratie, hrsg. von Schiller/Mittendorf, S. 331-339.

*Hahnzog, Klaus* 1999: Bayern als Motor für unmittelbare Demokratie, in: Mehr direkte Demokratie wagen, hrsg. von Heußner/Jung, S. 159-176.

*Hennig, Eike* 1997: 34 Prozent bilden eine Regierung. Ein Rückblick auf die Hamburger Bürgerschaftswahl, in: vorgänge 36, H. 4, S. 9-13.

*Herrmann, Klaus* 2003: Volksgesetzgebungsverfahren. Verfassungstheoretische Untersuchung der Rechtsstellung der Stimmberechtigten sowie der Zuständigkeiten der Abstimmungsorgane und Abstimmungsbehörden, Frankfurt a. M.

*Heußner, Hermann K.* 1994: Volksgesetzgebung in den USA und in Deutschland. Ein Vergleich der Normen, Funktionen, Probleme und Erfahrungen, Köln u. a. (Erlanger Juristische Abhandlungen Bd. 43).

*Heußner, Hermann K.* 1999: Ein Jahrhundert Volksgesetzgebung in den USA, in: Mehr direkte Demokratie wagen, hrsg. von dems./Jung, S. 101-122.

*Heußner, Hermann K./Jung, Otmar* (Hrsg.) 1999: Mehr direkte Demokratie wagen. Volksbegehren und Volksentscheid: Geschichte – Praxis – Vorschläge, München.

*Hiller, Marcus* 1998: Die Bürgeraktion „Mehr Demokratie in Hamburg" – Die Initiativen zur Veränderung der Volksgesetzgebung und zur Einführung des Bürgerentscheids – 1996 bis 1998, politikwiss. Diplomarbeit Hamburg.

*Holland-Cunz, Barbara* 1998: Feministische Demokratietheorie. Thesen zu einem Projekt, Opladen.

*Holland-Cunz, Barbara* 2000: Eine Chance für Frauen, in: Zeitschrift für direkte Demokratie 12, H. 2 [Nr. 47], S. 14.

*Horn, Hans-Detlef* 1999: Mehrheit im Plebiszit. Zur Voraussetzung eines Zustimmungsquorums bei Volks- und Bürgerentscheiden, in: Der Staat 38, S. 399-422.

*Huber, Peter M.* 2004: Entwicklung des Landesverfassungsrechts in Thüringen, in: Jahrbuch des Öffentlichen Rechts der Gegenwart 52, S. 323-345.

*Isensee, Josef* 2002: Der antiplebiszitäre Zug des Grundgesetzes – Verfassungsrecht im Widerspruch zum Zeitgeist, in: Verfassung in Zeiten des Wandels. Demokratie – Föderalismus – Rechtsstaatlichkeit. Symposion zum 60. Geburtstag von Heinz Schäffer, hrsg. von Metin Akyürek u. a., Wien, S. 53-83.

*Jung, Otmar* 1991: Welche Regeln empfehlen sich bei der Einführung von Volksbegehren und Volksentscheid (Volksgesetzgebung) auf Bundesebene? in: Direkte Demokratie in Deutschland. Handreichungen zur Verfassungsdiskussion in Bund und Ländern. Mit Entwürfen zur Einführung von Volksbegehren und Volksentscheid auf Bundesebene („Hofgeismarer Entwurf"), hrsg. von der Evangelischen Akademie Hofgeismar/Stiftung Mitarbeit, Bonn (Brennpunkt-Dokumentation Nr. 12), S. 19-59.

*Jung, Otmar* 1992: Kein Volksentscheid im Kalten Krieg! Zum Konzept einer plebiszitären Quarantäne für die junge Bundesrepublik 1948/49, in: Aus Politik und Zeitgeschichte B 45/92 v. 30. 10. 1992, S. 16-30.

*Jung, Otmar* 1993a: Daten zu Volksentscheiden in Deutschland auf Landesebene (1946-1992), in: Zeitschrift für Parlamentsfragen 24, S. 5-13.

*Jung, Otmar* 1993b: Verfahrensprobleme der Volksgesetzgebung. Darstellung am Beispiel der Entwürfe eines Ausführungsgesetzes in Sachsen-Anhalt, in: Zeitschrift für Gesetzgebung 8 (1993), S. 314-337.

*Jung, Otmar* 1994: Grundgesetz und Volksentscheid. Gründe und Reichweite der Entscheidungen des Parlamentarischen Rats gegen Formen direkter Demokratie, Opladen.

*Jung, Otmar* 1995: Wenn der Souverän sich räuspert ... Vorwirkungen direktdemokratischer Korrekturmöglichkeiten, dargestellt an Beispielen aus Nordrhein-Westfalen, Niedersachsen und Rheinland-Pfalz, in: Jahrbuch zur Staats- und Verwaltungswissenschaft 8, S. 107-176.

*Jung, Otmar* 1996a: Der Volksentscheid über die Einführung des kommunalen Bürgerentscheids in Bayern am 1. Oktober 1995, in: Jahrbuch zur Staats- und Verwaltungswissenschaft 9, S. 191-272.

*Jung, Otmar* 1996b: Weniger Demokratie wagen? – Seltsames aus der Berliner Verfassungsrevision –, in: Juristische Rundschau, S. 1-10.

*Jung, Otmar* 1997: Die Volksabstimmungen über die Länderfusion Berlin – Brandenburg: Was hat sich bewährt – wer ist gescheitert? in: Zeitschrift für Parlamentsfragen 28, S. 13-20.

*Jung, Otmar* 1999a: 50 Jahre verfassungswidrige Praxis der Volksgesetzgebung in Bayern? Zu dem Isensee-Gutachten betr. das Gesetz zur Abschaffung des Bayerischen Senates, in: Bayerische Verwaltungsblätter 130, S. 417-430.

*Jung, Otmar* 1999b: Das Quorenproblem beim Volksentscheid. Legitimität und Effizienz beim Abschluß des Verfahrens der Volksgesetzgebung, in: Zeitschrift für Politikwissenschaft 9, S. 863-898.

*Jung, Otmar* 1999c: Siegeszug direktdemokratischer Institutionen als Ergänzung des repräsentativen Systems? Erfahrungen der 90er Jahre, in: Demokratie vor neuen Herausforderungen. Vorträge und Diskussionsbeiträge auf dem 1. Speyerer Demokratie-Forum vom 29. bis 31. Oktober 1997 an der Deutschen Hochschule für Verwaltungswissenschaften Speyer, hrsg. von Hans Herbert v. Arnim, Berlin (Schriftenreihe der Hochschule Speyer Bd. 130), S. 103-137.

*Jung, Otmar* 2000a: Abschluß und Bilanz der jüngsten plebiszitären Entwicklung in Deutschland auf Landesebene, in: Jahrbuch des Öffentlichen Rechts der Gegenwart 48, S. 39-85.

*Jung, Otmar* 2000b: Aktuelle Probleme der direkten Demokratie in Deutschland, in: Zeitschrift für Rechtspolitik 33, S. 440-447.

*Jung, Otmar* 2001a: „Die rebellierende Vertretung" *(H. Nawiasky)*. Darf das Parlament ein vom Volk beschlossenes Gesetz (ohne weiteres) kassieren? Zum Vorgehen des Schleswig-Holsteinischen Landtags im September 1999 (Fall „Rechtschreibreform"), in: Demokratie und Selbstverwaltung in Europa, hrsg. von Bovenschulte u. a., S. 145-168.

*Jung, Otmar* 2001b: Direkte Demokratie nach Schweizer Art in Deutschland verfassungswidrig? Zu einer Grundgesetzauslegung des Staatsgerichtshofs der Freien Hansestadt Bremen, in: Kritische Vierteljahresschrift für Gesetzgebung und Rechtswissenschaft 84, S. 24-54.

*Jung, Otmar* 2001c: Dreimal Fehlschlag. Die schwierigen Anfänge der direkten Demokratie in Berlin, in: Zeitschrift für Parlamentsfragen 32, S. 33-57.

*Jung, Otmar* 2001d: Historische Erfahrungen mit direkt-demokratischen Elementen in der deutschen (Verfassungs-)Geschichte, in: Demokratie lebendiger gestalten. Ettersburger Gespräche am 10. und 11. November 2000 im Hotel Amalienhof Weimar, hrsg. vom Thüringer Landtag, Erfurt (XI. Ettersburger Gespräche), S. 11-39.

*Jung, Otmar* 2001e: Mehr direkte Demokratie wagen, in: ders./Knemeyer, Franz-Ludwig: Im Blickpunkt: Direkte Demokratie, München, S. 13-72.

*Jung, Otmar* 2001f: Eckpunkte nicht überzeugend gesetzt. Wie die SPD die Beteiligungsrechte der Bürger auf Bundesebene ausbauen will, in: Recht und Politik 37, S. 61-75.

*Jung, Otmar* 2001g: Noch einmal: Eckpunkte nicht überzeugend gesetzt: SPD und Beteiligungsrechte der Bürger, in: Recht und Politik 37, S. 144-151.

*Jung, Otmar* 2002a: Bürgerbeteiligung – ohne Risiken und Nebenwirkungen? hrsg. von der Landeszentrale für politische Bildung Rheinland-Pfalz, Mainz.

*Jung, Otmar* 2002b: Direkte Demokratie – Forschungsstand und Perspektiven, in: Direkte Demokratie, hrsg. von Schiller/Mittendorf, S. 22-63.

*Jung, Otmar* 2002c: Direkte Demokratie in Thüringen: Der Freistaat im Ranking der Bundesländer, in: Thüringer Verwaltungsblätter 11, S. 269-278.

*Jung, Otmar* 2002d: Volksentscheid ins Grundgesetz? Die politische Auseinandersetzung um ein rot-grünes Reformprojekt 1998-2002, in: Zeitschrift für Politik 49, S. 267-289.

*Jung, Otmar* 2003: Direkte Demokratie – vom Kopf auf die Füße gestellt. Ein Urteil des Verfassungsgerichtshofes des Freistaates Sachsen eröffnet die Debatte neu, in: Landes- und Kommunalverwaltung 13, S. 308-314.

*Jung, Otmar* 2004: Direkte Demokratie und Föderalismus. Die grundsätzliche Mitwirkung der Länder bei der Volksgesetzgebung im Bund, in: Gemeinwohl und Verantwortung, hrsg. von Brink/Wolff, S. 353-366.

*Jung, Otmar* 2005a: Regieren mit dem obligatorischen Verfassungsreferendum: Wirkung, Konterstrategie, Nutzungsversuche und Umgangsweise, in: Zeitschrift für Parlaments-

fragen 36, H. 1 (i. E.). *Jung, Otmar* 2005b: Staatsvertragsplebiszite in Deutschland? –
Zu dem rot-grünen Vorschlag eines fakultativ-plebiszitären Referendums über bestimmte Europa-Abkommen –, in: Recht und Politik 41, H. 2 (i. E.).

*Jung, Sabine* 2001: Die Logik direkter Demokratie, Wiesbaden.

*Jutzi, Siegfried* 2003: Volksgesetzgebung und Verfassungsrechtsprechung. Zu verfassungsrechtlich und verfassungsgerichtlich bestimmten Grenzen der Volksgesetzgebung, in:
Zeitschrift für Gesetzgebung 18, S. 273-292.

*Kampwirth, Ralph* 2003: Der ernüchterte Souverän. Bilanz und Perspektiven der direkten
Demokratie in den 16 Bundesländern und auf Kommunalebene, in: Zeitschrift für Parlamentsfragen 34, S. 657-671.

*Kautsky, Karl/Schoenlank, Bruno* 1893: Grundsätze und Forderungen der Sozialdemokratie.
Erläuterungen zum Erfurter Programm, Berlin 2. Aufl.

*Kirchgässner, Gebhard/Feld, Lars P./Savioz, Marcel R.* 1999: Die direkte Demokratie:
Modern, erfolgreich, entwicklungs- und exportfähig, Basel Genf München.

*Kruse, Jörn* 1996: Demokratiedefizite und Funktionsmängel in der Politik. Ein Essay über
Strukturprobleme der repräsentativen Demokratie und Vorschläge für konstitutionelle
Reformen, in: Aktuelle Probleme der Wettbewerbs- und Wirtschaftspolitik. Erhard
Kantzenbach zum 65. Geburtstag, hrsg. von Jörn Kruse/Otto G. Mayer, Baden-Baden
(Veröffentlichungen des HWWA-Instituts für Wirtschaftsforschung – Hamburg Bd.
23), S. 9-41.

*Kühne, Jörg-Detlef* 1991: Volksgesetzgebung in Deutschland – zwischen Doktrinarismen
und Legenden, in: Zeitschrift für Gesetzgebung 6, S. 116-132.

*Lenin, Wladimir Iljitsch* 1917: Staat und Revolution, in: LW 25, S. 393-507.

*Linder, Wolf* 1999: Schweizerische Demokratie. Institutionen – Prozesse – Perspektiven,
Bern Stuttgart Wien.

*Loewenstein, Karl* 1922: Volk und Parlament nach der Staatstheorie der französischen Nationalversammlung von 1789. Studien zur Dogmengeschichte der unmittelbaren Volksgesetzgebung, München.

*Löwer, Wolfgang/Menzel, Jörg* 2003: Plebiszitäre Gesetzgebung ernst genommen – Überlegungen zu einigen Schwierigkeiten direktdemokratischer Entscheidung anlässlich
NdsStGH, NdsVBl. 2002, 11 ff. –, in: Niedersächsische Verwaltungsblätter 10, S. 89-
95.

*Luthardt, Wolfgang* 1997: Formen der Demokratie. Die Vorteile der Konkordanzdemokratie, in: Prägekräfte des 20. Jahrhunderts, hrsg. von Eckhard Jesse/Steffen Kailitz, Baden-Baden, S. 41-57.

*Mahrenholz, Ernst-Gottfried* 1986: Teilhabe, Entscheidungslegitimation und Minderheitenrechte in der repräsentativen Demokratie. Sieben Thesen zu Fragen der direkten Demokratie, in: Menschengerecht. Arbeitswelt – Genforschung – Neue Technik – Le-
bensformen – Staatsgewalt. 6. Rechtspolitischer Kongreß der SPD vom 20. bis 22. Juni
1986 in Essen. Dokumentation, hrsg. von Herta Däubler-Gmelin/Wolfgang Adlerstein,
Heidelberg, S. 371-390.

*Majer, Diemut* 2000: Die Angst der Regierenden vor dem Volk. Verfassungs- und geistes-
geschichtliche Betrachtungen zu den Schwierigkeiten direktdemokratischer Bürgerbeteiligung seit 1789, in: Direkte Demokratie, hrsg. von v. Arnim, S. 27-50.

*Majer, Diemut* 2004: Die schweizerische Referendumsdemokratie – Ein übertragbares Modell? in: Gemeinwohl und Verantwortung, hrsg. von Brink/Wolff, S. 719-731.

*Maus, Ingeborg* 2004: Vom Rechtsstaat zum Verfassungsstaat. Zur Kritik juridischer Demokratieverhinderung, in: Blätter für deutsche und internationale Politik 49, S. 835-850.

*Möckli, Silvano* 1994: Direkte Demokratie. Ein Vergleich der Einrichtungen und Verfahren in der Schweiz und Kalifornien, unter Berücksichtigung von Frankreich, Italien, Dänemark, Irland, Österreich, Liechtenstein und Australien, Bern Stuttgart Wien (St. Galler Studien zur Politikwissenschaft Bd. 16).

*Möckli, Silvano* 1996: Das Gesetzesveto und -referendum. Ein Stolperstein wird zum Grundstein, in: Les origines de la démocratie directe en Suisse/Die Ursprünge der schweizerischen direkten Demokratie. Actes du Colloque organisé les 27-29 avril 1995 par la Faculté de droit et le C2D, publié par Andreas Auer, Basel Frankfurt/Main (Collection genevoise), S. 209-220.

*Möckli, Silvano* 2003: Sachabstimmungen machen noch keine direkte Demokratie, in: Herausforderungen der repräsentativen Demokratie, hrsg. von Schmitt, S. 101-119.

*Müller, Peter* 2004: Elemente direkter Beteiligung auf Bundesebene. Ein Plädoyer für mehr Demokratie in der aktiven Bürgergesellschaft, in: Gemeinwohl und Verantwortung, hrsg. von Brink/Wolff, S. 733-744.

*Neumann, Peter* 2002a: Die Entwicklung der Rechtsprechung zu Volksbegehren und Volksentscheid nach der Deutschen Einheit, in: Direkte Demokratie, hrsg. von Schiller/Mittendorf, S. 115-152.

*Neumann, Peter* 2002b: Durchbruch bei der Ausgestaltung der Volksgesetzgebung – Finanzvorbehalte nach der Verfassung des Freistaates Sachsen, in: Sächsische Verwaltungsblätter 10, S. 229-232.

*Neumayer, Karl* 1968: Betrachtungen zum Volksinitiativverfahren im Staatsrecht der Länder des deutschen Sprachgebietes ausserhalb der Schweiz, in: Mélanges Marcel Bridel, Lausanne, S. 321-345.

*Niedersächsischer Staatsgerichtshof,* Urteil v. 23. 10. 2001, in: Deutsches Verwaltungsblatt 117 (2002), S. 43-47.

*Offe, Claus* (Hrsg.) 2003: Demokratisierung der Demokratie. Diagnosen und Reformvorschläge, Frankfurt a. M.

*Patzelt, Werner J.* 1998: Ein latenter Verfassungskonflikt? Die Deutschen und ihr parlamentarisches Regierungssystem, in: Politische Vierteljahresschrift 39, S. 725-757.

*Pestalozza, Christian Graf v.* 1981: Der Popularvorbehalt. Direkte Demokratie in Deutschland, Berlin (Schriftenreihe der Juristischen Gesellschaft e. V. Berlin H. 69).

*Pestalozza, Christian* 2003: Aus dem Bayerischen Verfassungsleben 1989 bis 2002, in: Jahrbuch des Öffentlichen Rechts der Gegenwart 51, S. 121-192.

*Platter, Julia* 2004: Neue Entwicklungen in der Rechtsprechung zum Haushaltsvorbehalt bei der Volksgesetzgebung, in: Zeitschrift für Parlamentsfragen 35, S. 496-512.

*Raumsauer, Ulrich/Heidmann, Maren* 2003: Ein neues Wahlrecht für Hamburg? Zur aktuellen Diskussion um eine Wahlrechtsreform in der Freien und Hansestadt Hamburg, in: Zeitschrift für öffentliches Recht in Norddeutschland 6, S. 482-485.

*Rehmet, Frank* 2002: Direkte Demokratie in den deutschen Bundesländern, in: Direkte Demokratie, hrsg. von Schiller/Mittendorf, S. 102-114.

*Rehmet, Frank* 2003: Kostenerstattung für Volksbegehren, in: Zeitschrift für direkte Demokratie 15, H. 4 [Nr. 61], S. 29 f.

*Ridder, Helmut* 1990: Die Deutschen und die Volkssouveränität oder Wie der große Lümmel Volk von dem großen Monster Staat zu seiner, des Staats, Räson gebracht wurde und wird, in: Kritik und Vertrauen. Festschrift für Peter Schneider zum 70. Geburtstag, hrsg. von Erhard Denninger u. a., Frankfurt a. M., S. 355-391.

*Sauer, Birgit* 2001: Die Asche des Souveräns. Staat und Demokratie in der Geschlechterdebatte, Frankfurt a. M. (Politik der Geschlechterverhältnisse Bd. 16).

*Schachtschneider, Karl Albrecht* 1975: Gesetzgebung und Verfassungsänderung durch das Volk in Berlin, in: Juristische Rundschau, S. 221-224.

*Schiffers, Reinhard* 2000: Schlechte Weimarer Erfahrungen? in: Direkte Demokratie, hrsg. von v. Arnim, S. 51-65.

*Schiffers, Reinhard* 2002: „Weimarer Erfahrungen": Heute noch eine Orientierungshilfe? in: Direkte Demokratie, hrsg. von Schiller/Mittendorf, S. 65-75.

*Schiller, Theo* 2002: Direkte Demokratie. Eine Einführung, Frankfurt a. M.

*Schiller, Theo* 2004: Direkte Demokratie im Prozeß der Verfassungsgebung, in: Gemeinwohl und Verantwortung, hrsg. von Brink/Wolff, S. 795-809.

*Schiller, Theo/Mittendorf, Volker* (Hrsg.) 2002: Direkte Demokratie. Forschung und Perspektiven, Wiesbaden.

*Schimmer, Andreas* 1999: „Ihre Stimme für den Bußtag, weil Feiertage unbezahlbar sind" – Der Kampf der Nordelbischen Kirche für die Erhaltung des Buß- und Bettages, in: Mehr direkte Demokratie wagen, hrsg. von Heußner/Jung, S. 269-286.

*Schmidt, Manfred G.* 2003: Lehren der Schweizer Referendumsdemokratie, in: Demokratisierung der Demokratie, hrsg. von Offe, S. 111-123.

*Schmitt, Karl* (Hrsg.) 2003: Herausforderungen der repräsentativen Demokratie, Baden-Baden (Veröffentlichungen der Deutschen Gesellschaft für Politikwissenschaft (DGfP) Bd. 20).

*Schneider, Maria-Luise* 2003: Zur Rationalität von Volksabstimmungen. Der Gentechnikkonflikt im direktdemokratischen Verfahren, Wiesbaden.

*Schubert, Werner* (Hrsg.) 1992: Berichte über die Verhandlungen der konstituirenden Versammlung in Hamburg (1848-1849) und Verfassung des Freistaates Hamburg nebst den dazugehörenden organischen Gesetzen (1849), 2 Bde., [Hamburg 1848-1850] ND Vaduz, Liechtenstein 1992 (Die Verhandlungen der Parlamente der deutschen Staaten in der Revolutionszeit (1848-1850), III. Abteilung: Hamburg).

*Stämpfli, Regula* 2002: Direkte Demokratie: Weder feministisches Paradies noch Patriarchatskorsett, in: femina politica 11, S. 99-102.

*Stuby, Gerhard* 2001: Hut ab vor dem Volk, aber Quoren müssen her! Anmerkungen zur Entscheidung des Bremer Staatsgerichtshofs vom 14. Februar 2000, in: Demokratie und Selbstverwaltung in Europa, hrsg. von Bovenschulte u. a., S. 243-255.

*Thüringer Landtag* (Hrsg.) 2004: Bürgerantrag – Volksbegehren – Volksentscheid: Wie funktionierts? o. O.

*Tiefenbach, Paul* 2004: Mit Volksentscheiden zum sanierten Staatshaushalt, in: Blätter für deutsche und internationale Politik 49, S. 85-94.

*Trechsel, Alexander/Serdült, Uwe* 1999: Kaleidoskop Volksrechte. Die Institutionen der direkten Demokratie in den schweizerischen Kantonen (1970-1996), Basel Genf München (Collection genevoise).

*Weber, Max* 1984: Parlament und Regierung im neugeordneten Deutschland. Zur politischen Kritik des Beamtentums und Parteiwesens, in: ders.: Zur Politik im Weltkrieg. Schriften und Reden 1914-1918, hrsg. von Wolfgang J. Mommsen in Zusammenarbeit mit Gangolf Hübinger (Max Weber Gesamtausgabe I/15), Tübingen, S. 432-596 (zuerst 1918).

*Weixner, Bärbel Martina* 2002: Direkte Demokratie in den Bundesländern. Verfassungs- rechtlicher und empirischer Befund aus politikwissenschaftlicher Sicht, Opladen.

*Wolff, Heinrich Amadeus* 2004: Die Änderungsbedürftigkeit des Art. 115 GG, in: Gemein- wohl und Verantwortung, hrsg. von Brink/Wolff, S. 313-324.

# Übersicht zu Volksinitiativen, Volksbegehren und Volksentscheiden, Bürgerbegehren und Bürgerentscheiden in Deutschland

## Volksinitiativen im Vergleich der Bundesländer[1]

| Bundesland | Unterschriften-quorum | Unterschriften-sammlung | Frist | Erste Stufe der Volks-gesetzgebung? |
|---|---|---|---|---|
| Berlin | 90.000 (3,7%) | Frei | 6 Monate | Nein |
| Brandenburg | 20.000 (0,9%) | Frei | 1 Jahr | Ja |
| Bremen | 2% (ca. 9.800) | Frei | Keine | Nein |
| Hamburg | 10.000 (0,8%) | Frei | 6 Monate | Ja |
| Mecklenburg-Vorpommern | 15.000 (1,1%) | Frei | Keine | Ja |
| Niedersachsen | 70.000 (1,2%) | Frei | 1 Jahr | Nein |
| Nordrhein-Westfalen | 0,5% (ca. 65.000) | Frei | 1 Jahr | Nein |
| Rheinland-Pfalz | 30.000 (1%) | Frei | 1 Jahr | Ja |
| Sachsen | 40.000 (1,1%) | Frei | Keine | Ja |
| Sachsen-Anhalt | 30.000 (1,4%) | Frei | Keine | Ja |
| Schleswig-Holstein | 20.000 (0,9%) | Frei | 1 Jahr | Ja |
| Thüringen[2] | 50.000 (2,6%) | Frei | 6 Monate | Nein |

[1] Mehr Demokratie e.V.: Die Volksinitiative im Bundesländer-Vergleich, Stand 17.11.2004. Nicht in allen 16 Bundesländern sind Volksinitiativen auf Landesebene vorgesehen. In Baden-Württemberg, Bayern, Hessen und dem Saarland spricht man von einer sog. zweistufigen Volksgesetzgebung. Die dortigen Landesverfassungen kennen nur zwei Elemente direkter Demokratie: Volksbegehren und Volksentscheid.

[2] In Thüringen existiert der Bürgerantrag, der nur eine gering modifizierte Form der Volksinitiative ist.

# Verfahren für Volksbegehren und Volksentscheid in den 16 Bundesländern[1]

| Bundesland | Finanzen | Volks-begehren | Volks-begehren | Volks-entscheid | Volks-entscheid |
|---|---|---|---|---|---|
| | Themen mit finanziellen Folgen zulässig? | Unterschrif-tenquorum | Eintragungs-frist Amt (A) oder frei (F)[2] | Zustim-mungsquorum einfaches Gesetz | Zustim-mungsquorum verf.änd. Gesetz |
| Baden-Württemberg | Nein | 16,6% | 14 Tage (A) | 33% | 50% |
| Bayern | Nein | 10% | 14 Tage (A) | Kein Quorum | 25% |
| Berlin | Nein | 10% | 2 Monate (A) | 33%[3] | Nicht möglich |
| Brandenburg | Nein | Ca. 4% | 4 Monate (A) | 25% | 50% + 2/3-Mehrheit |
| Bremen | Nein | 10% / 20%[4] | 3 Monate (F) | 25% | 50% |
| Hamburg | Nein | 5% | 14 Tage (A+F) | 20% | 50% + 2/3-Mehrheit |
| Hessen | Nein | 20% | 14 Tage (A) | Kein Quorum | Nicht möglich |
| Mecklenb.-Vorpommern | Nein | Ca. 10% | Keine Frist (F)[5] | 33% | 50% + 2/3-Mehrheit |
| Niedersachsen | Nein | 10% | 12 Monate | 25% | 50% |
| Nordrhein-Westfalen | Nein | 8% | 8 Wochen (A) | 15% | 50% Beteili-gungsqu. u. 2/3-Mehrheit |
| Rheinland-Pfalz | Nein | Ca. 10% | 2 Monate (A) | 25%[6] | 50% |
| Saarland | Nein | 20% | 14 Tage (A) | 50% | Nicht möglich |
| Sachsen | Ja | Ca. 12% | 8 Monate (F) | Kein Quorum | 50% |
| Sachsen-Anhalt | Nein | 11% | 6 Monate (F) | 25%[7] | 50% + 2/3-Mehrheit |
| Schleswig-Holstein | Nein | 5% | 6 Monate (F)[8] | 25% | 50% + 2/3-Mehrheit |
| Thüringen | Nein | 10% (F) 8% (A) | 4 Monate (F) 2 Monate (A) | 25% | 40% |
| *Zum Ver-gleich:* | | | | | |
| Schweiz (Bund) | Ja | Ca. 2% | 18 Monate | Kein Quorum | Kein Quorum |
| Kalifornien (USA) | Ja | Ca. 2% | 5 Monate | Kein Quorum | Kein Quorum |

[1] Mehr Demokratie e.V.: Infocenter für Direkte Demokratie – Verfahrensregeln für Volksbegehren und Volksentscheid in den Bundesländern, Stand: November 2004

[2] Die Unterschriften müssen entweder frei auf der Straße gesammelt (F) oder dürfen nur in Amtsräumen geleistet werden (A).
[3] Es gilt ein Zustimmungsquorum von 33%. Bei einer Beteiligung von über 50% der Wahlberechtigten entfällt die Klausel.
[4] Die zweite Prozentangabe bezieht sich auf die notwendige Unterschriftenzahl bei verfassungändernden Volksbegehren.
[5] Neben der freien Sammlung kann eine zweimonatige Amtseintragung beantragt werden.
[6] Es handelt sich um ein Beteiligungsquorum von 25%.
[7] Das Zustimmungsquorum entfällt, wenn der Landtag eine Konkurrenzvorlage beim Volksentscheid zur Abstimmung stellt.
[8] Neben Ämtern und Behörden können weitere Eintragungsstellen beantragt werden.

## Verfahren für Bürgerbegehren und Bürgerentscheid in den 16 Bundesländern[1]

| | Themen | Bürgerbegehren | Bürgerentscheid |
|---|---|---|---|
| *Bundesland* | *Anwendungsbereich* *000 weit* *00 eng* *0 punktuell* | *Unterschriftenhürde* | *Zustimmungs-quorum* |
| Baden-Württemberg | 0 | 5 – 10% | 30% |
| Bayern | 000 | 3 – 10% | 10-20% |
| Berlin (Bezirke) | - | - | - |
| Brandenburg | 0 | 10% | 25% |
| Bremen (Stadt) | 00 | 10% | 25% |
| Stadt Bremerhaven | 00 | 15% | 30% |
| Hamburg (Bezirke)[2] | 000 | 2 – 3% | Nein |
| Hessen | 000 | 10% | 25% |
| Mecklenburg-Vorpommern | 0 | 2,5 – 10% | 25% |
| Niedersachsen | 00 | 5-10% | 25% |
| Nordrhein-Westfalen | 00 | 3 – 10% | 20% |
| Rheinland-Pfalz | 0 | 6 – 15% | 30% |
| Saarland | 00 | 5 – 15% | 30% |
| Sachsen | 000 | (5- )15%[3] | 25% |
| Sachsen-Anhalt | 0 | 6 – 15% | 30% |
| Schleswig-Holstein | 00 | 10% | 20% |
| Thüringen | 0 | 13-17% | 20-25% |

[1] Mehr Demokratie e.V.: Infocenter für Direkte Demokratie – Verfahrensregeln für Bürgerbegehren in den Bundesländern, Stand: Februar 2003
[2] Da die Hamburger Stadtbezirke deutlich weniger Kompetenzen haben als Gemeinden, sind die Anwendungsbereiche nur bedingt vergleichbar.
[3] Die Unterschriftenhürde für ein Bürgerbegehren kann von den Gemeinden auf ein Minimum von 5% gesenkt werden.

# Glossar

### Abstimmungsquorum
Anzahl der abstimmenden Bürger bei einem → *Bürgerentscheid* oder einem → *Volksentscheid*. Das Quorum bewirkt, dass ein Entscheid nur dann gültig ist, wenn ein vorgeschriebener Prozentsatz aller Wahlberechtigten sich beteiligt (→ *Beteiligungsquorum*) oder ein bestimmter Prozentsatz der Wahlberechtigten der Vorlage zustimmt (→ *Zustimmungsquorum*). Im Unterschied zu klassischen Wahlen entscheiden hier nicht nur die sich beteiligenden Bürger, sondern auch die, die der Abstimmung fern bleiben.

### Abwahl des Bürgermeisters
Komplementär zur → *Direktwahl des Bürgermeisters* in einigen Bundesländern bestehende Möglichkeit der Bürger, die Amtszeit des Bürgermeisters durch → *Bürgerentscheid* zu beenden. Die Initiative dazu geht immer vom Rat aus und ist im jeweiligen Kommunalrecht geregelt.

### Amtseintragung
Unterschriften für ein → *Volksbegehren* oder ein → *Bürgerbegehren*, die in einer dafür bestimmten Behörde geleistet werden (müssen) im Unterschied zur → *freien Unterschriftensammlung*.

### Amtseintragungsfrist
Vorgeschriebene Frist im Verfahren des → *Volksbegehrens*/ → *Bürgerbegehrens*, innerhalb derer die nötigen Unterschriften für den Erfolg eines Begehrens gesammelt werden müssen.

### Anhörungsrecht
Das Recht der Initiatoren bzw. der → *Vertrauensleute* einer → *Volksinitiative,* eines → *Bürgerantrags* oder eines → *Volksbegehrens*/ eines → *Bürgerbegehrens* bei zuständigen Stellen (Parlament, Parlamentsausschüsse, Behörden usw.) in der Sache des Begehrens angehört zu werden.

### Antragsquorum *s. Einleitungsquorum*

### ausgearbeiteter Gesetzesentwurf
Vorschrift, die vorsieht, dass der Gegenstand eines → *Volksbegehrens*, über den die Bürgerinnen und Bürger entscheiden sollen, als rechtsfähige Norm, d.h. in

haltbarer Gesetzesform, abgefasst ist, im Gegensatz zur Möglichkeit einer alltags-
sprachlichen und allgemeinverständlichen Formulierung der Entscheidungsfrage.
In der Diskussion umstrittene Forderung, da die Bürgerinnen und Bürger in der Tat
über konkrete, umsetzbare Rechtsnormen und nicht über Allgemeinplätze oder
„Parolen" abstimmen sollen, andererseits aber eine Kenntnis der komplizierten
juristischen Materie und Sprache von ihnen nicht erwartet werden kann.

**Banalitätenvorbehalt**
Möglichkeit, die Zulässigkeit von → *Volksbegehren*/ →*Bürgerbegehren* einzuschränken, wenn es sich um unwichtige Themen handelt. Dies ist dann möglich,
wenn die Begehren durch einen → *Positivkatalog* geregelt sind.

**Bestandsschutz**
Rechtsvorschrift, die garantiert, dass ein durch → *Volksentscheid* zustande gekommenes Gesetz (bzw. analog ein durch → Bürgerentscheid getroffener Beschluss) innerhalb einer bestimmten Frist nicht vom Landtag bzw. dem Kommunalparlament aufgehoben werden kann. Wie der Bestand von Volksgesetzen gehandhabt werden soll, ist umstritten: Einerseits haben Volksgesetze den gleichen
Rang wie Parlamentsgesetze und müssen, nach herrschender Meinung, auch wieder geändert werden können; andererseits wäre das eine Aushöhlung der Wirksamkeit der direkten Demokratie.

**Beteiligungsquorum**
Bezeichnet den geforderten Mindestanteil aller stimmberechtigten Bürger, die sich
an einer Abstimmung beteiligen müssen, damit ein → *Volksentscheid*/ ein → *Bürgerentscheid* angenommen wird. In der deutschen Praxis eher unübliche Quorenregelung.

**Bürgerantrag**
In den Gemeindeordnungen einiger Bundesländer vorgesehene Möglichkeit der
Bürger, das Gemeindeparlament mit einem kommunalen Anliegen zu befassen. Da
der Bürgerantrag nicht zwingend eine Sachentscheidung des Gemeindparlaments
zur Folge hat, genügt in der Regel eine geringere Unterstützung als bei → *Bürgerbegehren* und → *Bürgerentscheid*. Aus dem gleichen Grund besteht die Möglichkeit, dass auch nicht stimmberechtigte Einwohner (Jugendliche, EU-Ausländer)
ihre Anliegen zur Geltung bringen können. In Thüringen bezeichnete Variante der
→ *Volksinitiative*.

**Bürgerbefragung**
In einigen Bundesländern vorgesehenes Instrument des Bürgermeisters und/oder
des Rates, die in der Bürgerschaft vorherrschende Meinung zu einem Thema zu

ermitteln. Die Teilnahme der Bürger ist freiwillig und anonym; das Ergebnis von Bürgerbefragungen ist für das Kommunalparlament nicht bindend.

## Bürgerbegehren

Das Bürgerbegehren bezeichnet einerseits die Forderung von Bürgerinnen und Bürgern zu einer bestimmten Frage, die in den Kompetenzbereich der Kommune fällt, einen → *Bürgerentscheid* durchzuführen, andererseits das geregelte Verfahren, dieses Ziel zu erreichen. Bürgerbegehren sind in den Gemeindeordnungen der Bundesländer geregelt. Für den Erfolg eines Bürgerbegehrens ist ein festgelegtes → *Unterschriftenquorum* der stimmberechtigten Bürgerinnen und Bürger erforderlich, ebenso die Einhaltung von → *Sammelfristen* und eine positive Entscheidung über die Zulässigkeit, über die i.d.R. der Rat befindet. Die zulässigen Themen eines Bürgerbegehrens können durch einen → *Negativkatalog* eingeschränkt oder durch einen → *Positivkatalog* vorgegeben sein. Häufig wird auch ein → *Kostendeckungsvorschlag* gefordert. Je nach Gegenstand des Begehrens unterscheidet man zwischen *Korrekturbegehren* (ein schon getroffener Beschluss der Gemeinde soll gekippt werden) und *Initiativbegehren* (ein neuer Beschluss soll getroffen werden). Ein erfolgreiches Bürgerbegehren zieht einen → *Bürgerentscheid* nach sich, es sei denn, der Gemeinderat beschließt vorher schon im Sinne des Begehrens. Analog ist das Verfahren für Begehren in den Landkreisen oder Bezirken.

## Bürgerentscheid

Bezeichnet die Abstimmung der Bürgerinnen und Bürger zu einer bestimmten Frage, die in den Kompetenzbereich der Kommune (des Landkreises, des Bezirkes) fällt; findet i.d.R. nach einem erfolgreichen → *Bürgerbegehren* statt. In fast allen Bundesländern ist für den Erfolg eines Entscheidungsvorschlags ein → *Zustimmungsquorum*, d.h. ein bestimmter Anteil der stimmberechtigten Bürgerinnen und Bürger, vorgesehen. Dieses → *Quorum* liegt i.d.R. zwischen 10 - 30 Prozent. Wenn ein Bürgerentscheid zur geforderten Mehrheit führt, hat die Entscheidung die gleiche Gültigkeit wie ein Ratsbeschluss.

## Bürgerfragestunden

In vielen Bundesländern vorgesehene Möglichkeit, dass Bürgermeister, Ratsmitglieder oder Gemeindebeamte zur Beantwortung kommunalpolitischer Fragen den Bürgerinnen und Bürgern zur Verfügung stehen.

## Bürgerversammlung

In vielen Gemeindeordnungen vorgesehene Zusammenkunft der Bürgerinnen und Bürger, bei der Fragen an die Gemeinderepräsentanten gestellt, kommunale Themen (auch mit Experten) erörtert und zur Beratung an das Kommunalparlament weitergegeben werden können. Bürgerversammlungen können andererseits auch

Rat und Bürgermeister dazu dienen, die Bürger über wichtige Gemeindeangelegenheiten zu informieren. In einigen Bundesländern ist eine regelmäßige Bürgerversammlung verpflichtend vorgeschrieben.

**Direkte Demokratie**
1. In der Wirklichkeit der modernen Staaten bezeichnet „direkte Demokratie" alle
durch Verfassung und weitere Rechtsvorschriften ermöglichten Verfahren, durch
die die stimmberechtigten Bürger eines Staates/eines Bundeslandes/einer Kommune politische Sachfragen durch Abstimmung selbst und unmittelbar entscheiden
bzw. auf die politische Agenda setzen. Direkte Demokratie ist also eine Ergänzung
und Erweiterung des politischen Entscheidens in repräsentativen Demokratien, wo
politisch verbindliche Entscheidungen (im Rahmen der Verfassungsordnung) von
gewählten Repräsentanten getroffen werden. Zu den wichtigsten Elementen der
direkten Demokratie zählen auf staatlicher Ebene das (Verfassungs-) → *Referendum*, die → *Volksinitiative*, das → *Volksbegehren* und der → *Volksentscheid*, auf
der kommunalen Ebene der → *Bürgerantrag*, das → *Bürgerbegehren* und der →
*Bürgerentscheid*. Zu den Elementen der direkten Demokratie dürfen auch weitere
Instrumente gezählt werden, die den Bürgerinnen und Bürgern eine direkte Partizipation am politischen Prozess oder einen Einfluss auf die Auswahl des politischen
Personals ermöglichen, so z.B. die Direktwahl des Bürgermeisters oder Landrats.
2. In einem weiteren, eher theoretischen Sinne versteht man unter „direkter Demokratie" eine Herrschaftsordnung, in der die Verfassung der politischen Gemeinschaft und alle verbindlichen politischen Entscheidungen grundsätzlich von allen
stimmberechtigten Bürgern bestimmt werden. Dieses Modell einer Politik durch
die Vollversammlung aller Bürger kann nur in kleinen politischen Gemeinschaften
realisiert werden, wie sie etwa in der antiken Polis gegeben war. In der politischen
Theorie hat der französische Philosoph Jean-Jacques Rousseau am radikalsten das
Idealbild einer direkten Demokratie gezeichnet.

**Direktwahl des Bürgermeisters (und des Landrats)**
Wahl des Bürgermeisters/Landrats durch alle stimmberechtigten Bürgerinnen und
Bürger einer Kommune im Unterschied zur Wahl durch das Kommunalparla-
ment/Kreisparlament, also durch gewählte Repräsentanten. Inzwischen in allen
Flächenländern eingeführt. Vielfach ist verpflichtend vorgeschrieben, dass Bür-
germeisterwahl und Kommunalwahl zu getrennten Terminen abzuhalten sind.

**Einleitungsquorum**
Derjenige vorgeschriebene Mindestanteil von Unterstützungsunterschriften aus der
Menge aller stimmberechtigten Bürger eines →*Volksbegehrens*, der gesammelt
werden muss, damit erfolgreich ein → *Volksentscheid* eingeleitet werden kann.

Analog gilt ein Einleitungsquorum auch für die erfolgreiche Einleitung eines → *Bürgerentscheids*.

## Eintragungsfrist
Vorgeschriebene Frist, innerhalb derer alle notwendigen Unterschriften eingesammelt werden müssen, damit ein → *Volksbegehren* oder ein → *Bürgerbegehren* erfolgreich ist.

**Einwohnerantrag** *s.a. Bürgerantrag*

## Fakultatives Referendum
Abstimmungsform, die es erlaubt, eine Entscheidung des Parlaments nachträglich vor das Volk zu bringen (beispielsweise in der Schweiz bei Einbringung von 50.000 Unterschriften möglich; in Deutschland existiert keine Rechtsgrundlage für Referenden).

## Finanzierungsvorschlag
In einigen Bundesländern vorgeschriebenes Zulässigkeitskriterium eines → *Volksbegehrens* oder eines → *Bürgerbegehrens*. Dem Begehren ist ein (mehr oder weniger ausgearbeiteter) Vorschlag beizufügen, wie dessen Gegenstand bei entsprechender Haushaltsrelevanz zu finanzieren ist.

## Finanztabu, Finanzvorbehalt
Explizit formulierter Ausschluss von allen Fragen, die den Haushalt eines Landes/einer Gemeinde betreffen. In der Bundesrepublik Deutschland übliche Einschränkung der möglichen Themen direktdemokratischer Entscheidung. Der Finanzvorbehalt kann greifen, wenn ein Thema nicht direkt den Finanzhaushalt betrifft, aber indirekt Auswirkungen auf ihn hat. Dann ist es möglich, dass ein Begehren als nicht zulässig betrachtet wird.

## Freie Unterschriftensammlung
Im Unterschied zur → *Amtseintragung* die Möglichkeit, die notwendigen Unterschriften für eine Begehren auf jede Weise und an allen Orten sammeln zu können, die den Initiatoren möglich sind, z.B. an Infoständen, durch Hausbesuche, in Versammlungen usw.

**Haushaltstabu** *s.a. Finanztabu*

## Konkurrenzvorlage
Möglichkeit eines Länderparlamentes, den Bürgerinnen und Bürgern im Verfahren der Volksgesetzgebung einen eigenen Vorschlag zum → *Volksentscheid* zu präsen-

tieren. Dies erweitert die Auswahl, um entweder dem → *Volksbegehren* oder der Konkurrenzvorlage zuzustimmen oder gar beide Vorlagen abzulehnen.

**Kostendeckungsvorschlag** s.a. Finanzierungsvorschlag

**Kostenerstattung**
Analog zur Wahlkampfkostenerstattung der Parteien eine Kompensation der durch eine gültige direktdemokratische Abstimmung entstandenen Kosten für die Organisatoren. Diese Kosten können erheblich sein (z.b. durch den Druck von Unterschriftenformularen, von Infomaterialien), werden aber nicht in allen Bundesländern erstattet.

**Negativkatalog**
Eine Liste von Themen, die nicht Gegenstand eines → *Volksbegehrens* oder eines → *Bürgerbegehrens* sein dürfen. In der Bundesrepublik betrifft das i.d.R. Fragen des Haushalts (→ *Finanztabu*), Fragen der Besoldung von Beamten und Landes-/ Gemeindeangestellten, Abgaben und Gebühren sowie die Organisation der Verwaltung.

**Obligatorisches Finanzreferendum**
Ein → *Referendum*, das zwingend abgehalten werden muss, wenn bestimmte Haushaltsentscheidungen getroffen werden. In der Schweiz z.b. wird es ab einer bestimmten Größe der Finanzvorlage abgehalten. In Deutschland nicht üblich.

**Obligatorisches Referendum**
Ein → *Referendum*, das für bestimmte Gesetze zwingend vorgeschrieben ist. In vielen Staaten und in einigen deutschen Bundesländern, so in Bayern und in Hessen, ist z.b. eine Verfassungsänderung durch ein *obligatorisches Verfassungsreferendum* zu entscheiden.

**Parlamentsauflösung durch das Volk**
In wenigen Bundesländern vorgesehene Möglichkeit, das Parlament innerhalb der Legislaturperiode durch → *Volksbegehren* und → *Volksentscheid* vorzeitig aufzulösen.

**Plebiszit**
Aus dem lateinischen gezogener Begriff, der übersetzt „Volksbeschluss" besagt. I.d.R. bezeichnet ein Plebiszit eine Volksabstimmung, die von einem Staatsorgan, d.h. Regierung, Präsident oder Parlament, eingeleitet wird. Allgemeiner und etwas unschärfer bezeichnet er den Vorgang, dass die Bürger über eine politische Sachfrage abstimmen.

**Positivkatalog**
In einigen Bundesländern vorgeschriebene Liste von Themen, die Gegenstand
eines → *Volksbegehrens*/eines → *Bürgerbegehrens* und des darauf folgenden Entscheids sein können.

**Quorum**
Aus dem Lateinischen gewonnener Begriff (quorum = „von denen"). In den Verfahren der direkten Demokratie bezeichnet er einen vorgeschriebenen Mindestanteil von stimmberechtigten Bürgerinnen und Bürgern, der bei einer Unterschriftensammlung bzw. Abstimmung erreicht werden muss, damit ein Begehren oder ein
Entscheid erfolgreich ist. Quoren sind vorgesehen, um für die Volksgesetzgebung
ein Mindestmaß an Repräsentativität zu gewährleisten und Zufallsmehrheiten zu
verhindern; sie können aber auch schwierig zu nehmende Hürden für die direkte
Demokratie darstellen, wenn sie zu hoch und deshalb unerreichbar für eine Initiative sind.

**Ratsbegehren**
In einigen Bundesländern die Möglichkeit des Rates, einen → *Bürgerentscheid* auf
den Weg zu bringen und eine kommunale Sachfrage direkt von den Bürgerinnen
und Bürgern entscheiden zu lassen.

**Referendum**
Eine Volksabstimmung, die vom Parlament oder von der Regierung angestoßen
wird, um Änderungen der Verfassung (Verfassungsreferendum) oder den Beschluss eines Gesetzes der Entscheidung aller stimmberechtigten Bürgerinnen und
Bürger zu unterwerfen. Zu unterscheiden ist zwischen → *obligatorischem* und →
*fakultativem* Referendum.

**Unterschriftenquorum** *s.a. Einleitungsquorum*

**Unterstützungsquorum** *s.a. Einleitungsquorum*

**Verfassungstabu**
Bezeichnet die Tatsache, dass in einigen (Bundes-)Ländern Fragen der Verfassung
dem Entscheid durch direktdemokratische Verfahren gesetzlich entzogen sind.

**Vertrauenspersonen**
Ein Kreis von Personen, der benannt werden muss, um verantwortlich die Initiatoren und Unterstützer eines → *Volksbegehrens*/ eines → *Bürgerbegehrens* und deren Belange gegenüber Parlament, Regierung und (Verfassungs-)Gerichten zu
vertreten. Die Vertrauensleute können die Beratung von Behörden oder ihr →

*Anhörungsrecht* in Anspruch nehmen, ggf. das Anliegen der Initiative vor Gericht verteidigen; sie sind gleichzeitig der Ansprechpartner für Regierung, Parlament und Behörden.

## Volksabstimmungsgesetze

Diejenigen gesetzlichen Bestimmungen, die die in den Landesverfassungen vorgesehenen und nur allgemein bestimmten direktdemokratischen Rechte und Verfahren in den Einzelheiten regeln.

## Volksbegehren

Bezeichnet einerseits die Forderung der Bürgerinnen und Bürger eines Bundeslandes, dass über eine von den Initiatoren vorgelegte Frage/ein vorgelegtes Gesetz ein → *Volksentscheid* abzuhalten sei, andererseits das Verfahren, dieses Ziel zu erreichen. Ein Volksbegehren muss von einem festgesetzten Teil der stimmberechtigten Bürger unterstützt werden (→ *Unterschriftenquorum* → *Zustimmungsquorum*), um erfolgreich zu sein. Ebenso muss ein Volksbegehren eine → *Zulässigkeitsprüfung* überstehen. Neben dem zu erfüllenden Quorum, können weitere zahlreiche Anforderungen gestellt werden, z.b. ein → *ausgearbeiteter Gesetzesentwurf,* → *ein Finanzierungsvorschlag;* das Themenspektrum für Volksbegehren kann durch einen → *Negativkatalog/* → *Positivkatalog* eingeschränkt sein. Ein erfolgreiches Volksbegehren zieht einen → *Volksentscheid* nach sich, wenn nicht das Parlament schon vorher im Sinne des Volksbegehrens das vorgelegte Gesetz beschließt.

## Volksentscheid / Volksabstimmung

Abstimmung aller wahlberechtigten Bürgerinnen und Bürger über ein Gesetz oder eine Verfassungsänderung. I.d.R. folgt die Volksentscheidung einem erfolgreichen → Volksbegehren. Abgeschlossen ist eine Volksentscheidung, wenn die Mehrheit der Stimmen *und* ein bestimmtes → *Zustimmungsquorum* erreicht ist. Mit Abschluss des Verfahrens erreicht das vorgelegte Gesetz Rechtsgültigkeit.

## Volksgesetzgebung

Bezeichnet den Prozess, bei dem die Gesamtheit der stimmberechtigten Bürger eines Landes selbst als Gesetzgeber auftritt, und gleichzeitig alle von der Verfassung vorgesehenen Elemente dieses Prozesses, also → *Volksinitiative,* → *Volksbegehren,* → *Volksentscheid.* Man kann in der Bundesrepublik zwischen zwei Stufenformen der Volksgesetzgebung unterscheiden: Die *zweistufige Volksgesetzgebung* aus Volksbegehren und Volksentscheid und die *dreistufige Volksgesetzgebung,* zu der noch die Volksinitiative als erste Stufe hinzukommt.

**Volksinitiative**
Bezeichnet ein Verfahren, das den Bürgern die Möglichkeit eröffnet, das Parlament mit einer bestimmten Sachfrage zu befassen. Wenn eine Volksinitiative ein bestimmtes → *Quorum* erreicht, muss das Parlament in dieser Sache beraten, ist aber zu keiner Entscheidung verpflichtet. Die Volksinitiative ist somit ein Agenda-Setting-Instrument der Bürgerinnen und Bürger. Nicht alle Bundesländer sehen dieses Instrument vor. Wo es vorgesehen ist, bildet die Volksinitiative die erste Stufe eines dreistufigen Modells der Volksgesetzgebung aus Volksinitiative, → *Volksbegehren* und → *Volksentscheid*. Eine Volksinitiative kann danach direkt zu einem Volksbegehren führen.

**Zulässigkeitsprüfung**
Notwendige Hürde für den Erfolg einer → *Volksinitiative/* eines → *Volksbegehrens/* → *Bürgerbegehrens*. Bezeichnet ein Verfahren, bei dem ein Länderparlament oder eine kommunale Volksvertretung respektive ein staatliches oder kommunales Organ prüfen, ob alle vorgeschriebenen Kriterien einer Initiative oder eines Begehrens erfüllt sind, der entsprechende Antrag also zulässig ist. Diese Kriterien reichen von einem vorschriftsmäßigen Unterschriftenformular bis hin zur Einreichung eines gültigen Finanzierungsvorschlags. In der Praxis scheitern zahlreiche Begehren an der Zulässigkeit.

**Zustimmungsquorum**
Mindestanteil der Stimmen aller stimmberechtigten Bürger, der erreicht werden muss, damit ein → *Volksentscheid/* ein → *Bürgerentscheid* zu einer rechtskräftigen Entscheidung gelangt. Auf Landesebene kann das Zustimmungsquorum noch unterschiedlich geregelt sein, je nachdem, ob der Gegenstand des Entscheids ein einfaches Gesetz oder eine Verfassungsfrage betrifft. In den einzelnen Ländern kann das Zustimmungsquorum zwischen 15 – 50 Prozent liegen.

# Autoren

**Ulrich Dreßler**, geb. 1958, trat nach Jurastudium und Assessorexamen 1987 in den Dienst der Landeshauptstadt Wiesbaden und unterrichtet seit 1988 als ehrenamtlicher Dozent an der Verwaltungsfachhochschule Wiesbaden. Seit 1992 leitet er das Referat „Kommunales Verfassungsrecht" im Hessischen Innenministerium. Nähere Informationen zum Autor und seinen bisherigen Veröffentlichungen im Internet unter: www.uli-dressler.de.

**Andreas Fisahn**, Jahrgang 1960, Studium der Rechtswissenschaften und Sozialwissenschaften in Göttingen, Promotion in Göttingen mit der Arbeit „Eine Kritische Theorie des Rechts", Habilitation in Bremen 2001 mit der Arbeit „Demokratie und Öffentlichkeitsbeteiligung", 2004 Berufung zum Professor an die Universität Bielefeld, Arbeitsschwerpunkte: Demokratie und Recht; Umwelt- und Technikrecht.

**Tobias Franke-Polz**, Jahrgang 1972, Studium der Politikwissenschaften (M.A. Politikwissenschaft, Öffentliches Recht, Anglistik) an der Friedrich-Schiller-Universität Jena und der University of Kent at Canterbury (GB), Arbeitet als wissenschaftlicher Mitarbeiter für BÜNDNIS 90/DIE GRÜNEN in Thüringen, Arbeitsschwerpunkte: Kultur, Verkehr, Demokratietheorie und -praxis

**Andreas Fraude**, geb. 1964, Diplom-Politologe, wissenschaftlicher Mitarbeiter bei einer Bürgerschaftsabgeordneten und bei der CDU-Fraktion in der Bezirksversammlung Bergedorf, freier Publizist; Veröffentlichungen: „Reformsozialismus" statt „Realsozialismus"? Von der SED zur PDS, Münster/Hamburg 1993 sowie seit 1994 zahlreiche Beiträge, vor allem in der Zeitschrift *Deutschland Archiv*, u.a. zu Aspekten der DDR-Geschichte und -Forschung, zur Entwicklung der PDS und zum deutschen Vereinigungsprozess.

**Torsten Gruß**; Jahrgang 1963; Diplom-Jurist nach dem Studium der Rechtswissenschaft-Wirtschaft an der Martin-Luther-Universität Halle-Wittenberg (1986); Promotion zum Dr.jur. (1990); Wahlleiter im Bezirk Halle/Saale für die Volkskammer- und die Kommunalwahlen 1990, Wahlleiter für die Landtags- und die Bundestagswahlen in Sachsen-Anhalt (1990); Leiter der Abteilung Parlamentarische Dienste in der Verwaltung des Landtages von Sachsen-Anhalt (seit 1991).

**Peter Hoffmann**, Jahrgang 1943, Diplomsoziologe, bis zur Auflösung der Niedersächsischen Landeszentrale für politische Bildung Ende 2004 Leiter ihres Referates Materialien, Informationsdienst und Internet.

**Otmar Jung**, Jahrgang 1947, Promotion zum Dr. iur. utr. In Würzburg, Habilitation für Politikwissenschaft und Zeitgeschichte in Berlin, Privatdozent am Fachbereich Politik- und Sozialwissenschaften (Otto-Suhr-Institut für Politikwissenschaft) der Freien Universität Berlin; zwischenzeitlich Vertretungsprofessur für Rechtsgeschichte an der Hochschule für Verwaltungswissenschaften Speyer. Arbeitsschwerpunkte: Direkte Demokratie, insbesondere Direkte Demokratie in Deutschland unter den Aspekten der juristischen Zeitgeschichte und der Verfassungspolitik, Historische Friedensforschung, insbesondere Justizgeschichte der Weimarer Republik.

**Dr. Klaus Kellmann**, Jahrgang 1951, Autor zahlreicher politischer Sachbücher, seit 1985 Dezernent der Landeszentrale für politische Bildung Schleswig-Holstein in Kiel.

**Andreas Kost,** Jahrgang 1962, Dr. sc. pol., Dipl. Soz. Wiss., Referent in der Landeszentrale für politische Bildung Nordrhein-Westfalen und Lehrbeauftragter für Politikwissenschaft an der Universität Duisburg-Essen, Standort Duisburg; Arbeitsschwerpunkte: Direkte Demokratie, Kommunalpolitik, Bürokratie und Organisation.

**Werner Künzel**, Jahrgang 1944, Diplom-Historiker, Dr. rer. pol., Leiter des Fachbereichs Publikationen in der Brandenburgischen Landeszentrale für politische Bildung, Arbeitsschwerpunkte: Brandenburgische Landesgeschichte, Staats- und Verfassungsrecht

**Werner J. Patzelt**, Jahrgang 1953, studierte Politikwissenschaft, Soziologie und Geschichte an den Universitäten München, Straßburg und Ann Arbor. Er promovierte 1984 an der Universität Passau zum Dr. phil. und habilitierte sich dort 1990 für das Fach Politikwissenschaft. Seit 1991 ist er Inhaber des Lehrstuhls für Politische Systeme und Systemvergleich an der TU Dresden. Zu seinen Arbeitsschwerpunkten gehören die vergleichende Parlamentarismusforschung, die vergleichende Systemanalyse sowie die Politische Bildung.

**Petra Paulus**, Jahrgang 1968, Studium der Politikwissenschaft und Medienwissenschaft mit Abschluss Diplom-Politologin; Forschungs-/Arbeitsschwerpunkt: direktdemokratische Bürgerbeteiligung. Freiberufliche und publizistische Tätigkeiten, u.a. im Bereich der politischen Bildung.

**Christian Posselt**, geb. 1977 in Braunschweig, Studium der Politikwissenschaft an der Freien Universität Berlin, freiberuflich tätig für Mehr Demokratie e.V. (Schwerpunkt: Direkte Demokratie).

**Hans-Georg Wehling**, Jhg. 1938, Prof. Dr., bis Januar 2003 Abteilungsleiter der Landeszentrale für politische Bildung Baden-Württemberg, Honorarprofessor für Politikwissenschaft an der Universität Tübingen (Scwerpunkte: Kommunalpolitik, Landeskunde/Landespolitik). Vorstandsmitglied im Europäischen Zentrum für Föderalismus-Forschung (EZFF) an der Universität Tübingen.

**Bärbel Martina Weixner**, Jahrgang 1965, Dr. phil., Studium der Politikwissenschaft, Soziologie und Sozialpsychologie in München; Lehrbeauftragte am Geschwister-Scholl-Institut der LMU München und an der Universität der Bundeswehr München Neubiberg (Schwerpunkte: vergleichende politische System- und Regierungslehre, politischer Prozess und Partizipation)

**Jürgen Wohlfarth**, geb. 25.10.1951, Volljurist, Verwaltungsdezernent für Rechts- und Ordnungsangelegenheiten der Landeshauptstadt Saarbrücken; seit 1986 Dozent an der Fachhochschule für öffentliche Verwaltung des Saarlandes im Fach „Kommunalrecht"; Mitglied de Saarländischen Landesprüfungsamtes für Juristen, Buchautor im Kommunalrecht, Polizei- und Ordnungsrecht sowie Datenschutzrecht

# Neu im Programm
# Politikwissenschaft

Bernhard Frevel (Hrsg.)
**Herausforderung demografischer Wandel**
2004. 310 S. Br. EUR 29,90
ISBN 3-531-14228-3

Marika Lerch
**Menschenrechte und europäische Außenpolitik**
Eine konstruktivistische Analyse
2004. 319 S. mit 1 Abb. und 16 Tab.
Br. EUR 34,90
ISBN 3-531-14249-6

Jochen Monstadt
**Die Modernisierung der Stromversorgung**
Regionale Energie- und Klimapolitik
im Liberalisierungs- und Privatisierungs-
prozess
2004. 527 S. mit 19 Abb. und 20 Tab.
Br. EUR 39,90
ISBN 3-531-14277-1

Kay Müller
**Schwierige Machtverhältnisse**
Die CSU nach Strauß
2004. 259 S. Br. EUR 32,90
ISBN 3-531-14229-1

Peter Pawelka /
Lutz Richter-Bernburg (Hrsg.)
**Religion, Kultur und Politik im Vorderen Orient**
Die Islamische Welt im Zeichen
der Globalisierung
2004. 191 S. Br. EUR 34,90
ISBN 3-531-14098-1

Daniel Schulz
**Verfassung und Nation**
Formen politischer Institutionalisierung
in Deutschland und Frankreich
2004. 320 S. Verfassung und Politik.
Br. EUR 32,90
ISBN 3-531-14410-3

Franz Walter
**Abschied von der Toskana**
Die SPD in der Ära Schröder
2., Aufl. 2005. ca. 210 S.
Br. ca. EUR 21,90
ISBN 3-531-34268-1

Cornelia Weins
**Fremdenfeindliche Vorurteile in den Staaten der EU**
2004. XI, 259 S. Br. EUR 32,90
ISBN 3-531-14465-0

Erhältlich im Buchhandel oder beim Verlag.
Änderungen vorbehalten. Stand: Januar 2005.

**www.vs-verlag.de**

**VS VERLAG FÜR SOZIALWISSENSCHAFTEN**

Abraham-Lincoln-Straße 46
65189 Wiesbaden
Tel. 0611.7878-722
Fax 0611.7878-400